新时代高等院校新闻传播学系列教材

普通高等教育"十一五"国家级规划教材

（第六版）

广播电视学概论

An Introduction to Broadcast and Television

黄匡宇　编著

暨南大学出版社
JINAN UNIVERSITY PRESS

中国·广州

图书在版编目（CIP）数据

广播电视学概论/黄匡宇编著. — 6 版. —广州：暨南大学出版社，2022.4（2025.7 重印）
（新时代高等院校新闻传播学系列教材）
ISBN 978 - 7 - 5668 - 3214 - 6

Ⅰ. ①广…　Ⅱ. ①黄…　Ⅲ. ①广播电视—高等学校—教材　Ⅳ. ①G220

中国版本图书馆 CIP 数据核字（2021）第 165905 号

广播电视学概论（第六版）
GUANGBO DIANSHIXUE GAILUN（DI-LIU BAN）
编著者：黄匡宇

出 版 人：阳　翼
责任编辑：刘　蓓　黄　斯　王辰月
责任校对：孙劭贤　林玉翠　陈皓琳　黄晓佳
责任印制：周一丹　郑玉婷

出版发行：暨南大学出版社（511434）
电　　话：总编室（8620）31105261
　　　　　营销部（8620）37331682　37331689
传　　真：（8620）31105289（办公室）　37331684（营销部）
网　　址：http：//www. jnupress. com
排　　版：广州市新晨文化发展有限公司
印　　刷：广东广州日报传媒股份有限公司印务分公司
开　　本：787mm×1092mm　1/16
印　　张：28.5
字　　数：693 千
版　　次：1999 年 5 月第 1 版　2022 年 4 月第 6 版
印　　次：2025 年 7 月第 37 次
定　　价：69.80 元

引论　广播电视传播是永无颓势的"空中帝国"

1907 年，美国人李·德·福斯特发明了三极管，并将其用于广播的播音。他兴奋地宣告："我发现了一个看不见的空中帝国。"

一

如果说，印刷术的发明与应用，引发了以报纸为代表的大众传播的第一次革命，那么，电子广播电视传媒技术的发明与应用，则是大众传播第二次革命的重要标志。我们在研究大众传播与社会的互动关系时，用"革命"这一词语来描述某一媒介出现的意义并不过分。这是因为，"媒介一经出现，就参与了一切意义重大的社会变革——智力革命、政治革命、工业革命和道德观念的革命。由于传播是根本的社会过程，信息状况的重大变化，传播的重大牵连，总是伴随着任何一次重大社会变革的"①。广播电视这一汇集着自然科学技术和社会科学研究成果的产物，使人类文明进入了一个崭新的时代。广播电视传播技术发明于 19 世纪末叶，作为电子传媒被大众广泛使用已是 20 世纪中期的事了，与广大受众须臾不可分离则是 20 世纪 80 年代的事。时至今日，尽管有后起的大众传播范围之外的网络，但从公信力上看，广播电视依然是影响当代人类社会最权威的公众媒介。通过无所不至、无所不在的电波"共时空效应"，整个地球（乃至月球等宇宙星体）的人们可以同时了解世界上发生的重大事件，世界通过广播电视而处于权威信息谐振共享时代，"瞬息亿万里，天涯咫尺间"已不再是人们向往的神话。广播电视以其消除信息差距的伟力，使广袤无边的地球变为今日鸡犬之声相闻的信息"村落"。当然，广播电视这一电子媒介在大众传播领域中突出的"革命意义"还远不止于此。它不但改变了人们的信息交流方式，超越了空间和文化的分布，而且使得人们传统的时间观念和空间观念发生了根本变化。更重要的是，它以特有的信息影响力浸润着受众的感情、知识、情趣和道德观念，乃至社会价值观念，从而使人与人之间、人与社会之间的关系也发生了微妙且深刻的变化，这才是电子媒介发生发展的精髓。

二

广播电视这一现代工业文明的产物，在电子科学和社会科学相互渗透的哺育下，经过一个多世纪的成长、完善，② 已经以其崭新的形态成为当代大众传播媒介中十分活跃的一分子。无论从物质技术角度考察，还是从意识形态领域观照，广播电视（传播技术及其传播事业）的总体水平，都十分生动地显示着一个国家（地区）的发达与开放程度。如何

---

① 威尔伯·施拉姆、威廉·波特著，陈亮等译：《传播学概论》，北京：新华出版社 1984 年版，第 19 页。

② 1907 年，美国人李·德·福斯特发明三极管，用于广播的播音。1910 年，福斯特从纽约的大都会歌剧院转播了恩里科·卡鲁索的歌剧演出。随后他播送报纸要闻，成为最早的广播简讯。1936 年 11 月 2 日，英国在伦敦市郊的亚历山大宫开办世界上第一座正规电视台，这是世界电视史上的重要里程碑。

了解、认识这一大众传播的精灵？《广播电视学概论》将为读者作一番概略的描述。《广播电视学概论》首先从物质本体切入，涉及广播电视传播粗浅的技术因素，其目的是为文理融合提供一个契机。作为概论性教材，本书重在从广播电视的传播性能、传播语言、节目构成与事业管理几大方面进行概述，为读者日后对广播电视的进一步分类学习、研究做好铺垫。学习、研究广播电视概论，除了要把握它的工具性特质、相关概念、基本史料外，一定要坚持理论与实践相结合的学习方法。所谓理论，是指书中已作阐述的观点材料。实践则是针对本学科的特点，要求读者从两方面下功夫：一是系统地收听、观看各类广播电视节目，以求理解节目的传播形式与内容的真谛；二是深入广播电视节目采制现场，以求体悟节目在生产过程中呈现的特点与规律。

进入 21 世纪，国家将加快实施"智慧广电"战略，其主旨在于打造智慧融媒体，创造智慧新动能，增强持续发展能力。目前，国家正着力推动融合创新，创新理念、内容、体裁、形式、方法、手段、业态、体制、机制，形成符合新发展理念要求的新思维观念、新技术手段、新体制机制。

届时，以 5G 通信技术为基础的"融合云"平台建设、全国有线电视互联互通平台建设和移动多媒体交互广播电视网建设，将推进有线无线卫星传输网络互联互通和智能协同覆盖至城市甚至农村的每一个角落。

国家还要求广播电视等媒体下大力气加强国际传播能力建设，以丰富的信息资讯、鲜明的中国立场、广阔的世界眼光，向国际社会宣传阐释中国道路、中国理论、中国制度，展示中国作为世界和平的建设者、全球发展的贡献者、国际秩序的维护者的良好形象，讲好中国故事、传播好中国声音，进一步服务好国家战略。

面对行将渐至的技术辉煌和传播重任，广播电视的音频视频结构样式，依然是各式网站不可或缺的重要形式内涵，广播电视节目将插上新技术的翅膀翱翔，广播电视的传播魅力与时俱增，它是永无颓势的"空中帝国"。

愿《广播电视学概论》能陪伴你步入广播电视传播的广阔天地！

目 录
CONTENTS

第一章

广播电视传播的物质基础

本章要求

- [ ] 了解广播电视传播的基本原理
- [ ] 了解世界广播技术的发明与应用
- [ ] 了解世界电视传播技术演进简史

世界是物质的，物质是按一定节律运动变化的。意识的内容来自物质世界，物质决定意识。本书从广播电视传播的物质基础开篇，希冀读者能够把握广播电视技术这一物质基础的发展状况（事物的本质和运动规律），进而了解、驾驭广播电视传播这一意识形态的精灵。

第一节　广播电视传播的基本原理

网络，是人们业已熟悉的工具概念。"网络"一词最早用于电学。《辞海》（1999年版）关于它的定义是："由若干个元件（如电元件、机械元件、光学元件、计算机等）连接而成的一个系统。按其功能可分为通信网络、计算机网络、交通运输网络等。"

电，作为能量，是自然界客观存在的一种"生产力"元素，它的被发现始于公元前600年左右希腊人"摩擦"而成的静电现象。稳定电荷的被应用则是1800年意大利物理学家亚历山德罗·伏特（Alessandro Volta）制造的"伏打电池"（早期的电池）。Volta还通过连接带正电和带负电的连接器驱动电荷或电压，创造了世界上第一次电力传输的网络。只是作为照明、动力使用的电力网络不具备信息传播功能，不在本书涉及的内容之内。

本节涉及的"电路网络"是指与信息传播紧密的广播网、电视网、互联网、电信5G网等大众媒体。

广播网、电视网、电信5G网是当代电子信息传播的平行载体，互联网则是集当代各式媒体App于大成的电子传播媒体。

广播电视类别有广义与狭义之分，广义的广播电视系统概念称为"广播"，其涵括的类别如图1-1所示：

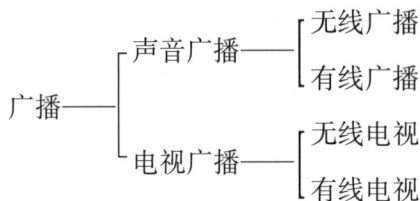

图1-1　广播的分类

狭义的"广播"专指声音广播，人们通常所说的广播仅对此而言。为使"电视广播"区别于"声音广播"，通常称"电视广播"为"电视"。

一、无线电波的分类及其应用

1. 什么是无线电波

无线电波是电场和磁场的一种运动形式，它是一种电磁波。

那么，什么是电磁波呢?

把一个电容器 C 和一个电感线圈 L 并联起来，构成电回路，如图 1 - 2 所示。

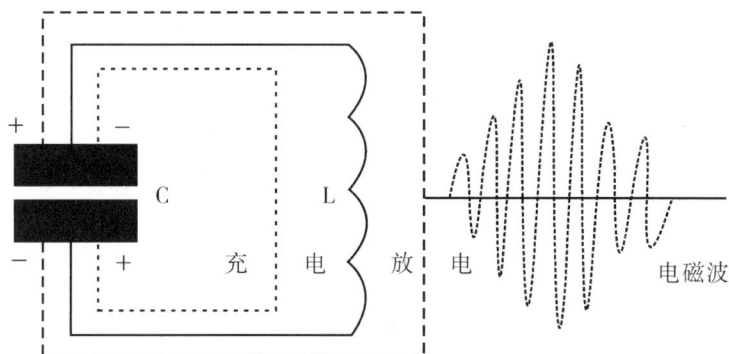

图 1 - 2　电磁波发生示意图

如果我们先给电容器 C 充电，充完电将会发生如下的交变现象：电容器 C 会对电感线圈 L 放电，电容器 C 中的电场能将逐渐转变为磁场能被电感线圈 L 贮存起来。然后，电感线圈 L 又反过来对电容器 C 进行充电，电感线圈 L 中的磁场能又逐渐转变为电场能存贮在电容器 C 中，电容器 C 又对电感线圈 L 放电……如此反复地进行下去。如果回路中没有损耗，这种周期性的变化将会持续地进行下去，这种现象叫作"电磁振荡"。回路中周期性变化的充电电流和放电电流叫作振荡电流，这个回路叫作振荡回路。倘若振荡回路中电场和磁场的交变过程比较缓慢，即其中的振荡电流频率较低时，电场和磁场就几乎只局限在振荡回路的周围空间，同时也产生交变的电场和磁场，而这些交变的电磁场，以很高的速度由近及远地把电场的能量向周围空间扩散开去。由于这种电场和磁场交替产生，此起彼伏，由近及远，如同波浪，人们便叫它"电磁波"。

2. 无线电波的分类及其应用

无线电波具有"波"的共同性。同水波、声波相似，无线电波也可以被反射、折射，也能产生绕射和二涉等现象。无线电波的传播速度很快，它具有光一样的速度，即每秒约为 30 万千米。科学家已证实，光实质上也是一种电磁波。无线电波的频率、波长和光速之间具有如下的关系：

$$波长（\lambda）= \frac{光速（c）}{频率（f）}$$

其中，波长（λ）的单位是米，光速 $c \approx 3 \times 10^{8}$ 米/秒，频率（f）的单位是赫兹（Hz）。无线电波的频率范围在 $10 \sim 10^{12.5}$ 赫兹，按频率从低到高排序依次为红外线、可见光、紫外线、X 射线等。无线电广播用的无线电波，通常采用无线电频谱中频率较低的部分。无线电波一般分若干波段，各波段有不同的用途，如表 1 - 1 所示。

表1-1　无线电波频率分类表

频段		频率（kHz）	波长（m）	主要用途
长波		10～100	30 000～3 000	电报通信
中波		100～1 500	3 000～200	无线电广播
中短波		1 500～6 000	200～50	无线电广播、电报通信
短波		$6 \times 10^3 \sim 30 \times 10^3$	50～10	无线电广播、电视通信
超短波		$30 \times 10^3 \sim 300 \times 10^3$	10～1	无线电广播、电视、导航
微波	分米波	$0.3 \times 10^6 \sim 3 \times 10^6$	1～0.1	电视、雷达、导航、接力通信
	厘米波	$3 \times 10^6 \sim 30 \times 10^6$	0.1～0.01	电视、雷达、导航、接力通信
	毫米波	$30 \times 10^6 \sim 300 \times 10^6$	0.01～0.001	雷达、导航等

　　无线电广播用得最广泛的是中波、中短波和超短波三个频段。无线电视广播的图像、伴音（声音）传播大都使用微波段的频率。

　　在广播传播中，调幅波段的声音总是没有调频波段的声音好听，那是因为调频波段的声音音域更宽广，高低音丰满、逼真，声音清晰浑厚。通过表1-2的比较可以简明地了解调频广播及电视伴音为何好听。

表1-2　调幅波与调频波及其接收的比较

比较内容	波类	
	调幅波及其接收	调频波及其接收
音频信号	30～5 000Hz	30～15 000Hz
频率范围	535～1 605kHz	88～108MHz
抗干扰性能	各种电波干扰改变了信号的幅度，即所谓寄生调幅，使信号模糊、失真，产生杂音，破坏音质。调幅收音机对这种干扰一般无法克服，所以抗干扰性能差	由于调频接收机设有限幅器，把寄生调幅造成的幅度变化削去，对频率没有影响，信号纯真，所以抗干扰性强，音质逼真
频道隔离	调幅广播电台频率间隔是9kHz，所以，中频带宽受到一定限制，一般收音机通频带只有6kHz左右，所以声音保真度较差	调频广播电台间隔约为200kHz，通频带可达180kHz，所以声音保真度较高
电波传送途径及距离	除直线传播外，还能通过地面绕射、电离层反射，所以传播距离远，可达数千千米，但容易造成电台互相串音或差拍啸叫	直线传播，传播距离较近，一般只达一两百千米，需用微波中继传送才能达到远方（卫星传播当然就更远了）

二、无线电波传播的方式

无线电波由发射机通过天线发射出来，传播到收音机、电视机接收天线，主要有地波传播、天波传播、空间波传播（直接传播）等方式，如图1-3所示。

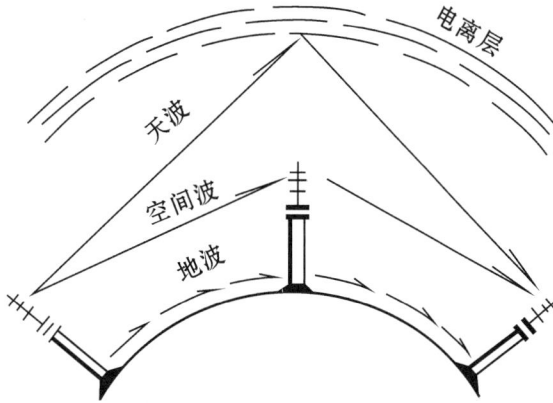

图1-3　无线电波的传播方式

1. 地波传播

电波沿着地球表面传播，叫地面波或地波。这种电波较容易被如山岭、建筑物等地面障碍物所吸收。所以，要想使电波传播得更远些，必须采用波长较长的无线电波。因为波长越长的电波越不易被地面吸收，并容易绕过障碍物。无线电广播用的中波、中短波主要是靠地面传播的，它们的波长是比较长的。

2. 天波传播

在地球大气层距离地面六七十千米至两三百千米的高空中，空气非常稀薄。由于太阳辐射的紫外线或宇宙射线的影响，空气分子和原子发生了电离，形成带电荷的离子，它们构成了所谓的"电离层"。这种带电的大气层包围着整个地球。它能像镜子对可见光一样对无线电波特别是广播用的中波和短波进行反射。也就是说，由电台发射到空中的无线电波，电离层能将其反射折回到地面。这样，无线电波就能被远离发射台的收音机所接收。短波主要是靠天波传播的。

然而，由于电离层会随季节、昼夜、地理环境、太阳黑子等因素的变化而发生高低和密度的变化，所以往往会影响到无线电波的传播和接收。

3. 空间波传播（直接传播）

无线电波经地面上空的介质层，由发射台直接传到接收机。这种直接传播的电波容易受到途中的高山、建筑物的阻挡而影响传播和接收，传播的距离往往也只有50～100千米，如图1-4所示。电视广播、超短波调频广播一般采用直接传播。因为这类广播采用超短波（如用地波传播，易被地面吸收），往高空去的超短波又容易穿过电离层而不折回地面，所以只能采用直接传播的方式。以空间波方式传播的超短波具有近似光的直线传播

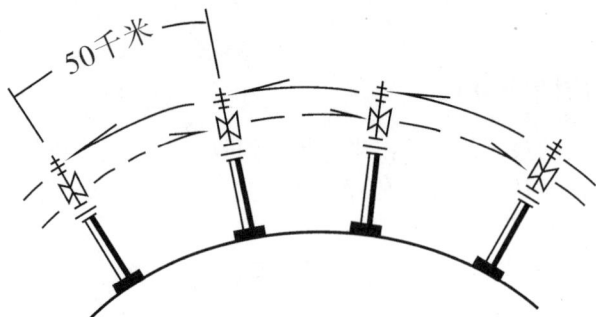

图1-4　空间波传送距离示意图

性质，因此天线越高，传播距离越远，在视线距离内，电波传播的损失较小，信号较强。为了扩大电视广播的覆盖面积，电视台都把天线安装在几十米乃至几百米高的电视铁塔上。目前，世界上最高的电视塔是华尔扎那电视塔，高度为646.38米。但是，单靠增加高度来增加传播距离是有限的，为了解决电视广播较小的覆盖范围和辽阔的收视地区之间的矛盾，近几年运用卫星加有线电缆已成为广播电视节目传递的主要方式。

电台、电视台所在地的地面站将电视、广播信号发向离地35 786千米的同步通信卫星，卫星上的相关设备对收到的信号进行加工处理，再通过定向天线向地面发射，各接收点的地面站又将收到的信号进行加工处理、发射，供本地区用户收看。理论计算和实际使用的情况都表明，在离地约36 000千米的同步轨道上只要有三颗分别相距120°与地球同步运动的通信卫星，就可以实现世界各地都能接收到某个电台、电视台节目的愿望，如图1-5所示。

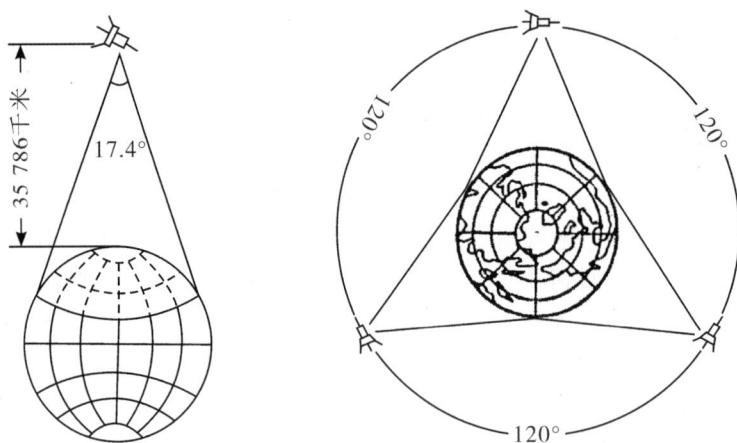

图1-5　通信卫星覆盖范围示意图

我国从1985年开始利用通信卫星向全国传送中央电视台的节目，经过十几年的努力，到1999年10月，已有中央电视台的8套节目、中央人民广播电台和国际台的32套声音广播节目与31个省、自治区、直辖市的广播电视节目均通过通信卫星向全国传送。2000年海南旅游电视台，2001 年 CCTV – 10 及 CCTV – 11，2002 年 CCTV – 12，2003 年 CCTV 新闻及少儿频道，2004 年 CCTV 音乐及西、法语频道，2005 年深圳电视台及广东南方电视台，2006 年吉林省延边（州）电视台，2007 年 CCTV – 4（欧洲中文国际频道、美洲中文国际频道）相继上星，截至 2007 年，我国上星电视台（频道）达 56 个（含中国教育电视台 3 个上星频道）。

截至 2021 年 2 月 28 日，我国直播卫星"户户通"用户总数已达 130 761 710 户。直播卫星"户户通"已经成为我国农村地区群众接收广播电视的主要方式。

直播卫星公共服务自 2011 年启动实施，在中央有关部门和地方各级政府的大力支持与配合下，全国各地采取全省推进与市场零售相结合的方式，建立健全贯穿中央、省、地市、县及乡镇的直播卫星公共服务运行机制，直播卫星"户户通"用户规模持续快速扩大。直播卫星"户户通"工程的顺利推进，有效解决了农民群众收听收看高质量广播电视节目的难题，极大提高了城乡广播电视公共服务均等化水平，进一步扩大了中央和省级广播电视节目在农村地区的辐射力，并提高了影响力，有力占领并巩固了农村宣传的思想文化阵地。

无线电波的传播因波长的不同而采用不同的方式。波长较长的可采用地波传播方式；波长较短的宜采用天波传播方式。为了使电波传播得更遥远，利用电离层反射作用的天波传播方式通常采用定向发射的方式，即发射方向与地面成一定的角度。根据光学定理，入射角等于反射角，所以发射的方向不同，传播的距离也就不同了，如图 1 – 6 所示。

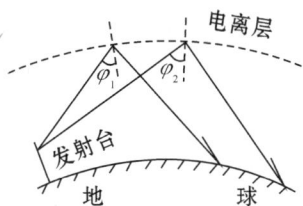

图 1 – 6　电波与发射方向示意图

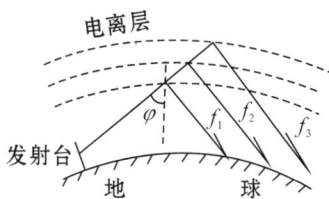

图 1 – 7　电波与发射高度示意图

无线电波在电离层中反射的情况还与电波本身的频率有关。电波的频率越高，电离层对电波的反射作用就越弱，也就是说，电波的频率越高，就要达到越高的高度才能反射回来，传播的距离就越远（如图 1 – 7 所示）。当然，电视的卫星传播又另当别论了。

另外，无线电波的传播与电离层中带电粒子——电子和离子的密度有关。电子、离子的密度愈大，电离层的反射作用愈好，电波能量的损失愈小，传播的效率愈高。前面说过，电离层的高度、密度、状态与季节、昼夜、太阳黑子的活动等因素是密切相关的。

必须指出，电离层对电波也有一定的吸收作用，一般情况是晚上吸收作用弱些。这是晚上收音机接收到的电台节目较多的原因之一。

进入 21 世纪，广播、电视信号通过网络形式传播日渐普及，从原理上讲，网络信号的传播也是分为有线传输和无线传输两大类，具体说明如下：

网络传输介质①分为有线传输介质和无线传输介质。有线传输介质主要有双绞线、同轴电缆与光纤。无线传输介质指我们周围的自由空间。根据频谱，在自由空间传输的电磁波可分为微波、红外线等。

同轴电缆：有粗缆和细缆，粗缆用于主干线连接。

光纤：用石英玻璃传输信号，分为单模光纤和多模光纤，由于光信号不受电磁干扰，信号稳定，容量大，电信行业正在大、中城市民用入户网络中使用光纤。

微波：跨越性和穿越性比较差，所以一般的微波只能进行视距通信。

红外线：连接的要求比较高。

北斗卫星系统：是中国着眼于国家安全和经济社会发展需要，自主建设运行的全球卫星导航系统，是为全球用户提供全天候、全天时、高精度的定位、导航和授时服务的国家重要时空基础设施。20世纪后期，中国开始探索适合国情的卫星导航系统发展道路，逐步形成了三步走发展战略：2000年底，建成北斗一号系统，向中国提供服务；2012年底，建成北斗二号系统，向亚太地区提供服务；2020年，建成北斗三号系统，向全球提供服务。2035年前还将建设完善更加泛在、更加融合、更加智能的综合时空体系。通过卫星导航专项的集智攻关，我国实现了卫星导航基础产品的自主可控，形成了完整的产业链，并逐步应用到国民经济和社会发展的各个领域。伴随着互联网、大数据、云计算、物联网等技术的发展，北斗基础产品的嵌入式、融合性应用逐步加强，产生了显著的融合传播效益。

第二节　世界广播传播技术的发明与应用

古往今来，任何改变人类生活的发明创造都经历了不断改进、不断完善的过程。电的发明，孕育了以电为动力的媒体，如电报、电话、广播、电影、电视、计算机、因特网等，它们是电的同源兄弟姐妹，可集合称为"电媒体"，这也是区分以纸质为传播形式的书、报、刊等纸媒体的重要特征。

电报本身并不是大众传媒，但它为大众传播提供了快速有效的通信手段，可以说电报为广播的发展提供了前期的物质基础。学者李幸等在《传播媒介的历史之光：广播电影电视史论》（中国社会科学出版社2010年版）中指出，电报以及其他电信传播工具的发明为广播的实现铺平了道路，这从其时间历程可以看出：有线电报→有线电话→无线电报→无线电话→广播电台。电报的发明是人类电信传播迈出的第一步。

---

① "网络传输介质"相关概念引自百度百科。

一、世界广播传播技术演进简史

表 1-3 · 世界广播传播技术演进简史（1793 年至 2020 年）

时间	广播传播技术演进	述评
1793 年	法国查佩兄弟在巴黎和里尔之间架设了一条长达 230 千米的线路接力传送电信号	人类历史上第一次使用了"电报"一词
1837 年	英国人库克和惠斯通首先设计制造出了人类历史上第一个有线电报，得到了广泛的关注	时隔近半个世纪，"电报"从试验阶段走向被广泛关注阶段
1844 年5 月 24 日	美国人莫尔斯在美国国会大厅里，用发报机按键将电波传送到了几十千米外的巴尔的摩，助手准确无误译出电文	这一天被公认为有线电报的发明日。从此，莫尔斯电报广获应用
1854 年至1855 年	美国意大利移民梅乌奇于 1854 年造出一台可通话的机器，1855 年完善后命名该机器为电话机。2002 年美国议会认定梅乌奇为电话的真正发明人。此前的记录是 1875 年 6 月 2 日，美国人亚历山大·格拉汉姆·贝尔发明了电话。至今美国波士顿法院路 109 号的门口，仍钉着一块镂有"1875 年 6 月 2 日电话诞生在这里"的铜牌	尊重历史是必要的，历史还可深究。只是发明可以传递声音的机器更重要，此为广播的前身
1865 年	英国科学家克拉克·麦克斯威在电磁波理论的研究中提出了电波存在的设想	电波设想启迪无线传播的探索
1874 年1 月 20 日	维尔纳·冯·西门子申请电动扬声器原型专利	用于继电器报警，而不是广播领域，但启迪思路
1877 年12 月 14 日	西门子申请号筒专利，在一个移动的音圈上附着一个羊皮纸锥形号筒作为声音辐射器	号筒造型，也是留声机的号筒实型
1880 年	俄国人 U. 奥霍罗维奇成功研制出用导线把剧院里的音乐节目传输出去的播音设备	一对一传播，有线传输的雏形
1888 年	德国物理学家海因里奇·鲁道夫赫兹用实验论证了电磁波的存在	无线电波传递声音的希望在孕育中
1893 年	匈牙利人西奥多·普斯卡在布达佩斯连接 700 多条电话线进行新闻传播，一点对多点的有线广播从此成型	中国到 20 世纪 80 年代发展形成连接千村万户的农村有线广播网
1895 年	意大利籍发明家马可尼和俄国物理学家波波夫分别成功制成了世界上最早的无线电接收机	根据赫兹的实验报告潜心研制而成

（续上表）

时间	广播传播技术演进	述评
1897年底	马可尼在英国相距54.7千米的索里兹伯里和巴斯两个城市之间成功地进行了无线电波信号的发射与接收实验	无线电广播进入实用阶段
1898年	奥利弗·洛奇申请了第一个实用电动扬声器专利，将音圈放在内外圆形极板的磁隙中运动	奠定当代99%音质—流动圈扬声器的结构
20世纪初	Greenleaf Whittier Pickard制作了世界上第一台矿石收音机，这是不需要任何电能的收听工具	推动广播普的重要收听工具
1906年圣诞节前夕	无线电广播诞生。美国匹兹堡大学物理学教授费登在美国布兰特城的无线电广播实验室首次成功地进行了无线电广播	实现了两地信息的快速沟通。无线电广播渐次进入千家万户
1906年	美国人德·福斯特发明真空电子管，算是电子管收音机的始祖	为电子管收音机打下基础
1916年	美国马可尼公司的无线电报务员萨尔诺夫发明"无线电音盒"	收音机的雏形
1917年	Wente和Thuras设计了电容式麦克风，它利用电容大小的变化，将声音信号转化为电信号	麦克风是将话语转换为电信号的重要中介
1918年	1918年8月，苏维埃俄国在高尔基城建立了无线电广播实验室。1919年底，实验室成功试制一台无线电话发射机，次年1月11日，成功地传送语言节目	广播设备研发遍及欧美
1920年	世界上第一座定时广播的无线广播电台在美国匹兹堡诞生，首次出现世界新闻广播节目	此为美国匹兹堡大学教授费森登四年前的发明
1921年	法国邮电部建立了世界上第一座广播电台，通过巴黎高达312米的埃菲尔铁塔发射定时播出的节目。1922年法国建立国家电台。1924年法国出现私人电台	正式电台的营运，标志着无线电传播技术开创了电子媒介传播的新篇章；电媒体继纸媒体之后诞生
1922年	英国广播公司（BBC）建立。到1926年，全英国已有29座发射台，覆盖80%的人口居住区。1929年建成首座地方台	①传播工具决定传播形态，传播技术的发明造就传播工具纷呈登场；②广播节目的传播技术从发明的1793年到网络技术大面积应用的2010年，没有发生根本性的变化
1923年	德国建立了无线电广播电台	
1924年	意大利建立了无线电广播电台	
1925年	日本开始办无线电广播。1926年，日本广播协会（NHK）成立	

（续上表）

时间	广播传播技术演进	述评
2017 年	1 月 10 日凌晨，央广网披上了她期待已久的"新衣"，中央人民广播电台旗下中央重点新闻网站、新媒体资讯平台央广网（www.cnr.cn）和手机央广网（m.cnr.cn）全面改版并以崭新面貌正式亮相。而这"新衣"改变的不仅仅是外貌，它还标志着广播与网络的深度融合已经迈出了坚实的一步	这是中国广播融合转型的旗帜，也是中国广播技术的崭新步履。与此同时，虽然美国、英国的广播体系也因网络技术而嬗变，但速度、深度都还处于后进状态
2020 年	5G 商业化正式开启	"5G ＋"：中国乃至全球新媒体发展的新起点
	组合 20 颗卫星建成北斗三号系统，向全球提供声音、图像、文字等信息图码综合服务	伴随着互联网、大数据、云计算、物联网等技术的发展，北斗基础产品的嵌入式、融合性应用逐步加强，产生了显著的融合传播效益

从初创期到 1928 年底，中国、印度、加拿大、澳大利亚等国的无线电广播也相继问世。[①] 图 1-8 至图 1-13 为若干代表性广播器械：

图 1-8　早期的电台实验室

图 1-9　早期的矿石收音机

---

① 关韵晨：《追忆往昔！浅谈收音机的百年发展历史》，泡泡网，http://www.pcpop.com/article/692062_all.shtml，2011 年 8 月 5 日。

图 1-10　早期的电子管收音机

图 1-11　1938 年的电子管收音机（美国）

图 1-12　世界上第一台
超小型晶体管收音机

图 1-13　1953 年中国第一台
全国产化红星牌电子管收音机

二、世界广播传播技术趋向完善

世界广播传播技术发轫于 1793 年，到 1920 年技术趋向稳定可应用，其后的技术演进可视为完善阶段。1928 年至 1954 年还是无线电发明完善的年代。

1931 年奥尔森和马萨生产了戴式麦克风，声音特点是肥暖（低频出色）、衔接滑顺、瞬态较慢、高频偏少，简而言之是"舒服、不刺激"。

1954 年 11 月，美国印第安纳波利斯市工业发展工程师协会 Regency 部研制的世界上第一台超小型晶体管收音机以高昂的售价投入市场。广播传播进入便携时代。

世界广播传播技术的应用大致可分为以下几个阶段：

（1）调幅广播的鼎盛时期（20 世纪 30 年代至 60 年代）。

调幅广播以调幅方式进行音频信号传输。调幅广播的特点是：覆盖范围广，传输距离远且稳定，接收机简单、廉价，听众广泛。

（2）调幅广播、调频广播、立体声广播并举时期（20 世纪 60 年代至 90 年代）。

调频广播的特点是音质好，不易受干扰，失真小，广播收听效果佳。而通过立体声技术实现的立体声广播利用多声道信号在同一频道内的传送，使听众辨别感受到声音的相对位置而产生立体效果，它最直接和明显的效果就是声音具有极强的逼真性。1941 年第一个调频广播电台在美国开播。到 20 世纪 50 年代，调频广播受到很多国家的推崇。

（3）数字广播技术推广时期（20 世纪 90 年代至 2015 年）。

20 世纪 90 年代数字音频广播（DAB）逐渐进入人们的视野。所谓 DAB 即利用卫星或地面发射站，通过发射数字信号进行的广播。在此过程中，所有模拟信号均转化为比特进行传输。英国广播公司于 1995 年 9 月 27 日率先进行了 DAB 广播。DAB 的优势如下：①抗外来干扰能力强；②不受电波传输衰弱影响；③快速移动时接收不受影响；④发射音质达到 CD 水准；⑤发射功率低；⑥可同时传送六个 CD 音质的立体声节目，或传送数字服务信息；⑦具有显示屏，可读取各项图文；⑧发射频带被充分使用。①

（4）广播与新技术的集合阶段（2015 年之后）。

进入 21 世纪，互联网思维践行深入，媒体传播载体技术日新月异。2017 年 1 月 10 日凌晨，中央人民广播电台旗下中央重点新闻网站、新媒体资讯平台央广网和手机央广网全面改版并以崭新面貌正式亮相，而这"新衣"改变的不仅仅是外貌，它还标志着广播与网络的深度融合已经迈出了坚实的一步。

新版页面大胆启用全屏设计和自动适配，更重要的是，这是中央人民广播电台深度推进媒体融合，不断打造适应移动端新趋势的资讯平台和产品的一种有益尝试。

央广网是人民广播事业在新媒体领域的自然延伸。习近平总书记曾指出，媒体融合就要从"你就是你，我就是我"到"你中有我，我中有你"，最终达到"你就是我，我就是你"的理想状态。这是中国广播融合转型的旗帜，也是中国广播新生的步履。

2018 年 3 月，中共中央印发了《深化党和国家机构改革方案》，并发出通知，组建中央广播电视总台，撤销中央电视台（中国国际电视台）、中央人民广播电台、中国国际广播电台建制（原工作呼号不变）。

第三节　世界电视传播技术演进简史

电视技术每一个历史时期的进步和发展都在不断提高人们"怎么说""怎么看"的能力。从 1930 年开始，在 90 年的时间内，电视技术迅速将各种传播功用集于一身，当今全新的电视传播媒介在近百年的技术发展基础上，吸收了磁带录音技术、光电转换技术、晶体管技术、彩色显像技术、人造卫星技术、立体声技术、激光数字技术、有线传播技术等技术精髓，从而生成为高度综合、能量巨大的新型传播媒体。

一、世界电视传播艰难的技术步履

我们研究电视传播发展轨迹时，从回顾其伴随技术进步的嬗变点切入，不失为了解电

---

① 杜军：《浅谈数字音频广播 DAB》，《山东商业职业技术学院学报》2009 年第 1 期。

视新闻发展历程及其工具性与规定性的一个捷径。表1-4梳理的是一幅电视传播工具发展的生动图景：

表1-4　世界电视传播技术演进简史（1884—2021年）

时间	电视传播技术的演进	述评
1884年	俄裔德国科学家尼普科夫发现，如果把影像分割成一个个像点，可制成"能使处于A地的物体，在任何一个B地被看到的电视望远镜"仪器，一年后，专利获得批准	有别于电影固定放映模式的电视传播思路得以确立，相应的技术研发从此起步
1908年	英国的肯培尔·斯文顿和俄国的罗申克提出电子扫描原理	电子记录技术发轫
1923年	美籍苏联人兹沃里金发明静电积贮式摄像管	近代电子电视摄像术的先驱
1925年	英国的约翰·洛奇·贝尔德根据"尼普科夫圆盘"进行了新的研究工作，发明机械扫描式电视摄像机和接收机	电视信号传播与接收工具进入实质性研制阶段
1928年	"第五届德国广播博览会"（柏林）上展出"尼普科夫圆盘"机械电视机。然而机械电视传播的距离非常有限，图像也相当粗糙，无法再现精细的画面	机械电视一亮相便走向终结，电子思路博弈胜出，电子电视应运待生
1929年	美国科学家伊夫斯在纽约和华盛顿之间播送50行的彩色电视图像，发明了彩色电视机	这是电子技术与同时代强势发展的电影的博弈
1930年	视频监视对讲系统在美国工业生产线投入使用，卓别林1934年推出的默片《摩登时代》中视频管理员工的情节便是生动的佐证	视频监视图像在70年后的21世纪成为电视新闻的重要一手资料
1933年	兹沃里金成功研制可供电视摄像用的摄像管和显像管，完成了使电视摄像与显像完全电子化的过程	电子电视传播系统基本成型
1936年	11月2日，世界上第一个电视台——英国广播公司开播，现场直播在伦敦郊外亚历山大宫举办的一场歌舞节目，继而开办每天两小时的电视广播。同年第11届柏林奥运会上，柏林电视台第一次使用电视对奥运比赛作现场实况转播，通过闭路系统将节目传送到柏林市内经过特殊配置的剧院	当时的摄像机体积硕大无比，其1.6米焦距的镜头重45公斤，长2.2米，被人们戏称为"电视大炮"
1937年	"二战"中电视技术的研发被迫中止	面对战争，电视传播滞生于襁褓中

（续上表）

时间	电视传播技术的演进	述评
1953 年	12 月，美国宾得劳斯比研究所采用多磁迹的方法，率先推出了彩色多磁迹录像带及其播放系统，但播出的画面比较模糊，未能马上投入使用	录像机、录像带的研发是电视传播个性形成的重要物质平台
1956 年至 1958 年	1956 年 4 月，美国的安培公司率先研制出了世界上第一台实用的磁带录像机。1958 年初，该系统被安装在美国最大的电视演播室并投入使用。安培公司因此闻名于世	电视图像声音的记录告别光化学胶片牵制，电视节目只能来源于电影式现场直播的被动局面从此结束
1969 年	日本的 JVC 公司发明了使用带宽 25 毫米录像带的新型录像机	电视采访机动、快捷，有赖于电视摄制设备小型化的实现
1971 年至 1973 年	荷兰菲利普公司推出使用带宽 12 毫米录像带的小型录像机，日本索尼公司紧随其后生产出带宽 12 毫米、名为 BETA 的录像带，但磁带盒为长方形	技术的发展推动影像生产设备频繁更替，使用观念如何跟进工具的变化至关重要
1976 年	JVC 公司推出了第一台家用型的摄像机，其使用的是 JVC 独立开发的 VHS 格式，VHS 是 Video Home System 的缩写，意为家用录像系统。VHS 盒式录影带里的磁带宽 12.65 毫米	摄像机的操作简化，价格大幅降低，家用摄像机概念被人们接受
1979 年	以索尼为首的 BETA 集团率先推出集摄、录、放为一体的新型录像机，为电视记者所称的 ENG（Electronic News Gathering）提供设备基础	专业便携摄录设备问世，电视采访方法发生质的变化
1982 年	由 JVC 公司研发的 VHS－C 摄像机和 S－VHS－C 摄像机应运而生，C 型录像带可以通过配送的转换盒在家用 VHS 录像机上播放	家用摄像机市场由此开始起步
1983 年至 1989 年	继 VHS－C 摄像机和 S－VHS－C 摄像机出现后，索尼、夏普、佳能公司又推出了 8 毫米系列摄像机，即通常所说的 V8。家用摄像机的性能提升到了新水平	家用摄像机小型化的脚步加快，为 DV 的问世做好了技术与使用观念的铺垫
1995 年	7 月 24 日，索尼公司公布了第一部数码摄像机 DCR－VX1000，于当年 9 月 10 日上市销售，成为便携式数码摄像机的先锋	DCR－VX1000 采用 3CCD 传感器结构，成为便携式数码摄像机的先锋
1996 年	JVC 公司于年底推出迷你型机 GR－DV1	机器小型化的先行者

（续上表）

时间	电视传播技术的演进	述评
1997 年	佳能公司推出全面实现了动态和静态的高清晰度录放的数字摄像机 Optura（欧洲型号 MV1）。采用 1/3 英寸总像素 38 万、有效像素 36 万的原色 CCD，镜头使用佳能原厂的 14 倍光学变焦镜头	小型化、高画质、大变焦比等物理技术在竞争中完善，为电视新闻素材来源民间化提供了条件
2003 年	9 月 3 日，佳能、夏普、索尼及 JVC 四家公司联合宣布了 HDV 标准。其概念是要开发一种家用便携式摄像机，方便录制高质量、高清晰度的影像	高画质、低价格 DV 的问世，使民间影像记录市井化
2012 年	4K 高清电视机问世。它具备 3 840×2 160（4K×2K）的物理分辨率	4K 高清片源是个制约
2013 年	日立和 NHK 联合研制 8K 超高清小型摄像机的最新原型机	高清设备带来人类视觉的极限挑战
2015 年	Adobe 公司推出 Premiere 视频编辑软件 CC2015 版，这是一款兼容性和画面质量俱佳的产品	电视节目日益丰富，编辑软件则是节目制作优化关口
2015 年	苹果公司推出最新一代视频编辑软件 Final Cut Pro – X – 3，它包含后期编辑所需的一切功能	Premiere + Final Cut Pro 是当代视频编辑的得力工具
2015 年	夏普 85 寸 8K 电视机面世，画面物理分辨率为 7 680×4 320（8K×4K）	研发、生产、销售的节点愈来愈小，超高清电视机走进百姓家
2016 年	海信发布 4K 激光电视，一改传统电视的物理屏幕，采用 2 700 流明激光投影技术来展现 4K 超高清画面，即使在白天也能清晰观看到画面，并且支持 HDR 技术来还原画面细节。2016 年成为"激光影院电视"发展元年	2005 年，索尼公司就推出了激光电视，在 2007 美国国际消费电子展上展出了样机，韩国也有过样机，只是不见走向市场的量产
2017 年	因特网、云计算、大数据组合应用技术趋向成熟，为电视节目融合传播打下坚实基础	泽传媒数据指标体系的完善，为实现电视传播效果最大化准备了条件
2020 年	随着电视技术的迅速发展，新一代的数字录像设备渐次普及，激光视盘相继问世。2020 年后，8K 超高分辨率、5G 高速传输技术、AI 人工智能影像处理技术以及实时渲染技术不断发展，全数字影像时代业已到来	影像、声音传播得后现代电子工业之福，人们从此进入一个充满视觉盛宴的幸福世界
2021 年	中央广播电视总台 8K 超高清频道试验开播	图像超高清传播得以具体实施

从表1-4中我们不难看到先辈们对影视图景的生成与应用孜孜不倦的追求。电视业者、学者应当明白，电视技术的规定性始终标示着电视新闻传播方式变革的可能性。传统社会人们直接用眼睛看世界，而今天我们更多的是通过电视、电影、照片来观看世界，而这些媒介都是技术性的。因此，电子技术是电视新闻成长不可或缺的物质平台，电视业者正在不断地提高复写世界的能力。

二、世界电视传播技术的完善

20世纪70年代以来，全球科学技术突飞猛进，较之广播传播技术，无论是步进节点还是产品丰富度，电视传播技术都大幅胜出。

1. 有线技术

以无线电波为载体是电视初创时的传播方式。超高频的电视电波具有光线直接传播与反射传播的特点，要求发射方与接受方之间不得有障碍物。尽管发射天线塔很高，但在城市的高楼大厦之间，仍无法实现直线传送，遮蔽与反射导致电视信号不是因阻挡而衰弱，便是因反射产生重影，严重影响节目质量。

有线电视（电缆电视，CATV）为纾解无线电视的短板应运而生。20世纪70年代的有线电视走入了成熟期，90年代全面取代无线电视。有线电视具有节目容量大、多频道、多节目、多选择、多形式等优点，无线电视难以与之相提并论。

2. 卫星传播

自从1957年苏联发射了第一颗人造地球卫星，人类便步入了卫星时代。1965年国际通信卫星1号的启用，标志着人类正式进入卫星通信时代。

直播卫星的优势在于：省略了传播的中间环节，缩短了传播的时间，减少了传播的费用。

随着卫星传播技术的演进，1964年在日本东京举行的第18届奥运会经美国的"辛科姆"通信卫星向世界各地转播，首开全球共享奥运会盛况的历史。由于卫星传送互联互通技术的制约，全球联网的理想直播境况并未因第18届奥运会而风生水起，真正实用的电视卫星直播技术直至21世纪初方显端倪。2008年8月8日开始的第29届北京夏季奥运会中，卫星电视承担了向全球万千家庭直播赛事实况的重担。2020年始，卫星电视已用8K超高清像素传送信号。

3. 高清晰度技术

国际无线电咨询委员会对高清电视的定义是："当观看距离约为屏幕高度的3倍时，该系统能使显像的实际效果等于或接近于由视力正常的观众观看原始景物或表演时所取得的印象。"电视的清晰程度是由电视机画面所采用的行数的技术标准决定的。2000年前，525行和625行是全球电视机画面所采用的技术标准。此后电视画面清晰程度的提高，实际上是对这一技术的改革。

真正的高清电视并不仅仅是指高清电视机，真正意义上的高清电视必须是高清摄像机、高清机顶盒、高清频道、高清电视机的组合体，四者缺一不可。

2012年前后，随着电子技术的进步，高清晰分辨率标准不再是我们在家里看的所谓高清晰度电视（1 920×1 080 分辨率），也不同于传统数字影院的 2K 分辨率的大屏幕（2 048×1 080 分辨率），而是具有 4 096×2 160 分辨率的超精细画面。传统高清电视的画面是 207 万像素，在传统数字影院里看到的是 221 万像素的画面，而在 4K 影院里，能看到 885 万像素的高清晰画面。

在数字电影应用中，2K 图像通常是由 2 048×1 080 个像素构成的，其中 2 048 表示水平方向的像素数，1 080 表示垂直方向的像素数；4K 图像是由 4 096×2 160 个像素构成的，其中 4 096 表示水平方向的像素数，2 160 表示垂直方向的像素数。在实际的数字母版制作和数字放映中，还需根据不同的画幅宽高比对图像水平方向或垂直方向的像素数进行调整。所以接近 4K 图像的 8 847 360 个像素数量的分辨率也可以叫作 4K，比如市面上常见的 3 840×2 160 也可以叫作 4K 分辨率。而标准 4K 分辨率像素点数量正好是 2K 分辨率的 4 倍，也是 1K 分辨率 1 024×540 像素点数量的 16 倍。在此分辨率下，观众将可以看清画面中的每一个细节、每一个特写。影院如果采用惊人的 4 096×2 160 分辨率，观众无论在影院的哪个位置，都可以清楚看到画面，影片色彩鲜艳，文字清晰，再配合 3D 音效，可呈现出一种难以言传的视觉效果。2014 年巴西世界杯三场重要赛事首次实现 4K 超高清信号转播，4K 技术可谓纤毫毕现，因此给球迷带来更加逼真的观看体验。

值得关注的是中外各电视、网络机构播出的电视节目何时实现高清数据的常规播出。表 1-5 为电视机显示屏常用清晰度一览表。

表 1-5　电视机显示屏常用清晰度一览表

显示屏类别	显示屏水平方向的像素数	显示屏垂直方向的像素数	备注
标准清晰度	720	480	简称标清电视机
2K 清晰度	1 920	1 080	简称全高清电视机
4K 清晰度	3 840	2 160	简称超高清电视机
8K 清晰度	7 680	4 320	简称超高清电视机

目前（2021 年），国内超高清视频行业相关的政策都是围绕"4K 先行、兼顾 8K"的总体方向，落实到 8K 的部分较少。除了 2021 年 2 月中央广播电视总台 8K 超高清频道试验开播外，深圳市出台《深圳市 8K 超高清视频产业发展行动计划（2019—2022 年）》是首个支持 8K 产业发展的政策。随着 4K 技术、应用等不断深入，未来全国和地方将陆续出台 8K 相关专项政策。加快发展超高清视频产业，对满足人民日益增长的美好生活需要、驱动以视频为核心的行业智能化转型、促进我国信息产业和文化产业整体实力提升具有重大意义。

从政策因素看，国家和地方政策陆续出台，按照"4K 先行、兼顾 8K"的总体技术路线，大力推进超高清视频产业发展和相关领域的应用。

从技术因素看，在新基建的浪潮之下，5G 建设如火如荼，为 8K 电视的视频传输提供了更大的带宽、更高的数据传输速率；芯片技术的研发，AI 算法实现内容转化，为 8K 电视提供内容支持。

从需求因素看，我国居民收入水平不断提高，居民消费意愿不断提升，对 8K 电视的价格承受能力在不断提升；此外，重大体育赛事、国际会议等先行先试，展开 8K 视频的录制和播放，刺激消费者购买 8K 电视从而获得 8K 极致体验。

4. 互联网技术

当代人类社会进入信息革命时期，以互联网为代表的信息技术日新月异，引领了社会生产新变革，创造了人类生活新空间，拓展了治理新领域，极大提高了人类认识世界、改造世界的能力。世界因互联网而更多彩，生活因互联网而更丰富。构建和平、安全、开放、合作的网络空间，让互联网更好造福世界、造福人类成为人们的共同意愿。"让互联网更好造福人类"是习近平总书记在 2016 年 11 月 16 日第三届世界互联网大会开幕式上发出的号召。他指出，互联网快速发展给人类的生产生活都带来了深刻变化，也给人类社会带来了一系列新机遇和新挑战；互联网发展是无国界、无边界的，利用好、发展好、治理好互联网必须深化网络空间国际合作，携手构建网络空间命运共同体。

此次会议发布的《2016 年世界互联网发展乌镇报告》表明，当代互联网基础设施建设成就显著。各国加快互联网基础设施建设，移动蜂窝网络已覆盖 95% 的人口。2016 年底，全球固定宽带用户数达到 8.84 亿，移动宽带用户数达到 36 亿。发达国家和发展中国家分别有 75% 和 50% 的用户带宽达到 10Mbps。截至 2015 年底，全球大多数发达国家、83 个发展中国家和 5 个最不发达国家都已实现宽带委员会提出的价格可承受性目标。2015 年，全球 IPv 6 增长翻番，有力支持了未来基础设施的发展。

当代互联网技术为新兴的网络电视提供了强大的技术平台。广义的网络电视称为 Interactive Personality TV（IPTV），它利用 PC 平台（计算机）、TV 平台（机顶盒）和手机平台（移动网络）这三种终端显示平台，通过机顶盒或计算机接入宽带网络，实现数字电视、时移电视、互动电视等服务。[①] 用户有三种方式可以享受 IPTV 业务：一种是 PC 机 + 宽带，一种是手机电视，一种是 IPTV 机顶盒 + 电视机。

网络电视带来了一种全新的电视观看方式，并提供近乎海量的节目内容供观众自由选择。

5. 三维技术

三维技术即 3D 技术，因此三维电视又称立体电视或 3D 电视（Stereoscopic Television）。它的技术原理是利用一定的拍摄技术和人眼等产生立体效应。它带给观众更强的现实感与参与感，把观众完全带入虚拟世界当中去。20 世纪 50 年代，科学家们就开始了三维电视的研究，直到 70 年代，三维技术才真正开始它的发展期。目前中国电视机市场中逾五成的中外产品具备 3D 显示功能，但它们面临的问题是片源匮乏，因为无论是 3D 电影还是 3D 电视剧，其拍摄、制作、经费都与传统的 2D 片种有天壤之别。如何实现裸眼观看 3D 电视也是有待解决的技术难题。3D 电视节目真正进入家庭还有漫长的路要走。

---

① 蒋华权、刘笋萌、高蓉：《IPTV、数字电视、网络电视区别谈》，《卫星电视与宽带多媒体》2009 年第 9 期。

本章小结

世界是物质的，物质是按一定节律运动变化的。意识的内容来自物质世界，物质决定意识。本书从广播电视传播的物质基础开篇，希冀读者能够把握广播电视技术这一物质基础的发展状况（事物的本质和运动规律），进而了解、驾驭广播电视节目传播这一意识形态的精灵。任何改变人类生活的发明创造都经历了不断改进、不断完善的过程。电的发明，孕育了以电为动力的媒体，催生了电报、电话、广播、电影、电视、计算机、互联网等，它们是电的同源兄弟姐妹，可集合称为"电媒体"，这也是区别于以纸质为传播形式的书、报、刊等纸媒体的一种媒体。卫星传播、高清晰度技术、互联网技术、三维技术的应用，为广播电视节目的传播奠定了物质基础。

复习思考题

1. 了解广播技术的发明推动广播节目发展的历史。

2. 了解电视技术的发明推动电视节目发展的历史。

3. 分别概述卫星传播、高清晰度技术、互联网技术、三维技术应用给广播电视节目传播带来的变化。

4. 了解"延伸阅读"中的中国"新媒体"的发展进程。

延伸阅读

认识卫星电视[①]

卫星电视是利用通信卫星传送和转播电视节目的电视系统。电视节目从某个地面站发往通信卫星，再由通信卫星转发到其他地面站，地面站收到信号后传送到当地电视台转播。

卫星电视台是由卫星传送到地面的电视台，与地面频道不同，某电视台如果是由卫星传送的，就简称"卫视"。如"广东卫视""内蒙古卫视"等。

一、卫星电视技术原理

1. 传输方式对比

广播电视信号的传输，不管是数字信号还是模拟信号，都有地面、有线、卫星三种传

---

① 本文来源于百度百科"科学百科"2021年9月23日网页，该网页注明：本词条由"科普中国"科学百科词条编写与应用工作项目审核。

输方式。

地面就是地面微波方式，大家原来用电视上自带的拉杆天线或者在外面架设的鱼骨天线就是这种传输方式。这种传输方式需要广电部门架设的铁塔天线，或者微波天线，有一定的覆盖半径，就像移动的通信基站一样。

有线是我们最常用的传输方式。卫星电视信号进入卫星接收机之后，接收机出来的信号再送入编码器—复用器—数字宽频调制器—混合器（一套节目对应一台接收机和一台编码器；一到八套节目对应一台复用器）。混合器出来之后进入光发射机，通过光缆主干网发送到各用户小区，经光接收机接收之后，出来的数字电视信号可以直接进入用户数字电视机顶盒，再进入电视机。

图 1-14　第一代鱼骨电视天线

卫星电视常用于受地理环境因素影响而无法通过前两种方式获取电视信号的偏远地区。它是用锅面天线接收卫星信号，经过卫星接收机解码后送入电视机的（由于政策原因，除少部分偏远农村地区之外，个人不允许使用卫星锅来接收电视信号）。

三种传输方式各有优劣，但相较于其他两种方式，卫星传输是最具有竞争力的。

2. 信号从哪里来

我们接收的电视信号是直接从地球同步静止轨道上的卫星上发射下来的。这种卫星环绕在距离地面赤道正上空三万六千公里的大圆周轨道上，它最大的特点是运行周期与地球的自转周期是严格相同的，并且轨道固定在赤道上空。也就是说，这种卫星相对地球来说是静止的。

在这个轨道上大概每隔2～3度就有一颗卫星，轨道都是国际电信联盟依据各个国家和地区的诸多因素分配的，地球同步轨道上大约有180颗卫星在运行。

大家在看卫星位置参数的时候，只看到卫星的经度值，比如东经多少度（E×××），或者西经多少度（W×××），就是因为卫星的位置只固定在赤道的正上空，纬度值永远是0度，故只用经度值就可以标出它的位置。而不同的卫星所转播的节目不同，覆盖的区域也不相同。

卫星本身并不产生电视信号，是地面上的广电卫星上行站向卫星发射的电视信号，经过卫星接收后，利用其携带的太阳能电池产生的能量把电视信号进行放大和处理后，再向地球上转发信号，卫星只是起到信号中转的作用。

3. 卫星电视接收系统组成

地面上的卫星电视接收系统是由抛物面天线、馈源、高频头、卫星接收机组成的。

抛物面天线是把星空的卫星信号能量反射汇聚成一个焦点。

馈源是在抛物面天线的焦点处设置一个聚卫星信号的喇叭，馈源的意思是馈送能量的源，它将汇聚到焦点的能量全部收集起来。

高频头（LNB，亦称降频器）是将馈源传送过来的卫星信号进行降频和放大，然后传送至卫星接收机。高频头的噪声度数越低越好。

卫星接收机是将高频头输送来的卫星信号进行解调，输出卫星电视图像信号和伴音信号。

4. 大锅小锅①

卫星锅是一个金属抛物面天线。抛物线都有焦点和主轴，根据反射原理，由焦点发出的光线，都平行于主轴发射出去；同理，平行于主轴射入的光线都汇聚在焦点上。

从太空来的无线电波信号（可以简单地看成平行信号），由于距离远，信号微弱，通过抛物面天线可以收集足够多的电波信号，再汇集到一起，馈送给高频头。

卫星锅的开口直径越大，节目的信号越强，接收质量越高。但考虑到成本、安装等因素，用户要求卫星锅的开口直径越小越好。如何衡量要安装什么样的卫星锅呢？

卫星锅可分为正馈和偏馈两种。

正馈天线是由一段垂直于抛物线中轴线的直线切割后而形成的，它抛物面的反射面面积比较大（开口直径在1.2米以上的基本是正馈天线），因此俗称为"大锅"，通常用来接收C波段节目。

而偏馈天线是从正馈天线截取一部分，其成型的抛物面还是原抛物面，焦点还是原焦点，但是，相对于天线来说，焦点已经不在天线正前方了，所以接收器馈源就不会遮拦信号，这样就提高了天线的利用效率。

偏馈天线的反射面面积比较小（开口直径在1米以下的，都属于偏馈天线），称为"小锅"或"小耳朵"，主要是接收KU波段节目的。

图1-15　早期民用卫星信号接收天线

5. C波段和KU波段

当一颗新的广播同步卫星发射后，我们常在媒体介绍中看到这样的信息：定位于东经或者西经多少度，几个C波段转发器，几个KU波段转发器，能转发多少套节目，覆盖哪些区域，对哪里进行广播等。

那么C波段转发器和KU波段转发器指的是什么，它们到底有什么区别呢？

不管是收音机收的信号还是卫星信号，都是以无线电波为载体的。无线电波的一个重要参数就是频率，我们说的C波段和KU波段正是以频率的不同来划分的。

国际电联将广播卫星的下行频率分为：C段的下行频率为3.4~4.2GHz，KU段的下行频率为11.7~12.75GHz，民用广播卫星的接收就限定在这两个波段中。

在雨雪天气，KU波段的信号会有一定的衰减，对收视产生影响；而C波段受天气因素的影响比较小，所以在热带雨林地区、气候恶劣的地区，应用非常广泛。

常用规格有开口直径0.35米、0.45米、0.6米、0.75米、0.8米、0.9米、1.0米、1.2米、1.5米等，完全可以满足个人、有线电视台站以及"村村通"工程的需求。

C波段天线有开口直径为1.35米、1.5米、1.8米、2.1米、2.4米等各种规格，在高

---

① 卫星锅的管理，各国管理要求不一。为减轻用户负担及防雷电，中国是在省、市、县三级建立卫星接收电视信号光纤入户。

纬度的东北地区，这几种规格完全可以满足接收国内所有频道以及 CNN、BBC、NHK 等国际著名频道的需要。

一颗同步通信卫星上一般有十几个甚至几十个转发器（如中星九号，有 4 × 54MHz ＋ 18 × 36MHz 共 22 个 KU 波段转发器），每个转发器都有一定的带宽，如 27MHz、36MHz、54MHz（大多为 9 的倍数），一般一个转发器能转发 4 ~ 8 套节目。

我们可以把转发器想象成一条宽度固定的公路，几乎所有的卫星都采用了数字化技术，对传送的节目进行数字化压缩，大大节约了每个节目占有的带宽，提高了转发器的利用率，使传送节目容量大大提高。

每个转发器都有不同的编号或名字，卫星上 C 波段转发器或者 KU 波段转发器对地面广播的范围称为该波段的波束覆盖范围。

转发器可以被不同的传媒公司或集团拥有，他们向卫星所属公司购买或者租借，实现对特定区域内广播节目的放送。比如，中央电视台的上星节目在中星 6B 上就是通过 S7 和 S9 两个转发器对全国进行广播播出的。

6. 高频头的作用及分类

广播电视信号通过卫星载波对地面进行广播时，既可以用 C 波段进行载波广播，也可以用 KU 波段进行载波广播。

我们在地面进行接收时，采用的接收器（高频头）也分两类：如果接收 KU 波段载波节目，就要用 KU 波段高频头（简称 KU 头）；如果接收 C 波段载波节目，就要用 C 波段高频头（简称 C 头）。

如果要接收同一颗卫星上的 C 波段和 KU 波段节目，并且用一副天线，那么就要用到复合高频头。

（1）KU 波段高频头。

这里说的高频头可不是我们电视机里面的高频头，卫星接收系统里的高频头的专业名称是低噪声降频器（Low Noise Block Downconverter，LNB），或低噪声下变频器。

高频头负责接收卫星锅天线汇聚来的信号，但接收到的信号强度还是远未达到直接送到接收机处理的程度，因此高频头的作用有两个：

一是将太空中传送来的高达几吉赫的 C 波段信号甚至十几吉赫的 KU 波段的高频卫星载波信号变成 1GHz 左右的中频载波信号。

二是对信号进行放大。这里所讲的放大，是指两个过程的放大：降频前的高频放大和降频后的中频放大。

（2）C 波段高频头。

高频头处理信号的流程是：低噪声高频放大——低噪声降频——低噪声中频放大——输出给接收机。整个信号处理流程要求降低噪声，降低干扰，高频头名称中的"低噪声"由此而来。

从外观上来分辨 C 头和 KU 头还是比较容易的。C 头形状单一，外形和我们喝的易拉罐瓶一样。而 KU 头形状多样，有直立形状的，还有 L 形状的，从外观来比较，KU 头比 C 头要短小得多。

二、中国的卫视

1. 大陆卫视

全国：中央电视台、中国教育电视台。

北京：北京卫视、卡酷动画、BTV纪实（北京电视台纪实频道）。

天津：天津卫视。

河北：河北卫视。

山西：山西卫视、黄河卫视。

内蒙古：内蒙古卫视、内蒙古电视台蒙古语卫视频道、足球频道（内蒙古足球频道）。

辽宁：辽宁卫视。

吉林：吉林卫视、延边卫视。

黑龙江：黑龙江卫视。

上海：东方卫视、炫动卡通、上海电视台纪实人文频道。

江苏：江苏卫视、优漫卡通卫视。

浙江：浙江卫视。

安徽：安徽卫视。

福建：东南卫视、海峡卫视、厦门卫视。

江西：江西卫视。

山东：山东卫视、山东教育电视台。

河南：河南卫视。

湖北：湖北卫视。

湖南：湖南卫视、金鹰卡通、金鹰纪实。

广东：广东卫视、嘉佳卡通、南方卫视、深圳卫视。

广西：广西卫视。

海南：海南卫视、三沙卫视。

重庆：重庆卫视。

四川：四川卫视。

贵州：贵州卫视。

云南：云南卫视、云南澜湄国际卫视。

西藏：西藏卫视、西藏藏语卫视。

陕西：陕西卫视、陕西农林卫视。

甘肃：甘肃卫视。

青海：青海卫视、青海安多卫视。

宁夏：宁夏卫视。

新疆：新疆卫视、兵团卫视。

2. 港澳台卫视

香港：香港卫视、阳光卫视、潮声卫视（原名潮声卫视，2011年10月1日成功全新改版调整启播，呼号已更改为"潮商卫视"）、星空卫视、凤凰卫视、华娱卫视、点心卫视。

澳门：澳亚卫视。

台湾：台湾电视台、客家电视台、东风卫视、国兴卫视、人间卫视。

三、境外卫视

表1-6　境外卫视

频道类别	频道名称（英文）	频道类别	频道名称（英文）
CNN高清频道	CNN HD0	英国天空新闻高清频道	Sky News HD
NHK新闻高清频道	NHK World HD	国家地理高清频道	Nat Geo HD
国家地理野生高清频道	Nat Geo Wild HD	国家地理探险高清频道	Nat Geo Adventure HD
探索高清频道	Discovery World HD	美食高清频道	Food Network Asia HD
旅游高清频道	Travel Channel HD	奢华高清频道	Luxe HD
时尚生活高清频道	LiTV HD	时装高清频道	Fashion TV HD
福克斯犯罪调查高清频道	Fox Crime HD	FX HD	FX HD
福克斯高清频道	Fox HD	卫视合家欢高清频道	Star World HD
女性高清频道	WE TV HD	tvN韩国娱乐高清频道	tvN HD
KMTV韩国高清频道	KMTV	古典音乐高清频道	Classica HD
现场演唱会高清频道	iConcerts HD	HBO高清频道	HBO HD
HBO强档钜献频道	HBO Hits HD	卫视电影高清频道	Star Movie HD
福克斯家庭电影高清频道	Fox Family Movie HD	日舞高清电影频道	Sundance HD
NBA篮球高清频道	NBA TV HD	全美运动网高清频道	ASN HD
高尔夫高清频道	Golf HD	极致体育高清频道	Extreme Sports HD
福克斯新闻频道	Fox News	彭博电视频道	Bloomberg
卡通频道	Boomerang	尼可国际儿童频道	Nickelodeon
探索科学频道	Discovery Science	探索健康频道	Discovery Home
探索动力频道	Discovery Turbo	华纳电视频道	Warner TV
澳洲网频道	Australia Network	德国之声亚洲频道	DW Asia Plus
HBO温馨家庭频道	HBO Family	HBO原创钜献频道	HBO Signature
MAX	Cinemax	纬来高清	Videoland HD
台湾民视	Formosa TV	台湾华视	CTS
台湾TVBS新闻频道	TVBS News	中天新闻频道	CTiTV News
凤凰卫视信息频道	Phoenix Info	东森新闻频道	ETTV News
东森幼幼频道	ETTV YoYo	迪斯尼频道	Disney
迪斯尼Junior频道	Disney Junior	非凡财经新闻频道	USTV
TVBS	TVBS	TVBS欢乐频道	TVBS G

（续上表）

频道类别	频道名称（英文）	频道类别	频道名称（英文）
凤凰卫视中文频道	Phoenix	中天亚洲频道	CTiTV Asia
三立国际频道	SET International	纬来日本频道	Videoland Japan
纬来体育频道	Videoland Sports	东森电影频道	ETTV Chinese Movie
东森洋片频道	ETTV Western Movie	纬来电影频道	Videoland Chinese Movie
新视觉高清频道	SiTV	英超高清足球1	EPL1
英超高清足球2	EPL2	英超高清足球3	EPL3
英超高清足球4	EPL4	亚洲电台	Asia FM
台北爱乐电台	Philharmonic Radio Taipei	古典室内乐	Chambers
情境音乐 幸福咖啡香	Music for Café	日本演歌名曲	Japanese ENKA
日本流行最前线	Japanese POP Hits	日本流行百汇	J-POP 2000 Hits
哈韩流行最前线	Korean POP Hits	国语流行主打	Mandarin Pop Hits
国语新歌排行100	Mandarin Pop Hits New Top 100	国语偶像专辑	Mandarin Hot Albums
国语怀旧歌曲	Mandarin Oldies	活力HOUSE	House Music
夏威夷流行电台	KSSK	沙发音乐	Lounge Music
时尚电音	Trance Club Mix	哈日摇滚	J Rock
爵士风情	Jazz	爵士名人堂	Greatest Jazz
现代爵士	Modern Jazz	美式摇滚	Rock
美国蓝调	Blues	黑色R&B	Hip Hop and R&B
雷鬼音乐	Reggae	西洋排行	American Weekly Top Hits
西洋频道 爱的抒情歌	Ballads	西洋70HITS	American 70's Hits
西洋80HITS	American 80's Hits	西洋90HITS	American 90's Hits
西洋2000HITS	American 2000's Hits	心灵飨宴	Inspiration
心灵自然音乐 早起森林浴	Forest		

第二章

世界广播电视事业因传播技术而渐次发展

本章要求

□ 了解世界广播传播技术语境下的早期节目形态

□ 了解英国、美国的电视传播事业

广播事业发展到今天，是无数电子发明家呕心沥血的结果。从发现电磁波的存在到发出第一声嘀嗒的电报声，从电报到电话再到声音广播，近130年间，广播的发展反映了人类不断认识自然、利用自然的伟大力量，也体现出电子科学的物质基础对大众传播发展所带来的革命性变化。

20世纪70年代以来，全球科学技术突飞猛进，较之广播传播技术，无论是发展节点还是产品数量，电视传播技术都大幅胜出。

第一节　世界广播传播技术语境下的早期节目形态

一、世界广播传播的早期节目形态

早期的广播节目尽管简单粗糙，但毕竟能让众人远距离"听盒子说话"获取信息，这对当时的人们来说可谓是盘古开天以来头一遭的新鲜事。世界广播传播技术的早期应用如表2-1所示。

表2-1　世界广播传播技术的早期应用

时间	应用情况	简评
1910年	福斯特在纽约的大都会歌剧院转播了恩里科·卡鲁索的歌剧演出，随后播送了报纸要闻，这是最早的广播简讯	尽管是报纸要闻，但冠以"空中之声"之名就足以引起人们的广泛兴趣
1916年	美国大选期间，科学家弗雷斯特在纽约建立了一个呼号为2ZK的广播电台，播送了《纽约美国人报》提供的伍德罗·威尔逊成功连任第29任总统的消息	这是世界上最早的广播形式的新闻
1920年8月31日	美国底特律的一家试验性电台播送州长竞选新闻，这被认为是首次广播新闻	从时间上判断，"首次广播新闻"还是该认定为1916年
1920年11月2日	由美国匹兹堡西屋电器公司开办的商业广播电台开始播音，呼号为KDKA。其建造者为康拉德。这家电台首次创办了定时广播节目，主要播送新闻节目	世界公认的第一个正式电台，也是世界广播传播史上的首次新闻节目
1921年	法国邮电部建立了本国第一座电台，通过巴黎埃菲尔铁塔进行定时广播。1922年法国建立国家电台，1924年法国出现私营广播电台	埃菲尔铁塔上架设了发射天线，具有当时最大的信号覆盖面积

（续上表）

时间	应用情况	简评
1922 年	英国建立了英国广播公司（BBC）。到 1926 年，英国全国已有 29 座发射台，覆盖 80% 人口居住区，1929 年建成首座地方台	世界首家国家级广播公司，覆盖面广，尽显广播魅力
1923 年	德国建立无线电广播电台	
1923 年 1 月	美国人奥斯邦创办的中国无线电公司所属广播电台在上海开始播音，这是中国境内的第一座广播电台；三个月后停播	虽然连续广播时间不长，但也是我国最早的新闻广播
1924 年 5 月 15 日	上海美商开洛公司和《申报》馆合作开设的开洛广播电台开始播音，每天播音达 4 小时，内容涉及市价行情、汇兑价格、新闻、音乐、戏曲、名人演讲等。《申报》的 15 版、16 版还专门开设了名为"本馆无线电话部报告"的节目预告。1929 年 10 月底该电台停止播音	这座广播电台是早期在上海开办的广播电台中规模最大、时间最长、影响最大的一座，也开创了在中国广播电台与报纸联手经营的纪录
1924 年 8 月	北洋政府交通部公布《装用广播无线电接收机暂行规则》	这是中国历史上的第一个广播法令
1925 年	日本开始办无线电广播。该年 3 月 22 日，第一家私营东京广播电台开始试验性广播。1926 年，以该台为基础，合并了大阪和名古屋两家电台，成立了日本广播协会（NHK）	开办时间虽晚，但 NHK 的成立，保证了电台的持续运行

二、世界广播传播的早期概况

随着节目制作水平的不断提高，20 世纪 30 年代广播电台节目内容发展到成熟阶段，表现出了今天节目的雏形。

1. 娱乐类和新闻类节目唱主角

这期间，除了广受欢迎的综合性文艺节目，广播剧也应运而生，发展成为广播电台的重头戏。从最开始形式单调、情节简单发展到注重情节、多人合作，广播剧实现了一个不小的飞跃。今天闻名遐迩的"肥皂剧"一词，就是在这个时候产生的。世界上第一部长篇广播连续剧是美国在 20 世纪 30 年代制作的《彩色的梦》，由于其广告赞助商是肥皂商，以后的长篇剧集都被称为"肥皂剧"。世界上播出时间最长的广播剧是 1933 年在美国开始播出的《海伦·特伦特的罗曼史》，该剧于 1960 年停播。这些广播剧成为听众日常生活的一部分，听众在广播剧中反思现实生活和人生。

一开始新闻节目在广播中并不占主要地位，仅仅是不定期播放一些简讯和评论。但是由于广播避免了读书认字带来的门槛限制，同时相较于报纸，广播具有更强的即时性和便捷性，因此人们很快就更倾向于通过广播了解新闻。一开始报社认为广播播报新闻会对报纸产生巨大的冲击，因此采取种种措施限制广播传播事业的发展。如 1933 年美国报社与通讯社联合发起成立的"报刊—广播署"就规定电台每天只能播报两则报刊发表过的新闻，然而这项垄断性政策并未持续多久就被打破了。

2. 专业性电台崭露头角

这时期广播传播事业蒸蒸日上，同时还涌现出一批优秀的播音员，如以"二战"期间的《这里是伦敦》而一炮打响的爱德华·R. 默罗。同时广播种类日渐丰富和多样化，广播电台出现专业化趋势，新闻电台、交通电台、经济电台、教育电台、音乐电台等分别占据不同的领域。其中音乐电台以其卓越的服务性能深受广大听众喜爱，音乐节目打破了地域限制，各种风格的音乐得到大众的欣赏。

3. 美国 KAZN AM1300 中文广播电台

AM1300 中文广播电台（中文网址：http：//www. am1300. com/）是一家凝聚了在美华人的生活广播电台，成立于 1993 年，1998 年纳入多元文化广播集团旗下，是美国南加州家喻户晓、极具影响力的中文媒体。

AM1300 中文广播电台的节目不断创新、发展，同时展开与海外各地华人媒体的广泛合作。考虑到海外华人的需求以及近年来华人移民数量的大幅度增长，电台采取节目多元化的方针，确保华人听众能及时收听到美国及全球新闻。电台还精心安排了各类娱乐和谈话节目，给听众的生活增加一些欢乐，增添其对美国的了解，并提供一个发表意见的园地，同时发送大量的社区服务资讯。

2005 年，全球最大的广播收听率调查公司 ARBITRON 对多元文化广播集团旗下的美国东西岸华语电台进行了全面的收听调查。其结果令人振奋：在有能力收听华语广播的人口中，收听多元文化广播集团华语广播的人数最多、收听时间最长、受教育程度最高，听众忠诚度甚至超过美国主流广播。

4. 美国电台强化政治传播

20 世纪 30 年代，美国广播主要是为政治服务。当年的美国总统罗斯福运用广播发表治国理念，被誉为亲民的"炉边谈话"，这历来被认为是广播巨大威力的生动体现。作为一位坐在轮椅上的国家领导人，罗斯福通过广播这一大众传播工具将自己的施政方针传达给大众，真正发掘出了广播的喉舌魅力。1933 年罗斯福发表的四次广播讲话（3 月 12 日，5 月 7 日，7 月 24 日，10 月 22 日）鼓励国民树立信心、渡过经济大萧条困境，成了美国政治史上的重要事件和广播史上的里程碑。《纽约时报》报道说："从来没有哪一位总统能在这么短时间内叫人觉得这样满怀信心。"罗斯福不是第一位通过广播发表政见的美国总统，但他无疑是最善于运用广播的总统。无线电广播这一传播工具甫一问世就为美国总统所青睐，足见政治与宣传的相依关系，也足证广播传播的喉舌工具特性。

5. 各国的对外广播迅速发展

各国的对外宣传此前虽有报纸、书刊等纸质读物，限于语言与文化，其辐射影响力还是十分有限。鉴于广播不受语言与疆域的羁绊，各国的对外广播发展迅速。1927 年，荷兰成为世界上最早开办对外广播的国家。"二战"前，共有 27 个国家办起了对外广播。1945 年战争结束时，有 55 个国家开办对外广播。"二战"结束后，一批社会主义国家和一些第三世界国家也办起了对外广播。许多国家在加强对外广播方面明显趋向于大力增强多语种广播，其中以美国、苏联、中国、日本、法国等国最为突出，他们竞相开办昼夜不停的环球广播，如"美国之音"、英国广播公司、澳大利亚电台、莫斯科电台等都已建立英语环球广播。此外，不少国家大搞广播设备现代化，有些国家还在国外建立转播台。

中国国际广播电台（China Radio International，简称 CRI）创办于 1941 年 12 月 3 日（起源于延安新华广播电台于 1941 年 12 月 3 日开办的日语广播；延安新华广播电台即今中央人民广播电台），是中国向全世界发送广播的国家广播电台。截至 2015 年，中国国际广播电台已使用 65 种语言全天候向世界传播节目，是全球使用语种最多的国际传播机构。其宗旨是"向世界介绍中国，向中国介绍世界，向世界报道世界，增进中国人民与世界人民之间的了解和友谊"。2009 年 7 月 16 日，中国国际广播电台借助网络推动的"移动国际在线"在北京启用。

2010 年后，传播技术的发展与应用可谓是日新月异，各国的对外广播同步迅速发展。

三、世界广播电视节目经营管理的五大制度模型

广播电视节目的经营管理体制与所在国的政治、经济、文化有着千丝万缕的联系。任何一种体制的产生与存在都有其深刻的政治、经济、文化等方面的原因，各国管理广播电视节目的法律和行政管理制度不尽相同，但其相同之处是都必须为所在国的核心利益服务，它们始终是国家的喊话喉舌。其经营管理的五大制度模型如表 2-2 所示。

表 2-2　世界广播电视节目经营管理的五大制度模型

制式与例子	管理模式关键内容	简评
国有国营型 （中国、朝鲜、蒙古、古巴等国电视台）	国家拥有并直接经营，领导成员由政府任命，业务方针由政府规定，业务活动受政府监督；经费大部分靠国家拨款，有的辅之以受众缴纳的视听费以及广告费	因经费问题，此型已难恪守初衷
国有公营型 （英国 BBC、日本 NHK 以及苏格兰、威尔士、北爱尔兰、法国等地电视台）	发达资本主义国家以及发展中国家的许多公共台一般实行这种体制。资产为国家所有，但电台、电视台保持相对独立性，作为"特殊法人"存在，实行企业化管理和运作，经费来自受众缴纳的视听费和国家拨款，有的辅以广告收入。大都严防"自我商业化"以及媚俗的倾向	相对合理的模型
社会公营型 （美国 1 200 多座电台、300 多座电视台，德国各州地方台）	有两种类型：一是联合型，由社会各界联合经办；二是团体型，由公众团体经办。它们一般都是独立的法人单位，以服务社会为宗旨，在合法范围内独立地进行业务活动和经营管理。经费有的靠视听费，有的靠各界资助和政府补助，有的还辅以广告收入。国家依法在宏观上进行调控管理	调控是关键。美国国会有专门调控机构

（续上表）

制式与例子	管理模式关键内容	简评
私有私营型 （美国 NBC、CBS、ABC、FBC，日本 TBS、NTV、ANB、Fuji TV）	这种私有私营的商业台要占美国全国广播电视台4/5以上，国家只是依照法律调控管理。其新闻节目往往追求轰动效应，时而造成内容失实、侵犯隐私等现象。在业务上往往受广告商、赞助商的牵制。为了不得罪重要的广告商，有时甚至会曲意迎合，停播某些节目或节目内容	此体制是自由主义报业理论在电视界的翻版
公私合营 （法国新频道电视台、俄罗斯公共电视公司）	国家兴建并经营广播电视设备，私人租赁这些设备制作并播送节目。不论合资或合办，国家通常处于主导地位，其基本特点是既实行商业经营，又保持国家在机构内部的调控制约	国家有效制约是关键

第二节　英国、美国的电视传播事业

言及电视节目的传播，由于电视技术发明与应用多起源于英国和美国，故本节简要介绍英国、美国的电视传播事业。鉴于电视节目传播的普及，对美英节目的介绍只作简要涉及。

一、英国电视传播事业简介

世界第一座电视台是在英国出现的，对于电视的发明及此后的技术进步，英国人作出了自己的贡献。1936 年，英国建立了世界上第一个公众电视台。今天，主营英国广播电视事业的英国广播公司在世界上仍享有很高的声誉。

英国的电视业向来十分重视电视新闻的发展，英国两大电视机构 BBC 和 ITV 一直是电视新闻采访报道的主力军。

（一）英国主要电视台

1. 英国广播公司（BBC）

英国并没有类似中国的中央电视台一样的国家电视台，BBC 是英国最大的半官方性质的电视广播制作播出机构，是一家国有公司，但又是相对独立的"特殊法人"。它的理事会为最高决策、管理机构，决定 BBC 的一切重大问题，直接向议会负责。[①]

BBC 在新闻传播界享有很高的声誉，电视传播实力雄厚，节目覆盖了全国人口的

---

① http://www.cnr.cn/jijin/200410100285.html.

99.9%。BBC 十分注重电视新闻节目的播出，其对新闻的严谨态度也值得一提。其新闻报道很重视依靠自己的国内外记者，新闻节目在注意及时迅速的同时也要求准确，除非是本公司记者的报道，否则一条国际新闻需有三个通讯社同时报道方可采用。据长期居住于英国 North Petheton 镇的一位华裔学生 2016 年 9 月报告："英国 BBC 的收视执照费至今仍在照章纳取，目前在国内有 9 套节目在播，作为综合台的 BBC-1 定时播出新闻节目，BBC News（电视新闻频道）的节目则 24 小时滚动报道。"

BBC 新闻节目强调突出电视的特点，尽量进行实况转播，否则就采用现场录音报道和记者本人报道的新闻节目，除对外广播由播音员念稿外，其他大都是记者本人的录音和电视报道。其重视报道的质量，强调给观众身临其境之感，而不是强调外表的美观。

BBC 重视新闻节目，但没有专门的新闻评论环节。他们将自己的观点、看法巧妙地渗透在新闻报道之中。这也是新闻节目的一个特点。

以严肃为追求目标的 BBC 一直没有艺人、游戏、电竞相关的频道，而且也几乎不会发布相关消息。然而，2016 年张靓颖的英文专辑首单 *Dust My Shoulders Off* 和《英雄联盟》第六赛季总决赛登上 BBC 新闻首页这些事例表明，其传播观念中逐渐加入时尚元素。

2016 年 12 月 21 日，BBC 采访中国歌手张靓颖的视频登上 BBC 新闻首页，并称她为中国现今最有可能成为国际巨星的歌手。凭借精良的音乐制作，张靓颖的英文专辑首单 *Dust My Shoulders Off* 在国外取得了惊人的成绩与良好的口碑，成功登上 iTunes 即时排行榜前五，MV 在 Youtube 上的浏览量也已经超过 580 万。如此亮眼的数据，让 BBC 等外国媒体看到了中国歌手走向世界的希望。[①]

2016 年 11 月 1 日，BBC 还报道了关于 SKT 获得 2016《英雄联盟》世界冠军的新闻。BBC 援引一位电竞记者的形容，称本次决赛竞争"令人屏息"。[②]

2. 英国独立电视台（ITV）

英国独立电视台（Independent Television，简称 ITV）是英国知名的无线电视台，成立于 1955 年，主要从事电视广播服务，是英国最早的商业电视台，也是英国最大的综合电视台之一，提供在线流媒体、ITV 档案、新闻、体育、娱乐、游戏、肥皂剧、生活方式、戏剧和互动电视指南服务。它覆盖英国全境，是 BBC 最大的竞争对手。ITV 的特色是大量自制的地区性原创节目。

ITV 的节目是 24 小时全天播放，由全国 14 个电视区的 16 家获得执照的制作公司提供，包括新闻、娱乐、体育、文化、科技等各类节目。ITV 也经常与中国的中央电视台、湖南卫视、香港亚洲电视合作。ITV 比较有影响力的新闻节目首推《ITV 午间新闻》，它是包含英国国内新闻和国际新闻的综合新闻节目，亦是 ITV 的品牌栏目。2016 年 9 月的资料显示，《ITV 午间新闻》播出的时间是 13：30 至 13：55。[③]

近 10 年来，湖南卫视的《名声大震》《舞动奇迹》《以一敌百》《足球小子》等节目，都是和英国制作公司合作的成果。湖南卫视和 ITV 的制作人相互交流，自 2008 年 10 月

---

① 据 BBC 网页信息编写而成。
② 据 BBC 网页信息编写而成。
③ 2016 年的资料由长期居住在英国 North Petheton 镇的一位华裔学生李淑玲于 2016 年 9 月提供。

起，ITV 的制片人就开始在湖南卫视上班。

ITV 与 BBC 最大的不同是，BBC 是非营利的（受众缴纳的执照费是重要经费来源），不播广告；而 ITV 则靠广告收入生存，它没有 BBC 那样不可推卸的社会责任，其首要任务是"为股东创造利润"。因此，ITV 的电视节目以娱乐为主，而不像 BBC 一样以新闻等公共服务角色为重。2005 年，ITV 的专业新闻频道停播。

（二）英国电视新闻特点①

英国的新闻报道在政治问题的节目上很下功夫，标榜"客观""中立"。

BBC 和 ITV 的电视新闻内容变化总趋势是政治新闻、国际新闻、经济新闻的数量逐渐减少，而与个人生活关系更密切的健康、教育、消费、儿童等方面的新闻有所增加，内容更趋于大众化。

新闻编辑注重画面意识，为了抓住观众的注意力，包括 BBC 在内的电视机构都努力让自己的新闻有好看的画面，并把画面效果较好的新闻放在最重要的位置。当然，最理想的是最好看、最好听的新闻同时又是最重要的新闻。

二、美国电视传播事业简介

美国是世界电视大国之一，其拥有的电视机和电视台在世界上占有很大的比重。

1928 年，美国出现了第一家实验性电视台。1941 年，又出现了历史上最早的一家商业电视台。1962 年，卫星转播开始。美国电视事业以商业电视为主体，美国电视新闻发展的历史，穿插着各大电视网的竞争和演变史，它们各具特色，不断完善，以各自的形式承担着传播新闻、服务大众的任务。②

1. 全国广播公司（NBC）

NBC 是美国最早成立的全国性广播电视公司，成立于 1926 年 11 月 15 日。该公司于 1940 年即建立了美国第一个电视网。其集合了全国范围内 200 多家电视台，共同组成了一个全国性的电视网。

1939 年，NBC 记者首次采用电视对总统竞选做了实况转播，因此掀起了"电视热"。1953 年，NBC 的《骆驼新闻大篷车》诞生，这个节目每次有 6 条至 8 条新消息，表现形式、拍摄技巧都模仿电影新闻纪录片，轻松活泼，当时被公认为电影新闻中的杰作，是第一个"真正"的电视新闻节目。

在电视节目播出时间并不连续稳定的年代，1954 年 NBC 最早正式按时播出电视节目，并在三大网中最早开播早新闻节目《今天》。

NBC 建立以来，一直注重追求新闻时效。在 1953 年 6 月对英女王伊丽莎白二世的加冕典礼的报道中，NBC 在时效上击败了哥伦比亚广播公司。

NBC 还十分注重国际新闻的追踪报道，1959 年赫鲁晓夫访美和 1972 年尼克松访华，

---

① 钟新：《英国电视新闻现状与分析》，《中国记者》2001 年第 11 期。
② 王纬主编：《镜头里的第四势力——美国电视新闻节目》，北京：北京广播学院出版社 1999 年版。

NBC 都派出了大批记者进行追踪系列报道。

20 世纪 90 年代 NBC 开始了海外市场的开拓，筹办了拉美、欧洲新闻频道，同时也开始以 24 小时不间断的节目同有线电视新闻网展开竞争。

NBC 新闻重视对新闻背景的分析、对新闻事件的评论。这也是后来在哥伦比亚广播公司强有力的攻势下，NBC 新闻节目仍得以生存的主要原因。

2. 哥伦比亚广播公司（CBS）

CBS 成立于 1927 年，总部设于纽约，与摩根财团关系密切，设有 5 座自营电视台。和 NBC 一样，它也拥有 200 多家电视台参与的电视联播网，并为参与该网的各电视台提供节目。

1948 年，CBS 开办了世界上第一个定期的简要式新闻节目——《CBS 电视新闻》，在美国东部晚上 7∶30 播出；之后又推出了大型杂志性电视节目《60 分钟》，这两个节目明显为 CBS 赢得了收视率。从 1955 年开始，CBS 夺得全国电视收视率第一的宝座，然后把这个荣誉毫无争议地保持了长达 21 年之久。CBS 最终凭借在新闻领域的杰出表现成为美国最具权威性的电视新闻机构。

CBS 的新闻节目由于剖析独到与敢于揭露社会弊端而得到社会的广泛关注，高质量的新闻节目是 CBS 的特征。而 CBS 新闻节目的风格和特性是由最具影响力、最经常同观众见面的记者（或主持人）的个性来决定的，但这也不是绝对自由的。主持人丹·拉瑟在 2004 年 9 月的《60 分钟》节目中，因独家报道了有关布什总统逃避兵役的"不真实"记录，被责公开道歉，最终在 2005 年 3 月 9 日（担任新闻主持人 24 周年纪念日）离开主持岗位。由此可见，主持人对电视新闻选题和制作拥有自由，但也受制于事实与政治。

CBS 的另一位著名主持人是克朗凯特，他经历了 CBS 历史上许多重大事件的报道，直到 1981 年从 CBS 退休。他在一系列有重大历史影响的新闻事件——总统选举、越南战争、种族冲突、暗杀事件、水门事件及"阿波罗"号登月等中扮演着通告消息、揭示事实和解释事实的角色。到 20 世纪 70 年代中期，克朗凯特被评为美国受人钦佩的人物之一，他在 CBS 新闻中发挥的巨大作用，促使新闻播报者的名称从"播音员"（announcer）转变为"主播"（anchor）。

3. 美国广播公司（ABC）

ABC 总部设于纽约，由 NBC 分裂而来，并与 NBC、CBS 同为美国三大广播公司。在三大公司中，它成立最晚，也最富有竞争精神。它拥有 5 座自营电视台，在全国范围内，约有 255 家电视台参加了它的联播网。20 世纪 70 年代，在全国 900 家左右的电视台中，ABC 的电视网拥有全美电视观众的 1/4。

ABC 的新闻节目采取细分观众、精确定位的方法树立独特的风格。其新闻节目以年轻的都市成年观众群为主要目标对象，创立起独特的新派新闻风格：时尚感强、画面富有视觉冲击力、强化事件中的矛盾冲突、记者表现积极与提问尖锐，等等。

4. 有线电视新闻网（CNN）

CNN 由泰德·透纳[①]于 1980 年创办，目前为时代华纳所有。CNN 是第一个 24 小时播

---

① 泰德·透纳曾经拥有透纳广播公司（TBS）。

出的新闻频道。公司总部和播报室位于美国佐治亚州亚特兰大。在全美 8 600 万个家庭和 89 万个旅馆房间可以收看到 CNN 新闻。在全球有 212 个国家和地区的大约 10 亿人可以收看到 CNN 新闻。CNN 每周 7 天、每天 24 小时进行全球直播新闻报道。面对突发的新闻，CNN 都会作现场报道。

CNN 除了报道全球新闻外，还加强了亚洲地区的新闻报道。亚洲七个新闻分社——香港、东京、北京、首尔、雅加达、新德里及曼谷，将整个亚洲的头条新闻、专题节目及报道精确地传送到世界各地。CNN 亚太总部位于中国香港。

CNN 还通过设于香港的制作中心，制作集中探讨亚洲地区问题的节目，借此为观众报道亚太区的社会、文化及商业发展的动态。《亚洲世界新闻》报道亚洲地区及世界各地的新闻，每逢周末播出半小时的《亚洲透视》集中探讨亚洲时事及社会问题，而《亚洲新闻》则是一个由香港播出的半小时清晨新闻节目。另外，CNN 以《亚洲商业新闻》《今日全球商情》及《钱线》等节目持续报道最新新闻。CNN 其他的专题节目还播报生活和时尚的新闻。《流行登陆》报道时装设计行业的专业意见。《世界体坛》报道体育快讯。《好莱坞万花筒》《电脑新世界》等节目则专门提供地区内最新的趋势及消息。

经过 36 年的努力，截至 2016 年，CNN 已在全世界设立了近 50 个记者站，共办有 7 套单向电视频道和 1 套双向网络电视频道。单向电视频道包括以下几个：

（1）CNN 对美国国内播出的频道，全天 24 小时向美国全境播放。

（2）CNN 国际台（CNNI）。这是 CNN 第一套节目精华部分的国际版，通过 16 颗卫星和数不清的有线电视系统向全世界 180 多个国家和地区的 1.84 亿个家庭播放。目前的 CNNI 共有四大版本：欧洲版、亚洲版、拉美版和美国版。它们提供国际新闻和地区性新闻，一旦发生重大事件或突发事件，CNN 广播电视网就联合行动，全力以赴，甚至借用其他电视机构的人力资源为自己服务（比如 1997 年邓小平逝世，CNN 就借用了 ABC、CBS 等驻中国机构记者为自己提供不间断的系列报道）。

（3）CNN 简明新闻频道。这是一个结构紧凑、快速提供新闻的频道，在全球拥有 6 700 万观众。该频道主要报道美国新闻与国际新闻，以及气象消息、最新金融信息、体育赛事等。

（4）CNN 金融频道（CNNfn）。其传播对象是美国国内公众，向他们报道世界各地的股票、证券信息和国家商务消息。

（5）CNN 体育频道（CNN/SI）。主要报道体育新闻。

（6）CNN 机场电视网（CNN Airport Network）。这是 CNN 最小的一个频道，专为美国各飞机场简要报道当天的新闻，每天播出 21 小时。

（7）CNN 西班牙语频道（CNN en Español）。该频道面向拉丁美洲，创办于 1997 年。

双向网络电视频道是 CNN 交互电视（CNN Interactive），它在"全世界最受欢迎站点"评选中名列第九，并位居"最高级别的电视网"名单之中。它的网页上兼有文字、图片、声音和图像，有重要新闻站点、快速新闻站点、全政治新闻网页，并提供用户新闻网页（Custom News）。

作为一家具有世界级影响力的电视机构，CNN 有以下较有影响力的栏目：

《今日世界》——这是一档晚间节目，CNN 一直把它视为可同 ABC、CBS、NBC 的王牌晚间节目相抗衡的重点节目。

《CNN 世界报道》——该栏目每周由 120 个国家或地区各自提供 3 分钟电视报道，CNN 不加编辑原样播出。

《新闻教室》——该栏目开播于 1989 年 9 月，以中小学生为对象，每周播出 6 天，每天播出 15 分钟，在美国东部时间清晨 3 点 45 分开播。CNN 每天用电子邮政快件为那些已经同这套节目联网的中小学校传送一份当天节目指南提要，该栏目已被美国全国教育协会和美国全国家长教室协会列为向各中小学校推荐的教育性电视节目。

《交火》——这是一个谈话类栏目。两位政治立场截然相反的主持人或嘉宾在镜头前就最新新闻时事各抒己见，激烈得近乎白热化。

《拉里·金现场》——这也是一个谈话类的脱口秀栏目，在该栏目中应邀而来的政客和明星们在主持人拉里·金时而紧迫、时而轻松、时而幽默的提问下，向公众展示他们的各个方面。

除以上栏目外，CNN 还办有《可靠消息来源》《今晚世界商情》《CNN 今晚体育》《东西方会见》等名牌栏目。

三、美国总统大选的媒体辩论文化[①]

四年一度的美国总统大选的电视辩论，作为一种文化现象在全球电视传播界已有一定影响力。在此所称的"美国总统大选的媒体辩论"涵括报刊、广播、电视、网络辩论。

美国总统大选公开辩论由总统候选人在选民正式投票前一个月左右进行，通常包括三次面对面的媒体公开辩论和一次副总统候选人辩论。由于广播、电视传播的实时性特征，承担这一媒体公开辩论传播重担的非广播、电视莫属。不过，首次公开辩论在 1860 年的第 16 届总统大选时，并提前至 1858 年开始，当时的报道媒介主要是报纸和杂志，报道形式是文字与漫画。

进入 21 世纪，各种网络加入转播，使得电视媒体公开辩论文化得以普及。

美国总统选举前的全国性辩论，从 1948 年的广播辩论发展到 1960 年的电视辩论，再到 2008 年的网络参与现场辩论。2008 年总统大选的网络竞争异常激烈，以 Facebook 为代表的新媒体强势介入。主持人第一次将网络上的问题抛向两位候选人，最终奥巴马获任第 44 任总统。

从 1960 年电视辩论被停止，因为社会大小党派对美国"电讯法案"认识产生分歧，他们为"总统电视辩论是否侵占了公共资源"足足争吵了 16 年，直到 1976 年美国两个大党——民主党、共和党取得共识后，才得以恢复。

从 2000 年开始，参加电视辩论的门槛被抬高，只有在辩论前的民调中得到 15% 以上支持率的第三党或独立候选人才能参加辩论。自此之后，电视辩论的主角便锁定在民主党与共和党两党的候选人身上。虽然总统候选人电视辩论的形式并未在法律中予以明确规

---

① 本段文本据人民网、新华网资料与王伟的《美国总统大选电视辩论的媒介仪式探究》（《湖北第二师范学院学报》2013 年第 6 期）等多篇资料编写而成。

定，但是根据美国宪法第一修正案的精神，以及广大美国选民知情权、监督权和参与权的需要，电视辩论在"总统大选辩论委员会"的监督下严格按照相应程序进行，并以"君子协定"的方式被固定下来。

1858年林肯（左，共和党人）和道格拉斯（右，民主党人）辩论，图为当年的报刊漫画场景；林肯1860年当选美国第16任总统；这是美国最早的总统大选辩论

2016年，美国共和党候选人唐纳德·特朗普（左）和民主党候选人希拉里·克林顿（右）进行三场电视辩论，特朗普当选美国第45任总统

图2-1　美国总统选举辩论举例图

作为美国政治传播当中的一个重要部分，电视辩论首先是以一次"媒介事件"的形式展现在广大选民及全球观众面前的。

关于"媒介事件"，美国传播学家丹尼尔·戴扬和伊莱休·凯茨在《媒介事件：历史的现场直播》一书中提出媒介事件"是关于那些令国人乃至世人屏息驻足的电视直播的历史事件——主要是国家级的事件。这些事件包括划时代的政治和体育竞赛、表现超凡魅力的政治使命，以及大人物们所经历的过渡仪式——我们分别称之为'竞赛、征服和加冕'"[1]。

而美国总统电视辩论则正是集"媒介事件"的"竞赛""征服"和"加冕"三大特点于一身，充分展示出它对空间、时间以及跨越国度、种族的"征服"。获得连任的奥巴马借助电视辩论来展示自己在内政外交方面的观点和政策，其表现不仅赢得了美国民众的广泛支持，而且通过这一传播形式将美式民主选举制度有效地展现在世界观众的面前，在全球化语境下构筑美国民主价值的认同空间，以达到输出美国价值观的目的。因此，美国总统电视辩论不仅是美国大选中的一项重要组成部分和一种政治传播形式，还是四年一度的美国大选中大众媒体和观众极为关注的"媒介事件"。

事实上，美国政坛和电视台都明白，那些只是民主的点缀、跑龙套的角色，最终演变成了总统选举过程中一次最后的疯狂冲刺。互相攻击成了候选人不得不使用的最重要手段，揭穿和反揭穿、骗子与大骗子贯穿了后来的辩论。

---

① 丹尼尔·戴扬、伊莱休·凯茨著，麻争旗译：《媒介事件：历史的现场直播》，北京：北京广播学院出版社2000年版。

时至今日，美国总统选举前的电视辩论已经成了四年一度的媒体狂欢秀，请看"观察者网"记者综合美国 CNN、福克斯新闻、NBC、CBS、华盛顿邮报、美联社等媒体关于美国 2020 年总统大选首场辩论的综合报道：

美国 2020 年总统大选首场辩论：特朗普和拜登的"大混战"

【观察者网　齐倩】美国东部时间 29 日晚 9 点，美国 2020 年总统大选首场辩论在美国"战场州"俄亥俄州克利夫兰的凯斯西储大学举行，共和党总统候选人特朗普和民主党总统候选人拜登迎来首场正面交锋。除原定 6 个议题外，临时加入"环境保护"议题，总计时长将近两个小时。

在主持人克里斯·华莱士（Christopher Wallace）登场介绍后，特朗普和拜登正式登场。因为防疫原因，二人并没有进行例行的握手礼节。

特朗普和拜登在首个议题（任命新的大法官）辩论时态度温和，但在十几分钟后，现场开始一片混乱。在拜登就最高法院、医保计划以及对特朗普的反驳进行回答时，特朗普几乎每次都坚持打断他。

CNN 称，这些干扰把辩论变成了一场"大混战"，几乎没有讨论政策分歧的空间。福克斯新闻也说，"总统辩论中到处都是侮辱性言论"，比如特朗普说"你一点都不聪明，乔"。

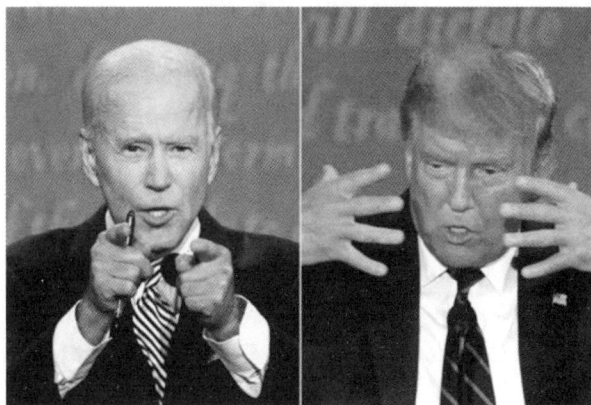

图 2-2　拜登（左）和特朗普（右）登场（CNN 报道截图）

大约 18 分钟后，被激怒的拜登转向特朗普说："你能闭嘴吗，伙计？"特朗普则无视拜登继续插话，并将问题引向主持人华莱士。

除了 CNN，很多美国媒体都聚焦了此次辩论。《华盛顿邮报》说："随着特朗普和拜登在最高法院问题上争吵不休，辩论迅速升温。"美联社以"愤怒的开场：特朗普、拜登互相攻击、打断对方"为题，注意到在辩论中，特朗普频繁打断拜登，拜登则称特朗普是"小丑"。

拜登在辩论中明确呼吁，"不要相信特朗普"。他还提醒观众警惕特朗普此前的"消毒剂洗肺""光和热杀毒"等迷惑言论。

在"社保""医疗""大法官"等问题一通扯皮后，问题终于来到了特朗普此前的"纳税风波"。当被问及为什么"避税"时，特朗普一脸坦率："和其他商人一样，我就是不想交税。"

首场辩论开始前，《纽约时报》抛出了有关特朗普纳税的"重磅炸弹"：该报记者们发现，"避税达人"特朗普15年间有10年没有交过一分钱所得税。拜登团队则立即踩住特朗普这一"痛脚"。

主持人华莱士追问特朗普在2016年和2017年缴纳了多少联邦所得税，他谎称自己每年缴纳了"数百万美元"，并承诺"你会看到的"。

拜登当然没有放过这次机会。他当场承诺取消特朗普签署的2017年税法，该税法为企业和富人大幅减税。"他说他很聪明，因为他可以利用税法（避税）。"

此时，特朗普再次试图打断拜登。拜登则回应说："你是美国有史以来最糟糕的总统。"

CNN指出，特朗普有关税法的言论，相当于美国总统认为"富人可以在美国利用法律漏洞避税"。但奇怪的是，拜登似乎没有抓住这一问题，对特朗普展开长时间攻击。

在"种族和暴力"以及"选举公正性"问题上，特朗普和拜登也属于正常发挥。

"在处理这个国家未来四年面临的种族问题上，选民为什么要相信你而不是你的对手呢？"在主持人华莱士问完后，《华盛顿邮报》认为这个问题直接给拜登带来了好处。《纽约时报》最近的一项民调显示，拜登在黑人选民中的支持率为81%，而特朗普只有7%。

拜登试图利用自己的优势，猛烈攻击美国的"白人至上"主义，甚至指控特朗普是一个"种族主义者"。他表示，特朗普今晚试图把一切都变成种族主义的"狗哨"。他还称，在特朗普担任总统期间，对非洲裔美国人"几乎没有做任何事"。

特朗普则对这一攻击作出回应，指出拜登"对待黑人社区和这个国家的任何人一样糟糕"。

紧接着，拜登称特朗普是普京的"小狗"，并表示亿万富翁变得更加富有，而普通人陷入了更多的麻烦。"在这位总统的领导下，我们变得更虚弱、更贫穷、更分裂、更暴力。"

对于选举公正性，特朗普继续他以往的论调，声称邮件投票存在严重的"欺诈行为"。

"这将是一场你从未见过的骗局。"特朗普表示，他正在"指望"最高法院在总统选举中"查看选票"。

在环境保护议题上，特朗普发表了一系列虚假言论，包括"美国碳排放是最低的""民众很满意现在的气候政策""加州山火和气候变化没有关系"等。作为回应，拜登概述了他当选总统后，将会实施的环保和气候计划的几项内容。

在特朗普和拜登近2个小时的"混乱"辩论结束后，CBS发布即时民意调查数据：

对于本辩论的基调，83%的观众认为是负面的，17%的观众认为是正面的；对于"谁赢了今晚的辩论"，48%的观众认为是拜登赢了，41%的观众认为是特朗普赢了，10%的观众认为是平局。

从上述辩论内容不难看出，美国总统选举辩论"互相攻击"的文化内核在此得到形象的复制与延伸。

本章小结

从电报到电话再到声音广播出现的近130年间，广播、电视的发展反映了人类不断认识自然、利用自然的伟大力量，也体现出电子科学的物质基础对大众传播发展所带来的革命性变化。早期的广播节目简单粗糙，它是人类远距离"听盒子说话"获取信息的崭新开端。随着节目制作水平的不断提高，20世纪30年代广播电台节目内容发展到成熟阶段，显现出了今天的雏形，即娱乐类和新闻类节目一统天下。广播事业发展到今天，是无数电子发明家呕心沥血的结果。20世纪70年代以来，全球科学技术突飞猛进，电视传播技术较之广播传播技术，无论是发展节点还是产品数量，都大幅胜出。电视技术发明与应用多起源于英国和美国，英国、美国的电视传播事业具有示范、参照价值。

广播、电视节目的经营管理体制与所在国的政治、经济、文化有着千丝万缕的联系，但其都必须为所在国的核心利益服务，它们始终是国家的喉舌。美国的总统选举电视辩论就是一个重要宣传窗口。

复习思考题

1. 简述广播从发明到投入使用的历史。
2. 简述电视技术的简要历史。
3. 简述广播电视节目的经营管理体制与所在国的政治、经济、文化有着怎样的联系。
4. BBC新闻节目是如何突出电视的形式特点的？
5. 美国电视新闻观众骤减的主观原因是什么？
6. 谈谈你对美国总统选举电视辩论的认识。
7. 以本章"延伸阅读"材料为依据，谈谈你对当代美国媒介融合的认识。

延伸阅读

2016 美国媒介融合发展的几点印象

王守泉[①]

2016 年末，我参加了国家新闻出版广电总局培训中心组织的美国媒介融合背景下传统媒体应对策略培训班，较为广泛地了解了美国媒体融合的情况，同时检索了相关资料，进行了一些思考，现谈几点想法。

一、融合发展如火如荼

多数专家认为，美国杂志界情况严峻，已有不少杂志关停。但是，一些有实力的杂志比如赫斯特集团旗下的杂志，及时整合资源，增设或收购新媒体，取得了新的增长。单纯依赖发行的传统模式已被彻底打破，网站、新媒体占比在上升。有的杂志已做到了网站、新媒体收入与纸质媒体相当，比如《消费者报告》（*Consumer Reports*）。还出现了先有数字媒体，在其影响力日益扩大之后又增办了平面媒体的现象。《TRT 咨询》的托马斯·托兰说，食谱网站 Allrecipes 就是在先有了 1 500 万网上用户之后，推出了纸质杂志，发行量达到了 50 万册。

面对互联网、物联网特别是 Facebook（脸谱）、Twitter（推特）等社交媒体以及视频、App 等平台的飞速发展，无论是杂志、出版社、报社，还是企业的网站、多媒体平台，都在融合交互发展，尝试、寻找对自己最为有利的展示平台，尝试所有新的传播手段。

二、移动终端引领方向

尽管平面媒体以及 PC 都各有一定的读者群，但引领时代发展方向并已明显成为主体的，是移动终端。移动终端提供了脸谱、推特、快客、微信等社交媒体，有众多的 App 可以展示企业的形象、产品，可以观赏和购买食品、服装，可以观看新闻、视频、广告，"一机在手，天下吾有"。专家指出，2016 年以来，手机超过电视成为占用人们时间最多的媒体。据调研机构皮尤中心抽查，近八成美国人是脸谱的忠实用户，62% 的美国成年人通过社交平台获取新闻，而在 2012 年，后一数字为 49%。在视频也通过手机收看之后，纸媒发行量下降、电视收视率下降已成为必然。在安装宽带之后，网络电视已在节目数量、传输质量上超越有线电视，北京歌华这样的有线电视公司会面临强力竞争，各级各类电视台都会感受到生存压力。

---

① 王守泉，检察日报社。

三、千禧一代决定未来

"00 后"一代特别是 Z 一代生于电子信息时代，是第一代一出生就首先接触原生数字读物和社交媒体、移动技术的人类。他们的生活中，他们组建的家庭中，甚至可能连电视都不再购买。"60 后"或"80 后"中的多数人需要进行再学习以适应新技术，其间明显存在隔膜。而 Z 一代则直接进入，天然适应。不仅是媒介或平台的变化，还有内容的变化、阅读时效的变化等。第一选择的变更对新一代有何影响还难以尽言，但未来世界主宰者的喜好和习惯，是媒体不能不重视的。毕竟，消费习惯的改变，带来的不仅是付款方式、渠道的改变，还是心理、思维习惯的改变，是认知方式、思维方式的改变。如马歇尔·麦克卢汉所说："首先是我们定义工具，然后是工具定义我们。"毕竟，消费者在哪里，公司的战略定位就应该在哪里，围绕 Z 一代的喜好和习惯为他们量身定制，把他们纳入当下的创造活动，让他们喜欢并参与这个过程是必然要求。

四、谁拥有新技术谁就拥有未来

脸谱、推特的无限风光带来了最优化的投资。托马斯·托兰先生就指出，"消费者花费时间最多的地方，就是广告投放最多的地方"。广告商总是跟着聚光灯走。所以，折桂者总是尝到最新鲜的果实。

技术领域是不断创新的，不断地推陈出新将是常态，媒体必须紧紧跟进。纽约媒体实验室执行主任贾斯汀·亨德里克斯先生说，作为媒体，要想赢得竞争，除了引进顶尖人才，还要第一个到达领先领域。要关注并投入新的制高点的研究，鼓励新兴媒体的结构性试验，参与并尽可能地主导种子计划，筹建孵化器，争取抢先成为定义市场的一元主导力量。当然，研究不一定会变现。新技术会带来新的机会，但它不是一条康庄大道，而是充满坎坷。如果你想登顶，就别无选择，必须选择走下去。

当前的热点是视频。视频具有形象生动、灵活多样、占用流量小、移动化、全时性和分布式等优势，特别是图像拍摄和编辑技术的新发展使原有的专业壁垒被打破，使视频迅速成为移动终端的宠儿。过去一些战地记者冒着生命危险、狗仔队费尽心机才能捕获的街头巷战、突发事件、明星丑闻，现在都会被现场目睹者记录下来；过去只能留存人脑的事物，现在则可以迅速通过手机传播，飞速蹿红。还有不少人会通过移动终端观看新闻、比赛、热剧。据研究，2015 年，脸谱的视频消费较前一年度增长 75%，达到 80 亿次/天。而最新潮的是视频直播。专家们指出，这方面中国走在前列。

下一个技术热点，是 VR/AR（虚拟现实/增强现实）。脸谱、高盛等都把 VR/AR 视作下一代的计算平台，这意味着未来的内容、社交、服务及各种交互都将与这一新平台不可分割。贾斯汀·亨德里克斯先生还预测，到 2018 年，这一领域将会吸引 35 亿美元的风险投资、350 亿美元的软件市场。但是目前，VR 更多地还是一种猎奇体验，需要开发更多的实用技术来支撑。

五、面对挑战必须迎上

研究表明，纸媒也有长处：它可以给读者更大的认知度和回忆度，留下更深刻的印象。同一内容，分别通过电视和纸媒、电视和数字媒体、数字媒体和纸媒这三种组合来获取，有纸媒存在的组合阅读效果最好。对此，Z 一代也表示认同。这给纸媒的发展留下了一定的空间和希望。

面对新媒体的入侵，专家们认为纸媒应该积极迎上。"与其等死，不如找死"，拼出去，才有生机。克莱斯基媒体咨询公司的彼得·A. 克莱斯基先生引用切·格瓦拉的话说，"革命是你让苹果掉下来，而不是等它熟了自己掉下来"。

如何接入新技术呢？专家们认为，纸媒除了调整姿态、战略，推动现有人员学习新知识，还必须引入新技术方面的人才，依靠他们的新技术、新思维来引领纸媒的转型。Z 一代成长在互联网语境中，极具互联网思维、富于互联网实践经验，懂得使用互联网社交货币和语言体系，新技术难题可以交给他们。彼得·A. 克莱斯基认为，数字一代人才可以带来活力和新鲜的想法，他们是什么样子，你的公司就长成什么样子。最重要的是要信任他们，要分享权力，给他们自主权，让更有动力的人拥有权力。让他们真正起到作用，才能做出更多更大的事情。领导者要从带领团队前进，变为支持团队前进；要热情拥抱共同创造的成果和价值，专注于怎么跟企业内外不同的声音协同前进。

当然，无论形式如何变化，在拥有某种形式之后或者说形式相对固定之后，最终还要看内容。虽然形式不同也会影响阅读效果，但是，人们总归是奔着内容来的。只有好的内容，才能留住读者。没有渠道可以创造，既有渠道失灵可以寻求新渠道，但内容贫乏、粗浅、失真，形式再好都没有用。在新媒体中，读者需求最多的仍然是内容有深度的东西。而做深度，是传统媒体的长项。因为你不能苛求涉世未深的年轻人做出深度内容。做好内容，平稳供应内容，是传统媒体必须做到的。

第三章

中国广播电视传播事业概说

本章要求

☐ 了解民国时期的广播传播事业

☐ 了解中华人民共和国成立后的广播电视传播事业

☐ 了解香港、澳门地区的广播电视传播事业

☐ 了解台湾地区的广播电视传播事业

第一节　民国时期的广播传播事业

从 1923 年 1 月美国人奥斯邦在上海创办中国无线电公司所属的广播电台开始到 1927 年，先后有哈尔滨无线电台、天津电台、北京电台、上海新新公司广播电台投入播音。在新电台开播后不久，各地广播电台纷纷建立，开创了我国广播事业的电媒体传播局面。

一、民国时期的广播传播事业概述

1924 年 8 月，北洋政府交通部公布《装用广播无线电接收机暂行规则》，这是中国历史上的第一个广播法令。

1928 年 8 月，国民党政府开办的中央广播电台在国民党中央党部大礼堂开始播音，呼号为 XKM，后改为 XGZ。它播报的内容包含国内要闻、国际要闻、军事消息、名人演讲、施政报告、通令报告、纪念典礼、宣传报告等。

到 1936 年 1 月，国民党创办的公营电台达到了 76 座。国民党当局规定，全国各地的广播电台必须转播中央台晚间 1 小时的新闻节目，这是中国广播史上新闻联播节目的开端。

值得一提的是，1936 年 12 月在西安事变中，张学良、杨虎城接管了西安电台后，利用广播发表演说，阐明真相，提出抗日救亡的政治主张；美国记者史沫特莱和英国记者贝特兰还在共产党的安排下每天用英语进行新闻广播，报道事变的真相和进展，成为广播史上的佳话。

1937 年 7 月，抗日战争全面爆发。战争初期，日寇利用占领区的电台进行奴化新闻宣传。

1938 年 10 月，在国共合作的形势下，国共双方的代表多次在对外广播和中央电台上进行抗日宣传，呼吁全世界反法西斯力量联合起来，保卫世界和平。为了加强国际宣传，国民党政府利用英国提供的设备建立起国际广播电台，于 1939 年 2 月开始播音，呼号为 XGOY，英文名称为 VOICE OF CHINA，简称 VOC，意为"中国之声"，这是国民党政府正式开办的对外广播。国际广播电台办有报道欧洲、美国、苏联、中国东北、日本、东南亚的 6 种节目，每天播音 12 小时，进行新闻报道和时政宣传，以促进反法西斯联盟的建立。

日伪统治区唯一一座反法西斯广播电台是设在上海的"苏联呼声"广播电台。这座广播电台于 1941 年 8 月建立，抗日战争时期一直坚持播音，成为上海人民了解欧洲战场反法西斯战争消息的主要来源。1945 年 8 月 9 日，苏联对日本宣战，"苏联呼声"电台遭到日军查封。日本投降后，"苏联呼声"电台恢复了播音。

抗战胜利后，国民党政府接收当地的敌伪广播电台，妄图独占抗战胜利果实，排斥八路军等人民武装部队接收敌伪广播电台。

1946 年 6 月，国民党当局挑起了全面内战。国民党官办的广播电台大肆鼓吹内战、独裁，造谣惑众，欺骗人民。

1949 年 4 月，人民解放军占领南京，国民党的广播电台迁往台湾。

二、延安及解放区的广播传播事业

1940 年 12 月 30 日，中国共产党主办的延安新华广播电台开始播音（此日后被定为中国人民广播创建纪念日）。该台是新华社的一个组成部分，广播稿件均由新华社提供。1941 年初，发生了震惊世界的"皖南事变"，国民党政府实行消息封锁，《新华日报》的报道在国统区遭到查禁，延安电台及时地播出了毛泽东为"皖南事变"发表的命令和谈话，及时揭露了国民党顽固派假抗日真反共的罪恶行径。

抗战时期和内战时期，应国内、国际宣传之需，解放区的广播事业空前壮大。抗战胜利后，广播电台在东北解放区相继建立，形成了一个以延安电台为中心的解放区广播宣传网。这些电台除了自己办的节目外，都转播延安电台的节目，壮大自己的力量，为粉碎国民党的进攻制造有力舆论。

在解放战争中，毛泽东在淮海战役中撰写《人民解放军总部向黄维兵团的广播讲话》《刘伯承、陈毅两将军向黄维兵团的广播讲话》《敦促杜聿明等投降书》等文告并通过广播宣讲，宣传效果甚佳。

中华人民共和国成立前夕，全国各地已有人民广播电台近 40 座。

第二节　中华人民共和国成立以来的广播电视传播事业

中华人民共和国的成立，将我国的广播电视传播事业送入了一个新的历史时期。

一、对内广播传播事业

中国的广播电视是由国家经营的。中华人民共和国成立后，中央和各省、自治区、直辖市及省以下的各级政府先后建立和健全了广播电视领导机构。

1950 年 4 月，中央人民政府新闻总署规定广播宣传的三项任务为发布新闻和传达政令、社会教育、文化娱乐。同年 4 月 20 日，中央人民政府新闻总署发布了《关于建立广播收音网的决定》。收音网的建立，为农村有线广播的发展打下了基础。

1950 年多民族语言的新闻广播开始播放；1954 年对台湾的新闻广播开始播放；到1957 年，我国已建成的广播电台有 61 座，全国县一级有线广播站已经发展到了 1 698 个，广播喇叭 90 多万只。

从中华人民共和国成立到"文化大革命"，广播新闻工作者探索的新形式主要有实况转播、广播大会、录音报道、广播讲话和现场报道几种。

在全国影响最大的是首都开国大典的实况转播。1949 年 10 月 1 日下午 3 时,中央电台在天安门城楼转播开国大典的实况,向全国、全世界庄严宣告中华人民共和国诞生。中华人民共和国成立初期,在收听工具不足的条件下,广播大会是对人民群众进行大规模动员的有力方法。

1961 年 4 月 9 日,第 26 届世乒赛中日决战,中国队以 5∶3 获胜,为中国争得第一个团体冠军。中央人民广播电台全程直播,全国人民围坐在收音机旁收听实况转播,这极大地振奋了国人的精神,创造了听众过亿的收听率。

从 1963 年 9 月到 1964 年 7 月,《人民日报》和《红旗》杂志联名发表了 9 篇编辑部文章,同苏共展开大论战。中央人民广播电台多次播送第 9 篇文章,第一次扩大了国民的国际视野。

"文革"期间,因宣传的需要,有线广播得到较大发展。

自 1976 年"文革"结束,广播事业全面恢复,一个遍布全国、从中央到地方、无线与有线相结合的广播传播网基本形成。

改革开放以来,我国广播事业进入了一个新的发展阶段。中央人民广播电台成为我国的广播中心,广播宣传更加注重时效,以新闻改革为突破口,节目内容丰富,形式生动活泼。除了恢复广播评论,突出广播"新""短"等新闻特色外,还开创了主持人节目传播形式。广播开始成为人们获取新闻信息、接受教育、获得文化娱乐和其他信息服务的重要工具。

1978 年底,广东广播电台在国内率先推行新闻的正点播出。

1979 年底,广东率先建立了全国第一家调频立体声广播电台。

1986 年 12 月 15 日,广东电台创办了我国内地改革开放以来第一家经济广播电台——珠江经济广播电台,诞生了以大板块、热线电话、主持人直播为主要特征的新播出模式——"珠江模式",该模式在国内外产生了极其广泛深刻的影响。

1991 年 8 月 19 日零点,广东佛山人民广播电台在国内率先进行 24 小时播音,发挥了广播全天候播音的优势和作用。

20 世纪 90 年代初,北京电台、上海电台开始了频率专业化改革,北京电台的交通广播和音乐广播、上海电台的 990 新闻频率和金色调频、浙江电台的"交通之声"和"健康之声"等给广播带来了从形式到内容的转变。

2021 年 3 月 24 日中央广播电视总台"台海之声"正式开播,这是总台秉持"穿越海峡、两岸一家"的传播理念,对台湾播送的新闻综合频率。

二、对外广播传播事业

中华人民共和国成立以后,对外广播进入了新的发展阶段。1950 年 4 月,北京电台建立了专门的国际广播编辑部,作为中国政府对外宣传的喉舌,直接反映着中国国内的政治脉搏。如"大跃进"运动及"文化大革命"时期的社会思潮,也影响到北京电台的报道内容和报道风格。

1953 年开始至 60 年代中后期,北京电台已使用 36 种语言,每周对国外广播 1 150 小时，与莫斯科电台每周的 1 500 小时仅相差 350 小时，成为当时世界上三大国际电台之一。

进入 90 年代，中国国际广播电台成为世界上影响较大的国际广播电台之一，推出一批各具特点的名牌栏目，如《中国时事》《中国课题》《国际纵横》。到 1996 年底，中国国际广播电台共用 43 种语言对全球 200 多个国家和地区进行广播。

三、当代广播传播事业的新发展

在大众媒介越来越丰富的今天，广播也焕发出了新的特点和生机，其特点包括以下几点：

1. **直播形式多、新闻时效性强、容量大、参与性好**

广播电台每天都在固定时间里安排十几次甚至二十几次的新闻节目，重要新闻则随时插播，这就使得广播能够及时传递信息。如今广播有了一个深刻的变化，就是开始采用直播方式，这增强了听众的参与意识。新闻广播中增加的"口头报道""实况录音"等真实快速的传递形式，赢得了听众和市场。

2. **广播频道专业化形成，广播传播大放异彩**

因城乡百姓生活水平的普遍提高，交通广播、音乐广播蔚然成风。2016 年全国广播电台关注度排名中，河北交通广播 FM99.2 以 75.58 分排名第二，天津交通广播 FM106.8 以 73.64 分排名第四，中央人民广播电台"音乐之声"以 70.77 分排名第五，杭州交通经济广播 FM91.8 以 64.61 分排名第七，河北音乐广播 FM102.4 以 64.32 分排名第八。在这个排行榜的前十名中，交通与音乐广播占 50%。除了交通广播和音乐广播，诸如少儿、老人、读书广播同样大受欢迎，广告收入过亿已是常态。广播的频道专业化特点，有助于实现社会效益和经济效益双丰收。

3. **依托传播技术升级，广播传播魅力有增无减**

2012 年国家广电总局部署的"十二五"时期"村村通"工程的任务，重点解决 20 户以下已通电自然村覆盖，完善高山无线发射台站基础设施，积极推进直播卫星广播电视公共服务，要求基本实现广播电视"户户通"，全国广播电视人口综合覆盖率达到 99%。中央人民广播电台现办有 9 套节目，全部在网上在线直播。许多地方广播电台也设有自己的直播网站。据《中华人民共和国 2016 年国民经济和社会发展统计公报》称，2016 年末全国广播节目综合人口覆盖率为 98.4%，电视节目综合人口覆盖率为 98.9%。现代化广播网信号无处不在，广播传播魅力有增无减。[①]

4. **泽传媒添砖加瓦，智能大数据引领广播发展[②]**

泽传媒是新媒体端数据监测与研究专业公司，是中国广播电影电视报刊协会唯一指定大数据监测机构，它联合人民网发布权威的新媒体传播指数，提供"全媒体评估体系"设计与技术支持。

---

① "十二五"时期"村村通"工程数据来自国家广电总局网站。

② 据人民网传媒频道 2017 年 3 月 5 日《首份 2017 全国两会省级电台传播榜出炉　内蒙古河北江苏居三甲》编写而成。

2017 年 3 月 3 日，中国新闻盛事之一——2017 全国两会报道拉开帷幕。随着"两会时间"的开启，全国各省级电台官方微博和官方微信也响应媒体融合号召，参与全国两会报道。国内首份客观反映 2017 全国两会省级人民广播电台官号社交传播力的榜单出炉，内蒙古广播摘得 2017 全国两会首日桂冠，河北广播、江苏广播紧随其后，分别位居第二、第三位。云南广播、山西广播、天津广播、广东广播、兵团广播、重庆广播、河南广播跻身十强。该榜单由泽传媒携手人民网舆情监测室联合推出，此前泽传媒—人民网曾连续三年发布国内电视媒体全国两会全网传播指数。除全国省级电台社交传播榜外，2017 年全国两会期间，泽传媒还陆续发布客观反映全国省级电视全网传播融合力、省级党报社交传播力的相关榜单。

泽传媒这种智能大数据实时榜单，使全媒体里的每一个分子无不感受到被鞭策、被激励的无穷动力，与一些传统机构数据信息发布滞后的现实相比，不可同日而语。

传播科技无处不在的当今，各类媒体信息的发布已同时驶上了快车道，泽传媒的大数据检测尤其值得重视。

5. "穿越海峡、两岸一家"，2021 年中央广播电视总台开设"台海之声"频率

中央广播电视总台"台海之声"于 2021 年 3 月 24 日正式开播。听众可通过 AM549、AM765、AM837 等频率进行收听，也可以通过"看台海"微信公众号的服务栏、云听客户端在线收听。福州、马祖的听众还可以用 FM102.3 的频率收听，厦门、金门的听众亦可用 FM94.9 的频率收听。中央广播电视总台"台海之声"是总台对台湾广播的新闻综合频率，秉持"穿越海峡、两岸一家"的传播理念，全天使用普通话播音 20 小时 10 分钟。节目包括新闻和评论、生活服务、文化文艺、音乐旅游四大类，设置《朝闻两岸》《聚焦台海》《两岸好生活》《艺文两厅苑》《音乐小聚蛋》等品牌栏目。"台海之声"开始曲以钢琴版《明月千里寄相思》的旋律为基调，伴随着悠扬的乐曲，男女播音员用普通话、闽南话、客家话三种语言娓娓道来，声音穿越海峡，共话两岸一家。"台海之声"结束曲以小提琴版《在银色的月光下》的旋律为基调，用最亲切的乡音与海峡对岸的骨肉同胞道别晚安。

四、当代电视传播事业的开创与发展

1. 中国电视台的创建与挫折

1958 年 5 月 1 日，中国第一座电视台——北京电视台（中央电视台前身）开始试播，向北京地区播送黑白电视节目，揭开了我国电视新闻的历史性篇章。在这一天的电视节目中，19：05 播出了工农业生产者代表的座谈实况，19：15 播出了新闻纪录影片《到农村去》（中央新闻纪录电影制片厂摄制）。

电视作为新兴传播媒介，它的出现得到了政府的高度重视。到 1960 年，我国已建立 20 座电视台和 16 座实验电视台。但由于"大跃进"等原因，国民经济在 1959 年到 1961 年发生严重困难，电视事业的发展也受到了挫折。36 座电视台除北京、上海、广州、沈阳、天津 5 座以外，其余一律停办。

1966 年上半年，由于国民经济明显好转，调整时期下马的电视台逐渐得到恢复。"文化大革命"开始后，许多电视台又被迫停止播出，使已经出现的上升势头再次受到了摧残。

"文化大革命"的 10 年中，广播电视宣传工作备受扭曲，"文化大革命"初期一度停止地方电台自办节目。

2. 电视传播复苏发展期的新闻事业

1976 年 7 月 1 日起，北京电视台和全国各省级电视台联合试办《新闻联播》。1978 年 5 月，北京电视台更名为中央电视台。《新闻联播》的诞生标志着以首都为中心的全国电视新闻传播网的形成。据统计，到 1979 年，全国各台平均每天播出节目时间约为 4 小时，其中新闻节目只有 20 分钟左右（不含重播时间）。

20 世纪 80 年代改革开放的推进使得电视新闻传播成为社会生活中一个不可缺少的部分，主要表现在以下几方面：

（1）全国电视网建立，"要闻总汇"形象树立。

先进的传播手段是提高新闻传播效力的基础，到了 1988 年，我国已建成电视台 417 座，拥有发射台和转播台 19 876 座。1988 年，中央电视台《新闻联播》逐步朝着"多层次、全方位、大容量、高时效"的目标前进，从每次播出 10 条至 20 多条新闻发展到每次播出 36 条左右，逐渐实现了中央电视台负责人在 20 世纪 80 年代中期提出的将中央台办成"要闻的总汇、舆论的中心"的奋斗目标。

1993 年，中央电视台新闻改革措施出台，新闻的质量和时效突飞猛进。1992—1995 年，中央电视台国际、体育、文艺、电影、少儿、军事、科技、农业综合频道先后开办。新闻类节目播出时间占全年播出总量的 21%，初步形成了比较完整的新闻节目系统。地方台的新闻播出量也明显增加，上海台、广东台每天播出新闻都在 6 次以上。新闻播出频率、条数的增加很快改变了民众的接受心态，电视新闻显示出信息密集、传播快速的优势，在人们心中树立起了"要闻总汇"的形象，电视新闻逐步取代了广播新闻的地位。

（2）栏目多样化，信息视野国际化。

20 世纪 80 年代，与广播的改革一样，电视节目的改革也是以新闻改革为突破口的。新闻节目的时间大大增加，报道面拓宽，信息量增加，时效性增强，体裁开始多样化，新闻报道理念开始发生根本性的转变。

1980 年 7 月 12 日，《观察与思考》在中央电视台诞生，这是一个具有时新性、政治性的栏目，它的诞生改变了中国电视台没有自己的言论、缺乏灵魂和旗帜的局面，首开中国记者出镜的先例。

1981 年 7 月 1 日，《新闻联播》改版，将原来分为几块的国内新闻片、国际新闻口播稿、国际新闻录像、国内新闻口播稿等按内容混合编排，缩短单条长度，增加播出条数，改变节目版头、背景、提要方式及取消新闻片的配乐，完全抛弃了电影纪录片的模式。

1984 年元旦，《午间新闻》开播；1985 年 3 月，《晚间新闻》问世。为了满足栏目增设对新闻量的需求，1984 年 4 月，中国正式加入亚洲太平洋广播联盟以便进行新闻交换，同年 6 月，中央电视台通过厦门电视台收录台湾的《华视新闻》并择要选用，另外还派出了驻港澳记者，增强对港澳地区的新闻报道。1986 年中央电视台又开始接收欧广联、CNN 和东欧国际广播电视组织的新闻图像资料。

在中央台进行一系列的新闻改革的同时，地方台也开始对新闻栏目进行调整。1981 年元旦，广东台在新闻节目中增加了《港澳动态》《国际纵横》《口播新闻》《电视评论》。上海台在 1987 年推出了《新闻透视》，它及时捕捉和剖析观众关注的重大新闻、热点话题与社会问题，直接反映观众的意见和呼声，多年一直保持着高收视率。

20 世纪 80 年代的电视新闻除了栏目趋于多样性、内容加强深度外，还加强了时效性，这种对时效的追求大大地改变了人们对电视新闻的收视态度，到了 80 年代末，各级电视台中"今日"新闻的比重在不断上升，80% 的受众最先从电视中获得最新消息已成常态。

3. 电视技术完善繁荣时期的电视节目

（1）新闻栏目内容丰富、形式多样。

到 1996 年 7 月为止，中央电视台开播的 8 个频道中，各类新闻、评论栏目达 32 个。重新调整的《晚间新闻》《世界报道》《体育新闻》为观众提供了《新闻联播》之后的晚间第二黄金新闻时段；《新闻 30 分》以广阔的新闻视角，集要闻、社会新闻、体育文化报道和财经信息于一体，给观众以充分的信息享受；《中国新闻报道》（1996 年 5 月开播）和《英语新闻》为国际社会全面、及时了解中国提供了方便；《焦点访谈》《新闻调查》《东方时空》等栏目为观众提供了具有一定思考深度的信息；1995 年 4 月开播的《时事纵横》由时事要闻、时事专访、时事瞭望、时事日历四个小栏目组成，以双主播、双语言（口语和手语）方式播出，一周播出一次，对残疾人士具有特殊的服务性，同时也是各类观众了解国内外大事的窗口。

许多地方台也开设了各种类型的新闻栏目，如浙江台的《新世纪论坛》、河南台的《中原焦点》、广州台的《城市话题》、新疆台的《今日访谈》、广东台的《社会纵横》等，这些都是以新闻事实为基础、言论阐述为主体的理性栏目，对社会起到了很好的教化作用。湖南卫视的《晚间新闻》则以"说新闻"的形式开创了新闻故事化的报道方法。

时效是电视新闻媒体竞争的砝码。1996 年 1 月 1 日，中央电视台《新闻联播》实行直播起到了时效示范的作用，各台都争相效仿。随着卫星电视和数字电视的普及，直播愈来愈成为电视新闻的常态。面对突发、重大事件，电视新闻也采取全面直播的方式，将第一手资讯及时、准确地传递给受众。

2008 年 5 月 12 日汶川地震发生后，以中央电视台为代表的电视媒体充分展示了我国电视新闻业的传播效能。汶川大地震发生在 14 时 28 分，地震发生 22 分钟后，中央电视台新闻频道中断正常节目播出，转为直播汶川地震动态，并且用滚动字幕报道最新消息。随后，新闻频道与综合频道并机推出直播特别报道《抗震救灾　众志成城》。几乎与央视同时，离震中只有 92 公里的四川电视台卫星频道在连连的强烈余震中，中断正常节目播出，对震情进行 24 小时全天候的直播；重庆卫视、陕西卫视、上海东方卫视、深圳卫视、湖南卫视等也在第一时间投入抗震救灾的报道中。国内媒体迅速及时的灾情报道，使广大观众在第一时间了解到灾情的最新变化和抗震救灾的最新进展。

国内电视媒体自觉、及时、长时间、打破常规编排推出的"汶川直播"，树立了中国电视发展史上应急报道的里程碑。

进入 20 世纪 90 年代，新闻栏目在加强深度的同时也开始注重屏幕文字、导语画面、动漫重现形式的运用，通过具象语言和抽象语言的融合，最大限度地发挥了精美形式对内容理解的互补性。

（2）综艺、剧目等文化节目纷呈登场。

在国内众多电视栏目中，除了新闻节目，综艺、剧目等文化节目也逐渐发展，其中广东电视台珠江频道的电视连续剧《外来媳妇本地郎》颇具特色。

2000年11月4日，当《外来媳妇本地郎》在珠江频道首播之时，谁也没想到这部粤语系列短剧能够挺立荧屏十多载，突破3 000集大关，成为国内播出时间最长、集数最多的电视连续剧之一。在收获好口碑的同时，该剧以每集约10万元的制作投入，为珠江频道节目时段累计创造超过20亿元的广告效益。

在总结该剧成功经验的研讨会上，业内人士一致认为，《外来媳妇本地郎》说明"坚持以人民为中心的创作导向"能实现既有好口碑又有良好经济效益的双赢目标。

《外来媳妇本地郎》讲述了广州老城区一个有着四个儿子的大家庭的故事。四个儿子娶了天南海北的四个外地媳妇，由于生活习惯和文化背景的差异，产生了一系列摩擦、冲突、交流和融合。当时作为改革开放前沿的广东正强烈地吸引着全国各地的打工者、创业者持续涌入，城乡人员大迁徙、大流动成为广东地区突出的社会现象。总导演陆晓光说，他们意识到本地人员与外地人员的互相学习、互相交流、互相融合乃至文化冲突，是永远不会陈旧和落后的命题，因而决定创作《外来媳妇本地郎》这样一部富有喜剧色彩和时代特色的家庭生活系列剧。

"但当时我们只打算拍一部就完结，而且首播还放在通常收视率较低的周六、周日的7点到8点"，陆晓光说，"可观众不答应啊。"2000年11月4日首播后，《外来媳妇本地郎》立刻获得观众热捧，此后一发不可收拾，收视率节节攀升，一举扭转了当时广东观众80%收看香港台的局面。截至2017年3月7日，《外来媳妇本地郎》仍然稳居珠江频道收视率前三名。《外来媳妇本地郎》辐射世界各地华侨、华人圈，为中国电视传播赢得良好的国际口碑。

（3）历史正剧成为电视台的支撑节目。

为满足广大观众对于电视文化的需求，进入20世纪90年代，电视传播频道逐渐增多，日播时间不断延长，到2000年历史正剧成为电视台的支撑节目。一大批具有严肃历史内容的历史剧相继推出，并由此奠定了中国历史正剧的基本特征和艺术风貌：内容上，以中国历史发展进程中的重大事件和重要历史人物为表现对象，描写历史发展进程，探讨历史发展规律，总结历史兴亡更替的经验教训，讴歌为历史作出贡献的历史人物；艺术上，基本采用宏大叙事，历史视野开阔，正剧品相鲜明。这其中的代表作品有《汉武大帝》《雍正王朝》《大明王朝1566》《贞观长歌》《船政风云》《张居正》《大秦帝国之裂变》等。这批历史正剧，造就了中国历史正剧的辉煌。

2010年前后一段时间里，我们的电视荧屏上几乎看不到新拍的历史正剧。一些新的历史表现手法进入了历史剧创作领域，并逐渐取代了历史正剧的地位和影响，形成了今天以"古装剧"为主的局面。

如何看待历史正剧？广电总局电视剧司司长毛羽认为，"中国电视剧一直是国家与时代巨变的忠实记录者，是人民集体记忆的重要承载者"。2017年第一季度，在电视主流的播出平台上，又相继有《于成龙》《大秦帝国之崛起》等历史正剧推出，受到观众的欢迎。不难看出，这种变化其实也反映出在经历了一系列的观众选择、市场检验、创作反思之后，历史正剧正在回归。[①]

作为电视台的支撑节目，历史正剧应该如何进行它的回归与复兴？学者李建军[②]认为，现在有很多以历史人物或历史事件为题材的影视剧，都存在"不严肃的娱乐化倾向，把丰富的人性简单化"的情况，毕竟"人性是丰富的，爱情啊、人与人之间正常的交往，是一种很复杂的情感世界，很矛盾的"。李建军以曾经热播的电视剧《芈月传》为例，指出"它那里面充满了残酷的钩心斗角，然后再加上一点欲望、算计，黑暗、阴暗的内心冲突，然后互相之间倾轧、折磨。没有温暖，没有阳光，也少见人性的善"。在专家学者看来，《芈月传》自然不算历史正剧，甚至连是不是"戏说"都要打个大大的问号。但是无法否认的是，依然会有很多观众相信剧中的情节就是历史。

"所以我们现在的历史叙事，包括历史小说和历史题材的影视剧，在美学和伦理两方面，都出现了严重的偏差和问题。（创作者）自己意识不到，读者也意识不到，问题其实是相当严重的。过度追求娱乐化、叙述恶的故事是容易的，因为它简单嘛。而善是需要去发现的，善而美的叙事是考验作家能力的。"对于《芈月传》的缺陷，李建军认为，"善的光芒的微弱，善的温暖的贫乏，是现在整个历史小说、影视剧叙事中普遍存在的问题。创作者过度渲染人性的阴暗面，把暴力、人性的阴暗甚至狡诈，当作一种极具噱头和吸引力的东西来渲染"。

李建军认为历史剧作必须遵循以下三条戒律：

一是尊重历史事实，具备真实性和客观性。不能越过历史事件允许的边界。

二是要有思想性。好的历史作品（故事）有作者赋予的思想内涵，用思想之光照亮历史，把沉默的历史激活，添加噱头、煞有其事地胡编乱造非正道、不可取。

三是要有启蒙性。"启蒙是什么？我们的历史里，其实充满了鲜血、灾难、死亡、权斗……所以需要站在现代性的价值高度，通过历史叙事来对大众进行启蒙，使人们认识到历史的悲剧，以及历史人物的局限。历史叙事要照亮我们今天的生活，要为我们把握今天的现实提供思想上的资源和精神上的支持。"

李建军强调，历史作品之所以重要，正是因为"它以古为镜，给我们提供了认知历史、认知当下生活的一面镜子……所以一个好的作家，一定要像鲁迅一样，有这种启蒙的自觉，使我们在人格上更加健全，思想上更加成熟，成为一个真正的现代公民"。他认为，真正美和善的东西，更具有长久的影响力和感染力。

（4）传播技术趋向完美。

①有线电视传播事业。

跟无线广播一样，许多频道可以使用不同的频率互不干扰地在一根电缆中传送。电缆可以是常规铜线，也可以是光纤。它是无线电视的延伸和补充，以转播当地的无线电视节目和卫星电视节目为主。有线电视的功能是网络联通而不是传播节目本身（见第7页）。

---

① 《对话四位影视研究专家：历史正剧折射"复兴期待"》，人民网，http：//media.people.com.cn/BIG5/n1/2017/0228/c40606-29111413.html，2017年2月28日。

② 李建军，1963年生，文学博士。其观点摘编自2017年3月5日《钱江晚报》记者裘晟佳的采访报道《现在的历史叙事，本质上是反历史的》。

②卫星电视传播事业。

卫星广播电视技术应用缘起于20世纪70年代。针对我国地形复杂、人口众多而又分布不均、经济发展不平衡的国情特点，利用卫星广播电视技术传输广播电视节目，是提高我国广播电视人口覆盖率、改进信号传输质量、实现节目有偿收视的最有效、最经济、最先进的手段。1982年，中国正式实施广播电视卫星覆盖全国的方针。

1984年，我国利用自己发射的第一颗试验通信卫星成功地向乌鲁木齐、拉萨、昆明等边远城市进行了多路广播电视节目传输试验，使上述城市在当天就能收看到中央电视台的节目，揭开了我国应用卫星传送广播电视节目的序幕。截至2004年7月底，我国已有51个卫星电视频道上星，形成了由天上卫星、地面微波、地下电缆相结合的立体传播网络。2008年6月，我国第一颗电视直播卫星"中星9号"发射成功，标志着中国进入了直播卫星时代。

与此同时，我国卫星地面站也得到了迅速的发展。从20世纪80年代末开始，我国的卫星地面站基本上以超过30%的速度逐年递增，到2002年底，全国已拥有卫星地面站34万多座。2007年10月，北京建成全国最大卫星地面站，该地面站拥有强大的卫星通信地面系统，通过印度洋、太平洋及亚太地区上空的11颗国际和区域通信卫星，构成了覆盖世界200多个国家和地区的卫星通信网络，成为我国重要的国际、国内卫星通信枢纽之一，是目前全国规模最大的地面站。此外，中央电视台节目信号落地入网工作也取得了新的进展。现在已有119个国家和地区收看或通过有线电视转播中央电视台的节目。卫星已成为我国广播电视节目传输的主要技术手段。到2016年8月，边疆、农村、海防、边防等无法接入有线电视信号的偏远地域，都可使用小型卫星天线直接收看中央电视台的多套节目。

③数字电视、移动电视技术平台下的传播事业新趋势。

数字电视是指电视节目的录制、采编、传输、接收等环节全部采用数字化技术来实现，包括数字摄像、制作、编码、调制和接收等，以达到高质量传送电视信号的目的。

按照中国广播电视数字化进展计划，中国从2008年起全面推广数字广播电视，2010年全面实现数字广播电视以及在2015年开始陆续停止模拟广播电视的播出。

随着经济社会的不断发展和人们生活水平的不断提高，我国已成为世界上移动人群规模最大、移动终端数量最多的国家。工信部最新数据显示，截至2015年12月底，我国手机用户达13.06亿户，其中微信对智能手机的覆盖达到了90%，手机用户普及率达95.5部/百人，2G用户正在加速向4G迁徙，MP4、笔记本电脑等移动显示终端的社会拥有数量也很庞大，每年的移动人群数量超过千亿人次。移动人群对广播电视和各类信息的消费需求越来越大，要求越来越高。移动接收已成为广播电视事业发展的重要趋势。我国移动多媒体广播电视传播事业惠及千家万户，将尽早实现城市、农村人口全覆盖的宏伟目标。

2017年全国两会，人民网利用直播技术吸纳民智、呼应民声，通过专业"跑口"记者的深入解读和两会现场的视频直播，为受众提供信息盛宴。全网独播的大型视频《两会进行时》从3月2日开播起，每天都有新惊喜。3月5日的一个亮点是对全国人大辽宁代表团全体会议的视频直播。辽宁代表团开放日的集体采访环节，也通过视频直播呈现在网络上，网友还可以用手机观看直播。人大代表在会议现场的提问、建言通过视频传播给老百姓，让关心两会的网友们与北京人民大会堂同步，一饱眼福。

五、2018 年中央广播电视总台成立

2018 年 3 月，根据《深化党和国家机构改革方案》组建中央广播电视总台，撤销中央电视台（中国国际电视台）、中央人民广播电台、中国国际广播电台建制。对内保留原呼号，对外统一呼号为"中国之声"。中央广播电视总台成立，开创了打造国际一流新型主流媒体的新格局，旨在打造国际一流新型主流媒体的中央级电台、电视台。

中央广播电视总台的正式营运，是深化国家媒介机构改革、开创示范性媒介融合新格局的重要举措。

1. 中央广播电视总台正式营运的历史时刻简述

2018 年 4 月 19 日，中央广播电视总台正式揭牌。

2018 年 10 月 8 日，中央广播电视总台与上海市人民政府举行深化战略合作框架协议签约仪式。中央广播电视总台第一个区域总部和地方总站——长三角总部和上海总站同时在沪成立。

2019 年 9 月 26 日起，中央广播电视总台全面启动高质量发展改版工作。总台 19 个电视频道、17 套对内广播频率、44 种语言对外广播和主要新媒体平台、3 个中央重点新闻网站以及央视新闻客户端等各新媒体进行改版，同时推出 200 余档新节目。

2. 改版理念

这次改版，突出"台网并重、先网后台、移动优先"的理念，努力在"5G＋4K/8K＋AI"的全新战略布局下推进内容供给侧结构性改革，实现高质量发展。

2019 年 7 月 17 日，中央广播电视总台总经理室正式成立，标志着总台经营工作和产业发展进入新阶段。总经理室立足总台"5G＋4K/8K＋AI"战略布局，把握经济发展机遇，为建设国际一流新型主流媒体提供强有力的经济保障。

2020 年 5 月 13 日，中央广播电视总台作为第一批倡议方之一，与国家发展改革委等发起"数字化转型伙伴行动"倡议。

2020 年 12 月 26 日，中央广播电视总台亚太总站及下辖香港记者站和澳门记者站在香港、澳门以"云链接"方式正式揭牌成立。其后，总台驻各行政区、省、直辖市的业务组织机构相继设立，将媒介融合、信息上传下达诸业务事项落到实处。

3. 创新升级"品牌强国工程"

2020 年，中央广播电视总台在中央领导同志的关心指导下，在相关部委和地方的支持帮助下，全力以赴做好各项工作，稳住了经营大盘、开拓了崭新局面。创新升级"品牌强国工程"，全面整合总台精品节目和品牌栏目，加大活动推广和沟通宣传力度，签约企业数量和额度实现双增长。充分激发总台新媒体价值潜能，新媒体经营开发热度不断、亮点频出。全面统筹总台版权资源和重大赛事版权销售，延展版权产业链，规范版权经营管理，持续开展"护牌行动"，版权收入取得大幅提升。台属企业加快改革步伐，综合实力不断发展壮大。创新开展媒体公益行动，"品牌强国工程援鄂抗疫公益行动""搭把手、

拉一把""谢谢你为湖北拼单""广告精准扶贫"等公益项目社会影响广泛，彰显了总台作为党的意识形态重镇的责任担当。

2021年2月1日，中央广播电视总台8K超高清电视频道试验开播。

第三节　香港、澳门地区的广播电视传播事业

在以现当代电子科技为基础的广播电视新闻传播方面，香港、澳门在技术与工具应用上与内地一样，保持着国际同步发展水平，新闻传播的形式也都与以上介绍的我国内地、英国、美国的广播电视发展情况大同小异，但仍是各有特色。内容传播则因各自政治标准的差异，无参考与讨论价值，故本节对其广播电台、电视台的基本情况介绍点到为止。

一、香港的广播传播事业

1928年6月30日，香港广播电台正式开始播音，开启了香港的广播传播事业。现除已关闭的英军电台和香港丽的呼声外，有3家广播电台共创办多套广播节目。各台基本情况如下：

1. 香港广播电台

香港广播电台简称香港电台，1923年由香港市民自发组织的香港无线电学会创办，试播一些社会新闻和转播歌剧。1928年6月30日，香港政府接手经营。1929年10月8日，香港政府正式宣布该台为政府电台。1948年8月，该台正式命名为"香港广播电台"（RHK），并增加早晨播出时间。1974年初开始短波调频立体声广播，1980年3月开始全日24小时广播。

香港电台现有多个电台频道，以粤语、普通话和英语提供各种类型的广播节目。2008年各台职能作如下调整：第一台制作特别节目，照顾残疾人士和弱势社群的需要；第二台定位为家庭频道；第三台发展网上服务，并播放儿童节目；第四台扩大服务范围，增加报道内地和亚太区内其他城市的音乐活动；第五台推动长者终身学习主题；应普通话教育需求的增长，普通话台加强服务。中文新闻服务增加文字与影像配合的网上实时新闻。英文新闻服务革新其新闻网站，加入更多文字、图片和声音元素。

进入21世纪，香港电台全面开拓网上业务，每天6套节目及黄金时段的电视节目全部都在网上播出，并与世界各国500多个广播电台和电视台网站链接。

2. 香港丽的呼声

香港丽的呼声有线广播成立于1949年3月21日，是英国丽的呼声总公司的一间分公司，在香港传播史上占有一定地位。它早期播放的节目分为两类：自制节目和转播香港电台的节目。1963年9月，该台成立了中文电视台。丽的呼声于1973年9月结束播音。

3. 香港商业电台

由香港商业广播有限公司开办的香港商业电台，1959年8月26日正式开播，1981年

6月增加超短波调频广播，1989年全部改为超短波调频波段。现与香港电台并称全港收听率最高的电台。商业电台下设三个台。商业一台为全天24小时广播的综合性电台，用粤语播出，节目以新闻报道、时事和公共事务、综艺节目为主；二台、三台以综艺节目、音乐节目、国际流行歌曲节目为主。三个台都是每半小时报道一次新闻。商业电台自1959年首播以来，一直备受听众欢迎，其公信力居全港第三位，旗下频道商业一台"雷霆881"更是全港听众人数最多的电台。

4. 新城电台

新城电台1991年开播，设采讯台、劲歌台和金曲台三套节目。采讯台为目前亚洲唯一一个24小时广播的英语新闻台，每半小时播出一次本地及海外新闻节目。1996年5月21日开始播出中国国际广播电台为香港听众制作的普通话节目《今夜星辰》，每天播出2小时，为香港听众介绍内地政治、经济、社会发展等各方面的信息。其他两个台都是音乐台。

5. 英军电台

英军电台是由驻港英军管理的专为驻守香港的英军服务的电台，隶属于英国军部影音公司的广播组。英军电台开设有两个台，一为尼泊尔语台，一为英语台。其中英语台每天24小时播音，内容包括新闻、时事评论、体育、电话节目等。香港回归后英军电台关闭。

二、香港的电视传播事业

香港电视业被认为是世界上最有影响力的电视业之一，无论是新闻还是娱乐，都形式活泼、内容丰富，具有极强的国际性、开放性、针对性和服务性。香港主要有以下电视机构：

1. 亚洲电视广播有限公司（ATV）

简称亚洲电视台或亚视。该台是香港最早的电视台，也是中国第一家电视台、全球首家华语（粤语）电视台。亚洲电视台主要设有两个频道：本港台（中文台）和国际台（英文台），两台的新闻节目各有特色。

亚视国际台每日播出两档普通话新闻节目。一是早晨6：50播出的《两岸三地新闻联播》，时长1小时。其中包括亚视采制的"香港新闻"15分钟、缩编的前一天中央电视台的《新闻联播》20分钟、缩编的前一天台湾地区三大电视公司的《晚间新闻》20分钟。这档新闻节目涉及中国内地（大陆）与香港、台湾数档电视新闻节目。二是深夜12：10播出的《两岸新闻》快讯，节目内容是当天的《新闻联播》和台湾地区三家电视台的《晚间新闻》的缩编，时长总共为50分钟。两档跨地域的新闻节目以其不同的风格受到观众的极大推崇，开播以来收视率稳定在55%以上。

诞生59年的亚视，2016年4月1日被停牌。亚视新投资人代表何子慧在香港接受《新快报》等几家广州媒体的采访时强调，亚视不会消失，亚视停牌只意味着收回在香港的频道，不影响珠三角等其他地方收看。

2017年4月3日，广州《信息时报》用整整3个版面报道了"熄灯一年"的亚视，它培育多年的艺人们如今还活跃在香港的无线电视屏幕上，演绎着"亚视帮"联欢会。

2017 年 12 月 18 日，亚洲电视数码媒体正式成立，以 OTT 网络电视的形式试播，于 2018 年正式开台。

2. 香港电视广播有限公司（TVB）

翡翠台（英语：Jade）是香港电视广播有限公司拥有的一个以广东话（粤语）广播为主的综合娱乐频道。翡翠台于 1967 年 11 月 19 日起，在香港正式启播，大部分时间以广东话（粤语）播放节目，部分节目会利用丽音技术（模拟版本）或多重 AC-3 位流（数码版本）以其他语言同步播放。其节目包括新闻、电视剧、综艺、动画及时评访谈等。数码翡翠台于 2013 年 3 月 18 日凌晨 3 时起改为高清广播，并于 2016 年 2 月 22 日起将该频道可使用的带宽增至最高 10.5Mbps，把画质提升至更高清的水平。

（1）节目。

翡翠台是香港主要的中文电视频道之一，也是影响力最大的香港电视频道之一，自开台以来一直播出不少影响香港流行文化的电视节目。2016 年，翡翠台平日黄金时段（星期一至五晚上 7 时至 11 时及星期六、日晚上 7 时至 11 时半）的平均收视为 21 点，占总电视频道收视的 69%。

一般而言，休台时间为逢星期二凌晨 5：00 节目播放完毕后至早上 6：00，其间会播放测试卡（但电子节目表及官方网页上的节目表均不会显示休台时段，并会将该段时间计入休台前节目长度内，农历新年假期期间除外）。

2016 年 11 月 19 日起，每日黄金时段（星期一至五晚上 7 时至 11 时及星期六、日晚上 7 时至 11 时半）节目于播映末段时，在画面左上方显示下一个播映节目（新闻时段除外）。

（2）新闻。

翡翠台每日会播放一定时数的新闻节目，包括《香港早晨》（逢星期一至六）、《午间新闻》、《六点半新闻报道》、《晚间新闻》，以及于平日特定时间播放的《新闻提要》，提供本地及国际即时新闻。天气方面，翡翠台于每日黄昏及晚间播放两节《天气报告》，亦会于早午晚随新闻报道后播放《瞬间看地球》，提供本地及世界各地即时天气概况。财经方面，翡翠台逢交易日于港股交易时段内播出数节《交易现场》，并于交易时段后播放《财经新闻》。

另外，翡翠台每周亦会播放由新闻部公共事务科制作的新闻时事节目，例如《讲清讲楚》《新闻透视》《财经透视》及《星期日档案》。

（3）综艺及资讯。

翡翠台不时会播放多元化的自制综艺节目，类型涵盖生活、饮食、旅游、娱乐游戏、音乐、访谈、娱乐新闻等。

（4）动画片。

翡翠台每日会播放若干时数的动画片，以符合通讯局对每日儿童节目时数的规限。翡翠台播放的动画片绝大多数为日本动画片（如《樱桃小丸子》等），亦有少数来自中国内地和欧美国家（如《喜羊羊与灰太狼》《至 Net 奇兵》等）。

3. 卫星电视台

1990 年，香港和记黄埔有限公司创办了卫星广播有限公司，其旗下的卫星电视台于

1991 年开播，覆盖亚洲 53 个国家和地区，有 3 亿观众。卫星电视台共有 6 套节目：中文台、合家欢台、体育台、音乐台、BBC 新闻台和电影台，均为 24 小时播出。BBC 新闻台主要播出英国广播公司的国际新闻、亚洲新闻和时事、生活专题节目，覆盖中东、南亚的部分地区和我国西南部。

4. 有线电视

有线电视正式开播于 1993 年 10 月 31 日，是香港第一家多频道的收费电视公司。现在有线电视拥有 24 小时播放的新闻台、娱乐新闻台、有线电视第一台以及多个电影、足球、国际新闻频道，等等。其中，新闻一台为综合新闻台，每小时播出香港及国际大事、突发事件、财经动态、社区新闻等；新闻二台每小时前 30 分钟播出新闻，后 30 分钟播出不同类型的信息专题节目；有两个台分别转播美国有线电视新闻网和英国广播公司世界电视台的新闻节目；还有一个台转播美国全国广播公司的商业新闻；寰宇台除了用英语播报本地新闻外，还集中播出世界其他主要电视台的电视新闻节目。

5. 传讯电视网

传讯电视网（Chinese Television Network，简称 CTN）由香港明报集团主办，1994 年 11 月 25 日开始试播。

传讯电视网现阶段的服务对象主要是东南亚地区的华人。该台的节目有两个频道：一是"中天频道"，全天 24 小时播出新闻、国际时事、财经动态、文艺体育节目；二是"大地频道"，是向高品位华人提供生活、娱乐信息和文化动向的节目。

由于连年亏损，1999 年该公司将其总部迁至台湾，在香港仅留下十多人的办事处。

6. 凤凰卫视

凤凰卫视前身是卫星电视（现"星空传媒"）旗下的卫视中文台，于 1991 年开播，于 1996 年 3 月 31 日成为独立的凤凰卫视中文台。

凤凰卫视开播时并没有播报新闻，从 1997 年 3 月开始逐步增加新闻分量，不仅拥有独具特色的新闻节目，而且始终保持着对世界重大突发事件的迅速反应及对新闻直播的极端重视，在香港回归（1997 年）、黛安娜王妃葬礼（1997 年）、"9·11"事件（2001 年）、伊拉克战争爆发（2003 年）、东南亚海啸（2004 年）、汶川地震（2008 年）等事件中都有卓越表现。在 2008 年的汶川大地震中，凤凰卫视倾全台之力派出十路记者队伍深入灾区报道。截至 2016 年 9 月，经过 20 年的精心经营，其旗下的凤凰卫视中文台、资讯台、美洲台、欧洲台、澳洲台已成为全球华语资讯传播的主流频道。

凤凰卫视香港台是凤凰卫视立足香港 15 年后于 2011 年 3 月 28 日开播的频道。这是凤凰卫视第一次进军香港、澳门和广东珠三角亿万粤语观众的电视市场。

长期以来，香港、澳门和广东粤语观众由于语言和可供选择的粤语频道多等原因对凤凰卫视的捧场不多，并且凤凰卫视以普通话报道国际资讯的风格，不符合香港、澳门和广东观众倾向民生、娱乐、戏剧等的口味。为此，凤凰卫视香港台特意走本土化路线，除以粤语报道香港的社会时事民生之外，还深入挖掘香港和广东社会的生活资讯，务求以凤凰卫视的高度和独特视觉向全球华人报道香港的真实面貌，它是面向港澳居民和海外华人的粤语新闻频道。

凤凰卫视香港台的两档节目值得一提。一是《香港新视点》系列节目，它走访多位基本法委员会成员、特区政府官员，以及相关机构主管，为观众详细讲解基本法的历史基础，包括基本法的内容介绍、政改、内交与国际关系及金融发展方向等多方面。二是《时事大破解》，它以粤语清谈的形式与嘉宾进行一对一的访谈，就当下的时事热点与嘉宾进行理性讨论，破解最热门事件背后隐藏的玄机和真相。[①]

凤凰卫视于 1996 年在香港开播，经历了二十多年的成长，在创始人刘长乐的带领下，获得了长足的发展。它以"环球华人卫视"为定位，生产全球性内容，在追求广度和深度上有一定的社会认可度，是在世界范围内有影响力的华人媒体，输出了《锵锵三人行》《鲁豫有约》等优质节目以及吴小莉、陈鲁豫、窦文涛、胡一虎等一批专业素质过硬的资深主持人和新闻人才。

2021 年 2 月 26 日，凤凰卫视发生重大人事变动。创办人刘长乐卸任公司行政总裁职务（继续担任董事会主席及执行董事），上海社科院原书记徐威出任公司行政总裁，中央电视台前副台长孙玉胜出任凤凰卫视常务副总裁兼总编辑。这两位来自中国内地体制内的资深媒体人，既熟谙内地新闻体制规则，又有极强的媒体业务能力。

凤凰卫视本次重大人事变动的主要原因是业务发展日显疲态，在内外环境巨变与压力下，急需能够真正帮助凤凰卫视在内地落地和拓展业务的领头人。徐威和孙玉胜就是这样的绝佳搭档和人选。

凤凰卫视的民间媒体身份、品牌影响力、华人世界的认可率，在熟谙内地新闻规则的新管理层的带领下，定能再创辉煌。

7. 华娱卫视

1994 年 12 月 1 日成立，2000 年被时代华纳收购，隶属于 TOM 集团有限公司和美国时代华纳（TOM 集团占 60%、时代华纳占 40%），为首家获准在中国落地并进入有线电视的境外卫星电视频道，制作基地在深圳，是致力为国内观众提供高素质及创新娱乐节目的综合性普通话卫星频道，全天 24 小时为观众播放优秀的电视剧、电影、综艺及清谈节目，无新闻节目。由于多方面因素影响，华娱卫视终于走入历史，其卫星信号及节目于 2017 年 1 月 1 日零时零分终止播出。[②]

8. 海外电视

鉴于香港特区的特殊传播环境，来自美国、日本等国的传媒大鳄亦加大在港播送节目的力度。美国有线电视新闻网在香港加大其亚洲节目比重，由香港新闻制作中心每日编制新闻；美国全国广播公司下属的财经新闻台（CNBC）在香港开设亚洲台；日本 NHK 通过泛美卫星 2 号增加播出电视节目，在港采编人员由 1 位增加到 11 位……面对外来传媒，如何谋求新的发展思路和策略，成为无线电视等必须面对的难题。

值得一提的是，在电视传播样式日新月异的今天，香港特区政府十分重视对全港民众收视（听）条件的公益性升级改造。政府房屋委员会配合由两家本地免费电视台（亚洲电视及无线电视）分阶段提供的数码地面电视广播，到 2008 年 8 月已使所有公共屋村具有接收数码地面电视广播的功能。

---

① 凤凰卫视香港台的节目介绍见凤凰网 2017 年 2 月 25 日相关介绍。

② 《华娱卫视终于要停播了，华娱卫视即将于 2017 年 1 月 1 日正式停播》，卫视中国，2016 年 12 月 27 日。

截至 2021 年 3 月，在内地电视盒子上能看到的香港电视频道有：TVB 翡翠高清、TVB 翡翠、TVB 互动新闻、TVB 翡翠 J2、TVB 明珠、TVB 无线新闻台、有线新闻台、TVB 为食、TVB 通识、TVB 星河、凤凰卫视中文台、凤凰卫视资讯台、凤凰卫视美洲台、凤凰卫视欧洲台、凤凰卫视香港台。

2020 年 7 月，香港回归祖国 23 周年纪念日前夕，《中华人民共和国香港特别行政区维护国家安全法》获得通过并颁布实施，开启了香港"一国两制"实践的新征程。香港的广播、电视、报刊舆论对此高度关注，7 月 1 日播出的节目对此进行了重点报道与解读。香港的报刊、广电媒体认为，《中华人民共和国香港特别行政区维护国家安全法》是新形势下坚持和完善"一国两制"的重要标志性法律，将切实有效维护国家安全，保障香港市民利益和香港长期繁荣稳定。相关法律是香港重新出发，迎来由乱入治、重返正轨的历史性契机。

三、澳门的广播传播事业

澳门的无线电广播已有 80 多年的历史。现有两座广播电台，一座是属于澳门广播电视有限公司的澳门广播电台，有中文、葡文两套节目；另一座是私营的澳门绿邨商业电台。

1. 澳门广播电台

澳门广播电台是澳门最早的广播电台，于 1933 年 8 月 26 日开播，是由一些业余无线电爱好者办起来的，呼号为 CONMACAU。开播初期，每天在 21：00 至 23：00 用葡萄牙语播送新闻和音乐。1948 年，广播电台归澳葡当局经营，从而成为官方电台。

据 2008 年澳门广播电台官方网站的信息，澳门广播电台下设中文台和葡文台，均为全天 24 小时播音。中文台以"融入社群、服务人人"为宗旨，节目侧重于本地特色，主要播出语言为粤语。它向澳门居民提供新闻、娱乐、文化、教育等多种节目。

2. 澳门绿邨商业电台

澳门绿邨商业电台创办于 1950 年，创办人为土生葡萄牙人罗保博士。1964 年，该台全部节目改用粤语广播。1969 年 6 月之后，绿邨电台改为纯商业电台，播放时间为每天早上 6 时至午夜零时，共播出 18 小时，主要播出娱乐节目，如音乐、乐曲、广播剧、儿童故事、话剧、点唱、赛狗消息等。该台没有自编的新闻节目，只是在综合节目中由播音员根据报纸的报道，加播一些居民感兴趣的社会新闻。此外，每晚深夜播送一次政府新闻司编发的新闻稿。

1994 年 12 月 31 日，该台以改进技术为由宣布暂时停止广播。2000 年 3 月，绿邨商业电台获澳门特别行政区新闻局批准恢复播音。恢复播音的绿邨商业电台是一个多元化的商业台，全天 24 小时播音，主要用粤语广播，也有数小时的葡语节目。除澳门外，整个珠三角地区也都可以收听到。

四、澳门的电视传播事业

澳门的电视事业起步最晚，发展也比较缓慢。澳门电视台属官办，1984 年 5 月正式开播。创建初期每周只播 40 小时，仅覆盖本地。澳门主要的电视机构有以下几个：

1. 澳门广播电视股份有限公司

澳门广播电视股份有限公司（简称"澳广视"，TDM）是澳门唯一的电视广播机构，原名为澳门广播电视公司，于 1982 年 1 月 1 日正式成立。它是由政府出资、行政上独立的公共企业，负责统辖澳门的广播电视工作。因澳门广播电视公司长期亏损，政府不堪负累，于 1988 年 1 月起转为含政府资金但不具名的有限公司，同年 5 月 1 日改名为澳门广播电视股份有限公司。

澳门广播电视股份有限公司拥有澳门广播电台和澳门电视台。澳门电视台于 1984 年 5 月开始试播，起初只在晚上 6 点、11 点交叉播放中文和葡文节目。1990 年 9 月 17 日，该台分成葡文和中文两个频道，分别播放葡文和中文（粤语）节目。中文电视台每周播出 60 小时，每天播出五次新闻。除新闻外，主要通过卫星转播葡萄牙电视台的节目，外购节目约占 78%，自制节目仅占 1%。

澳门电视台旗下涵括澳视澳门台、澳视高清台、澳门—MACAU、澳视体育台、澳门资讯、澳门卫星频道、Canal Macau 等频道。

对于中国人占人口总数 95% 的澳门来说，中文电台和电视台的新闻传播无疑担负着非常重要的信息传播任务。但是澳门的电视信息传播一直缺乏影响力，主要是因为澳门临近珠海和香港，这两地的电视信息传播覆盖成为澳门最大的困扰，客观上也分散了人们对澳门信息的关注，且澳门地区的电视行业缺乏竞争，因而也就难以刺激媒体对新闻深度和报道形式进行挖掘。2000 年，澳门电视台继续改进新闻资讯类节目：译自 BBC 所制节目的新国际专题节目《放眼世界》颇受观众欢迎；《澳视晨彩》增加了 15 分钟的播出时间，延长了新闻播出时间和加入了一些比较轻松的小板块。总的来说，澳门电视台自制节目能力薄弱，除新闻类节目外，其他大部分是外购节目。

澳门回归之前，澳门广播电视股份有限公司就注重加强澳门与内地的联系和交流，1996 年自制了有关中国节日和澳门历史的纪录片，1997 年开始在新闻节目中大量采用中央台和广东台的专题报道，从 1998 年夏季开始，中文电视台还在晚间电视结束之前转播中央台四套的粤语新闻。

2. 澳门有线电视台

澳门有线电视公司于 1999 年 4 月 22 日获得澳门政府发出的为期 15 年的特许专营牌照，到 2005 年 7 月，澳门有线电视台频道增加到 70 个，新闻节目匮缺。

3. 澳门莲花电视台

涵括澳花卫视、澳门莲花（西片台）等频道。

第四节　台湾地区的广播电视传播事业

至 2016 年止，台湾只有 2 300 万人，却有 200 多个广播电台、60 多个有线电视台、5 个无线电视台、6 000 多种杂志、400 多种报纸，是世界上媒体覆盖率最高的地区之一。

一、台湾地区广播传播事业

中国台湾在 1895 年被日本侵占。20 世纪 30 年代以来，其先后在台南、台中、嘉义、花莲等地建起了广播电台。1945 年日本投降后，国民党当局悉数接管。

1949 年国民党退至台湾，"中央"广播电台迁往台湾，同年成立台湾"中国广播公司"。此后，台湾广播事业逐步发展。最初公营、民营电台齐头并进，到 1995 年底，广播电台共有 33 家，其中公营电台有 7 家，民营电台有 21 家，军营电台有 5 家，大部分为 24 小时连续广播。

1990 年 2 月 9 日起，第一调频网的电台全面对大陆播出，专门设立了"大陆新闻组"，派人深入大陆了解掌握各地的信息，提供给电台。

1989 年至 1994 年之间，由于其他政治势力、党派和异见人士的抗争，许多非法的电台、电视台纷纷成立。这些电台从另一个角度报道了台湾的政治活动、本土文化、社会事务等，让观众各抒政见，形成了多层面的声音的汇集。

地下电台是台湾媒体界的一种特有乱象，它们是未通过"新闻局"核查，未获得核准执照的广播电台。台湾的地下电台主要集中在南部地区，那里以农业经济为主，文化相对落后。台湾的第一家地下电台成立于 1992 年，创办者为民进党大佬张俊宏。此后，民进党的各路政客纷纷开始效仿，在民进党的传统大本营——台湾南部创办了大量地下电台，并将它们作为"竞选工具"。到 1999 年前后，台湾地下电台一度发展到顶峰，数量高达 217 家。

台湾的地下电台绝大部分是由民进党或其支持者创办的。为逃避管制，地下电台经营者往往将电台架设在偏远的山区，设备也极其简陋，通常只有一台大功率发射器以及几部电话等。据台湾《中国时报》报道，台湾的地下电台播出时段并不固定，大部分集中在早晚两个时段，节目内容分为两类，一类为政治新闻、本地新闻以及时事评论，矛头一般指向泛蓝的政治人物，另一类则主要为药品推销以及播放闽南语歌曲等。当有地方选举或婚丧嫁娶时，台湾的地下电台有时也会将播出时段出租。

为了控制舆论，台湾"通讯传播委员会"（NCC）强力取缔地下电台。据 NCC 统计，截至 2008 年 10 月，共有 330 家地下电台被取缔。但地下电台不是一取缔就消失的，业者往往另觅地点重起炉灶，所以地下电台一直维持百余家的规模。现存的地下电台里最有名的为爱乡电台、台南之声以及大台湾电台，这三家电台每天都会在晚间时段进行联播，拥有一批铁杆听众。截至 2016 年，岛内有宝岛新声广播、大爱网路电台、复兴广播第一网、复兴广播电台、复兴广播第二网、高屏溪客家电台、高雄港都 983、"国立"教育台北总台、"国立"教育台东分台、"国立"教育台中分台、"国立"教育花莲分台、警广台（含台北台、交通网、台中台、长青台、花莲台、新竹台、台南台、宜兰台）、KissRadio 大苗栗、KissRadio 大众台、KissRadio 台南知音、KissRadio 南投广播、NEWS98 新闻网、省都广播电台、台北都会资讯、台湾之音—华语、台湾之音—欧美及方言、台湾文化广播电台、台中广播、新客家广播电台、亚洲电台、亚太电台、宜兰中山电台、银河流行音乐台、云嘉广播电台、正声台北调频台、正声台北调幅台、中广新闻网、中广流行网、中广音乐网、中广古典网、中广客家频道等近 90 家在播电台。[①]

二、台湾地区电视传播事业

1. 台湾地区电视传播事业概况

台湾的电视事业起步于 20 世纪 60 年代。1962 年 2 月创立的第一家电视台是"'国立'教育电视实验广播电台",在 1963 年 12 月 1 日改名"'国立'教育电视广播电台"。1962 年 10 月 10 日正式开播的台湾电视公司(简称"台视")是第一家商业电视台。1969 年 10 月,第二家商业电视台——中国电视事业股份有限公司(简称"中视")成立。

1962 年开播的教育电视台是中华电视台(简称"华视")的前身。

此三大台建立之时都首先大力加强新闻节目,普遍采取了以下措施:增加新闻报道时间;增辟新闻性节目;强化体育新闻及节目;建立中南部新闻中心;充实国际新闻的来源;派记者到大陆进行新闻采访;采用多种形式,从各个方面做好气象报道节目;扩大编制,增加人员。

在台湾三大台之外,还有"第四台",其利用录放设备播放录像带节目。据说,"第四台"出现于 1976 年,这些以"民主"为名、以"民主"为目的的媒体大都重视新闻类节目的传播,力求运用多层次的声音来打破国民党长期封闭的新闻宣传。例如民进党的"民主电视公司"经营的有线电视台的节目就具有十分强烈的政治色彩,在竞选期间,它拥有一个特别频道专门用来播出民进党的政治消息。

20 世纪 90 年代"第四台"开始走入千家万户,其中最有影响力的频道是 TVBS 频道。TVBS 是台湾本土第一个卫星电视台,于 1993 年 9 月 28 日首播。它由香港电视广播有限公司及台湾的年代集团合资创立,现由香港电视广播有限公司全资拥有。其新闻台于 1995 年 10 月 2 日开播,以"没有国界、没有时差"为理念,是台湾第一家 24 小时全天候的新闻性专业频道。

据统计,截至 2016 年初台湾有近 200 个卫星电视频道,此外,还有许多卫星电视的境外机构在台湾设置代理商或分支机构。台湾卫星电视因此向多元化、专业化、分众化发展,分别有戏剧类、音乐类、体育类、电影类、卡通类、民俗类、新闻类、旅游类以及综合类等十多种专业频道。这些频道都由卫星电视公司经营,其中以东森、中天、民视、年代、三立等公司的规模较大。这些公司一般经营多个频道,或同时经营有线电视网。

东森电视台是台湾较大的有线电视媒体之一。它成立于 1991 年 7 月 3 日,以"坚持卓越品质,稳健扎实经营"为经营理念。民调数据显示,东森集团在"对社会公益活动贡献良多的企业"中高居榜首。奇摩民调中心所做的理想媒体大调查中,东森是网友收看频率最高的电视媒体。

中天电视台是台湾《中国时报》集团下的台湾有线电视网。2004 年 1 月,中天资讯台转型为综合频道,更名为"中天综合台"。

---

① 《台湾电台列表》,倾听网络收音机,2017 年 2 月 25 日。

民间全民电视公司（简称"民视"）于 1997 年 6 月 11 日开播，是台湾第一家民营无线电视台。尽管民视立台口号为"来自民间，属于全民"，但因民视的两位建台元老蔡同荣、张俊宏都是民进党代表人物，该台实际上是民进党的喉舌机构，所以其新闻报道的客观性受到社会质疑。

电视新闻在台湾地区的电视史上一直占有很重要的位置，进入 21 世纪后，电视新闻竞争更是愈演愈烈。据笔者 2017 年 3 月 7 日对卫星电视的统计，除老牌的台视、中视、华视及后起的民视、台湾公共广播电视集团（公视，2006 年 7 月 1 日开播）等 5 家综合台（含新闻频道）外，岛内还有 TVBS、东森、中天、三立、非凡、年代等专业新闻台。新闻立场相对客观的中天、TVBS、东森、年代的节目日渐远播岛外，而偏绿的民视、三立则受困于岛内的党派恶斗不可自拔。

2. 惨遭关闭的台湾中天电视台

中天电视股份有限公司简称中天电视，是属于旺旺中时媒体集团的电视网，旗下有新闻台、综合台、娱乐台、亚洲台、美洲台五个频道。1994 年 11 月底，开播全天候华语新闻卫星频道"中天频道"。2000 年底，"中视二台"更名为"中视卫星"，"中天频道"更名为"中天新闻台"。除一般整点新闻报道以外，著名节目有平秀琳主持的《新闻深喉咙》、戴立纲主持的《新闻龙卷风》、卢秀芳主持的《晚间新闻》以及陈文茜主持的《文茜的世界周报》和《文茜的世界财经周报》。

2019 年的年度收视率报告显示，中天新闻台位居台湾各电视台竞争最激烈的新闻台区块第一名，三立排名第二，TVBS 位居第三，东森、民视紧追在后。业界分析，TVBS 输了收视王座的主要原因是没有掌握住政治大环境。除了 TVBS，东森电视的命运也差不多。东森新闻台的收视率过去也常常领先三立、民视、中天，如今不但年平均收视率掉到第四名，观察它每天的收视率变化，也常在后段徘徊。广告界资深人士评估，未来的新闻台大局可能会是中天独领风骚。不过，由于中天新闻风头太过强劲，加上立场以批判民进党当局为主，一直是民进党的眼中钉、肉中刺。

中天电视播报中国大陆新闻旨在报道有利两岸交流的新闻和大陆的正面新闻。

中天新闻台 6 年营业执照于 2020 年 12 月 11 日到期，台 NCC 于 10 月 26 日破天荒举办成立 14 年以来的首次换照听证会，民进党当局有意对中天"不予换照"，即彻底关闭中天新闻台。中天电视被认为是岛内立场偏蓝的媒体，曾数度被绿营攻击为"红媒"，2016 年民进党上台后再次对中天掀起批判潮，民进党当局首创"关闭新闻台"的创举，引发摧毁台湾新闻自由的争议。NCC 提出四大不予许可的原因是——屡次违规被民众检举、自律机制失灵、新闻制播受不当干预，以及后续补件未能具体说明改善可能性。台湾《中国时报》在今日头条上直接喊话"这是台湾新闻自由最悲哀的一天，是民进党当局最丑陋、最可耻的政治裁定！历史会记住今天，历史也会记住你们"！

中天也发声明表示，宣告台湾"一言堂"时代来临，是解严以来台湾民主最黑暗的一天，台湾已走上独裁政治。中天坚持着自己的工作底线，在民进党管理当局对中天停发执照当天始，中天新闻就借助网络转换传播渠道，以网上直播的形式维持中天新闻的正常播出，获得广大受众的支持。

台湾中国文化大学新闻传播学院院长胡幼伟也在 2020 年 12 月 8 日台湾《中国时报》

言论专栏表示，民进党一直鼓吹的"民主社会"，最重视的就是新闻自由，最不该去碰触扼杀新闻自由禁忌，而 NCC 毫无顾忌地跨越了这条红线，写下台湾新闻自由史上最黑暗的一页。这不是中天的问题，而是民进党当局自毁民主基石的大问题。台湾舆论普遍认为 NCC 不但对新闻专业外行，对民主政治与新闻自由的不可分割更是大外行。NCC 不只关掉了中天，也关掉了民进党当局的"执政"正当性！

本章小结

本章概述中国各个时期广播电视的发端、发展、现状，为读者提供了相对翔实的研读资料。

复习思考题

1. 说说你对中国中央广播电视总台改革的认识。
2. 为什么说改革开放以来，我国广播事业进入了一个新的发展阶段？
3. 简述中国电视发展各阶段的概况。
4. 说说你对《外来媳妇本地郎》辐射世界各地华侨、华人圈，为中国电视传播赢得良好的国际口碑的认识。
5. 简述香港、澳门的广播电视传播事业。
6. 简述台湾的广播电视传播事业。
7. 通过"延伸阅读"，了解中国广播事业 30 年的改革历程。

延伸阅读

中国广播事业 30 年改革历程[1]

王　丽[2]

2008 年是中国改革开放 30 周年，回首成就，辉煌壮丽。我国的广播事业也在这宏大背景下，伴随着新闻事业的改革，取得令人瞩目的成绩。

第一阶段：20 世纪 80 年代中期，以珠江经济广播电台诞生为广播第一次改革的标志。

改革背景：20 世纪 80 年代中期之前，广播在国内媒体中一直处于优势地位，80 年代

---

[1]　本文来源于《中国记者》2008 年第 8 期。
[2]　王丽，湖北音乐广播总监，武汉大学新闻与传播学院博士生。

中期，电视一跃成为媒体明星，广播面临严峻挑战。以当时的广东地区为例，广播处于发展低谷时期，频率数量少，与听众缺少交流，手段简单，定位呆板……①再加上珠江三角洲还有香港及境外媒体的"长驱直入"，使得广东广播界面临生死存亡的局面。相对有利的则是广东地区得时代风气之先，有着实施广播变革的各种条件。

改革情况：1986 年 12 月 15 日，广东珠江经济广播电台诞生，进行从内容到形式上的大胆创新。直播为主的频率资源、大时段板块节目、主持人个性化主持、听众参与，改变了过去"我播你听"的单一化方式，从单向灌输变为双向传播和交流。主持人的播音方式拉近了听众和电台的距离，热线电话的参与性更让听众感觉到广播的平易和贴近。这种方式在业内被称为"珠江模式"。"珠江模式"不仅壮大了广东广播电台的实力，而且推动了中国广播的全面改革。如此，中国广播才能在激烈的媒介竞争中分得一杯羹。

第二阶段：1992 年，以东方广播电台成立为标志的"东广模式"为广播第二次改革的标志。

改革背景：1992 年邓小平的南方谈话加速了中国改革开放的进程，党的十四大召开，确立了社会主义市场经济体制，这个特定的时代背景为广播事业的改革提供了良好的环境和契机。对于上海来说，中央作出开发浦东的决策，给予当地大量优惠政策。上海抓住有利时机，从原有的电台中产生出一个新台，即上海东方广播电台，形成一个城市有两家同级别电台平行运作、平等竞争的全新格局，更重要的是它预示着中国广播市场细分迈出了第一步。

改革情况：1992 年 10 月 28 日，上海东方广播电台应运而生，与上海人民广播电台形成竞争态势。他们倡导以增加节目信息量为标志的开放型改革思路：新闻编排上打破了先本地、后国内和国际的陈旧模式，根据新闻本身的重要性"排座次"；不"画地为牢"，"请各方代表人物进直播室，将各方面新闻媒介的最新消息尽快提供给听众"；努力开发节目资源和频率潜力，实现 24 小时直播。②

东方广播电台的做法，深化了大板块直播节目的内涵，实现了广播节目与社会活动的内外联动，以媒体活动和品牌主持人来树立电台的品牌形象。尤其重要的是，引入了竞争机制，触动了体制方面的某些问题，使广播改革在广度和深度上都有了不同程度的开拓。人们因此称之为"东广模式"。

这段时期，也正好是改革开放 10 多年后，中国新闻事业结束单一化媒介结构，初步形成了多层次、多品种的媒介新格局。"东广模式"带来了受众市场的细分，广告投放更有的放矢，广播在地区媒体中建立了自己的地位和优势，这些都是广播第二次裂变和腾飞的表现。

第三阶段：20 世纪 90 年代到 21 世纪初，以全国各地频率专业化探索和建设为广播第三次改革的标志。

90 年代以后，中国广播的受众发生了很大变化，广播的核心受众群正在由乡村转向城市；随着私家车的迅猛增加，受众由固定收听转向移动收听；受众由收听调幅广播转向

---

① 余碧君：《"珠江模式"实质初探》，《中国广播电视学刊》1996 年第 S1 期。
② 曹璐：《从东广效看深化广播改革的思路》，《中国广播电视学刊》1994 年第 1 期。

收听调频广播甚至数字音频广播；受众的收听习惯也由以往的"固定收听"转向"移动中的清晰收听"。北京、上海、广州、深圳等一些大城市先后建立诸如文艺频率、新闻频率、音乐频率、交通频率等专业化频率，我国广播开始进入"窄播"和频道专业化的探索实践。此后，中国广播出现了以下几次专业化电台的创办热潮。

（1）音乐台热潮。20世纪80年代末至90年代末，地方电台出现了"音乐化浪潮"，这是开办音乐台数量最多的时期。标志性事件：①1988年在中国大多数电台仍然是调幅广播的时候，广东珠江台就推出了以流行音乐为主打内容的立体声广播；②1993年北京音乐台开播，成为当年度搅动北京媒体市场最具影响力的事件。

（2）交通台热潮。1991年9月30日，我国第一家交通广播频率——上海交通信息台诞生。1999年前后是交通台集中涌现的时期，全国各主要城市都出现了交通台。自2003年至2006年，交通台的广告总量增幅连续保持在25%以上，成为系列台中的强势频率。

2003年"广播发展年"期间及之后，各地广播电台专业化改革势头非常迅猛，集中形成了新闻（综合）频率、音乐频率和交通频率三足鼎立之势；此外，经济频率、生活频率、体育频率等也比较普遍。许多频率已经成为当地媒体中的强势品牌，广播的经营收入和高利润让许多报纸和电视都惊叹不已。统计数字显示：中国广播的广告营业额连续多年保持增长势头。

另外，业界还有一种观点认为，第三次改革的标志是以北京台为代表的一种大广播经营观念的形成，其以资本运营为纽带，变广播经营为经营广播的思路，带来一整套运行体制的改革。

第四阶段：21世纪初开始，以广电集团的组建为广播第四次改革的标志。

改革背景：互联网迅速普及给传统媒体尤其是广播业带来巨大冲击。此外，社会主义市场经济条件下广播电视行业出于自身发展的需要，要求对广播现有资源进行重组和整合，从重点突破向整体推进过渡。新一轮广电改革政策陆续出台。2000年8月全国广电厅局长会议针对广播、电视、电影业进行改革，不但提出"大整合"的整体方案，而且制定"大整合"的时间表。2001年，《关于转发中央宣传部、国家广电总局、新闻出版总署〈关于深化新闻出版广播影视业改革的若干意见〉的通知》出台，对组建广电集团的指导思想、原则、体制、融资等做了全面规定，这些政策为中国广电业"大整合"奠定了理论依据，注入了政策活力，推动了此次广电事业的改革。

改革情况：前三个阶段的改革是自下而上的，由局部某个电台发起，取得成功经验后，全国其他电台纷纷效仿，逐步推广开来。但由于我国的市场发育还不充分和完善，广电集团组建工作还不能完全由市场促成，所以此阶段的改革由行政手段整合而成，属于自上而下的方式。

在中国广电集团化历程中，以发展为主题，以结构调整为主线，以壮大实力、增强活力、提高竞争力为目标，掀起了一波又一波改革浪潮。上海文广新闻传媒集团在这方面进行了可贵的探索。2001年，上海文广新闻传媒集团成立之初的第一项重大举措就是撤台建频道，取消原有的三个电视台、两个广播电台，实行频道专业化。2005年底，又将频道制改成中心制，改变过去那种新闻事件发生后，几个新闻频率都派出记者的状况。整合后新闻中心的所有素材都汇集在新闻资源共享网络平台，最大限度地实现资源共享。

让人略感遗憾的是，我国目前的广电集团整合，除了有线无线合并、频道专业化等集团组建最初实行的改革措施之外，尚未发挥出显著的合力。主要原因是"事业性质、产业化管理"的理念在具体操作时往往难以把握；而有的集团整合，也仅仅是把同一行政区域内的若干广电经济实体相互捏合，实现同一传媒层次上简单、机械平面联合，既没有形成内部各自有机融合，也没有在专业领域实现资产优化组合。

当前，我国广播电视集团化改革的实质就是制度转轨。如何根据国家广播电视产业改革总体政策对集团不同频道、不同资源分类定性、分类管理，如何建立充满活力、富有效率和生命力的微观主体运行机制，是集团化改革的重中之重。

第四章

广播电视的传播共性与社会功能

本章要求
- □ 了解广播电视的传播共性
- □ 了解广播电视的社会功能
- □ 了解电视传播与"地球村"
- □ 了解广播的永恒魅力

广播电视的诞生引发了传播媒体的大革命。广播电视传播以其丰富多彩的形式吸引着听众和观众，满足了人们日益增长的文化生活需要。把握好广播电视传播的共性和社会功能，有助于我们更加全面、深入地认识广播电视的最佳传播模式，更好地利用它们来为我们的信息传播提供服务。

第一节 广播电视的传播共性

广播电视是以电、声、画为媒介的现代化传播工具，具有文字印刷媒介不可企及的现场实时的传播优势，但也有不如文字印刷媒介内容详细深刻的劣势。广播电视的共性就建构在它们自身优缺点并存的基础上。

一、传播的快速性与声音画面的易逝性

广播电视电子媒介以光速进行传播，是当今传播最快的媒介，同时，由于广播电视以光速传播，广播电视声音与画面的传播不易被受众把握和理解，这在某些方面加重了受众对广播电视信息接收的负担。

利用传播快速的优势，广播电视可以将一些重大事件或突发性新闻迅速而及时地进行传播。这种优势是报纸、期刊不可企及的。

1979 年邓小平访问美国，卡特总统在白宫南草坪举行欢迎仪式，"美国之音"对此做了现场报道，我国的听众同时收听到了这一重要新闻。

1997 年香港回归，观众通过电视亲眼见证了香港主权回归的整个过程。从 6 月 30 日开始，人们不约而同地打开电视机，锁定在香港回归报道的节目频道上。

2008 年，举世瞩目的北京奥运会召开了，全世界约有 40 亿人通过电视收看了奥运会。

传播经验表明，自有广播、电视媒介以来，世界上任何大事的传播都发轫于广播与电视。诸如肯尼迪、里根遇刺，毛泽东、周恩来逝世的消息都是首先通过广播发布出去的。由于电视技术的发展，电视传播也日益向直播化挺进。1989 年海湾战争，美国有线电视新闻网（CNN）全天候直播战争发展形势，利用了电子媒介传送信息快速的特点一炮而红。

作为电子媒介，广播电视在承袭既有传播方式的构成因素时，同电传输紧密结合起来，而无论声音还是画面符号，一旦与电传输相结合，不但自身发生了一系列变化，而且在很大程度上改善了接收渠道，增强了人们的接收能力。其中最显著的有以下几方面：

（1）各种符号插上了"电翅膀"，使大众传播能够真正同时面向大众，使各地的大众能够真正同时获得同一信息。

（2）信息可以脱离所指事物，以与事物的发展变化相同的速度广泛传播，使人们能够耳闻目睹瞬间变换的大千世界。

（3）各种符号因素，如声音中的语言和音响、音量和音调，图像中的景别、光线和色彩等经过精心处理、合成以后，可以更加真实、准确、清晰地传递信息，更易于人们接

收。如在电视中看体育比赛的慢镜头，在广播中听立体声音乐，其接收效果有时是其他媒介难以企及的。

（4）人们可以在自己选择的环境和条件下接收信息，这有利于排除或减少外部干扰。总之，由于与电传输相结合，广播极大地增强了声音运载和耳朵接收信息的功能，而电视则同时增强了声音、图像对眼睛和耳朵的传输功能。正是从这个意义上说，广播、电视不仅承袭，而且大大超越了先于它们存在的所有传播方式，因而，广播被传播学家麦克卢汉称为人耳的延伸，电视被称为人眼与人耳的延伸。

值得一提的是，在电视传播备受青睐的当今，广播传播在前20年的些微衰弱中重新崛起，其崛起的重要依托是汽车交通广播网以及遍及全国高校的校园广播网，这两大广播网拥有数以千万计的高端听众，是快捷传递各类新闻信息的重要物质平台。

随着广播电视媒体节目"回放听阅功能"的开发以及广播电视节目网络化传播的实现，广播电视传播的易逝弱项将得到有效强化。

二、视听的随意性与传播的广泛性

广播电视传播视听的随意性，是指人们收看、收听时不如阅读书刊那样精力集中。如果广播电视节目没有吸引力，大多数人在收看或收听的同时加入其他活动，致使广播电视节目处于"伴随"位置，这就形成广播电视传播视听的随意性。因此，尽量使用浅显、通俗易懂的语言传播信息，安排人们喜闻乐见的新闻、课程、电视剧、流行音乐、古典音乐、戏剧、歌剧、芭蕾舞等节目，满足不同年龄、不同需要、不同地区、不同收听条件受众的需要，是保证节目传播效果的重要措施。

广播电视传播的广泛性还会对社会生活产生重大的影响。例如，迅速性和广泛性使广播电视在形成舆论方面比报刊占优势。读报更多地表现为分散的个人行为，收听、收看广播电视则带有广泛的共同行动特征。据心理学家测定，分散的个人行为只能影响个人思维观念和行为，以及影响个人对社会的认识和理解；而共同的整体行动则会形成共同的社会理念，推动社会的变革和发展。声音画面传播在受众广泛、易形成社会舆论的同时，产生收视、收听的随意性，例如，人们随时随地都可打开收音机收听广播节目。人们收听、收看广播电视，一般是边干活边收听或收看，一心二用，而且精力主要花在手中的活儿上，远不像看报那么专注。据调查，有68.7%的观众在收看电视节目的同时在做其他工作，只有10%的观众认真观看电视节目。广播听众收听的随意性更加明显，88.6%的听众是随意收听广播节目的，特别是青少年，他们几乎百分之百把广播节目当作背景音乐。[①] 如果广播电视不能在五分钟之内吸引受众，受众就会转换频道或心不在焉地收听广播或收看电视，广播电视节目的传播效果就会大打折扣，从而降低广播电视的大众化功能。

随着国家广电总局部署的"村村通"工程全面实施到位，截至2020年12月，农村地面无线广播电视已实现数字化，有线广播电视网络实现数字化、双向化、智能化，直播卫星公共服务完全覆盖有线网络未通达的农村地区。

---

① 见1996年4月28日《广东电视周报》。

这也意味着，未来几年，按照既定的一体化建设思路，现有广播电视网络特别是基层网络的数字化将继续升级改造。另外，国家提出关于建设"宽带中国"的战略要求，大力实施宽带广播电视建设，全面提升有线、无线、卫星网络的宽带速度、承载能力、服务能力。

在上述广播电视信号无处不在的网络世界里，广播电视的视听随意性与传播广泛性将得到充分发挥利用。

三、内容的丰富性与视听的被动性

广播电视为人们提供了丰富的精神食粮，如为人们提供包含日常生活方方面面的信息，新闻、文娱、体育无所不包。同时，广播电视的线性传播缺乏实时的双向交流渠道，使得受众接收节目时处于一种被动的状态，往往只能根据广播电视的编排来安排视听。格伯纳认为："电视是一个中心化的叙述系统。它是我们日常生活的一部分。它的故事片、广告、新闻和其他节目将一个相对来说连贯成一体的世界的共同形象和讯息送到每个家庭之中。"[1] 因而，从某种意义上说，广播电视节目演绎着我们世人丰富多彩、无穷无尽的故事，而这也是吸引受众接收广播电视节目的心理原因。由于广播电视传播迅速，节目的循环周期比报刊的循环周期短得多；又由于各个电台、电视台都办数套节目，每天播出时间累计多达数十小时，因此，它的日发信息总量一般要比报社大。就我国目前日报的印张而言，一个广播电台、电视台的日发信息总量，要比一个报社大得多。广播电视传播内容丰富、功能多样，涉及社会生活的各个方面。新闻、评论、教育、体育、音乐、曲艺、文学作品演播、广播剧、电影录音剪辑等节目，都可以根据听众或观众的需要播出。为了适应不同听众和观众的需要，广播电视开设了许多专业电台和电视台，如新闻台、体育台、文艺台、经济台、音乐台等，深受听众和观众的欢迎。广播电视的传播要考虑受众的心理接受能力，那种脱离受众政治、经济、文化理解范围的传播是难以受到他们欢迎的。按照大众传播理论的解释，广播电视节目的编码深受听众或观众固有经验的影响。"所有参与者都带来了一个装得满满的生活空间，固定的和储存起来的经验进入了这种传播关系，他们根据这些经验来解释他们得到的信号和决定怎样回答这些信号。"[2] 因此，广播电视与受众就要建立起一种经验范围，在进行声画交流时，认真考虑传播对象的经验范围才能使传播顺利进行，并收到良好的传播效果。

虽然广播电视可以传播无所不包的节目，但是，广播电视是线性传播，听众或观众在同一时间里只能收听、收看一种节目，选择一个频道，并且必须按照传播者安排的播出顺序逐条收听或收看，不能像看报那样，既可以从头版头条看起，也可以从四版报尾看起，可以粗看，也可以细看，可以逐条看，也可以挑选着看。听众或观众只能被动等待广播电视节目的播出，受到广播电视节目的信息轰炸，而不能作出及时的应变。因而，广播电视

---

① 乔治·格伯纳等：《与电视生活在一起：培养过程的动力》，转引自詹宁斯·布赖恩特、多尔夫·齐尔曼的《媒介效果面面观》（劳伦斯·埃尔伯姆出版公司1986年版）。
② 威尔伯·施拉姆、威廉·波特著，陈亮等译：《传播学概论》，北京：新华出版社1984年版，第47页。

缺乏双向交流和受众的及时反馈，在某种程度上阻碍了满足受众需要的节目调整，相较而言，报纸读者更加自由和主动。

四、声画并茂与信息的传真性

广播电视以声音画面为表达手段，因而它们具有丰富的表现力。声音画面可以传情，可以悦耳，可以传言外之意、意外之情。无论是播音员的声音，还是记者的声音，抑或是新闻人物的同期声，在其抑扬顿挫间都会融入他们对传播对象的爱憎之情、褒贬之意。这种带有感情色彩的语声，较文字传播更容易贴近观众和听众，易引起他们感情上的共鸣。广播电视可以为受众提供现场性的录音和画面，从而增强信息传播的真实性，特别是现场摄制的电视画面，更是为观众提供了"身临其境"的真实性。

广播电视信息内容是作用于人的听觉和视觉器官而被接受的，受众在接收到画面或音响刺激以后，只有通过想象才能唤起对事物的形象感，从而把握住形象的画面语言和抽象的文字语言所表达的信息内容。因此，在听广播或看电视时，想象的翅膀可以在思维王国里自由地翱翔。在想象中，"观众成了服装师、场景设计师和化妆师，他在脑子里塑造各种人物形象和场景"①，受众"身临其境"，产生了一种真切的接近性。广播电视的播音员如果以情带声、以声传情、声情并茂地播出节目内容，就更能激发受众产生亲切的参与感，因为言为心声，听众"感之于外"而"受之于内"，在"心领神会"中感悟那令人遐想的内容。20世纪30年代经济大萧条时期，美国总统罗斯福在广播中进行"炉边谈话"，以拉家常的亲切口吻宣传新政，使改革的思想深入每一个家庭，从而鼓舞了人们的信心。"二战"期间，英国首相丘吉尔则用他那慷慨激昂的号召"俘虏"了大多数的英国人，激发了他们参与战斗的热情和对国家、对女王的忠诚。

广播电视常常可以利用声音与画面的现场性，增强信息的传真效果。在纪实性信息传播中，这种方法用得最多。1949年10月1日，毛泽东主席在天安门城楼庄严宣布中华人民共和国成立时激动人心的录音，成为历史不朽的回音，那大众欢腾的经典画面成为历史永恒的记忆。原汁原味的声音和画面使得信息具有很高的传真度。

由于声音是广播的唯一表达手段，受众只能靠听觉接收信息，不能像看电视那样可以借助画面理解信息，加之电声画转瞬即逝，听众又多处于半收听状态，因此，很容易出现误听和误判，导致信息变异。另外，虽然受众收听同一个节目，但由于他们自身文化知识、思想观念和社会环境等因素的影响，他们对同一个节目内容的解读不尽相同，甚至有的完全误解了节目所传播的实际内容。因而，广播电视传播的特点要求广播电视稿件和节目从内容到形式，从整体的组合编排到单篇的结构语言，都要扬长避短、力求适宜。

广播电视同时利用屏幕和语言、音乐、音响等声音作为信息载体，成功地实现了人类听觉和视觉的延伸。它们视听兼备、声画俱全，具有报纸杂志所没有的优势。广播电视自诞生之日起，就表现出卓越非凡的传播能力，使得其他媒介相形见绌。现在，无论是在东

---

① 弗兰克·布雷迪：《赶上去，电视广播的飞跃发展》，转引自梅尔文·L.德弗勒、埃弗雷特·E.丹尼斯著，颜建军等译：《大众传播通论》，北京：华夏出版社1989年版，第188页。

方还是在西方，无论经济发达还是落后，广播电视都是人们使用得最为普遍的大众媒介，在人类生活中发挥着越来越重要的作用。

以上对于广播电视共性的阐述，是对广播电视媒体内在生产力基因的认识与发掘。在当今多媒体的语境下，对比其他媒体，它们的传播共性又是参与全媒体竞争的个性，把握住这些共性，就固守了广播电视传播在全媒体竞争中焕发生产力的根本。

第二节　广播电视的社会功能

唯物辩证法告诉我们，任何事物都具有正反两个方面。广播电视的发展，为人们提供了丰富的精神食粮，但也产生了不可忽视的负面影响。广播电视的功能是由广播电视的自然属性和社会属性所决定的。广播电视的功能要发挥出来，当然首先要有电子技术设备。但是电子技术设备只能作为传播信息的载体，传播信息的具体内容不可能由自然属性决定，它还受社会因素的重大影响，而且广播电视传播的信息是供社会上的人们了解社会、了解国家、了解世界、增长知识和见闻、进行文艺欣赏和娱乐的。作为一种社会媒介，广播电视要发挥社会功能，必然与其所在的社会环境息息相关，受所在国家与政党的管制，即使标榜新闻自由的美国也不例外。社会环境决定了广播电视传播的信息符号的内容、信息的功用，决定了广播电视的社会属性。

一、传播新闻的功能

由于广播电视具有传播快速性、形象生动性，因而，它在新闻信息传播上具有很大的优越性。重大事件的现场直播，使人们能在第一时间如亲临其境一般获取最新的新闻信息。通过新闻报道和对时事的评述，广播电视迅速而直接地反映客观实际，宣传执政党的政策、方针、路线，向受众解难释疑，起着桥梁与纽带的作用。在广播和电视发明以前，新闻的传递主要依赖报纸。报纸需要去购买、订阅，而阅读报纸需要具备相当的教育程度，读者大都是社会上的文化精英。对于文化程度不高的人，报纸就是一张印满了文字的纸，没有任何意义。自从广播发明以后，由于传递迅速，并且使用日常惯用的语言，凡是拥有收音机的听众，不论识字与否，都可以随时随地收听国内外新闻，因此广播成为传播新闻的利器。无论是美国"挑战者"号航天飞机爆炸（1986 年 1 月），还是大兴安岭森林大火（1987 年 5 月），抑或是汶川大地震（2008 年 5 月），在诸多突发大事前，广播电视都是我国受众（特别是分布广阔、居住分散、人口众多的农村受众）获取信息的主要渠道。

广播在开始的时候虽播新闻，但并不十分重视新闻的报道，只按照报纸播报新闻的样式进行广播，成为报纸的"有声版"。这样，广播传播形式大大降低了听众的参与性，因而一般人仍以报纸作为获知新闻的主要媒介。"二战"期间，由于人们急于了解战况，广播新闻才获得空前的重视，其程度远胜于报纸。等到战后电视兴起，广播新闻的光辉又被电视新闻所取代。

声画并茂的电视为新闻提供了真实的情景，特别是彩色电视的出现，更是为观众提供了强烈的视觉冲击，使新闻的现场性得到酣畅淋漓的表现。这是其他媒介所无法比拟的。电视新闻发展至今，由于通信卫星的运用，远在天边的新闻如同近在眼前，完全突破了时空的界限。太空人登月球、火星探测器着陆火星等新闻，通过电视的传递，犹如眼前的事物一般呈现在人们面前。

社会不断发展，新生事物层出不穷，新闻永不枯竭，广播和电视传播新闻的功能也不会消失。

二、舆论监督的功能

简单地说，舆论就是公众意见（Public Opinion）。具体地讲，"舆论是社会上值得注意的相当数量的人对一个问题表示的个人意见、态度和信念的汇集"①。舆论所代表的是民心民意，是社会公众对于当前问题的整体知觉和集合意识。舆论一旦形成，就会形成一种无形的社会力量，对有关事态的发展产生重要的影响。美国总统亚伯拉罕·林肯曾经说过，"你有舆论的支持，则无往而不胜；倘若没有舆论的支持，你将一事无成"②。广播电视本身形成了一种传播制度和一种社会制度。不论是资本主义形式的广播电视，还是社会主义形式的广播电视，它们都是广播电视文化形成的社会制度。

中国的广播电视传播制度是一种公有的传播制度。它由国家来办，是党和国家的"耳目喉舌"，起着上传下达的桥梁作用。因此，中国的广播电视有着阶级性，但又具有广泛的群众性。作为大众传播媒介，广播电视联系着千家万户，在社会上形成了空前巨大的传播网络和传播体系。它对于我国的社会主义现代化建设，对于社会的安定和繁荣有着制衡作用。过去，广播和电视对社会上发生的重大事件是不进行批评的，改革开放以来，这种报喜不报忧的状况得到改变。中央人民广播电台组织的批评双城堡火车站野蛮装卸的连续报道，给听众留下了深刻的印象，在中国广播史上也占据了重要的位置。改革开放初期，广播电台针对刚刚富裕起来的农民担心政策会改变的不安心理，及时播发一系列保护专业户、劳动致富光荣的评论，给刚刚富裕起来和正欲致富的农民吃了一颗"定心丸"，坚定了他们勤劳致富的信念。中央电视台的《焦点访谈》《新闻调查》等理论思辨性节目，通过对社会黑暗面的揭露和对社会好人好事的赞扬，针砭时弊，对促进社会的健康发展作出了较大贡献，发挥了舆论引导和舆论监督的强大作用。很多有关大众生活的事情，很长时间都没有得到及时和妥善解决，经过广播电台、电视台的曝光，立即引起有关部门及其领导人的重视，事情也得到圆满解决。这就是舆论监督的作用。广播电视在进行舆论监督的同时，要注意舆论的引导工作，把握正确的舆论，防止错误的导向。

广播电视的舆论监督功能如何发挥到最佳状态？习近平总书记在视察中央媒体时指出："团结稳定鼓劲、正面宣传为主，是党的新闻舆论工作必须遵循的基本方针。做好正

---

① 中美联合编审委员会：《简明不列颠百科全书》，北京：中国大百科全书出版社1986年版，第228页。

② 转引自人大复印资料，《新闻学》1991年第2期，第111页。

面宣传，要增强吸引力和感染力。真实性是新闻的生命。要根据事实来描述事实，既准确报道个别事实，又从宏观上把握和反映事件或事物的全貌。舆论监督和正面宣传是统一的。新闻媒体要直面工作中存在的问题，直面社会丑恶现象，激浊扬清、针砭时弊，同时发表批评性报道要事实准确、分析客观。"①

三、传授知识的功能

人的生命有限，精力有限，交往范围也有限，因此宇宙之广、世界之大、事物之博是个人无法完全探究的。个人对各种事物不能事必躬亲，只能从前人积累的知识宝库和同时代人的创造发明中吸取有益的启示。个人融入社会，既有奉献，也有索取，才能推动社会向前发展，人类文明才能有厚实的基础。广播电视的传播具有广泛和传递快的特点，恰好可以用于知识的传播和积累。"秀才不出门，能知天下事。"广播电视是一种知识信息传播的良好媒介。它形声俱全，并能克服时空限制，因而，对很多知识题材的内容传送，电视手段优于面对面的文字印刷媒介的传送；由于广播电视优良的师资可以共享，因而，它们能发挥最大的教学效果；利用广播电视进行知识教育，可以解决校舍短缺的问题；作为电子媒介，广播电视能够充分利用已有的科技优势进行现代教学，提高教学效率和教学效果。现在，人们已广泛利用电视频道来进行普及教育、成人教育、职业教育，甚至是学校正规课程的教学，并已取得良好的效果。广播电视传授知识的节目主要有两个类型：一是为受众提供所需要的知识的，一般称这种节目为知识性节目；二是进行系统性教育的，如广播电视大学、知识问答等受众参与性节目。广播电台和电视台每天播送的节目涵括了社会生活的各个方面：从日常生活常识到国际知识，从现代科学技术的新发现、新创造到社会科学的新探索、新观点，天文地理、古今中外，几乎无所不包。它们为人们提供了丰富的知识，也为人们了解国内外的情况提供了条件。广播电视为人们了解世界打开了神秘的大门，撩起了外面世界神秘的面纱。

广播电视的所有节目都有传播知识的作用，而广播电视教育节目则是这种作用的集中体现。1925 年，美国各大学便开始利用广播进行教学。1948 年，美国的艾奥瓦大学首先建立了教学教育电视台。上海电视台自 1960 年开始，中央电视台从 1979 年起创办了电视大学。如今，从中央到地方的省、自治区、直辖市已经形成了电视教育网，为国家培养了成千上万的劳动者。广播电台举办了外语系列讲座等专题教育节目，学生遍及全国城乡，尤其是广大的农村。以南京市为例，南京电视台 1979 年筹建后就以电视教育为中心，除电视讲座外，每周还平均播出 20～25 小时。该台 1979—1984 年共举办了五届 573 个电大班，培养本科生、专科生、自学视听生27 622 名，占南京市居民的 1.46%。此外，电视中学有 5 万人注册，相当于 25 所中学的规模，全市有 80% 左右应补课的青年工人在收看电视中学课以后，领到文化考试合格证。电视教育曾为南京 10 万名行业青年解决了师资缺乏的困难，使他们这些在十年浩劫中失去宝贵时光的年轻人得到重新学习的机会。② 1993

---

① 摘自习近平总书记 2016 年 2 月 19 日在北京主持召开党的新闻舆论工作座谈会上的讲话。
② 摘自施天权：《广播电视概论》，上海：复旦大学出版社 1987 年版。

年 3 月的八届全国人大宣布的三大改革（机构改革、国企改革、金融体制改革）对各行各业劳动者的文化素质和专业知识提出了更高的要求，使全国众多劳动者面临重新学习上岗的问题。要把他们都培养成符合现代社会所要求的劳动者，任务非常艰巨，对师资和教育机构更是一个沉重的负担。为了按质按量地完成培养下岗工人再就业的艰巨任务，运用广播电视传播迅速、覆盖面广等诸多有利条件进行全国范围内的教育传播，不失为一个好办法。中央电视台教育频道曾经根据社会上各行业急需员工的量化要求，有针对性地开设了几门课程，以帮助下岗工人学习现代科学技术、提高文化素质，使之成为现代社会合格的劳动者。中央电视台教育频道此种明智做法不仅为下岗工人提供了良好的再学习机会和条件，而且也为社会培养了合格的劳动者，满足了急需劳动者的行业需要，在稳定社会、缓解就业压力、提高全民族的素质方面都取得了良好的社会效果。

目前，中国的广播电视教育网络发展规模很大，已基本形成了覆盖全国的教育体系，规模的发展也基本适应广播电视事业发展的需要。随着新一轮改革开放的进行，广播电视教育正朝着要质量、要数量的方向发展。虽然中国的广播电视教育事业取得了显著的成绩，但还是存在许多问题。例如，广播电视大学的网点过多过滥，师资队伍和教学设备难以适应现代教学和科研工作的需要；已建成多年的广播电视院校的某些内部结构如教学、科研机构的设置过多，造成人力、物力、财力的巨大浪费。这些问题都影响了教学质量的提高，也是造成办学效益不高的主要原因。因此，如何调整广播电视教育系统、优化教育结构、加强管理和科学布局等是当今广播电视教育部门急需解决的问题。

四、提供服务的功能

无论工业或商业，要想繁荣发达，主要靠消费。消费者要具有购买力，还要有消费途径。要达到消费目的，就要靠广告的宣传。电视在商业广告、交流经济信息方面有着特殊的功能作用。西方国家的电视台大部分依靠商业广告维持，这也说明电视广告在产品宣传、促进商业信息交流方面能起重大作用。商业广告在广告中占有重要的地位，它对于沟通产供销各方面的渠道，打开产品销路，减少库存积压，加快资金周转，提高产品质量，推广新产品、新技术都有很显著的作用。因为登了广告，产品打进国内外市场；因为看了广告，找到急需的设备、材料，这样的事例不胜枚举。广播和电视以其宏大的效力和惊人的速度向消费者提供了消费的情报，也刺激了消费者消费的欲望，调节了商品生产数量，使供需双方趋于平衡。消费者购买了商品，促进了工商业的繁荣，人们的就业机会增加，反过来又促进消费者的购买力，形成良性循环。

广播电视不仅能够刊登商业广告以促进商品的流通，而且能够促进人们精神生活的丰富和愉悦。不少广告本身就颇具艺术魅力，能起到丰富生活、增长知识、提高文化素养的作用。此外，广播和电视向社会提供各式各样的服务信息，如招聘、寻人启事、气象报道等，解决了不少群众的实际困难。

五、愉悦身心的功能

以人类生产活动为基础而形成的社会关系和社会文化赋予人类社会强有力的秩序，使人类能够共同适应和改造外部世界，更好地生存和发展。但是，"秩序"本身就意味着"约束"，它要求社会成员按照共同的规范和标准行事，这样势必会给社会成员造成一种社会压力。同时，在适应与改造外部世界的过程中，人类在体力和心智方面都处于一种紧张状态。为了缓解这种紧张状态，人类需要身心的放松。如何放松？答案极其简单，那就是"娱乐"。人类对于娱乐的需要如同对于衣食住行的需要一样自然。娱乐的实现有两种基本方式，一种是传播，从小孩的"嬉戏"到成人间的"玩笑"，从原始歌舞到现代文学艺术，都是为了满足娱乐的需要；另一种则是活动，通过诸如游艺、体育比赛等活动来满足娱乐。如果把这些活动制作成节目供人欣赏，则成为传播的组成部分。可见，满足娱乐正是传播的一大功能。马林诺夫斯基说："游戏、游艺、运动和艺术的消遣，把人从常轨故辙中解放出来，消除文化生活的紧张与拘束……使人在娱乐之余，能将精神重新振作起来，再有余力去负担文化的工作。"① 广播电视娱乐通过声音与画面向广大受众传播人类生活的审美体验，而受众通过收看、收听娱乐节目，把节目所构造的意象还原为审美形态的人类生活图式。不论是广播语言，还是电视声画俱全的娱乐节目，本质上都是艺术化地创造出一种理想化的人类生活图式，借以体现人的本质，确认人的全部存在，肯定人的丰富个性，从而达到人格精神的不断完善与提高。现代社会尽管娱乐方式很多，但最经济的莫若听广播和看电视。自从广播电视进入千家万户以后，人们的娱乐生活变得大为方便了。通过电脑、手机等电子视听设备可以自由自在地欣赏到各类精彩的文娱、体育类节目，比起全家到剧场、影院和体育馆去看戏、看电影、看球赛方便灵活多了。现代社会中，人们把大部分的时间花在荧屏前面，广播和电视成为人们娱乐的重要媒介已是不争的事实。广播电视擅长演绎文娱、体育类节目，各种体裁的娱乐节目，如歌舞、戏曲、话剧、电影故事、电视连续剧等均能形象生动地呈现在电波和荧屏上。广播播出的各式各样的流行歌曲节目受到年轻人的喜爱，播出的歌剧、古典音乐则受到高层次知识分子的欢迎，而根据老年人的欣赏心理，选择播放一些京剧或地方戏剧则更能吸引老年人收听广播。各类体育比赛，如田径、体操、游泳、足球等均能即时播出与重放。电视能够充分满足广大受众的文娱、体育欣赏要求，其他媒介则难以具有如此宏大的表现力与吸引力。

第三节　电视传播与"地球村"

电视业的发展与自然科学有着血肉相连的关系。它常常伴随电子科技的进步而飞速发展，而电子技术的更新和突破与社会的需求又有着紧密关系。人们对信息的需求与日俱增，迫使信息传播者寻找更多的信息和更快、更合理的传播途径。电视图像从昔日的黑白到今天的彩色，从昔日质量非常低劣的图像到今天赏心悦目的清晰彩色影像，从今天的彩色影像到未来高清晰度的数字影像，都是人们不断努力探索和追求的结果。伴随着科技日新月异的发展，人们之间的距离在不断拉近，远在天边，犹如近在眼前。当全世界的电视

---

①　马林诺夫斯基著，费孝通等译：《文化论》，北京：中国民间文艺出版社1987年版，第80页。

机都装上丽音系统（能把其他语言系统翻译成本国语言的软硬件系统）时，人们随时都可以收看到世界各地不同语系的电视节目，通过丽音系统的转换，把外国的节目变成本国语言之后，世界就变成了一个名副其实的"地球村"。

"地球村"这一概念是著名传播学家麦克卢汉最早提出来的。他指出，电视和卫星等新兴技术的出现，使地球"越来越小"，人类已跨越空间和时间的限制，使信息在瞬息之间即可传送到世界的每一个角落，因而，地球已变成了一个小村庄。人类互相之间的信息传播和思想交流极为方便，人们虽距离遥远而联系却日益紧密，几乎成了"四海一家""天涯若比邻"。在这个信息爆炸的时代，任何国家都不可能再与世隔绝，游离于"地球村"之外。[①] 卫星上天，光缆下地，为人们实现"地球村"提供了有利条件。中央电视台的节目，只需要三个同步卫星，便可实现全球播出的一体化。"地球村"的一大具体体现是体育节目的现场同步传播。对那些激动人心的体育赛事进行现场直播，为体育爱好者欣赏体育节目、获知赛事结果提供了绝好条件。特别是世界第一运动——足球的铁杆球迷，一有本国球队参赛，他们即使通宵达旦也毫不在乎，三更半夜准时起床拧开电视收看足球赛事。

电视传播的全球化，为人们开阔视野、丰富世界知识、迅速获知天下最新的大事提供了有利条件，但同时也衍生出诸多问题。

一、电视的负面功能

美国著名政治家西奥多·怀特曾经评论电视功能说"电视统治一切"。虽然他对电视的作用过分推崇，但电视对于世界的政治、经济、文化，对于人们的价值观念以及思维方式、生活方式产生的巨大影响，是谁也无法否认的。法国《新观察家》周刊 1989 年发表题为"电视到底是巫婆，还是仙女"的文章。文中说，贬低电视作用的人一旦提到"幼儿电视节目"，就像提到某种疾病一样。然而，美国和法国进行的另一些研究表明，有2/3的人认为电视"启迪了年轻人的智慧"。电视是一把双刃剑，有人对电视大加褒扬，但也有人对其恶骂不已；电视也是一个"潘多拉魔盒"，里面装有各种社会事物，打翻了这一个盒子，既可以使社会迅速发展，也可以导致社会变成一盘散沙，混乱不已。电视错综复杂的双重社会功能，反映了人们对电视功能的矛盾心态。

1. 电视的出现使"地球村"成为可能，但同时也疏远了人与人之间的关系

电视能超越时空，使世界同步，增进世界各地对彼此的了解，把偌大的地球变成了名副其实的"地球村"。但是构成"地球村"的细胞——家庭之间，却日益疏远。人们好像又回归到原始社会中的那种"鸡犬之声相闻，民至老死不相往来"的淳朴境界，社会的凝聚力因此变得疏松。

有数字显示，在美国、日本，每人每天用于看电视的时间平均在 5 小时以上，我国城市居民每天看电视的时间也达 4 个小时之多，很多人回到家后，第一件事就是打开电视机观看电视节目。过去人与人串门联络感情、讨论时事、针砭时弊的时间被电视夺去，人际

---

① 麦克卢汉、鲍尔斯：《地球村》，牛津：牛津大学出版社 1980 年版。

交往日益冷淡。

不但如此,在家庭内部,由于志趣不一,电视成为拆散家庭的罪魁祸首。不少发达国家的家庭拥有几部电视,每人观看一部电视,收看自己喜爱的节目,家庭的亲和力被削弱。美国一位教授用两年时间调查了电视对美国社会的影响,他问 4~6 岁的孩子:"你喜欢电视还是喜欢爸爸?"44% 的孩子的回答出乎人们的意料:"喜欢电视。"在第十三届世界杯足球赛举行期间,土耳其一名家庭主妇向法院提出离婚诉求,原因是她丈夫什么事情都不做,终日守着电视机看足球赛。[1]

2. 电视帮我们打开视野,但同时又导致社会麻醉

电视的发展,为我们打开视野、开拓思维、全方位地了解中国的人文世界、探求世界的各种人文景观提供了良好的条件。然而声画俱全的电视文化虽然为我们提供了丰富多样的信息,但它也制造了社会麻醉。

现今,大多数人每天都要花 4 个小时以上的时间来看电视,他们经常专注于电视节目中,较少进行思辨,结果使得人们特别是青少年的思维退化。联合国教科文组织经调查发现,由于过多观看电视,发达国家的青少年缺乏思维的培养,因此他们在想象、创造、开拓等方面都不如一些发展中国家的同龄人。

近年来,美国出现了"电视人",他们从降生起就大量接触电视节目,因而从思想方法、价值观念到行为方式都来源于电视,无法应付实际生活中的千变万化,这种现象可以说是"社会麻醉"的一种表现。在日本,则有人提出了"容器人"的概念,认为那些人整日将闲暇时间耗费在大众媒介上,将自己的思想、感情沉浸在电视、录像、小说的内容之中,在默默观看中进行着自己的心理体验,结果对现实漠不关心,极端地自我封闭,造成心理上的封闭。如果社会的大多数成员在大众媒体所传播的信息面前,都成为一种接收和贮存的"容器",那么整个社会岂不是如同被麻醉了一样?

3. 电视提供了丰富的精神食粮,但同时也混沌了社会风气

电视为我们提供高雅、健康的精神食粮,但也会因迎合人们的低级趣味而播放一些有损社会健康风气的节目。

改革开放改变了人们过去文化生活较为单调的生活方式。40 多年的改革开放使国家的经济迅速起飞。电视业随着经济的繁荣有了迅猛的发展,为人们提供了丰富的精神文化生活,但在迅猛发展过程的背后,也隐藏着危机。一些电视机构忽视了节目质量的全方位评价,完全以收视率作为机构管理成功与否的晴雨表,给电视业深深地打上了以收视率为标准论资排辈的烙印。

国外媒体评价电视是中国老百姓最物美价廉的娱乐消费。的确如此,中国电视业的迅速发展为人们提供了丰富多彩的娱乐节目,但这种免费娱乐必须以承受铺天盖地的广告轰炸为前提。中国电视业乘着改革的东风,依靠庞大的广告收入迅速发展起来。据电视行业中的权威人士透露,现今电视机构的运行经费必须自行解决,实行企业性质的自主经营、自负盈亏政策,而且还需向主管部门上缴一定的管理费。为了维持庞大的机构运行费用,电视机构不得不借鉴发达国家的电视机构管理机制,把广告收入作为主要的经济来源。这

---

[1] 摘自施天权:《广播电视概论》,北京:复旦大学出版社 1987 年版,第 74 页。

样，广告收入的多少就取决于观众的收视率，这极大地影响了电视机构的生存与发展。为了获取巨大的广告收益，电视机构在收视率上下功夫也就不难理解了。

但只以收视率的高低来评价一个电视机构经营的好坏，势必会对社会造成严重的不良影响。贴近大众生活，为广大的电视观众提供精神产品的传播方针无疑是非常正确的，但是不能把电视观众作为节目轰炸的对象，迎合他们的低级趣味和猎奇心理，单纯追求高收视率。而应着力提高他们欣赏生活的精神境界，提高他们的审美情操，弘扬国家的主旋律，使经济效益和社会效益齐头并进，获得双丰收。当前，国内外大多数电视机构在很大程度上漠视了社会整体的传播效果，只追求观众的参与数量，给社会带来了众多的负面影响。

（1）儿童电视节目对儿童产生的负面影响。

笔者曾经一连几天从下午4点到晚上7点对儿童电视节目的内容进行了统计。统计发现，电视为小朋友提供的动画片，几乎千篇一律都是空幻离奇的暴力片和爱情故事。真正符合儿童心理发展，寓教育、娱乐于一体的动画片凤毛麟角。面对儿童电视节目质量低劣的局面，电视机构不但没有负起振兴儿童电视节目的责任，反而不断砍、缩儿童电视节目时间，还不重视儿童电视节目的制作，把大量外汇花在购买国外的动画片上。不断购买、播放外国动画片，用另外一种文化来熏陶教育本国的儿童，势必会严重改变儿童的传统文化观念，冲击中国固有的文化传统。

另外，电视台经常播放一些夸张、荒诞的儿童电视节目，这会严重影响儿童的心理健康发展，使其以讲"义气"为荣，动不动就以武力来解决小朋友之间的矛盾。如果儿童从小就形成暴力性格，那势必会影响他们长大以后在社会中的行为和思想。

（2）暴力电视节目对青少年乃至成年人产生的负面影响。

由于社会竞争日趋激烈，人们在繁重的工作压力下产生了严重的精神压抑情绪，需要用一定的方式来缓解内心的紧张情绪。暴力电视节目的出现，恰好为紧张工作了一天的人们提供了发泄的渠道。人们通过看暴力电视节目来缓解生活中的压力，舒缓紧张情绪，达到心理平衡。这就为电视机构播放暴力节目提供了市场。电视机构瞄准这个广阔的市场，不失时机地推出暴力电视节目，提高收视率，以此达到增加广告收益的目的。

笔者对调查数据进行分析，发现青少年对暴力电视节目最感兴趣，而对宣扬正气、颂扬时代主题、弘扬民族精神的电视片较为冷漠。鉴于此，国家应当而且很有必要在全社会开展树立新风尚的活动，鼓励、引导人们培养高尚情操，追求健康的文化生活，逐渐消除暴力电视节目对人们特别是对青少年的吸引力。

俗话说，一年之计在于春。像春天一样明媚的青少年阶段，是充满希望的年华，是打好人生良好发展基础的重要阶段。在这一阶段，青少年对事物充满着好奇，思想还没有定格，具有很大的可塑性。国家如果不重视青少年的思想文化教育，不控制电视媒介的舆论导向，不帮助青少年树立法制精神，而任凭暴力电视节目泛滥成灾，可能会诱使青少年可塑的思想观念朝着错误的方向发展。

轰动世界的英国男童被杀案，是暴力电视节目间接造成社会悲剧的典型事例。3个只有13岁的少年对年仅8岁的男童进行残酷折磨并弃尸铁路的惨剧，震惊了全世界关心儿童成长的人们。人们在震惊3个年仅13岁的青少年以如此残酷的手段杀害男童的同时，不禁对英国电视媒介经常以暴力电视节目吸引观众的做法进行强烈抨击,更不禁深刻反省暴力片对青少年造成的重大负面影响。近几年来,随着西方暴力影片的大举入侵,这种悲剧在中国也有所听闻。人们在担忧这些少年犯给社会带来巨大危害的同时,也对少年犯的家庭管教不严加以谴责,却很少对造成这些少年犯的主客观环境,特别是电视的蛊惑和煽动作用进行反思。可听、可视的暴力电视节目的"言传身教",为一些有暴力倾向的人进行犯罪活动提供了线索、方法、模式,就好像电影导演一样,亲手导演了社会暴力事件。据《羊城晚报》报道,在公安部侦破的一宗特大贩毒案中,犯罪团伙利用一张撕成两半的人民币作为秘密联络的暗号。公安人员在审讯中,特地问他们是如何想出这个联络信号的,罪犯的答案令人大为震惊,他们竟然是受暴力电视节目中匪徒的联络方法的启发而想出来的。

显而易见,广播电视的不少节目污染了社会风气,这在西方社会表现得尤为突出。美国、法国、日本等国科研人员的大量调查都证明,电视中的黄色新闻和色情片、暴力片泛滥成灾,直接导致了犯罪率的上升。据一美国科学家做的调查统计,一个美国人在他15岁之时,已经看过有杀人镜头的电视节目13 400次。1973年9月30日晚上,美国ABC广播电视网在《星期日夜场电影》节目里,放映了一部名叫"警察"的影片,其中描述一群青少年将汽油浇在街头流浪汉身上,然后将他点燃。两天以后,在波士顿,6名男青年如法炮制,将一位汽车女司机拖到空荡的停车场,逼她将汽油往身上浇,然后把她点燃,而他们却扬长而去。

追本溯源,要防止社会暴力倾向抬头,需靠社会各界的努力,特别是作为大众传媒的可听、可视的电视更要洁身自好,剔除暴力节目,还社会一个健康、良好的舆论环境。所以,加强精神文明建设在我国是一项长期的战略要求,媒体的正面舆论引导不得有丝毫懈怠。

4. 电视台进入市场经济,有可能导致文化沉沦

电视进入市场经济,必须面向广大观众,而以市场需求安排节目的播出,就会形成电视文化的商业化、世俗化、大众化。毋庸置疑,电视面向广大观众,把精神食粮奉献给他们是社会的一大进步。

大众文化有自身独具的价值观,投射到艺术作品上,就构成对题材、体裁和风格的审美偏好。每一个文化或阶级文化都避免不了自我中心主义,一有可能就情不自禁地要把自己的审美题材向其文化推销,而这一可能性的实现条件最终取决于谁的钱包更大。市民阶层日益丰盈的钱袋,给予它日益充足的权利把自己而不是其他阶层认为有价值的东西推上荧屏,用自己的钱购买自己闲暇时光的愉悦,表达自己对世事的独特思考与见解,同时用广告或赞助的投资形式赚取加倍增值的商业利润。[①] 因而,电视一味迎合观众的口味势必影响电视文化的高雅和健康发展。1997年,英国王妃戴安娜由于"狗仔队"的疯狂跟踪而遭遇车祸,就是包括电视在内的媒介为了迎合受众的低级趣味所造成的世纪悲剧。

马克思主义哲学认为:社会存在决定社会意识,而社会意识对社会存在具有巨大的反作用。电视作为一种大众媒介,应以培养人们的高尚情操,提高人们的文化素质,帮助人们树立正确的人生观、世界观为己任,不能盲目照搬国外的"挣钱"经,而应有选择地对

---

① 摘自何晓兵:《〈北京人在纽约〉的阶层文化属性》,《北京广播学院学报》1993年第6期。

它加以消化、吸收，建立适合中国国情的电视管理模式，贯彻全心全意为人们服务的宗旨，为人们提供丰富、健康的文化生活，推动我国社会整体向前发展。

5. 电视为人们提供了方便，却影响了人们的身心健康发展

不可否认，电视为人们提供了包罗万象的服务信息。从日常生活中的实用性节目到广告节目，电视都可谓煞费苦心，力求贴近人们的生活。电视日益成为人们生活不可分割的组成部分。现代人下班回到家，第一件事常常是打开电视机的开关，电视机就这样一直开到人们睡觉。一些独居人士，更是与电视相拥为伴。在德国，人们宁愿不要其他东西，也不愿意缺少电视。离开了电视，他们便几乎与世隔绝，感到内心孤独。电视功能涵括了人们生活中的方方面面，提供了完善的服务，使得人们足不出户便可了解外界之事，但是电视的这种"魔弹效应"在某种程度上培养了人们的"惰性"，造成了现代的"侏儒"。在这方面因观看电视而使身体受到极大损害的当数儿童。长时间观看电视，使儿童的智力得不到发展，创造性思维得不到培养，语言能力得不到提高，融入社会的活动能力不容乐观。父母常常对孩子这种不顾一切地观看电视的行为感到一筹莫展、忧心忡忡。

人们获取知识，往往不再到图书馆翻阅资料，也很少再到书店购买书籍，常常在电视机前一坐便是几个钟头。闪耀的强光，连续变动的图像，连续几个钟头坐在电视机面前，使人们的眼睛受到损害，血液得不到循环，身体得不到锻炼，长此以往，势必严重影响人们的身心健康。

二、电视传播与文化的相互关系

目前，通信卫星在大众传播方面最高境界的运用是广播电视节目。广播电视节目直接由通信卫星发送或再经过地面转播站的转播，送入受众的家庭。

若片面地站在广播听众或电视观众的立场上看广播电视的文化传播这一问题当然非常简单，但实际上，电视传播与文化有着非常紧密的联系。

电视传播对文化的影响是十分巨大的。文化现象是一种社会现象，文化的产生离不开人际的传播和沟通。从历史的视角来看，传播在文化的传承、发展、丰富与变迁中所起的作用非常明显。人类的繁衍与承继，同一文化圈内核心地区对边缘地区的辐射与反馈，不同文化圈的双向文化交流，都有赖于传播。

而文化又对电视传播起着重大的影响作用。电视节目的内容、形式和水平，都要受到制作者包括价值观念、心理结构、审美观念、文化水准、思维方式和生活方式等文化素养的影响和制约。另外，电视节目以"汇天下之精华，扬独家之优势"冠称。它取之于社会，或对取来的内容进行加工和消化，形成新的文化。这些节目当然凝聚了人文因素，不可避免地要受到当代文化发展水平的制约。电视业是在文化的土壤中生长的，没有土壤为它提供水分和养料，电视业就不可能成长，也不可能发展成今天的繁荣场面。如果把电视传播比喻为一幕大型戏剧的话，那么它就是在大文化的舞台和背景下演出的，它不能离开这个舞台和背景。总之，电子媒介的杰出代表——电视的出现，从根本上改变了人类文化传播的模式，但同时，文化又对电视的传播起着至关重要的作用。电视没有文化的内涵，只能是中看不中用的东西；没有电视的出现，人类的文化传播也就没有今天如此辉煌的业绩。电视浅显易懂的图像为观众提供了视觉上的文化共感和思维理念，突破了时空的界限，同时，这种图像信息的设计和安排又以文化理念为先导，受到社会文化的重大影响。电视与文化不可分离的状况，表明了它们两者之间相辅相成、共枯共荣的血肉关系。

三、"地球村"中的广播电视文化对世界文化的影响

"地球村"的形成，一方面推动了世界文明向前发展，另一方面也对弱势民族的文化产生了巨大的冲击，慢慢吞噬着弱势民族原有的文化传统，特别是跨国广播电视传媒在全世界不均衡的信息传播，更是加剧了这方面的危险性。广播电视经过人文因素的影响，形成了今天有别于其他媒介的广播电视文化。它集合了自然科学和哲学社会科学的精髓。它表面的具象与内在的抽象相互并存形成了大众文化。它不但创造了一种新的、现代化的生活方式，而且影响了人类的思维方式。广播电视传播扩大了传播的环境，使新闻舆论传播和宣传发挥了更大的作用，创造了巨大的物质文化，但同时，广播电视的全球卫星转播对世界多元文化的存在也构成了一种威胁。各国在发展经济、推动社会进步的同时，还要花费相当大的力气来保护本国民族文化，防止因为外来文化的入侵而使得本国民族文化传统趋于消亡。

随着科技的发展和社会的进步，人们日益融入世界大家庭之中。"地球村"的形成，使各种文化在其中进行激烈的碰撞和融合，孕育着新的文化。以往多元化、多样化的文化，朝着世界文化一统化的趋势发展。随着广播电视事业的进一步发展，这种世界一统化的进程日益加剧。这样就对人们提出了一个严峻的问题：究竟是坚持多元化、多样化的文化继续生存下去，奋起抵抗文化侵略，还是欢迎世界文化一统化的形成？如果赞成世界文化一统化，这个文化有怎样的一种文化内涵？如果坚持多元化、多样化的文化并存，又该采取何种措施才能保护本土文化？东西方的文化冲突由来已久。"西方文化中心论"者强调西方文化的先进性和科学性，认为西方文化最适合时代的发展，代表了后工业发展时期的文化发展趋势，要求世界其他各国接受西方文化，以适应时代的发展要求。东西方文化的冲突直接表现为西方国家与东方国家在意识形态上的对峙。在各个文化圈中，各国对外来文化严格控制，力求保护本民族的文化传统。德国哲学家卡尔·雅斯贝尔斯（Karl Jaspers，1883—1969）试图创建一种符合新时代的未来精神形式——世界哲学，呼吁各个种族的人们在新的时代抛弃过去那种民族的、国家的观点，而把整个地球作为统一的框架结构进行思考。也就是说，在新的时代应该超越民族种族中心主义的心理、社会和文化偏见，要以全人类的理想为动力，实现全球精神政治共同体的构建目标。

诚然，世界哲学关注作为精神政治统一体的未来世界并指向未来人类的普遍发展史，但是，在当下，既要再现以往历史，又要理解和超越新的现实，这是很难实现的。况且，雅斯贝尔斯的世界哲学构想必须建立在三重任务的前提下：①思维的思维；②现实的思维；③对现实的呼吁。换言之，在全体广度中再现过去，在可能的总体空间中进行证明、批判，在普遍交往的意志下呼吁性地预见、证明自我显示的东西。

首先，虽然电子空间的信息传输具有超国界性，可毕竟电子空间中的责任人（广播电视网络上有行为能力、能通过网络形成社会效果，并能够对自己的行为负责的责任主体）

存在于一定的地理位置上，谁有力量去规范他并使他不得不服从呢？只能是广播电视网络责任人的地理位置所属国家的法律。当今世界上对诸如制造计算机病毒、非法闯入等计算机犯罪都是靠国家来进行治理的。现存的关于广播电视网络的许多法律，如版权法、隐私保障法、通讯自由保护法等不都是各国政府制定的吗？

其次，政治经济因素的影响，阻碍了全球广播电视节目的卫星转播。广播电视节目或多或少地渗入意识形态，完全不涉及政治的广播电视节目几乎没有。涉及政治上的意识形态的广播电视节目，不可避免地受到当地政府的干预，因而卫星节目的管道限制和有选择的播送也就理所当然了。

假定无法收取收听费或收视费，也无法做广告，那么全球各个卫星的直接费用就只能由各国政府出资，但假如在国家的利益上发生冲突，哪个国家愿意挑起这个担子？即使在一个国家做卫星广播电视直播，情况也是令人担忧的。如美国广播电视网大都属私人拥有，如要做卫星直播，无疑会摧毁美国现有的商业广播电视制度，使一些规模较小的广播电视网趋于破产。

广播电视卫星的全球化转播是社会发展趋势，但其传播的节目是否全球畅通只能根据节目的内容而定，不分内容而强调广播电视节目全球畅通无阻的想法，只能是一厢情愿。

再次，虽然电子空间信息传输是超国界的，但是，由于经济发展水平不同、文化不同、意识形态不同，各国都有自己独特的国家利益。这种国家利益并不是由国家机构自己独立的利益而决定的，而是由于其人民的利益需要国家来保障而产生的。我们知道，现存的国际秩序是一个不平等的秩序，某些国家由于实际支配更多的资源（包括信息资源），在国际秩序中处于更有利的地位，因此，对大多数国家的人民而言，失去国家保护就失去保护自己经济、文化和社会稳定的最大屏障。展望未来，尽管人类相互合作、相互理解的机会和场所将与日俱增，但人类相互冲突、相互憎恶的反面势力还很大，而且，对于建立何种自由、民主、人权的社会，世界各国存在着巨大的分歧。广播电视传播作为文化传播的使者和舆论宣传的有力工具，必然受到人文因素的重大影响，这表明世界政治的差异性在人性中有其深刻的基础。这些都明确表明，雅斯贝尔斯的世界政治构想远非那么乐观、简单。世界政治、经济、文化等因素的客观存在，能够保护世界文化的多样性，电视业的发展将对国家的存在方式和运作方式产生重大影响，国家会超越单纯地域性的范围而演变成为世界性、区域性、地方性社会组织与各种超地域性的虚拟社会组织的有机综合体。国家将会转型，但不会单纯由于信息社会的到来而消失，地域性的民族国家仍然会是国家的主要形式。信息资源在社会生活中重要性的增加并没有改变马克思主义关于国家消亡理论的正确性。

1. 以法国为首的西欧对文化侵略的心态

欧洲国家也同样担心自己的民族文化会淹没在美国的信息产品之中。法国曾多次表示要防止美国文化利用信息高速公路占领其国内市场，并一直非常关注实施信息高速公路中的多元文化原则。法国总统希拉克曾提出："要确保莫里哀和卡缪的语言不在信息高速公路上漏掉。"法国文化部提出，如果全球广播电视缺乏适当的规范管理，就有可能造成国家文化的丧失和对所有用户而言不平等的入电视网标准，因此，必须建立公平竞争规范，培养和保护各地区的文化语言差异。法国著名语言学家巴尔特认为，思维先于语言存在，由语言表现出来，特定的思维由特定的语言来描述，假如语言不能继续生存下去，那就意味着这种思维也不复存在。巴尔特对语言的理解，强调了代表一种文化的语言继续存在的重要性，也向世人阐明了文化一统化的危险性。法国为了抑制英语化，保护法语的正统地位，上至国家领导人，下至平民百姓，纷纷行动起来，宣传法语存在的重要性和必要性。法国人认为，法语代表了法国的文化和思想观念，对民族的保护有着生死攸关的价值，失去了法语，法兰西民族也就不复存在了。他们为了保护法语的地位，采取了限制英语的行动。因而，法国对电视台播放外国电视节目有着严格的控制，几乎禁止国人收看卫星电视，其目的就在于保护法国的文化传统，防止由于受到外来文化的侵略而使本国的文化传统丧失殆尽，把法国人变成他国文化的俘虏。在东亚，情况也是如此。新加坡利用周密、完善的法律体系严格限制人们收看外国电视节目。印度尼西亚、马来西亚等国家同样如此。在阿拉伯文化一统的西亚国家里，这种限制近于苛刻。

东西方国家对各自文化的认同和保护，说明了实现世界一统文化趋向的困难性，同时也说明了保存多元文化的重要性。

2. 美国对世界文化一统化的心态

美国是一个不设防的国家，人们的观念总是处于一种激进的变革之中，各种观念和文化都可找到其存在的零星碎影。美国是一个种族的大熔炉，不同肤色的人可以通婚。美国又是一个文化的大杂烩，各种文化在美国融合成新的美国文化。"二战"以来，美国经济迅速发展，坐上世界经济强国的第一把交椅。经济的扩张，使得其文化也具有十足的侵略性。单就文化而言，美国到处宣扬其文化价值观念的科学性和先进性，希望世界各国甚至包括西欧盟友都要接受它的文化价值理念，对拒绝接受的发展中国家更是动辄以经济制裁相威胁。美国这样做不外乎希望世界形成一统的美国文化，使美国成为世界文化的开山鼻祖。为了达到这个目的，美国依靠其先进的计算机软硬件技术向外推销其文化，如开通信息公路，向世界各国渗透美国文化，在电脑软件中也渗透进美国文化。美国雄心勃勃地希望在不长的时间内统一世界文化。1996年举行的亚太经合组织领导人非正式会议上，美国为推销其信息产品，要求亚太经合组织成员开放信息市场，降低信息产品关税，希望美国的信息产品在亚太各国畅行无阻，影响各国的本地文化。美国的推销目的，理所当然地被主张保护本国文化的亚太各国拒绝。

功利实证主义是美国文化的重要原则，唯利是图是美国文化的本质之一。在这样一种文化的价值取向下，美国充斥着急功近利、短视、浮躁的思想。这种思想表现在经济上便是"有钱能使鬼推磨"。时至今日，功利主义走到极端，美国学者不得不重新审视美国文化，把目光投向深层的理论探究。近代以来，科学技术的成果主要是被"资本主义式"地应用的，以科技为核心的近现代西方理性也是片面发展的。这种片面性尤其表现为过分崇尚工具理性，无止境地追求物质的占有和享受，以及把自然作为征服和掠夺的对象。这不是说"科学理性"或"科学文化"错了，而是说，人类理性中科学部分的发展，远远超过了人文部分，以致两者失去平衡，由此造成西方社会中的各种现代病症。于是，一些西方的有识之士把目光转向东方，试图从东方古老的文化传统中寻找到引导人们走出当代"人类困境"的启发性思想。当然，我们对这一趋向需有清醒认识。首先，这一"转向"并不意味着"科学文化"失败了，需要用古老的东方文化取代它，而是说东方文化可以作为一种制衡剂来发挥作用。在这两种文化的碰撞、相互作用和交融中，有可能展示出一种前所未有的新的人类文化的发展前景。从这一方面可知，美国文化不能成为世界一统文化的领导者。

3. 以中国为首的东方对世界文化一统化的态度

中国是一个有着五千年传统文化的文明古国。儒家学说在中国畅行了两千多年，在现代社会仍有坚实的基础，人们的思想观念深深地打上了它的烙印。虽然儒家经历过备受尊崇与饱受非议的阶段，但仔细审视尊孔与反孔的学者可见，他们都是在改良儒家思想，并非对其完全否定，而是改革其不适应社会发展的方面，使之更符合中国社会发展的需要。因为完全否定儒家思想，就相当于几乎全盘否定了中国五千年的优秀文化，也否定了中华民族。不仅中国、日本在努力地保护民族文化，新加坡政府也非常重视自己的民族文化，采取了严密的防范措施以抵制电视传播所带来的外来文化的侵袭。新加坡政府一方面积极跟上时代前进的步伐，大力发展信息技术和信息产业，努力实现"智慧岛计划"；另一方面珍重自己独立国家的利益，维护本国的传统文化，增强自身的凝聚力。

保护民族文化，不是像对待一件古代文物那样把它与周围世界隔绝开来。相反，一种文化只有与时代相适应，在不失去自身传统特色的同时不断地更新和发展，才是一种有生命力的文化，一种根深叶茂的文化。它需要在与外部环境、外来文化的不断撞击中得到锤炼、得到发展，亦即在发展中生存，在发展中繁荣。

当今世界正大踏步迈向信息时代。这种势头已不可逆转，中国别无选择，必须顺应历史潮流，经济、社会、文化等都将随着全球信息化的洪流而滚滚向前发展，中国的广播电视文化传播是排头兵。

电视综艺节目一直是中国观众娱乐生活中颇为重要的一项文化消费内容，近 10 年（2005—2016）来，电视荧屏上陆续涌现出一大批制作精良、反响热烈的综艺节目，让一度落后的中国电视模式逐年提高国际文化竞争力，开始走向国际舞台。各家卫视的新节目让观众应接不暇。2017 年 3 月 27 日，《人民日报》发文关注中国电视原创文化，表示中国电视原创文化需要走向国际舞台，并点名称赞已获得国际组织 FRAPA 模式认证的原创节目《中国新歌声》。

近年来习近平总书记多次强调，要下大力气加强国际传播能力建设，讲好中国故事、传播好中国声音；要加强整体规划设计，持续优化国际传播布局，深耕"一带一路"、巩固非洲主流、开拓拉美市场、稳固周边友邻，提升对欧美的影响；进一步服务好国家战略，配合重大国家外交行动，打造广播影视公共外交文化新亮点。中国广播电视综艺节目便是一种具有独特中国文化传播魅力的节目形式。

曾几何时，中国电视综艺行业的原创力和国际竞争力是中国电视业向前发展的一大痛点。从早期的抄袭跟风，到之后逐渐确立版权意识，到如今原创类节目日渐走强，中国电视文化起步、发展时间虽然不长，但整体竞争力正逐渐向国际水准靠拢。

上海灿星文化传播有限公司（以下简称"灿星制作"）的电视节目《中国新歌声》获得国际组织 FRAPA 的模式认证是一个令人欣喜的开端。作为保护电视节目模式的重要国际性组织，FRAPA 的主要职责是促进电视播出机构、节目制作公司和节目销售公司对节目模式的认可，将节目模式作为知识产权在法律上予以保护。得到 FRAPA 官方认证的

《中国新歌声》开启了中国原创节目走向国际市场的重要一步。

与东方卫视、浙江卫视、中央电视台等国内一线媒体合作的灿星制作是一家专业娱乐节目制作公司，曾引进版权制作《中国达人秀》《中国好声音》《舞林争霸》等节目。灿星制作此前打造的《中国好声音》首次将真正意义上的"制播分离"引入中国内地，并直接参与浙江卫视的广告分成。

灿星制作曾经宣布自 2016 年起，不再引进国外节目模式，全心全意致力于原创研发。电视业也将 2016 年作为节目模式从引进到原创的分水岭。可以看到，从 2017 年开始，荧屏上涌现出一大批带有浓重"中国造"色彩的电视节目，诸如《朗读者》《见字如面》等节目，既带动了国民对本土文化的关注，也让观众对中国原创类节目报以新的期待。

第四节　情色视像传播心理动因探源[1]

情色，一个千百年来困扰人类的古老而又恒新的复杂话题，认知万千。对于情色视像的大众传播可能造成的社会危害，世界各国（地区）观念趋同，都有醒察并制定有相应的管制条例。2006 年 6 月 15 日，美国总统布什签署了一项严惩媒体内容涉及淫秽及不雅的立法，凡是内容越过"不雅界线"的节目将面临比以前高 10 倍的罚款；我国国家广播电影电视总局、信息产业部 2007 年 12 月 20 日颁布《互联网视听节目服务管理规定》，明令不得传播"渲染暴力、色情""侵害公民个人隐私"等的影音或文本信息。[2] 鉴于此，由情色视像（图片或影像）传播所引发的"视像心理污染"传播负效应评价，自然进入传播学学理研究的视野。

研究情色视像传播的心理污染动因，需先对本节涉及的"情色视像""视像心理污染"两组概念下定义。情色视像指视觉所见电影、电视、摄影镜头下对男女性征和性行为挑逗的暴露性记录与描述。视像心理污染则是指被污染的"客观物象"（情色图片或影像）对受众主观心理认知的精神污染及其心灵伤害。隐私成分极其浓烈的情色视像在时空不宜、对象不宜的大众场合里传播，必然会造成以心理震荡、道德震荡与社会震荡为症状的"视像心理污染"。

一、图像传播的低智力门槛令情色视像得以轻易传播

在人类所使用的全部传播符号中，文字、声音、图像对受众的文化准入门槛不尽相同，较之于文字、声音，图像的文化准入门槛最低，因此，情色视像得以轻易传播。

---

[1]　本节据黄雅堃同题论文改编，原载于《现代传播》2008 年第 6 期。
[2]　黄匡宇、杨颖华：《纸媒对音像传播管理的误读：评〈南方都市报〉关于网络视频与音像制品传播管制条例的系列社论》，《岭南新闻探索》2008 年第 2 期。

1. 图形阅读智力门槛远低于文本阅读智力门槛

阅读经验表明，面对宇宙万物，影像表述能化抽象为具象、化朦胧为清晰、化间接为直接、化冷漠为热烈，图形阅读的智力门槛远低于文本阅读的智力门槛，读图的费力程度远小于文本阅读所需的阅读、解析、重构能力。图像传播与文字传播的显著差异在于前者是以具象的语言符号为载体，而后者则是以抽象的语言符号为载体，两者在信息传达的过程中对受众的理解力要求同程度相距甚远。

文字符号对意义的表征是抽象性的，在线性的演绎过程中，受众的阅读和理解需要逐字逐句，按照文本结构顺序进行。文字语言对某事某物"像"的再现，只能依靠"词"的描述进而引发读者的时空联想来实现。受众感知、理解文字蕴含的"像"的形态与意义，激发对"像"的审美情感，需要基于一定的文化知识背景与社会经验，并通过一定的思维想象加工才能获得，由于读者原有文化智力与生命经验的差异，阅读终点的"想象图景"与审美愉悦程度也不尽相同。

读图则不然，"图像即意义"的一览性传播特征为受众提供了"能指""所指"基本合一的审美愉悦。所谓"图像的一览性"是知觉层面的一个"能指"符号认知特征：图像传播总是直观提供事物结构形貌，具象展示事物变化范式，信息传递快速、简洁，直接作用于受众的视知觉感官体验，同时在受众头脑中直接生成相应的形象，受众能在读图的瞬间解读其"所指"的多维含义。因此，绘画、照片、电影、电视的视像等实指性图像所携带的"意义"最容易被理解，语言文字线性抽象的描述远比不上一张图片多义叙述形象具体。相比于文字描述的间接与模糊，照片和影像的符号冲击力、感官知觉度、心灵震撼力远远大于文字的想象描述。图像的具象化传播就是这样直入主题，简单而直白地刺激受众的感官，从而引起人们的注意。基于图像传播的低智力准入门槛的学理，我们也就不难理解当代各种传播媒体，特别是纸质媒体充分张扬图片的传播功效的原因之所在。图像传播学领域曾经反复被印证的"一图胜千言""一幅画是一种完整的传播"[1] 等学理名言，正是对图像传播低智力门槛、低费力程度等心理受传原理的精辟阐释。

综上所述，作为一种具象的意义表征，图像传播因低智力门槛降低了受众在接受信息时的费力程度，受众更容易受到情色视像信息心理污染的原理也就不难理解。

2. 视觉文化的工具化降低了视像信息的传播门槛

新闻摄影传播的工具意义指出："随着新闻传播改革的深入发展，单一的'写'或'照'已经难于胜任时代赋予的重任，当代的传播业者应该是'文图'复合的全才。"[2] 这一观点，将被"艺术"化了的摄影镜头本质还原为影像记录的工具层面，为视像的低智力门槛广泛传播开启了思路与方法之门。

进入 21 世纪，影像工业迅速崛起，影像记录从 20 世纪的专业传播及高档消费阶段转化为当今的全民影像消费阶段，视觉文化真正成为大众"书写"工具的重要组成部分。大众传播中影像信息的海量传播真正赋予其平民化的意义，它使视觉文化传播不再局限于知

---

① 威尔伯·施拉姆、威廉·波特著，陈亮等译：《传播学概论》，北京：新华出版社 1984 年版，第 77 页。书中阐述"非语言的符号……携带的信息常常不需要任何语言来表达。一幅画是一种完整的传播……"

② 黄匡宇：《论新闻摄影教育改革与大摄影观念的确立》，《台湾大学新闻论坛》1996 年第 4 期。

识精英的小众范围，影像视觉文化像文字扫盲一样得到了真正的普及，视像信息传播的解读门槛也随之降低。十余年前笔者将"镜头"与"笔"等量齐观的"工具化"论述如今已成现实，摄影机、照相机已经成为人们日常生活中记录信息的重要工具。汶川地震发生后，第一时间的视频影像、摄影图片均出自普通民众之手的现实表明，"全民记者"已非虚妄之言，诚如中国摄影家协会副主席于健2004年在"第七届全国摄影理论研讨会"上所言，"在视觉文化时代，摄影的本质和功能正在发生变化，照相机、摄像机在一定程度上，像笔一样，也成为人类的一种书写工具；摄取图像不再是某一部分人的专利，而成为大众日常生活的内容"[①]。视像在传播和交流中不再仅仅是语言文字的附庸，其已上升到与文字、声音并行把握信息传播的重要工具地位。

家庭影院、楼宇电视、公交电视、手机视频、网络视频等众多视像传播现实表明，作为"工具"的视觉文化已经呈现使用的广泛性与随意性等属性，以创作、表现为诉求的高雅、深邃的视觉文化，已经部分转变为视像现实记录、展示消费的大众文化，视觉文化的工具化趋势实实在在地降低了信息传播门槛。在人们借助当今无处不在的视像工具（各类照相机、摄影机、手机等视像记录工具）记录健康、美好生活轨迹的同时，隐秘的情色记录相伴而至，"图像传播的低智力门槛令视像污染得以轻易传播"的原理至此应当不难理解。

二、图像传播的具象性描述使情色视像传播形成记忆性污染

受众如何获得情色信息的"物象"记忆？一是通过语言文字的描述性报道，二是通过影像的实景再现，两者因抽象语言符号和具象语言符号带来的信息记忆深度各不相同。

1. "图像记忆"是一种过目不忘的记忆方式

"在人类感觉、知觉的进化中，感性的思维早于理性的思维，人类读书识字的能力远晚于读图和识图的能力，即便在人类的高级思维能力无限发达的今天，成功的文字作品永远知道借助视觉的本能的力量，这就产生了文学作品的插图来展示绘画直入人心的力量。"[②] 正是由于图像"直入人心"的具象性容易为受众留下记忆痕迹，大众媒体也深信多用图像传递信息的魅力。从感觉到知觉这一系列的思维过程中，记忆是人们存储、提取、加工信息的重要形式与过程。"图像传播的具象性描述使情色视像传播形成记忆性污染"的缘由，当从记忆原理层面展开解读。

《辞海》为"记忆"定义曰："人脑对经验过的事物的识记、保持、再现或再认。"其中的关键是信息的"保持"与"再现"。

记忆原理表明：人的基本记忆方式是"声音记忆"和"图像记忆"。"声音记忆"是以声音诵读数字、字母、概念等作为记忆材料的"机械劣质记忆"。"声音记忆"面临两大困境：一是记得慢，二是忘得快。心理学研究表明，"声音记忆"的一分钟"短时记

① 于健：《与时俱进，探索视觉文化时代摄影创作走势，完善摄影作品分类及评价体系——第七届全国摄影理论研究会主体报告》，原载于中国摄影家协会理论研究部编：《视觉维度——第七届全国摄影理论研讨会论文选》，北京：中国摄影出版社2005年版，第3－11页。

② 王海龙：《视觉人类学》，上海：上海文艺出版社2007年版，第34页。

忆"概念容量非常小，看了一遍或听了一遍之后，能够记忆、复述的信息概念只有7个左右。对于没有规律的数字、英文字母等，人们需要重复100~150遍才能真正记得牢，才能够把"短时记忆"转化为"长时记忆"，熟读唐诗三百首的"吟诗经验"可视为"声音记忆"的生动论证。①

"图像记忆"是一种过目不忘的"优质记忆"方式，而且每个人都具备过目不忘的图像记忆能力。生活经验表明，"历历在目""过目难忘"都是人们对生活图景记忆的总结。比起"声音记忆"，"图像记忆"的优点有二：一是短时记忆容量大，二是会记得快，转化为长期记忆的重复次数少，信息遗忘慢。运用"图像记忆"方式，一次性"短时记忆"的资料可以达到70个甚至更多，是"声音记忆"的10倍以上。"图像记忆"的记忆效率至少是"声音记忆"的100倍以上。②

从视知觉理论的角度来考察人类的图像记忆原理，会发现知觉与思维之间存在着密切联系。阿恩海姆发现，视知觉有一系列类似于思维的功能，比如抽象、分离、整合、推理、记忆等。他认为，"即使在感觉水平上，知觉也能取得理性思维领域中称为'理解'的东西。任何一个人的眼力，都能以一种朴素的方式，展示出艺术家所具有的那种令人羡慕的能力，这就是通过那种组织的方式创造出能够有效地解释经验的图式的能力。这说明，眼力也是一种悟解能力"③。

既然图像信息传播如此容易被受众接受、记忆，如果媒体在情色之类图像的传播过程中没做好"把关人"的角色，未能过滤那些在大众传播途径可能造成心理污染的信息，那么，部分受众在接触这些信息之后会因为自身判断力不足而产生不良的影响，即我们所说的传播的负效应。图像传播的具象性描述使情色视像传播形成记忆性污染，是任何一个有良知的媒体时刻不可忽视的基础学理。

2. 窥视欲是情色视像传播形成记忆污染的心理动因

图像传播的具象性描述使情色视像传播所形成的记忆污染，还源自受众自身的心理动因。传播现实表明，情色视像往往给人以过目不忘、过目难忘的视像记忆，这是因为，情色视像信息易于激发人类质朴自然的原始本能——窥视欲的瞬间满足。

弗洛伊德认为，窥视欲（voyeurism）是一种人类本能，在人们（特别是男人们）的潜意识里，都有不可遏止的窥淫冲动。它不仅仅作用于变态的行为中，同时也作用于正常的看与被看的行为中。④ 作为被看的"视像"，它既是我们的眼睛，又是我们的镜子，观看"视像"的经验是对他者的窥视，也是对自我形象的寻觅，基于人类本能的窥视欲的驱动力实在不可低估，情色视像里的人们置声誉得失于不顾，就是"不可遏止的窥淫冲动"所致。境外一些电视真人秀节目大多是利用女性的生物器官——三围（胸围、腰围、臀围）等廉价的视觉快感迎合观众的潜在欲望，使受众在观看的过程中满足自己的窥视欲，

---

① 参照奇虎网文章《图像记忆原理》及其网友跟帖的相关内容。
② 参照奇虎网文章《图像记忆原理》及其网友跟帖的相关内容。
③ 鲁道夫·阿恩海姆著，滕守尧等译：《艺术与视知觉》，成都：四川人民出版社1998年版，第56页。
④ 西格蒙德·弗洛伊德著，林克明译：《性学三论：爱情心理学》，西安：太白文艺出版社2004年版。在该书中，弗洛伊德道出了对人性与人类行为动机的主要看法。弗洛伊德认为，"诸如窥视、裸露及残酷的本能，是以独立于快感区的形态出现的"。

这同样是"窥淫冲动"的结果。

以"看"为核心的窥视现象发生在日常生活的各个方面，对别人隐私的窥视欲，是一种普遍的社会心理和一种集体无意识。而无意识的窥视欲常常受到意识的控制和压抑。这种意识就是政治、法律、道德和文化等社会制度和观念，为了维护社会的正常秩序和发展，这些观念和制度反对窥视他人的隐私并对窥视欲进行调解。① 基于政治、法律、道德和文化等社会制度和观念的原因，影像分级管理与限时段播放，是维护社会正常秩序与发展的有效办法，如中国大陆（内地）未能像台湾、香港一样放映《色·戒》完全版，正是出于地区差异与对社会窥视欲进行适度调解的考虑。

当照相机、摄像机的镜头成为传达情色欲望的媒介时，情色图景将人们的"窥视欲"具象符号化，极大地满足人们窥视欲的心理延伸，受众无可抗拒地分享着窥视欲原始本能的愉悦，由此产生的美与丑的记忆深刻性自然不言而喻，窥视欲是情色视像传播形成记忆污染的心理动因尽蕴其中。

三、情色图像传播的易模仿性使视像污染导致行为污染

情色视像带来的视像心理污染主要是由视觉层面蔓延至心理层面，但也不排除人们特别是未成年人因负面传播效应而导致行为污染。

1. 情色图像的具象传播易产生向往性心理模仿

事实上，媒体传播的内容并不是信息本身那么简单，从更深层次来讲，其传递的是一种价值、观念、文化。文化的价值与信仰的构成很大程度上基于是如何被叙述出来的，"故事为我们勾勒出现实的定义，为我们的思维、感受和行动制定出可循之路"②，一些情色视像作品在大众媒体上被大肆渲染，从微观层面上来讲，并不会对受众的个人行为造成多么严重的直接影响，情色视像作品所传递出来的色情行为也不会令所有人在现实生活中加以效仿；但从宏观层面上来看，这种视像心理污染的影响又是不容忽视的，因为它涉及一个社会的文化氛围。虽然我们无权干涉或者非议艺人的私人生活，但当艺人作为公众人物以公共形象出现在大众视野中时，其衣着打扮、言行举止等就不同程度地成为公众联想、仿效的文化符号。心理学中有关联想的规律认为，"在两种突然同时迸发的意识内容 A 和 B 中，一种内容在出现时，也唤起另一种内容"③。该联想存在于人们日常生活中简单的经验回忆、自由幻想，甚至是做白日梦中，这种思想过程的差别取决于伴随着的生活环境、人生经验、工作阅历等的不同。此外，人类的"联想"包括个人后天获得的联想与先天就已经存在的联想。对于"情色视像作品门"事件，受众在观看完媒体所刊登的情色视像作品之后，会很自然地产生一系列的心理联想，比如低俗、色情甚至暴力等，受众在这一过程中也不自觉地遭受媒体所强加的视像心理污染。此外，由于图像较之文本的易懂性，也易造成向往性心理模仿，从而加深了这种视觉污染的影响程度。

---

① 蒋孔阳、朱立元主编：《西方美学通史》，上海：上海文艺出版社 1999 年版，第 267 页。
② 斯坦利·J. 巴伦著，刘鸿英译：《大众传播概论——媒介认知与文化》，北京：中国人民大学出版社 2005 年版，第 20 页。
③ 恩斯特·马赫著，洪谦等译：《感觉的分析》，北京：商务印书馆 1997 年版，第 185 页。

2. 情色视像心理污染的模仿性后果不可漠视

影视作品中的暴力、情色镜头会不会导致色情暴力犯错（罪）一直是教育、社会、传播学界关注的问题。如果说视像心理污染有可能带来模仿性后果难以得到证实的话，那么"韩国大邱达西区某小学一名教师亲眼看见以小学六年级为主的高年级学生模仿成人电影内容，强迫三至五年级学生观看成人电影，并要求他们与自己发生性行为"① 这一极端案例则是视像心理污染导致行为恶果的有力明证。由此，我们不应忘却西方早期传播学界曾经推崇的"皮下注射论"（魔弹论）②。震惊整个韩国的大邱某小学集体强奸案源于"模仿成人电影内容"，这一当代电影传播恶果又一次证明：传播媒介（特别是影像媒介）拥有不可抵抗的强大力量，它们所传递的信息在受传者身上就像子弹击中身体，药剂注入皮肤一样，可以引起直接速效的反应；它们能够左右人们的态度和意见，甚至直接支配他们的行动。从传播学"使用与满足"的角度看，低智力门槛的影像信息总是轻易地成为人们的首选，"一些经验性的证据表明，至少电视观众明显是无选择的（古德哈特，1975）"。③

论及"图像传播的易模仿性使视像污染导致行为污染"的动因，探究"魔弹论"在情色视像传播过程中威力不减的缘由，我们还可以在弗洛伊德的研究成果中找到答案。弗洛伊德认为，"幼儿除了喜欢展示自己的裸体或性器官外，还有想看别人的好奇心。若不建立起阻抗，便会滑入自淫或窥视症，如遭潜抑，则以心理症状表现出来"，"青春期开始寻找外部性对象，如不及时妥善地建立新的秩序，发展过程受抑制，病态的紊乱便可能发生"。④ 韩国大邱某小学集体强奸案中处于青春期开始寻找外部性对象的学生们，正是缺乏正确的青春期教育引导、性心理发展过程受抑制而发生"模仿成人电影内容"的"病态紊乱"，视像心理污染可能造成的模仿性后果实在不容漠视。

四、结语：视像传播何日走向健康、有序与专业

社会学家把人称为"多元性感动物"，基于人类的生物本性不可更改，基于人类本能的窥视欲的驱动力不可低估，人需要些许性信息传播作为精神补偿，媒体适度报道以满足受众的公众知情权和认知价值不可或缺，面对性信息不断涌入大众传播渠道，把关人适度把关是一个铁肩担道义的大话题。失度则演绎为媒介对公众精神的亵渎与罪过。

从传播市场的现实状况来看，大众传播业已进入"形式选择"与"形式阅读"的阶段。⑤ 报刊、电视中"性"资讯的大字号标题已经幻化出图片对文字形成的视觉侵略的态

---

① 资料来源：http://news.163.com/08/0501/08/4ARH03CL000120GU.html。

② 丹尼斯·麦奎尔、斯文·温德尔著，祝建华等译：《大众传播模式论》，上海：上海译文出版社1987年版，第59页。皮下注射论的基本思想表明大众传播媒介具有无法抵抗的传播效力，受众只是被动地接受信息的刺激（注射）。

③ 转引自丹尼斯·麦奎尔、斯文·温德尔著，祝建华等译：《大众传播模式论》，上海：上海译文出版社1987年版，第108页。

④ 西格蒙德·弗洛伊德著，林克明译：《性学三论：爱情心理学》，西安：太白文艺出版社2004年版。引文摘编于第二篇《幼儿性欲》、第三篇《青春期的改变》。

⑤ 黄匡宇：《张扬形式：优化电视节目的可能意义》，《现代传播》2003年第3期。该文称：当代大众传播已经进入了"形式选择"与"形式阅读"阶段，报刊的大字标题、大幅图片编排、网站首页搜索目录的标题集合、书籍大字大图装帧风格的流行等被充分张扬的传播形式，有效地为受众的"视觉选择""愉快阅读"创造了条件。

势，"图形化"传播大大降低了受众对信息接受的"智力门槛"，为受众的"视觉选择"与"愉快阅读"提供了可能，视像传播携带不良信息、受众视像心理污染的概率相伴加大，影像传播更需谨慎前行。

本章小结

本章阐述了广播电视的传播共性以及社会功能。

复习思考题

1. 广播电视的传播共性是什么？
2. 广播电视的社会功能有哪些？
3. 你认为"地球村"的形成会对文化产生何种冲击？
4. 为什么说广播具有无限的魅力？
5. 了解"情色视像传播的心理污染动因"之所在。

延伸阅读

论新中国70年广播电视传播理念的嬗变
——基于媒介社会学框架之再梳理[①]

欧阳宏生　朱婧雯[②]

自1949年新中国成立以来的70年间，广播电视作为我国社会范围内同时也是全球社会系统内最为主流的核心媒介，既伴随、见证新中国从成立、曲折发展到全面改革走向现代化大国的壮阔历史进程，同时也潜在地参与并建构了具有中国特色的国家形象和社会形态。这一长达70年的"互构"历程既是一种研究视野，也提供了一种语境，为广播电视历史视角的研究带来了新的思考：在70年的发展史中，我国广播电视是如何被塑造为主流媒介并服务于国家与广大受众的？或者说，广播电视如何在70年间融入社会和公众认知，有效地将媒介景观与现实社会整合融汇于国家意志之中，并推动国家发展和社会进步、人民知识结构的更新？

斯图亚特·霍尔作为首位从文化视角切入媒介社会学研究的学者，在20世纪70年代

---

① 本文来源于《现代传播》（中国传媒大学学报）2020年第1期。
② 欧阳宏生，成都大学特聘教授、传媒研究院院长，四川大学二级教授、博士生导师；朱婧雯，成都大学传媒研究院副研究员，新闻传播研究中心副主任，文学博士。

发表、出版一系列以广播电视为中心的研究著作①，奠定了媒介社会学的理论基础。"正是……以'共识'形式出现的意识形态，确保了以广播电视为代表的现代大众传播媒介组织能够……实现组织功能。意义结构再次成为连接从业者、媒体机构、媒体使用者与权力结构的纽带（Hall，1972）。"② 着重强调了广播电视业是如何通过一系列价值观念的介入来维系自身在权力—意识形态体系中的合法性。由此奠定文化研究路径下的"媒介社会学"范式逻辑，即考证媒介内部组织与外部社会之间的交互、建构关系——"从社会学角度考察媒体内部在信息生产、资源配置、权力架构、组织关系中存在的问题，及从外部观察媒介与社会的研究"③。作为新中国成立以来居于核心地位的传播媒介系统，广播电视的传播理念至少包括两个层面的社会学指向：一是指向内部，即如何认知媒介本身，亦对媒介本质属性进行描述，包括对广播电视性质的界定和广播电视信息组织导向两个方面的传播理念，厘清广播电视"是什么"和"为什么"的核心问题；二是指向外部，即如何将广播电视作为媒介的信息传播给公众，以及期望获得什么样的效果，即"如何做"和"怎么样"的问题，由此形塑了新中国成立70年来广播电视的观念价值语境。由此，广播电视70年发展历程中传播理念的嬗变恰好契合媒介社会学研究中组织内部与外部社会建构之间的交互关系，本文基于媒介社会学范式进行广播电视史实梳理，着眼于以传播理念为轴的媒介本位—内容生产—政策导向—传播效果四个层面的社会建构分析，以此梳理70年时间范畴内广播电视作为主流媒介是如何通过传播理念的定性实现组织内部生产、传播与外部社会建构功能的。

一、广播电视本位认知："工具"论、"喉舌"观、"阵地"意识

自1949年新中国成立以来，传播尤其是由上而下的信息传达成为党中央工作的中心任务。随着新中国的成立，广播事业一步步向"人民广播事业"转型，在此过程中，关于"广播"传播观念的厘清、确立与表述直接影响了广播事业在建国初期政治宣传、社会教育等方面的功能定位。然而，这个过程并非一蹴而就，而是逐渐从单一的"主流观念定位"向主动接纳"一般观念定位"过渡，完成从政治附属工具到独立信息系统的蜕变与回归。

1. "工具"论——广播电视事业初期的观念设定与偏狭化

1950年3月29日至4月16日，全国新闻工作会议在北京召开。时任广播事业局副局长的梅益做了题为"人民广播事业概况"的报告，将北京广播电台视为"人民广播事业"，明确提出其独有的特点是"以其广播为广大人民服务……使它成为新闻的源泉、教育的讲坛和文化娱乐的工具"④。关于广播作为传播"工具"的观念定性，在随后的领导文件中频繁出现。1950年4月22日，当时的新闻总署发布《关于建立广播收音网的决

---

① 这些著作包括1972年发表的《广播电视业的外部影响》、1973年的著名论文手稿《电视话语中的编码与解码》、1974年的论文《电视暴力：犯罪、戏剧和内容分析》、1975年的论文《作为传媒的电视及其与文化的关系》等。

② 黄典林：《媒介社会学的文化研究路径：以斯图亚特·霍尔为例》，《国际新闻界》2018年第6期，第76－77页。

③ 马庆：《论媒介社会学研究的正当性及理论意义》，《湖北社会科学》2015年第4期，第176页。

④ 中央广播局：《广播通报》1950年第10期。

定》，提出"无线电广播事业是群众性宣传教育的最有力的工具之一"①。1950 年 6 月 6 日中共中央机关报《人民日报》发表题为"各级领导机关应当有效地利用无线电广播"的社论，再次提到"无线电广播是群众性宣传教育的最有力的工具之一"②。1952 年，第一次全国广播工作会议讨论广播的特点是"比起其他宣传工具来……电视比之广播是更高级的宣传鼓动的工具"③。

概念史学家科塞雷克（Reinhart Koselleck）强调，通过概念不同的社会阶层及各种政治派别才得以表达他们的经验、预期和行动。④ 广播"工具"观念的确定，为新中国成立初期的中国广播事业发展与建设提供了基本的行动方向纲领，作为以新闻、教育和文化娱乐三大功能为主要内容、面向人民大众的传播"工具"，在观念引导下的广播事业建设行动中，也紧紧围绕"工具"的传播观念，建设并发展广播事业传播范围广、接受门槛低等的"工具"效果。

1958 年 4 月 7 日，原中央广播局在北京召开了第五次全国广播工作会议，提出"广播是阶级斗争的工具"⑤，强调"政治是广播工作大跃进的统帅"；林彪、"四人帮"为了控制新闻舆论，把广播电视歪曲成"全面专政的工具"⑥。直到 1978 年第十一届三中全会召开，长达 20 年的时间内，我国的广播电视传播理念受到"左"倾思想和"文化大革命"影响出现了一系列的偏误，导致广播事业在传播观念上过度向政治倾斜。附加于广播媒介之上的"工具"论的意识形态隐喻无疑忽略了广播本身的传播特性和独立地位，尤其是"阶级斗争工具"的论断最终被证明是不符合广播传播规律的。

1980 年 10 月第十次全国广播工作会议召开，把广播电视界定为"党的一种富有生命力的现代化新闻舆论工具和宣传教育工具"⑦。1983 年在第十一次全国广播电视工作会议的背景下，广播电视部再次强调"广播电视是教育、鼓舞全党、全军和全国各族人民建设社会主义物质文明、精神文明的最强大的现代化工具，也是党和政府联系群众的最有效的工具之一"⑧。同年，广播电视顾问卢克勤将广播电视在新时期担负的任务分解为"智力开发的重要工具"和"向广大群众传播信息的重要工具"⑨。

虽然历经曲折，但"工具论"作为我国广播电视本质属性的论断随着时代的发展不断调整其内涵与外延，无论是"宣传教育工具"还是"新闻舆论工具"，抑或是"政府联系群众的有效工具"，均反映了我党在新中国成立近 35 年来对于广播电视传播观念与政治共生关系的合理化调整与再定位。

2. 人民"喉舌"观——政治传播融入广播电视趋于成熟

1945 年 10 月 25 日，延安中共中央党报《解放日报》刊载《介绍 XNCR》的文章，将

---

① 梅益：《各级领导机关应当有效地利用无线电广播》，《人民日报》，1950 年 6 月 8 日第 2 版。
② 参见赵玉明主编：《中国广播电视通史》，北京：中国广播影视出版社 2014 年，第 169 页。
③ 中央广播事业局办公室：《全国广播工作会议文件选编》，1982 年版，第 15 页。
④ 李里峰：《概念史研究在中国：回顾与展望》，《福建论坛（人文社会科学版）》2012 年第 5 期，第 93 页。
⑤ 毛泽东：《〈文汇报〉在一个时间内的资产阶级方向》，《人民日报》，1957 年 6 月 14 日第 1 版。
⑥ 参见赵玉明主编：《中国广播电视通史》，北京：中国广播影视出版社 2014 年，第 305 页。
⑦ 中央广播事业局办公室：《全国广播工作会议文件选编》，1982 年版，第 316 页。
⑧ 参见赵玉明主编：《中国广播电视通史》，北京：中国广播影视出版社 2014 年版，第 318 页。
⑨ 卢克勤：《广播电视——强大的现代化信息传播工具》，《广播与电视技术》1983 年第 5 期，第 1－5 页。

XNCR 说成"人民的喉舌，民主的呼声"，提出"人民大众的号角要人民大众来鼓吹"①。这是首提广播"喉舌"理念，并强调广播服务于人民的宣传鼓动作用。实际上，"喉舌"论的论断本质上是一种理性的宣传观和舆论观，在新中国成立初期至"文革"前期的广播工作中与"工具"论一脉相承。

1988 年，在中共十三届三中全会后召开的全国广播电视厅局长会议上，提出广播电视要掌握好宣传基调尤其是舆论宣传基调，正确处理宣传、经营、社会效益和经济效益的关系。1989 年，江泽民在《关于党的新闻工作的几个问题》讲话中，强调"我们国家的报纸、广播电视等是党、政府和人民的喉舌"的基本观点。从宣传到舆论导向再到新闻领域"喉舌"观出台，政治宣传与广播电视传播之间的关系得到了进一步明确与厘清，从最初含混甚至试图将其作为政治附庸，到中期注重宣传技巧和宣传艺术的理念，再到后期把握新闻领域的"喉舌"宣传意识，标志着我党与广播电视媒介系统之间共生关系的成熟。这一观念的进步在引导广播电视实践层面的变化上体现为各级电视台新闻评论性精品节目的大量显现，如中央电视台的《东方时空》《焦点访谈》等栏目借助批评性报道发挥舆论监督的作用，将政府与民众紧密相连。

3. "阵地"意识——多元媒介时代广播电视传播主流价值的理念重塑

早在 2000 年全国广播影视局长座谈会上就提出"建立起中国广播影视'航空母舰'和'联合舰队'……成为极其重要的思想文化阵地"②，将广播影视比喻为"阵地"。2012 年全国广播影视工作会议中，时任广播电视总局局长的蔡赴朝同志再次提出"阵地"的概念："积极拓展宣传新阵地，提高质量、多出精品，强化党对思想文化工作的引导。"③ 2015 年全国新闻出版广播影视工作会议中，蔡赴朝重提"牢牢把握正确舆论导向，巩固壮大舆论主阵地"④，由此揭开广播电视在多元媒体时代的新身份与新定位。2017 年全国广播影视工作会议中聂辰席明确强调要"强化阵地意识，大力推进治理体系和治理能力现代化"⑤。2018 年全国新闻出版广播影视工作会议中，聂辰席肯定"全国新闻出版广播影视系统牢固树立'四个意识'……阵地管理不断加强"⑥。当然这并不意味着对前一阶段人民"喉舌"观的摒弃。

自 20 世纪 90 年代互联网诞生以来，移动互联网技术发展迅猛，新兴的移动自媒体不断分流广播电视受众，尤其影响主流意识和核心价值观的传达。"阵地"观既内含危机意识，是以广播电视为基础的舆论防御姿态，警惕应对来自新兴移动媒体的舆论风险及给主流意识形态带来的潜在冲击，对新兴媒体的舆情内容加以管理，防患于未然；又兼具主动

① 赵玉明主编：《中国现代广播史料选编》，汕头：汕头大学出版社 2007 年版，第 294 - 297 页。

② 参见赵玉明主编：《中国广播电视通史》，北京：中国广播影视出版社 2014 年版，第 391 页。

③《广电总局：全国广播影视工作会议 1 月 4 日在京召开》，中央政府门户网站，http://www.gov.cn/gzdt/2012 - 01/09/content_ 2040158. html，2012 年 1 月 9 日。

④《全国新闻出版广播影视工作会议在京举行》，《中国新闻出版报》，http://news. hexun. com/2015 - 01 - 09/172233696. html，2015 年 1 月 9 日。

⑤《全国新闻出版广播影视工作会议在京召开》，人民网，http://media. people. com. cn/n1/2017/0105/c40606 - 29001675. html，2017 年 1 月 5 日。

⑥《2018 年全国新闻出版广播影视工作会议召开》，中国记协网，http://www. xinhuanet com//zgjx/2018 - 01/06/c_ 136876171. html，2018 年 1 月 6 日。

姿态，采用更加巧妙、适合接受的手段将主流思想融于广播电视传播，或者将广播电视改造融入新兴媒体，实现主流舆论意识形态的多元媒体渗透与推广。

正是在"阵地"思想的观念引导下，我国广播电视媒体在多元媒体竞争的新时代实现了系统科学的转型。一方面，通过广播影视"精品战略"，打造从新闻到影视娱乐立体式的精品节目或剧作作品，持续维护广播电视高质量、高水平的品质形象。如打造《中国之声》《中国舆论场》《中国诗词大会》等备受观众喜爱的广播电视品牌节目。另一方面，借助新兴的互联网技术手段，通过打造新兴的融合媒体传播平台，采用适合于移动多媒体接受语境的内容生产和互动传播手段对广播电视内容进行整合再加工，打造具有高人气、高知名度的新兴媒介品牌，如 CNTV 客户端、央视新闻微博账号、《新京报》"我们"短视频等。

二、内部组织与运作理念：从粗放型覆盖到认同式生产

作为广播电视传播理念的重要组成部分，内部组织的相关运作理念一方面受制于广播电视当期所拥有的技术设备条件，另一方面则取决于在该技术条件下传播者对广播电视媒介性质的把握与定位。由此，以新中国成立以来的 70 年为时间范畴，广播电视组织运作理念首先确立了"自己走路"的基本方针，推动广播电视系统的独立；进而借助"村村通"和农村广播网建设"四级办"的组织理念，实现广播电视传播系统覆盖面的拓展；20 世纪 90 年代广播电视领域掀起的"新闻改革""制播分离"等革新理念，与后来伴随互联网技术而兴起的网络传播一同形成了新兴的组织运作生态。

1. "自己走路"：塑造广播电视的媒介地位

1950 年 2 月 27 日，原新闻总署召开京津新闻工作会议，论及报纸、通讯社与广播电台的相互关系，"广播电台应采用报纸言论及消息，并应有自己的新闻与评论"[①]。中央人民政府原新闻总署署长胡乔木首次明确提出"要学会自己走路"的要求。[②]"文革"期间这一先进理念一度受到压制，直到 1979 年 5 月召开的中央电台记者站负责人会议上，中央电台台长左漠野重新提出"自己走路"的口号；1980 年 10 月 7 日，中央广播局在北京召开第十次全国广播工作会议，张香山局长作了题为"坚持自己走路，发挥广播电视长处，更好地为实现四个现代化服务"的报告，使得"坚持自己走路"这一充分尊重广播电视媒介规律和传播特征的思想得到确认并得以真正地推行。1983 年第十一次全国广播电视工作会议中继续强调："坚持'自己走路'。扬独家之优势，汇天下之精华。"

在"自己走路"传播理念的引导下，新中国成立初期的广播事业一方面不断探索广播的传播属性，高度重视广播与听众之间的密切联系，通过组织建立听众组织、创办能够满足听众需求的新兴节目，真正做到广播应为群众日常生活服务、"应该关心所有听众关心的问题"[③]。另一方面，对广播电视本质属性和媒介特点的熟悉和深入认知也带来了内容

---

① 《京津新闻工作会议关于（新闻工作）统一与分工初步意见摘要》，《广播通报》1950 年第 7 期。

② 梅益：《"要学会自己走路"》，载《回忆胡乔木》，北京：当代中国出版社 1994 年版，第 109 - 115 页。

③ 相关论述摘自 1956 年 5 月 28 日刘少奇代表党中央对广播所作出的指示，参见赵玉明主编：《广播电视通史》，北京：中国广播影视出版社 2014 年版，第 204 页。

生产方面的革新：1955 年和 1956 年北京市电台掀起学习、钻研广播特点的热潮，邀请苏联广播专家讲解录音报道的采制经验，观摩分析莫斯科电台播出的录音报道。1964 年第八次全国广播工作会议后，全国广播电视机构在宣传中注意发挥各自的特点和优势，在报道我国科学技术成就和国内外重大新闻事件时加强时效性和评论工作。1980 年第十次全国广播工作会议中逐步恢复对广播作为信息媒介的本质认识，要求坚持宣传报道的真实性、强调新闻时效并扩大报道面，要求"充分掌握广播电视的特点，扬长避短"①。20 世纪 80 年代始，开办主持人节目，践行新闻改革，并对重大事件进行现场直播，以及建设专业化的频道，不断延伸"自己走路"的核心要义，推动组织内容运作更好地发挥广播电视媒介特性。

2. "村村通"与"四级办"：实现广播电视规模覆盖

20 世纪 50 年代我国广播事业初创，党中央提出了拓展信息传输范围的"村村通"决策理念，相关会议史料充分体现了这一时期组织运作理念的核心：1955 年 8 月在北京召开的全国农村广播工作座谈会上，局长梅益作了题为"大力发展农村有线广播"的讲话；1955 年 10 月，毛泽东在中共中央七届六中全会扩大会议的讲话中提出"发展农村广播网"的要求，同年 12 月 21 日在《征询对农业十七条的意见》中又提出"在七年内，建立有线广播网"②。本次会议的另一个重要议题是大力发展和推广调频广播，建设现代化广播电视网。1956 年国内社会主义制度初步建立后，中共中央书记处书记刘少奇代表党中央对广播工作所作的指示中，明确提出发展农村广播网的重要性。

即使在"文化大革命"期间，农村有线广播网建设也得到了极大支持。1980 年召开的全国广播事业规划会议对我国广播电视技术设施、覆盖指标等方面提出了明确要求，并决定建设广播电视节目传输网。1998 年提出"村村通"广播电视工程。至 2010 年，"十一五"广播电视"村村通"工程建设结束。

作为广播电视事业早期组织理念的另一重要组成部分，1983 年全国第十一次广播电视工作会议提出的"四级办广播、四级办电视、低四级混合覆盖"决策理念在当时电视台数量少、电视的人口覆盖率极低③、电视社会影响力薄弱的社会环境下，充分调动了各级政府和社会参与创办广播电视的积极性，推动广播电视进入规模扩张的大发展时期。为更好地发挥广播电视作为现代化宣传工具的作用，本次会议正式决定成立"三位一体"的领导体制，分宣传工作、技术工作和行政管理工作三大部门，实行总编辑、总工程师和部长负责制。④ 随着这一方针政策的完善与落实，我国广播电视宣传网覆盖范围进一步扩大，形成了上下互通的信息传输网络。

---

① 参见赵玉明主编：《中国广播电视通史》，北京：中国广播影视出版社 2014 年版，第 306 页。

② 《农业合作化的全面规划和加强领导问题》（1955 年 10 月 11 日），载《毛泽东文集》（第 6 卷），北京：人民出版社 1999 年版，第 475 页。

③ 自 1958 年开办电视，我国广播电视事业经历了曲折发展的 20 年。至 1978 年，我国仅有电视台 32 座，电视人口覆盖率仅 30% 左右。参见欧阳宏生：《广播电视学导论》，成都：四川大学出版社 2007 年版，第 174 页。

④ 由于多方面原因，"三位一体"的领导体制没能按原来的构想落实。参见赵玉明主编：《中国广播电视通史》，北京：中国广播影视出版社 2014 年版，第 340 页。

3. "集团化"发展与"融媒体"建设：广播电视品质提升的市场路径

不可否认的是，"四级办台"方针对中国广播电视事业初期的规模扩张产生了关键推动作用，但后期也逐渐暴露出重复建设、资源浪费和内耗严重等问题。1999 年国务院办公厅转发信息产业部和广电总局有关文件，提出广播电视要从粗放发展阶段进入集约化发展时期。

一方面，政府出台相关措施，压缩、整合重复频道频率，优化组织结构。1996 年至 1999 年 3 年内广播电视机构数量压缩至 2 210 座，压缩幅度达 68.1%。[①] 另一方面，通过产业化和集团化改革优化广播电视生产结构：1987 年上海市广播电视局提出"只有发展产业，才能建设事业"的口号，建立"五台三中心体制"[②]，加快了上海市广播电视产业化运营的步伐。1992 年，中共中央、国务院下发《关于加快发展第三产业的决定》，把广播电视列为第三产业，逐步向经营型转变，实行企业化管理，"做到自主经营、自负盈亏"。2000 年全国广播影视局长座谈会上提出了加快广播影视"集团化"发展的方针，我国首家省级广电集团———湖南广播影视集团挂牌成立，开启我国广电集团化的第一步。

20 世纪 90 年代伊始，我国开始以制播分离的方式将部分节目制作行为剥离出电视台，广播电视节目实行基地式、工厂化生产，推动公司式、商品化销售，以此降低节目成本、增加节目产量、提高节目质量，为广播电视现代化产业改革与发展奠定基础。2017 年全国广播影视工作会议中首次提出强化深度融合的高度自觉，随着"融媒体"理念的进一步拓展，凸显在多元媒体时代广播电视在功能方面向着权威、塑造公信力的角度实现与移动互联网媒体和社交自媒体的差异化发展道路：广播电视与新兴媒体从相"加"走向相"融"，打造"中央厨房"全媒体内容生产分发中心；整合智能终端设备资源打造移动传播矩阵，建立"三微一端"的广播电视融合传播社交平台。

三、技术支撑理念：从拓展规模到保障品质

广播作为一种建立在无线电波传输技术之上的媒介形态，伴随着新中国成立初期对广播媒介定性与内容理念的提出，广播传输的落地范围覆盖成为支撑媒介核心价值和功能的根本。20 世纪 50 年代初期，党中央领导人将扩大广播电视的收视覆盖范围提上议程，农村有线广播网、调频广播技术和微博传输技术领域各有进展；20 世纪 80 年代随着覆盖规模达到较高水平，则着眼于卫星技术和数字化技术对广播电视传输质量和收视（听）品质的保证。在 20 世纪 90 年代互联网技术普及后，即大力拓展广播电视网络化传输的渠道，强化技术引领内容生产与传播效果的核心力量。

1. 有线传输和无线调频技术推动规模扩张

1955 年中央广播局在北京举行全国农村有线广播工作座谈会，确定采取"重点示范、分批发展"的方针，积极地发展农村有线广播。1956 年 1 月，《全国农业发展纲要（草

---

① 欧阳宏生：《广播电视学导论》，成都：四川大学出版社 2007 年版，第 176 页。
② 1987 年上海市广播电台和上海电视台实行体制改革，广播电台分为"上海人民广播电台新闻教育台""上海人民广播电台经济台"和"上海人民广播电台文艺台"，电视台分为"上海电视台一台"（负责新闻和文艺）、"上海电视台二台"（负责经济、体育和社教）；上海广播电视局成立一个上海电视局制作中心、一个技术服务中心、一个生活服务中心，构成"五台三中心体制"。

案)》的颁发，掀起了建设农村广播网的高潮。"文革"期间，全国有县级广播站 218 座，放大站和公社广播站 8 435 座，广播喇叭 1 100 多万只，达到农村广播网历史上的最高水平。[1] 20 世纪 50 年代后期彩色电视技术在国内应用与普及，广播电视传输开始采用微波技术，截至 1976 年底，全国人口覆盖率达 36%[2]，可面向全国 25 个省市、直辖市、自治区同步传输节目。

20 世纪 70 年代初期，中央首次提出创办电视以及鼓励广播系统独立采用新技术等重要观点，尤其是明确技术设备条件对于广播这一现代化宣传工具的基础性意义，强调技术为宣传服务，通过新的技术来扩大宣传辐射度的前瞻式论断。1980 年先后召开的全国广播事业规划会议和第十次全国广播工作会议中，提出采用现代化先进技术服务于广播电视宣传工具的建议。会议明确认识到我国广播电视在事业规模、技术设施和覆盖指标等方面都无法满足广大群众的需求，并认识到广播电视发展的首要目标和重要任务在于技术层面，为"文革"时期遭到严重损害的广播电视事业指明了新的方向，为其后我国广播电视事业的发展奠定了技术优先的发展导向。

在 1983 年第十一次全国广播电视工作会议中，与"四级办台"组织理念一同提出的还有大力发展无线调频广播的技术发展政策。1983 年至 1988 年，在广播电视微波传输技术和调频广播技术的深入推进下，全国广播电视台数量年均增长率约为 30%，电视人口覆盖率从 57.3% 提高到 75.4%。[3]

2. 卫星技术、数字技术提升广播电视传输品质

1983 年第十一次全国广播电视工作会议上确定用广播卫星覆盖全国的方针。1991 年 5 月，广播节目成功传送到亚洲一号卫星，广播传输采用卫星与微波相结合的办法，从根本上改善了广播节目传送的质量。依托于卫星直播技术的发展，因大范围、长时间直播的重大新闻事件较多，1997 年被称为中央电视台的"新闻直播年"。香港回归直播报道、五国签署边境裁军协定仪式直播等在国内外反响强烈，一系列重大电视直播事件所营造的媒介仪式感，使得电视的主流价值导向作用深入人心。1998 年，抗洪抢险中广播电视整合立体宣传，再次借助电子媒介的声像直观性强化了广播电视在公众日常生活中的重要引导和精神鼓舞作用。在两个多月的时间里，中央三台采用了现场报道、电话采访、现场直播等多种报道形式，以及举办"我们万众一心——98 抗洪赈灾募捐演出"文艺晚会，充分报道了地区军民与洪水搏击的英雄事迹。至此，广播电视的技术手段日趋成熟且持续创新，广播电视的品质化发展使其逐渐取代报纸成为 20 世纪 90 年代至 21 世纪初期的第一大核心媒介。

在全球高清技术发展的推动下，我国也开始有计划地进行高清硬件技术的初步探索，1991 年国务院广播电影电视部与国家科委共同制订了高清晰度电视发展计划；1993—1995年，国家科委提出"HDTV 两步走计划"。2006 年，根据原国家广电总局的时间表，中国开展数字卫星直播业务，至 2010 年除西部地区外全国县级城市基本完成向数字化的过渡，到 2015 年全面终止模拟电视广播。随着互联网技术的发展，广播电视的互联网布局与技

---

[1] 参见赵玉明主编：《中国广播电视通史》，北京：中国广播影视出版社 2014 年版，第 211 页。

[2] 参见赵玉明主编：《中国广播电视通史》，北京：中国广播影视出版社 2014 年版，第 281 页。

[3] 参见赵玉明主编：《中国广播电视通史》，北京：中国广播影视出版社 2014 年版，第 337 页。

术覆盖也在悄然推进。我国广播电视网络传播于 20 世纪 90 年代后半期兴起，中央电视台"国际因特网站"建立于 1996 年，2000 年正式命名为"央视国际"网站；1998 年 12 月 26 日，中国国际广播电台网站正式开通；2000 年 9 月，中央电台网注册了"中国广播网""中央新闻网"和"中广在线"三个站点名称。初期的广播电视网络化发展为后来移动互联网和新兴自媒体时代的广播电视传播打下基础。

3. 技术作为支撑的理念常态化

新中国成立初期，受到经济条件和自然条件的限制，广播电视技术单一、发展缓慢，且主要集中于规模拓展的粗放型应用目的之上。随着 20 世纪 80 年代以来我国改革开放进程的加快，国内外广播电视技术发展速度提升，促成我国广播电视技术作为核心支撑的理念成为广泛共识。国家广电总局科学技术委员会（以下简称科技委）成立于 1983 年，作为国家广播电影电视总局科技决策方面的咨询机构，科技委承担结合国内外广播电影电视科技现代化经验和先进技术对我国广播电影电视科技工作和事业建设进行决策建议和政策厘定的重要任务。2007 年以来，全国广播影视科技工作会议的重要性日渐凸显，并成为定期召开的国家广电总局广播影视工作会议在决策方面的重要补充。

2009 年全国广播影视科技工作会议提出加快优化升级，加强科技创新，推动互联网、大数据、云计算、人工智能与广播电视的有机融合。2010 年 1 月 13 日，国务院召开常务会议，决定加快推进广播电视网、通信网和互联网的融合，提出三网融合的阶段性目标和五大重点工作。① 2012 年，首届全国广播影视科技工作会议召开，会议总结 2011 年全国广播影视科技工作取得的显著成绩，并对 2012 年工作进行介绍，体现出广播电视科技服务于宣传理念的当代深化与贯彻。进入多元的媒介传播阶段，广播电视进一步把握广播的声音传播特色与电视的视觉传播优势，通过媒体人的自媒体渠道创办个性化电台或者将电视内容进行短视频的再创作和加工，一方面适应移动互联网传播特性下的内容匹配，努力推动新媒体时代的广播电视与新兴移动媒体的相互融合与协同发展，将广播电视的内容进行跨媒体的再加工与传播，如微博账号"央视新闻"和 CNTV 央视新闻客户端中的视频均是电视新闻内容的剪辑压缩版；另一方面积极开发声音和视频特色资源，打造"影视听档案库"，制作"历史影像资料"，在多元媒体传播时代塑造基于媒介视听特性的特色品牌资源（库），进一步承续发扬"自己走路"的思想理念，并赋予其更为多元的实践途径。

2018 年，全国已批准开办 151 个高清电视频道，全国有线数字电视双向网络覆盖用户超过 1.59 亿，中央三台和省级新闻出版广电媒体智慧融媒体建设明显提速。② 随着我国 5G 技术的成熟与逐渐推广，中央广播电视总台进一步深化 5G 核心技术在 4K 超高清视频、人工智能新媒体领域的应用，加强媒体与互联网、高新技术研发企业的合作，共同推动智慧广电建设。

技术的推广并非数量取胜，数量规模的追求离不开对质量效益的控制。③ 作为传播理念中内部组织理念的重要组成部分，技术进步始终是推动中国广播电视 70 年发展、实现

① 赵子忠：《中国广电新媒体 10 年》，北京：中国传媒大学出版社 2015 年版，第 7 页。

② 《2018 年全国新闻出版广播影视工作会议报告摘登》，中国新闻出版广电网，http://wwwxinhuanet. com/zgjx/ 2018 - 01/05/c_ 136873692. html，2018 年 1 月 5 日。

③ 欧阳宏生：《广播电视学导论》，成都：四川大学出版社 2007 年版，第 174 页。

主流话语和思想覆盖的中心。

四、外部效果理念：从政治依附到公共服务

作为广播电视传播理念指向社会层面的核心组成部分，广播电视传播所要达成的效果既反映于传播动机又体现在受众观上。本文通过考察70年来广播电视与受众关系的变化历程，体认广播电视传播效果从政治依附到公共服务的变革，从而完成引导公众、建构社会的功能。

1. 20世纪50年代—60年代中期：以宣传教育为核心的早期受众服务观

1950年全国新闻工作会议认为人民广播事业应建立在确实的群众基础上，发挥应有的宣传教育作用，奠定了广播电视与受众之间的关系，也成为我国广播电视发挥社会效应的理念基础和传统。在此受众观和效果理念的导向下，早在广播事业创立伊始，中央就高度重视广播与听众的密切联系。1950年，中央电台举办《收音员服务》节目，上海电台最早成立"广播之友"组织，使广播更好地服务群众、联系群众、联系实际。中央人民广播电台于20世纪50年代初创办了一批面向中国广大听众、满足大众需求的节目，如"报摘""联播"等新闻性节目，"社会科学讲座"以及针对少年儿童的对象性节目。

1956年7月25日召开全国第四次广播工作会议，提出根据广播特点对待"百家争鸣"，在文艺广播中贯彻"百花齐放"精神，满足听众对广播日益增长的需要。此后全国很多电台创办直接为听众日常生活服务的节目，如北京电台开办《周末广播》，介绍首都风光，兼做导游；各电台的文艺广播节目蓬勃发展，《星期音乐欣赏》《周末音乐会》等文艺广播饱受好评。1957年后由于反"右倾"斗争的扩大化，刚刚兴起并取得良好受众反响的改革被迫中断。

1963年以后，我国广播电视播出一批深受国内外受众喜爱的节目，在提高广播电视节目质量方面成就显著。1964年第八次全国广播工作会议召开，时任中央广播局局长梅益起草《为进一步提高广播、电视宣传的质量而奋斗——宣传业务整改提纲（草案）》的材料并在会上征求意见，其中专列一项"要更好地为群众的生活服务"[①]。其间精办十大名牌节目，如《新闻和首都报纸摘要》《国际时事》《科学常识》等；广播注意根据听众的需要来安排设置节目，如为农村听众举办的《农业科学技术讲座》，文艺广播《诗文朗诵》，满足听众音乐和话剧欣赏需求的《梁山伯与祝英台》等。

2. 20世纪70年代末—90年代末：经济服务与社会效益并重的传播效果理念

随着1978年十一届三中全会以来逐渐确立"以经济建设为中心"的改革目标，广播电视面向受众和社会的传播理念也逐渐发生变化：

一是伴随着广播电视从体制机制上对于市场经济效益的偏重，广播电视为满足自身的企业化经济收益的需要，开始承接广告等具有盈利性质的节目生产。1979年在改革开放的

---

① 广播电视部政策研究室《当代中国的广播电视》编辑部编：《梅益谈广播电视》，北京：中国广播电视出版社1987年版，第86页。

背景驱动下，中共中央宣传部发出《关于报刊、广播、电视台刊播外国商品广告的通知》，首次认可媒介刊载商业广告的合理性；1982年国务院颁布《广告管理暂行条例》，进一步为广播电视的广告业务提供合法化依据。1983年第十一次全国广播电视工作会议中，首次将"经济效益"的提升作为《关于广播电视工作的汇报提纲》的明确指称，进一步调动广播电视在经营盈利方面的能动性。

二是以经济效益为中心，广播电视节目以受众喜好为重，生产和传播一系列更好地满足受众观赏需求的以娱乐为重心的综艺节目，极大地丰富了广播电视传播的内容，也掀起了收视热潮。1978年2月，北京电视台举办第一次春节晚会；1978年5月，第一部电视剧《三亲家》播出，电视文艺节目成为电视内容生产的重要组成部分，极大地满足了广大人民群众的审美娱乐需求。1983年全国第十一次广播电视工作会议之后，节目布局以新闻为骨干，以文艺和专题为两翼，以服务型节目为补充。20世纪90年代初期以湖南广电集团为代表首先创办并播出大量电视选秀类节目，以满足受众娱乐需求，自此提高收视率、带动广播电视行业经济收益的传播运营理念深入人心。

三是广播电视中服务于社会经济建设、民众经济信息需求的经济信息服务类节目，也在这一时期大量出现。1988年，中央电台对节目布局进行大幅度调整，更加注重开发和利用受众收听、收看的"黄金时间"，尊重收听收看习惯和需求，提升节目结构的科学性。其中，珠江经济台率先改革探索的"珠江模式"实现了电视台专业化、现代化的转型。20世纪90年代末，出现了中央电视台《经济半小时》节目中设置的"3·15特别行动"板块以及与《经济日报》联合摄制的系列片《世纪的呼唤——市场经济与职业道德》等专业性栏目、节目，《跨世纪》作为中央电视台面向公众阐释并宣传国家重大经济政策、引导公众经济行为的成功典型，顺应了社会变革潮流下受众的直接诉求，丰富节目类型的同时也提升了广播电视作为核心媒介在社会建构与公众行为导向方面的桥梁作用。

3. 21世纪：以公共服务为核心的传播效果观

21世纪以来，广播电视在原本相对成熟的节目设置和内容生产与传播方面进一步改革，以更好地适应新媒体时代受众的媒介接受习惯与偏好。一是在传统广播电视内容体系内，加入新兴媒体的技术手段，增强观众参与及互动性，如《中国之声》栏目与微博、微信平台相连，筛选并播放听众关心的热点话题和评论；创办于2016年的《中国舆论场》将当前的社交自媒体纳入节目中，进行现场的话题互动，与观众、专家实时讨论。二是依托广播电视强大的内容资源和品牌效应，通过央视网（CNTV）、微博账号"央视新闻"、央视影音客户端等新媒体平台实现信息内容的跨媒体联播与互动点播。

在节目的风格与内容导向方面，广播电视进一步深挖传统中华文化历史的精髓，不断探索创新节目内容形式，提升节目内涵素养与精神价值，构建文化传承与民族精神导向的媒介效果理念。2016年《我在故宫修文物》在央视与视频网站同步播出，赢得大量青少年受众对中国文物的关注并引发对"工匠精神"和民族历史文化的公众认同。2017年中央电视台推出《中国诗词大会》掀起学习和欣赏中华传统诗词的热潮。《中国之声》《戏曲之声》等网络广播音频节目也坚守高雅的品位传播意识，在保证节目质量和精神价值的同时，兼顾喜闻乐见、雅俗共赏的传播效果。

2005年，全国广播影视工作会议中提出实施"农村服务年"，紧紧围绕建立健全农村广播影视公共服务体系，结合"村村通"工程，提高农村广播影视人口有效覆盖率，让广大农民群众能够享受到、享受好基本的广播影视服务。[①] 2010 年以来，加快构建农村广播影视公共服务体系，坚持基础设施建设与内容建设并重成为全国广播影视工作的重点，电视的技术发展从覆盖推广正式转型为服务提升，从宣传信息转化为公共服务。一系列对农服务节目和扶贫系列报道，真正发挥了广播电视助农、惠农的渠道作用，也体现了广播电视的受众观从以往的精英化向大众化的效果转型，进一步提升广播电视实现社会建构和民族凝聚力的信息渠道功能。

五、结语

基于"传播理念"的桥接和媒介社会学框架的方法路径，70 年来我国广播电视的变迁历程整体呈现为以理念嬗变为源头的结构化变革与实践：一方面对广播电视作为媒介本体定位的认知走向成熟，另一方面对广播电视参与政治话语生产和公共服务导向的效果把握逐渐趋于理性。新中国成立 70 年来在较长的时间范畴内经历了以广播电视为核心的媒介技术的发展，为广播电视发挥服务国家话语表达、建构公共领域提供了绝佳的契机。然而，不可否认的是，自 2000 年以来，媒介技术迭代速度加快，尤其是超越单纯媒介形态的复合融媒体、智能互联和人工智能媒介技术极大拓展了"媒介"公共领域的空间，也显著挤占和分流了大量广播电视的传播空间。"阵地"本位意识的回归、"品质"为立足点的运作、"公共服务"为导向的效果衡量，既是广播电视在新兴媒介语境下的主动转型，也显现出面临巨大技术变革和受众市场竞争冲击时的一种强烈的"自我保护主义"的消极防御态度。

"传播理念"从本质而言是一种政治导向的媒介塑形观，新中国成立以来广播电视在发挥"喉舌"和舆论引导作用方面确立了绝对的核心和主流地位，从而得以形成以"广播电视"为主体的"传播理念"演变轨迹。但在多元的媒介技术语境下，我国主流话语的"传播理念"不应再固守于"广播电视"传统单一、界限分明的媒介形态观，而应从更为开放的"大视听"媒介形态重塑主流话语的"传播理念"。近年来"中央厨房""融媒体"等中央级媒体的先行实践可视为新媒介语境下"传播理念"的跨越式发展。这些理念跳脱出传统广播电视的媒介形态，以更为包容的态度接纳新型社会化媒体和以短视频为具体样态的视听传播形态，在社会议程植入、理性舆论引导等方面积极主动回应并参与多元媒介空间中的话语交互，可视为广播电视在大视听、新视听传播格局中传播理念发展转型的新起点。

---

① 《2005 年全国广播影视工作会议在海南博鳌召开》，《广播与电视技术》2005 年第 1 期，第 107 页。

第五章

广播电视节目系统

本章要求

☐ 了解和掌握广播电视节目系统的构成

☐ 了解和掌握新闻、文艺、社教、服务性节目的子系统构成

☐ 了解和掌握新闻、文艺、社教、服务性节目的特性与功能

☐ 了解和掌握广告的特性与广告工作的原则

系统理论认为：系统无处不在，万物皆成系统。在我国，不仅广播电视事业是一项浩大的系统工程，广播电视节目也逐渐形成一个要素齐全、结构健康的庞大系统。新闻、文艺、社教、服务性四大节目类型在有机构成广播电视节目系统的同时，又各成体系，成为广播电视节目大系统中的各个子系统。

第一节　广播电视节目系统的构成

何谓系统？系统论的创始人贝塔朗菲认为："系统便是处在一定相互联系中与环境发生关系的各组成部分的整体。"这一定义的核心内容是：系统是由"各组成部分"组成的，"各组成部分"即要素在系统中占有重要地位，就一个系统而言，其基本内涵是"要素加结构"，要素是系统的基础。没有要素的系统，就像没有流水的河流、没有树木的森林一样失去了其存在的价值和意义。因此，研究一个系统，要从研究它的要素入手。

一、对广播电视节目系统各要素的分类

分类是认识事物的一种思维方式，是人们思维的条理性、系统性和精密性的体现。善厨者必须了解食物的种类、营养成分，才可以调众口；善兵者必须了解武器的种类、性能，才能善用兵。人类认识事物总是把相同事物与不同事物区分开来加以分析研究，以得到正确的认识。对广播电视节目进行科学分类，正是为了正确认识各类节目的存在状况，把握其发展规律，并在此基础上优化节目、改革节目，促成一个良性运行的、健康的节目系统。

如何对节目进行分类？对节目分类就是在对节目进行充分研究的基础上，把握节目属性的异同点，将属性相同的节目归入一类。如中央电视台的《新闻联播》、中央人民广播电台的《新闻和报纸摘要》因其内容都是"对新近发生的事实的报道"而具有相同属性，我们便将其归为一类（新闻节目）；中央人民广播电台的《今晚八点半》、广东卫视的《每日 MTV 推介》因其内容都是以传播艺术为主，我们也可将其归为一类（文艺节目）。

属性不同的节目不能归为一类。如体育节目是不能归入新闻节目的。体育节目并不全是新闻，它除了包括体育新闻外，还有体育欣赏、体育知识、体育健身、体育广告等，笼统地划入新闻节目显然是错误的。

由于出发点和侧重点不同，广播电视节目归类的方法有很多种，下面我们介绍一些国内外常见的广播电视节目分类方法。

（1）从节目的起源、发展过程来考察，可将广播电视节目分为两个大的群体："种"节目和子节目。

种节目指新闻节目和文艺节目。持这种观点者认为：世界上最早出现的广播电视媒体都是以新闻和文艺节目开始广播，显示它的传播功能的。世界各国的广播电视媒体，也都是在经营这两类节目的基础上经营其他节目的。其他社教节目、服务性节目，基本上都是

从这两种节目衍化而来，或以其为基础兴办起来的。可以说，新闻和文艺节目是种节目，社教和服务性节目属子节目。

（2）从节目的表现形态考察，根据受众需要和节目内容取向，可以把节目分为四个类型：一般型、综合型、专题型、对象型。

一般型节目的节目内容取向和接受对象都具有最大的容量和一般性。比如新闻节目、电视剧、广播剧等都属于一般型节目。它们的报道范围、创作取材包罗万象，不受限制；受众方面一般也不具有排他性。一般型节目是广播电视节目的基本类型。

综合型节目的性能是兼容、杂交、互相渗透。它能把知识性、娱乐性、教育性、趣味性、新闻性融为一体，也可将古今中外、通俗与高雅、现代与传统熔为一炉。有新闻性的综合型节目，如中央人民广播电台的《午间半小时》；有文艺性的综合型节目，如中央电视台的《综艺大观》。这样，广播电视媒体便可利用自己的优势，为各种层次、各种品位的受众提供各式各样的节目。由于兼容性强，综合型节目总能使各类受众从中找到喜欢的内容。

专题型节目与一般型节目是相对而言的，它具有特定的内容范畴，具有指向性、集中性、系统性，用于满足人与社会的特定需要。有些专题型节目具有固定的节目名称和播出时间，如中央电视台的《焦点访谈》、香港亚视本港台的《港是港非》等；有些专题型节目具有特定的主题或内容取向，在形式上可以是单个的、连续的或系列的，如中央电视台的《上下五千年》；也有些专题型节目是为重大的政治、社会事件而特办的，如"两会专题""三峡截流专题报道"等。专题型节目在增强媒介适应环境的能力、满足受众需求、集中引导舆论，以及增强媒介自身的竞争力方面有着独特的作用。

对象型节目是以特定的受众群体为对象的节目类型。它具有贴近性、层次性与介入性的特点，用以向不同国家、地区、民族和不同行业、年龄层次的受众提供服务。其中有各种语种的国际节目、民族节目，还有专门针对农村、职工、妇女、青少年、老年人等具有层次性的广播电视节目。因对象型节目能够介入其传播对象的生活环境，满足特定对象的特定需求，因而在增强媒体与受众及社会的关系方面起着重要作用。

专题型、对象型节目发展的趋势是建立系列媒体的前奏和基础。

（3）对广播电视节目的分类，还有以下一些常见的方法：

按传播地域分，可分为对外传播节目、国内节目、地区节目等。

按受众对象分，可分为一般性节目，如大多数新闻节目；老年人节目，如《夕阳红》；少儿节目，如《小喇叭广播站》；军队节目，如《人民子弟兵》；农民节目，如《农民之友》等。

按选题范围分，可分为综合类节目、时政类节目、经济类节目、文艺类节目、医药类节目、文教类节目、体育类节目等。

按是否有主持人分，可分为主持人节目、非主持人节目。

按节目来源分，可分为自办节目、联办节目、交换节目、转播节目、联播节目等。

按受众参与情况分，可分为受众参与性节目与非参与性节目。如中央电视台的《开心辞典》、广东卫视的《青春热浪》、广州电台的《零点1+1》等都属受众参与性节目。此外，各类点播节目也都属受众参与性节目。

从以上分类情况我们可以看出，很多分类法都是相互交叉的，比如中央人民广播电台的《今晚八点半》既是文艺节目，又是主持人节目和自办节目，还是受众参与性节目。节目如何归类，取决于采用什么分类标准和视角。

二、按节目内容划分节目类型

按节目内容划分节目类型，理论界一般有两种方式。一是六分法，即把广播电视节目分为六种类型：新闻类节目、言论类节目、知识类节目、教育类节目、文艺类节目、服务类节目。二是四分法，即把广播电视节目分为四种类型：新闻性节目、教育性节目、文艺性节目、公共服务性节目。

四分法与六分法的不同点：一是四分法把六分法中的新闻与言论两类节目统归为新闻性节目；二是四分法把六分法中的知识与教育两类节目统归为教育性节目。比较起来，四分法显得更直观实用，国际上也以四分法为主，本书所论及的节目体系亦基本上以此四大类为框架。

第二节　新闻节目——广播电视节目系统的"第一语言"

一、广播电视新闻节目的媒介地位

在广播电视节目大系统中，新闻节目是节目系统的基础，新闻节目质量的好坏决定着整个节目系统的运行是否健康。在我国，广播电视是社会影响最大的传播媒介和舆论阵地，是党与人民的喉舌，这决定了新闻在广播电视节目中的主体和骨干地位。正确认识新闻节目的这一地位，处理好新闻节目与其他节目的关系，对于节目系统的优化、节目整体效应的提高都是十分重要的。

1. 新闻节目是广播电视事业发展的先导

新闻节目伴着广播电视的产生而产生，随着广播电视事业的发展而发展。

广播电视事业的兴起和发展，都是以传播新闻信息为先导的。西方资本主义国家的广播电视大多是以传播新闻为契机来吸引受众、招徕广告、推销商品、牟取利润。1920 年11 月美国西屋电气公司的 KDKA 电台以报道总统竞选票数消息开始营业，1923 年美国人在我国上海创办的第一座电台也以新闻和文艺为招徕手段来播送广告、推销商品。

我国延安新华广播电台最初也是播报新闻，间放唱片，后来才增加了其他节目。

中华人民共和国成立后，国家新闻总署明文规定"发布新闻、传达政令"是广播的首要任务。历次的全国广播工作会议都强调要把办好新闻节目放在首位。

2. 新闻节目是联系党和人民群众的纽带

在我国，作为党、政府和人民的喉舌的广播电视机构，肩负着传达政令、引导舆论的重要任务。"广播电视是教育鼓舞全党、全军和全国各族人民建设社会主义物质文明和精神文明的最强大的现代化工具，也是党和政府联系群众最有效的工具之一。"（见中共中央书记处 1983 年 10 月《通知》）最能发挥这一作用的，便是在广播电视节目系统中处于龙头地位的新闻节目。

新闻节目以其独具的真实性、时效性，快速地进行着上传下达，全方位地向党和政府、人民大众传播各种新闻，保证党和政府的精神、政策顺利执行，如实反映人民群众的工作、生活及思想动态，及时解决工作中出现的问题。

党的许多政策、精神决议都是通过广播电视新闻传达给广大群众的。群众的许多呼声、建议、批评也都是通过广播电视新闻反映给党和政府的。广播电视新闻在报道社会主义建设所取得的伟大成就、发现和反映工作中存在的问题进而促成问题的解决等方面发挥着重要的作用。中央电视台的《焦点访谈》是一个收视率很高的新闻节目，其受欢迎的原因不仅在于它对事情的报道有一定的深度，更在于一些不良现象或工作上的失误一经报道，往往能引起党和政府、广大群众的关注，直接促成问题的解决。

3. 新闻节目在节目系统播出流程中占有主体地位

在广播电视节目播出流程中，新闻节目在播出时间、数量上占有很大比重。对综合台来说，整点新闻、半点新闻已是国内外各级广电媒体通常编排的节目，至于新闻频道，则是 24 小时滚动播出新闻。从表 5 - 1、表 5 - 2、表 5 - 3、表 5 - 4 中不难看出新闻节目在节目系统中所占的主体地位。

表 5 - 1　中央人民广播电台第一套节目《中国之声》2021 年 24 小时节目编排表

播出时段	栏目名称	播出时段	栏目名称
0：00—2：00	《千里共良宵》	9：00—12：00	《央广新闻》
2：00—2：30	《记录中国》	12：00—13：00	《全球华语广播网》
2：30—4：00	《昨日新闻重现》	13：00—16：30	《央广新闻（午后版）》
4：00—4：30	《养生大讲堂》	16：30—18：30	《央广新闻晚高峰》
4：30—5：00	《中央农业广播学校》	18：30—19：00	《全国新闻联播》
5：00—6：00	《阳光购物街》	19：00—20：00	《央广新闻晚高峰》
6：00—6：30	《国防时空》	20：00—20：30	《小喇叭》
6：30—7：00	《新闻和报纸摘要》	20：30—21：00	《直播中国》
7：00—9：00	《新闻纵横》	21：00—24：00	《央广夜新闻》

表 5 - 2　中央电视台新闻频道 2021 年 24 小时节目编排表

播出时间	栏目名称	播出时间	栏目名称	播出时间	栏目名称
0：00	《午夜新闻》	5：33	《法治在线》	18：00	《共同关注》
1：00	《新闻直播间》	6：00	《朝闻天下》	19：00	《新闻联播》
1：20	《焦点访谈》	9：00	《新闻直播间》	19：32	《天气预报》
1：36	《法治在线》	10：00	《新闻直播间》	19：40	《焦点访谈》
2：00	《新闻直播间》	11：00	《新闻直播间》	20：00	《东方时空》
2：33	《新闻1＋1》	12：00	《新闻30分》	21：00	《新闻联播》
3：00	《新闻直播间》	12：33	《法治在线》	21：30	《新闻1＋1》
3：44	《焦点访谈》	13：00	《新闻直播间》	22：00	《国际时讯》
4：00	《新闻直播间》	14：00	《新闻直播间》	22：30	《环球视线》
4：33	《新闻1＋1》	15：00	新闻直播间	23：00	《24小时》
5：00	《新闻直播间》	16：00	《新闻直播间》	注：本表2021年4月更新；比2017年多10个栏目	
5：17	《焦点访谈》	17：00	《新闻直播间》		

表 5 - 3　香港翡翠电视无线新闻台 2021 年 24 小时节目编排表

播出时间	栏目名称	播出时间	栏目名称
0：00	《深宵新闻》＋《屋企大翻新》	7：30	《香港早晨》
0：30	《财经新闻》＋《深宵新闻》	8：00	《新闻报道》＋《中华掠影》
1：00	《深宵新闻》＋《睇新闻＋讲英文》	8：30	《开市第一击》＋《深港沪快讯》
1：30	《财经新闻》＋《深宵新闻》	9：00	《新闻报道》＋《每区有楼睇》
2：00	《深宵新闻》	9：30	《新闻报道》＋《新闻档案》＋《每区睇楼》
2：30	《财经新闻》＋《中华掠影》	10：00	《新闻报道》＋《时事通识》
3：00	《深宵新闻》	10：30	《午间新闻》＋《港楼一讲楼》
3：30	《财经新闻》＋《深宵新闻》	11：00	《午间新闻》＋《武测天》＋《寻土觅地》
4：00	《深宵新闻》＋《中华掠影》	11：30	《家庭医生同你倾疫苗》＋《时事通识》
4：30	《财经快讯》＋《深宵新闻》	12：00	《新闻报道》＋《世界观》＋《武测天》
5：00	《深宵新闻》＋《时事多面睇》	12：30	《时事多面睇》＋《新闻档案》
5：30	《财经新闻》＋《深宵新闻》	13：00	《新闻报道》＋《港楼一讲楼》
6：00	《香港早晨》	13：30	《新闻》＋《环球新闻档案》＋《每区睇楼》
6：30	《香港早晨》＋《环球新闻档案》	14：00	《新闻报道》＋《武测天》
7：00	《香港早晨》＋《交通消息》	14：30	《新闻报道》＋《世界观》

（续上表）

播出时间	栏目名称	播出时间	栏目名称
15：00	《新闻报道》	19：30	《一小时新闻》＋《寻土觅地》
15：30	《新闻报道》＋《新闻档案》	20：00	《一小时新闻》＋《讲疫苗》＋《港楼—讲楼》
16：00	《新闻报道》	20：30	《新闻》＋《每区睇楼》＋《环球新闻档案》
16：30	《新闻》＋《每区睇楼》＋《时事通识》	21：00	《新闻报道》＋《环球新闻档案》＋《武测天》
17：00	《新闻报道》＋《武测天》	21：30	《时事多面睇》＋《新闻》＋《寻土觅地》
17：30	《新闻报道》	22：00	《家庭医生同你倾疫苗》＋《时事通识》
18：00	《新闻》＋《每区睇楼》＋《时事通识》	22：30	《新闻报道》＋《财经多国度
18：30	《新闻报道》＋《武测天》	23：00	《晚间新闻》＋《港楼—讲楼》
19：00	《新闻报道》	23：30	《晚间新闻》＋《武测天》＋《时事通识》

表 5－4　台湾东森电视新闻台 2021 年 24 小时节目编排表

播出时间	栏目名称	播出时间	栏目名称	播出时间	栏目名称
0：00	《东森夜新闻》	9：00	《东森新闻》	16：00	《东森专题》
1：00	《关键时刻》	10：00	《东森午安新闻》	17：00	《东森晚间新闻》
2：00	《东森新闻》	11：00	《东森午安新闻》	18：00	《东森晚间新闻》
3：00	《关键时刻》	12：00	《东森午安新闻》	19：00	《东森晚间新闻》
4：00	《东森新闻》	13：00	《东森午安新闻》	20：00	《台湾启示录》
5：00	《东森夜新闻》	14：00	《东森午安新闻》	21：00	《台湾1001》
6：00	《Hello 台湾》	15：00	《东森大社会》	22：00	《关键时刻》
7：00	《Hello 台湾》	15：30	《海峡拼经济》	23：00	《东森新闻》

注：20：00 又称"黄金八点"，21：00 亦称"黄金九点"，周末 20：00 播"李四端的云端世界"。

如果说，当今的广播电视传播就像朋友一样伴随着我们生活，那是一点也不过分。上述的广播、电视节目表，一档档贴心的节目，从朝至夕陪伴着我们，只要你有信息需求，它就如约而至，出现在你的眼前耳畔。2021 年 4 月 8 日国家广播电视总局发布了截至 2021 年 3 月的地级以上广播电视播出机构及频道、频率名录，共计有 399 家地级以上广播电视播出机构、35 家教育电视台和 2107 家县级广播电视播出机构。许多广播电视播出机构固然有各自的播出节目，但其共通的特点是，都有各自的新闻节目，能够满足各地受众对区域性新闻信息的需求，加上省级媒体、中央媒体的中观、宏观信息，丰盛的信息大餐随时陪伴着我们每一位城乡受众，这就是当今时代的国家广播电视"村村通"的宏伟图景，也是世界信息"地球村"的美好现实。

4. 广播电视媒介竞争主要体现为新闻节目的竞争

优胜劣汰、适者生存。媒介自面世之日起，就处于各种竞争之中。也正是媒介之间存在相互竞争，才使其得到更好的发展，我们的广播电视事业才有今天这样百花齐放的局面。纵观媒介竞争的历史，我们可以得出这样一个结论：媒介竞争首先在于新闻节目的竞争。

享誉数十年的中央人民广播电台第一套新闻综合频率，于2004年1月1日以"中国之声"的呼号全新登场。中国之声全天播音21小时30分，分八大节目板块，由频率总主持人和栏目分主持人合作直播。《新闻和报纸摘要》《新闻纵横》《今日论坛》《体育直播间》《财经在线》《娱乐新干线》《观点传媒要览》《现在开庭》《晚报浏览》《全国新闻联播》《新闻观潮》《国防时空》等栏目的设置，使改版后的新闻综合频率的新闻性、贴近性、权威性、可听性等核心指标取得长足进步，品位和影响力大幅提升，进而确保了其作为中国广播界国家旗舰和中国新闻广播第一品牌的至高地位。

在美国诸多电视台中，称雄的是闻名于世的三大商业电视网：美国广播公司（ABC）、全国广播公司（NBC）、哥伦比亚广播公司（CBS）。这三大电视网在新闻节目上的竞争相当激烈。1953年6月，英国女王伊丽莎白二世举行加冕典礼，美国三大电视网的电视新闻竞争可谓达到白热化。当CBS与NBC在忙于拍片、冲片、用飞机送片时，英国广播公司（BBC）的图像已经送到了加拿大广播公司，ABC利用电缆将加拿大广播公司的图像传回美国，抢先于NBC和CBS播出加冕典礼盛况。这是美国电视新闻节目一次典型的时效大战。就此开始，新闻时效性成了观众和电视从业者共同的追求。到20世纪60年代，三大电视网每天播出新闻总量达18～24小时，一大批著名的新闻栏目在竞争中相继出现，且长办不衰，如NBC的《今日》、CBS的《早晨》和《60分钟》、ABC的《美国，早晨好！》等。这些名牌新闻栏目成了各电视网的招牌，在很大程度上代表着该电视网的综合实力。

广播除了与电视有时效的竞争外，电台本身的竞争也从不平静。从表5-5中就不难想象同行业媒体比拼求生存、求发展的激烈程度。

表5-5　2016年广播电台新闻播出关注度前20名①

排名	频率	总分
1	中央人民广播电台中国之声	84.54
2	河北交通广播 FM99.2	75.58
3	中央人民广播电台经济之声	73.89
4	天津交通广播 FM106.8	73.64
5	中央人民广播电台音乐之声	70.77
6	天津广播	67.93
7	杭州交通经济广播 FM91.8	64.61
8	河北音乐广播 FM102.4	64.32
9	浙江之声 FM88	63.80

---

① 资料来源于人民网。

（续上表）

排名	频率	总分
10	中央人民广播电台都市之声 FM101.8	58.57
11	四川交通广播 FM101.7	58.50
12	郑州新闻广播 FM98.6	58.37
13	中国国际广播电台环球资讯广播	57.22
14	浙江交通之声 FM93	57.18
15	杭州西湖之声 FM105.4	56.72
16	北京交通广播 FM103.9	56.31
17	中国乡村之声 AM72	54.72
18	江苏新闻广播 FM93.7	54.62
19	苏州交通广播 FM104.8	54.24
20	山东经济广播 FM98.6	53.18

综上所述，在广播电视节目系统中，新闻节目是最重要的节目类型，新闻节目是广播电视系统的第一语言。

二、广播电视新闻的优势与弱点

广播电视问世之初，曾给报界带来一阵恐慌，三大传媒之间的竞争似有你死我亡之势。事实上，这么多年以来，三大传媒依然相安无事，而且各有发展。这种情况表明：在大众传播媒介中，广播、电视、报纸的新闻传播各有自己的优势和劣势，它们之间的竞争过程实际上是各自扬长避短、自我发展的过程。广播、电视、报纸只能相互补充、相互促进，而不能相互取代。下面我们就广播电视新闻的特点进行论述。

1. 广播电视新闻的优势

（1）时效性强。

广播电视新闻的载体是无线电波。无线电波的速度为每秒30万千米，相当于绕地球赤道七圈半。这从理论上说明了广播电视新闻的传播速度足以使地球上任何地方发生的新闻传播到全球的任何角落，时间差为零；电子新闻采集设备的现代化，信息传输手段的大发展，又从实际操作中真正实现了广播电视新闻报道与新闻事实的同步化。

目前，我国各广播电视台在缩短新闻更换周期方面做了很大努力。随着整点新闻的滚动式播出，新闻更换周期已缩至一小时左右；对于一些重大政治新闻、突发事件，广播电视可以打乱正常的节目安排，随时进行播报。这些举措都确保了新闻的时效性。值得说明的是：由于屏幕文字的使用，电视非正常性传播的内容可由叠加的屏幕文字播放，不必中断正常性传播，受众可以在正常的接受心态中及时获得最新消息（如正常播放非新闻节目时，可在屏幕下端以游走的屏幕文字播放"最新消息"）。时效性这一优势在电视新闻中又一次获得发展。

（2）群众性强。

广播电视新闻的传播范围极为广阔，原因主要有以下几方面：①广播电视新闻传播不受文化的限制，老少咸宜，雅俗共赏，甚至文盲半文盲也能接受，凡是听力、视力健全的人，都可以成为广播电视的受众；②广播电视新闻的载体是电波，上至通都大邑，下至穷乡僻壤，无所不及，我国广大农村、山区特别是贫困地区交通不便，那里的群众主要靠收听广播来了解新闻，以便掌握政策与国内外大事等；③广播电视传播网络较健全，各省、自治区、直辖市都有专门的频率和频道转播中央人民广播电台、中央电视台的节目，市、县无线和有线电台、电视台均可对中央台和省台的重点新闻节目进行直接转播；④广播的接收工具售价低廉、携带方便，已普及城乡，电视在我国也基本普及。

群众性强使广播电视新闻的社会影响力大大提高，许多重大新闻一经广播电视播出，瞬间便家喻户晓。

（3）易受性强。

新闻传播以受众为它的"目的地"，新闻价值的实现也以受众为对象。新闻内容到达目的地后，能否为受众所接受取决于传播内容的选择和传播符号的运用。这里所谈的易受性强，是指广播电视新闻与报纸新闻相比，在传播过程中拥有更多的传播符号，使受众接收信息时"费力程度"最小。

广播是靠声音传播的。声音包括人的语言、音乐以及自然界的其他音响。人的语言与文字相比，更具有感染力，而自然界的各种音响十分逼真地再现了大千世界，给听众以身临其境的真切感。

电视新闻运用图像、播音、音响、文字等声画符号，声形兼备，图文并茂，使观众在接收新闻时，既能真切感受现场的气氛，又能通过视听渠道感知多方面的信息。

美国广播史上著名的"虚惊一场"的故事，足以证明声音符号比报纸文字符号具有更大的感染力。1938年10月30日，美国哥伦比亚广播公司在晚上8点至9点的黄金时间段播送广播剧《大战火星人》，由于剧中运用了十分逼真的音响效果，给听众的感觉像是广播现场报道，仿佛火星人已渡过哈德逊河，逼近纽约市，军队的大炮对火星人无可奈何，现场报道的记者被火星人打死，最后连播音员也被火星人放出的毒气熏死了，恐怖的气氛随着广播散布开来。尽管播音员四次提醒听众："这是一出戏！"然而在600万位听众中，还是有120万人信以为真，陷入一片恐慌与混乱之中。大批听众跳上汽车高速驾驶逃命；一些人急忙寻找防毒面具戴上；在纽约港登岸的船员被召回船上；一些病人逃离医院下落不明；《纽约时报》接到800个询问真相的电话……人们读小说可以心平气和、镇定自若，而听广播剧却出现如此不可思议的后果，可见广播声音符号的神奇感染力。

（4）信息量大。

新闻是一种特殊形态的社会信息，新闻播出量大，传播符号多，就可能提供较多的信息量，广播电视新闻传播具备这个条件。第一，广播电视新闻播出的数量多，受众从广播电视中获知的信息量远远超过其他新闻传媒。第二，广播电视新闻传播符号多，扩大了新闻信息量。2008年5月12日汶川大地震中，是广播电视将一幕幕令人肝肠寸断的生离死别、一个个舍己救人令人无限敬仰的英雄、一声声自强不息令人心潮澎湃的呐喊、一份份慷慨无私令人热泪盈眶的捐助告知全中国、全世界，让人们看到、听到，在巨大自然灾害面前，神州大地闪耀着互助友爱、扶危济困的人性光辉，涌动着爱的暖流，中国特色社会主义制度的优势又一次充分体现。党和政府与灾区人民同呼吸共命运的坚强决心、社会主义国家强大的组织动员能力、非灾区人民无私支援灾区的团结互助风尚、灾区人民不屈不挠的自强不息精神，让国人感动，让世界惊叹！这一切，只有通过广播电视才能生动地展现。第三，广播电视新闻传播过程中"梗阻"现象少，受众实际接收的信息量大。广播电视传播快，不受邮路的"梗阻"，具有首次传播最新消息的优势，观众获知欲望强，而报纸刊登的部分新闻是广播电视新闻的简单重复，这些新闻成为多余的冗杂信息。广播电视新闻直观性强，易为受众所接受，因此受众实际接收的信息量大。

2. 广播电视新闻的弱点

与报纸新闻相比，广播电视新闻在具有多种优势的同时，也不可避免地有自己的弱点。认识广播电视新闻的弱点，对于扬长避短、更好地发挥广播电视新闻的优势有着重要意义。广播电视新闻的弱点主要表现在以下几个方面：①难以形成深度报道。广播电视新闻的图像、声音易于反映事物的外貌与现场气氛，却很难表达事物的内在规律与本质属性。②有些声像无法再现。许多突发事件都是难以预料的，往往记者赶到现场时已时过境迁、面目全非，不能抓拍到精彩的现场场景和抓录到感人的现场音响，而报社记者可以用文字来追忆事件的精彩场面。③广播电视声音、图像稍纵即逝，难以获取诸多短时突发事件第一时间的事态。④广播电视新闻节目采取顺序播出，选择性差。⑤广播新闻在语言表达上有着更为特殊的要求，如要通俗易懂、口语化、不倒叙插叙等。

三、广播电视新闻节目的功能

1. 宣传政策

广播电视机构是党和政府的喉舌。这种喉舌作用主要体现在对政策的宣传上。每一项重大决策的出台、每一条新的法律法规的制定、每一次重大政治社会活动的进行，几乎都是通过新闻媒体来告知群众的，广播电视与报纸一起承担着这项光荣的使命。中国人民大学舆论研究所1988年和1995年的调查表明（见表5-6），1995年，我国85.1%的居民通过新闻媒体了解党和政府的方针政策，其中文化门槛低的广播电视承担了33.5%的任务。时至今天，虽然有网络的加入，但由于受限于经济投入，以农民为主体的国人获取重大信息依然是以这三大媒体为主要信息渠道。①

表5-6　我国居民获取重大信息的主要信息来源

影响力类别	第一位		第二位		第三位	
	1988年	1995年	1988年	1995年	1988年	1995年
我国居民了解国内外大事的主要信息来源	电视 31.7%	电视 50.5%	广播 31.0%	报纸 38.9%	报纸 29.1%	广播 8.1%

① 此调查数据虽早，旨在提供比较样本及学习思路。

(续上表)

影响力类别	第一位		第二位		第三位	
	1988年	1995年	1988年	1995年	1988年	1995年
我国居民了解党和政府方针政策的主要信息来源	报纸 29.1%	报纸 51.6%	广播 27.9%	电视 27.7%	电视 23.1%	广播 5.8%
我国居民了解本地情况的主要信息来源	广播 24.8%	报纸 46.3%	亲友、同事 24.3%	电视 18.2%	报纸 21.1%	广播 5.8%
我国居民了解与工作(学习)有关信息和知识的主要信息来源	报纸 24.4%		广播 21.4%		书籍、杂志 21.0%	
我国居民了解新思想、新观念、新知识的主要信息来源	报纸 26.8%	报纸 43.6%	广播 24.8%	电视 18.1%	电视 23.5%	广播 2.7%
影响居民对我国政治、经济、社会生活看法的主要信息来源	报纸 30.3%		电视 23.7%		广播 23.0%	

　　广播电视新闻在宣传党和政府政策的同时，还充分发挥着自己的桥梁作用，讴歌人民在贯彻政策、开展工作过程中的先进事迹，鞭挞不良现象，反映工作中存在的问题，确保党和政府政策的顺利执行。中央人民广播电台与中央电视台的新闻联播节目通过信息联网，已形成名副其实的"信息总汇"空间，在宣传政令、上情下达、下情上达以及沟通全国各地重要信息方面发挥了巨大作用。

　　为解决广大农民群众听广播、看电视难的问题，1998年党中央、国务院决定启动广播电视"村村通"工程，第一轮工程至2005年结束。根据第一轮实施效果，2006年，党中央、国务院决定继续实施广播电视"村村通"工程，按照"巩固成果、扩大范围、提高质量、改善服务"的要求，构建农村广播电视公共服务体系。新一轮广播电视"村村通"工程的目标到2020年底，已通电的自然村全部通广播电视。

　　直播卫星公共服务自2011年启动实施以来，在中央有关部门和地方各级政府的大力支持配合下，全国各地采取整省推进与市场零售相结合的方式，建立健全贯穿中央、省、地市、县及乡镇的直播卫星公共服务运行机制，直播卫星"户户通"用户规模持续快速扩大。直播卫星"户户通"工程的顺利推进，有效解决了农民群众收听、收看高质量广播电视节目的难题，极大提高了城乡广播电视公共服务均等化水平，进一步扩大了中央和省级广播电视节目在农村地区的辐射力、影响力，有力占领并巩固了农村思想文化宣传阵地。

　　2. **传播信息**

　　当今的时代是信息时代，封闭保守既不明智也不可能。人们的工作与日常生活离不开信息，大到国际和平与战争、国内安定与建设，小到衣食住行、文化娱乐等都是人民群众所希望了解的。广播以其先声夺人、覆盖面广、便于听众接收的优势，电视以其传播直接、形象感人的优势，日夜向群众传播信息。

在实际生活中，广播、电视、报纸三大媒介分别凭借自己的优势，扬长避短地进行新闻信息的传播。从表5-6可以看出，在居民了解国内外要闻方面，电视是最主要的信息来源；在居民了解本地新闻方面，先是广播具有微弱的优势，而后报纸、电视又将其超过；而在居民了解政策、掌握知识、更新观念、提高认识等方面，报纸是最主要的信息来源。进入到2020年，电子媒介成为人们主要的信息来源。

3. 引导舆论

事实证明：舆论导向正确与否是一个于党于民利害攸关的话题。习近平总书记指出："党的新闻舆论工作坚持党性原则，最根本的是坚持党对新闻舆论工作的领导。党和政府主办的媒体是党和政府的宣传阵地，必须姓党。党的新闻舆论媒体的所有工作，都要体现党的意志、反映党的主张，维护党中央权威、维护党的团结，做到爱党、护党、为党；都要增强看齐意识，在思想上、政治上、行动上同党中央保持高度一致；都要坚持党性和人民性相统一，把党的理论和路线方针政策变成人民群众的自觉行动，及时把人民群众创造的经验和面临的实际情况反映出来，丰富人民精神世界，增强人民精神力量。新闻观是新闻舆论工作的灵魂。要深入开展马克思主义新闻观教育，引导广大新闻舆论工作者做党的政策主张的传播者、时代风云的记录者、社会进步的推动者、公平正义的守望者。"[1] 因此，"坚持以人为本，增强新闻报道的亲和力、吸引力、感染力"是包括广播电视在内的各大传媒新闻工作的基本原则和出发点。

舆论就是经济地位相近的人对某一重大事件大体一致的意见。舆论是一种社会思潮，它一旦形成，便会成为一种无形的巨大的社会力量，对有关事态的发展产生重要影响。林肯曾对舆论的力量深有体会，他说："有舆论的支持，则无往而不胜；没有舆论的支持，必将一事无成。"

舆论也有正误好坏之分。黑格尔说："公共舆论中真理和无穷错误直接混杂在一起。"[2] 对于广播电视新闻而言，区分社会舆论中真理与谬误的成分，以正确的舆论引导人是其义不容辞的使命。广播电视新闻对社会舆论进行正确的导向，具体表现在：对正确的舆论予以积极的反映；对错误或有偏差的舆论予以纠正；对分散无序的舆论予以组织引导；对正确的声势尚小的舆论予以集中突出报道，以便形成强有力的舆论。

引导舆论的一个重要方面是舆论监督。广播电视新闻在表扬好人好事、讴歌新气象与批评坏人坏事、鞭挞丑恶现象等方面起着重要作用。在三大传媒中，电视新闻声画兼备的曝光，使一切违法乱纪行为原形毕露，也最令邪恶势力与犯罪分子胆战心惊。因此，电视新闻在批评、揭露时要注意掌握政策与法律，绝不能弄错事实，以免引起新闻官司。

广播电视新闻引导舆论的目的，是使新闻传播的内容符合党和政府的政策精神与宣传意图，将社会舆论引向有利于党和政府、有利于人民的根本利益与长远利益的方向。

4. 传授知识

知识是人类在长期社会实践活动中积累下来的宝贵财富，是人们生产与生活经验的总结。人们的工作与日常生活都需要信息，也需要知识。广播电视新闻在传播正在变动与新

---

① 习近平总书记2016年2月19日在北京主持召开党的新闻舆论工作座谈会并发表重要讲话。
② 黑格尔著，范扬、张企泰译：《法哲学原理》，北京：商务印书馆1979年版，第333页。

近变动的事实的同时，也传授着各类知识。比如科技新闻、部分经济新闻与政法新闻也在传授着科技、经济管理、政治法律及与其有关的知识。

电视新闻凭着直观、形象的优势，在传授知识方面起着独特的作用。1998 年 5 月中、下旬，印度、巴基斯坦相继进行了 11 次核试验，挑起了新一轮南亚军备竞赛。我国人民高度关注这件事。中央电视台在 5 月 29 日的《新闻 30 分》中播出了这一消息，并在背景资料中详细介绍了核武器、核试验及《全面禁止核试验条约》等有关知识，使人民群众加强了对核危害的认识。

广播电视新闻在传播知识的同时，还能丰富人民的文化生活，开发人们的智力，提高人民的文化素养和生活质量。

四、广播电视新闻节目子系统构成

新闻节目是广播电视节目系统的重要组成部分，同时，广播电视新闻节目本身也是一个庞大的节目体系。从体裁考察，广播电视新闻节目主要由新闻（消息）与评论两大块组成。

1. **新闻**

广播电视新闻（不包括评论节目）在报道形式上主要有以下几类：

（1）现场直播。

现场直播又称实况转播、现场转播，这是一种与事件发生、发展、结束同步，并直接播出的新闻传播形式。现场直播形式以现场声音、图像为基础内容，并伴以记者（播音员）对现场有关情节或情节背景的口头播报。现场直播适用于报道规模宏大、场面壮观的重大事件和重大节日的群众性活动。近年来，随着改革开放的发展，以及电子新闻采集系统及通信卫星的使用，现场直播的范围已越来越广泛。

现场直播的对象一般是预发事件，而且在事先已知的现场进行，但有时也会出现意料之外的、极具转播价值的现场实况。因此，对于可能发生的事件要作出多种分析，并采取相应的措施，不失时机、及时准确地进行现场直播。

（2）记录报道。

记录报道是指广播电视记者运用录音、录像设备或使用文字将现场对新闻事件或新闻人物的采访记录下来，经过编辑、制作而进行报道的形式，主要以口播新闻和录音录像报道两种形式出现。

口播新闻是由电台、电视台播音员或记者口头播出的新闻。在电视新闻中，口播新闻有播音员或记者的面部表情与手势等传播符号，还可以配上背景图像，包括照片、字幕、图表等。口播新闻的优点是简便迅速、机动灵活、时效性强，便于及时播出，对于许多突发性的重大事件，可以先简后繁，先口播后声像，满足受众的需求。口播新闻是广播新闻的基本形式，也是电视新闻不可或缺的节目形式。

录音录像报道是以现场声像为主，配以记者或播音员口语播报的新闻体裁。录音报道主要用于广播，对于现场听不到的情景，需要记者作出恰当的述说，与现场音响密切配合，给听众以完整、真实的印象；录像报道则将现场情景再现给观众，对于不确定的图像配以适当播报，使观众有身临其境之感。在录音录像报道的新闻节目里，记者或播音员的口语播报有相当重要的地位。如果说广播电视的现场音响和图像可以将受众的感官和思维带进新闻现场，确保新闻的真实感人，那么记者或播音员的口语播报则能帮助受众准确理解新闻事实，深入把握新闻实质并最终实现新闻价值。

录音录像报道大致上有录音录像新闻、录音录像通信、录音录像专题、录音录像特写、录音录像访问、录音录像剪辑等几种形式。

（3）系列报道。

广播电视新闻的系列报道是指对某一新闻主题从不同角度、不同侧面所进行的多次性报道。系列报道由多个独立的报道单元组成，单元之间没有内在的必然联系，它们各自是一条完整、独立的新闻（单一或综合性的），集合在一个大主题下，使受众通过多个独立报道的内容，对一个时期的某一问题有一个比较系统、全面、深刻的了解和认识。

（4）连续报道。

连续报道是指对同一新闻事件或新闻人物在一个阶段内的有关情况的发生、发展、结局的持续性报道。这类报道多采用递进式结构，每一篇报道既是对前一篇报道的承上，又是对后一篇报道的启下，环环相扣、层层深入地揭示出新闻事实发生的全过程。连续报道是广播电视新闻节目保证报道深度的重要形式之一。

（5）追踪报道。

追踪报道是另一种形式的连续报道，采用的结构往往是由果及因、由现象到本质的追踪性的连续报道。这类报道的特点是悬念性强、思辨性强、社会影响大。

2. 评论

广播电视评论是评论者、评论集体代表广播电视机构对当前具有普遍意义的事件、问题或社会现象表示意见和态度的一类新闻节目。

"广播电视必须有自己的评论。"评论是广播电视台的旗帜，是广播电视界判断广播电视台政治面貌和衡量广播电视台思想水准的主要标尺之一。在广播电视新闻节目子系统中，评论是重要的组成部分。美国《哥伦比亚广播公司（CBS）1983年年鉴》这样认定："要有适度的言论，告诉他们（观众）在重大新闻中还有什么，这样我们的工作才显得更有意义。"可以这么说：没有评论的广播电视台，不是一家成熟的广播电视台。

广播电视评论的分类方式有多种，本书采用比较通用的分类法，按照评论自身所具规格，将广播电视评论分为本台评论、评论员文章（谈话）、短评、编后话等。其中，本台评论规格最高，相当于报纸的社论，适合于用来论述重要的理论观点，阐述党和政府的方针、政策，评论全局性的、具有普遍意义的重大问题和国际国内重大新闻事件，评论党和国家的重要会议，纪念重大的节日等。评论员文章以评论员个人的名义发表评论，其规格较本台评论略低。评论员文章的适用范围很广，如论述某些重要的但属于局部性质的问题，评论新闻事件的新闻人物，倡导某种工作作风、社会风尚，提醒人们注意某种倾向和社会思潮等。短评的规格低于评论员文章，篇幅也相对较短。编后话是最低规格的广播电视评论，在新闻报道完后，用极为简练的语言，揭示新闻的意义，给受众以提示或启迪，虽只是三言两语，却起着画龙点睛的作用。

20世纪90年代中后期，广播电视的述评性新闻栏目发展较快。如中央人民广播电台的《新闻纵横》、中央电视台的《焦点访谈》、浙江卫视的《新世纪论坛》、广东卫视的《社会纵横》等，都已发展为各电台、电视台收听、收视率较高的名牌栏目。近年来，我国电视评论节目开始走向成熟。2008年3月24日22：00，电视新闻分析和言论性直播节目《新闻1+1》在中央电视台新闻频道亮相。《新闻1+1》是中央电视台新闻频道唯一一档"时事新闻评论直播节目"，每期节目从时事政策、公共话题、突发事件等大型选题中选取当天最新、最热、最快的新闻话题展开评论分析。《新闻1+1》还打破了传统的新闻播报方式，所谓"1+1"即一位主持人和一位新闻观察员的双人谈话模式，由白岩松、董倩联袂主持，第一时间跟进评论直播，深入解析新闻幕后错综复杂的背景脉络，还原新闻全貌，解读事件真相，更力求以精度、纯度和锐度为新闻导向，呈现给观众最质朴的新闻。

第三节　文艺节目——广播电视节目系统的"半壁江山"

一、广播电视文艺节目的媒介地位

文艺节目素有广播电视节目系统的"半壁江山"之称。尽管这种称谓有言过其实之处，但文艺节目是广播电视节目系统的重要内容是毋庸置疑的。

从广播电视诞生之日起，文艺节目便一直是广播电视播出的重要内容。很多广播电视台都是从文艺与新闻节目的播出开始，再逐渐增加服务性、教育性节目，构成了一个完整的节目系统。据延安新华广播电台工作人员介绍，延安新华广播电台从1940年秋天试播成功后，"从此开始了每天定时的播音。不但播送新闻和报纸上的重要文章，而且还播送'文艺节目'。一开始，电台上连一部唱机都没有，所谓的文艺节目，常常是播音员对着麦克风唱几支革命歌曲。不久，弄到了一部破旧的手摇式唱机。但因为边区没有条件制唱片，而从国民党统治区买来的片子内容健康的又不多，所以放来放去，总是《义勇军进行曲》等几张片子。后来，我们便请鲁迅艺术学院的同志来播送《黄河大合唱》等节目。他们的大队人马一来，常把小小的窑洞挤得水泄不通"[①]。可见，即使在当时如此艰苦的条件下，延安新华广播电台也是想方设法地提高文艺节目播出的质量与水平。

从节目播出的时间量来统计，文艺节目堪称广播电视节目系统的"半壁江山"。改革开放40多年来，电视文艺作为中国电视的重要组成部分，经历了大发展、大繁荣，可以说是中国电视发展的一个缩影。40多年前，全国只有中央电视台一套节目覆盖全国，电视文艺节目品种单调。截至2008年，中央电视台已开办了20套开路频道、15套付费频道、28套网络电视频道；在全国电视节目市场占有份额中，中央电视台近几年来始终保持在30%以上，而电视文艺节目每年为中央电视台贡献的市场份额也有近30%。

---

① 中华人民共和国史广播电视编辑部编：《当代中国广播电视回忆录：周恩来与广播电视》，北京：中国广播电视出版社1994年版，第18页。

从 1983 年正式开始的一年一度的春节联欢晚会,见证了中国电视文艺的快速发展,每年的收视率都达到 80%,春节联欢晚会成为中国独有的文化现象和符号。其他如开办长达十几年的《综艺大观》《曲苑杂坛》,以歌会的方式呈现、强化与观众交流互动的栏目《同一首歌》《欢乐中国行》,展示民族戏曲艺术的《空中剧院》,品味文学的《电视诗歌散文》,体现普通百姓追求健康向上文化生活的《星光大道》,回顾创作之路的《艺术人生》,评论性栏目《文化访谈录》等,推动了电视文艺的持续繁荣,满足了广大人民群众不断增长的精神文化需求。[①]

电视文艺大赛,诸如全国青年歌手电视大奖赛、全国青年京剧演员电视大赛、小品大赛、相声大赛、舞蹈大赛、民乐器乐大赛等融欣赏性、知识性、对抗性、趣味性、参与性于一体,丰富了电视荧屏,推出了一批批优秀的艺术人才,受到广大观众和专家的好评。

央视心连心艺术团从成立以来至 2008 年连续 75 次深入基层为广大人民群众演出,许多艺术家多次参与完全公益性质的心连心演出之中,体现了文艺工作者的社会责任感和良好艺德。

与祖国和人民同呼吸、共命运是中国电视文艺发展的一条主线。2008 年"5·12"汶川大地震发生后的第六天,中央电视台就在多个频道现场直播了由中宣部等九部委主办的"爱的奉献——2008 宣传文化系统抗震救灾大型募捐活动";为迎接北京奥运会的胜利召开,中央电视台在奥运会倒计时 10 天时,主办并直播了"百年圆梦"大型专题晚会,把迎接北京奥运会的宣传推向高潮;在神舟七号发射的前一天,中央电视台录播了《迈向太空——中央电视台心连心艺术团赴酒泉卫星发射基地慰问演出》节目。

改革开放以来,中国电视文艺进入大发展、大繁荣时期。随着人民群众对精神文化产品质量要求的不断提高和我国综合国力的不断提升,面对新媒体、新技术的挑战和国内外电视文化市场的激烈竞争,中国电视文艺将在新起点上,牢记责任,不辱使命,认真学习和实践科学发展观,不断改革创新,生产和播出更多的三性统一、具有中国特色和中国气派、深受人民群众喜爱的电视文艺节目,再创新的辉煌。

娱乐是人类生活的必需品。"人类对于娱乐的需要如同对于衣食住行与传宗接代一样自然。"[②] 在生活节奏日益加快的今天,更好地为人民群众提供娱乐服务是各大传媒不可推卸的任务。因此,办好文艺节目,不断提高文艺节目的质量水准已成为各类传媒共同努力的方向。因广播电视具有声、画优势,收听(看)广播电视文艺节目已成为人们寻求娱乐的主要方式。

二、广播电视文艺节目的特性

广播电视文艺节目是文艺与广播电视相结合的产物。与一般文艺节目相比,由于传播手段和传播方式的不同,广播电视文艺节目具有鲜明的特性。

1. 兼容性

兼容性是广播电视文艺节目的重要特征。从某种意义上讲,广播电视文艺节目正是依

---

① 详情参见本章"延伸阅读"《电视文艺:创新发展 30 年》。

② 董天策:《传播学导论》,成都:四川大学出版社 1995 年版,第 25 页。

靠着巨大的兼容性来完成自己的使命并展示自己的风貌的。从艺术品种来说，广播电视文艺节目可以兼容音乐、舞蹈、绘画、文学、戏剧、电影、雕塑、建筑等一切艺术门类；从文化层次来说，它既可以有高雅文艺，又可以有大众通俗文艺，几乎所有层次的文艺都可以在广播电视文艺节目中找到自己的恰当位置；从题材内容看，远至上古神话传说，近至当代风云变幻，乃至对未来世界的离奇幻想，可以说是古今中外、天上地下，无所不有、无所不包。此外，文艺节目的品种样式也十分丰富，它既有欣赏性的、娱乐性的，也有知识教育性的、报道评价性的和社会服务性的。兼容性已成为广播电视文艺节目的活力源泉。

兼容并不是拼凑，也不是简单的组合。各种社会文艺元素进入广播电视节目系统后，经过交互作用和再度创作，或多或少地具有独自存在时不曾有过的性质和功能，并成为广播电视文艺的一部分。兼容意味着兼收并蓄，意味着融合，意味着百花齐放和丰富多彩，意味着一个新的艺术品种——广播电视文艺的诞生。

2. 渗透力

广播电视作为传播工具，具有其他艺术传媒所无法比拟的优势。广播电视覆盖面广，其辐射范围遍及全球任何一个角落；电波速度达每秒 30 万千米，其传播之快超越了其他任何媒体；广播电视收听、收看方便，真正做到了"秀才不出门，便知天下事"；广播电视在传播文艺节目时更具优势，已成为真正意义上的"家庭影院"。

与其他传媒相比，广播电视在传播符号方面也颇具优势：声、画两大符号系统的使用既赋予了文艺节目最大的感染力，又把受众接收节目的"智力门槛"降到了最低限度。因此，尽管人们对于广播电视文艺节目会有不同的要求，但无论如何总会有相当数量的文艺节目是多数人可以接受的。

就以上两方面来看，广播电视文艺节目的渗透力比文艺报刊、文艺书籍以及电影、剧作强得多。

3. 受众的广泛性

受众的广泛性这一特点是和广播电视文艺节目的兼容性、渗透力及媒介的自身特点相联系的。广播电视文艺节目既然可以穿堂入室，深入千家万户，可以呼之即来、挥之即去，可以包容各种类型、各种层次的文艺，老少咸宜，雅俗共赏，那么它自然就会拥有大量的受众。可以说，就受众的广泛性而言，任何一种文艺传媒都无法与广播电视相提并论。

4. 节目播出的连续性

一提广播电视的文艺节目，人们便会想到电视连续剧、连续广播剧、长篇评书、小说连续广播等节目。事实上，上述连续性节目已受到越来越多受众的欢迎，连续性已成为广播电视文艺节目的特点和优势。

如今，各广播电台、电视台除了在新闻节目上展开积极的竞争外，在文艺节目方面的竞争也是各不相让。这种竞争很大一部分表现在连续性文艺节目上。各电视台花大力气制作优秀电视连续剧，不惜血本购买电视连续剧播出权的现象，既说明了连续性文艺节目在扩大传媒影响、提高收视率方面的重要作用，也进一步说明了连续性已成为电视文艺节目的一大特点。

三、广播电视文艺节目的功能

广播电视文艺是社会文艺的一个分支，总的来说它的社会功能和社会文艺是一致的。但是因为受传播媒介的特性影响，广播电视文艺的社会功能也有它的特点。在此，我们结合广播电视的传媒特性，对广播电视文艺节目的社会功能作一些具体阐述。

1. 提供娱乐

提供娱乐是广播电视文艺节目功能的出发点。大多数受众打开收音机、电视机文艺频道收听、收看文艺节目的第一欲望常常是娱乐。娱乐是人类生活的基本需求，人们在紧张的工作之余，希望通过收音机、电视机听一段音乐或看一部电视剧，借此娱乐身心、消除疲劳，广播电视文艺节目有必要满足人们的这一需求。

有一段时期，人们对娱乐存在着偏见。一提娱乐，很多人便认为是"寻求感官刺激""追求低级趣味"的不正当行为。这种观点和心态在很大程度上制约了广播电视文艺节目的发展。什么叫娱乐？现代美学家认为，"娱乐就是获得一种感情上和思想上的快感，也是一种美的观点、美的感受得到满足的快感。娱乐能丰富人们的生活，消除疲劳，有益于身心健康，还可帮助人们提高审美能力和艺术修养"①。马林诺夫斯基说："游戏、游艺、运动和艺术的消遣，把人从常轨故辙中解放出来，消除文化生活的紧张与拘束……使人在娱乐之余，能将精神重振起来，再有余力去负担文化的工作、创造更美的人类生活。"②这样的娱乐难道是"低级趣味"吗？诚然，文艺领域的确存在一些格调低下的作品，这种作品会消磨人们的意志，腐蚀人们的灵魂，但这并不是我们所说的健康正当的娱乐。对于这类作品，我们必须抵制，但不能因为少量这类作品的存在而否定文艺作品的娱乐功能，这个道理正如不能因噎废食一样简单。

我国土地辽阔，人口众多，部分地区经济不发达，人民群众的文化生活依然贫乏，广播电视因其覆盖面广、群众性强，一直是人民群众最信赖的生活之友，看电视、听广播是人民群众业余时间的主要娱乐活动。因此，广播电视文艺节目有必要加强自己的娱乐功能。其实，恰当地增强文艺节目的娱乐性，对于发挥它的宣传作用和教育作用也是大有好处的。

2. 提供社会教育

广播电视文艺节目的社会教育功能是显而易见的，如电视剧《雷锋的故事》便不知教育感染了几代人。2016 年 2 月 19 日，习近平同志在北京主持召开党的新闻舆论工作座谈会并发表重要讲话，他指出："新闻舆论工作各个方面、各个环节都要坚持正确舆论导向。各级党报党刊、电台电视台要讲导向，都市类报刊、新媒体也要讲导向；新闻报道要讲导向，副刊、专题节目、广告宣传也要讲导向；时政新闻要讲导向，娱乐类、社会类新闻也要讲导向；国内新闻报道要讲导向，国际新闻报道也要讲导向。"习近平同志的讲话，明确指出了"娱乐类"的广播电视文艺节目同样肩负着影响舆论导向的重担。

---

① 阎玉主编：《中国广播电视学》，北京：中国广播电视出版社 1990 年版，第 228 页。
② 马林诺夫斯基著，费孝通等译：《文化论》，北京：中国民间文艺出版社 1987 年版，第 80 页。

在我国，文艺工作的方针是文艺要"为人民服务，为社会主义服务"。"为人民服务"指的是文艺作品要提供高质量的精神产品，愉悦人民的身心，鼓舞人民的士气；"为社会主义服务"是指文艺作品要发挥自己的宣传鼓动作用，保证社会主义建设事业的顺利进行。没有文艺节目的社会教育功能，这两点便不可能做到。

鲁迅先生说："一切文艺，是宣传，只要你一给人看……一写出就有宣传的可能，除非你不作文，不开口。"广播电视文艺也是这样。延安新华广播电台成立之际，正逢抗日战争时期，电台里播出的一首首催人奋进的歌曲，如《义勇军进行曲》《毕业歌》《大刀进行曲》等极大地鼓舞了人们的斗志。中华人民共和国成立后，一批批优秀的广播剧、电视剧在为人民提供趣味盎然的精神享乐的同时，也提高了人民群众建设社会主义事业的积极性。

广播电视文艺节目既不像新闻节目那样寓观点于事实之中启发受众，也不像评论节目那样以清晰、明白的道理昭示受众，更不能搬出一副说教面孔以势压人。广播电视文艺节目主要依靠形象和典型来感染人，并实现其教育作用。比如：善良、美好的形象让人感到可敬、可爱，使人在感情上得到愉快的享受，同时也给人熏陶和教育；邪恶、丑陋的形象则让人感到可恶、可恨，同时也激起人民与之斗争的力量。电视连续剧《黑脸》塑造了一位充满魄力、德才兼备的县纪委书记的典型形象，节目播出后，受众反响热烈。电视剧中没有理论的说教，没有主人公语录式的口号，仅凭曲折的故事情节和典型形象的感染力便让观众明白了"做官要做这样的官，做人要做这样的人"的道理。1958年6月15日，我国播出了第一部电视剧《一口菜饼子》，中心内容也是通过女主人公兰英的忆苦，教育人民不要忘本，要珍惜粮食。

近年来，"电视暴力"现象越来越受到人们的关注。美国著名学者希拉姆等人在著作《我们孩子们生活中的电视》中记叙了这样一个事例：波士顿郊区的一个9岁男孩很不情愿地把挂满"红灯"的成绩单给父亲看，同时自告奋勇地提出了一个解决办法——他们可以在圣诞节时送给老师一盒毒巧克力。这个男孩还得意地说："爸爸，这很容易，上星期电视里放过这个内容，一个人想杀死他的妻子，就给了她一盒毒巧克力，她至死都不知道是谁干的。""电视暴力"的危害由此可见一斑。因此，在广播电视文艺节目中如何把追求社会效益放在第一位，杜绝播出凶杀、暴力、强奸、色情等内容的情节场面，避免"电视暴力"类似现象的发生，是保持广播电视文艺节目社会教育功能的重要内容。

3. 普及文艺知识，提高受众文艺欣赏水平

一个文艺节目的播出，既是一个艺术美的展示过程，又是一个文艺知识信息的散发过程。当你第一次通过广播电视接触京剧节目时，也许你对京剧还一无所知。当你长期收听、收看京剧节目，成为"京剧迷"后，你对京剧的历史和现状、京剧的流派、京剧的经典作品、如何欣赏京剧节目等就能如数家珍了，甚至还能随口唱出几句韵味十足的京腔儿。这就是文艺节目普及文艺知识的功能。

广播电视文艺节目普及文艺知识、提高受众文艺欣赏水平主要通过以下三种渠道进行：

（1）欣赏性节目间接传递文艺知识。

欣赏性节目在给人们以美的享受的同时，还间接地传递着文艺知识。这种知识传递是潜移默化的，也是无处不在、无时不存的。我们从一首 MTV 作品中既能欣赏到它优美的旋律和迷人的意境，也能感受到其词曲作者的成功创作、演唱者的过人唱功、节目制作者的精心制作，并能在心目中留下深刻的印象，形成一种知识的积淀。我们大都有过这样的感觉：足球迷侃球时像足球教练；歌迷谈歌时如专业歌手；相声看（听）多了，如果真的要上台表演一段相声，似乎也很容易进入角色……这些都是知识积淀的结果。

（2）评介性文艺节目在评价、介绍文艺作品时传输文艺知识。

目前，各广播电台很受欢迎的"金曲流行榜"便是这种节目。它在介绍一种具体的音乐作品的同时，也向听众提供流行歌坛的动态、著名音乐人的现状、某首歌曲的演唱风格及创作特点等各种音乐知识。一些艺术评论节目还通过专业人员对艺术作品的介绍和分析，使受众领会到了凭自己水平尚不足以认识到的东西，这对提高受众的欣赏水平是很有利的。

（3）知识讲座性节目直接介绍文艺知识。

知识讲座性节目如中央人民广播电台的《怎样识五线谱》《口琴广播讲座》《古典吉他讲座》等，这类节目一般理论色彩不浓，大都深入浅出，易于为广大受众所理解和接受。

四、广播电视文艺节目子系统构成

音乐、戏曲、文学、广播、电视剧、电影等风格多变、形式多样的文艺节目犹如一朵朵亮丽的鲜花，构成了一个繁花似锦、百花齐放的广播电视文艺节目子系统。

科学地对文艺节目进行分类，有利于广播电视文艺节目子系统调整结构和布局，并进一步反映出广播电视文艺节目的指导思想是否正确以及文艺节目能否充分发挥自己的社会功能、满足人民群众口味各异的欣赏要求。

在我国，对广播电视文艺节目的归类主要有以下几种方法：

1. 按节目功能分类

按照节目的主要功能，可把广播电视文艺节目分为以下四类：

（1）欣赏性文艺节目。

欣赏性文艺节目以播送各种各样的文艺作品为主，其主要功能是供受众欣赏和娱乐，并对受众进行潜移默化的审美教育，提高受众的欣赏水平。这类节目是广播电视文艺节目的主体。

（2）知识性文艺节目。

知识性文艺节目有的系统地讲授文艺理论、知识技艺，帮助受众学习掌握某一方面的理论、知识和技能；有的着眼于向受众普及文艺常识，帮助他们理解作品，提高欣赏水平。

（3）服务性文艺节目。

此类节目着眼于为受众提供文艺方面的咨询和服务，解答各种问题，并根据受众的要求编排节目，具有很强的实用性、趣味性和参与性。

（4）评介性文艺节目。

这类节目主要是评价和介绍文艺作品、作家、艺术家、演员，并将艺术评介与艺术欣赏、知识介绍巧妙结合起来，形式活泼，生动形象。也有少数电台、电视台开设以专门评论文艺现象和文艺思潮为主要内容的评介性文艺节目。

2. 按节目来源分类

按节目来源可将广播电视文艺节目分为以下三种类型：

（1）广播电视独有的类型。

广播剧、电视剧是这类节目的典型代表。这类艺术品是广播电视独创的，最具广播电视的特点。随着广播电视剧创作的繁荣和理论体系的创立，这类节目已渐渐发展为一个新的、独立的艺术品种。

（2）对社会文艺进行加工的类型。

这类节目的来源是社会文艺，但经过广播电视加工和播出后，已打上了广播电视的烙印，成为具有广播电视特点的文艺节目，如电影录音剪辑、电视小说、电视散文、音乐电视等。

（3）对社会文艺直接播出的类型。

这类节目同样源于社会文艺，但在播出时不作加工或很少加工，保持社会文艺的原貌。例如电视里播出的电影片、文艺晚会的现场直播等。

3. 按艺术种类分类

按艺术种类对广播文艺节目进行归类既有利于广播文艺节目的编排，又有利于满足不同层次受众的需要。因此，长期以来，我国的广播文艺节目一般都沿用这种分类方法。就电视文艺节目而言，因其节目编排方式与广播文艺节目不同，按艺术种类将其归类的要求也就不如广播文艺节目迫切。因此，目前我国电视文艺节目的分类一般采用前两种分类方式。

按照这种方法，我们可以把广播文艺节目分为以下几类：

（1）音乐节目。

音乐节目是广播文艺节目的重要组成部分，拥有广大的听众。音乐本质上是一种听觉艺术，而广播是一种听觉传播工具，两者在社会生活中自然结成密切联系，音乐广播已成为展现国内外音乐面貌的广阔舞台。从内容上讲，音乐节目除播出中外各类声乐、器乐作品，音乐知识，音乐教育专题外，还播出歌剧、舞剧的音乐录音剪辑、选曲以及音乐故事等。

（2）文学广播。

文学广播的内容包括文学作品的朗读、播讲和评介，广播小品、广播小说、广播剧、电影、话剧的录音剪辑和报道等。长期以来，这类节目占各广播电台文艺节目播出时间的20%左右。

（3）戏曲节目。

戏曲是一门兼容文学、音乐、舞蹈、美术、武术、杂技及人物扮演等各种因素的综合性艺术，是世界文学艺术的瑰宝。在我国，戏曲有深厚的群众基础，戏曲节目也是广播电视文艺节目的重要组成部分。它的主要播出内容有：播送京剧、昆曲以及其他各地方剧种的传统戏、新编历史剧和现代戏，介绍戏曲知识，评介剧目、音乐唱腔和演艺等。

（4）曲艺节目。

曲艺是各类说唱艺术的总称，包括大鼓、弹词、琴书、道情、牌子曲、快板、评书、相声、好来宝等。曲艺虽然也有做功，但其主要艺术手段是说和唱，很适合广播。

五、广播电视文艺节目子系统构成之重镇——电视剧

电视剧（TV play, teleplay, TV drama, TV serial）是一种专为在电视或互联网上播映的演剧形式。它兼容电影、戏剧、文学、音乐、舞蹈、绘画、造型等现代艺术诸元素，是一种适应电视广播特点、融合舞台和电影艺术的表现方法而形成的现代艺术样式，一般分单本剧和系列剧（电视影集）。电视剧是随着广播电视事业的诞生而发展起来的，一些电视剧网站也应运而生，比较典型的分类电视剧在线观看网站很受大众的喜爱。生活中，电视剧的定义已经狭义化，仅指电视剧集系列，而非其他形式。"电视剧"的概念是中国特有的，它在美国称"电视戏剧"，在苏联称"电视故事片"，在日本称"电视小说"。[1]

在众多电视栏目（节目）中，各式电视剧是电视台用以平衡各类观众需求的利器。以剧情见长、以节奏与气氛吸引观众、以猎奇揭秘为魅力的电视剧是电视台雅俗共享的文化平台和争夺观众的创意平台。剧目中常受观众青睐的又数谍战剧和反腐剧。

近年来，由麦家等作家、编剧开创的中国谍战剧，如《潜伏》（2009年）、《暗算》（2009年）、《黎明之前》（2010年）、《悬崖》（2012年）、《跨过鸭绿江》（2020年）等，一度是国产电视剧最高文化创意生产水准的体现。

2014年麦家的小说《解密》获评年度全球十大小说，被翻译成多种语言，在40多个国家上市。2016年6月，麦家根据小说改编的41集同名电视剧《解密》在中国多家电视台同时上映。这意味着小说找到了文学的世界语言，中国谍战作品的文化魅力得到国内外读者（观众）的肯定。

中华人民共和国成立初期正是各种谍战密集发生的时期，如观众熟悉的谍战模式一样，《解密》也把派出卧底与抓内鬼作为推动情节进展的重点——这是中国谍战故事的黄金戏剧点。观众在《解密》中发现这一模式再次被运用时，并未产生重复之感，这是因为越是能够在危险境地出生入死、越是能在滴血杀头的关键时刻转危为安的人，就越贴近我们的战争文化所塑造的英雄。如同《解密》中再次塑造的谍战工作者那样，"701处"的工作者们从来都背负着厚重的使命感和悲壮的责任感，中国观众永远不会用邦德式的间谍英雄形象来对比我们谍战戏中的主角。[2]

由李路执导、周梅森编剧，于2017年3月28日开播的《人民的名义》以改革开放后GDP飞速增长下的腐败事件为创作背景和故事线索，通过艺术手段升华凝练反腐过程中的曲折经历，充分展现了"一切权力属于人民、一切权力为了人民、一切权力服务人民"的核心内涵，映射了当下中共中央的反腐决心。该剧集结了40余名实力派演员同台演绎，

---

[1] 资料来源于360百科。

[2] 资料来源于人民网。

精湛的演技让他们对反腐的细节拿捏得当，台词处理自然贴切，将一场波澜壮阔的反腐斗争演绎得入木三分。[①]

反腐题材缺席中国荧屏十余年，如今借《人民的名义》回归公众视野，《人民的名义》突破了"上级是廉洁的，贪污只是副手"这种创作手法，把反腐斗争推向最深处。

《人民的名义》虽然是一部严肃的反腐题材作品，但也不乏轻松的生活化场景。其开播发布会在清华大学举行，陆毅饰演的检察官侯亮平一反以往不苟言笑的"高大全"形象，成了一个幽默、机灵的年轻检察官。这些细节让《人民的名义》更加符合年轻观众的口味。有不少"90后""95后"的年轻人看完这部片子都被感动了。[②] 该剧第一集播出后，全国网收视率2.41%、份额7.37%，均列同时段第一；新浪微博话题有7 000万阅读量，观众的选择证实了"正义才是最强力量"。

据《南方都市报》2017年4月26日综合报道，4月24日CSM 35城市网和CSM 52城市网数据显示，《人民的名义》第45集在当晚播出期间实时收视峰值破7，创下近10年国内电视剧史最高纪录。

《人民的名义》凭借大尺度的反腐剧情和老戏骨们的精湛演出，获得了前所未有的高收视和高口碑：豆瓣评分高达8.5分，收视率也是屡创新高，长居全国网和城市网收视榜首。在4月18日播出期间，该剧的CSM 52城市网收视率就已经强势破5，超越了大剧《武媚娘传奇》曾经创下的单集收视率最高纪录。播至第40集时，《人民的名义》又在CSM 52城市网创下5.773%的单集收视率，单日收视超越2011年的收视神剧《回家的诱惑》，同时也刷新了近10年省级卫视收视率最高纪录。

几乎没有人能够预料到，这部以反腐为题材，既没有"小鲜肉"也没有"人气小花"的主旋律正剧会火到这种程度。不少业内人士认为，这部剧之所以能在国内引起巨大轰动，主要是因为它展示了中国政治中鲜见的一面。"展现了当下官场腐败、风气败坏的社会现实，还借演员的口抨击了很多不良的社会风气，很容易引发观众共鸣。"

由此，不难理解电视剧的生产与播出，为何是电视文化创意产业的重要内涵。

第四节　社教节目——广播电视节目系统的"后起之秀"

广播电视社会教育节目，简称社教节目，是指以传播政治、思想、伦理和科学文化知识为主要内容，以推动社会精神文明建设为目的的广播电视节目，国外又叫"公众利益服务节目"或"公共教育节目"等。

在广播电视节目系统各要素中，社教节目是一个相对年轻的节目类型，但是它的发展

---

① 《〈人民的名义〉掀收视话题热　正义才是最强的力量》，人民网，http://media.people.com.cn/n1/2017/0404/c40606-29187602.html，2017年4月4日。

② 《〈人民的名义〉首播迎来开门红　反腐大剧收视不俗》，人民网，http://media.people.com.cn/n1/2017/0331/c40606-29181065.html，2017年3月31日。

很快，已成为广播电视节目中十分重要的一员。因此，我们把它叫作广播电视节目系统的"后起之秀"。

家庭教育、学校教育、社会教育被称为教育体系的三大支柱。社会教育同家庭教育、学校教育相比，无论是从受教育时间的长短来看，还是从教育所产生的直接效益来看，都显得特别重要，而以电子声像为传播媒介的广播电视社会教育，是社会教育中最生动、最活跃、普及最广、影响最大的一部分。

中国作为人口最多的国家，拥有世界上最大的课堂，通过广播电视开展教育、传播知识既是必要的，又是可能的。随着社会主义现代化建设的发展，人们对知识的需求更加迫切，这种需求促使广播电视给予社教节目高度重视。如中央电视台的社教节目已占总播出节目的1/3，因而有人把社教节目与新闻节目、文艺节目并称为电视文化的三大支柱。近年来，各省、市广播电台、电视台的社教节目呈逐年增加之势，涌现出了大量堪称精品的社教节目。一些发达国家也把电视教育摆在重要位置，如日本建立了一套全国性的完整电视教育体系。

一、广播电视社教节目子系统构成

广播电视社教节目是一个庞大的系统。依据教育形式的不同，我们可以把它分为教学节目和讲座、专栏性节目两大类。

1. 教学节目

教学节目以系统传授科学文化知识为特点，教学内容往往与学校教育相对应。根据传播内容及数量的差异，教学节目又可分为以下三种：

（1）综合教学节目。

基本上按全日制学校的课程设置交错安排，内容分初等、中等、高等教育。这类节目供自学者学习之用，一般要进行考试并给合格者发文凭，承认其学历。广播电视大学、广播电视中专等都采取这种方式。

（2）专科教学节目。

专门教授某一学科，如语文、数学、物理、化学、外语等。按照该门学科的学科体系，由浅入深，有计划、分阶段地教学。这类节目形式灵活，受众可根据其自身需要加以选择。

以上两类节目大都是由专业电子传媒（如中国教育电视台）承担。

（3）应用教学节目。

应用教学节目类似职业教育和社会举办的实业教育，适用于知识更新和就业培训，具有较强的针对性和实用性。

2. 讲座、专栏性节目

讲座、专栏性节目不像教学节目那样具有系统性，但灵活多样，能适应不同层次受众的不同需要。按照教育形式和内容的差异，这类节目又可分为理论节目、知识节目、特定对象节目三种。

（1）理论节目。

理论节目是以讲解道理、阐发论点为特征的思想教育节目。它通过通俗而系统地讲述马克思主义基本原理，从理论上阐述党的路线、方针、政策，分析社会上带有普遍性的思想倾向，并进行思想理论教育，一般采用讲座的方式进行。

（2）知识节目。

知识节目主要传播各种各样的知识，内容广泛，天文地理、文化科技、法律金融等无所不包。一般采取专栏或专题的形式，如《世界瞭望》《旅游天地》《经济生活》《历史故事》《文化生活》《上下五千年》等。

（3）特定对象节目。

特定对象节目以按社会分工或地域区分的群体为特定对象，从这些特定对象的实际出发，根据他们的生活、思想状况进行形象化的教育。这类节目有：按职业划分的《职工生活》《农民节目》《战士之友》；按年龄划分的少儿节目、青年人节目、老年人节目；按地域、经济形态划分的《牧区生活》《侨乡广播》《特区生活》《渔民节目》《山村建设》等。

二、广播电视社教节目的特性

广播电视社教节目担负着向受众传递知识的任务，它本身就是一个大课堂，拥有教学者、教学对象、教学内容、教学方法等其他教育机构所拥有的一切因素。考察广播电视社教节目的特性，也就是考察广播电视社教节目的这些因素与其他教育机构的不同之处。事实上，与其他教育机构相比，作为现代化的传播工具的广播电视，在传播社教节目上有着明显的优势。主要表现在如下几个方面：

1. 教学对象具有专一性和广泛性

（1）专一性。

许多广播电视社教节目都有特定的传播对象。最具代表性的是特定对象节目。特定对象节目往往以年龄、职业或地域来区分教学对象，如少儿节目、老年人节目、少数民族地区节目、工人节目等，即使以一般受众为对象的社教节目，也不同程度地具有专一性。如广播电视大学的授课主要是面向高中以上文化程度的对象。一些讲座类节目按照有特别爱好的受众的需要及其知识水平来编定讲座体系和教学方法。所有这些都体现了广播电视社教节目的教学对象具有专一性。

（2）广泛性。

广播电视社教节目教学对象所具有的广泛性与专一性是不矛盾的。确认教学对象的专一性是传授者确定教学内容与教学方法的前提，而教育对象的广泛性却真正体现了广播电视传播工具的先进性。广播电视社教节目不受学校围墙限制，被称为"没有围墙的学校"。凡是具有收听、收视工具的人都可以接收社教节目，没有机会接受学校教育的人可以通过广播电视社教节目获取知识、受到教育。它也不受课堂的限制，广播电视作为"空中大课堂"，一堂课下来，听讲的人少则成千上万，多则以亿计算，远远超出在课堂上听课的学生数量。它也不受文化水平制约，凡是听觉、视觉健全的人，都可以根据自己的水平和需要有选择地接收教学内容。

2. 知识传授者具有权威性

教学效果的好坏与教师水平的高低有着直接关系，"名师出高徒""强将手下无弱兵"说的都是这个道理。与一般学校相比，广播电视机构具有明显的优势，可以聘请全省、全国乃至世界上有影响、有名望的教师参与教学和开讲座。

权威教师除了本身具备超过一般教师的渊博知识和优秀素质外，还能直接对传授对象的心理产生特殊的影响作用。你也许有过这样的一种体验：在听一个讲座或报告时，往往会觉得平淡乏味，感觉不出有什么高明或新颖之处，但此时如果有人告诉你台上作报告的人便是全国著名的专家某某，你的感觉会迥然不同，不但精神为之一振，注意力更加集中，而且报告内容对于你来说也变得精彩多了。你甚至会在心里暗自赞叹：太好了，真是名不虚传！这就是我们通常所说的"专家效应"或"名人效应"。事实证明，这种效应与教学效果存在着一种重要的正比例关系。

3. 传授内容具有多样性、专业性、新闻性

（1）多样性。

广播电视社教节目是一个"空中大课堂"。这不但表现在授课对象的广泛性上，而且表现在授课内容的多样性上。在传授内容上，天文地理、政治经济、法律金融、文学历史、理工农医、烹调服装、驾驶修理等，广播电视社教节目无所不包、无所不容。可以说，广播电视社教节目涵括了学校教育的所有内容，而且许多教学内容都是学校教育所无法涉及的。

（2）专业性。

广播电视社教节目传授内容的多样性是建立在专业性基础之上的，没有专业性作为保证，多样性势必会变得多而杂、泛而乱。总体来说，广播电视社教节目的传授内容是广泛多样的，具体到某一个社教节目时，广播电视社教节目的教学内容又突出了专业教学的特色。正是因为这种传授内容多样性与专业性的结合，广播电视社教节目才会日益发展和完善。

（3）新闻性。

广播电视机构从根本上讲是新闻单位，它的传播内容都不同程度地打上了新闻的烙印。与学校教育或其他社会教育相比，广播电视社教节目的内容具有新闻性的特点。这种新闻性主要表现在强烈的针对性和高度的时代感上。

4. 教学方式具有系统性、科学性、形象性

（1）系统性。

广播电视社教节目可以像学校教学那样按内容循序渐进，系统地传授知识。如中央电视台在固定时段里连续播出的专题教育节目《上下五千年》，其内容由古至今，由远及近，首尾圆合，体系完整。

（2）科学性。

广播电视社教节目教学方式的科学性是与学校教育相对而言的，主要表现在如下两个方面：①学校教育很大程度上是一种应试教育，其存在的弊端已越来越受到人们的重视。

与此相比，广播电视社教节目更具有针对性和实用性，使受众在掌握知识的同时，能够很快地学以致用。②学校教育的"强力灌输"教学方式对于开发学生智力和创造力有害无利，而广播电视社教节目更近乎一种平等的交流，给授课对象留有较大的思考余地和活动空间。

（3）形象性。

广播电视社教节目教学方式的形象性是由广播电视传播工具的特性决定的。广播电视是现代科学技术发展的产物，它是世界上最先进的传播工具之一。一段专业性极强的《科技博览》节目搬上教室的讲坛可能会使人望而生畏，而通过先进电子技术制作并在电视屏幕上播出后，观众不仅能领会到传播内容的真谛，还会为屏幕上一个个逼真感人的画面所倾倒。

三、广播电视社教节目的任务

广播电视社教节目的任务是由三个方面决定的：一是传播工具的特性，二是社会环境的实际，三是各台自身的情况。根据以上三点，目前我国各广播电视社教节目应该承担以下四大任务：

1. 政治思想教育

政治思想教育是我国社会主义教育事业常抓不懈的主题内容。我国是社会主义国家，其广播电视应该充分发挥自己的媒介优势，承担起对受众进行政治思想教育的任务。

广播电视对受众进行政治思想教育主要有三个方面的内容：

（1）思想教育。

思想教育就是要经常传播无产阶级思想，不断清除封建残余思想和资产阶级思想的影响。广播电视要站在时代的高度上，围绕政治、经济体制改革，围绕着对内搞活、对外开放来进行，对广大受众进行爱国主义、集体主义和社会主义教育，帮助他们树立符合时代要求的正确的价值观和人生观。

（2）理论教育。

理论教育是广播电视政治思想教育的中心内容。恩格斯说："一个民族要站在科学的最高峰，就一刻也不能没有理论思维。"十一届三中全会以来，中央及各省、市广播电台、电视台都加强了理论宣传，举办了各种类型的理论讲座，增设了各种系列性专栏，在广大受众中影响深远。理论教育的内容是多样的，除了以马克思主义、毛泽东思想、邓小平理论等中国特色的社会主义理论作为主要内容外，其他社会科学或与此相关的边缘学科也可通过广播电视进行讲授。

（3）政策教育。

党和政府的政策、精神、重大决议、重要会议等对实际工作具有重要的指导作用。广播电视作为党和政府的喉舌，有义务最迅速、最准确地把它们传递到广大群众中去，以配合群众的学习。广播电视对群众进行政策教育的方式有：采用实况转播或录音录像的办法，集中群众进行学习；运用政治讲座、政策问答、专题报道等形式，系统地讲解党的方针、政策；就社会上群众普遍关心的某一政策问题，邀请权威人士进行解答。

2. 文化知识教育

传播文化知识、提高受众的文化素养和艺术水平、丰富受众的业余生活是广播电视社教节目的一个重要任务，也是社会主义精神文明建设的重要内容。现在，社会发展瞬息万变，知识也加快了更新换代的步伐，人民群众对知识的需求比以往任何时候都要迫切。如何发挥媒介优势，更好地为受众提供文化知识教育是广播电视社教节目常做常新的一大课题。

广播电视节目对受众进行文化知识教育的内容应是广泛多样的。它主要包括：①常规文化知识，如广播电视大学所开设的课程教学等；②艺术知识，如开展讲座、评介作品等；③历史地理知识，如《历史上的今天》等；④指导受众业余生活，如开展讲座介绍集邮、摄影、养花、钓鱼等。

3. 科学技术教育

"科学技术是第一生产力"已是人们熟知的道理。科技已成为社会进步的决定性因素，科教兴国是我国的国家战略之一。在我国，由于人口众多、文化基础薄弱、地区发展不平衡、经济相对落后等众多因素的影响，教育事业并不发达，人民群众的科学技术水平离现代化建设要求尚有较大差距。2015年之后，全球技术促进教育变革的节奏明显加速，诸如移动学习、翻转课堂、智慧学习环境应用、虚拟与现实整合、虚拟与远程实验、教育App等，以及创客教育、STEAM教育与机器人教育，都以新的理论与实践态势，相继进入人们的视野与实践中。这一系列新兴的教育观念与实践无一不以视频与音频为传播载体，这就为广播电视的内容与形式生产带来了巨大的机遇。作为拥有最先进技术的传播工具，广播电视在普及科技知识方面具有得天独厚的优势，因此，承担起传播科学技术这一任务显然义不容辞。

4. 职业技能教育

随着现代化建设的发展，社会对就业人员的专业技术要求越来越高，不仅新职工需要培训，而且老职工也需要更新知识技能。广播电视可以统筹安排时间，分行业有计划地进行专业技能培训。

在我国农村，随着经济改革的进一步发展，农民的观念也得到了更新。不论是从事种植业、养殖业的农民，还是从事家庭工业、手工业的农民，都意识到了技术培训的必要。广播电视，尤其是地方电台、电视台，更要从本地实际出发，有针对性地对农民进行职业技能教育。

随着时代的发展和劳动就业制度的改革，一专多能已成为对新时期人才的要求，一些新兴的科学技术（如电脑技术）也成为人们争相学习掌握的对象，广播电视在职业技能教育方面将有更广阔的用武之地。

四、广播电视社教节目面临发展

与广播电视节目系统的其他要素一样，社教节目经历了一个从无到有、从少到多、从简单到复杂、从零散到系统的过程。今天的广播电视社教节目已经形成了一个多形态、多维度的完整体系，这一大好局面凝结了我国几代广播电视人的心血。

历史的车轮已经驶入21世纪，一个新的伟大时代已经到来。广播电视社教节目定将随着时代的进步而继续发展。以中央电视台为例，收视率名列前茅的有关社教类的栏目有谈话栏目《实话实说》、讲述普通人故事的《讲述》、普及科学知识的《走进科学》、历史栏目《探索发现》等。

社教节目的发展主要受以下三个因素制约：①经济发展水平的制约。只有经济发展了，才有可能为广播电视社会教育提供更多的财力和物力，劳动者才可能有时间参加学习。改革开放40多年来，我国经济建设所取得的成就令人瞩目，人们的生活水平已有了显著的提高，广播电视社教节目的发展有了牢固的经济后盾。②社会需求程度的制约。我国人口众多，其中农村人口占多数，文盲、半文盲人数多达两亿，整个民族的文化水平依然偏低。随着社会主义现代化建设的深入，商品经济的发展，与国外经济、文化交往的增加，我国人民对知识的需求欲望越来越迫切。因此，广播电视社教节目的需求量很大。③广播电视技术设备的制约。广播电视初创时期，由于技术设备差，社教节目极少。20世纪50年代，收音站的设置扩大了农村广播的覆盖面。随着卫星上天、广播电视接收机普及，广播电视社会教育开始以亿万群众作为受教育对象。今天，广播电视作为最先进的传播工具之一，几乎总是最快地吸收运用和集纳世界上最先进的技术成果，加之近年来谋求与网络传播的整合，我们可以断言，广播电视社教节目面临着一个美好的明天。

改革是发展的动力。随着时代的进步和社会生产关系改革的深入，广播电视社教节目在发展的同时也需不断进行改革。在内容方面，广播电视社教节目应根据社会需要不断拓展新的教育领域，提供新的知识；在形式方面，栏目包装问题已越来越受到重视，为了充分发挥广播电视的优势，把社教节目制作得精美、引人入胜，使节目具有更高的收听（视）率，广播电视界还有许多课题值得探索。

第五节　服务节目——广播电视节目系统的"爱心使者"

"服务"一词有两种解释。从广义上说，所有广播电视节目都是为受众服务、为社会服务的。这种广义上的"服务"指的是社会保障、思想教育、工作指导。从狭义上说，"服务"是指与人们实际生活有直接关联、有实际应用价值的活动。广播电视中的服务节目，取的是狭义，主要是指那些实用性强，能直接帮助受众解决思想、工作、生活中遇到的实际问题的节目。

一、广播电视服务节目的媒介地位

如果说广播电视节目系统是一个对受众关怀备至的服务台，那么服务节目就是直接参与服务的"使者"。广播电视作为一种本质上为受众服务的传播媒介，其服务节目的重要地位已被人们深刻认识。目前，很多广播电台、电视台都已提出了"服务至上"的口号，把抓好服务节目作为节目改革的突破口，一大批优秀的服务节目脱颖而出。

服务节目在受到广播电视媒介重视的同时，也深受受众的欢迎。一些服务节目的收听（视）率甚至超过了新闻节目。中央电视台每晚 7：30 的《天气预报》几乎成了人们每天必看的电视节目，《生活》栏目更是成了中央电视台的名牌节目，收视率一直居高不下。在各省、市级广播电台、电视台中，服务节目受到的待遇比在中央电视台更高，很多服务节目都在黄金时段播出，拥有大量的固定受众。

广播电视服务节目的媒介地位是由下面两个因素决定的：一是广播电视的媒介特性，二是时代发展的必然要求。

1. 广播电视的媒介特性

媒介的社会服务功能是一种客观存在，各种大众媒介（如报纸、杂志等）都具有服务功能。但广播电视作为最先进的传播媒介，由于其本身固有的特点，在发挥社会服务功能方面有更广阔的天地。比如报时，广播电视靠它传播的迅速性和连续性的优势，可以每小时或每半小时报一次（电视甚至可以依靠屏幕文字全天显示时间）；比如天气预报，报纸只能每天预报一次，广播电视可随时插播；再如广播体操、听众点播、热线咨询等，更是其他媒介可望而不可即的。

服务节目的传播能够使广播电视突出自己的媒介优势，广播电视也应该利用自己的优势，办好服务性节目。

2. 时代发展的必然要求

改革开放 40 多年来，我国社会主义建设事业迅猛发展，政治、经济、文化生活各方面都有了很大的进步，这对广播电视的社会服务功能提出了更高的要求。

政治方面：改革开放促进了民主政治的发展，人民的参政意识增强，这就要求作为"密切联系党和群众的最有效工具之一"的广播电视为群众提供讲坛，反映他们的意见、要求，回答他们所提出的问题。

经济方面：近年来，我国经济建设取得巨大成就，市场经济的发展使人们的经济生活非常活跃。人民群众需要了解各种各样的经济信息，企业单位需要广告宣传自己的产品，这些都在客观上推动了广播电视服务性节目的发展。

文化生活方面：政治的民主化，经济的大发展，必然会带来人民生活水平的提高。与以往相比，人民的文化生活变得丰富多样了，他们要寻求多种渠道来满足自己在物质生活和精神生活方面的新需求。广播电视作为提供服务最为便捷的工具，既需要改变自己的服务观念，更需要拓展新的服务领域。

以上三点无不说明，加强广播电视的服务功能，赋予广播电视服务节目以重要媒介地位，是客观形势提出的要求，是时代发展的要求。

二、广播电视服务节目子系统构成

广播电视服务节目是一个内容广泛的范畴。根据不同的标准，我们可以将其分成不同类别。

1. 根据节目形态分

根据节目形态，可以分为以下两类：

（1）单项型服务节目。

即一个节目提供一种独立的服务项目。这类节目内容单纯而集中，人们收听收看的目的明确。如《手机的保养与维护》《毛衣的编织》告诉人们相关的知识和技能，人们收听收看这类节目的目的就是学会如何保养手机和编织毛衣。

（2）综合型服务节目。

这类节目服务项目多，涉及范围广。如中央电视台的《生活》、上海电视台的《生活之友》、天津人民广播电台的《为听众服务》等专栏，内容涉及受众衣、食、住、行等各个方面，受众收听收看这类节目，可以有多种收获。

2. **根据节目内容分**

根据节目内容，可以分为以下四类：

（1）信息型服务节目。

广播电视为受众提供专门的信息服务，这类信息与受众的日常生活有密切联系。如正点报时，可让受众根据广播电视对准钟表，做到分秒不差；又如气象预报，与人们的生活和生产息息相关；再如交通市政信息，事先通知哪一条公交线路要改道，哪一个地区要停电停水，让群众提前做好准备；外汇牌价、股市行情等则对人们的经济生活非常重要。

（2）咨询型服务节目。

广播电视服务性节目还能为人民群众排忧解难，当好人民群众生活、生产的参谋。如1998年初夏我国粤港地区发生"赤潮"事件，人民群众对于"赤潮"中死亡的鱼类能否食用存在疑问，广东各广播电台、电视台便播出了有关节目，请专家就群众的问题进行解答。再如，上海曾有一段时间流行甲肝，电视台便播放预防甲肝的节目，提醒大家注意饮食卫生。2020年新冠肺炎病毒肆虐全球，各地电台、电视台开播的"防控疫情公告""防控疫情公益广告"节目，均属于咨询型服务性节目。

（3）技能型服务节目。

这类节目具体介绍某种技术，供受众学习、掌握，如烹调、摄影、编织、裁剪、美容、减肥等，丰富受众生活。

（4）广告型服务节目。

广告是广播电视节目中很常见的一种节目类型，在促进生产、扩大流通、指导消费、活跃经济、方便人民生活以及发展国际经济贸易等方面作出了积极贡献。目前，我国许多广播电台、电视台的广告节目已经改变了以往那种单纯"叫卖"的面目，"代之而起的是广告艺术、艺术广告、广告文化"[1]，在受众中的受欢迎程度大为提高。

对服务节目的分类，不应该有一个固定的模式。随着社会的发展、生活的进步，广播电视服务节目也应该有新的内容。

三、广播电视服务节目的服务内容

总的来说，广播电视的所有节目都是为受众服务、为社会服务的，服务节目的任务理

---

[1] 徐益：《上海电视广告面面观》，《广播电视研究》1989年第4期。

所当然就是"服务"，但是与其他类型节目相比，服务节目在服务的形式和内容上又有它的特别之处。

广播电视服务节目主要从以下四个方面进行服务：

1. 为政治思想服务

政治思想服务是社会主义广播电视事业所特有的一项服务内容。与新闻性节目、理论教育性节目所不同的是，广播电视服务节目一般采用谈心、交流、指导群众自我教育的方式对受众进行疏导、启发，开展政治思想服务。广播电视服务节目与受众交谈的题材内容是十分广泛的，大到党的方针、政策、党风、民情，小到个人的理想前途、婚姻家庭、邻里关系。

随着社会主义民主制度的不断完善，人民群众当家做主的意识不断增强，在社会政治、经济、文化生活等各个方面，人民群众会提出许多好的主张和意见；对于社会上存在的一些不良现象和不良行为，人民群众会提出中肯的批评和建议。广播电视作为党和人民的喉舌，要把反映群众呼声、表达民意的工作作为服务性节目政治思想服务的重要内容。

2. 为受众的生活服务

生活是一片广阔的海洋。深入家庭的广播电视，比起其他大众媒介，在受众的生活服务方面有着更大的渗透力。因此，广播电视应该发挥其媒介优势，为受众的日常生活提供多方面的服务。

菜场情况如何？住宅楼售价怎样？紧俏商品在哪里购买？毛料衣服如何洗涤？糖醋鲤鱼怎么烧？交通情况、气候信息、新书介绍、节目预告、听（观）众点播、有氧运动、医疗保健、心理咨询……总之，广播电视服务节目有说不完的内容。

3. 促进产、供、销，为生产服务

以经济建设为中心是我国社会主义建设的根本路线，经济活动成为人们一切活动的基础。因此，经济信息在人们生产、生活中的地位愈发重要。广播电视有着传播迅速、影响广泛的优势，对传播经济信息，推动生产，沟通产、供、销渠道起着显著的作用。《经济信息》《经济生活》《市场行情》《百业信息》《外汇牌价》《股市行情》等栏目深受人们欢迎便说明了这点。

随着我国社会主义建设的顺利进行，广告已成为人们经济生活的重要内容。广播电视广告就像一座桥梁，联系着生产和销售，联系着生产者和消费者。可以说，在我国经济建设的进程中，广告扮演着一个越来越重要的角色。

4. 为发展广播电视事业开辟财源

广播电视是一项重装备、高消耗的事业。发展广播电视事业，光依靠国家财政拨款是不可能的，广播电视机构应该广开财源，自筹一部分经费。广播电视广告既是广播电视为受众服务的重要内容，也是广播电视广开财源的必要手段。当然，作为社会主义语境下的广播电视广告，要以提高社会效益为首要任务，不能以营利为最终目的。目前，广告收入已成为各级广播电台、电视台经济收入的重要来源。

广播电视广告与其他类型节目相比，有很多共同点，如真实性、公开性、时效性等，但也有许多不同之处。根据比较分析，我们将广播电视广告的特性归纳如下：

（1）强烈的功利性。

商业广告的直接目的是推销商品，从中获利。公益广告也有功利的因素在起作用。

（2）传播的重复性。

广播电视广告虽然也有时效性的要求，但更多的是一种连续的重复播出，以此增强受众的感知度。

（3）公开的劝服性。

广播电视广告类似于古老的叫卖活动，它通过广播电视媒介公开地劝导消费者采取购买行动，不允许有强制和欺骗色彩。

（4）昂贵的付费性。

刊登广告是一种商业行为，广告主必须向媒介缴纳昂贵的费用。广告收入已成为广播电视机构的重要经济来源。

在我国，广播电视广告的播出不是随意的、无节制的，它必须遵循和坚持以下六条原则：

（1）思想性原则。

思想性原则是指广告不能为了追求经济效益而不顾社会效益，为了一己私利而忘了社会责任。广告内容和形式要健康向上，要符合党的方针、路线和政策，要有利于建设社会主义物质文明和精神文明。

（2）真实性原则。

真实是广告的生命，广告的思想性原则决定了广告必须坚持真实性原则。真实性原则要求广播电视广告的内容真实可靠、全面准确、符合实际，不允许任何弄虚作假、浮夸不实。广播电视广告如果传播了虚假夸大和具有误导性的内容，不仅会损害消费者的利益，而且会损害广告主和广播电视媒介的利益。

（3）艺术性原则。

广告是一门艺术。要提高广告的传播效果，加强广告的吸引力和感染力，就必须增强广告的艺术性。广告的艺术性要求利用声、光、电等现代技术手段，在广告设计、创作、传播中追求形象、生动和愉悦感，给受众以艺术享受和美感。

（4）针对性原则。

有目的、有针对性地进行广告宣传，是广播电视开展广告活动的起码要求。加强广告针对性的好处是有利于提高广告的贴近性和吻合性，有利于增强广告的吸引力和感染力，有利于提高广告的促销功能和经济效益。

（5）促销性原则。

广告的意图是促进商品、服务的销售，加深人们的好感。促销性既是广告的意图，也是广告的原则。如果对广告只强调思想性、真实性、艺术性等原则，而忽视促销性这一标准，那么就等于要广告主既花钱做广告又忽视经济效益，这是绝对不可能的。

（6）经济性原则。

广播电视广告不能不考虑经济性。经济性原则的含义很广泛，既指广告主以较少的广告费用换取尽量多的广告效益，又指在传播过程中以尽量少的传播时段容纳较多的广告信息，也指在广告设计、制作过程中尽量节约广告的成本，力争少花钱、多办事。经济性原则既是广告主的行事和决策准则，也是广告策划者和广播电视传媒自身的职责和追求。

上述六项原则是广播电视广告中相互联系、相互制约、相互影响的统一体。如果说前四项原则是社会对广告的要求，那么后两项则是广告主对广告的要求，这些要求都是正当的、合理的，是应该和必须予以满足的。

作为服务性节目的一类，随着时代的发展和广播电视服务功能的不断加强，广播电视广告也会不断地发展和完善。

本章小结

广播电视节目是一个庞大的系统。新闻、文艺、社教、服务节目是这一系统的四大组成元素。新闻节目是广播电视节目系统的第一语言；文艺节目素有广播电视节目系统"半壁江山"之称；社教节目是广播电视节目系统的"后起之秀"；作为本质上为人民服务的传播媒介，服务节目是广播电视发挥服务功能的重要内容。这四类节目在广播电视节目系统中相互依存，缺一不可。

本章在论述广播电视节目大系统构成的同时，还具体论述了新闻、文艺、社教、服务性节目四大节目子系统的构成、特性、功能及发展趋势，对于充分认识广播电视节目系统、优化节目结构应该有所裨益。

复习思考题

1. 试述广播电视节目系统的构成。
2. 为什么说新闻节目是广播电视节目系统的第一语言？
3. 广播电视新闻节目的特性是什么？
4. 广播电视文艺节目的媒介功能如何？
5. 广播电视社教节目如何分类？
6. 为什么要发展广播电视服务节目？
7. 在我国，广播电视广告要遵循的原则是什么？
8. 阐述对广播电视舆论监督功能的认识。
9. 阅读"延伸阅读"，谈谈我国电视文艺自改革开放以来取得的主要成绩。

电视文艺：创新发展 30 年①

胡 恩

中国电视见证并记录了改革开放 30 年来我们国家的巨大发展和进步。电视文艺作为中国电视的重要组成部分，30 年来经历了大发展、大繁荣，可以说是中国电视发展的一个缩影。

30 年前，全国只有中央电视台一套节目覆盖全国，电视文艺节目品种单调。改革开放的春风和广大群众对高质量精神文化产品的需求进一步催生了电视与文学艺术的结缘，文学、戏剧、音乐、舞蹈、曲艺、戏曲等一批批优秀作品的出现，为电视文艺的大发展、大繁荣提供了坚实的基础，并逐步形成了艺术作品电视化、电视节目精品化、精品节目栏目化、栏目走向个性化、频道建设专业化的发展趋势。今天，电视文艺节目是如此贴近百姓的日常生活。荧屏小空间，艺术大舞台，它使人们足不出户尽可饱览天南地北各民族精彩艺术之美，欣赏世界各地艺术争奇斗艳的华彩乐章。

改革开放 30 年来，中央电视台已开办了 20 套开路频道、15 套付费频道、28 套网络电视频道。在全国电视节目市场占有份额中，央视近几年来始终保持在 30% 以上，而电视文艺节目每年为央视贡献的市场份额也近 30%。电视文艺经过改革开放 30 年来的快速发展，始终坚持正确的导向，始终坚持高质量、高品位的要求，始终坚持不断创新的追求，已经成长为一棵枝繁叶茂的大树，形成了独特的艺术品质和审美标准，成为弘扬以爱国主义精神为核心的民族精神和以改革创新为核心的时代精神的重要传播窗口，成为满足亿万观众精神文化产品需求的大舞台。

一年一度的春节联欢晚会创下了中国电视文艺快速发展的历史。中央电视台从 1983 年开始，每年除夕之夜举办春节联欢晚会，迄今已办了 26 届。春节联欢晚会采八面来风，荟萃各艺术门类节目精华，营造欢乐祥和普天同庆的节目氛围。它集合了一流的艺术表演人才，紧扣节日和时代的主题，充分发挥电视艺术的特点，成为亿万观众和海内外同胞欢度新春佳节的一道重要年夜盛宴，每年的收视率都在 80% 以上。春节联欢晚会成为中国独有的文化现象和符号，也成为因电视与文艺的结缘而发展起来的特有的节目品种。

1985 年，中央电视台开始对节目实行栏目化生产和播出，一大批各具专业艺术特色和电视特点的文艺栏目应运而生。各种艺术门类的优秀节目都归集到不同的栏目中，经过电视艺术的加工提高与广大观众见面。电视文艺栏目化是中国电视事业发展的一个重要标志，它显示出我国电视机构采用了与国际电视传媒业对接的方式，节目长度从不规范到比较规范，节目播出从不固定到比较固定，方便了观众收看，更好地满足了不同受众的收视

① 本文来源于《人民日报》，2008 年 11 月 13 日第 16 版。

需求，为后来中国电视业大发展在管理上打下了坚实的基础。经过不断探索实践，有着强烈的电视特点的电视综艺晚会栏目脱颖而出，如开办长达十几年的《综艺大观》《曲苑杂坛》，以歌会的方式呈现、强化与观众交流互动的栏目《同一首歌》《欢乐中国行》，展示民族戏曲艺术的《空中剧院》，品味文学的《电视诗歌散文》，体现普通百姓追求健康向上文化生活的《星光大道》，回顾创作之路的《艺术人生》，评论性栏目《文化访谈录》等。全国各级电视台创办的各类色彩斑斓的文艺栏目，构成了电视文艺的百花园，推动了电视文艺的持续繁荣，满足了广大人民群众不断增长的精神文化需求。

在我国电视文艺这 30 年来快速发展的进程中，不能不提到电视文艺大赛。它是我国电视文艺工作者借鉴体育竞赛并根据电视艺术特点及我国电视观众的需求而创造的新颖的节目形态。全国青年歌手电视大奖赛、全国青年京剧演员电视大赛、小品大赛、相声大赛、舞蹈大赛、民族器乐大赛等融欣赏性、知识性、对抗性、趣味性、参与性于一体，丰富了电视荧屏，推出了一批批优秀的艺术人才，受到广大观众和专家的好评。中央电视台主办的全国青年歌手电视大奖赛是电视文艺竞赛类节目的代表作。它诞生 20 多年来，坚持推新人，推新作，不断创新，使大批来自基层和民间的各民族优秀歌手从乡村街道登上电视舞台一展歌喉，使那些具有鲜活生命力和浓郁乡土气息的天籁扑面而来。这个大赛推出的优秀人才许多已成为当今舞台上的著名歌唱家和新秀，推动了基层群众文化活动的开展，成为每两年一次的深受观众喜爱的电视文化大景观。

送温暖到基层，体现党和人民心连心，电视和文艺工作者与广大观众心连心，是当代中国电视文艺的又一大亮点。央视心连心艺术团从成立以来连续 75 次深入基层为广大人民群众演出，许多艺术家多次参与到完全公益性质的心连心演出之中，体现了文艺工作者的社会责任感和良好艺德。心连心艺术团每到一处都受到当地群众的热烈欢迎。

与祖国和人民同呼吸、共命运是中国电视文艺 30 年来发展的一条主线。今年"5·12"汶川大地震发生后的第六天，中央电视台就在多个频道现场直播了由中宣部等九部委主办的"爱的奉献——2008 宣传文化系统抗震救灾大型募捐活动"，广大文艺工作者和电视工作者踊跃参与，全国 43 家省级电视台和 473 家地级城市有线网络及各大新闻网站进行了同步转播，通过卫星转播收看的电视观众达 5.5 亿人，央视网点击量达 2.15 亿页次，全球 49 个国家和地区的 106 家电视媒体转播和部分使用了募捐活动直播信号。这次募捐活动共募集善款 15.15 亿元人民币。为迎接北京奥运会的胜利召开，中央电视台在奥运会倒计时 10 天时，主办并直播了《百年圆梦》大型专题晚会，把迎接北京奥运会的宣传推向高潮；在神舟七号发射的前一天，录播了《迈向太空——中央电视台心连心艺术团赴酒泉卫星发射基地慰问演出》节目。

30 年来，中国电视大踏步地走向世界。中国电视文艺在向世界传播中国，在让各国观众了解中国文化艺术方面发挥了独到的影响和作用。一批批优秀的国产电视剧和专题片走出国门，使各国电视观众透过中国电视文艺节目了解到中国古老的优秀文化传统和独具时代特色的当代文化艺术成果。《为中国喝彩》《手拉手》《同一首歌》等大型综合文艺演出作为传播中国文化的使者，不断向海外的华侨华人和各国观众推出精彩的中国艺术作品展演，深受海外观众的欢迎。

改革开放 30 年是中国电视文艺大发展、大繁荣的 30 年。随着人民群众对精神文化产品质量要求的不断提高和我国综合国力的不断提升，面对新媒体、新技术的挑战和国内外电视文化市场的激烈竞争，中国电视文艺将在新起点上，牢记责任，不辱使命，认真学习和实践科学发展观，不断改革创新，生产和播出更多三性统一、具有中国特色和中国气派的深受人民群众喜爱的电视文艺节目，再创新的辉煌。

40 年，展映华彩中国（逐梦 40 年）
——改革开放以来中国广播电视和网络视听文艺成就与经验[①]

聂辰席[②]

改革开放以来，广播电视和网络视听文艺工作者始终坚持以人民为中心的创作导向，始终聚焦人民的实践创造、火热生活和审美需要，创作出一大批以百姓视角反映改革开放以来党和国家事业取得历史性成就和发生时代变革的优秀作品。

广大广播电视和网络视听文艺工作者不断从中华文化资源宝库中获取灵感、汲取养分，精选题材、凝练主题，形成创新活力迸发、创优热情高涨的生动局面，创造创新创优已经成为创作生产的思想共识、价值追求和精神动力。

文艺是时代前进的号角。改革开放以来，中国广播电视和网络视听文艺作为社会主义文艺重要组成部分，自觉与时代同行、与人民同心，在人民的史诗创造中进行文艺创作、铸就时代史诗，实现了持续繁荣发展。特别是党的十八大以来，以习近平同志为核心的党中央高度重视、积极推动文艺工作，科学总结历史经验和实践探索，深刻回答文艺与党的领导、文艺与人民、文艺创作的方向与源泉等根本性问题，为繁荣发展中国广播电视和网络视听文艺提供根本遵循和行动指南。在中华民族伟大复兴的征程上，广播电视和网络视听文艺始终坚持正确发展方向，围绕中心、服务大局，解放思想、改革创新，取得辉煌成就，为中国特色社会主义文艺事业发展积累了经验、提供了启示。

广播电视和网络视听文艺创作从大国向强国迈进

改革开放特别是党的十八大以来，广播电视和网络视听文艺在数量增长、形态丰富、质量提升等多个方面成绩显著。

创作生产能力大幅提升。2017 年，全年制作广播节目、电视节目分别比 1984 年增长 33.15 倍、130.36 倍；生产电视剧部集比 1983 年增长近 26 倍；电视动画和纪录片近 10 年来持续快速增长，2008 年至 2017 年累计制作完成电视动画片总时长约 170 万分钟，2017

---

① 本文来源于《人民日报》，2018 年 12 月 14 日第 24 版。
② 聂辰席，中央宣传部副部长，国家广播电视总局局长、党组书记。

年国内省级以上电视机构制作纪录片时长 2 万小时，是 2010 年的 4 倍；以网络剧、网络综艺、网络电影为代表的原创视听节目创作生产在数量与质量上均实现飞跃，主要网站持续加大投入制作网络原创节目，2017 年全网备案网络剧 718 部、网络电影（微电影）6 566 部、网络动画片 767 部、网络纪录片 412 部、网络栏目 2 917 档。我国已成为名副其实的全球广播电视和网络视听内容生产大国。

精品力作不断涌现。党的十八大以来，广播电视和网络视听文艺以习近平新时代中国特色社会主义思想为指引，紧扣中国梦、社会主义核心价值观等时代主题，大力实施精品工程和网络内容建设工程，创作生产加快从数量增长型向质量效益型转变，一批思想精深、艺术精湛、制作精良的优秀节目和作品在海内外反响热烈。如《历史转折中的邓小平》《海棠依旧》等电视剧、《舌尖上的中国》《我在故宫修文物》等纪录片、《梦娃》《翻开这一页》等动画片、《朗读者》《中国诗词大会》《国家宝藏》等原创综艺、《将改革进行到底》等政论片、《初心》《习声回响》等现象级融媒体产品、《最美中国》《那年那兔那些事儿》等网络视听节目，唱响主旋律、传递正能量、提振精气神，为广大人民群众提供了丰富的精神食粮，为党和国家凝聚起团结奋进的强大力量。

深入生活、扎根人民，聚焦现实题材，讴歌时代精神

推动文艺繁荣发展，最根本的是要创作生产出无愧于我们这个伟大民族、伟大时代的优秀作品。改革开放以来，广播电视和网络视听文艺工作者坚持以人民为中心的创作导向，始终聚焦人民的实践创造、火热生活和审美需要，创作出一大批以百姓视角反映改革开放以来党和国家事业取得历史性成就和发生时代变革的优秀作品。如电视剧《渴望》《编辑部的故事》《金婚》《媳妇的美好时代》、纪录片《话说长江》《大国崛起》、电视栏目《开心辞典》《出彩中国人》等，紧跟时代变革步伐，思想性和艺术性突出，全方位反映当代中国人民生活状况和精神状态，有力奏响时代旋律。特别是现实题材创作，成为当前发展新趋势、新热点、新追求。《老农民》《父母爱情》《平凡的世界》《情满四合院》《鸡毛飞上天》《最美的青春》等作品于平常中见真情、朴实中现力量，以对社会现实的深切关注、对艺术创作的深情追求，不断开掘平凡生活所蕴含的崇高价值。《航拍中国》《记住乡愁》《超级工程》《本草中华》等纪录片与时代同频共振，匠心独运，深刻反映了中华民族实现伟大复兴的"追梦"故事。这些文艺作品为人民抒写、为时代放歌，激发起广大观众的爱国情怀，凝聚起人民的精神力量，展现了精品创作的巨大价值和魅力。从 2018 年 1—10 月全国电视剧拍摄制作备案公示剧目来看，现实题材剧目和集数占比分别达到 65.77%、62.21%，继续占据主导地位。

提炼展示中华优秀传统文化精神标识和文化精髓

把优秀传统文化的精神标识提炼出来、展示出来，把优秀传统文化中具有当代价值、世界意义的文化精髓提炼出来、展示出来，是广播电视和网络视听文艺工作的重要职责和工作要求。广大广播电视和网络视听文艺工作者不断从中华文化资源宝库中获取灵感、汲

取养分、精选题材、凝练主题，形成了创新活力迸发、创优热情高涨的生动局面，创造创新创优已经成为创作生产的思想共识、价值追求和精神动力。结合新时代特点，近年来先后推出《先生》《经典咏流传》《平"语"近人——习近平总书记用典》《喝彩中华》《见字如面》《百心百匠》等一大批原创精品节目栏目，受到观众欢迎，成为收视热点，同时带动了汉字热、诗词热、成语热，成为广播电视和网络视听文艺繁荣发展的重要成就。

坚持"公益、文化、原创"方向，着力打造讲导向、有文化的传播平台。全国上星综合频道面貌发生积极变化，文化、科技、公益类节目制播力度进一步加大，涌现出一大批弘扬主旋律、传播正能量、推广中华文化的优秀原创节目。

我国广播电视和网络视听原创能力的大幅提升，彰显了文化自信，为中华文化在新的历史条件下焕发生机、迸发活力作出了贡献。一批凸显中国特色、蕴含文化魅力的中国原创节目模式也不断走向国际市场，向世界讲述生动多彩的中国故事，展现全面、真实、立体的中国。

强化引导、完善管理，营造创新创优的发展环境

引导和管理是文艺繁荣发展的重要保障。改革开放特别是党的十八大以来，基本建立健全了由创作指导、季度推荐、宣传推广、奖优惩劣组成的广播电视节目创新创优工作机制。重点建设了创新创优节目评选、少儿节目精品发展专项资金扶持、优秀国产电视动画推荐、重大主题纪录片创作扶持等四个引导机制；设立并持续增加电视剧剧本扶持引导专项资金，从剧本源头开始抓原创作品、现实题材作品、公益题材作品，重点资助反映"中国梦"主题的优秀剧本；设立网络视听节目内容建设专项资金，实施"网络视听节目精品创作传播工程"，鼓励网络视听节目机构创作以弘扬社会主义核心价值观、传承发展中华优秀传统文化为主题的网络视听节目精品力作。随着政策红利不断释放，广大文艺工作者创作热情高涨，广播电视和网络视听文艺发展生态不断优化，呈现出精品力作持续涌现的繁荣景象。

针对电视上星综合频道播出综艺娱乐节目和同类题材电视剧数量过多等问题，广电总局及时管理引导，有力扭转过度娱乐化倾向；实施"一剧两星、一晚两集"的电视剧播出政策，各上星综合频道开辟出"920"节目带，新闻类、道德建设类、文化类节目成为主流。针对低俗问题高发领域进行重点治理，加强娱乐节目导向和格调管理；以抗战"神"剧为重点，加强电视剧审查管理；针对一些违法和劣迹艺人亮相荧屏的现象作出规范，起到以儆效尤的管理效果。按照"好节目进入好时段"的管理理念，对缺少文化内涵的节目栏目加以引导，对内容低俗有害的节目栏目坚决查处。坚持网上网下导向管理"同一标准、同一尺度"，制定实施《网络视听节目内容审核通则》，做到"一把尺子量到底"；完善网络视听节目服务单位节目内容总编辑负责制，规范网络自制视听节目审播管理秩序；对有导向错误、价值观混乱、格调低下的网综网剧及时叫停下架。同时，切实规范网络视听机构播出广播电视节目的管理，网上网下共同形成视听节目清朗传播空间。

针对一些文艺节目出现的影视明星过多、追星炒星、泛娱乐化、高价片酬、收视率（点击量）造假等问题，2018年11月出台《关于进一步加强广播电视和网络视听文艺节

目管理的通知》，提出和实施一系列综合性制度化管理举措，广播电视和网络视听节目追星炒星、过度娱乐化得到有效治理。广播电视和网络视听文艺以传播社会主义核心价值观为宗旨，其公益属性、文化属性更加凸显，展现健康发展新态势，成为文艺繁荣的重要标志之一。

坚持中国特色社会主义文艺道路，更好地完成新形势下的使命任务

改革开放以来40年广播电视文艺和20年网络视听文艺的发展成就充分证明，把握正确政治方向是根本遵循，增强"四个意识"是根本要求，坚持改革创新是根本动力，实现高质量发展是第一要务。中国特色社会主义进入新时代，广播电视和网络视听文艺战线要始终坚持以习近平新时代中国特色社会主义思想为指导，深入学习贯彻习近平同志关于文艺工作的系列重要论述，努力展现新气象新作为，举旗帜、聚民心、育新人、兴文化、展形象。

在"筑魂魄、接地气、聚人气"上下更大功夫，努力推出丰富多样的中国故事、中国形象、中国旋律，强化价值引领，壮大先进文化，激励前行力量。坚守社会责任，始终把社会效益放在首位，坚决抵制低俗庸俗媚俗，向追星炒星、高价片酬等不良现象说"不"。

坚持以人民为中心的创作导向，聚焦主题主线，真情讴歌伟大时代。中国特色社会主义进入新时代，为创作提供了丰厚土壤、不竭源泉，广播电视和网络视听文艺工作者要更加自觉聚焦新时代，艺术再现当代中国人民的伟大实践。要始终坚持以人民为中心的创作导向，健全长效机制，进一步改进作风文风，把提高质量作为文艺作品的生命线，做到"身入""心入""情入"，带着对人民的热爱、时代的真情捕捉生活之美，努力创作更多打动人心的好节目、好作品。要综合施策，促进现实主义题材创作，下大力气提升现实题材作品的思想内涵和艺术水准。要把更多普通群众而不是影视明星作为作品的主角、节目的主角，以真挚的情感刻画最美人物、歌颂奋斗人生，精彩展示当代中国人的精神风采，着力讲好新时代百姓身边日常故事，留下普通人追梦中国、追求幸福生活的鲜活时代影像志，以对时代、对艺术高度负责的精神，推出一批能够在历史上打下烙印、在人民中留下口碑的精品力作。

坚持改革创新，加快高质量发展，满足人民对美好生活的新期待。创新是高质量发展的第一动力，是推动新时代广播电视和网络视听文艺繁荣兴盛的主线。要坚持把创作生产优秀作品作为中心环节，把创新精神贯穿于创作全过程，不断丰富和创新广播电视和网络视听文艺节目的题材、类型、形态、表达方式，不断提高作品的精神高度、文化内涵和艺术价值。要加大对创作基础性环节的鼓励、扶持，认真研究加强对原创内容、原创节目模式的保护和鼓励办法，推动研发更多原创节目模式、打造更多原创品牌节目。要不忘初心，坚持中华文化创造性转化、创新性发展，办好优秀文化类、道德建设类节目，实施好中华文化电视传播工程、中国经典民间故事动漫创作工程，坚定发展扶持那些传承中华文化基因，具有中国风格、中国气派的文艺节目和作品。要坚决摒弃浮躁，在市场经济大潮面前耐得住寂寞、稳得住心神，不为一时之利动摇，不为一时之名浮躁，弘扬工匠精神，以踏实之心锤炼厚实之作，以传世之心打造传世之作，不断推出更多叫得响、传得开、留

得下的优秀作品，勇上高原、直攀高峰。

坚持文艺阵地统筹管理，确保可管可控、风清气正。广播电视和网络视听文艺作为主流思想文化的坚定引领者、国家辉煌巨变的忠实记录者、中国故事的生动讲述者，必须不断增强"四个意识"，自觉做到"两个维护"，坚持高举旗帜、守正创新，坚持以立为本、立破并举，强化阵地意识，加强阵地建设，唱响主旋律，传播正能量。要打通传统媒体和新兴媒体管理，确保线上线下节目在导向、题材、内容、尺度、嘉宾等各方面执行同样的标准。要加强对播出平台的监管，加快建立和不断完善网台联动的管理机制，加强对所有节目题材的把关审核。要把行政管理和行业自律结合起来，共同遏制扰乱行业健康生态的行为，努力营造风清气朗的广播电视和网络视听文艺发展新环境、新空间。

进入新时代，在习近平新时代中国特色社会主义思想和党的十九大精神的指引下，贯彻落实全国宣传思想工作会议精神，中国广播电视和网络视听文艺战线必将以更加昂扬的斗志，满怀豪情地抒写时代答卷，努力为实现"两个一百年"奋斗目标、实现中华民族伟大复兴的中国梦作出更大贡献！

第六章

广播电视传播的语言

本章要求

☐ 了解广播电视的语言系统

☐ 了解广播电视的语言子系统构成

☐ 掌握电视节目的声画构成方法

语言是一种社会现象。它是人与人相互接触时所使用的交际与沟通工具，是人类交流的媒介，是社会联系的桥梁。语言的产生是人类思维进化的结果，是社会生产的另一种方式。随着社会进步，人的思想更加复杂，感情更加丰富且细腻，信息时代导致人们对信息的需求量增大，这些都促使人们寻求更多的方法来表情达意，语言表现系统日趋多元化。当广播与电视时代来临后，同步出现的是与之相适应的、多元化的"广播语言"与"电视语言"。这两种语言不再是单纯的口头语言或书面语言，而是一种十分复杂的、由多种语言因素所构成的、综合性的语言系统。法国学者罗兰·巴特就在《符号学美学》中说："不同的文明发展了供它自己使用的语言。"

我们这一章要谈到的广播电视的语言，已不仅指某一类狭义的语言，而是广义的——凡是在广播电视上运用的，能够表达出思想或感情并使接受者获得信息的一切手段、方式、方法，如口头语言、屏幕文字、各色音响等，都属于我们所说的广播电视的语言系统。正是由于这些语言元素的存在，准确地表达了广播电视的信息，使广播电视成为现代文化的集散地。

广播与电视的媒介特性有很大的不同，广播是声音媒介，电视既有声音又有画面，若将两者混合起来表述它们的语言符号，是不可能精确地符合它们各自的媒介特性的，因此，我们将从广播与电视两个方面来认识它们。

第一节　广播传播的语言符号系统、特性及其构成

声音是广播媒介传播的唯一手段，广播声音的特点有三：

一是声音的物理性。声音在本质上是一种波动，声音的传播就是物质的振动在介质中以波的形式传递。这种波传到人的耳朵，便形成了人对声音的感觉，包括响度、音调、音色三个方面。

二是声音的心理性。声音无处不在、无时不有，但要凭人的听觉器官才能听到。同样的声音，不同的人听往往会产生不同的感受，人们听到的声音实际上已经掺杂了心理因素。对喜爱的声音，如恋人的语言、音乐等，人们常常百听不厌；而对厌恶的声音，人们常常想竭力避开。声音也能引起人们的种种联想、思维或条件反射。个人的生活经历、审美经验各不相同，也可导致人们对同一声音的不同反应。

三是声音的表情性。声音的响度、音调、音色的不同组合，能在人的心理上产生丰富的内涵，具有表情达意的功能。剧作家洪深在《洪深文集》第三卷中曾讲过一个故事：一位著名的波兰悲剧女演员，用波兰语念一段菜单，同样能让不懂波兰语的英国人潸然泪下。

一、广播的语言、音响及音乐

声音具有的各种特性，为广播运用声音传达信息提供了基础。具体说来，广播的声音

结构包括语言、音响、音乐三大要素。其中，语言是信息的载体，是广播宣传最主要的手段，音响、音乐是渲染气氛、增强真实感、提高传播效果的辅助手段。

1. 广播的语言

这个"语言"是狭义的，实指有声的口头语言。在广播中，语言是最基本、最直接、最主要的表现手段，无论是纪实性的新闻报道，还是虚构性的电视剧、电视小品；无论是严肃的专题讲话，还是轻松的娱乐节目，都或多或少地存在着语言。语言的主要功能，就在于它能够将一个个具体的意义，用与之相对应的符号表现出来，从而在符号的排列中体现出不同的语义、语气特色。马克思曾经说过，"语言是思维的外壳"，语言使人们的思想得到完整的逻辑表述。较之其他符号，语言最大的特征是以时间顺序为思维的脉络，形成一种推理模式的"陈述"。它的陈述是明晰的，但往往又是抽象的。明晰代表着一种现实生活的图像，抽象又意味着现实生活的本质。例如一句很简单的"我想吃饭"，刻画了一个人饥饿状态下的想法，是具体的描述；而同时从"想吃饭"中，又表现了人追求食欲的本能，披露了人的生理需求，这是抽象的概括。语言在社会进程中不断演化、扩充，早已具备了足够的能力来对人类社会和自然现象进行描述，既能达到形象化，又具有抽象的色彩。我们可以从下面两段话中看出语言的表意功能。

> 例一　高新技术产业是以当代最新科学技术的应用与开发为依托，以更少的资源消耗、更低的成本，提供与传统产业同等的或具更高使用价值和功能的产品或劳务，以内涵式经济增长为主的产业。
>
> 例二　白绢上绣的是一只丹凤，彩苞锦羽，朱冠华顶，裹在一片柔和的曙光之中，它显得那么纯洁优美，轻盈灵活，它昂首欲飞，蕴藏着一种无法言传的魅力，似乎是在无声地叙述着和渴望着什么，在上方，它昂首所向的应该是出太阳的地方，是用直针扎出来的一轮红圆圈，看起来却像猩红的泪眼。

以上对两个概念的表述，一个运用归纳、判断、演绎、推理的方法进行概括，得出的概念是十分抽象的；而另一个运用描写、叙述、抒情的笔调，得出来的是"丹凤"美妙感人的形象。在这里，并没有运用任何其他的手段，如色彩、构图等，表现出来的却是两种不同的情调，这足以说明语言对于事物的描述能力之强、方式之多。

声学家周传基说："人声是指人的发声器官声带所发出的一切声音。其中主要的当然是作为人类交流的手段——人的话语。人声的音色、音高、节奏、力度，都有助于塑造人物性格的声音形象。"[①] 显然，运用口头语言这一手段，能够使广播对听众的影响超过报纸。充满感情的人的话语具有无与伦比的力量，它往往比书写出来的文字具有更大的魅力，更能触动人的心灵。

以上关于语言表意与叙事能力的阐述，具体在广播中，其作用表现在四个方面：

---

① 周传基：《电影中的声音》，载中国电影家协会编：《电影艺术讲座》，北京：中国电影出版社 1986 年版，第 269 页。

（1）播报信息。

这是语言不可替代的作用，也是其最主要的任务。新闻、教育、服务等节目是纯粹事实性的，它不需要表达某种情感，如天气预报，只需让观众知道气温、天气、气压等气象信息即可，但这些信息不能靠旋律美妙的音响、音乐来传达，只能靠语言来表达。

（2）营造节目内容的过渡。

某些文艺性的节目，如"音乐排行榜"，在歌曲与歌曲之间往往必须靠主持人的语言来进行连接过渡；有些节目如广播剧，往往先靠主持人播音，提示告知现在的节目转换，然后才开始播实质内容，这种过渡由于语言的参与而显得自然贴切，不会因为情节的突然转变使受众产生理解上的断裂感，从而维护了整个广播节目之间的完整与和谐。

（3）提供艺术情境。

语言的语音、语调可以为广播艺术作品提供特定的艺术情境。例如颤抖的声音造成一种阴森恐怖的情节背景，欢声笑语表明广播剧情节此时的情感基调是欢乐祥和的。特定的语调设定了特殊的艺术氛围，让听众在其中产生符合剧情的联想。

（4）营造作品情节。

语言的表述营造了广播艺术作品的情节，这也可以说是信息传播作用的一个分支，但又不完全是。以广播剧为例，平平淡淡的语言也许称得上情节，但绝不会是好的广播剧。广播剧需要的是激烈的矛盾冲突，这种矛盾冲突又必须通过人物在语言的碰撞中表现出来。没有语言的矛盾，就构不成广播剧的情节。

广播语言在语言系统中的地位，处于金字塔的顶点，具有左右全局的意义。语言为广播提供了一种传播的方式，而广播因其特殊的性能又对语言有种种限定，对此，我们将另辟一节加以详述。

2. 广播的音响

音响除了语言、音乐之外，还包括自然环境的响声、人的各种动作的声音等，用专业术语讲，它又叫音响效果。

大自然和社会生活中的音响丰富多彩，广播要想真实、全面地反映人们的生活和环境，就不能不抓住音响这一环。随着人们的审美观念日益求真化、求实化，从业者对广播音响也越来越注意。

广播中的音响效果，可以从不同的角度进行分类。从对听众心理产生的影响来说，可以把音响的效果分为五类：①写实的，唤起情景想象的效果；②象征性的，唤起情绪的效果；③习惯性效果；④印象性效果；⑤音乐性效果。从音响来源来说，可以分为真实的音响和虚拟的、模仿的音响两种。广播节目中的新闻性、知识性、服务性栏目，其内容都是写实的，因此，其中的音响效果也要求是真实的，尤其是新闻节目，要求实有其事、实有其声，绝不容许虚构、挪用。而文艺节目的音响效果则完全可以虚构、模拟、制作、移植，只要符合生活的真实，符合剧情，得到听众的认可就行。

在广播节目诸要素中，音响是与有声语言和节目音乐形态不同、职能各异的特殊要素。它具有与诸要素彼此融合、相辅相成，使节目内容与形式、传播与效应完美和谐的特殊功能。一般来讲，它缺乏明确的语义和严密的逻辑结构，不如有声语言那样言能尽意、语能达情，但"它在反映事物运动时，往往能获得比有声语言更具体、更形象、更真实的特殊效果，使抽象的语言立体化，增强现场感，还可以活跃节目气氛，完善节目结构"[1]。它也没有音乐流畅细腻的情感和悦耳动听的感染力，但又比一般音乐有更强的时空性、现场的逼真性，只要运用恰当，它在深化主题、烘托气氛、唤起共鸣方面，具有特殊的作用。

音响效果既有写实的作用，又有写意的作用，具有较大的表现力。它在广播中的具体作用表现在以下几方面：

（1）原汁原味的音响能增强内容的真实感。

音响的原型取自大自然，因而它的出现往往会使人们自然而然地联想到具体的事物与环境，如机器轰鸣让人联想到工作的工厂，蛙鸣让人联想到夏夜。合乎原型的音响能够让人确信音响之外的内容与它所呈现的事件和情节是一致的，从而大大增强广播内容的真实感。第一届全国广播电视优秀节目评选活动评选出的获奖新闻——《喜看我国运载火箭水下发射成功的壮观景象》是一篇广播录音报道，标题就很有意思，明明是看不见的广播，却要让听众"喜看"，这怎么看呢？这里就全靠音响的作用。在记者进行语言描述时，同期声中也有大量的音响：指挥员下达命令的声音，火箭升空的呼啸声，直升机的轰鸣声，发射成功时船上汽笛长鸣、国歌高奏、人们欢呼雀跃的声音，各种现场声音使人们能通过听觉在脑海中构造出一幅现场的实景，就如到了试验海区的现场，人们在这种如同身临其境的体验中更易相信事件是真实的。

（2）特定音响能表现时间和空间。

如蛙鸣表明夏夜，雷声隆隆、暴雨哗哗暗示着夏季，鸟儿啼啭意味着清晨，河水淙淙表明事件发生在河边，车声轰鸣表明在路上。音响往往代表着某一特定事件或某一特定人、物，人们由这种音响联系以往的社会经验，而猜想、推断出事物和人的某些形象和特征。因此，音响的变换往往会带来人们思想中时间和空间的转换。

（3）音响能够渲染、烘托环境气氛。

不同的环境气氛会产生不同的音响，有的冷冷清清，有的热闹非凡，在只闻其声、不见其形的广播中，可以运用音响去渲染、烘托环境气氛。例如，报道某一足球赛时，总是机械地报道场上比分，绝无激动人心的效果，唯有掺入球迷的呐喊、裁判的哨音、运动员的呼唤等现场音响，才能营造出紧张、激烈、精彩的比赛气氛，而这些音响所起的渲染、烘托作用，又是语言所难以确切表达出来的。

（4）音响能表现新闻人物、剧中人物的思想感情、言谈举止，从而刻画出人物的心理活动。

人的各种语言的音响，如喟叹、惊呼等，往往能够表现人物对事件的关切程度以及人物的心理、情感、素质、气质状况，并具有特殊的功效；人的动作音响往往对表现特定对象的精神世界及其与自然和社会的关系，有着直接的传真作用，比如同样是走路，就有脚步轻重、快慢之分，吃饭时有急促的吞咽声、斯文的品尝声、醉态的狂饮声等。这些不同的音响既是人物年龄、性别、个性等的写照，同时也表现出了人物此时此刻的心理状况。例如，吃饭时心急如焚则有急促的吞咽声，酒酣时心情舒畅有划拳行令的喧嚣声等。另

---

[1] 阎玉主编：《中国广播电视学》，北京：中国广播电视出版社 1990 年版，第 454 页。

外，从艺术的角度看，借助各种物体的音响信息可以表现特定人物的心理活动、行动状态。例如，马蹄声碎可以表现人物心情焦急，单调的钟表声可以反映人物的处境孤独等，这些声音所产生的感染力有时并不次于可见的造型动作。

（5）音响有时具有蒙太奇式的功能。

按不同方式组接的音响能产生完全不同的效果。举一个例子，有四个连续的音响：①汽车行驶的声音；②汽车急刹车的声音；③一辆自行车的倒地声；④一阵痛苦的呻吟声。我们在思维中就会因这些音响组合而产生汽车撞倒自行车的画面。若前三者不变，第四个音响换成一阵密集的枪声，又会使我们产生警匪枪战的想象。可见音响作为声音蒙太奇的组成材料，具有极大的艺术表现力。

3. 广播的音乐

音乐是通过有组织的乐音所形成的艺术形象来表达感情、反映社会现实的艺术。它也是通过演唱或演奏为听众所感受的非造型表演艺术，是伴随时间不断延续的一种动态艺术。当音乐经过电子技术处理，并被列入广播电视节目序列时，就成为我们常说的音乐节目。另外一种情况是，它与语言、图像、音响相融合，并充当某个具体节目的表现手段时，其自身固有的独立性就消失了，而成为该节目系统中的一个部分，这种音乐形式叫节目音乐。

音乐节目能够按艺术的方式，发挥其欣赏的功能，而节目音乐则有受到具体节目内容制约的特殊性，它把实现具体节目的目的、结构方式和风格特色作为自己的出发点。音乐节目可以拥有自身的旋律美和节奏美，而节目音乐必须根据特定节目的总体要求，与语言、电声音响有序组合，互渗互补，融为一体，以提高节目的整体效应。音乐节目形式较单一，而节目音乐根据具体形态有多种多样的形式，如片头音乐等。

作为一种情感的艺术，贝多芬就曾惊呼音乐中"情感的表现多于描绘"。它虽然不具有语言描述的具体性和视觉形象的直观性，但最富有感染力，具有沁人心脾、撼人心魄的艺术魅力。《礼记》中曾说："乐也者，圣人之所乐也，而可以善民心。其感人深，其移风易俗，故先王著其教焉。"音乐可以陶冶性情，怡情悦性，培养高尚的情操趣味。

具体在实践操作中，广播的音乐具有以下几大功能：

（1）以独立的音乐节目形式存在，充实广播的文艺板块。

肖邦曾说："世界上什么都能缺少，就是不能缺少音乐"，音乐具有极其广泛的群众性，几乎没有人不喜欢音乐，不少听众打开收音机，目的就是从音乐中获得轻松和享受。音乐是广播赢得受众的最主要手段之一，也是广播文艺节目中的拳头产品。

（2）作为一种有效的编辑手段，使广播节目系统连贯有序。

有些音乐被称为"间隔音乐""花边音乐""桥梁音乐"，这是因为一段广播节目往往要做分类归纳，划分为几个段落，而音乐往往成为最好的间隔方法。有些节目中时间、地点、场合的转换也往往用音乐来衔接，有些音乐还专门作为广播电台和节目的标志，成为片头曲。广播电台的节目要求准点准时，不能留空当、"开天窗"，但往往由于各种各样的原因会出现一点时间空当，这时常常用相适应的音乐来填充。用音乐过渡、承转，往往可以转移观众的注意力，实现上下内容的顺利承接，还可以舒缓听众情绪，使节目结构井然有序。

（3）音乐的美感效应能够渲染环境，使节目具有极强的艺术表现力。

音乐具有旋律美和意境美。音乐以旋律为灵魂，音高、时值（各音点之间的疏密关系）、音强（音拍的强弱区分）的不同组合，能够作用于人的感官，产生一种艺术的美感。白居易在《琵琶行》中曾形容琵琶声："大弦嘈嘈如急雨，小弦切切如私语。嘈嘈切切错杂弹，大珠小珠落玉盘。间关莺语花底滑，幽咽泉流冰下难。"说明音乐的确能给人一种美的享受。在这种享受之中，音乐能够营造一种特有的情调，感染人的思想，引起听众的共鸣；或在强烈的音律反差之间，让人警醒，让人思考，形成一种"音外有诗画，情长意且深"的意境美感效应。所以，许多广播节目都爱配上音乐，以渲染情绪、烘托气氛，特别是文学节目中，诗歌朗诵配上音乐，更能创造一种神奇的意境。配乐散文、配乐小说也都能唤起听众更多的联想，给听众以高雅的艺术享受。对于广播剧中的音乐，有人干脆称其为广播剧的"血液"。

二、广播语言系统的诸种构成模式

语言、音响、音乐是广播语言符号的三大要素，但这是就广播节目的总体而言，对单一的节目，这些要素的组合有许多种不同的方式，例如音乐节目中，一般不会有音响类的声音出现；口播新闻中，也往往没有音响和音乐。因此，我们对广播语言系统构成模式的考察，其方法是从实际情况出发，根据对声音元素的分类剖析，得出一些归纳性的结论。

1. 纯有声语言构成模式

所谓纯有声语言构成模式，是指组成部分中仅有有声语言，而没有其他构成元素的参与，例如中央人民广播电台2016年8月24日早晨7点的《新闻和报纸摘要》口播节目：

> 各位听众，早上好！今天是8月24日，星期三，农历七月二十二。北京多云转雷阵雨，32度到24度。以下是内容提要：
>
> 迎接G20杭州峰会大型系列报道《风景这边独好》今天开播，第一篇播出《创新梦想　花开浙江》；
>
> 系列报道《我与G20》播出《杭州速度托起杭州梦想》；
>
> 李克强对全国易地扶贫搬迁现场会作出重要批示；
>
> 中土合作委员会第四次会议举行；
>
> 国办印发《关于建立国有企业违规经营投资责任追究制度的意见》；
>
> 国家航天局首次公布中国火星探测器外观构型；
>
> 央广时评：付出后的呆萌才可爱；
>
> 上诉被驳回　俄罗斯恐将彻底无缘里约残奥会。
>
> 以下是详细内容：
>
> **【风景这边独好】创新梦想　花开浙江**
>
> 央广网北京8月24日消息（马闯　陈瑜艳）　据中国之声《新闻和报纸摘要》报道，G20杭州峰会大幕即将拉开，中央人民广播电台日前组织多路记者前

往浙江，围绕创新驱动、深化改革等主题进行深入采访。采访组见证了浙江经济社会发展的喜人成就和崭新风貌，感受了浙江制度创新释放的发展活力，转型升级激发的增长动力，以及经济治理传递的信心定力。从今天开始，中央人民广播电台在中国之声、经济之声、中华之声、华夏之声、香港之声、中国高速公路交通广播、中国乡村之声推出"迎接G20杭州峰会大型系列报道《风景这边独好》"，为您讲述浙江的发展故事，和您一起聆听中国的前进足音。

第一篇：创新梦想　花开浙江

盛夏的清晨，记者来到了杭州山南基金小镇，几百家境内外私募基金、资产管理机构，就落户在这里。

才七点钟，不到30岁的凯泰资本副总裁金祺已经开始一整天的工作。2013年，金祺从英国帝国理工学院毕业，毅然选择了来小镇发展。

金祺：其实最核心的，还是因为国内的机会多。

目前小镇集聚各类金融机构810家，资金管理规模4 000亿元，有800亿元投向了具有创新活力的实体经济。

离开小镇，向东三公里，便是凤凰山。这里有间创客们喜爱的茶馆——"江南1535"。联合创始人沈联告诉记者，他们的工作是帮助更年轻的创业者们实现梦想。

沈联：因为一般来说一个小的团队就几个人，所以说我们会有统一的财务，也会有一些对口的法务，很多都是免费的，使你团队的人员能够专心去做你们擅长的事情。

2014年9月起，有500多名创业者在这里追梦。近10家公司获A轮投资，3家创业团队被并购上市，最高估值近10亿元。

浙江经济信息委员会宣传中心主任金连升说，创业、创新正成为浙江经济增长的"新引擎"。

金连升：希望经过三到五年的一个努力，我们建成以民营经济和互联网为特色的，国内服务最优、机会最多、成本最低的创业创新生态体系。

【我与G20】杭州速度托起杭州梦想

央广网北京8月24日消息（记者杨博宇）　据中国之声《新闻和报纸摘要》报道，G20杭州峰会召开在即，萧山国际机场将成为各国来宾了解杭州、认识杭州的第一窗口。

谢龄洁：你好女士，您去哪里？

乘客：南宁。

谢龄洁：这件是您的行李吗？您需要什么座位？靠窗还是靠过道？

乘客：靠前吧。

早上五点半，萧山机场F区20号值机柜台前，长龙航空的地服谢龄洁正面带微笑为旅客们办理登机手续。今年8月初，工作刚满半年的谢龄洁经过严格选拔，顺利入选了G20服务组的贵宾值机员。她说，自己和同事要以"零投诉"

的要求迎接 G20。

　　谢龄洁：最近可能平均一个星期就要有一次复训，包括安保方面、服务方面，各种各样的培训。也会以更高的要求来对自己，以更高的质量来服务旅客。

　　和谢龄洁一样，这时刚刚下班的还有年轻机务师万坚。G20 峰会临近，每架飞机的刹车、轮胎等关键部件都是检查的重点，万坚和同事们对这方面内容的检查要求也更严格、更精准。

　　万坚：每次飞行，乘客的安全都掌握在我们的手中，所以说我们必须把细节做到位，责任非常重大，容不得一点疏忽。

　　一个月前，杭州萧山机场的航站楼、候机厅等位置，开始出现迎接 G20 的特色装扮；一个星期前，由 G20 成员国主要通用文字的"欢迎"组成的书法墙在杭州萧山国际机场空管塔台亮相。迎接 G20，这里的一切几乎每天都在发生着变化，萧山机场带着杭州速度正在为实现"安全零事故、保障零差错、服务零投诉"的目标努力，谢龄洁、万坚和同事们将为八方来客留下难忘的杭州印象。

　　（以下省略）

上述节目中未夹杂任何音乐或现场音响，故而是纯有声语言构成模式。

这类语言系统模式最常见于口播新闻、广播讲话、清谈节目（又称脱口秀）、知识性节目、教育服务性节目等。

为何这些类别要采用这种纯有声语言构成模式？综观这些节目的内容，我们可以从其特色中找到答案。

（1）节目内容一般较为平实、朴素、准确，无须特别加以渲染。

口播新闻要求客观公正，不许添枝加叶，更不许煽情夸张；清谈节目是传播者和接受者两者之间平等的交流，探讨关于人生、社会以及各种事物、观念的看法，并取得一致的意见；教育服务性节目强调知识和意见的传播，需要的是一种安静清明的气氛，用以将内容无差别、无歪曲地传播出来；口头评论摆事实、讲道理，更不允许掺和其他杂质。一句话，语言是足够的表述方法，其他元素的参与不仅有画蛇添足之嫌，而且会破坏形式与内容之间的和谐。

（2）节目内容一般具有很强的权威性。

知识由权威人士加以传播才会使人确信，新闻要有权威性才会令人信服，口头评论是广播电台对事件和人物发表的意见和看法，广播讲话是最能体现权威性的，不是权威人士的讲话，人们会对其置之不理，或对讲话内容嗤之以鼻。所以，要维护权威性，就必须以声音的相对静默，制造出一种严肃、紧张的气氛，来衬托内容的权威性。

（3）这些节目往往存在一定的时间限制。

教师必须在一定时段内教完一定内容，权威人士须在一定时间内表述全部意思。在这些节目中，新闻的时间限制尤其明显，在一些整点新闻中，往往 10 分钟或 5 分钟内必须完整表述 10 条、20 条新闻的全部要素。如果这些节目中加入其他元素，就会挤占表述内容所需的时间，造成信息传播的不完整、不流畅和受众的不理解、不舒适。因而，只能靠具有强表述力的语言独立完成。

2. 语言 + 音响类的构成模式

顾名思义，这种构成模式就是指节目语言系统中只有语言和音响类两大部分。这种模式主要见于实况广播和录音报道。

实况广播又称现场直播或实况转播，"这是一种与新闻事件发生发展乃至结果同步直接播出的新闻广播形式，它以现场的实况为基本内容，一般由记者或播音员按照事件或活动的发生发展顺序，边传送反映实际情况的现场音响，边播报自己的所见所闻，有时还要进行必要的解说"①。从这个概念我们可以看出，实况广播由于其内容就是生动的现实，其表现方式是按形象化的面目再现，因而现场音响不可避免地与报道者的语言一起参与传播，这里请看 1989 年国庆节群众联欢晚会现场广播的一段文字记录：

> （军乐突出，混播）
> 男：各位听众，节日的天安门广场是鲜花的海洋，到处飘散着鲜花的芳香。在人民英雄纪念碑北面东西两侧，摆设了两处花坛，花坛以北京的市花——月季和菊花为主，分别叫作"长春苑"和"菊花圃"。中心花坛南边外侧端立着两个坡面坛，花坛北坡用鲜花组成八个大字——"实现四化，振兴中华"。
> （出军乐响）
> （乐曲《中国，中国，鲜红的太阳永不落》结束后，尾声音乐起，混播，时间 50 秒）
> （炮声，衬音乐）
> 男：各位听众，礼花炮响了！
> …………

这一段现场报道完全由现场音响与播音语言完成。值得注意的是，其间虽然出现了音乐，但这种音乐是由现场得来的，故而它首先是一种现场音响，并且这些音乐中夹杂了炮声、人声，早已破坏了原有的结构与韵律，变成了一种带乐感的现场音响。

录音报道是广播记者运用自己的描述语言和人物的讲话录音及客观事物的实况音响，报道新闻事实的新闻广播形式。它与一般新闻报道的区别，在于它运用人物的谈话录音和实况音响。它的音响取材于现实，与新闻事实并存，具有真实性和不可分性。这种报道与现场实况广播的区别是，录音报道是在录音的基础上，经过编辑、剪接合成之后播出的，属于非同步的，其音响效果更精练也更有表现力。

3. 有声语言 + 音乐的构成模式

出现这种构成模式的节目，一般都是娱乐性、综艺性的音乐、综艺节目以及一些广播文学性的节目。在这些节目中，由于内容的侧重点有所不同，语言与音乐在其中所占的地位也不一样。

一般来说，在娱乐性的综艺节目中，主要的内容是音乐，而且听众的最大需求也是音乐本身。在节目内所含的语言主要起承接、过渡作用，或者对音乐节目的内容加以阐述、

---

① 张舒：《音响报道教程》，北京：中国广播电视出版社 1995 年版。

评论，而这些语言运用的目的也是突出音乐。以目前比较流行的节目样式"金曲排行榜"为例，主持人的叙述功能是报榜、介绍，对歌曲的情况进行简单评析，而节目的核心是榜中金曲，在这里语言的地位是附属性的、次要性的。

也有一些综艺节目不仅有音乐，还有一些趣味性、休闲性的游戏，如猜谜语、热线电话、脑筋急转弯等，这里语言所占的成分很大，有时音乐甚至只有点缀作用。

值得注意的是一些文学性的节目，如配乐故事、配乐广播小说、配乐散文、配乐诗朗诵等。

配乐故事是故事加配乐的节目形态。故事的种类多样，但必须具有较强的文学性、戏剧性和可听性，故事在语言录音之后，配以适度、和谐统一的音乐，有的还加上音响效果，绘声绘色，渲染气氛，深化主题，推动剧情，刻画人物性格，为故事增色添彩，更具有诗情画意。

配乐广播小说则是文学作品中的小说与音乐相结合产生的广播文艺节目形式。它不用对原作品进行大量加工，只需少数人员塑造人物形象和负责解说工作。在这种形式中音乐最擅长表现情感，能够给听众的情绪以强烈的感染，往往能描写环境，烘托气氛，塑造人物性格，推动作品情节的发展，具有帮助表现人物精神世界的特殊作用，能使听众巩固和加深由语言所得的印象。

配乐散文是录音散文作品和音乐相结合的文艺节目形态，它既有浓郁的散文情调，又有鲜活的音乐韵味。配乐诗朗诵同样如此。

在这些配乐性文学作品中，配乐是手段，目的是使经过配乐的故事更加动听、更有色彩、更富艺术魅力。语言朗诵艺术与音乐相结合，使文学的诗情画意与音乐的情感内涵交织在一起，使之更加声情并茂、扣人心弦。

4. 有声语言 + 音乐 + 音响的构成模式

这种模式最常见于广播剧之中，此外，有些专题性新闻报道也会用到，但这种情况十分少。由于广播剧在广播中地位十分重要，在此我们专门谈谈广播剧中语言系统的特性及其结合内容。

广播剧（Radio Drama 或 Audio Drama 又称放送剧、音效剧、声剧）是一个戏剧化的，纯粹的声学性能，广播电台或音频媒体，如磁带或 CD 出版。广播剧没有可视组件，主要为播音员或配音演员所演出的戏剧。以帮助听众想象的人物和故事，是适应电台广播的需要而产生的一种艺术形式。广播剧以人物对话和解说为基础，并充分运用音乐伴奏、音响效果来加强气氛。人物对话是推动剧情发展的主要手段。广播剧要求演员配音要个性化、口语化，富于动作性，演员播演一定要吐字清楚，表达准确生动，感情充沛真挚，配乐应当富有特色，波澜起伏，动人心魄，音响效果必须逼真，解说词应当帮助听众了解剧中情景和人物的动作状态。

语言在广播剧中分为两个部分，一是解说，二是人物语言。解说的任务是介绍时间、地点、人物、事件（发生什么事、做什么、怎样做），描述人物的外形与内心活动，帮助听众了解剧中人在情节发展中的态度，以及提供故事发展中必不可少的交代、解释，诸如时间的推移、场景的转换等。某些无法表述的情节，无法让人物讲述的话，也可以用解说表述出来。

但最重要的是人物语言。广播剧剧情的发展，戏剧冲突的进行，剧中人物性格的显示，全部靠剧中人物的对话、旁白、内心独白来完成。戏剧人物的语言能够交代场景、叙述动作，并且还能在用词、语气、语调上，表现人物的情绪等。"言为心声"，不同的语气、语调、修辞、句法往往能够全方位地展露人物的情感和心理活动，有的还能够通过人物之口，让听众产生强烈的共鸣。

总的来说，广播剧的语言要对剧中人物所见所感、所思所言作具体的说明，有时还要加以重复，以弥补视觉上的缺陷、丰富表现的内容、加深听众印象。准确、鲜明、生动的语言具有动作感和形象感，使听众凭借人物语言，就可想象剧中人在想什么和做什么，从而构思出被叙述对象的外观和内涵。广播剧的语言是剧情最主要的载体。一部广播剧成功与否，很大程度上取决于语言运用的合理与有效程度。

音乐是广播剧中重要的艺术表现手段，可以起到语言所起不到的作用。其作用可分为两大方面：

一是布景性的，它不直接介入人物的表现，而是提供一种音响的环境，便于广播剧情的发展。这种音响往往是描写时代背景和特定的环境，渲染气氛的紧张、轻松或恐怖，预示各种场面，强调、延伸和加强各种情感，有时作为过渡的桥梁，表现人物情绪的变化、戏剧情节和场景的转换、时间的流逝等。

二是参与性的，即音乐直接参与刻画人物或角色，音乐能够描写人物个性、心态、情绪以及行动的节奏，代表剧中人或角色性格的主调音乐在不同情境中的运用，可以表现人物或角色性格的各个侧面。应特别指明的是，音乐最重要的作用是揭示人物的内心世界，在语言的提示或引导下，将人物心理表现得淋漓尽致、细腻入微，具有很强的感染力。在广播剧《伤痕》中有这样一段：

王晓华：同志，这只旅行袋先存放在您这儿，我一会儿来取，麻烦您了。
[音乐——紧张的旋律]
解说：王晓华飞一样向人民医院跑去，她整个的心都被分别了九年的妈妈占据了。因为是春节，医院走廊里空荡荡的，她正要找人打听一下，忽然前面走廊拐弯处走来一个穿白大褂的医生。
王晓华：（喘气）大夫，请问，昨天刚住院的王校长在哪个病房？
男医生：你是王校长学校的吧，来得正好！
王晓华：王校长怎么了？
男医生：她今天早上去世了！
[音乐骤起]
王晓华：啊！她住几号房？

剧中的第一次音乐以急促的旋律表现了王晓华心急如焚的心情，第二次音乐的陡然出现，不仅表现了王晓华的极度震惊，也给听众以极大的震撼。

音响在广播剧中的作用也不可忽视，与音乐一样，它同样具有布景功能和参与功能。例如广播剧《支票》中，开篇便是"百鸟争鸣声、汽车喇叭声、隐隐约约的叫卖声，还有算盘噼噼啪啪急促清脆的响声"，这一切音响便很好地营造了事件发生地——山城外贸收购店的环境和气氛。音响不仅能构筑场景，渲染气氛转场，也能表现人物或角色的动作，延伸某种情绪。在广播剧《二泉映月》中，当阿炳眼睛被人弄瞎，恋人琴妹被逼投湖之后，有这样一段描写：

> 阿炳：琴……妹，……琴……妹，你在哪里啊！我……我怎么看不见你啊！
> ［浪声］
> 阿炳：天地为什么这样黑啊！……天地为什么这样黑啊！我的眼睛，我的眼睛……瞎了！琴妹，我再也看不见你了。
> ［浪声强起］

编剧者在这里有意地用了两次浪声，渲染了阿炳内心的苦楚和对社会黑暗的愤怒，从而有效地加强了对阿炳形象的塑造，也为以后阿炳在新中国的幸福作了映衬。

音响的素材是从自然界和人类社会生活实际存在的音响中提炼的，如鸟语蛙鸣；也有人们主观意念的音响，如人的耳鸣。这两种音响可根据剧情要求作恰当的处理，与语言、音乐一起，构成一个强有力的叙事、表意系统，创造出优秀的广播剧。不妨欣赏广播剧《二泉映月》的开头部分，这一部分语言、音乐、音响的结合可说是天衣无缝，有效地表述了阿炳的悲苦身世。

> ［《二泉映月》乐曲声响起］
> ［风声，涛声，间有雷鸣］
> 阿炳娘：（哭喊着）救命啊！救命啊！
> 李老虎：（喝令）快！拖上船！
> 众家奴：走！
> 华雪梅：（绝望地）阿炳娘！……
> 阿炳：（幼儿尖厉凄凉地哭叫）妈妈！妈妈！
> 阿炳娘：（万分悲怆地疾呼）阿炳！阿炳！
> 阿炳：（令人肝胆欲裂地再次哭叫）妈妈——
> 阿炳娘：（已走远）阿炳——
> ［声渐隐］
> ［雷声大作，风啸声，暴雨声］
> ［《二泉映月》的悲愤旋律推出］

夸张的风雨雷电声，悲怆的音乐旋律，人物富于情感的语言，在这种绘声绘色的情境下，有几人会不被其中的情节所感染和吸引呢？

三、广播传播对语言的要求

前面已多次提到，语言是广播符号系统中最重要、最关键的因素，但这种关键作用发挥的前提是语言必须适合于广播传播。用从事科学研究的概念化、公式化的语言来做广播，只会使广播面目可憎，拒人于千里之外。广播的传媒特性决定它需要一整套合乎广播要求的语言，这些要求往往也是电视传播对口头播音语言的要求。

1. 广播语言必须是口语化的语言

用声音传播，靠听觉感知，这是广播的基本属性。所以，不仅现场广播表现为一种直接说话的形式，各种广播稿表达的内容，也无不用有声语言来传播、播音，实现广播传递信息的功能。语言是广播语言的基本形态，它以语音为媒介，以讲话的形式向听众传播信息，自然要求上口响亮，符合一般说话的习惯和听觉的要求，换句话说就是口语化。这是广播对语言最基本的要求。

广播在通俗、口语化方面，要求高而严格。广播语言缺乏形象，并且由于广播信息传播迅速、广泛，这就要求所用语言能使各地区、各行业、各层次的听众一听就懂。而群众的口头语言直接反映了实际生活，有真情实感、简洁明快、丰富多彩等特点，使人听起来既感自然亲切又通俗易懂。作家老舍曾说："世界上最美好的文字，就是最亲切的文字。所谓亲切，就是普通的话，大家这么说我也这么说，不是用了一大车大家不了解的词汇。"[1] 用人民群众口头常用的语言广播，亲切易懂，有利于与听众在思想感情上融洽和相通。

但广播语言不是群众口头语言的自然形态，而要对口头语言进行加工提炼。人们日常说话往往是随意的、不规范的，来不及仔细推敲，因而难免有用词不够准确，语句不够完整，逻辑不够分明，以及过分省略或重复啰唆等现象。广播语言必须对口头语言进行加工提炼，避免不规范、不健康的语言，使之准确、通顺、严密、精练，更加规范和健康，更加有效地传播信息。

2. 广播语言应该力求形象化

广播中叙述的事情、讲解的道理，都要有实感，语言表达要形象，要让广大听众不仅能听到语言的声音，还能"看"得见形象，"摸"得着物体，想象得出情景，从听觉的感受中获得视觉感受和触觉感受。这样的广播，群众容易理解和接受，方能爱听并留下鲜明印象。广播语言的形象化有三个要求，即具体、形象、有立体感。

内容具体化便于听众理解和接受。广播用具体的事实、生动的材料来说明抽象的道理，从事实说到原则，由近及远，广播的内容就容易被理解和接受。事实胜于雄辩，具体事实最具说服力。如果不从实际出发，不以大量事实作根据，而是从概念到概念，就理论谈理论，"材料不够议论凑"，语言抽象化、概念化，违背了人们认识事物从形象到抽象的规律，是不会被人接受和理解的。

高尔基说："语言越质朴，越形象，你写的东西就越易于使人理解。"不仅如此，语言形象化能使人听着有趣味，印象深刻。概念化、抽象化的东西是"虚"的，它无法让人感受到和触摸到，不能形成鲜明的印象，不能引起听众感情的共鸣。而具体形象化的东西是"实"的，使人听起来有"实感"，能引起兴趣，在脑子里形成鲜明的印象，并留下记忆。内容抽象化、语言概念化会加大听众的理解难度，导致其对信息的轻视与遗忘，印象不深。内容具体生动、语言形象活泼的报道、故事以及讲话等，不仅可激发听众的兴趣，也

---

[1] 老舍：《出口成章》，北京：人民文学出版社 1984 年版，第 61 页。

能因内容的易受性加深听众印象。

心理学家发现感觉有这样的特性——各种感觉分别接受各种刺激，但彼此间又可产生交叉与互动，即各种感觉可以互通，产生联觉。联觉就是一种感觉与另一种感觉相联合，成为较完整的知觉。广播播音若要有效地运用各种感觉彼此可以联合的作用，就应避免平铺直叙和数字堆砌，而应多侧面、多角度、多层次表述，通过形象地描绘事物的外观、活动、景色、音响，把事物讲得绘声绘色、活灵活现、栩栩如生。这样才能使听众从听觉中获得视觉感受、味觉感受，形成立体化效果，使听众有身临其境、如见其人、如闻其声之感，从广播中听出一幕幕动态画像，让语言发挥最大效果。

3. 广播语言应该规范化

广播语言具有非常广泛的影响和示范作用。听众在收听广播的过程中，从字的读音到词的用法，从组词成句到停顿和语气，都在有意或无意地学习语言。同时，广播语言也影响着听众的语言实践。由于广播具有传播范围广、速度快、感染力强等特点，广播语言的示范教育作用在某种意义上讲，比教师、演员、作家等都要大得多。因而，广播应该将净化民族语言和促进规范化作为自己光荣的、重大的责任，积极认真地进行这一工作，以自身的规范化去带动全民族语言的规范化。

首先，广播语言规范化要求读音标准化。现代汉语的音调有阴平、阳平、上声、去声，具体语言环境中可能会发生音调、音色的变化。有时需连读，有时需强调，有许多词在不同场合中又有不同的发音，这些都造成汉语拼音很难把握。例如"否定"中的"否"读 fǒu，而在成语"否极泰来"中的"否"读 pǐ，这些读音往往不易一一把握。有时候，因为字形相近也容易读错，广播从业者必须提高文化素养，努力消除广播中语言不规范和误念错读的现象。

其次，在广播中应使用规范化的词汇传情达意，避免滥用方言、土语、文言词语、简称略语、生造词、外来词等。广播由于自身的特性，其受众是广泛而多样的，他们处于不同地区和不同社会，具有不同的文化层次，因而广播语言在信息传播时首先需考虑的应该是让听众听得懂，太多、太滥、太杂的方言土语、简称等，会使许多听众"丈二和尚摸不着头脑"，导致对信息理解产生障碍，从而影响收听效果和对广播的兴趣。在广播语言中，应尽量使用统一的、规范的、被广泛接受和理解的词汇，以便广播信息的流通。

广播语言还应注意语法的规范化。语法上的错误极容易出现，往往又难以发现，以致造成坏的效果。具体来说有五个方面的语法毛病：一是成分残缺，句子结构不完整；二是搭配不当，成分不相配合；三是词语错位，语序安排不恰当；四是结构混乱，两种说法搅在一起；五是关系失调，前后意思不相配。这些是最易出现的语病，当然还有其他方面的语病。有些方言语法不符合规范化的要求，在普通话广播中也应避免使用，如广东人讲普通话习惯用"你走先""打个电话我""好多谢你赶来"等。这种不规范的语法与语病一样，都是不允许出现在普通话广播里的。

4. 广播语言应该具有清晰的感知性

收听广播是言语感知的活动。听众先接收到声音语言，靠听觉感知语言，然后方能理解话语的意义和了解广播的信息内容。因此，广播必须特别注意语音的感知性，语言要便于听觉的辨析和鉴别，使听众听其声便能解其意，避免造成听觉模糊、音近相混、误听误解。广大听众只有正确地辨别语音，才能正确地理解语意，所以，语音的感知性是广播对语言的一项重要要求。

有时候，同音相混往往造成误听误解，如"注明"与"著名"，"政见"与"证件"等；同音词往往不同义甚至意义相反，如"老王走近了大火炉"与"老王走进了大火炉"就是截然不同的意义了。除同音词之外，有些近音词也容易产生混淆，如"微观"与"围观"等。要避免发生这些情况，就要尽量避免使用容易误听的字词，选用语意较确切的双音词代替，或者用上下文的语境来限定词的含义，有时对一些同音词还需作具体的解释，一些不可避免的同音词，要尽可能读出音调上的细微差别，消除各种歧义。

在广播中，对略语要有选择、有节制地使用。不少简称用在书面上借助上下文可以看懂，但用在广播语言里，由于一晃而过，往往会造成听觉模糊，听其声不知其所指，也不知其意。因此，广播中使用简称略语，除了要遵守语言构成的规则，更需考虑通用性。在社会范围内不能普遍应用的，广大群众不熟悉的略语，通过广播传播出来，会使人听了不能作出正确解释，更不用说理解与记忆了。这些词应尽量不用或者少用，而选用听众容易感知的简称。

由于广播是由声音与听觉来决定效果的，因此，广播语言不仅要考虑叙事立论、传情达意是否准确、鲜明、生动，还要考虑语言的声音是否清晰、明朗、响亮。广播的声音不能是含含混混、模模糊糊的，而应该是清晰明朗、响亮悦耳的，以增强感知性。在广播播音中，应注意选用响亮的字眼，恰当地使用平声字，尽量使用双音词等。通过这些措施，可提高广播语言的清晰度，增强感知性和可辨性，使信息传播渠道畅通无阻。

5. 广播语言应该简洁明快

简洁明快同样也是广播对语言的一项基本要求。语言越是简洁明快，听众就越容易感知、越容易理解。广播语言应是直截了当的，不论是新闻还是讲话、评论，都应开宗明义地将要讲的道理或事情统统告诉听众，以便听众把握中心思想顺势听下去，从而掌握整个节目的主题思想和内容。拐弯抹角和听众兜圈子，会失去语意的明确性，人为地造成理解广播内容的困难，有意或无意地为听觉设置障碍。

广播的语言应该清晰明朗，一言一语都须明白无误。晦涩难懂的语言，引人猜测的说法，常会影响听众对广播内容的理解，因为广播的信息跟声音一起稍纵即逝，若听众在信息的一个环节上稍有耽搁，往往会对下面的信息或遗漏，或模糊。直接、爽快、清浅明畅，不让人去猜、去琢磨、多费思索，自然也更有利于信息的接收和消化。

语言的简洁和语意的明确有直接关系，语言越简短精练，语意表达就越明确；越拖泥带水，赘语连篇，就越会影响广播语言语意的明确性。博士买驴，下笔千言仍未见驴字，引人取笑。因为废话太多，造成了信息冗余、噪音充耳，影响了听众对广播主要意思的理解。听众不愿听，又容易忽略一些重要的信息。语句附加成分太多，冗言赘句太多，会导致"喧宾夺主效应"，分散和浪费听众的精力，而未能使其领会中心内容。对此，广播语言应按听觉的要求来组织语句，把丰富的宣传内容集中概括在最有表现力的语句上，干净利落、言简意赅、语意清晰，使语言富有表现力，让听众更好理解。

6. 广播语言应该是质朴的语言

质朴就是朴实，不矫饰、不浮夸，广播里叙事说理要实事求是、平平实实、质朴自然、诚挚中肯，既不哗众取宠，也不装腔作势，这样才会使人有一种亲切感。列夫·托尔斯泰就主张语言以正确明了和质朴自然为准则，反对不必要的"标新立异"和不合实际的造作。他强调："朴素是美的必要条件。"朴素就是美，作为听觉艺术的广播，必须追求朴素的文采。

质朴的语言必须是实事求是的，表现真情实感的，"为文而造情"的感情是不真实的，听起来反而有虚情假意之嫌，亲切感也就谈不上了。对听众讲话要实实在在，入情入理，和蔼可亲，做到用事实说话，科学地分析，逻辑地推理，不训人，不刺人，避免强词夺理。道理讲透彻了，听众自然会信服，会接受。事实讲得充分有力，让听众能自己作出结论，在收听广播的过程中，自然而然地接受正确的思想观念、美好的道德感情和有用的科学文化知识。

另外，听众收听广播，没有规定性和强制性，愿意听就听，不愿意听就不听，听众是广播的服务对象，广播是听众的朋友。因此广播对听众讲话，要像和朋友谈心一样，有人情味和亲切感，而语言是广播主要的表情手段，广播对听众的真挚感情，要用质朴自然的语言表述出来。

没有亲切感的广播，是不能吸引听众的。所谓亲切感，就是一种轻松友好的情调，它的特点是有发自内心的深情厚谊，有自然流露的、和颜悦色的表情，有关心、爱护、平易近人的态度，它可以使人产生情感交流，形成友好的气氛，给人以亲切的感觉和印象，激起互相亲近的意愿。只有对听众充满热情，才会有发自内心的真切感情，才会有亲切中肯而耐听的语言。广播中报道的事情和讲解的道理，都应和广大听众息息相关。

随着互联网、多媒体融合运用的深化，广播语言形式的多样化态势正在呈现，包括广播网站视频节目的常态化刊播，一套新结构样式的广播语言正在孕育中、嬗变着。

第二节　电视传播的语言符号系统、特性及其构成

广播是一种声音媒介，电视则是既有声音又有画面的媒体。在广播中我们将语言的意义限定为单纯的有声语言，在电视中这一概念显然太过狭窄，仅狭义语言就包括有声语言、无声屏幕文字和画内文字。因而，在此我们必须将语言的概念归复为本章开头所定义的，即一种在电视中应用的，由多种叙述表意方式或符号所组合而成的综合性叙事话语。

根据符号学原理，笔者在《电视新闻学》（华东师范大学出版社1990年版）中创设了一个学理思路清晰、解构引导性强的"电视新闻符号双主体结构模型"，将可视性的语言子系统和可听性的语言子系统解构、组合为一对平行结构的声画系统，为后来我国电视界持续近10年的"声画主次之争"的平息提供了理论依据。复旦大学张骏德的《现代广播电视新闻学》（四川人民出版社1995年版）、《当代广播电视新闻学》（复旦大学出版社2001年版）和武汉大学李元授、中南民族大学白丁合著的《新闻语言学》（新华出版社2001年版）中都系统运用了这一研究成果。"电视新闻符号双主体结构模型"问世30多年间，经多次修订完善，具备了更广泛的应用性（见图6-1）。

电视新闻符号双主体结构模型
├─ 抽象语言系统
│ ├─ 客观性抽象语言
│ │ ├─ 播音解说
│ │ ├─ 现场语言
│ │ ├─ 屏幕文字
│ │ └─ 画内文字
│ └─ 主观性抽象语言
│   ├─ 蒙太奇
│   └─ 时间
└─ 具象语言系统
   ├─ 客观性具象语言
   │ ├─ 具象图形语言
   │ │ ├─ 形体语言
   │ │ ├─ 表情语言
   │ │ ├─ 服饰语言
   │ │ ├─ 色彩语言
   │ │ ├─ 空间语言
   │ │ ├─ 图表语言
   │ │ ├─ 动漫语言
   │ │ └─ 特技语言
   │ └─ 具象声音语言
   │   ├─ 音响语言
   │   └─ 音乐语言
   └─ 主观性具象语言
      ├─ 线条
      ├─ 光线
      ├─ 色彩
      ├─ 影调
      ├─ 角度
      └─ 景别

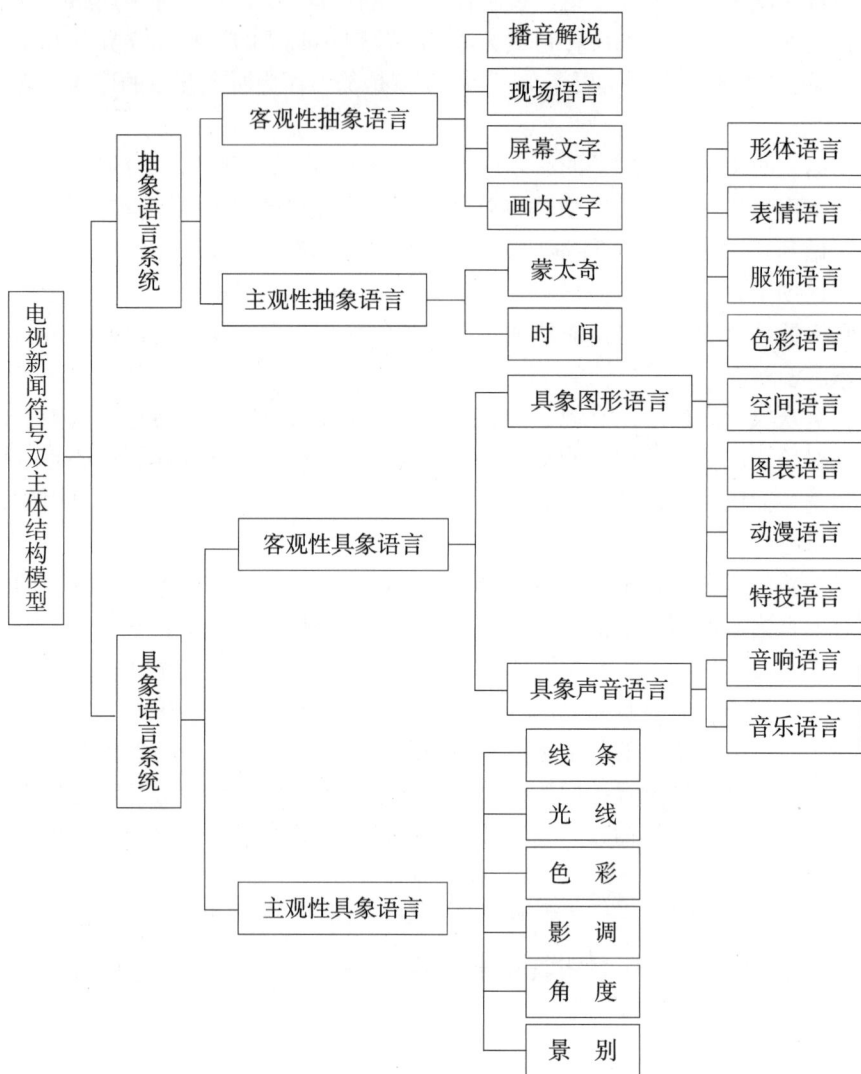

图 6-1　电视新闻符号双主体结构模型

下文将对电视语言的视觉性子系统、听觉性子系统、语言构成、声画关系等方面进行深入的探讨。

一、电视语言的视觉性子系统

这一子系统包括造型语言和文字语言。造型语言是一种非语言符号语言，它的主要特征是意义即在于自身，难以用语言表述其中模糊却又具体的信息，它的传播是多通道的、无序性交叉的。而文字语言的意义通常不在其自身的形状（书法艺术除外），但它能以清晰的推理模式对人的思想进行完整的逻辑表述。

1. 造型语言

电视要求有准确的内容和精确的表现形式，这可称为"神形兼备"。造型语言是表现内容的总形式，它由线条、光线、色彩、影调层次、空间关系等因素综合协调组成。造型的目的是使电视内容取得准确传播的形象结构，造型的过程是电视信息形象化的过程。在电视的图像范畴内，涵括了以活动图像为主、静态图像为辅的动静两大类造型语言，虽然这两类语言有各自不同的结构和规律，但其中语言的基本要素却完全相同，这些要素分别是：

（1）形体语言。

在图像语言所有的要素中，形（形体、形状）是一个最基本的要素。人们对客观事物的感知，首先是对形体的发现，人的形体动作有着十分丰富的内容。夏威夷的草裙舞就是通过舞蹈者的手来表现故事内容的，当地还有一支歌，歌名就叫"让眼睛盯着手"，也反映了类似的意义。毛泽东曾将"以姿势助说话"列为教育方法的重要内容。美国传播学者多伊奇发现，"每个人都有一种基本行为特征的静止姿势，一偏离这种姿势马上就会恢复"。动作姿势不是一种普遍而简单的符号，实际上还代表了一种特殊的信息，例如吵架时手指对方就表现了极度气愤和激动。形体语言中还涵括了眼神的接触所产生的语言，一些目光交流中包括了窘迫、敌视、猜疑、镇静、命令等多种信息，还有人们熟知的哑语等。形体语言的丰富表现力，需要我们去充分挖掘和控制。

（2）表情语言。

人是事件的主体，表情语言是人在事件、情节中所表现出来的精神风貌。表情语言很难同它的背景相分离，艰苦的环境造成人或堕落麻木，或意志高昂，这都可以对环境造成映衬。人类面部的动作和表情也是人类信息传播渠道之一。如皱眉的含义可能是不喜欢、不同意、不理解、厌倦或厌烦；微笑的含义可能是喜爱、幸福、快乐、友爱和礼貌。同一意义上的表情如眉头紧锁、愁容满面，其具体情态往往反映了人的状态，十分精确地传播了许多难以表述清楚的模糊信息。

（3）服饰语言。

穿着服饰也是一种语言，不同场合、不同民族、不同职业、不同性别、不同年龄、不同个性、不同气质等差异，使人们的穿着打扮各不相同，这是人们所共知的生活常识。从某种意义上说，任何一种穿着打扮都有意无意地传播着某种情绪和意图。例如，一个人一身工作服暗示着他是工人，衣服新潮暗示着他追赶时髦。作为传播具象信息的电视画面，不可忽视不同服饰所传播的情绪和意图，注意对不同穿着语言的选择和运用，将使画面人物个性更加突出，现场气氛更加浓郁，画面的信息含量也因此更加充盈。

（4）色彩语言。

色彩本身并没有什么抽象含义，人们对色彩的运用，都致力于发挥它的象征意义，如红色象征热情、喜悦、勇敢、斗争、血腥、荒诞等；黑色象征恐怖、神秘、沉着、恐惧、悲伤等。这种色彩造成的感觉多变性实质上反映了色彩与自然现象、生理现象、人为现象和社会现象的复杂关系。人们对于色彩的感觉，源于自然现象与生理现象的融合，如红色代表火，也代表鲜血等。色彩感觉的发展则与人为现象、社会现象有着千丝万缕的联系，如由红色想到火、想到血再想到战争等。人的色彩感觉成为人的内在的哲学思维，一定的色彩往往能够调动人们某一方面的既往经验和知识，去体会和接收信息。

（5）空间语言。

每个人都是处在一定的空间内的。我们这里的"空间"并非针对一种抽象的哲学思辨，而是指一种因人际交往接触中的距离所造成的表意"语言"。传播学研究认为，所有人都有一种个人空间感，即他们同其他人接触时会保持一定的距离。文化不同，这方面的差别有时相当惊人。如拉美人交谈时喜欢同对方靠近，而许多北美人则喜欢保持相当大的距离。一个拉美人会把同他讲话的一个北美人逼得从一条长廊的一端退到另一端，这是因为谈话的一方想靠得近一些，另一方则想保持他认为应有的距离。在中国，"亲密无间""疏远""套近乎"之类的词汇，也是空间语言的注脚。传播学研究还认为，人造的环境亦有传播效果，任何一个环境都会传播关于谁布置这个环境或谁在其中等信息。稍稍调整一下家具的位置，就能大大改变传播的信息和人们对住房或办公室主人的最初看法，这许多寂无声息的空间语言，生动地表述了人与人之间、人与环境（背景）之间的微妙关系，准确捕捉诸多妙不可言的空间语言，无疑会给我们的电视画面增添无尽的活力。

（6）图表语言。

电视在叙述事件的时候，不能伸向未来，也无法回顾历史，但当许多材料涉及"过去"时，除了活动的、静态的影像资料外，留存的图表资料也是十分可贵的造型语言，因为它们毕竟是历史的见证。图表是对过去和现在的一种精密化的描述，它通过一定规则和数理统计等方法，将一些事实材料以有序的形式表示出来，既省却了语言叙述的麻烦和啰唆，又能让观众通过直观的序列对比更好地领会其中的内容。这类图表有时失之简略，却是一种很好的表述方式。

（7）特技语言。

科技进步为电视节目制作提供了诸多摄制条件。摄像机上的慢镜头、淡入淡出装置、频闪，编辑特技机上的淡变、划变、键控、快慢动作、电子动画等技巧，使电视新闻语言的非符号系统增加了一个新的内容：特技语言。

特技手法的应用，使一些镜头画面过渡之间出现了淡变、划变、抠像等画面，从而使过渡变得舒缓，或获得一个画面中有两组对比影像等良好效果。这些经过特技处理的画面，本身并未增加什么语义指向明确的"词义"，其特技效果只给观众以无言的感受。这些感受有的让观众在淡变之中舒缓，去细细品味声音和画面的意义，有的则让观众去领会由抠像对比技巧递送出来的"画中之画"。特技语言中的电脑制作和电子动画的语义指向更为明确，是电视画面语言中极具叙述力的非语言符号语言，值得推广和使用。

2. 文字语言

文字语言是指出现在屏幕上的文字，可分为两类：画面文字和屏幕文字。

画面文字是指出现在画幅内的文字（如路标、招牌、会标等），这类文字由于处于特定的现场，往往表现了现场的某些要素，如路标表明了事件地点，会标有时能表明某事件参与者的身份。用心构思的画面文字往往比单纯的语言描绘更为简洁而有吸引力，有时还可起到画龙点睛的作用。这类文字因受画幅所限和镜头流动等因素影响，常常是不完整的，因此要注意防止歧义的产生。

屏幕文字是指后期制作时加到屏幕上的文字，屏幕文字最经常、最大量地出现在电视新闻节目中，而在电视剧等艺术类节目中应用较少。据统计，屏幕文字在电视新闻节目中的使用率，20 世纪 90 年代初约占新闻总条数的 60%，如今已至 100%，用不好屏幕文字的电视新闻已被人们视为制作粗糙的电视新闻。

屏幕文字在电视传播中有着不可忽视的功能，总的来说可从以下三方面进行认识：

（1）加强节目的记忆深度。

文字提要"视、听、读"三位一体，可加强观众对信息的记忆深度。电视节目"声画结合，视听兼备"的双通道传播形式，比之单通道传播的报纸（看的通道）和广播（听的通道），已经具有明显的记忆优势。传播学界研究人士通过对信息的接收能力进行研究，发现"阅读文字能记住 10%，收听语言能记住 20%，观看画面能记住 30%，边听边看能记住 50%"。视听结合，两个信息接收渠道各取所需、互不干扰，这对记忆深度的加强是不言而喻的。在"看"的单一通道里，屏幕文字与画面虽是两种类别的语言符号，却能够做到兼容输入而不顾此失彼。人类感知各种语言符号，是编码式的信息输入，能够同时从不同感官输入，又同时有不同的"储存库"，"视、听、读"三位一体，能对观众产生立体化、全方位的冲击，使之加深记忆。

（2）保持节目的完整性。

屏幕文字可以打飞幕或以其他方式插入告知信息，保持节目的完整性和传受双方关系的融洽。如果信息是重大新闻，屏幕文字就能保证新闻的时效性。随着节目编排管理的严密与科学化，各级电视台大多做到了节目准时播出，为针对各层次观众制订计划提供了极大方便，但有时候出现机器故障或其他原因，或者发生了极其重要的新闻，难免会扰乱计划。如何避免发生观众最为讨厌的节目临时中断的现象，又能及时将有关内容传递给观众？中途插入告知的屏幕文字是最理想的方式。其功能表现在：即时预告节目播放程序的更改，可以消除观众无端等待和耗费时间的怨气；即时预告重要节目的播出，也能提高节目的收视率；随时插播重要新闻，更能争得优于其他新闻媒介的第一时效。

（3）易于受众理解和接受。

屏幕文字还能形成听读一体的易受性，声音与文字同步播出，观众且听且读，十分轻松，比之聚精会神地听广播和费力地看报纸，屏幕文字明显地更易于理解和接受。这些年来，不少电视台在早间用电视屏幕文字摘要各大报章的信息，正是一种"听"与"读"合二为一的电视报纸，它的大容量、快传递、易取存等特点，充分保证了这种语言形式的易受性。

二、电视语言的听觉性子系统

听觉性子系统包括形象性的音响语言和抽象性的音响语言。前者包括音响和音乐，后者包括画内语言和画外语言。鉴于我们已在上节中具体谈到声音三要素自身的特性与功能，本节主要谈谈声音语言与电视结合后的一些特性与功能。

1. 形象性的音响语言

形象音响也即普通意义上的音响效果，在电视中大多处于背景位置，与画面构成"分立"的关系，但其作用是不可忽视的。

音响能渲染气氛、点染画面，使电视节目更具真情实感。电视传播的优势是声画兼备，将人们带进一个既能看见又能听见的感觉境界。画面摹写的是现场的各种情景，音响的运用使画面具有更丰富的表现力。我们看到纺织厂纱锭飞转，看见群鸟飞翔，那么一定会听到机器轰鸣和鸟儿鸣叫。音响的存在，使人在视觉之外进一步感知事实的存在和发展；音响的丢失，或者变调失真，都会使观众对画面的真实性和质量产生怀疑，新闻会因此失去可信感，电视艺术片也收不到好的共鸣效果。

画面的尺寸是有限的，在其中可以表现的信息因而也是有限的，音响则可突破画面的限制，扩大信息的总量。例如，浩大的群众场面，有了鼎沸的欢呼声、呐喊声，观众因此能够从中体会到更多、更大的现场可视画面。如果说画面是长与宽的二维画面，那么音响的加入则使之具有了三维立体"动画"的效果。

音响可以在时间上形成一种自然的联系，使画面之间的衔接流畅、自然。过于突然的切换往往会给人一种情节断裂的感觉，而音响的加入可以使画面的"跳跃"现象得以大大减弱，背景音响的连续使断续的画面呈现出新的时间联系。设想一下这样几个画面：①飞机带着轰鸣声欲降落；②飞机下降时发出刺耳的摩擦声；③在有飞机低鸣的画面上是候机大厅，主人公被一群人围住。在这个小片段中，由飞机到候机大厅出口，中间的转承就是由音响来完成的，整个配套都显现出和谐性与同一性。

音乐所表现的是"心灵的直接现实"，它诉诸人们的听觉，善于表达深层的感情。作为电视的一种语言表现形态，它又具有自身鲜明的特征。它的内容一般以电视节目的思想内容为基础，音乐语言的听觉形象与画面的视觉形象应结合、交融为一体。它的具体形态也受画面编辑的制约。孤立于画面之外的音乐语言，在电视中是不存在的，画面语言可以具体、逼真地摹写现实生活，音乐则表现了对现实的情感。当两者有机地结合在一起时，音乐语言能够强化画面语言的感染力和概括力，让听众接受利用音符与旋律创造出来的"情感形象"。

音乐与画面结合通常有两种方式：一为音画同步，即用音乐语言来复述，强调画面语言的视觉内容。音乐语言与画面语言情绪、节奏相一致，达到视听的高度统一。二为音画对位，即音乐语言与画面语言不相统一的组合方式，音乐可以远离画面，独立地表现多角度、多侧面、多层次的生活。电视音乐的呈现方式有两种：一种是看得到发音体（音源）的，如看到小提琴手拉小提琴，听到小提琴的音乐；另一种是背景式的，观众只能听到音乐的旋律，屏幕上却看不到发音体。

音乐语言的种类丰富多彩、不胜枚举，根据音乐在电视作品中的作用，大体可分为三类：一是背景性音乐语言，它交代画面内容的背景，有抒情的效果。二是现场性音乐语言，它是事件现实的一个组成部分，例如电视新闻中某条演唱会新闻中的音响。在新闻中，它不具抒情意味，但在艺术作品中，某人物制作的音乐往往表现了人物的心理状态、感情变化以及一种符合音乐内涵的情境。三是抒情性音乐语言，它以画外音乐来抒发人物或创作者的内在情感，补充、加强作品的情绪色彩。此外，在一些纪录片、电视剧中，还有主题歌、主题音乐和插曲，这是情感的直接表达方式，也是电视音乐语言的核心。

2. 抽象性的音响语言

这种语言是指在电视新闻中能准确传达内容、情感的有声人类话语，包括画外语言和画内语言。

画外语言，是指在画面所反映的现场图景中，实际并不存在所听到的有声语言，它是在后期编辑制作中加进去的，包括新闻节目的播音语言，纪录片及其他艺术类节目中的解说，电视剧中的旁白（画外音）、独白等。

播音语言是指电视新闻的专职播音人员用以传播新闻内容的有声语言。在电视新闻的传播中，播音语言以其简明通俗、完整的表述，保证新闻内容的准确传播。关于它的作用，我们将在下面的"声画关系"中详细探讨。

解说是指从客观叙述者的角度，直接用人声语言来交代、说明或评论的一种画外音表达方式。它在电视艺术作品中，特别是在电视艺术片中被广泛地运用。解说可以节省不必要的画面语言，并且可以丰富、增强画面语言的表现力，还可以增强电视艺术作品的文学性与纪实性。解说直接交流的对象是观众，因而这种解说往往能促进观众的理解与共鸣。

旁白（画外音）是一种画外传来的人声语言形态，由于有声语言能有效地通过暗示唤起观众的想象，因此，画外音可以交代画面不宜表现的场面，节约次要场景，以达到突出主题和增强画面表现力的作用。

独白是指艺术片中人物独自表述或倾吐自己内心活动的人声语言，也就是人物在屏幕画面中对内心活动的自我表述形态。独白有两种方式：一种是以自我为交流对象的独白，另一种是有其他交流对象的大段述说。独白是人物内心情感处于复杂矛盾冲突下的产物。因此，电视艺术创作者在运用独白时，常常力图深入体验人物产生独白时的心理状态，把握好产生独白的心理契机和情绪脉络。

另外，艺术片中的心声也是一种画外语言，不少艺术片中都常用心声的画外音来表现人物的内心活动。这也是电视艺术揭示人物心理状态的一种富有表现力的有声语言。当画中人物默默思考时，运用画外传来的人物自己的声音，用画外有声语言的形式说出人物所想的内容，能使观众感知人物的思维和内在情感，调动观众的想象，仿佛听到人物心里的声音，使观众予以认同。

画内语言则是指由电视画面场景中传来的有声语言。在电视新闻中，这种语言被称为"现场语言"，定义是"新闻现场有实质内容的语言声音"。这类声音包括新闻人物的讲话，新闻人物与新闻记者的对话，以及记者的现场叙述等内容。现场语言的成功应用，可以形成与观众面对面交流的亲切感，从而提高观众对新闻传播的参与性（当然是心理参与）。现场语言的运用限制了画面的时空位置，不仅加强了地理感和真实感，而且可以防止因随意挪动画面而产生的失实现象。

现场语言要十分注意时间和节奏的控制。电视播音速度以每分钟播报200～220个字为宜，而新闻人物一般每分钟只能讲120～150个字，有时由于人物紧张而速度慢、效果差。若现场语言用得太长、太滥，势必使节目节奏缓慢、拖沓，以致影响传播效果。

画内语言在电视艺术片中的表现形式，是人物的对白，它不仅可以表现人物性格，激起外部形体动作，还能展现人物性格形成的脉络，以及人物复杂的心态。戏剧最根本的要素是矛盾冲突，不少矛盾冲突是靠人物语言来编织的，更有不少矛盾是在人物对白中表现和深化的。对白还是电视艺术创作者语言功力的重要体现。所以电视艺术创作者要反复地选择、推敲、锤炼人物的语言，为人物找到最能显示其性格、最符合特定情境、最生动精彩的，也是独一无二的对白。

三、电视语言的语言构成

上面我们具体分析了电视语言的视觉性子系统和听觉性子系统，换成另一种说法，就是声与画两方面，它们是电视语言的语言符号和非语言符号综合运用的总体形式。电视语言的构成方式，从根本上说就是声音与画面的关系问题。

在这一小节里，我们先谈谈声音和画面作为两个子系统在整个电视系统中的功能与特性，再分别从几个完全不同的节目类型论述声画关系。

1. 电视声音与画面

电视声音是画内语言与画外语言的集合体。在电视传播中，声音的作用主要表现为以下几点：

（1）声音能加强传播内容的真实感、亲切感。

现实本身是有声、有色、有形的，画面能再现现实生活的形与色，但没有声音的画面，充其量只能是"伟大的哑巴"，总给人一种不完整、不真实、不确切的感觉。视听结合，让人既能看到又能听到，才会得到符合客观现实的真实印象。只有还生活以本来面目，让声音加入画面，共同承担传播功能，才能给观众以真实感，使观众感到亲切可信。

（2）声音能打破画面的时空局限。

声音叙述内容具有自由性，能够打破画面的时空局限，使电视传播的内容大大扩充。画面传播的仅仅是摄像机所能记录下的彼时彼地，而对于事情的前因后果、来龙去脉则难以表达。而且画面往往只能表现看得见摸得着的东西，而对表达内在的思想、抽象的哲理却显得力不从心。声音却完全不受这些局限，它既可以在时间的长河中任意遨游，自由地讲述过去、现在和将来，又可在思想和哲理的天空中纵横驰骋，阐述深刻的见解和抽象思维的内容，因此声音和画面的结合就大大扩充了电视传播的容量。

（3）声音能渲染、烘托环境气氛，刻画、描写人物心理。

前面所讲过的形象音响是渲染、烘托气氛的常用手段，而抽象语言则是刻画描写心理最常用的手段。声音对环境气氛的渲染、烘托，使它具有影响画面基调的作用。同样的画面，配以不同的声音，能产生截然不同的感受效果。同样，不同的语言效果对于刻画人物也有作用，这一点，前面的"抽象性的音响语言"部分已经谈过，不再赘述。

（4）声音能发挥结构的功能，使画面连接顺畅自然。

声音既能够连接同一场面的不同镜头，也能够连接不同时间、不同空间的镜头，具有很强的组接、结构画面的功能。担负这一功能的声音，可以是一段声响、一声汽笛。声音连接的画面虽然变化多端，却有其内在的纵向或横向的联系，或是一件事情的前因后果，或是某个事物的侧面，声音凭借其内在的逻辑，将这些不同时空的画面自然流畅地组合在一起。

（5）声音能使静止的画面活动起来。

声音是运动着的一种符号，它的变化本身就意味着一种运动的发生，例如黑漆漆的天空中，忽然一声雷响。另外，如前所述，听到的声音能够通过"联觉"，形成相应的视觉形象，这一作用使电视片中静止的画面活动起来。在世界著名的电视纪录片《罗浮宫》

中，用反映历史事件的木刻、断头台等实物，路易十六被处绞刑的油画等静物画面，配上人喊马嘶、枪炮轰鸣的画外音，再现了轰轰烈烈的法国大革命的场面。逼真的效果，使这些静态的画面仿佛也活动起来。

（6）声音还可以创造独立的形象，造成观众的心理互渗性和心理演绎性。

声音并不是只要独立就有形象的，它与观众心理上有着感觉形象的互相渗透性，因为声音形象往往促使人们从经验和记忆中去挖掘发音体，从而形成内心的视觉形象。如声若洪钟的男声可能会使人想起来自北国燕赵的彪形大汉，柔声柔气会使人想起苏州河边的美貌少女。声音除了能引导出符合声音特质的视觉形象外，还有在人们心中被再创造、再丰富的可能，于是声音形象具有可演绎性的美学特征，可以促使观众根据各人的生活体验和态度，让一个原有的、一般的形象在人们头脑中经过演绎而极大地丰富起来，容纳更多样的感情，概括更深刻的思想和内容。

同样，电视画面是造型语言和文字语言的集合体，平时我们所说的一组画面（或称一个镜头），是指电视摄像机在特定的时间和空间里每拍摄一次所摄取的一段连续画面。画面具有与声音完全不同的特性，这表现在以下几点：

（1）电视画面是连续运动的活动画面。

电视画面展示的是与客观世界的运动方式同样的连续运动的活动情景。它包括远景、全景等不同景别，也包括水平方向和垂直方向等不同角度，可运用推、拉、摇、移、升、降、跟等运动镜头来突出事物的运动，也可以采取镜头内部的运动——场面调度的手法体现事物。连续运动的特性为真实再现客观世界提供了最好的物质基础。

（2）画面所拍摄的对象是具体实在的，画面能客观地再现现实。

摄影的画面与所摄对象是面对面、同时存在的，画面能准确而全面地再现摄像机前面的几乎全部内容，包括所摄对象的运动、色彩、立体感等。因此，画面能激起观众一种相当强烈的现实感，人们看了画面便一目了然，确信屏幕上出现的一切都是客观存在的。

（3）电视画面能够使观众具有现场感。

画面表现的始终是现在时态，是正在进行的情景，具有一种现场感。电视画面总是对一种事实的再现，它给观众的感觉始终是一种现状，是当时正在发生、进行的事实，是现在时态。

（4）电视的拍摄对象是被选择过的，往往打上了摄像者主观意识的烙印。

在电视剧等文艺样式中，表现的对象无论是人是物还是图景，都是经过导演精心选择和摆布的。新闻画面的选择性因素不表现在对现场的摆布导演上——这是违反新闻真实性这一根本原则的，而表现在对已有的现场图景的选择上，选什么角度，拍哪个物体，在这里，人的种种主观因素包括思想观点、价值观念，即使是下意识的，也会对画面的选择产生作用。

（5）单个画面的含义是不确定的，往往可做多种解释。

虽然画面忠实地再现了摄像机所记录下来的客观现实情景，然而画面并不指明这些情景的确切含义，它只肯定此情此景具体存在过，至于这些情景究竟表现了什么深刻内涵，单个的画面无法作出具体回答。所以在电视中，经常使用镜头剪接的蒙太奇手法或长镜头来呈现创作者想表述的内容。

通过这些特征，我们可以进一步归纳出电视画面的基本功能：

（1）纪实传播。

上面讲过，电视画面能完整地记录摄像机前的种种现实图景，并准确、客观地传送到广大受众面前。这就使电视画面具有一种纪实传播的功能，许多重大事件的电视画面成为一种历史的见证，如香港回归特别报道就成为香港历史转折时期的忠实记录。

（2）形象传播。

电视画面传播的是一种形象的、具体的现实，除小部分屏幕文字和画内文字外，它不能传播概念和抽象的东西。电视画面从不传播诸如石头的概念，而只传播某块石头的具体形象。当然，这并不表示画面不能表达抽象的思想，电视画面的巧妙组合加上声音的力量，与观众的联觉、想象等思维规律的共同作用，也同样可以表述抽象的理论和概念。

（3）直接传播。

电视画面展现的是种种具体的人和物，观众与电视之间的任何接触都是直接的，符号和被表明的物件是合一的。（再次强调：在整个电视节目系统中，文字语言所占的比例是相当小的，故而我们的论述从主体的观点出发，常常加以省略）长期以来，不同文字、不同语言成为各地区、各民族、各国家相互沟通的一道屏障，而电视画面的直接传播使这道屏障消失，自身也成为一种世界性的语言。

2. 电视的声画关系

电视的声画关系是学术界争论不休的话题。"主画说"者以"图像崇拜"者的姿态将画面作用绝对夸大。这种图像崇拜观念源于早期无声电影。早期默片由于技术的落后，只能用画面剪接叙事，并最终得出了叙事蒙太奇和表现蒙太奇。但自20世纪20年代电影获得声音后，声与画已开始真正融为一体，不可割裂。"主声说"的理论可溯源到20世纪语言学和语言分析哲学的大发展，如逻辑实证主义派别的哲学家将全部哲学问题归结为语言问题，将语言看作哲学的唯一研究对象，甚至将各个流派的哲学争论都说成是"语言上的误会"。在这种学术心理下，"主声说"者片面夸大了声音和语言的作用，而忽视了画面叙事能力的客观存在。

为了解决这一问题，我们将以实事求是的态度，从科学归类的角度来分别探讨不同类型电视节目的声画关系。

（1）新闻节目的声画关系。

关于电视新闻的声画两大部分以谁为主，"主画说"者列出一大堆证据，将"声音语言"归入"解说"行列，并由此罗列出"解说词"为画面服务的"解释""说明""补充"等功能；"主声说"者则以"关掉画面也可以得到一条完整新闻"为由而轻视画面。这两种观念都是片面的，电视新闻中的声画关系由双主体构成，两者在地位上是平等的，只是在信息表达方面分工不同，电视新闻以声音叙述、以画面证实。

电视新闻有两个特点，一是必须完全真实，画面所摄的必须是现场的实景、实情或相关的事物，不允许摆拍、补拍、导演，而电视新闻记者往往是滞后反应，许多要素不能够如实地拍到。二是电视新闻往往受时间制约。电视台为了增加信息传播量，常常加大单位时间内的传播容量。以中央电视台的《新闻联播》为例，1980年平均每天播出国内新闻10条，1984年平均每天播出17.1条，1998年平均每天播出22.3条。单条新闻的时间长度已经减至目前的一分钟左右。在这段时间内，口播语言可以传播一条"5W + H"俱全的新闻，而电视新闻画面却出不了几个镜头，画面在如此短的时间内也很难将一件完整的事件表现出来。由于真实性和时间性因素的存在，画面叙述新闻的任务只能落在声音上。

"听"本来就是人们认识事物的重要方式之一。形象性声音使人们感受到世界万物的真切存在，抽象性声音则以历时的逻辑排列，不受时空制约，能够自由地表述人们对世界万物的认识，具有画面所不具备的系统叙述能力。电视新闻的声音正是运用形象性和抽象性两方面的特征，通过与画面胶着、互补，形成视听不可分割的新闻空间，从两个感知通道消除人们对事物认识的不确定性，形成令人确信无疑的信息。

在电视新闻的声音中，最重要的是播音语言。"语言是思维的直接现实，在电视新闻中，播音语言以其简明、通俗、完整的表述，保证着新闻内容的准确传播。"笔者曾对《电视新闻作品选评》（中国广播电视出版社1995年版）中的25篇分镜头稿本进行量化统计，25个专题的画面阐述都是断断续续不成情节的，而它们的文字稿本对各自的新闻事件与人物都有完整的表述。这表明，这些新闻专题在播出时，其内容完全靠播音语言和现场采访语言予以传播。

一般说来，在单条电视新闻中，由于受时间与画面所限，播音语言承担着陈述全部新闻内容的任务，能充分发挥准确传播各个新闻要素的作用；在连续系列报道式专题新闻中，播音语言仍然起着传播大部分内容的作用，进而视画面情况，或阐述新闻诸要素，或传播新闻的背景材料，或揭示新闻的主题思想，或评论新闻的社会价值和意义。因而以播音语言为核心的声音系统，能成为电视语言系统中的一个主体。

而电视新闻的画面，除了像新闻照片那样向人们展示静态的新闻空间外，更主要的是时间上的展开，反映了新闻的动态，使人们从事物的运动中，获得一种直接的真实的感受。"动"是人们对视像的第一要求，电视新闻的"画面"正好能够满足人们的这一心理欲求，百闻不如一见，这是确定"画面"在电视新闻中主体作用的根本。

作为"看"的新闻画面，它的任务不是系统叙述——前面提到，有限画面大大限制了这一能力。它的任务在于以形象符号的色彩、空间、动态、线条等因素与抽象的语言联袂，向人们传播完整的信息，加强新闻的可信程度。报纸、广播自诩的完整，是理念抽象意义上的完整，而具备画面的电视才是真正意义上的完整。

细节巩固了电视新闻画面的主体地位。一条电视新闻仅有几个镜头无法形成情节。其传播魅力的体现，全在于对细节的运用。细节是对人、事、景、物进行的具体形象的描绘和刻画，能充分发挥非语言因素的众多特点。丰富的细节使画面更有吸引力，人物会因为细节而更加使人难以忘怀，事情会因为细节而更加感人。

电视新闻声音的逻辑表述力，使无序的画面物像形成一个有序的佐证系统，画面的存在又使语言的表现力更加广泛而多样。电视新闻的声画融合，为人们塑造了一个真正完整可感的物质世界，也使新闻报道内容更为确凿、翔实。

这里需要提到的一点是：社会科学的任何结论都不是绝对的，由于社会科学的研究主体和研究对象——人的多样化，任何理论都只表现为一种整体的趋势，在整体中往往存在与总体趋势不同的个案。我们讲"用声音叙述，用画面证实"也是如此，例如专题片《潜伏行动》就很好地用画面表述了事件，但这只是个别，而非整体的规律。

（2）文学性节目的声画关系。

文学是以语言文字为媒介和手段塑造艺术形象，反映现实生活的艺术方式。它不是简单地记录事实，而是要把日常的生活现象典型化。为此，必须经过艺术概括对生活进行选择、提炼、改造、集中、虚构，使得出的形象既来自生活又高于生活。从这个基本意义出发，文学性节目，也就是经过电视艺术的手段，通过对生活的提炼，塑造形象，反映社会生活的一种艺术形式。它主要包括电视剧、电视小品等。

与新闻节目相比，文学性节目不是真实的，虽然它力图与现实生活或历史条件相吻合，但那是通过摆拍、补拍、导演得出的虚拟真实，远非事实本身。另外，它的时间限制比新闻要小得多。一条时间跨度为几年、几十年的新闻，往往必须在几分钟、几十分钟之内全部表述清楚，而电视剧可以通过几十集的连续剧全面反映出来。换句话说，文学性节目的表现方式远比新闻节目自由，表现范围远比新闻节目宽泛。

在新闻节目中，声画是双主体的平等关系，是相辅相成、不可分割的关系。在文学性节目中也同样如此。但在具体的职能上，由于文学性与新闻性的差异，两者大不一样。这种不一样突出表现为画面的效用扩大。

苏联著名电影艺术家库里肖夫曾做过一次试验，他将一盘汤的画面、一具女尸的画面和一个微笑的婴孩的画面，分别同优秀演员莫尤兹金毫无表情的面部画面相连接。放映以后询问观众的感觉，观众异口同声地称赞莫尤兹金演得好极了，说他分别演出了贪馋、痛苦与温柔的表情，这就是电影理论中著名的"库里肖夫"效应。它说明了两个以上画面的组接会产生撞击，迸发出新的画面内涵，这就是画面镜头蒙太奇的力量，而电视画面也同样具有蒙太奇效果。

蒙太奇是指镜头的组合关系和连接方法。在文学性节目中的蒙太奇，就是把许多个别的镜头，根据一个总计划，分别加以处理，再把它们组接在一起，使它们具有比原来个别存在时更大的作用。爱森斯坦曾在《蒙太奇在1938》一文中提出："把无论两个什么镜头排列在一起，它们就必然联结成新的观念，也就是由对列中产生出一种新的性质来。"他又进一步指出："两个蒙太奇镜头的对列，不是二数之和，而是二数之积。"

画面本身具有很强的叙事能力，只要有相对足够的时间，蒙太奇就可以独立地承担起叙事的任务。另外，电视中的"长镜头"，由于它内部的镜头运动，也同样具有这种蒙太奇功能，因而文学性节目中，画面的功能除证实、审美之外，同样能起叙事作用。在声画双主体结构中，画面的分量似乎更重一些。

至于文学性节目的声音，前面已具体谈过一些构成要素及功能，这里不再赘述。需提及的是，声音并非在节目中无所作用，它的作用在于与画面一起，形成一个有序的系统，共同表述情节和思想，有时声音在节目中所占的比例很大，如交代情节、表达人物心情、烘托渲染气氛、推动情节发展、营造情节过渡等。缺乏声音，画面也就成了死画面，即使是早期电影如卓别林拍的《流浪汉》，在画面之外也不时穿插了音乐来表达剧情。不过，应该注意，声音在文学性节目中的叙事表意仅仅是节目叙事的一部分，而不能像新闻节目的声音一样上升为全部。

电视散文是文学性节目的一种表现形式，这种形式中的主体不是画面，而是声音。其内容主要是以声情并茂的语言辅以画面，就语言的内容补充一些形象性的东西，如一说到春天，画面中就出现百花齐放、绿意葱葱、鸟儿娇啼的形象，画面在此如新闻一样，起着证实、烘托的作用，渲染语言的情境，如《门槛》等电视散文。电视散文、电视诗歌一类的节目，与我们所谈的文学性节目有所不同，我们的文学性强调的是以虚构的手法塑造形象、反映社会，是一种假定的东西，而电视散文、电视诗歌只是将散文、诗歌由书面化向声音化、图像化转变，它不创造虚构的形象，这种文学性是真实对象的电视化，不在我们所谈的文学性之列。

（3）其他类型节目的声画关系。

其他节目包括教育性节目、综艺性节目等，它们的声画关系很难用一个模式来进行鉴别分野。这首先是因为这些节目本身的种类十分多样，其次是因为各种类型节目也可以由多样的方法进行表达。多样性的存在，使任何划一的结论都可能犯绝对化的毛病。

教育性节目有两大类别，一类是实证性的，另一类是假定性的。实证性的节目强调用声音传播信息的能力，但往往也用屏幕文字和画面中具体的操作示范来配合叙述，声音和画面相辅相成。假定性叙述并非进行看图说话式的讲解，而是通过营造一些虚构的情节，间接地教授知识，这常见于一些儿童教育片，比如以一段电视片来讲解一个成语或一个道理。有些外语教学中也常用假定性的情节来传播知识。这样的片子往往对画面的能力有所侧重。

综艺性节目的表现形式尤为多样。如在 MTV 中的画面有些是假定性的，有些是抒情性的空镜头，但始终占上风的是声音，声音是观众欣赏的主旨；而一些哑剧小品纯粹靠画面语言来表现内容；也有小品既重画面中演员的形体表演，又重声音中的语言表述。这些不同门类的艺术性作品是很难一一加以界定的。

在其他节目中，对声画关系的剖析也同样十分困难，这使我们不得不以归纳、推理的方式，总结出它们唯一的共同规律：总体上都坚持声画双主体的构成模式。每一种声音都影响着观众对所看见东西的反应，每一个图像都决定着观众对所听到声音的反应，任何割裂这种"互为反应"式的做法，都会使电视节目的内容和形式受到损害。英国电视理论家格林·阿尔金说："电视不只是一种看的东西，然而也没必要说音响或图像哪个更重要，在制作一个效果好的电视节目时，两者是相辅相成的。如果说两者中任何一个能独立发挥作用的话，那不是对它的赞扬，相反，却说明这两者还没很好地发挥出来。"坚持声画双主体论，是一般性节目的基本原则，制作节目应在此基础上，按照实际需要，具体情况具体考虑，让声与画各尽所能、相得益彰。

四、声画关系的具体形式

常见的电视声画结构，有声画合一和声画对位两种形式。

1. 声画合一

这是指电视画面和声音同时指向一个具体形象的结合形式。它的特点是声画同步发生、发展，视听高度统一，使画面和声音具有最高的保真性。

声画合一又有两种形式，其一是画内音响空间和视觉空间的统一（如同期声与画面的统一，可称为"画内声画合一"）；其二是画面空间与画外音响空间的统一（如播音语言与画面的统一），但它们必须在时间上同步，也就是说，必须指向同一时间内音响与画面的同一对象，这种情况可称为"画外声画合一"。

画内声画合一的形式主要表现为画面物像及其声音的合一。各种器物音响作为背景，使新闻现场气氛浓郁；各式人物的声音能充分表述情节内容，并能使新闻节目更显真实可信。具体说来，同期语言、声音的运用方式大致有：①画内人物的声画合一，在声音播出的同时也能看到人物讲话的画面；②画内发音体的声画合一，如机器轰鸣时看见机器的运转；③新闻节目中，以记者身份的出镜报道，以记者身份进行现场采访，记者、被采访者声画合一等。具体请看表6-1中的画内声画合一的分镜头稿。

表6-1　《不要影响孩子们的学习》（国家一等奖）分镜头稿

序号	景别	同期声	画面内容	文字稿
1	大全	鼓乐声	展览会前少儿鼓乐队	浙江电视台记者赵健行报道
2	小全（摇）小全		寒风中无精打采的小朋友	这是记者最近摄于在杭州举行的一个展览会开幕前的镜头
3 4	全特		同上 站在台阶上的男孩	近百名少儿鼓乐队员为了给展览撑门面，已经在寒风中站立了一个多小时
5	全（摇）	鼓乐声	打鼓的小女孩在颤抖	这天并不是星期天
6 7 8	全（摇）特（摇）小全	鼓乐声	打大鼓的男孩 高挂的横幅中印有"展览会"三字鼓乐队	孩子们是从课堂里被拉出来的，里面展出的又是机构产品，可以说跟小朋友并没有多大关系
9	全		一个东张西望的鼓手与一群小号手	众多的展览、展销、开会一类的活动，没有必要搞"吹吹打打"做样子的花架子
10	特（拉）小全	鼓乐声	看热闹的群众与小乐队，缓慢打小鼓的两只手，四个发抖的小女孩	更不应该影响孩子们的学习，把他们从课堂上拉出来凑热闹。在一切都需要务实的今天，组织者还是应集中精力把展览搞好，把会开好，以充实的内容吸引人们
11	全		展览会门前全景	12月20日央视播出

画外声画合一常见于报道内容严肃、节奏缓慢的新闻和运用画外音解说的纪录片和艺术片。在某些会议新闻中，我们常看到在画外播报某人姓名时，相应出现此人的镜头画面。这种画外声画合一，或是声音提示、解释画面内容，或是画面印证、烘托声音的叙述。这样的声画合一或统一的组合方式，符合一般的观赏收听水平，比较明白畅晓、通俗易懂。

2. 声画对位

声画对位指电视节目中画面与声音对列，它们按照各自不同的规律，独自表现不同事物的信息，却又有机地围绕和表现同一内容。

声画对位传播，是利用声音和画面不同步所产生的信息差距充分调动人们视听两个感知通道的"注意力"，引起声画信息叠加联想，加大感知深度，产生一加一（声加画）大于二（声画）的传播效果。

在新闻节目中，声画对位的组合方式适用于三种情况。第一种是画面信息十分清晰、一目了然，而观众仍有一些疑问，或是题外的误解，或是深层次的要求，报道词就应解释、分析、说明。第二种是有些电视记者无法拍到实况，又非报道不可，则报道词反映新闻事实，而画面反映时过境迁的一些实地景象或附近居民的动态。第三种是新闻评论，画面出现电视新闻场景，而记者在旁叙述。

声画对位的形式在电视新闻中得到广泛采用。据笔者对1989年7月全月的《新闻联播》节目的统计，采用这一形式播出的新闻占总播出条数的64.5%；1996年5月前半月的统计显示占62.8%，仍占了大部分。

在文学性节目中，这种声画对位主要存在于旁白、独白、心声、画外音等声音表现形式之中。为了充分表现剧情，让声音和画面暂时分离，有时甚至表述相反的意义，去追求各自的情境，又在情境的融合或对比中，产生强烈的表现力和感染力。电视剧《蹉跎岁月》某集开场时讲到，主人公柯碧舟被调到县文化馆，这对他的生活道路来说，显然是一个新的转折点，所以用第三人称的画外音加以评说：

画面：县城外的山坡上，柯碧舟眺望四周座座山峰和平静的湖面。
山间飞溅瀑布。
天空雄鹰翱翔。
画外音：回想这几年艰难中走过的路，柯碧舟开始懂得了生活的真正意义——岁月纵使蹉跎，理想不能泯灭，眼前美丽如画的景色，更引起他对湖边寨的思念。

这段画外音与画面是对位而非合一的，画面提供的是一种形象化的情境，声音表现的是一种个人的心态。声与画的结合非但未发生情节的断裂，反而使观众加强了对主人公人生道路的理解，而且使观众对生活的认识也得到了一定程度的升华和提高，因而起了画龙点睛的作用。

有的学者根据画面与声音表示相反意义的内容提出声画对立这一种模式，其实从声画内容不相重合这一意义上讲，声画对立只是声画对位的另一种形式。并且声画对立从本质上看，表达的仍是单一的中心内容，而不是两个。

事实上，声画合一与声画对位只是在研究中独立的两种模式，而在实际的各类电视节目中，常常都是两者综合起来使用的，尤其是文学性节目，几乎没有一部片子是纯粹的声画合一或声画对位。在新闻节目中，也同样有这种组合。声画合一与声画对位的综合使用，使节目既高度真实感人，又具有丰富的内涵与信息，往往还有深邃的思想和哲理。

行文至此，我们认为有必要指出：对于电视节目的声画关系研究，只有建立在语言学的基础上，才会有认识的趋同。一些研究工作者固守卓别林电影的画面观念（卓别林时代，因录音技术尚未进入实用阶段，当时的默片只能依靠画面进行叙述），显然是过时了。

当今研究声画关系，我们必须面对这样的客观现实："对话"在电视画面中所发挥的叙述功能已远远大于画面本身，许多电视剧是靠人物对话来讲故事，而不是依靠卓别林式的画面本身来演绎故事；许多纪实性谈话节目（如中央电视台的《焦点访谈》《新闻调查》《实话实说》）更是依靠画面中的"谈话"形式来传播节目内容，画面本身只不过是这些"谈话"的容器。

我们应该看到，通过语言对话来表达深邃的思辨性，已是现代电视节目构成的主要形式，有声语言符号大量注入电视节目后，为声画关系的研究提出了崭新的课题。

第三节　"内容为王，形式是金"，电视语言模型的寻找

摄影、电影、电视传播是人类文化传播的悠远梦想与现实的宠爱。鉴于人们对于影像写真的崇尚，影像的拍摄与传播总是与时俱进。进入 21 世纪，几乎所有的摄影器具，照相机、电影电视摄影机、手机都为专业影像拍摄与民间生活影像拍摄提供了方便，影像传播良莠携手、动静图像联袂出现在同一个网络世界里。

眼下融媒体正全方位铺陈，其实质都是在加强传播形式建设和创新，在这一过程中，图片、影像成为人们最青睐的工具与载体。如何驾驭静态图片和动态影像，成为人们最为关心的问题。

传统的传播观念是，只要内容健康便可通行无阻，不会认真考虑传播的"形式要素"。而融媒体传播迫使人们开始寻找"形式好看、惹眼"的方略。不遵循画面剪辑规律乱跳、乱抖、乱拼画面的视频开始遭人们唾弃，"形式美"重回影视传播天地。

本书创设多年的"内容为王，形式是金"影视语言结构范式，就是影视节目内容健康生存发展的方略。

"内容为王"是前人对事物核心内容的强调，"形式是金"是对电视外在样式的强调，两"强"合一，便化解了"画面与声音孰重孰轻"的争执。"内容为王，形式是金"是制作人对电视节目制作、分析、评价应有的双重价值标准，它可以解决电视节目制作过程中的一系列观念性、操作性难题。电视节目语言模型的建立，可以为节目制作整合思路、规范程序、指引步骤，是制作人必须认真熟悉掌握的思维工具。语言模型的可行性节奏控制要素的具备与否和具备程度，决定着节目"好看""好听"的程度。实践表明，"好看""好听"的节目必须具备话题的针对性、内容的深刻性、制作的技巧性三个方面的要素。

一、语言模型是整合内容与形式的唯一工具

模型是事物的外在标准结构形式，它的建立主要依赖简洁的具象或抽象的语言来描述其结构的规律性。在模型中，各个结构要素相对稳定，具有可模仿性与可操作性，既像同一型号的机器零件的更换，又像诗歌与辞赋的格律，还像数理公式的通用等。总之，模型

是一种可供人们按照既定的标准实施的样式、形式、格式，有利于人们稳定而有规律、有章法地高效工作。电视节目语言模型的建立，可以为节目制作整合思路、规范程序、指引步骤，是制作人必须认真熟悉掌握的思维工具。

1. 现代电视节目是双主体结构模型的视听传播媒介

现代电视节目早已不是电视发明之初仅有一个镜头的《火车进站》《园丁浇花》等默片电影，它继承并发展了有声电影充分运用画内、画外抽象语言进行叙述的功能，构成一个以抽象语言为叙述主线、以具象画面为渲染并印证主线的双主体结构的视听传播媒介。诸如中央电视台的《新闻联播》《实话实说》《艺术人生》，凤凰卫视的《锵锵三人行》《名人面对面》《小莉看世界》，美国广播公司（ABC）的《号外》（*Extra*，电视清谈节目），哥伦比亚广播公司（CBS）的清晨新闻节目《晨早秀》（*The Early Show*）、《60分钟》（*60 Minutes*）等节目无一不是在抽象语言构成叙述主线之后再附之以声画组合平台的。近10年来，随着电视接收工具的高度普及和节目播出时间、栏目的增加，电视传播开始出现"广播化"伴听倾向，以抽象语言要素为主的各种谈话节目在世界各级电视台大行其道便是证明。所以，在进入电视节目制作的第一关口时，不可回避的是首先运用抽象思维的语言去确立节目的选题与立意。至于极个别纪录片信马由缰的拍摄，那也仅是电视节目的前期拍摄方式，后期整合依然是以抽象语言为叙述主线的结构样式。任何电视节目进入后期制作大致都是遵循图6-2所示的语言模型进行组合的：

图像符号系统：人物情感 + 人物动作 + 人物场景 + 屏幕文字

声音符号系统：独白对白 + 同期声 + 画外解说 + 音响

图6-2　电视节目后期制作语言双主体组合基本模型

以上语言模型科学整合了节目中的抽象语言与具象语言，模型中虚线上下对应的概念就是节目的片段内容，模型中自左至右设计的四个典型片段，基本囊括了电视节目可能涉及的内容与形式。有关该语言模型的进一步解读见表6-2的分析。

表6-2　电视节目后期制作语言双主体组合基本模型解读

图像符号	声音符号			
	独白对白	同期声	画外解说	音响
人物情感：电视剧对白  	电视剧《九月风暴》中公安局局长交代侦察员的对白："注意隐蔽，一定要注意安全！""是！"	声音与现场同期	是否有画外解说视剧情而定	是否有音响视剧情而定

（续上表）

图像符号	声音符号			
	独白对白	同期声	画外解说	音响
人物动作：2008 年奥运会	无	现场的球声、裁判声、观众的呐喊声、笑声、掌声	电视台画外插入的解说、评价语言	观众助威的喇叭吹奏乐曲、现场休息时的音乐声
人物场景：采访	现场采访全国十大警察之一北京片警贾银虎，他说的"我喜欢警察，因为……"的同期声可作为新闻稿内容的有机组成部分	有些编辑只将同期声作背景声用，其实精彩的同期声可剪成为新闻稿的一部分，使节目更精练、更好听、更好看	这条新闻的声音可以这样编辑：导语播音＋贾银虎喜欢当警察的精彩讲话＋播音员画外播音	现场采访的背景声有助于增加时空的真实感，关键要选择好采访环境
屏幕文字：抢救阳光面包坊	无	无	报道台湾阳光基金会抢救即将倒闭的"阳光面包坊"，画面下方是画外解说内容的文字	无

2. 现代电视节目的画面是图像符号和声音符号的综合容器

凡接触过电视节目制作的人大都言必称画面。何谓画面？准确的理解应该是：现代电视节目的画面是图像符号和声音符号的综合容器。电视画面展示的连续性，使其不仅有单幅画面的线条、色彩、情态的冲击力，更有连续画面的具象叙述感染力和抽象对白表述力。电视节目制作人的电视画面观念应该是：电视画面不仅是图形性的，还是声音性的，它是图像和声音的高度综合。

表6－2将电视画面中的结构要素分为图像符号和声音符号，其实这些符号元素是你中有我、我中有你的，始终呈不可割裂的综合状态，诸如"人物情感"画面中总是有激情的对白，"人物动作"画面中总是有生动的同期声，"人物场景"画面中总是有贴合场景的画外解说。画面的图像符号和声音符号的这一综合特性告知我们：画内、画外抽象语言是电视节目的叙述主体，语言思维是选题立意的先导工具，现代电视节目制作无一不是起步于用抽象思维的语言进行选题与立意的。

值得注意的是，不少电视节目的编导、摄像者常常是不将电视画面中的语言声音视为"画面"的构成要素的，他们因盲目崇拜"画面"而缺乏将画内对白与画外叙述组合为一体的表述功力，最后导致节目或散乱拖沓，或情趣全无。准确理解现代电视节目画面的概念，目的在于正确把握语言思维在选题立意时的先导作用，减少在前期采摄过程中的盲目性，这是电视节目制作初学者不可忽视的要点。

二、电视节目语言模型的可行性节奏控制

哲学家柏拉图认为，所谓控制就是"掌舵术"，其本质是"调节"，是对"偏离航向"的倾向的调节，目的是使事物的运动沿着既定的正确方向正常运行，使事物从"无序"的趋向回到"有序"的航道上来。电视节目语言模型的可行性节奏控制，从控制论的角度强调选题与立意能否通过电视语言模型制作成为真正的电视节目。电视节目选题立意控制论的本质，就是在于通过结构这个中介，从选题立意开始就尽可能发掘电视声画元素，排除不易找到具象载体的非电视元素，保证视听元素真正珠联璧合，使节目制作活动从"无序"倾向中回到"有序"的规律上来，最终实现"好看""好听"的传播价值。

语言模型可行性节奏控制要素的具备与否和具备程度，决定着节目"好看""好听"的程度。实践表明，"好看""好听"的节目必须具备以下两方面的要素：

1. 话题的针对性

所谓针对性，就是要准确地了解和把握时代的思想脉搏，摸清受众所需所想，有的放矢地组织采访和制作。针对性首先要求节目内容有针对性，节目所涉及的事件、人物或观点、思想，应是受众所关心的，是他们想知道而又不知道的。其次是节目内容角度有针对性，"横看成岭侧成峰"，同一内容要从激发受众的兴趣点上突出节目的个性。加强节目的针对性要防止两大弊端：一是依样画葫芦，选题跟着纸质媒体跑，在报刊已经发表的内容中找选题；二是闭门造车想当然，选题确立之后，有的制作人员没有在深入采访掌握素材上下功夫，而是采用"万能画面"，配以"某人""某地"的解说模糊信息。两大弊端的相同结果是：节目内容陈旧、模糊，毫无针对性可言。

2. 内容的深刻性

深刻性要求节目对事物本质进行深入发掘，要把表层现象之下的实质揭示出来。主题寓含在节目的人或事的情节中，善于把主题意蕴透彻表现的节目，总是十分注意让"意"一步一步、一层一层显现，使观众能够在引导下逐层深入地接近主题，完成"透过表象看本质"的认识过程。必须强调的是，节目思维首先是语言思维，是抽象理性的认识。在感性材料的基础上，经过思维过程，去伪存真，由此及彼，由表及里，于是在人脑里则生成了一个认识过程的突变，产生了概括。有了概括，才能抓住事物的本质、事物的全体、事物的内在联系，认识事物的规律。优秀节目往往就是在这个过程中，表现出与平庸节目的深刻差异的。与"深刻"互逆的是"平庸"，节目能做到想人之所想、言人所未言，深刻性就水到渠成。

三、镜头选择受制于内容与形式要求

镜头是影视节目的基本构成单位和表意单元，是影视节目的思维语言，是"形式是金"的起点。不知晓镜头内涵，就谈不上对画面的准确选择与组接，影视形式的"金"

点也就无从谈起。

1. 按内容要求选择适用的镜头

"内容为王",镜头的选择是画面编辑的第一步,也是具有头等重要意义的一步。它不是简单随意的拼凑,而是一个复杂的、有意识的取舍过程,只要遵循各个节目主旨要求、编辑思路、审美观念、编辑条件等主客观因素,就能编出结构相异的成品。从节目内容上讲画面选择的要点有两个:

(1)应有利于完整、准确地交代节目内容和表现节目主题。

镜头的选择不能任由剪辑人员的喜好选择画面,剪辑的根本目的是叙事表意。

表 6-3 中是央视小视频 2021 年 3 月 25 日就外资企业 H&M 运用虚假信息"发布声明抵制新疆棉花"后发布的小视频的分镜头,该视频批评 H&M 罔顾我国外交部已经就"新疆强迫劳动"的外国不实指控做了多次回应的事实,有态度、有数据、有图片、有采访、有对比,将"内容为王"与"形式是金"完美结合,回应了 H&M 等无良外资企业的荒谬行径。

表 6-3   《新疆棉花是这样生产的》分镜头分析

主要画面	画面背景介绍
	1. 2021 年 3 月 25 日央视视频网站推出《新疆棉花是这样生产的》
	2. 视频的副题是: 有视频 有真相 新疆棉花拒绝碰瓷

（续上表）

主要画面	画面背景介绍
	3. 有图有真相： H&M 高层对新疆棉农如何被强迫劳动想当然，该视频作者运用历史资料将美国早期无业流民颠沛至产棉区劳作糊口的图片来回应 H&M 苍白的想象
	4. 有图有真相： 如今，新疆棉农，大部分是采用机具棉植、采摘的模式，绝不会像画面中这样靠手工劳作
	5. 美国棉农早期的艰辛，正是 H&M 高层对新疆棉农的瞎鼓噪！在中国靠新疆棉花赚钱，咋就不来实地看看新疆棉花是咋回事呢

（续上表）

主要画面	画面背景介绍
	6. 有图有真相： 这是新疆待种的辽阔棉地
	7. 有图有真相： 棉农小伙正在发动无人飞机，执行棉地作业
	8. 有图有真相： 看，无人飞机已经开始升空了！ 注意，画面右上角已经有一架无人机在执行任务

（续上表）

主要画面	画面背景介绍
	9. 有图有真相： 喷洒车正在执行喷灌作业
	10. H&M 高层，展开一下你们的想象吧，下面的画面也许能给你们一些瞎想的依据……
	11. 有图有真相： 这是美国早期某地区的采棉姑娘在辛苦劳作……

（续上表）

主要画面	画面背景介绍
	12. 有图有真相： 这是非洲裔美国人在辛劳采棉，拖在身后的正是沉重的棉袋呢！ 中国外交部发言人华春莹在记者招待会上拿出这张照片反问：中国、美国，到底谁在强迫劳动？
	13. 2021年3月25日，针对H&M等跨国企业发布抵制新疆棉花的声明，外交部、商务部、中国消费者协会分别进行了回应 外交部发言人说：不能吃着中国的饭，砸着中国的碗。有图有真相
	14. H&M高层，看看被你们污蔑的新疆棉农吧

（续上表）

主要画面	画面背景介绍
	15．有图有真相： 这是从侧面拍摄的采棉车
	16．有图有真相： 这是从正面拍摄的采棉车
	17．有图有真相： 棉花就这样被采摘、装运了……

（续上表）

主要画面	画面背景介绍
	18. H&M 高层，你们不是污蔑新疆棉农被强迫劳动吗？
	19. 有图有真相： 这是美国棉农生活的破败情景……
	20. 有图有真相： 早期美国棉农在简陋居室里落寞的神态…… H&M 高层，你们就是用这种历史旧闻来揣度我们当代的新疆棉农

（续上表）

主要画面	画面背景介绍
	21. H&M 高层，好好看看新疆棉农的幸福生活吧
	22. 有图有真相：收棉前，新疆棉农小哥正在用手机拍摄棉花丰产的美景
	23. 新棉捧在手，心里乐开花

（续上表）

主要画面	画面背景介绍
卡米力-伊敏 新疆喀什地区巴楚县夏马勒乡棉农 我一个棉季可收入五万多元	24. 有图有真相： 棉农卡米力·伊敏一个棉季收入五万多元，不算多，也不算少吧？"被迫劳动"的新疆哥哥会这样满脸笑容？ H&M 高层，虽然你要走了，但有机会还是去新疆看看吧

（2）应与节目内容的类型特点相符。

影视节目可分为新闻、娱乐、文艺、戏剧、体育、社教等数类，不同类型的节目具有不同的内容特点。对镜头形式的要求也各不相同。

影视新闻这类时间短、节奏快，要求真实客观的节目，就适宜选用画面构成稳定、和谐、清晰、真实的平拍镜头和固定镜头；音乐影视这类娱乐性节目，则正好相反，它往往需要利用快推、快拉、俯拍、仰拍、急甩、旋转等镜头，以制造视觉冲击，最大限度地调动观众情绪。

选择镜头，须因节目制宜，以节目的类型特点为本，画面张冠李戴只会损害节目内容的准确、有效传播。

2. 影视画面剪辑是素材镜头选择的"形式"要求

"形式是金"，是相对于"内容为王"的平行叙述，好的影视节目必须是"内容为王"与"形式是金"的完美整合，真正做到好听、好看。影视节目传播形式的良莠，决定频道的生死存亡。笔者多年间积累的多个受众调查样本研究表明：新闻节目在 60 秒内、综艺节目在 9 秒内、影视剧在 120 秒内、纪录片在 80 秒内若不能在光、影、声、色上给人以耳目一新的形式冲击，观众则按动切换按钮，宣判该节目的"死亡"而另寻新欢。某一频道的某一节目能在节目开始的 60 秒至 120 秒以过目难忘的形式留住观众 3 次，该频道某节目往往会成为某观众下次开机的首选。上述数据表明了影视节目"形式是金"的实在意义。鉴于此，节目如何以精湛的形式吸引观众？在编辑过程中如何在形式上下足功夫呢？

（1）应符合人们的视觉习惯和思维规律。

镜头的形式作用，归根到底是由人们的视觉习惯和思维规律决定的，镜头就是观众的眼睛，要想让观众看清楚、看明白镜头展示的内容，就得考虑人们的视觉习惯和思维规律因素。

（2）镜头应选择与人有关的气氛、神态和细节形式。

节目镜头应关注场合气氛、人物神态、动作细节等内容以决定不同镜头的取舍，影视剪辑如果对传播效果漠不关心，只是为了剪辑而机械地堆砌镜头而成的片子，肯定千篇一律、单调乏味。只有在镜头的取舍过程中细心挖掘更具表现力、感染力的镜头，才有可能维持观众的注意力。例如，手的动作、面部情感变化的细节等。一个反映被访对象手部小动作的镜头，在一般的剪辑师看来可能是无关紧要甚至多余的，但在有心的剪辑师看来，它就是反映人物情绪心理状态的最好细节，一舍一取，效果大不相同。

同是报道一项体育比赛，一般的剪辑师可能只满足于反映比赛本身的情况，而有心的剪辑师在此基础上还会注意选择一些反映比赛双方以及观众的情绪动作的镜头，使节目的内容更饱满，观众的感受更丰富。

总之，镜头的选择是影视画面剪辑的第一步，也是重要、复杂的一步，镜头选择的恰当与否、巧妙与否，乃"形式是金"起点，能直接反映剪辑人员素养的高低。

第四节　广播电视文稿的口语写作[①]

广播电视新闻稿的规范写作有别于其他形式的写作，其中，最主要的差别在于它要诉诸听觉，这与印刷媒体适合阅读的特点不同。因此，广播电视文稿的撰写必须是口语化的，能够让处在被动接受状态的受众一听即明。

除了在风格上必须简单易懂之外，广播电视新闻稿写作还必须在时间上符合广播电视的媒介特性——短小精悍。这是因为大多数新闻事件转瞬即逝，而大部分报道的播出时间都要求控制在一分钟以内。简言之，广播电视新闻必须具备口语化、及时性的特点，同时还必须简洁明了、通俗易懂、尽量避免使用专业术语，以符合受众"一心二用"的视听习惯。

优秀记者时常掂量动词的使用、简单明了地介绍新闻当事人以及仔细考虑句子的结构，使其兼顾准确与简洁。

一、叫响姓名称谓

在广播电视新闻稿中，称谓总是放在人名之前，而绝不会放在其后。如报纸新闻中的"肯尼斯·多尔，美国国防部长"到了广播电视新闻稿中就应改写成"美国国防部长肯尼斯·多尔"。将称谓前置能够提醒听众留意接下来即将要出现的人名，并且这也是一种符合口语化表达的方式。

新闻中若是要出现人名，请反复核查其拼写和发音是否准确。如果是正在报道一场交

---

①　摘编自泰德·怀特、弗兰克·巴纳斯著，黄雅堃译：《广播电视新闻写作、报道与制作》（第5版），北京：清华大学出版社2013年版，第105－127页。

通事故或火灾的人员伤亡情况，请事先向警方或消防队长确认那些你不太确定的遇难者姓名。此外，也可以通过通讯社获取相关信息。

当然，并不是所有的新闻都必须包含人名。对于一家地方台来说，报道本地一场火灾的伤亡情况理应涉及具体的人名。然而，三个外地人在途经本市的高速公路上受伤，那么他们姓甚名谁当地人就不甚关心了，新闻可以这样写：

> 三名来自密苏里州的居民在高速公路上发生车祸，由于车辆失控撞上护栏导致三人不同程度受伤，所幸伤势并不严重，并无生命危险。

但如果这三人是视听信号覆盖范围内的某一城镇上的居民，其姓名及详细住址则应该被提及。如：

> 三名来自惠特兰市的居民已从车祸轻伤中康复。他们的车于今天下午在高速公路上失控撞上路边护栏。警方也已证实伤者姓名，他们是居住在斯莱特大街300号的丹尼斯·罗斯和萨曼莎·罗斯，以及阳光路177号的皮特·弗朗西斯。

有些编辑喜欢省略门牌号，仅提及街道。是否涉及门牌号，在许多情况下取决于该地区的规模。相较于一个人口10万的地区，对只有5 000人口的小镇显然需要提供更多的细节信息。在大城市发生的此类事件可能只需要说明伤者来自何处即可，但对于仅有5 000人口的地区而言，新闻稿的第二段就需要补充更多信息：

> 伤者是在结束了一场家长教师联谊会后的返程途中遭遇车祸的。罗斯兄妹俩都在里士满高中执教。他们本来好心让弗朗西斯搭个便车回家，没想到却发生了车祸。

对于该地区的听众而言，这些更详细的信息能引起他们的注意，因为在这些人当中可能有不少都认识他们三人。即便比较陌生，也有可能因为其他原因而对这篇报道产生兴趣。例如，大部分人对里士满高中比较熟悉，有些则可能是家长教师联谊会的成员，甚至或许刚刚才参加完那场联谊会。

二、突显年龄因素

一个人的年龄信息，通常与新闻内容无关，但在某些情况下如果具备新闻价值，那么也可以提及。拿前面提到的那个车祸案例来说，显然无须提及罗斯兄妹和弗朗西斯的年龄。但是，如果罗斯5岁的女儿当时也在车上，那就应该指出来，因为她实在太小了；同样的，如果事故发生时弗朗西斯87岁的老母亲也在后座，那么她的年龄也需要被提及。

有时候在犯罪新闻中也可以提供年龄信息。如两名十几岁的男孩在交通肇事后逃逸，就应该报道其年龄。或是一个80多岁的老人试图持枪抢劫银行，那么他的年龄将是一个新闻点，因为如此高龄的人犯下抢劫案，人们绝少耳闻。

又比如在一起交通事故中，肇事车主是一名 75 岁的老妇人，她所驾驶的汽车越过隔离带撞上迎面而来的车辆。因为这也许正是造成车祸的原因之一，当然也有可能不是，但在警方确认事故原因之前，新闻报道都应该提及老妇人的年龄信息。倘若警方发现肇事车辆其中一个车轮爆胎，并猜测这或许是造成事故的原因时，也需要在报道中予以指明。

此外，还有一些情况也需要提供年龄信息，譬如某人特殊的成就或某些非常规事件。例如：

①年仅 16 岁的天才女童勇夺全院桂冠，从法学院顺利毕业。
②好莱坞六旬老翁迎娶美娇娘，新娘年仅 22 周岁。
③44 岁高龄产妇喜得四胞胎。

三、关注婚姻、孩子

通常情况下，没有必要在报道中特别说明某人是已婚、离异还是单身状态，除非这些信息与新闻直接相关。当某人因醉酒驾车而被捕时，就没有必要指出他是已婚还是单身。然而，在对市长候选人的新闻报道中，大多数民众还是希望了解其婚姻状况的，因为这很有可能成为影响投票的因素之一。当然，若是一个已结过七次婚的女明星即将和她的第八任丈夫举行婚礼，其婚史就不光是背景信息这么简单了，这甚至足以成为该条新闻的导语。

在关于是否需要报道孩子以及其他家庭成员的问题时，可视具体情况而定。例如，一位已经有了六个孩子的单亲妈妈产下了八胞胎（这是 2009 年发生在加州的轰动事件），单就独立抚养十四个孩子所折射出的母爱和人性光辉就足以构成一篇新闻。或者，在报道一名校董事会竞选者的情况时，他的五个孩子均就读于该校的信息就格外重要，选民可借此判断该竞选者是否存在从学校发展中牟取私利的企图。和婚姻状况不同，出于保护儿童的考虑，除非有关孩子的信息和新闻内容密切相关，否则需坚决予以删除。

四、防止数字歧义

为防止歧义，广播电视新闻稿中的数字表达应遵循两条基本原则：一是尽量四舍五入；二是采用文字表述。例如，"一份 60 342 960 000 美元的财政预算"就可以四舍五入简化为"超过六百亿美元的预算"。这里之所以采用文字"六百亿"（即英文中的"60 billions"）结合的方式就是为了给主播提供方便，否则在直播时遇到这一长串数字，他们会感觉非常棘手。

另外，对于"0~9"这些个位数以及数字"11"用文字（单词）的形式表达；而"10"和"12~999"以内的数字则用阿拉伯数字表达。对于 1 000 以上更大的数字，可采用文字或"文字＋数字"的方式。例如：

①离圣诞节还有十一天。
②教室里有45名学生。
③桌子旁坐着三个人。
④有600名战俘。
⑤体育场内有七万五千人。

若是个位数加百万、十亿及类似的组合就用文字形式来表达，如这项工程还需耗费三百万美元才能完工。有些新闻中出现的数字可能是小数：

①股票市场上升了6.88个点。
②本月的失业率下降了0.01%。
③海军要求再增加5.5个十亿美元的经费。

有些主播可能会这样念"股票市场上升了6点88个点"，但大多数情况下会去掉小数点并四舍五入取整为"近7个点"。另外两个例子若改写为更适合广播电视新闻播报的语态，则分别为"本月的失业率下降了万分之一"以及"海军要求再增加55亿美元的经费"。

五、戒免陈词滥调

我们都习惯使用套话，但在新闻稿中还是应该尽量避免这些陈词滥调，哪怕有些套话我们几乎每晚都能从新闻中听到。譬如，杀手总是"冷血的"；"屠杀"都是"血腥的"；而事件则是一起接一起"接踵而至"。政治选举期间媒体的各种套话更是铺天盖地，诸如"投身政治圈"（即参加竞选）、"巡回宣传"、"政治资本"、"政治足球"（即悬而未决的争议性问题）等。在救灾新闻中，救援队不是开展"拉网式搜索"就是施行"地毯式搜救"。还有一些应该杜绝的套话：

①失事的飞机是"不幸的"。
②经常上电视的不是政治家就是那些"老面孔"。
③说客号召大家"奋起抗争"。
④胜利者往往"稳操胜券"。
⑤现实让人"难以接受"。
⑥预定的计划半途"戛然而止"。
⑦意见和行动导致社会范围内的"完美风暴"。
⑧出现棘手的状况被称作"一团糟"。

为何有那么多事情需要"容后再议"？问题不解决就是"缓兵之计"？能一语带过

"耽搁了"或"耽误了"某事非要形容成"俗事缠身"吗？警察寻找失踪人口非要"展开拉网式搜索"吗？为什么不能删繁就简地用"寻找"或"搜救"来表示呢？

那些动不动就将"翘首以待""守口如瓶"和"返璞归真"挂在嘴边的记者应该被"打入冷宫"。有些记者喜欢大惊小怪，一点小事都称为"奇迹"，应该慎用该词，尤其是在那些造成了人员伤亡的救援新闻中——除非是当事人本人如此形容。

"横冲直撞"是另一个应该被取缔的"滥用语"。面对监狱犯人的暴乱事件，记者应该下功夫去了解究竟是何原因导致了这起骚乱，而不是使用一些骇人听闻的陈词滥调去夸大事件。请参见下面这个例子：

> 惠特兰市监狱的囚犯们今天下午绑架了五名狱警并焚烧囚室，他们要求州长罗伦哈根亲赴监狱进行谈判。

迈阿密一家电视台这样报道佛罗里达州立大学连环凶杀案疑犯被捕的消息：

> 今晚人们终于可以松一口气了，因为这名连环杀手已经锒铛入狱。

就在这条新闻播出后不久，该疑犯却因证据不足而被无罪释放，我们可以想象该地区的人们"心情又该沉重起来了"。这种写作方式不仅出现在新闻中，一名体育赛事直播评论员在报道美国职业篮球联赛（NBA）球员大面积伤病时也使用了类似的句子：

> 经理们正绞尽脑汁苦苦思索导致伤病的原因。

这些都是"偷懒"的写作方式。当你准备使用那些套话时，应该花点功夫好好想想，如何采用一种更新颖的方式去表达。

本章小结

本章从语言学和符号学的角度，探讨了广播语言、电视语言的诸多构成要素，以及各种要素的多样组合模式。这些论述有利于读者理解广播电视的叙述方法和表现手段。对于广播电视专业的学生来说，理解其中的要点，如广播语言的要求、声画关系等，是以后从事实务工作的认知基础。

复习思考题

1. 广播语言的三要素是什么？各有什么功能、特征？
2. 广播语言有哪几种构成模式？
3. 广播的有声语言必须遵循哪几条标准？

4. 简述电视语言"形式是金"与"内容为王"的辩证关系。

5. 电视语言系统包括哪些要素？

6. 谈谈电视新闻节目和文学性节目的声画构成模式。

7. 掌握广播电视文稿的口语化写作方法。

8. 结合自身的学习实践，谈谈你是"如何讲好中国故事"的。

延伸阅读

如何讲好中国故事？

人民网记者与青年学生畅谈党媒经验[①]

人民网西安5月22日电（邹星）　5月21日下午，"启程吧！人民红"活动第二站来到西安交通大学，与校方共同开展"跟着总书记读好书"主题活动。在圆桌论坛环节，人民网社交媒体部主任李娜、网上群众工作部主任杨佳、海外传播部主编杨牧结合自身工作经历，围绕"新时代讲好中国故事的党媒经验"主题与青年学生们分享心得体会。

微博7 923万粉丝、微信1 250万粉丝、抖音4 524万粉丝、快手3 013万粉丝……作为人民网社交媒体账号的"大管家"，李娜表示人民网已经在主流社交平台上拥有1.74亿粉丝，她以《平凡英雄》活动为例，从"有创意、酿情绪、讲规矩、要数据、拼体力"五个方面分享了传播主旋律内容的经验。

"作为党媒，我们所做的一切，都要有一个出发点，就是所有的素材都要有权威的来源，都要讲新闻传播的规律。而人民网的微博、微信用户'90后'比较多，除了讲规矩还要讲新媒体传播的规律。"

人民网的社交媒体是怎么与网民互动的？如何在青年人喜爱的平台上不失声呢？李娜告诉同学们，不同新媒体平台的互动方式不同。很多网友给人民网微博专门建了粉丝群，为了增加用户黏性，微博会组织一些抽奖活动跟网友互动；短视频平台一般会收到网友私信，都会及时进行回复。"我们只有和年轻人站在一起，看你们所看，听你们所听，想你们所想，才能和大家一起进步。"

线上听民声、线下解民忧。人民网"领导留言板"自2006年创办以来，成为中央部委和地方各级党委政府倾听群众声音的重要平台。杨佳详细介绍了人民网"领导留言板"蕴含的中国故事："互联网让党和人民群众'零距离、零成本交流'越来越便捷，这些年我们看到，无论级别，无论职务，我们的党员领导干部都特别重视通过网上平台获知工作末节或空白地带的疑难杂症，不断完善机制，建章立制，为老百姓解决问题。"

[①]　邹星：《如何讲好中国故事？人民网记者与青年学生畅谈党媒经验》，人民网，http://sn. people. com. cn/n2/2021/0522/c226647 – 34739740. html，2021年5月22日。

　　"我是学院宣传部的，对于现在大学生来说，不太喜欢看'又红又专'的内容，作为一家主流媒体，你们有这方面的经验吗？"面对西安交大学子的"犀利"提问，杨佳给出了她的回答："不妨多试试讲故事、找共情。比如疫情以来，我们党如何带领全国人民成功抗击新冠的故事，我们人民网做的战疫思政课给大学生们讲这些故事，就特别打动大家。我们通过身边的一个个故事，告诉同学们，我们的党是怎么样治理我们的国家，怎么样带着我们每一个人砥砺奋进往前走，'润物细无声'比宣和教更有效果。用青年人爱听的话来讲故事，起到的实际效果更好。包括讲好中国故事也是一样，现在中国人是什么样的情况，中国是什么样子，世界已经有了新的想法、有了新的看法。"

　　讲好中国故事，另一个重要方向就是对外传播。杨牧分享了面向海外讲述中国故事的经验。她表示，世界面临百年未有之大变局，国际关系格局"东升西降"，但是国际舆论格局依然"西强我弱"，意识形态差异和地缘政治壁垒难以被根本打破，这是我们当前做对外传播，对外讲中国故事所面临的大环境、大背景。随着中国的崛起，我们从解决挨打、挨饿的问题，自然过渡到了解决挨骂的问题。但是很长时间以来，我们做得挺好，却对外讲不好，处于被外界误解、曲解的状态中。所以，对外阐释好当代中国的发展之"道"，讲好中国故事，塑造良好国家形象，营造和谐国际环境，比以往更加迫切。一代人有一代人的担当，对外讲好中国故事，是当代媒体人的使命和责任所在。

　　"对外讲好中国故事，是团结和争取国际上的大多数。"杨牧表示，"国际舆论场上有一个现实情况，就是有一些人别有用心地怀着政治目的，故意戴着有色眼镜诬蔑和抹黑中国。我们的传播主要是争取中间群体，与中间群体寻找利益共同点和情感共鸣点，不把他们推向对立面。对外传播也是需要久久为功的，欢迎西安交大优秀的学子加入人民网这支队伍。

　　此次"跟着总书记读好书"主题活动是"启程吧！人民红"西安交通大学站的特色系列活动之一。今年，人民网还将走进全国多所高校，与青年学子交流，传递"百年追梦，奔向未来"的精神，庆祝建党百年。

第七章

广播电视传播的界面人物

本章要求

☐ 了解广播电视传播的界面人物
☐ 正确认识播音员的工作特性及修养
☐ 正确认识节目主持人
☐ 了解记者的工作特点和工作任务
☐ 正确认识记者的作用以及职业道德

界面是指物体与物体之间的接触面。① 广播电视传播的界面人物是媒介和受众之间的桥梁和纽带。就大众传播工作的特性而言，所有从事大众传播工作的人都或多或少地扮演着界面人物这一角色。这里所说的界面人物是指经常在广播电视节目中出现，以自己的声音或图像直接与受众见面的传播者，通过其报道、播讲、解说和串联等工作，实现媒介和受众的沟通与交流。其中主要是指播音员、主持人以及经常代表媒体出外从事采访报道的记者。

第一节　遍布广播电视节目系统的播音员

一、播音和播音员

随着社会的进步和广播电视事业的飞速发展，广播电视在人们的生活中扮演着越来越重要的角色。作为广播电视大众传媒的一个重要组成部分，播音员及其播音对广大受众的影响也越来越深，播音员成了家喻户晓的公众人物。

所谓播音，是指广播电视大众传媒直接面向听众、观众进行的有声语言的传播活动，是广播电视节目的重要组成部分。播音有广义、狭义之分。广义的播音是指广播电视节目中所有的有声语言的传播，包括人声、录音带以及各种音响制造工具所产生的声音效果；狭义的播音是指广播电视大众传媒的专职人员把文字稿件转化为有声语言的传播活动，是一种创造性和规范化的有声语言表达，为广播电视所特有。播音员就是指广播电台、电视台从事播音工作的专业人员，他们在话筒前或镜头前按照文字稿进行有声语言的创作活动。其基本任务是把其他记者采访、编写加工后的各类节目的文字稿转化为有声语言并向受众传播，有时根据工作需要，播音员还要直接参与采访报道和编辑制作等活动。

二、播音员的工作特性

1. 播音员是广播电视传播的最终实现者

广播电视的传播活动，是一个发现信息、选择信息、表达信息和传播信息的过程。这个过程需要记者、编辑和播音员的共同参与才能完成，而播音员则处于这个过程的最后一个环节，如果没有这个环节，那么整个传播活动就是不完整的，传播就不可能最终实现。广播和电视都是借助电子通信技术作为传播手段的大众传媒，广播借助声音的单一通道实现传播，电视则借助声音、画面的双通道实现传播。因此，播音员的播音工作就更加凸显出它的重要性，许多广播电视节目都必须经过记者、编辑采写编排后由播音员播出，把文字稿件转化为有声语言，适应广播电视大众传媒对声音的特殊要求，才能最终实现信息的传播。听众听到、观众看到的各类节目的"稿件"，是广播电视播音员的有声语言，也只

---

① 　罗竹风主编：《汉语大词典》（第七卷），上海：汉语大词典出版社 1991 年版。

有通过播音员把文字稿件声音化之后，广播电视节目才能顺利到达听众和观众这个目的地。如果没有播音员的声音传播，广播就失去了赖以存在的根本，而电视也就变成令人摸不着头脑的哑剧。通过播音员的播音，听众、观众可以明确而深切地了解、感受到广播电视节目的政治倾向、政策精神、价值取向，以及广播电台、电视台工作人员的思想水平、素质修养、采编水平和文化功底等。因此，播音员工作的好与坏直接关系到广播电视节目这种精神产品能否形成及其传播效果能否实现。

作为广播电视传播的最终实现者，播音员要以高度的责任感和准确的判断力剔除文字稿件中可能出现的种种错误，包括政治思想、语言用词等方面的错误。播音员要和足球比赛中的守门员一样，不能有任何失误和偏差，因为，即使是一个细微的错误，也会影响广播电台、电视台的声誉，影响传播效果。因此，从这一点上说，播音员又是广播电视传播活动的最后一位把关者。

2. 播音员是把文字稿件转化为有声语言的再创造者

播音员的播音是要把记者、编辑所制作的文字稿件变为有声语言。但这种文字稿件的声音化不是要求播音员机械地按照稿子"念字出声"，也不是为了展示播音员嗓音的圆润甜美，而应该是播音员对文字稿件进行再创作。在广播电视大众传媒中，播音员的播音应该以声音和画面（指电视播音员的体语形象）作为表情达意的手段，以"言为心声""声画和谐"为基点，再现文字稿件的内容、结构、思想、文采、风格、情感等，达到"清晰悦耳、形神兼备"的要求，从而准确地体现记者和编辑的全部意图。因此，播音员对文字稿件的再创造必须以社会实践为基础，以党的方针政策为指针，以文字稿件为依据，运用适当的技巧来进行。通过播音员对文字稿件的再创造，文字稿件的潜能可以被最大限度地发挥出来。比如运用不同的语气、语调，就可以把稿件中最精彩的内容突现出来，使稿件具有最大的吸引力。通过对不同播音方式的选择和运用，播音员就可以用最恰当的表现方法、表现形式，使稿件内容易于并乐于被广大群众所接受。一个优秀的播音员通过对文字稿件进行再创造，可以以文醒人，以理服人，以情感人，既能使人在潜移默化中受到启发、教育、鼓舞，又能给人以美感享受。适当贴切的再创造对稿件犹如锦上添花，令人回味无穷；而不恰当的再创造，则只会使稿件黯然失色，给人画蛇添足之感。

播音员对文字稿件的再创造可以表述为"理解稿件—具体感受—形之于声—及于听众"的过程，在这个过程中，播音员要努力达到正确理解与准确表达的统一，思想感情和语言技巧的统一，思想内容和体裁风格的统一，只有这样，才能准确、生动地传达出稿件的精神实质。要做到这一点，必须处理好下面两个关系：①文字稿件的内容和客观实际的关系。记者、编辑所采写的文字稿件是对客观事物的反映。如果播音员不能透过文字稿件去领会客观事物的运动，而仅仅就稿念稿，就文字播文字，不能把握和理解稿件的精神实质，不可能进行再创造。播音员只有把稿件的内容和群众的社会实践结合起来，把稿件和当前形势与方针政策结合起来，经常到人民群众中间去，积累大量的感性知识，为理解、感受稿件奠定基础，才能准确地把握稿件、驾驭稿件，并依据稿件的内容，创造出有声有色、声情并茂的播音成品来。②稿件的内容和形式的关系。文字稿件的内容是各种各样的，播音员在播音时该用怎样的语气、语速、语调要根据内容的需要，有的稿件适合用精确的书面语言，有的稿件需要尽量口语化，有的要求严肃稳重，有的要求亲切自然。播音员必须在传达内容、引发情感的基础上，选择适合稿件内容的播音语言和传播方式，这样的再创造才能实现最佳的传播效果。

3. 播音员是规范化语言的推广者

推广规范化语言，弘扬民族语言文化的优良传统应是播音员义不容辞的责任。由于广播电视传播范围广，受众的范围大，跨越了不同的方言土语地区，面对不同民族和不同知识结构的受众，播音员的有声语言必须规范化，从字、词、句到语音、语调、语法，都要有统一的标准，即达到规范用语的标准，而不应该夹杂各种方言土语。广播电视传播是比任何课堂都更广阔、更经常地推广规范用语的大学校，任何降低播音中纯正规范语言标准的观点和做法都只会削弱广播电视的传播效果，也不利于加快推广规范化语言的步伐。

随着我国改革开放的进一步深入，大量的外来文化不断涌入，一些不规范的语言（包括"网络语言"）和各种"洋味""港味""自创"词语也越来越多地出现在广播电视节目中。这种不规范语言在传播过程中所产生的潜移默化的作用将直接影响听众和观众，尤其是青少年受众对规范化语言的学习和汲取，值得引起广大播音员的足够重视。由于播音员在广播电视传播媒介中有着特殊地位，他们应该成为使用规范化语言的典范，并以自己规范化的语言和高标准的播音提高广大听众和观众对有声语言的鉴赏力和表现力，发挥播音员自身在推广规范化语言方面的重要作用。

三、播音员的修养

人的修养是指一个人在思想、理论、知识、艺术等方面应达到的要求。播音员的修养是指从事播音这一职业的专业人员在这几个方面所应达到的要求，它是决定播音员工作好坏的一个重要因素，是由大众传播工作的特性所决定的。一个播音员要想提高自己的工作水平，首先要在以下两方面加强修养。

1. 政治理论修养

广播电视作为新闻事业的一个组成部分，是具有强烈政治色彩的社会舆论工具。在我国，广播电视肩负着向全体人民传播革命真理和党的政策、传递信息、教育人民树立共产主义理想的伟大使命。中共中央1983年在对广播电视工作的指示中明确规定："广播电视是教育鼓舞全党、全军和全国各族人民建设社会主义物质文明和精神文明的现代化工具，也是党和政府联系群众的最有效的工具之一。"我国的播音员是社会主义的新闻工作者，他们既是信息的传播者，也是党和政府的方针政策的宣传者。坚持正确的政治方向和立场鲜明的无产阶级党性原则，是做好播音工作的根本保证。播音员以媒介的代表者的身份出现，其任务就是宣传党的路线、方针、政策，把党的政治主张最迅速、最广泛地告诉群众，这就决定了播音员必须具有较高的政治修养。具体来说有以下几点要求：

首先，要求播音员立场坚定、旗帜鲜明，在原则问题上态度鲜明，不为一时的表面现象所困扰，不为一时的风云变幻所迷惑，自觉地同党中央保持一致。2016年11月7日习近平在会见中国记协第九届理事会代表时发表题为《要做党和人民信赖的新闻工作者》的讲话时指出："一是要坚持正确政治方向，同党中央保持高度一致，坚持马克思主义新闻观，坚守党和人民立场，坚持中国特色社会主义，做政治坚定的新闻工作者。二是要坚持正确舆论导向，深入宣传党的理论和路线方针政策，深入宣传全国各族人民为实现'两个一百年'奋斗目标、实现中华民族伟大复兴中国梦进行的奋斗和取得的成就，弘扬主旋律，释放正能量，做引领时代的新闻工作者。三是要坚持正确新闻志向，提高业务水平，勇于改进创新，不断自我提高、自我完善，做业务精湛的新闻工作者。四是要坚持正确工作取向，以人民为中心，心系人民、讴歌人民，发扬职业精神，恪守职业道德，勤奋工作、甘于奉献，做作风优良的新闻工作者。一句话，就是要做党和人民信赖的新闻工作者。"① 作为党和政府的喉舌，播音员更不能因为尖锐的对峙状况而退却，或是口是心非，甚至使舆论导向偏离正确轨道。

其次，要求播音员认真学习和掌握马克思主义的世界观和方法论，具有较强的分析、处理问题的能力，能透过复杂的表面现象发掘事物的本质，并且树立自己正确的世界观、人生观、价值观，自觉抵制各种腐朽文化的侵蚀和影响，以适应新时期新闻舆论工作的需要。

最后，要求播音员必须具有强烈的群众意识，甘愿做人民的公仆，敢于、乐于为人民群众的利益赴汤蹈火，无论在什么情况下都以广大人民群众的利益为重，坚持讲真话、讲真事，实事求是地反映广大人民群众的呼声，不为个人私利而丧失原则和动摇政治信念。

2. 语言艺术修养

播音员和节目主持人一样，都是运用有声语言和听众、观众进行交流，但由于播音员的语言不像主持人的语言那样随意化、口语化，因而对播音员语言艺术修养的要求就更高。

播音员的播音必须做到字正腔圆，清晰持久，刚柔自如，声情并茂。这要求播音员能熟练掌握和运用语言学的基本理论和基本技巧，一个以语言作为基本工作手段的人，如果不了解、不掌握语言学的基本理论和基本技巧，就不可能掌握运用语言的基本功，也就不可能准确、自如地运用语言。

具备良好的语言艺术修养，首先要求播音员了解发音原理和发音器官的结构。只有这样，才有助于播音员科学地运用身体的共鸣器官，掌握科学的呼吸和发音方法，从而使声音变得响亮、优美，大大提高声音的质量。同时也要求播音员了解唇、舌、喉、齿等发音器官在发音中的作用，发音器官配合方式的不同可以发出不同的字音，掌握了这一点，播音员就可以准确地把握播音时发音的部位和方法，从而使每一音节准确到位，产生清晰、悦耳的语言效果。其次，要求播音员熟练掌握字、词、句等语言手段和抑扬顿挫、轻重缓急等表达方式，这有助于播音员的语言具有明确的逻辑指向。播音员通过语言手段和表达方式的巧妙搭配，就能表达出所播内容的特定语境、意义和内涵，从而使自己的播音刚柔自如、声情并茂。最后，播音员要拥有良好的语言艺术修养，还必须坚持不懈地进行语言基本功的训练，小到一个音节、一个词语的把握，大到对天文地理、世界知识的了解，严格、系统、持之以恒的知识训练是播音员拥有良好的艺术修养的基础和保证。正如我国著名播音员赵忠祥所说的："庄重深沉与高度修养的形象是装不出来的，路就在脚下。"他的

---

① 《习近平论新闻舆论工作》，人民网 -《人民日报·海外版》，http://politics.people.com.cn/m1/2018/0822/c1001 - 30242696.html，2018 年 8 月 22 日。

成功之路就是他自己一步一步走出来的。自20世纪60年代初起，他就开始了有助于自己播音工作的各种学习。也正是这些持之以恒的学习，在60多年后，广大听众和观众仍然为他炉火纯青的播音所倾倒。

四、新闻播音的特点和要求

播音语言是指播音员通过某一大众传播媒介传播的有声语言，由于受到媒介条件和大众传播方式的双重制约，因而它和生活语言有着显著的区别。两种语言的区别见表7-1[①]。

表7-1　生活语言与播音语言比较

生活语言	播音语言
思维的自然流露，表现为外部有声语言	照稿读音，把稿件内容转化为自己的思想
感情的自然流露，表现为外部有声语言	站在媒体的立场上播读编辑的稿件，或转述介绍政令、社评、文章
不严谨，不一定合乎语法的语言。句子短，意思上可以不断重复，说出来觉得不足还可以随时补充	书面语。表意上一次完成。即使通俗口语化的稿件也是合乎语法的、严谨的、简洁的，但不免有带着附加成分的长句
有具体的语言对象。随着对方语言或表情等信息的传达，使自己的思维感情不断变化	面前没有真实具体的语言对象
从听众角度上说，生活语言有身态语言，如表情、手势等辅助手段	听众理解内容只靠声音的表达

从表中的对比可以看出，播音语言要受到许多条件的限制，一方面要吸收生活语言的优点，如通俗化、亲切感；另一方面要摒弃生活语言的随意性、粗俗化、低劣化。播音语言是对生活语言的筛选、加工、提炼，是一个净化、纯化的过程。新闻播音是播音员在稿件的基础上，运用多种语言表现手段把书面语言变成目的明确、态度鲜明、富有感染力的有声语言。它要求播音员不仅要把稿件的内容忠实地叙述出来，而且要把稿件中蕴含的观点和态度明确无误地传达给受众，因而，新闻播音语言有着独特鲜明的特点和要求。

1. 准确

准确是播音语言最主要的特征。新闻是对新近发生事实的报道，其主要目的是告知受众发生的事实，因而新闻播音语言必须力求准确。这里所说的准确包含两个方面的内容：一方面是要求新闻事实的叙述必须准确，即5个"W"和1个"H"等新闻要素的表述一定要清楚无误。这样才能传达准确的信息，给听众或观众留下深刻的印象。要做到这一点，新闻播音必须声音自如、吐字清晰、咬字准确、语言连贯流畅、干净利落、不拖泥带水，同时对于轻重音和语调的处理必须准确到位，既要有起有伏、抑扬顿挫，突出新闻事

---

① 吴新：《试谈播音八股腔及语言生活化》，《北京广播学院学报》1984年第1期。

实的重要内容，又不能使语言变化幅度过大。

例如，电视新闻《代表民心的四次掌声》："国务院总理李鹏在今天上午的八届人大一次会议上仅用了 370 余字谈及中英香港问题，就赢得了 2 800 多名人大代表的四次热烈的掌声。"记者用"370 余字""2 800 多名""四次"等一组数字表达出新闻的内容，显然，播音员在处理这条新闻时也必须注意这个特点，避免用平铺直叙的口气，而要加强这组数字的语气、节奏变化。"仅用了 370 余字"要用明显上扬的语调，然后通过"370 余字"和"2 800 多名"的对比，积累情绪，最后在"四次"上达到高潮，既清楚准确地表述新闻事实，又对观众产生强大的吸引力。

新闻播音语言必须准确包含的另一方面内容是要求播音员把新闻稿件中的观点、态度明白无误地传达给受众，这就要求播音员必须根据新闻事实发展的脉络、前因后果和逻辑关系条理清晰、层次丰富地把事实报道出来。通过语气、节奏、语调的变换和呼应，既注意恰当地变化、突出重点，又注意保持整条新闻基调的统一。《代表民心的四次掌声》这条新闻既是严肃庄重的：新闻再次强调了中国政府在香港问题上的严正立场；又是亲切明快的：它充分体现了民心所向。把握了这一基调，就可以把新闻中的"仅""370 余字""香港问题""2 800 多名""四次"和"热烈"分别加注逻辑重音予以强调播出。这样，整条新闻的内涵便能表现无遗。

2. 平实

平实就是要求播音员在播出新闻时声音、语言要质朴自然，即叙述要分寸得当，不过于夸张，表达观点时要明确得体，不咄咄逼人。既要保证新闻的特性得以体现，又要亲切自然、平易近人，给听众以真实可信之感。

例如新闻《总书记关心菜篮子》表现的是总书记深入基层调查市场供应和物价的情况，体现了党和国家领导人对人民群众生活的关切之情，因此，整条新闻的语言应该是自然、亲切的；但当总书记提到"搞好物价工作极为重要"时，语气又应该是严肃慎重的。只有这样，才能体现出国家领导人和群众的密切关系，才能体现出国家领导人把群众生活当成头等大事的深刻内涵。

又如新闻《成都个体屠宰制售注水猪肉现象严重》，由于这条新闻是对人民群众中的落后思想、不良现象进行批评，更要注意播音语言的适当得体，不能以耸人听闻、制造轰动效应的口气，而应以严肃中肯的语气基调来播音，只有这样才有助于促使有关部门解决问题，否则，就会导致负面效应。

3. 富有节奏感

由于一个新闻节目通常会包含多条新闻，有政治新闻、社会新闻，也有知识趣味性新闻，因此，新闻播音语言对于节奏的把握也显得非常重要。例如，政治新闻要平缓严肃，社会新闻要明快亲切，知识趣味性新闻要轻松活泼。只有运用恰当的节奏播出不同的新闻，才能够准确地表达出不同新闻的思想内涵，体现出不同新闻的特性，同时也能通过错落有致的节奏变化，形成某一新闻节目的特色，充分调动听（观）众的收听（视）积极性，获得良好的社会效应。

五、我国的新闻播音方式

任何一条新闻都必须通过播音员的播音才能得以传播，恰当的播音方式可以使新闻生动活泼、亲切自然，而不恰当的播音方式则可以使新闻松散沉闷、单调呆板，由此可见，恰当的播音方式在表现新闻特色、取得良好传播效果方面发挥着巨大作用。

长期以来，我国的新闻播音界大多采用比较庄重规范的"播读式"。这种播音方式由于吐字力度强、语句规范、语气庄重，较少有节奏变化，因此它适合于时政新闻、社会新闻、经济新闻等多种新闻的播送。但正是由于它自身缺少变化，并且在众多新闻节目中总以同一腔调出现，也使得我国的新闻播音给人的总体印象是"严肃有余而活泼不足，单调，缺少变化"。目前，我国新闻播音方式主要有如下三种：

1. 播读式

我国的新闻机构是党、政府和人民的喉舌，担负着宣传党和政府的路线、方针、政策，反映人民群众呼声的任务。因此，传统的播读式播音由于具有"字正腔圆、语言规范、严肃庄重、有条不紊"的特点，适合于播送国家法令、公告、章程、决议、声明等文件以及某些重要活动的新闻报道，如党代会、人大会议、政协会议、重大外交活动等。这类新闻内容重要、听众广泛，采用播读式播音，既可以准确地叙述新闻事实、鲜明地表明立场和态度，又便于各种层次的受众接受，因而对于社会舆论的形成有着重要影响，但在同一节目中，这种方式播音的时间不宜太长，以免给人千篇一律的印象。

2. 播讲式

这种播音方式介于播读与讲解之间，采用更接近日常讲话的方式来播报新闻，适用于动态新闻、科技新闻、社会新闻以及知识性、趣味性新闻的播音。这种播音方式可以缩小播音员与受众之间的距离，增加播音员的亲和力，使播音亲切、自然，既体现出新闻的特点，又富有变化，给听众以新鲜感，但在一些重要新闻的播报中，这种播音方式在庄重性方面则稍显不足。

3. 谈话式

这种播音方式吸收了播读式的吐字准确、规范，也吸收了口语的亲切自然和机敏灵活，使新闻的播出如同老朋友之间的谈话一样随意自然。在广播新闻节目中，谈话式的播音方式尤其容易吸引听众。这种方式主要适用于知识性、趣味性新闻和社会新闻的播出，尽管它的适用面较小，但通过它和播读、播讲方式的巧妙穿插和结合，就可以使整个节目形式生动活泼、富于变化，也有助于新闻节目形成鲜明的个性。

随着我国新闻事业的不断发展和广大新闻播音员的不懈探索与创新，一大批播音风格清新、节奏明快、富有强烈时代感的新闻节目开始涌现。例如中央电视台的《新闻30分》、中央电视台第四套国际频道的《中国新闻》等节目，这些都说明我国的新闻播音工作正朝着多样化、多风格的方向发展。以播为主、播采结合开始成为我国新闻播音的发展方向，在继承和发掘传统播音的优势与特点的基础上，一方面，许多记者开始出镜采访，走进现场，直接向观（听）众播音报道，把观（听）众带进新闻现场，使观（听）众获得最多、最可靠的信息；另一方面，越来越多的播音员开始走出播音室，实际参与较重大新闻事件的采访，通过他们对新闻现场和新闻事态的感性认识，加深观（听）众对播音文字稿件的理解，从而大大提高了播音的质量。

总之，随着新闻工作改革的深入，各种各样的播音方式势必会不断涌现，只有把播音方式和新闻内容充分结合起来，我们的新闻播音工作才会再上一个新的台阶。

第二节　电视新闻节目播音角色研究①

播音员、记者是电视台对出镜新闻报道人员的称谓，是最能体现电视台精神风貌及其喉舌功能的工种。电视新闻的播音，是电视台发挥喉舌功能，将新闻节目内容准确传播出去的重要环节。这一环节工作的角色，我国称为"播音员"，国际上统称为"主播"；在新闻现场采访播报新闻的角色，国内外都称为"记者"。国内外电视界对电视新闻播音这一角色的认识几无差异。

20世纪90年代初，随着主持人、主持人节目之类的名称在我国广播、电视的生活类、综艺类、少儿类等栏目中流行开来之后，"主持人"这个内涵宽泛、定位欠确切的概念也开始渗入电视新闻栏目，使得本已有准确含义的"播音员""记者"两个专业名词发生了变异，一些地方电视台新闻栏目播音员竟也稀里糊涂地戴起了这顶本不该属于自己的"主持人"帽子。

一、"主持人"是电视新闻节目中子虚乌有的角色

电视新闻节目中有主持人角色吗？没有。中国大陆没有，中国台湾和香港没有，电视媒体发达的日本、美国、英国也没有。只要稍微考察海内外电视界对"电视新闻播音"这一工种的介绍就不难发现，"电视新闻节目主持人"这个子虚乌有的角色，是少数学者闭门造车的意念产物。

1. 海（境）外电视界客观地将 Anchor 译为"主播"和"新闻报道员"

我国大陆一些探讨电视新闻主持人的文论有个共同特点，言必称海（境）外是如何谓 Anchor 为"新闻节目主持人"的，以示出言有据，且是海外引进。其实，在海（境）外电视界根本没有"新闻节目主持人"一说，有的只是主播、新闻主播、新闻报道等体现"播音"特点的同义、近义的称谓，罗列如下：

在美国，报纸评议电视新闻节目是个热门话题，美国本土出版的中文报纸均将 Anchor 译为"主播"。

在日本，日本放送协会（NHK）电视新闻节目中，播音员出图像时会标出字幕"主播井太一郎"等字样，日本人将 Anchor 译为"主播"，没有汉译的主观引申之嫌。

---

① 本节节选自黄匡宇著《理论电视新闻学》（中山大学出版社1996年版）一书，文中涉及诸多关于电视新闻节目主持人研究的早期资料，对于当今读者关注、研究"主持人"尚有诸多借鉴、启迪作用。

在中国台湾，Anchor 前会加上修饰成分，写成 News Anchors，译为"新闻主播"，译意引申客观而严谨。

在中国香港则用 BBC 的惯用术语，称主播为新闻报道员。

过细地考究词义本身的含义也许没有多大价值，但海（境）外诸多国家、地区在电视新闻节目中不使用节目主持人这一概念，而在其他艺文类轻松消闲节目中有主持人角色的事实表明，海（境）外电视新闻传播运作中，都不用"节目主持人"这一概念。我国内地一些人将此概念强加在"海外"，然后再篡改为"海外引进"的虚无做法是不可取的。

2. **我国内地有些文论主观地将 Anchor 译为"新闻节目主持人"**

有学者称"节目主持人是舶来品，主持人一词的英文是 Anchor，其原意是接力赛跑中跑最后一棒的运动员。Anchor 一词引申到广播电视节目中，即指这个人必须有能力把各种新闻稿件、新闻片和现场新闻报道等经过精心串联，有机地组成一个整体，起主导和驾驭整个节目的作用"①。引文中的着重号是本书作者加的，意谓那些含义是原作者的主观认识，是 Anchor 本义中无法引申出来的含义。

有文论《美国教授谈节目主持人》② 将 Anchor 译为"新闻节目主持人"。作者是以"中国电视节目主持人代表团"成员的身份访问美国纽约大学电影电视系等三所大学后向国人介绍"新闻节目主持人"这一概念的。为了印证这一概念译意的不准确性，笔者查阅了《美国大众传播学教育概况》③ 一书。该书介绍了包括该作者所到过的纽约大学在内的32 所大学，书内介绍为本科生、硕士生所开的 1 288 门必修课和选修课中有播音学、演讲学、辩论研究、发音初级教程、发音中级教程、高级新闻报道等涉及语言传播的课程不下150 门，但就是没有"主持人"之类课程的影子；书中介绍 456 位任课教师（博士、讲师、正副教授）的授课及研究方向，也没有一位涉及"节目主持人"这个内容。由此我们不难客观判断《美国教授谈节目主持人》的作者运用翻译过程中的概念错位方式，转译为"新闻节目主持人"。作者既是以"节目主持人代表团"成员身份出访美国，而美国正统的电视新闻节目中又没有"新闻主播"一说，于是主随客便，美国人在介绍情况时顺着中国客人的意思也在情理之中。中国客人这种主观意愿并不影响美国电视新闻界对主播这一角色的一贯理解。

二、海（境）外电视新闻节目主播角色阐析

台湾留美电视学博士黄新生在其专著《电视新闻》中介绍说："新闻主播是电视新闻部非常重要的职务，仿佛是电视台的代表人物或新闻发言人。美国三大电视联播网的新闻主播皆出身于采访经验丰富的记者，具有新闻专业技术，才华横溢，企图心旺盛。他们不但播报新闻，而且实际参与新闻的运作，亲自涉入新闻的采编写事宜，其新闻判断能力与敬业精神令同事佩服。"④

---

① 陆锡初：《节目主持人概论》，北京：中国广播电视出版社 1991 年版，第 56 页。

② 白谦诚：《美国教授谈节目主持人》，《声屏世界》1996 年第 3 期。

③ 李晨辉等编译：《美国大众传播学教育概况》，武汉：武汉测绘科技大学出版社 1991 年版。

④ 黄新生：《电视新闻》，台北：远流出版事业股份有限公司 1994 年版。

香港中文大学新闻与传播学系公开出版发行的刊物《大学线》1995 年 11 月的一篇《电视新闻报道员新不如旧》中这样介绍美国的电视新闻主播："在美国，三大电视网络都各自拥有新闻明星，如 ABC 的 Peter Jennings，CBS 的 Dan Rather 以及 NBC 的 Tom Brokaw，他们都是由记者晋升而成为新闻报道员，拥有多年工作经验。一位成功的新闻报道员，对美国电视台来说是非常重要的，因为他就像是该台的象征，而且地位超然，平时只负责报道新闻，遇到重要事情时，例如访问总统，才出外采访。"[1]

香港无线电视新闻及公共事务助理总监梁家荣曾强烈对记者表示，无线电视不会制造明星，电视新闻报道员既然是新闻部与观众接触的第一媒介，故此对他们的仪容或声线（音质）要求高实在是无可厚非，但这并不是最重要的因素，因为新闻的内容和素质才是最重要的，所以实在没有必要吹捧某一个新闻明星，使之成为该台的象征。

亚洲电视新闻总监邱喜耀则认为，新闻制作的过程是整个新闻部努力的成果，而不是一个人或一组人的功劳，因此没有必要刻意令某个受欢迎的报道员增加曝光率，当然，旗下的新闻报道员也可以有个人的风格，但不能影响新闻的客观公正传播。

香港有线电视台新闻总监赵应春亦同意两台的立场：我不相信一个美丽的面孔可令一个台变得"巴闭"（了不起、不简单），而香港亦没有一家电视台刻意去标榜某一个面孔作为该台的明星，只是日子久了大家对某些名字的印象变深了而已。赵应春还指出，并没有实际数据显示拥有某些新闻报道员便能令收视率提高；反之，没有出色的采访主任或编辑，才会影响到一个电视台新闻节目的生死。[2]

以上引论，清楚地告诉了我们这样一些现状和认识：

在海境外，播音这个角色被称为主播或新闻报道员，他们都经历了记者生涯的磨炼，有着丰富的新闻经验。尽管他们"地位超然"，是电视台的象征，但"平时只是负责播报新闻"，偶尔参加一些重大活动的采访（如美国 CBS《晚间新闻》节目前主播沃尔特·克朗凯特就采访主播过有关越南战争、水门事件、阿波罗 11 号宇宙飞船登月、肯尼迪遇刺等重大事件）。对于一个播音员（主播、新闻报道）来说，参与一些重大活动采访播报实在没有大肆张扬的必要，因为这是他们必然会遇到的工作，张三不在有李四。

为了将沃尔特·克朗凯特等人扭转为所谓的"新闻节目主持人"形象，国内一些文论根本不顾当时的客观情况，如克朗凯特参与报道阿波罗 11 号宇宙飞船登月，电视台请有关科学家撰写了近 5 万字的背景材料供他使用，这个新闻播报完后，不少观众称赞内容丰富，也有不少观众批评错漏太多。而我国的一些书刊却将他吹得比科学家还专业，说他如何"博学多才赢得了观众"。由此令人想到中央台播音员赵忠祥，他自 1960 年正式上岗播音，到 1985 年离开《新闻联播》，有 25 年的播音经历。才上岗半年他就以唯一男播音员的角色和沈力（女）一道参加了 1960 年国庆转播实况的工作，而后又有过出访美国专访美国总统卡特的经历。如果要宣扬，不是也大有文章可做吗？赵忠祥所从事的这些播音、采访工作，首要条件是工作"需要"，而不是个人能耐的大小。还有播音员罗京、李修平、李瑞英等都有过随国家领导人出访的经历。作为国家级电视台的播音员，他们没有相当的

① 《电视新闻报道员新不如旧》，（香港）《大学线》1995 年 11 月。
② 《电视新闻报道员新不如旧》，（香港）《大学线》1995 年 11 月。

新闻工作能力,有可能上岗吗?没有一定的业务知识水平的话,不是很快便会被替换掉吗?他们能参与各种采访活动,都是新闻事件发展之使然,并非什么个人天才的结果,此乃"时势造英雄"。所以,面对国内外播音员、主播、新闻报道员们的工作,我们主要是考察他们播报新闻的任务完成得如何,而没有必要将他们偶尔为之的工作(如参与次数有限的采访活动)说成是他们的主业。诚如赵忠祥等人虽有访问名人的经历,但在观众心目中他们还是播音员,而不是记者。

国内一些文论为了论证自己提出的"新闻节目主持人"的重要性、必要性和可能性,多以美国的克朗凯特、芭芭拉·华特丝等人为例证,以扭转角度、翻译错位的方式为他们戴上"主持人"的帽子。如果"主持人"的内涵也是指"平时只是负责新闻播报,遇到重要事情时,例如访问总统,才出外采访",将主播、播音员、报道员与主持人画上等号亦未尝不可,这正如一个人可以有名与字一样。关键问题是,这些文论是将不同主播们做过的大小事情集合起来,塑造出了一个万能神通、不可能实现的"新闻节目主持人"职责内涵:他"是前台的代表,后台的核心。他应是节目的指挥者、设计者和组织者。他不仅对一篇稿件、一次节目、一个环节负责,而且对这个节目的每次播出都通盘考虑、负责到底,他把节目的主旨融于选题、采访、播音、制作等节目生产的全过程,以第一人称'我'直接与听(观)众交谈……"①

这个集多工种于一身的"主持人"角色,个人即使有三头六臂也无法施展拳脚。所以,亚洲电视助理新闻总监才会有"新闻制作过程是整个新闻部努力的成果,而不是一个人的功劳,因此不会刻意令较受欢迎的报道员增加曝光率"的观点,才能做到重视整体的力量而不过分推崇个人的作用。

正当国内的一些文论在推崇想象美国播音员的个人职能与魅力时(其实在实际工作中,美国三大电视网对新闻节目也是有诸多限制的,如"主播在超越节目播报任务参与重大新闻采访时,要得到主管经理的允许"等),美国人则在反省、批判"主播"明星制的种种弊端,电视台的记者编辑将其称为"800磅猩猩"并发症,抱怨这些"主播怪物"侵占播映时间、争夺重大突发新闻的报道权②;"一些政治研究学者对电视新闻专门从事娱人耳目的说故事报道方式,提出了严正的批评,指出在总统大选期间,收看全国新闻,丝毫不能增进选民对政见的认识。讽刺的是,党派付费的影片或广告,反而有助于选民在这方面的了解,他们把这种现象,归咎于电视网在有限的新闻时段里,只注重视觉性、戏剧性的报道之故"③。

透过这些意见,我们不能不再一次称道香港同行重视行业团队合作的认识之正确,由此我们应该想到文化的差异给电视新闻传播形式带来的深刻影响。从以上介绍的海(境)外对"主播"工作内涵的界定看,美国三大电视网的"主播"们的主要工作是播报新闻,他们允许明星制的存在,也追求节目的轰动效应(看过美国电视新闻的观众一定会发现,美国电视新闻主播的脸部表情,远比日本或中国台湾、香港地区的新闻主播丰富,几乎每

---

① 王永涛:《简析当今中国广播电视节目主持人理论中的几个误区》,《中国广播电视学刊》1996 年第 2 期。

② 黄新生:《电视新闻》,台北:远流出版事业股份有限公司 1994 年版,第 162 页。

③ 乔治·康姆史达克著,郑明椿译:《美国电视的源流与演变》,台北:远流出版事业股份有限公司 1992 年版,第 81 页。

一个美国电视新闻主播，都以各种表情，包括笑、挑眉毛、摇头等动作来强调新闻内容，有时候甚至双主播、体育记者和气象播报员四人一起开玩笑，热闹非常），这个总体特点与美国人长期养成的幽默、活跃的民族性格及文化特点不无关系；中国香港几位电视业总监对"主播"的看法则集中地表现了华人对信息追求的平实、诚信的特点。中国香港电视界不重明星重整体的战略观点，和美国电视界倡导个人明星的传播追求，形成鲜明的对照。

我国电视从业界和理论界在关注海（境）外电视新闻的竞争与发展时，如何择其优者为我所用，应该从国情出发，谨慎借鉴与吸收，完全没有必要借一两个克朗凯特、华特丝的几次采访表演为在中国制造"电视新闻节目主持人"而推波助澜。

三、中国的电视新闻播音去向何处

本节的第一部分从概念的演绎上论证了电视新闻节目主持人是个子虚乌有的角色；从新闻实际运作看，主持人角色也很难进入新闻领域，中国的电视新闻播音还是以传统定位为主，在精益求精中求得发展。

1. 主持人角色不适宜从事电视新闻传播活动

主持人的定义很多，但有一点很统一，那就是主持人是某节目的总管。节目制作及播出时，主持人可以充分发挥其个人特点，以"我"的身份、个人的观点与观众交流。

新闻活动是一项真正的大众传播活动，它要求传播的信息客观公正、没有个人色彩的掺杂。基于这个认识，从新闻采集到新闻发布，都不应该是个人身份的行动，即便是记者独立采访，他也是新闻机构的代表。既然这样要求，主持人的个人特色就无从施展，所以说，以主持人的身份，是不能从事新闻传播活动的。

在我国，新闻媒体是党的工具、喉舌与旗帜，丝毫也不能含糊，是绝不允许个人色彩浓重的主持人涉足电视新闻领域的。因"播出安全"管理的需要，播出前的三级三审制度也完全没有"主持人"染指的机会。

在美国行吗？不行。美国三大电视网只有新闻节目"主播"，他们平时是以播稿为主，有重大事件也参与采访，美国也没有那种权力无边的"主持人"。可是我国的一些学者或从业人员偏要将"主播"与"主持人"画上等号，然后再作脱离实际的"论述"。

孟远在《试论我国节目主持人事业发展的战略抉择》一文中说："主持人节目强调的是主持人的个性观点，西方社会生活和新闻理论都标榜'民主'与'自由'，因此，他们允许主持人对新闻事件发表个人的观点；而且越是敏感、尖锐的问题，主持人越容易以自己个人见解来讨好和左右受众"[1]。在美国，新闻记者有其制度下的"自由"，但也绝不会如孟远所想象的有那种没有丝毫制约的自由。

我们以美国全国广播公司（NBC）的《新闻报道业务准则》（以下简称《准则》）的有关内容来洞察该公司对记者有什么制约。《准则》共有32节，全文约1.8万字。

在"评论、述评"条目中，《准则》规定："NBC新闻中心无权就这个问题或那个问

---

[1] 孟远：《试论我国节目主持人事业发展的战略抉择》，《中国广播电视学刊》1996年第2期。

题、这位或那位候选人发表编辑部意见。其工作人员也无权就某个问题或某位候选人表示'赞成'或者'反对'的态度。他们不能越出对事实进行报道的范围，不能发表自以为是的声明。记者如果把自己看作是传教士，他就不再是新闻报道员了。"

在"新闻材料的播用"条目中，《准则》规定："任何一件新闻材料，未经 NBC 新闻中心领导同意，都不得在任何节目中播用。NBC 新闻中心执行禁止新闻材料在娱乐节目中播用的政策。"[1]

以上摘自《准则》的两段内容告诉我们，在美国的电视业中（尽管这只是 NBC 的准则，但其他两大台的准则大同小异），记者的采访活动是有诸多规范的，并非孟远所描绘的那样无拘无束。以上引述也否定了"主持人"那种个性为上的角色得以在美国屏幕上成活的可能性，进而提醒国人，海外的电视新闻节目中没有主持人，有的只是权力有限的"主播"，切莫将"主播"与"主持人"画等号。

在台湾地区行吗？也不行。台湾地区的电视新闻同样实行"主播"制，主持人在台湾的电视新闻节目中同样行不通。1996 年 6 月笔者赴台湾大学参加学术讨论会，专门考察了台湾地区三大电视台的新闻运作状况，获知各台对记者的采访编播都有一整套部署与检查制度，丝毫也不含糊。笔者在台湾电视公司（TTV）考察时，该公司副总经理李圣文先生和新闻部经理李四端先生接待了笔者。李四端是台湾电视公司《晚间新闻》栏目的主播，笔者问他有多大的稿件处理权限，李四端说："播报人（主播）所负的编辑权就是编排稿件播出顺序，这个顺序是经过讨论的，但播报人可适当调整稿件的先后顺序。"当被问到是否有新闻检查时，李四端说："有检查程序，而且很严格。"

从美国到中国（包括海峡两岸暨香港、澳门），在不同的社会制度、不同的政治理念下，却有着相同的认识：对待新闻不能含糊。也有相同的措施：加强新闻检查。因此我们可以说，主持人角色的性格追求和新闻传播的诸多要求有着无可调解的矛盾，主持人根本不适宜从事电视新闻传播活动。

2. 主持人有碍新闻传播效益的提高

提高传播效益，是电视新闻传播致力追求的目标。好的传播效益可以提升电视台的整体形象。从传播学角度来看，主持人这个角色在电视新闻传播过程中产生的是负效益。

从传播要素上说，信息发送者是传播的主体。发送者可分为个人发送者、群体发送者（如社区、邻里的媒介）和组织发送者（某一级政府、国家、政党的媒介）三类。信息的接收者是传播的客体。

从客体接收新闻信息的心态上分析，人们普遍认为组织发送者的信息最可靠、群体发送者次之、个体发送者的信息可靠度最差。人们所持这种心态，反映了新闻传媒的客观状况。组织传播者，人财物丰沛、组织运作严密、信息来源丰富、内部制衡有序，是群体传播者和个体传播者所不可比拟的。

如果主持人角色进入电视新闻领域，处处以"我"表现，必然引起观众对信息传播可信度的质疑，最终导致观众对电视台信任度下降而影响收视率的提高。

台湾《电视周刊》第 1759 期（1996 年 6 月）的《美国个人电视台大滑坡》指出：

---

[1]　金初高：《美国全国广播公司的新闻报道政策》，《声屏世界》1995 年第 11 期。

"美国原有的近百家租用频道的个人电视台，由于信任度下降和经济拮据，到 1995 年底已关闭了 60 多家，观众们抱怨这样的电视台信息来源不可靠，不值得为他们个人风头表演付费……"

这个例子印证了"个人发送者"易遭失败的原因，同样可以启发我们看到，一旦主持人涉足电视新闻领域，将会出现什么样的负面后果。

3. 以播为主，播采结合是我国电视新闻播音发展的方向

电视新闻播音，在我国已有相当成熟的套路，在广大观众中也建立起了互信、默契的收视习惯，播音员出镜头口播或是画后录播，都能准确、清晰而有节奏地传递信息，我们要珍惜通过几十年摸索所建立起来的模式。

在以传统播音为主的基础上，应该提倡记者出镜头采访、播报，这一方式的传播心理效应是记者带领观众去新闻现场观看，可让观众获得最多最可靠的信息。目前现场采访质量有待提高，应在适当问话的基础上增加现场播报的时间，如果镜头总是对在问答双方身上，将会形成一个新的呆板而无信息量的模式。

同时，还可以适当让播音员参与较重大新闻的采访活动，以提高他们对新闻现场及新闻事态的感性认识，有益于加深对播音稿件的理解，提高播报质量。

尽管屏幕外节目主持人问题炒得沸沸扬扬，我国电视新闻实业界还是恪守自己的原则，中央电视台《新闻联播》的播音员名字前从未标署过"主持人"之类的头衔。许多记者出镜的栏目，也明确地标着"记者"某某字样。这种职业坚守，反映了业界对自己所承担角色的正确认识，值得赞赏！

为与国际潮流接轨以适应海外观众的收视习惯，中央电视台第四频道（国际频道）已经采用了"主播"这个名称，节目如何运作也正在摸索中。由此，联想到我国那么多省台节目上卫星，实际也存在着与国际接轨的问题，但改不改成"主播"的称谓不是最主要的。国际上的电视新闻节目，同样是以播为主，辅之以现场采访，当前我们所面临的问题是如何让今天的新闻多一些，时政的新闻深一些，社会的新闻活一些，整体包装精一些，只有不断提高，我们的卫星新闻才会真正走遍地球村，真正进入亿万寻常百姓家。

四、电视新闻节目"播音员"概念的异化与其他节目"主持人"

"播音员"概念的异化，是指 20 世纪 80 年代末至 90 年代初在中国电视台业界出现对"播音员""出镜记者"等职业称谓"异化"为"主持人"的现象。在我国改革开放初期的语境下，突破旧观念、关注新现象往往成为社会"改革"的热点。于是，美国广播电视界的"主播"概念就被我国一些学者嫁接过来，将"播音员"异化为"主持人"。

"主持人"真能"主持"我国的广播、电视节目的传播吗？推送"主持人"概念的学者、业者们，完全无视我国大众传播媒体从稿件（节目）策划、采编到播出的三审制度，导致播音员、记者等正规业务身份出现"两张皮"现象。

所谓"两张皮"现象，是指"播音员"上岗资格是业务职称的特级播音员、高级播音员、一级播音员、二级播音员、三级播音员（对应人事职称为正高级、副高级、中级、助理级、员级），他们出镜做节目又自诩为"主持人"。所谓"主持人"欲获得国家的劳动人事职称，又得按"播音员"条例一一对应参评。主持人"两张皮"现象就这样尴尬地延续至今。

鉴于"播音员"概念长期与"主持人"概念混同，又鉴于新闻节目之外的播音员确实不像新闻节目播音员那样形象端庄、语言严谨，本书亦通过以下节点简单论述。

目前，关于非新闻类节目主持人的定义有以下四种：

（1）节目主持人是广播电视节目在演播阶段的组织者、指挥者，是节目与听众、观众之间感情、信息交流的桥梁纽带，也是节目的代言人。①

（2）节目主持人指这个人必须有能力把各种新闻稿件、新闻片和现场新闻报道等经过精心串联，有机地组成一个整体，起主导和驾驭整个节目的作用，是节目的设计者，节目方针的体现者，节目内容的组织者和主播者。②

（3）节目主持人是节目（或栏目）出声、出面的组织者和驾驭者，以有声语言为主干或主线，要以真实的、比较稳定的身份为听众或观众服务。主持人可以参与节目的采访、编导、制作，但必须成为节目本身的重要的构成因素，使节目的整体和谐统一而不游离于节目之外。③

（4）节目主持人是在广播电视中以个体行为出现，代表着群体观念，用有声语言、形态来操作和把握节目进程，直接、平等地进行大众传播的人。④

时至今日，社会上对主播、主持人的认知、表述各有特色，但共同的核心观点都保留了西方广播电视主持人的本质内涵：张扬主持人"个性"与主持人对节目的掌控。这一诉求显然与我国广播电视传播数十年一贯强调"安全播出"的政治管理目标相左，到2021年，我国从中央到地方各广播电视（频道、频率）的时政、社会等主流节目还是经过编辑、主任（栏目主管）、副台长（或中心主任、主编）三审之后交给"主持人"或"播"，或"念"，或"讲"，其间可以融入的只是"哼""哈"等个性语气词的铺垫，"主持人"的称谓实质上是徒有虚名，只不过是播音员的概念异化，其本质还是履行播音员的职责。也许正是"主持人"追求的"个性化"程度与"节目掌控"能力无法科学界定与评估，所以在我国广播电视专业技术职称评定中，"主持人"一直榜上无名，执行的还是"播音系列"的标准。

1. 播音（主持人）的分类

（1）综艺节目播音（主持人）（串联、报幕）。主要是指各种文艺节目、晚会的主持人。如中央电视台的《综艺大观》《正大综艺》《音乐电视城》，中央人民广播电台的《今晚八点半》《歌声传情》《精品唱片欣赏》等节目的主持人，节目经前期三审，主持人可轻松有限发挥。

（2）专题性节目播音（主持人）（播音）。如中央电视台的《军事天地》《人与自然》《夕阳红》，中央人民广播电台的《法制园地》《体育节目》等节目的主持人，节目经前期

---

① 任远：《论节目主持人》，《北京广播学院学报》1986年第2期。

② 陆锡初：《节目主持人概论》，北京：中国广播电视出版社1991年版。

③ 赵玉明、王福顺：《中外广播电视百科全书》，北京：中国广播电视出版社1993年版。

④ 俞虹：《节目主持人通论》，杭州：杭州大学出版社1996年版。

三审，主持人可有限发挥。

（3）知识教育性节目播音（主持人）（播讲），包括一些以传授各种知识，对听众、观众进行教育的节目主持人。如中央电视台的《读书时间》《美术星空》等节目的主持人，节目经前期三审，主持人可轻松有限发挥。

（4）服务性节目播音（主持人）（播讲、策划），包括经济服务、信息服务节目的主持人。如中央电视台的《生活》《供求热线》等节目的主持人，节目经前期三审，主持人可灵活有限发挥。

（5）少儿节目播音（主持人）（串联、栏目组织），包括对青少年学生、儿童进行教育和服务的各种节目的主持人。如中央电视台的《大风车》《动画城》《第二起跑线》《12演播室》等节目的主持人，节目经前期三审，主持人可轻松有限发挥。

2. 播音（主持人）的地位和作用

（1）播音（主持人）的出现有助于改变传播模式，增强传播效果。

主持人借助广播电视大众传播媒介，把人类传播的多种形式（人际传播、团体传播）融合进去，使大众传播具有人际传播、团体传播的亲近性、融洽感和双向交流的特点，满足了听众和观众希望与传播者进行交流、沟通的要求，使传播效果得到了强化。

例如，广播媒介利用主持人信箱节目和电话热线节目，通过主持人和听众之间运用人际交流媒介——通信、电话，进行坦诚、直接的感情沟通和思想交流，再通过大众传播媒介对这种人际交流的真情实感进行广泛传播，使之深入人心，从而发挥和谐社会、疏导心灵的积极教化作用。电视媒介则利用主持人节目把观众请进演播室，让主持人与观众面对面，坦诚相见，或者让主持人走出演播室，走到观众中间，在现实生活中与观众进行交流，使观众各抒己见，形成一种活跃、融洽、轻松、愉快的人际交流氛围。广播电视媒介借助这种具有人际传播特征的主持人节目，给听众或观众以亲切感，增加了贴近性和可听（视）性，激发了听众和观众对广播电视节目的注意和认同。主持人节目这种传播形式，就是把大众传播的社会广泛性和人际传播的交流性有效地结合起来，使它们取长补短、相得益彰，从而保证了节目传播的良好效果。

（2）信息社会的听众和观众呼唤节目主持人的出现。

广播电视节目主持人是节目的参与者、组织者和串联者，因此能大大加快信息的采集、选择和传播进度。节目主持人根据自己节目的特征、要求及播出对象等，把各种有关信息串联起来，做成"信息套餐"，使听众和观众能在有限的时间内获得大量集中、综合的与自己直接有关的信息。例如，在2008年世界金融危机来临之际，我国许多广播电台、电视台的经济节目中，主持人除了讲述经济的走势之外，还把有关金融危机的情况、发生原因及对股市的影响综合起来，使听众、观众较好地了解了有关信息。2008年北京奥运会上，刘翔因伤退赛，主持人通过自己饱含深情的述评与疏导，使无数观众含泪接受了刘翔退赛的现实，维护了比赛的正常进行。

（3）主持人的出现有助于增强节目的整体性。

主持人的一个重要任务就是串联、组织节目。一个优秀的主持人要能够把内容、形式、风格各异的众多节目组合成一个有机的整体。由于主持人是节目的参与者，他（她）要参与节目的制作，并在这个过程中起主导作用，因此，他（她）熟悉而且能够全面地把握整个节目，这有助于主持人调动自身的主观能动性，发挥自己多方面的才能。通过对整个节目的内容串联和结构布局进行总体考虑设计，可以使整个节目具有完整性和统一性。主持人在节目单元之间的有机穿插，使各具特色的节目单元的组合极为自然，没有生硬的跳跃感和断裂感。

例如，在中央电视台少儿节目《大风车》中，既有知识性、教育性栏目，又有参与性、趣味性极高的体育竞赛栏目，如果没有主持人的串联，那么这两种风格、形式迥异的栏目在同一个节目中出现，无疑会产生鲜明的对比，给观众一种不和谐的感觉，但通过主持人（例如"金龟子"）的出场和表演，就较好地淡化了栏目之间的节奏对比，完成了一种观众不易察觉的栏目过渡。

要充分发挥主持人的主观能动作用，提高节目的整体性，一个重要途径就是要让主持人尽可能地参与节目的制作过程。只有参与节目的采、编、录、播等环节，主持人才能充分、准确地把握各个节目单元的内容、表现形式和风格特征，才能抓住节目的内涵指向，越来越接近节目的高潮，形成流畅自然的韵律感。

3. 播音（主持人）的专业素养

节目主持人是媒介和节目的代表，直接和听众、观众进行交流、沟通。主持人工作的好坏，将直接影响到一个节目乃至一家电台、电视台的声誉。因此，节目主持人除了要具有较高的政治思想道德修养以外，还要具有较好的专业修养，主要包括良好的文化修养、驾驭节目的能力和应变能力以及语言表现力。

（1）较高的政治思想道德修养。

在我国，广播电视是传播党的政治主张、政治观点的喉舌（工具），同时又是传播思想情操、伦理道德、人文价值、审美观念的阵地。以终端播报节目内容为己任的主持人应该在政治主见、政治远见和政治预见三个方面体现出应有的政治思想修养。政治主见主要指坚定而正确的政治立场、政治观点、政治信念，这是主持人代言节目的立场方向的问题。政治远见主要指胸怀全局地观察问题、分析问题和解决问题的综合能力，即政治洞察力。即便是非新闻类节目主持人也要站得高，看得远，不为假象所迷惑。政治预见主要指政治鉴别力和政治敏锐性，能够正确把握客观事物发生、发展的运动规律，对事物发展的趋势及其结果能够有所预测，做到顺应自然，按客观规律办事，增强报道的科学性和先见之明。上述相对原则的条文在主持人身上应内化为一种政治睿智，进而显现为节目（栏目）代言人的公信力与亲和力，而不是追求"哼""哈"媚俗的"个性"。

（2）良好的文化修养。

由于广播电视节目涉及领域广、受众范围大，因此主持人必须具有丰富的知识结构和良好的文化修养，在广大听众和观众面前，主持人的每一句话既应言之有物，又应持之成理。上海广播电视台节目主持人曹可凡认为："随着电视文化的飞速发展，其节目类型多种多样，传播内容包罗万象。这就要求节目主持人广泛阅读、博闻强识、融会贯通，无论政治历史、文化艺术、社会风情，还是天文地理、琴棋书画都应该有一定的涉猎。在知识结构上力求'专''深'和'广''博'结合，做一个名副其实的'杂家'。一个有文化、有知识的主持人才能赢得观众，才能有良好的艺术生命力，在激烈的竞争中立于不败之地。"

（3）驾驭节目的能力和应变能力。

这是最能体现主持人综合素质的标准之一。在少数稍有冗余时间的非主流节目中，主持人的主要工作就是根据审定的稿件板块实施现场串联，把握和调节节目的气氛。这要求主持人能准确地抓住观众的思路，控制全场的气氛和观众的情绪，引导他们向节目的主题发展。他要能像乐队的指挥那样，运用自己丰富的知识、敏捷的思维和生动的语言，及时调整一些和节目气氛不和谐的"音符"，以使整个节目流畅地进行。

（4）语言表现力。

主持人的职业特点就是通过"说"来完成沟通思想、交流感情的任务。因此，良好的语言表现力就成了主持人的看家本领。听众和观众在评价一个主持人时，也常常是用"这个人讲得不错"之类的话语。文化修养无疑是形成这一能力的基础，在此基础上要赋之以恰当的形式，运用适当的修辞、语法、语汇、语气、语调等，才能使语言准确、生动、富有感染力。

主持人良好的语言表现力首先要求用语准确。一些节目主持人由于自身知识的贫乏，在节目中错别字连篇，严重影响了节目内容的表达，如联袂（决）演出、重要角（脚）色、针砭（扁）时弊、绽（定）开了笑容等。其次要求用语规范。由于受到外来文化的影响，一些节目主持人刻意去追求时髦、新潮而淡化了对用语的规范化要求，他们时不时地使用"哇！你好好好好哇"之类的港台腔，以及一些不规范的外来语汇如"料理""的士高"等，猛一听让人如在云里雾里一般，不知所云。

有必要指出的是，"主持人"一词不光是广播电视业者喜欢使用，社会各界也以使用"主持人"一词而时髦。掌管会议进程的人被称为"主持人"、报刊栏目的编者被称为"主持人"的现象十分普遍，甚至逼人卖淫的鸨母也被称为"主持人"。例如，1998年6月29日的《广州日报》"港澳台新闻"版以"港警破卖淫案——29妓女19嫖客2主持人被拘"为题刊登消息："香港警方前日凌晨分别在旺角两间涉嫌从事卖淫的指压中心共带走57名男子，其中在上海街行动中带走29名指压女郎，19名涉嫌嫖客及2名主持人。"

鉴于"主持人"概念的滥用，广播电视界如何为"主持人"角色定位，实在值得深思。

第三节　广播电视记者

一、记者的定义和类型

记者是指新闻机构中专门从事新闻采写报道的专业人员。广播电视记者则是指广播电台、电视台中从事新闻采访和报道活动的专业人员。它有广义和狭义之分。广义的广播电视记者泛指广播电台、电视台所有从事宣传工作的专业人员，包括编辑、记者、播音员等。狭义的广播电视记者是指广播电台、电视台中专门从事外勤新闻采访报道工作的新闻专业人员。

世界上最早的记者诞生于16世纪意大利的威尼斯。由于工商业发达和交通方便，当时已出现了专门采访并发布有关政治、宗教、船期、市场行情等方面内容的手抄新闻的职业，并已有"新闻记者公会"等行业组织，甚至还有手书新闻记者、新闻记者、报告记者、报纸记者的区分。我国的记者是在19世纪随着近代化报刊的产生而逐步形成的。最早的记者曾被称为访员、访事、通讯员等。1899年3月，梁启超主编的《清议报》第七册上，第一次出现了"记者"这个称呼。

随着人类社会政治、经济、文化和科学技术的发展，社会分工越来越细，新闻报道涉及的领域更加广阔，内容也更加趋于专业化。因此，根据记者工作的大致分工，可将记者分为不同的类型。比如，根据报道领域的不同，一般有时政记者、经济记者、文教记者、体育记者之分；根据地域不同，可以有本埠记者、驻外记者、特派记者之分；根据工作方式不同，又可以有文字记者、摄像记者之分。记者类型的区分是相对而言的，许多记者常常跨越几个类型。

不管是哪一类记者，他们的工作任务、工作特点和工作方式都是相同的。本节着重从不同的报道领域来介绍记者的分工和工作要求。

1. 时政记者

时政记者是时事政治记者的简称，指对国家、政党的政治会议、政治事件、外交事务及领导人的重要活动进行报道的记者。其主要任务是介绍、宣传国家和政党的路线、方针、政策，树立领导人的良好形象。政治新闻的特点是政策性强、立场鲜明，因此要求时政记者要有高度的政治敏感和坚定的阶级立场，能够认真深入地研究和掌握全局性的政治动向和方针政策，把握住政治新闻的深刻内涵，以便将其准确地传播给广大听众和观众。此外，由于政治新闻题材本身的严肃性和重要性，可能使节目显得冗长和程式化，这就要求时政记者把握大众传媒的特性，如广播传播的声音、电视传播的声画结合，注意结合政治新闻的要点，力求做到简洁生动。

2. 经济记者

经济记者是指对工农业生产、交通、金融、商贸、财税等方面的经济生活进行报道的记者，又可以分为工业记者、农业记者等。由于经济新闻的范围十分广泛，并且专业性强、理念程度高，因此，经济记者除了具备记者必须具备的政治素养和语言文字功底以外，还应该在经济政策、经济形势等方面有相当水平的研究，努力使自己成为经济方面的专家，尤其在当前我国正处于全面建设小康社会的进程中，经济新闻受到各方面的重视，经济记者就更应该努力提高自身素质，提高报道的质量，充分利用广播电视的传播特色，发挥其宣传政策、沟通信息、提供服务等积极作用。

3. 文教记者

文教记者是指对文化、教育、科技、卫生等领域中的活动、经验及问题进行报道的记者。文教新闻的专业性、知识性比较强，这就需要文教记者有广博的知识，善于和知识分子沟通交流。在这类新闻的报道中，文教记者要有"准专家"的意识，即在专家面前，要把自己当外行，甘愿做小学生，要虚心请教，切忌不懂装懂；在听众和观众面前，要把自己当内行，将复杂高深的专门知识尽量采用通俗易懂的方法传递给受众，以期获得较好的传播效果。

4. 体育记者

体育记者是指对专业或业余的体育活动、体育明星的情况进行报道的记者。体育运动在人们休闲生活中的地位日益提高，许多人对体育比赛怀有浓厚甚至狂热的兴趣，因此，体育记者的新闻报道除了要力求时效性、专业性、准确性、生动形象之外，还应该在报道的广度、深度以及报道的客观公正上下功夫。这样，才能真正体现体育运动的精髓，营造一个发展体育运动的良好的舆论氛围，从而推动体育事业的发展。

5. 文字记者

这里所说的文字记者是指广播电台、电视台中从事新闻报道文字稿件写作的记者。和报纸杂志的文字记者相比，他们有自己的特点。广播电视记者的文字稿除了要具有事实清楚、语言简洁等新闻稿的共性以外，还应该考虑到不同媒介传播方式的特点。如：广播媒介的文字记者在创作文字稿时，就要考虑到广播声音传播的特点，其文字稿就应该尽量口语化，具有可听性；而电视记者的文字稿也要考虑电视传播的特点，使其文字稿具有视听兼备、声画结合、声情并茂等特点，这样才适合电视媒介的播出。

6. 摄像记者

这里是指电视台专门从事摄像工作的记者（在广播媒介中从事录音工作的记者通常由其他记者兼任）。这些记者必须准确把握自己手中机器如摄像机或录音机的特点，熟知其特性，如摄像机对光线、色彩等的反映，录音机对声音的录取和舍弃，并且应具有相当高的审美能力，以使自己摄录的稿件更加适合广播电视的播出，更能为广大听众和观众所接受。

二、记者工作的特点

记者是随着近代新闻事业的产生而形成的一种社会职业。记者的工作具有其自身的职业特点，大致表现在以下几个方面：

1. 社会性

记者工作总体是与整个社会的各个方面相互联系的，它以全社会作为工作服务的对象。社会意识形态、社会物质生产以及这两个领域内的全部实践活动，都属于记者的工作范围，因此记者必须广泛接触社会生活，了解社会的需要和社会心理，不断地加强和扩大与社会的联系，在社会生活中学习、掌握各种知识，做到思维敏捷、视野开阔、及时准确地把握外界的新变化，使自己的工作既面向社会，又服务于社会，推动社会历史向前发展。

记者工作的社会性要求记者具有较强的社会活动能力，做一名活跃的社会活动家。在我国，记者的社会活动能力主要表现为具有吃透"两头"的能力。"两头"即"上头"和"下头"。所谓吃透"上头"，就是要求记者及时、准确地把握领导机关的新动向、新政策、新变化、新精神，积极和各级领导人接触，领会他们的意图和计划，为自己的社会活动指明方向。所谓吃透"下头"，就是要求记者及时了解和掌握各地、各行业和各单位发生的变化、事件、存在的问题和群众对党、政府政策的反响等。一个好的记者，通过自己的活动能使自己的触角伸向社会的各个角落，及时、准确地采写到各种有价值的新闻报道。因此，了解"两头"，吃透"两头"，及时地掌握"两头"变动的能力，既是记者工作的社会性对记者的要求，也是记者社会活动能力最主要的体现，是不可缺少的实际工作能力。

2. 政治性和阶级性

在阶级社会中，新闻事业是一定阶级、一定社会集团用来宣传自己的政治路线和世界观，进行政治斗争和思想斗争的武器，新闻工作总是在一定政治思想的指导下，以表现一定的政治内容和思想内容为目的。因此，从这一点看，记者的工作具有强烈的政治性和鲜明的阶级性。记者不仅要传播新闻，而且要传播真理；不但要报道事实，还要表明观点；不但要提供信息，还要揭示事物的本质，展示事物的内在规律和发展趋势。这就要求记者不但要精通业务，还要具备较高的政治理论水平，熟悉国家的大政方针和各种政策法令，具有坚定的政治信念和较强的政治洞察力，能够在纷繁复杂的现象中看清事物运动的主流和本质，把握前进的方向。

3. 人际性

记者的主要职责就是报道新闻，而要发现有价值的新闻，记者就必须深入实际、深入群众进行调查研究。因此，和人交往就成了记者工作的一个重要内容。美国新闻学者杰克·海敦曾说过："新闻事业是一种跟人打交道的行业。大约有99%的新闻是部分或全部以访问——也就是向人提出问题——为基础写成的。"[1] 因此，善于与人交际，乐于与人交际，讲究社会交往艺术，就成了记者的工作顺利完成的重要因素。

我国著名记者田流深有体会地说："我觉得一个记者起码要有这种本事，虽然是第一次同采访对象见面，但要让人感到你过去就是他的老朋友，愿意同你说心里话，敢把实际情况告诉你。如果人家见了你，感到不好接近，把你看成外人，便一定不肯跟你说真心话，甚至跟你说空话、瞎话。"[2] 因此，作为一名记者，首先要讲究和人交往的艺术。和人交往时，应该活而不浮，礼而不虚，谦而不假，锐而不傲，无论面对属于何种层次的对象，记者都应该充满活力但不轻浮，讲究礼貌但要发自内心，谦虚求教但必须真诚，问话尖锐但不傲视人，只有这样才能营造融洽的交流气氛，有效地开展活动。其次，在交往中，记者还必须深入、细致地研究交流对象的心理特点，弄清对方的心理需要，采取有针对性的措施，才能实现彼此的交流，否则，这种交流只能是不成功的。例如，在1996年于亚特兰大举行的第二十六届奥运会上，夺金呼声最高、赛前被一致看好的我国体操运动员莫慧兰由于失误痛失个人项目的金牌。其心情之痛苦可想而知，然而就在她走出赛场时，一位记者立刻上前提问："请问，你现在心里在想什么？"自然，双方的交流无法进行下去。这就是由于记者没有认真分析对方的心理，结果导致了交流的失败。

4. 工作手段的特殊性

记者的工作是通过采写新闻、传播新闻来实现的。因此，记者必须借助文字和传播媒介这些特殊手段。只有了解和把握这些手段的特征，记者才能做到运用自如。

在文字方面，首先要求记者要有良好的文字表达能力。记者的主要工作方式与劳动成

---

① 杰克·海敦著，伍任译：《怎样当好新闻记者》，北京：新华出版社1986年版。
② 戴邦、商恺、吴象等：《采访与记者修养》，北京：人民日报出版社1984年版。

果是文字报道，即使是广播电视记者，运用声音和图像报道新闻也离不开文字。因此，文字表达能力就成了记者最主要的基本功之一。这种能力包括严密的逻辑思维能力、丰富的语法知识及运用能力、大量的词汇和良好的修辞能力三个方面。其次，要求记者对新闻的文字和文体能够准确地把握和运用。由于新闻具有客观真实、具体形象、讲求时效等方面的特殊要求，因此，记者在对文字的使用上必须表达清楚、准确恰当，体现新闻文体的特点。同时，记者还要能胜任各种新闻体裁的写作，这样才能做好记者工作。

对传播媒介的使用，一方面，要求记者把握各种媒介在传播方式、传播效果上的不同，例如广播是通过声音的单一通道进行传播的，因而要求广播语言要富有感染力；而电视则是通过声音和图像对观众的听觉、视觉的双重冲击来达到其传播效果的。把这些传播媒介的不同要求和新闻写作相结合，才能使采写的新闻更加适合媒介的播出，产生更好的传播效果。另一方面，还要求记者熟知各种媒介的物理性能、特点和要求，并能熟练地操作，从而为新闻制作和播出奠定良好的物质基础。

三、记者工作的任务

尽管记者的工作有不同的分工，但总的来说，他们的工作任务是基本一致的。从我国的新闻业务实践来看，采写新闻、反映情况和做群众工作是记者工作的三项基本任务。其中采写新闻既是记者的主要工作任务和职责，也是最基本的任务，是完成其他两项任务的前提条件和基础。而反映情况和做群众工作既是记者采写新闻的目的，同时这两项工作完成的好与坏，反过来也影响到记者能否采写到高质量的新闻。三项基本任务互相联系，密不可分。

1. 采写新闻是记者最基本的工作任务

记者的主要职责就是报道新近发生的事实。要想很好地完成这项任务，记者就必须坚持深入实际、深入群众，进行艰苦细致的调查研究，发现、掌握那些具有传播价值的新事物、新情况，运用唯物辩证法的基本原理，全面准确地认识、分析这些材料，并客观地加以报道。只有这样，记者才能采写出高质量的稿件来。

例如，1993 年中央电视台在《新闻联播》中播出了《牡丹集团厂庆新办》，报道了北京牡丹电子集团公司在厂庆中"一不请歌星，二不请名角，而是把在开发研制新产品过程中涌现的模范人物请上舞台，并当场捐献 18 万元给希望工程"。新闻播出后产生了良好的社会效果。但实际上这则新闻曾被许多新闻单位报道过，中央电视台记者通过深入采访，又从新的视角挖掘出让什么人占领舞台、舞台上以什么节目为主导的新主题，使新闻的内涵得到了升华。记者之所以能够做到这一点，就是因为进行了深入的采访。正如该记者在创作体会中所说的："我能在'老'新闻中找到新感觉，没有工人同志的启发是办不到的。如果因为其他新闻单位已经报道过了，便打道回府；或者按照别人的路子平平淡淡地重新走一遍，一条好新闻肯定会从手中溜掉。可见较高的新闻价值源于深入细致的采访之中。"[1]

① 李东生主编：《记录流逝的岁月》，北京：中国广播电视出版社 1996 年版。

在我国，记者采写新闻必须坚持为人民服务、为社会主义服务的方针，要有利于社会主义现代化建设，积极宣传党和政府的路线、方针、政策和决议，当好党、政府和人民群众的喉舌；必须认识到正确地理解从事新闻采写工作的这些政治原则和要求，有助于增强记者的新闻敏感度，有助于提高深刻地认识客观事物本质的能力。记者要善于把这些政治原则和要求与新闻采写工作的原理和规律结合起来，这样才能更好地及时反映社会存在的各种问题和广大人民群众的意志。

2017 年全国两会期间，央视新闻出品《109 秒看懂政府工作报告九大民生亮点》便是记者敏感与政治素养深厚的生动案例。《政府工作报告》一发布出来，央视新闻便立刻推出解读报告的短视频，用关键词的形式呈现政府工作报告中的九大民生亮点。尽管该视频只有 109 秒，但节奏紧密，信息量也足够多，十分及时、清晰地阐释了九大民生亮点。与此同时，央视新闻还推出说唱风格短视频《帅炸了！我们的两会君》，用说唱的形式呈现2017 年两会的要点，引发热议。据央视统计，两会期间紧随会议进程，共发布短视频 11400 条，总点击次数达 20.3 亿次，为全国观众及时了解会议精神提供了生动的信息。两会期间，央视网延续其之前的"漫评"风格，还推出《习总书记"下团组"》系列"漫评"。"漫评"采用幽默风趣的动漫画面，将习近平总书记形象化、可视化。视频形式生动活泼、风格清新自然，十分吸引年轻用户，"漫"与"评"的结合也恰到好处。

因此，记者在采写新闻的过程中，一方面要坚持新闻采写工作的基本原理和规律，深入实际，调查研究；另一方面还要和从事新闻工作的政治原则及要求相结合，使新闻具有高度的思想性，这样才能更好地完成这一工作任务。

2. 反映情况是记者的重要工作任务

记者向有关领导部门反映情况的途径主要有两种：一种是以公开的新闻报道形式报道；另一种是以内参的形式进行新闻报道。由于大众传播媒介传播迅速、覆盖范围广、受众多，因此能使记者在公开的新闻报道中反映的情况立刻引起各方的重视，获得较好的社会效益。

例如，中央电视台曾在《新闻联播》《晚间新闻》和《新闻 30 分》等栏目中连续播出了《汉川骗买骗卖事件》这条新闻，披露了湖北省汉川县一些织布厂利用工业滤网布进行经济诈骗的行为。新闻一经报道，立刻引起了湖北省和汉川县有关部门的重视，随即着手查处这一案件，同时，全国各地的一些受骗单位也纷纷向中央电视台反映被骗的情况。由于新闻播出时骗子们还在各地活动，一些单位受到新闻报道的提醒，中断或暂停了有关交易，避免了损失。而湖南湘潭一家单位在看到新闻报道后，立刻向当地警方报案，使三名正在行骗的案犯被当场抓获，为整个案件的侦破提供了突破口。

内参也是记者反映情况的一个重要途径。内参适合反映那些不宜公开报道，却又具有重要参考价值的事情和亟待解决的问题。新闻单位既要报道事实，又要注重社会效果，记者应该是动机与效果的统一论者，有些报道有助于问题的解决，而有些报道则只会使问题更加复杂化，产生不良的负面效果。因此，记者必须认真处理好整体利益和局部利益、新闻报道的目的和任务的关系，正确判断是否可公开报道，而不能片面地追求轰动效应。

要做好这项工作，首先，记者必须具有较强的辨析能力。即记者要抱着对党的事业和人民群众高度负责的态度，根据客观情况，明确新闻事实的性质，确定该采用"公开"还是"内参"的形式加以报道。如果记者辨析能力不强，不公开报道应该公开报道的事实，新闻舆论的作用就会被大大削弱。同样，对不该公开或不宜公开的事实进行公开报道，不仅会造成思想和工作的混乱，甚至还会带来不必要的损失。其次，记者必须秉着实事求是的科学态度，既报喜也报忧，报道的事实要准确、全面；既要有准确的分析，又要有充分的事实作依据，不能因为内参不是公开报道，就任意地夸大和歪曲事实。要真正做到为领导机关的政策制定和修改提供可靠的依据。最后，采写内参还要求记者具有强烈的使命感。由于记者采写的内参材料对有关部门、有关问题会产生某种影响或引起某种变化，一些正面的典型可能被肯定，严重的问题也可能得到解决，因此记者必须对这些新情况进行跟踪调查，适当地进行公开报道，对好的典型进行表扬，对坏的典型进行批评，绝不能写完内参就万事大吉，不再去追踪事情的发展变化。只有这样，内参才能真正起到反映情况的作用。

3. 做群众工作是记者的第三项工作任务

这项任务要求记者关心群众的生活和利益，及时反映群众的呼声，替群众排忧解难，和他们同呼吸共命运，为他们服务。这既是记者采写新闻、反映情况的最终目的，也是记者顺利完成前两项任务的基本保证。

记者的群众工作包括两个方面，一方面是组织通讯员、报道队伍，征求新闻接收者的意见。记者的调查研究工作离开了人民群众的支持和协助，就难以进行。记者必须深入实际、深入群众，才能采写到有价值的新闻，才能反映客观事物的真实情况。但由于时间和精力的限制，记者的活动往往难以面面俱到。为此，记者必须加强和群众的联系，在群众中建立自己的通讯员和报道队伍，同他们交朋友，经常走到他们中间，征求、听取他们和新闻接收者等各方的意见，及时向编辑部反映有关情况，有效地改进新闻机构的工作，使人们更加关心新闻事业和新闻工作，充分发挥人民群众在新闻工作中的作用。

记者群众工作的另一方面是要求记者能及时反映群众的呼声，敢于、善于为群众说话，替他们排忧解难，要使群众把新闻媒介当成自己的舆论阵地。在这方面，我国有许多新闻媒介记者做了大量卓有成效的工作，一些新闻媒介设立的"热线电话"成了名副其实的"热线"，许多群众在遇到困难和问题时首先想到的是记者和新闻媒介，记者成了真正的人民公仆。

湖北广播电视台 2016 年度的社会责任报告中是这样敦促记者和相关部门配合做好群众工作的：

坚持以人民为中心的工作导向，全力推进长江云移动政务新媒体平台建设，拓展"新闻+政务+民生"服务功能。到 2016 年底，湖北广电长江云平台已汇聚全省广播电视、电子报、网站和"两微一端"产品 8 112 个，建立起省市县新闻媒体统一部署、统一调度的"1+N+X"联动机制，实现了"统一指挥、分层策划、一次采集、多样编辑、多元传播"的服务于群众的传播格局。

具体到节目，湖北广播电视台创新升级各类民生栏目，关注社会、服务社会：

湖北卫视调解类节目《调解面对面》紧扣社会热点，化解社会矛盾；生活服务类节目《生活帮》《金装生活帮》用试验传递科学知识，用真相粉碎谣言，为百姓的衣食住行提供全方位的安全保障；道德类栏目《大王小王》真情讲述，爱心帮扶。

湖北经视《锵锵男人帮》联合本土家政、家电维修、便民服务等各商家进入社区开展服务；《喜子来乐》以"寻找身边的快乐"为理念，将百姓请进演播室，述说自己的故事。《经视团购会》主打"惠民"口号，站稳本土第一团购品牌标杆地位。

电视综合频道全新推出帮扶类生活服务栏目《帮女郎　帮你忙》，关注百姓生活的来电求助事件，将帮忙进行到底。

电视生活频道《社区大舞台》积极展示老百姓健康向上的生活态度，荣获"全国广播电视民生影响力优秀品牌栏目"的称号。

垄上频道《垄上行》推出"农技大课堂""致富好榜样"等多场公益行动，全年组织30多场致富观摩活动；《和事佬》栏目参与民间调解近1 000起，现场调解成功率65%以上；《打工服务社》帮助4 500多名农民工实现就业。

交通广播部"湖北应急公益行"系列活动走进地铁站、消防基地、学校开展应急演练，传授应急知识、提升急救技巧，成为全省普及应急知识的新阵地。

湖北广播电视台2016年度的社会责任报告还涉及节目之外的群众工作，在此不再一一赘述。

四、记者工作的作用和社会地位

记者工作的作用和社会地位，是从记者完成采写新闻、反映情况、做群众工作这三项任务的过程以及这些任务产生的社会效果中体现出来的。记者工作完成的好坏，直接决定了记者工作能否发挥作用，同时也决定了记者的社会地位。

1. 记者工作的作用

记者的工作是通过传播事实来发表意见。因此，记者工作的作用主要体现在以下四点：

（1）上传下达，传达政令，沟通政府和公众，发挥桥梁和纽带作用。

记者要充分发挥大众传播媒介传播速度快、传播范围广、传播效果好的优势，结合自己的采访报道，一方面准确地向上反映民情，提出人民群众的呼声和要求；另一方面及时地向下传播和传达党和政府的方针、政策及精神，使之家喻户晓并得以贯彻执行。这种信息的传递，起到上传下达的作用，既能为公众说话，对政府及其工作人员进行舆论监督，又能使上下更好地协调起来，有利于国家和各级政府的管理。

要沟通政府和公众，发挥桥梁和纽带作用，就要求记者在实际工作中端正态度，既对正确的方面进行恰如其分的宣传，也对错误的方面加以实事求是的揭露和批评，体现"正面宣传为主，揭露批评为辅"的原则。也就是说，记者不仅要宣传党的政策，通过具体的事实宣传国家的大政方针，而且要考察党的政策在具体的社会实践中人民群众对它的反映，从而检验现行的方针政策正确与否，并实事求是地为修改和完善现行政策提供依据。习近平总书记强调，做好党的新闻舆论工作，事关旗帜和道路，事关贯彻落实党的理论和路线方针政策，事关顺利推进党和国家各项事业，事关全党全国各族人民凝聚力和向心力，事关党和国家前途命运。必须从党的工作全局出发把握党的新闻舆论工作，做到思想上高度重视、工作上精准有力。记者只有从这些方面去努力，既当党和政府的喉舌，又当人民群众的喉舌，才能真正沟通政府和公众，更好地发挥桥梁和纽带作用。

（2）正确引导舆论，努力影响社会。

舆论是社会的整体知觉和集合意识，是具有权威性的多数人的共同意见。舆论反映了人心的向背，是社会控制的一种重要力量。正确的舆论对社会的安定和进步起积极作用，负面舆论的作用则正好相反。习近平总书记 2016 年 2 月 19 日在北京主持召开党的新闻舆论工作座谈会并发表重要讲话。他强调，党的新闻舆论工作是党的一项重要工作，是治国理政、定国安邦的大事，要适应国内外形势发展，从党的工作全局出发把握定位，坚持党的领导，坚持正确政治方向，坚持以人民为中心的工作导向，尊重新闻传播规律，创新方法手段，切实提高党的新闻舆论传播力、引导力、影响力、公信力。记者就是要通过自己的工作，提供社会现实的各种状况，倡导正气，鞭挞歪风，以正确的舆论引导广大群众树立正确的人生观和世界观，致力于社会空气的净化，实现社会风气的根本好转，促进社会的发展。

例如，2016 年 9 月 4 日至 5 日，20 国集团（G20）国际经济合作论坛峰会在杭州召开。中央电视台从 9 月 3 日开始，连续对峰会重大活动——进行直播报道，6 场重要直播共计时长超过 3 小时 10 分。主持人与嘉宾在风景如画的西湖边进行解说，将会议日程中的演讲、谈话在第一时间原样呈现，使观众看到会议内容，并及时指出其间的内涵、意义及中国主张。报道展示了杭州风景如画的景色，展现出各国领导人的风貌与风采，特别是习近平主席作为东道主代表中国所表现出来的大国风范。

会议是日程性事件，能够提早做准备，而突发事件和重大举措是更加牵动人心的新闻。对此，中央电视台及时捕捉与跟进，展现了国家媒体主流宣传阵地的实力与能力。

2016 年 11 月 8 日，我国最大运载火箭"长征五号"在中国文昌航天发射场成功首飞。然而这一使我国从航天大国向航天强国迈进的标志性事件，却充满了波折。当天，发射时间连续推迟，在进入发射前最后 5 分钟程序时，再次出现多次重置程序、临时推后状况，一系列的突发情况，在中国航天史上都是十分罕见的。《新闻联播》播出的新闻特写《长五首飞　惊心动魄三小时》就是对这一过程的记录、反映。报道团队在极其复杂的情况下，坚守岗位，积极捕捉那些关键性的场景、人物和同期声，迅速判断，抓住其中的关键信息，展现出整个事件的曲折性，全面、准确记录了其间的波折，使得成功更显可贵。

这些报道正是发挥了记者工作引导舆论、努力影响社会的作用，从而有力地推动了我国的精神文明建设，也为物质文明的建设提供了一个良好的社会环境。

（3）交流信息，传播知识，推动社会的发展。

随着人类社会步入"知识爆炸""信息爆炸"时代，信息和知识在社会生活中扮演着越来越重要的角色。社会要前进，生产力要发展，其中一个重要的因素就是信息的交流和知识的传播。因此，作为从事信息、知识传播的记者及其工作，还起着沟通社会各方信息、传播知识、推动社会发展的作用。记者工作的这一作用主要体现在以下三个方面：

第一，沟通异地信息。通过记者的工作，把发生在国内外、本地或外地的有传播价值的事实和情况反映出来，既可以增进不同地区人民彼此的了解，又可以使人们及时地掌握世界上瞬息万变的各种情况。这一作用在经济生活中表现得尤为明显。一项新知识、新技术的传播有时可以救活一个企业，一条及时、准确的信息有时也可以推动一个地区经济的发展。中央电视台二套经济频道《生活》节目，就曾给许多企业和地区提供了所需信息，起到了牵线搭桥、促进共同发展的作用。

第二，传播各种实践活动的经验和教训。通过记者的工作，可以把人们在政治、经济、科学技术以及管理等方面实践活动的成功经验和失败教训进行传播，人们从中既可以受到启迪，又可以避免一些不必要的损失。

第三，交流群众所需要的各种新知识。人们在社会生活实践中，常常会有许多未知的领域，但是通过记者组织的交流和传播，可以从中得到某种程度的弥补。新知识的传播不仅可以消除接受者的不确定性，而且可以改善其原有的知识结构，提高其科学知识水平。

（4）提供娱乐，活跃群众生活。

文化娱乐是人们日常生活中不可缺少的部分，记者在这方面的工作，既可以满足人民群众的需要，又可以活跃生活，陶冶情操，提高群众的审美能力，加强其修养，有助于形成良好的社会风气和建设社会主义精神文明。

2. 记者的社会地位

由于记者工作的任务几乎涉及社会生活的方方面面，大到国家的大政方针，小到鸡毛蒜皮的街头小事，这些都是记者采访报道、评论的对象，因此，记者在社会生活中产生的影响是广泛而深远的。那么，到底记者及其工作在社会生活中处在一个什么样的地位呢？

关于这一点，我国早期的新闻学者黄天鹏在其著作《新闻学概要》中有这样的论述：记者"没有指挥握着笔的权力，只是代表真理和事实而已"；"因此，记者的地位，在社会上是超越的，在精神上是独立的，在记载上是客观的"；记者"代表公众利益来说话"，"而建筑了他在社会上占最高贵地位的基础，隐然握着无冕帝王的权力"。记者"同时还是一个先知先觉的大师"，"在某种变态之下，盲目的群众，情感激昂，每有越轨的举动，新闻记者应抱着超然的态度，为适当的指导，以尽他先知先觉的职责"。[①]

显然，黄天鹏先生是把记者当成了一个没有自我、纯客观的人，认为记者可以站在超然的地位上评论一切。这和西方社会流行的记者是"无冕之王""第四种势力"的说法大同小异。西方社会一直认为记者是超乎国会、政府和法院等国家机器之外的"第四种势力"，是独立于党派之外，可以造成巨大社会反响，拥有特殊权力和地位的"无冕之王"。这些观点实际上是把记者凌驾于国家和党派之上，借以否定新闻事业和记者工作的阶级性，但记者也绝不是只有客观没有主观的超凡脱俗的救世主。正如美国现代新闻学家贺亨柏所说的："记者不是一个神或超人，他是你所读报纸的一个采访者。"[②]

在我国，记者应该是人民的公仆，是党、政府和人民的耳目喉舌。记者所做的一切工作，都是为了服务于人民、服务于社会、服务于社会主义建设，为党和人民的事业呐喊助威。记者不应该指挥和左右一切，而应自觉地运用手中的笔，去捍卫党和人民群众的根本利益。为此，记者必须充分发挥自己作为党、政府和人民群众之间的桥梁和纽带作用，通过自己辛勤的劳动，把党和政府的政策转化为人民群众服务的实际行动，推动党和人民事业的发展。记者工作的社会效果是否真正体现了广大人民的意志和根本利益，是否真正反

---

① 黄天鹏：《新闻学概要》，上海：中华书局 1934 年版。

② 约翰·贺亨柏著，欧阳醇、徐启明译：《新闻实务和原则》，香港：今日世界出版社 1971 年版。

映了广大人民发自内心的意见，这才是衡量记者社会地位的重要标尺，任何有关"无冕之王""第四种势力"的说法都是没有根据的，也是不可能做到的。

同时，记者应该是真理的宣传者和捍卫者，在考虑社会效果的前提下，记者应该不畏惧各种压力和威胁，敢于坚持真理，实事求是，正确开展舆论监督。对于新的成就、先进的方向敢于宣传和表扬；对于错误的东西、丑恶的现象敢于批评和揭露。只有这样，记者才能坚持维护真理，从而起到树正气、刹歪风的作用，使社会得到正常的发展。

五、记者的职业道德

记者的职业道德是指记者在从事新闻工作活动过程中所应共同遵循的行为规范和准则，是基于新闻工作的特点而对记者提出的特殊要求。

随着新闻事业的发展，新闻舆论机构在社会生活中的作用越来越大，于是新闻记者如何承担社会责任和如何自律的问题便应运而生，因此，记者的职业道德便开始逐步形成，它规定了记者应有的品格、思想与作风，起到了调整和处理新闻机构内外各种复杂关系的作用。在世界各国，对记者职业道德的基本要求是真实、公正、负责、庄重。而在我国，新闻媒介在社会主义建设中肩负着崇高的历史使命，因而对记者工作提出了更高的要求。2019 年 12 月，中华全国新闻工作者协会对《中国新闻工作者职业道德准则》进行了第四次修订，从七条三十一项对记者的职业道德作出了规定。

====== 本章小结 ======

本章重点阐述了广播电视传播的界面人物，包括播音员、主持人和记者，并论述了这些界面人物的概念内涵、应具备的素质和在传播活动中所应发挥的作用。由于界面人物担负着联系传播媒介和广大受众的重任，因此正确全面地认识界面人物，对增强传播效果、提高传播质量、充分发挥传播主体的主观能动性具有重要的指导意义。在对播音员的论述中，本书把重点放在其工作特性和业务素养方面，以便准确地把握这一角色的特征。在主持人一节中，着重论述了他们在节目中的地位和作用。对于记者，则从较为广泛的层面论述了其定义和类型、特点，任务和作用等，以加深读者对界面人物的全面理解。

====== 复习思考题 ======

1. 怎样认识播音员的工作特性？
2. 谈谈播音员的修养。
3. 在广播电视节目中为什么会出现主持人？
4. 怎样看待主持人这一角色？
5. 记者工作的特点和任务是什么？
6. 记者的职业道德是什么？
7. 研读"延伸阅读"，了解美国广播电视记者的新闻道德规范。

延伸阅读

美国广播电视记者新闻道德规范 10 题[①]

新闻道德，是新闻工作的基石。对于新闻从业者来说，新闻的三大核心要素（准确、公平及客观）就存在于对道德的考量之中。

对于新闻记者而言有关道德方面的基础训练非常必要，他们在诸如选题、采访、同期声、新闻播出顺序表、拍摄角度、编辑等许多方面面临着选择上的潜在风险。

一、准确性里见公平

准确性是指以一种尽可能客观、公正的态度来进行新闻写作与报道，而不受个人感情、信仰或态度等主观因素的影响。这种对新闻负责任的态度主要体现在以下几个方面：①关注所有信息，而不只是那些轻易获得的消息，或是大众化的内容；②对那些富有争议性的话题进行深入调查，并进行特别跟踪报道，而不是仅仅满足于某一时期的视听率需求；③对于重要事件的报道须全面，而不应为了画面的好看只提供部分影像；④写作及报道时需谨慎、宽容并抱有一颗悲悯之心；⑤用既专业又平易近人的方式与人打交道。

在新闻播出之前，至少掌握两个或三个信息源，即新闻内容必须在两个或三个独立信息源处得到证实。

准确性是新闻道德关注的重要议题，但如果新闻失实是由于记者的偏见或疏忽大意造成的，那就牵涉到了法律问题——诽谤。

二、提防诽谤很重要

尽管追求新闻的准确性并不完全是因为害怕被指控诽谤，但它确实能让记者谨防由于个人的疏忽、无知或好恶传播虚假信息的报道，致使某些人或组织的形象及声誉受损。《诽谤法》的具体内容各州虽有不同，但记者的报道如涉及下列内容都有可能会被起诉：①揭露某人或组织隐私，使其遭受公众的侮辱、歧视、反感或仇恨；②对某人的工作或职业造成负面影响；③使某人遭受孤立或排挤。记者应该牢记：如果大多数人都能轻易猜出记者报道所指何人，报道内容对对方的名誉造成了损害，记者都有可能被起诉。

尽管"诽谤"（libel）通常是指通过印刷制品（文字或图画）的中伤，而"造谣"（slander）则多指口头上的毁谤，但对于广播电视记者来说二者并无太大区别。记住，即

---

① 摘编自泰德·怀特、弗兰克·巴纳斯著，黄雅堃译：《广播电视新闻写作、报道与制作》（第 5 版），北京：清华大学出版社 2013 年版。该书第一章涉及 19 个"新闻道德"话题，篇幅所限，此处摘编出 10 个议题。

使采用诸如"据说、据称、据传闻"之类的修辞放在涉嫌诽谤的内容之前也不会改变其诽谤的性质。

三、隐藏摄像机和麦克风

当记者在调查报道中需要搜集某人的犯罪证据时，有时会采用隐藏摄像机和麦克风的方式，有时也会使用无线麦克风去窃听谈话内容。这些方式经常被运用于《60分钟》《20/20》等调查类电视新闻节目中。

看起来似乎没有相关法律条文禁止对公共场所发生的事情进行偷拍。

美国有线电视新闻网（CNN）记者吉姆·波尔克认为只要以隐性拍摄手段录来的画面是针对那些正在从事犯罪活动的人就是合理的。不过，他也表示采取这种隐性拍摄的方式"就是在'玩火'，是一种很危险的手段，稍有不慎就会处理不当"。

四、红包必须退回去

记者常常会受到红包（gratuities）或礼品的诱惑，而当记者接受了来自被报道对象的礼金后将很难保证报道的公正性。这些东西实际上都是对方的公关策略。有些礼品会借由圣诞节之类的节日送出，而有些则是在报道后直接送到记者或制片人的家中。这些礼品必须退还。

有些新闻部主任会选择将礼品分发给不参与新闻报道的职员。一位新闻部主任说，当他收到这样的圣诞礼物时，就会将它们送给邮件收发室的员工，但并不告诉他们这是谁送的。他同时也会致电送礼者，告诉对方他不能接受礼物，并且已经把礼物转送给其他人。这位新闻部主任表示，"这样做比重新打包寄回去要容易很多，也能让那些公关人员明白别妄想收买我"。

五、利益冲突要戒免

在记者的职业生涯中，有时候很难界定哪些事情是可以被接受的。例如，戏剧或电影评论家接受来自剧院的免费门票是否合适？有些报纸会为评论家支付门票，而大多数评论家还是乐于接受免费的门票的，况且也没有什么证据表明这样做会影响到他们对该电影或戏剧的评价。

然而，还是有新闻机构担心这种"利益冲突"（conflict of interest）会对新闻客观性造成伤害。例如，有时酒店老板为了推广新酒店，会为记者提供免费的双飞游。当对方为你此行花费了上千美元后，你的报道还能保持客观公正吗？

总之，这种"糖衣炮弹"终究还是"盛情难却"的。为了规避这类潜在的利益冲突，许多新闻部主任都会禁止记者参与这种性质的旅游。

六、补拍摆拍不道德

用补拍（reenactment）的手法来报道新闻一直以来都备受争议。大多数新闻部主任都不赞成这种做法，但有些人却不以为然，认为只需要清楚地打出"补拍画面"的字样就可以了。

在使用补拍手法报道新闻时需要考虑的最重要的一项新闻道德问题就是不得混淆视听。你得让观众清楚地知道哪些场景是真实发生过的，而哪些又是后来补拍的。有些从业者坚持认为补拍手法不应在新闻报道中占据一席之地，就像某位新闻部主任所言："让那些小报记者去玩儿这个吧。"

另一个严肃的新闻道德问题是关于摆拍（staging）的，即指那些不真实的画面、声音及其他内容。摆拍足以成为解雇一名记者的理由，并且也应该如此。但具有讽刺意味的是，如果摆拍"到位"，能够以假乱真，不少记者就会轻视它所带来的不良后果。例如，有记者会质疑："如果一帮反堕胎行为的抗议者正准备去吃午饭，此时你叫住他们并让他们在诊所外再抗议一次，这样做有何不妥呢？反正午饭过后他们也会这样做啊。"

但事实上这是不同的，持有这种看法的记者将会给自己所在的新闻机构带来麻烦。各种形式的摆拍行为经常上演，而所有这些都是有违新闻道德的。可参见以下几个案例：

例一　某位记者错过了一场新闻发布会，因此，他让新闻发言人复述了几段当时的言论，并将其伪造成是从发布会现场收集的同期声。

例二　一个摄制组想去公园拍些孩子们荡秋千和玩跷跷板的画面，但公园里一个孩子都没有，于是就派摄像师去找些孩子过来。

例三　某位记者在做有关校园毒品的报道，需要一些影像画面，于是就叫自己熟悉的一名学生"安排"一群人摆出在宿舍里吸食大麻的场景。

例四　一个纪录片摄制组正在做一部犯罪纪录片，于是他们要求警察驾驶巡逻车并拉响警报做出来回巡逻的样子。

这些都是无伤大雅的小伎俩吗？也许是吧。但如此摆拍何时才能结束？如果记者连吸毒派对这种场景都敢造假，那还有什么是他们不能摆拍的呢？

七、非自然声是造假

现场的原音是广播电视新闻记者最有效的工具之一。没有人愿意看到孩子们坐着雪橇从山坡上冲下来却没有欢叫声的画面，或是只看见仪仗乐队却没有奏乐声的画面。如果录音师或摄像师没有采集到现场的同期声，记者该怎么做呢？是否应该给画面配上些"非自然声"，如音效？诚然，众多的音效带及录音带几乎可以适用于所有的场景，包括孩子们的欢叫声。记者也不见得一定得给仪仗乐队配上和当时现场完全一致的音乐，反正有多少人能察觉其中的差别呢？

对于上述问题，答案是——如此使用音效是有悖新闻道德规范的。同样的，给没有录下现场声的电视画面配音的做法也甚为不妥。例如在事发现场若没有录下消防救火的声音，那很遗憾，但绝不能用音效来代替现场声，更好的处理方式是由记者或主播向观众坦诚这条新闻中的声音出了点问题。

八、欺骗性画面藏风险

很多电视台都会有一个专门存放多年前影像资料的地方，当在某些新闻中需要使用这些资料画面作为背景信息的时候电视台就会把它们调用出来。有些电视台会按照惯例在这些影像片段上注明"资料画面"（file footage）的字样，但有些电视台却并不这么做，除非这些影像明显是陈旧的内容。

如果画面恰好与新闻内容相匹配，大部分记者会很自然地采用诸如街上来往的行人以及高速公路上行驶的车辆这类画面。但如果采用在迈阿密发生的一起骚乱事件的资料画面来报道另一场暴力事件的话，那将是一种欺骗行为，除非观众能明显区分这两者的差别。许多新闻部主任强调，对于陈旧的影像资料除了要打上"资料画面"的字样外，还需要添加原始的日期信息。

一般来说，电视台在新闻报道中采用资料画面的初衷并不是欺骗观众，只是他们不够谨慎。但近几年来有些案例则显示电视台是蓄意播放一些欺骗性画面的，比如用旧的战争画面来代替新战争的报道；有时候，电视台在报道他国战争的新闻中甚至采用了另一场战争的画面。这样的欺骗行为一旦被发现（并且多半都会被发现），电视台将会面临被吊销营业执照的风险。

九、不恰当剪辑生歧义

法庭判案很少采用影音资料的原因就是它们很容易被修改，正如一名音响师所言："如果有足够的时间，我可以让人们说出任何我想要的话。"许多时候，广播电视新闻中受访者话语的失真并非媒体故意为之，而是因为剪辑水平不过关。那些接受过媒体采访的人时常抱怨自己的言论因为剪辑不当而变得面目全非，他们指责媒体将其原本想要表达的观点通过剪辑篡改为另外一种意思。但记者和制片人却坚持认为，为了清晰地表明某种观点，着重呈现受访者的某些话语是很正常的事情。事实上，对受访内容的省略是一件很严重的事情，当一个人的观点被部分采用而忽略其他同等重要的观点时，往往会造成理解上的歧义。

由于时间原因不得不对影音素材进行剪辑时（这是经常发生的事），记者或制片人必须确保剪辑后的话语能代表受访者的主要观点。否则，在接下来的旁白中记者需要对被省略的内容进行概括和提炼。

十、侵犯隐私惹官司

隐私权概括来说就是"不受外界干扰"，但在各种电子设备（尤其是电脑）被大量应用的当今社会，对这一概念的界定愈来愈难。对于记者而言，话筒、录音机、摄像机和长焦镜头的出现丰富了采集新闻素材的手段，但同时也涉及侵犯他人隐私。

最高法院四十多年来都将隐私权视为宪法所赋予的公民权利。

法庭认为在公众场合拍照或使用影音采录设备并不触犯个人隐私，但如果在私人领域使用这些设备的话就是侵犯他人隐私的行为。

有时候在公共场所录影也会给记者带来麻烦。哥伦比亚广播公司在纽约下属的 WCBS 电视台就因记者和摄像团队擅闯一家名为 Le Mistral 的著名餐厅而被起诉，他们在没有提前告知对方的情况下擅自拍摄餐厅的内部环境和就餐的顾客，并将该画面用于记者对有关餐厅违反卫生条例的系列报道中。哥伦比亚广播公司最终以侵犯个人隐私和非法入侵的罪名败诉。

综上所述，记者可以在公众场合进行拍摄，但如果他们的行为侵犯他人隐私，那么依然有可能因此而惹上官司。

第八章

广播电视节目的生产

本章要求

□ 了解广播电视节目生产的一般过程
□ 掌握文艺、社教、服务性节目的编制特点及要求
□ 掌握广播电视新闻采访的方式、方法和特点
□ 掌握广播电视新闻节目的编辑任务和编排特点

广播电视节目是广播电台和电视台各种播出内容的最终组织形式和播出形式，它的一般生产过程包括节目的策划与设置、节目的制作（前期采录和后期编制）、节目的播出等几个环节。但在一些特殊情况下，如现场直播就将前期采录、后期编制、播出等环节完全集中压缩在一个连续、不可分的过程之中。广播电视节目的生产虽然有其共性，但因节目的类型多，且节目差异大，不同类型的节目制作更多地体现出自己的个性。广播电视节目按其制作原则可以分为两大类：非虚构性节目和虚构性节目。非虚构性节目主要指新闻节目、社教节目、服务性节目等。在生产这类节目时，必须遵循真实性原则。新闻节目不但要完全真实，而且在采制过程中绝不能采用任何导演、摆布、重拍等手段。社教节目和服务性节目虽然也要遵循真实性原则，但生产过程中却可以采用导演、摆布等手段。虚构性节目主要指文艺、娱乐节目，在制作这类节目时无须遵循真实性原则，而主要是由编导编撰、导演。只有对不同类型节目的制作原则和规律有了清晰的个性化认识，我们才能在实践中少犯将不同类型节目制作原则、规律混为一谈的错误，从而制作出各具特色、丰富多彩的节目。

第一节　广播电视节目的生产过程

广播节目、电视节目在生产过程上大致相同，本节主要介绍它们具有共性的一般生产过程。

节目生产过程可以分为两个阶段：设计阶段和制作阶段。

一、广播电视节目的设计阶段

广播节目或电视节目构想的要点在于：以什么样的内容、通过什么样的形态传播给社会大众，并期待产生什么样的结果。

完美的构想当然是将适合大众需要的新鲜内容，通过生动的具有吸引力的广播节目或电视节目形态呈现出来，以充分发挥报道性的，或是教育性的，或是娱乐性的，或是各种性质兼备的功能。

构想的基础是大众的需要。因为广播节目或电视节目是针对大众传播的，大众要收听广播或收看电视，从而满足他们各自的需要。大众所不需要的，就不能成为广播电视节目。

大众是一个复杂的集体，其年龄、兴趣、受教育程度、生活习惯等各有不同，因此对广播节目和电视节目的需要也各异。构想广播电视节目，必须先对受众加以分析。如果做不到老少皆宜、雅俗共赏，至少也要针对其中具有共通性的受众，研究他们的需要，有针对性地去制作广播电视节目。

构想本身就是一种有组织的思考。所谓有组织的，是指这个思考有目的、对象、内容、表现内容的形态、进行的程序和方法，以及可能发生的后果和影响等。从事广播电视节目的构想，不能缺乏以上所述的各项细目，尤其不能忽视传播的结果。

广播电视节目构想的来源广泛，但通常负责从事节目构想的是节目部门的负责人员、策划人员，而大部分的节目构想则来自制片人。

电台、电视台本身设有制片人职务，不管是节目负责人员还是策划人员的构想，或是制片人本身的构想，被认定可行的构想都由制片人深思熟虑后加以执行。外来的制片人则全靠他的构想以取得制片人的资格。

见诸书面的节目构想就是节目制作策划。不管制片人是谁，节目制作策划书都是不可或缺的。策划书中的内容应包括节目名称、时间长度、播出次数、节目对象、节目目的、节目形态、节目内容、节目特色，以及制作费用预算等。如果是外来制片人，还要写明个人的姓名、年龄、籍贯、学历、以往制作经验、通信地址和电话号码等。

策划书能否为电台、电视台所接受，主要在于策划的内容。但策划书简明扼要的陈述，以及美观的打印或装订，有时也能代表制作人本身的精细和修养，有助于对制片人本人学识作风的认定。

节目制作费用的预算是策划书中最为具体的一环，无法凭空想象。电台、电视台编制内的制片人编制预算，尚有惯例可依，而外来的制片人，尤其是以前缺乏制作经验者，必须向电台、电视台打听费用项目及支付标准，然后才能使预算切合实际。制片人所要编制的预算，是直接制作费用的预算。电台、电视台场地设备与工作人员等所需支付的间接制作费用，通常不在制片人负责编制之列。

制片人所提出的节目制作策划书，一般由电台、电视台的节目部门负责设计，由审查人员负责审查。审查的标准，不外乎节目内容是否恰当、主题意识是否正确、节目形态是否生动具有吸引力、是否适宜制作广播电视节目、能否使受众产生良好的反应、时间长度或每周播出次数是否适宜、与其他已存在的节目有无类似之处、预算的编制是否合理等。审查的结果，可能是完全接受，可能是部分修改，也可能是拒绝采纳。审查的程序各个单位不一样，但策划书是否被采纳，往往是由电台、电视台的节目负责人来决定的。

经审查被接受的策划书，有的可以直接进行第一次播出的节目制作，有的由于内容较为复杂，或效果不容易凭空想象预计，或策划书中推介的主持人或演艺人员非电台、电视台所熟知，而无从确定是否适合将担任的职务，也可能由电台、电视台要求试作样本，以资取舍或修正。

首次播出的节目，制片人需要根据已获通过的策划书或样本所得到的修正意见，提出首次播出节目的脚本（所有节目制作的底稿都可以称为脚本，戏剧节目的脚本则通称为剧本），送交节目部门审查。脚本通过审查即完成节目的设计阶段而进入实际制作的阶段，电台、电视台在处理时较为慎重，因此审查的程序也较为严谨。事实上，一个节目不论播出多少次，每一次的脚本都得经过审查。

二、广播电视节目的制作阶段

节目脚本经审查通过，表示这个节目的设计已经成熟，接着就进入实际的制作阶段。广播节目和电视节目的制作都必须使用一些器材设备，涉及一些专门技术，并要讲求艺术气氛的创造。无论制片人有无这种能力，通常都是由电台或电视台指定一位导播，来协助制作人完成制作上的技术性与艺术性工作。

1. **广播节目的制作**

广播节目只是给人们听的，没有可以看的画面，因此在制作细节方面，比起电视节目来要简单得多。

广播节目的责任导播在收到节目脚本后，第一步是要研究这个脚本，明确在制作时要注意哪些地方。例如，涉及人，该如何去寻找或选择参加节目的人；涉及物，该如何去准备这些东西；涉及音乐或音响效果，该如何去选择音乐或制造合适的音响效果；甚至还有些无从在广播节目中表现的地方，该如何去克服或修改。有时这些问题不是单靠导播或制片人就可以解决的，需要由制片人或导播召集相关人员召开制作会议来共同研商，以取得一致的认识，才能解决面临的问题。

除了实况转播外，广播节目的制作都在电台的播音室内进行。播音室有大有小，有适合语言节目制作的，有适合音乐节目制作的，导播必须视节目本身的需要，与节目部门负责场地管理的单位，谈妥某一播音室的使用日期与时间，然后通知所有参与节目的演出人员及技术人员，依时使用播音室的场地。

确定场地后便进行初次排演，其排演内容视节目性质而异。如果是音乐演奏节目，应该是乐师的读谱和演奏练习；如果是交谈性的节目，应该是问答或谈话内容的交换；如果是戏剧节目，应该是对词和首次的排演。初次排演完成后，进入复排。复排的特点是使用麦克风以及音响效果工具。也就是说复排不仅要求节目内容表达成熟，同时也要求在制作设备的运用上能达到理想的效果。从这个阶段起，所有的技术人员必须到达工作岗位，各司其职、各尽其责。此外，节目时间的计算与掌握，也是复排时导演与制作人必须密切注意的，时间过短或过长，都必须在这个阶段设法加以修正。

复排以后，就是录音。简单的节目，录音可以一次完成。复杂一些的节目，可能要一再重复录音，直至制片人与导播认可为止。

节目录好以后，就完成了制作的过程，等电台依特定的时间播出即可。

2. **电视节目的制作**

电视节目除了有声音还需要有画面，因此，即使是最简单的电视节目，在制作过程上也比最复杂的广播节目复杂。

由于电视节目制作涉及的人员多，且隶属于各个不同的部门，导播在收到节目脚本并加以研究后，通常必须通过召开制作会议来商讨有关制作的一切问题。这项会议有时也由制片人来召集。参加会议的人员，除制片人与导播外，还有脚本作者或编剧人，节目主持人或主要演员，工程技术人员如技术指导、灯光师、摄影师、场务、音响师、布景员、服装师、化妆师、美工等人员。凡属节目制作所必需的人、物品和必须做的事，都要详尽讨论，做好记录，然后分头准备，保证节目录制如期完成。

电视节目的排演也分为初排、复排、试镜彩排等几个阶段。初排和复排多在排演室而非摄影场进行，一方面是摄影场面积较大，排演时不需要使用那么大的场面；另一方面是摄影场要提高使用效率，可能还会有别的用途。电视节目的初排与广播节目大致相同，复排时则颇有区别。广播节目在复排时运用麦克风，电视节目则只重视演出人员在场景中的位置和运动。原因是在广播节目中，演出人员不在节目中出现，因此是演出人员去配合麦克风的位置，而电视节目演出人员出现在画面中，必须由麦克风去配合演出人员的位置。除此之外，电视节目中有布景、道具、灯光，演出人员的移动必须符合日常的生活习惯或逻辑。因此，在复排时，需要按场景的设置而在排演场内作场景的假想性设定或象征性设定，以便演出人员了解自己的位置和移动的方向，这远较如何利用麦克风复杂和重要。麦克风只是电视节目制作上重要工具的一种，同样重要的还有电视摄像机和灯光等。

因此，电视节目制作比广播节目制作多了试镜排演一项。所谓试镜排演，并不是单纯运用电视摄像机的排演，而实际上是播出或录像的前奏。在试镜排演中，一切应该运用到的工具都必须运用上，一切应做的准备工作都要准备好，所有该来的人员也都要来。如果有演员，服装、化妆都要依要求穿戴打扮就绪。试镜排演所重视的，除了做播出或录像的准备外，还有时间的控制和导播试做摄影取景的运用以及修饰，即所谓分镜头的工作。仔细的分镜作业甚至要将每一个镜头的决定记录在脚本上，以便播出或录像时，可以依照试镜的结果——取景，而不致临场慌乱出错，降低播出效果。

试镜排演完毕就是录像，或依预定播出的时间做现场播出。

上述广播电视节目的实际制作过程，是就一般的情况而言的。事实上，广播电视节目形态繁多，要求不一。有的节目只要排演一次，就可进行录音或录像；有的节目可能需要多次的初排或复排，甚至需要多次的录音或录像，再做剪接或特殊效果，才能到最后的录音或录像工作，这完全视节目本身的需要而定。以上所介绍的广播电视节目制作的一般过程，更符合文艺娱乐、教育、服务等类型节目在演播室的制作情况，新闻节目的采制过程将在第五节中阐述。

第二节　文艺节目的编制

一、综艺节目的制作

由于广播电视文艺节目类别繁多，每一类节目的制作都有自己的特色，囿于篇幅，这里先简介综艺节目的制作。因为，一方面综艺节目是现在文艺、娱乐节目中最受欢迎的，另一方面它在文艺、娱乐节目的制作中也最有代表性。

综艺节目，简单地说就是有特选的主持人，在一个特定的时间内播出，由一群性质不尽相同的小单元节目综合而成的一种多彩多姿、富于变化的节目。

综艺节目的特点是：①是一群节目的综合体，时间长度在半小时到两小时之间。②"节目群"中的各个节目，分而自成段落，合而仍有其协调与统一，受众可以随意选择其中的一部分，也可以从头到尾听完或看完整个节目。③每一"节目群"有一主播，在言谈举止中，可以表现其个性。④节目制片人是某一节目的幕后指导者，综合体中各个节目可以随环境的需要灵活增减调度，不受预定节目表的限制。⑤编稿人对主持人只作资料的支持，主持人有权随时说其认为适当的话，可以触景生情、因事补述。

在没有综艺节目之前，我国的广播、电视节目只分新闻、评论、戏剧、歌曲等类，播音员轮值上班，工作仅限于播报台名、呼号、频率、歌曲名，有时间或插播广告，播音员与受众之间并无互动传播的亲切感。

然而，综艺节目的出现，给节目带来了活力，受众不再仅仅是听、看节目中的内容，也渐渐地喜爱上了某一节目，渐渐地和节目主持人有了心灵上的联系，进而喜爱上了这一节目的主持人。这是受众的第一个反应。

受众的第二个反应，便是他们喜爱某一节目，不再像以往那样出于"理智"的成分居多，而是大量地掺入了"情感"，渐渐地入了迷，会向主持人写信、索要签名照片……明星主持人就这样产生了。

对主持人而言，他的责任在综艺节目中大大增加了，他不仅是负责播音而已，节目的好坏、成败都和他有很直接的关系。因为如果他说错了话，受众会说，这位主持人在胡说八道；如果播送一首受众不喜爱的歌，受众会说，为什么这位主持人会选这么恶劣的歌曲！受众不再对某一电台、电视台发出赞美或批评，他们只对主持人表示喜恶与褒贬。

如此，不仅加重了主持人的心理负担，同时对主持人的能力与条件要求也提高了：主持人除了要能表演，还要能巧妙地将许多计划的内容在一定时间里组织起来；除了要有语言表达的能力，还要正确地估计受众的喜恶。

综艺节目的问世，对节目制作方法的影响是广泛而深远的。"制片人制度"从此诞生，使"一个节目变成一个组织"，该组织以主持人为中心，四周有一大群人在支持他，供给他需要的一切，做他的后盾。主持人在麦克风前表演，是受众心目中的偶像；幕后则凝聚着一个组织的智慧、努力、心血与成就，而策划、推动这个组织的便是节目制片人。

综艺节目的制片人除了要具备一般节目制片人的条件外，还特别需要具备丰富的社会知识、良好的鉴赏能力、组织能力及创造能力。

我国的综艺节目开始得比较晚，但一出现就深受受众的欢迎，创造出很高的知名度和收听、收视率。现在就综艺节目制作上应注意的事项分述如下：

1. 节目策划注意事项

（1）事先最好要有可靠的受众兴趣、意向调查报告，能精确地估量出受众的兴趣与需要是什么。

（2）搜集社会上新的、流行的各种信息。

（3）考虑电台、电视台本身可能提供的人才、音乐、音响及其他各种资源。

（4）依据受众的兴趣、可得到的资源，设计出新颖、有内容、有吸引力的节目形式及内容。

（5）慎重地选择合适的主持人。

（6）慎重地取好节目的名称并选择前奏曲，电视还要制作好片头，使其具有权威性、代表性。

2. 节目播出注意事项

（1）要准时播出，使受众养成接收习惯。

（2）节目开始时，可先介绍全部内容索引及特殊之处，吸引受众继续接收下去。

（3）主持人说话的语气要亲切、诚恳、负责任，以第一、第二人称对话方式播讲，切忌面对大众以居高临下的语气说话。

（4）主持人说话要中肯而不烦琐，切忌喋喋不休、唠叨不完。

（5）答复不同的意见时，必须适可而止，切忌争辩、强辩。

（6）不可超越社会道德及政府的法令、规章。

（7）要尽可能多用真实现场的资料、声音、画面、音乐与音响。

（8）节目结束时，可报告下次节目内容的提要，吸引受众下次继续接收本节目。

（9）严格控制时间。

二、文艺节目的编排

文艺节目的编排是根据一定栏目、一定节目时间以及某些特定的形势及任务作出选择和安排的。节目的编排是节目方针和编辑意图的体现，是编辑艺术和创造性劳动的结晶。编排的好坏对节目的总体收听（视）效果影响极大。

1. 文艺节目的编排原则

（1）协调一致的原则。

文艺节目的编排在方向上要与四项基本原则协调一致，在内容上要与广播电台、电视台其他节目和自身各类节目相互配合、相互补充，使它们成为一个有机的整体。

（2）服务受众的原则。

根据受众的生活习惯、接收心理和规律来设置与编排节目。设法多与受众交流，办好受众参与的节目，积极创造条件让受众参与节目。

（3）繁荣文艺的原则。

坚持"百花齐放、推陈出新""古为今用""以我为主、洋为中用"等方针，处理好古、今、中、外各类节目的比例与配合；处理好音乐、文学、戏曲、曲艺的比例与配合；处理好题材、体裁、风格、流派的比例与配合。通过节目体现和促进文艺的繁荣。

（4）严格把关的原则。

电台、电视台播出的文艺、娱乐节目可以分为两种，一种是新录制的、第一次播出的节目。这种节目，经过审查就可以直接播放。另一种是库存重播节目，必须经过重审，严格把关：一看思想内容是否合乎时宜；二看艺术质量（包括作品本身的质量、演播质量、录制质量等）是否达到今天的播出标准；三看磁带库存多久，是否变质、变形等。通过重审，严格把好文艺、娱乐节目的质量关。

2. 文艺节目的编排方法

（1）同一法。

找出各个作品的某种共同点，再以这个共同点把作品串联起来，组成一组节目。这种编排方法叫同一法。相同点可以是主题、题材、体裁，也可以是相同的作者、演播者，甚至相同的演奏乐曲和演奏方法，这些都可以成为组合作品的相同点。

同一法的特点是对某一类作品编排比较集中，喜爱这类作品的受众可以得到充分的艺术享受。但如果应用次数过多，则容易产生单调感，难以满足受众多样化的欣赏要求。

（2）对比法。

把不同风格、不同演绎方法的作品编排在一起，使各自特点更加鲜明的编排方法叫对比法。如戏曲的不同艺术流派、歌曲的不同演唱方法、乐曲的不同演奏风格的对比等。对比法在艺术欣赏上避免了单调感，如果加上适当的知识性解说，效果会更好。

（3）拼盘法。

以变化多样、丰富多彩为原则，使组成一组节目的作品在艺术风格、形式、内容、题材上尽量不重复的编排方法叫拼盘法。拼盘法能使受众在较短的时间内得到比较全面的艺术享受。

编排文艺、娱乐节目，总的要求是搭配得体、富于变化。从横向看，节目的搭配要有变化；从纵向看，一个月，一周，甚至一天之内也应有所变化。以一天的变化为例：清晨，万物苏醒，新的一天开始了，这时的文艺、娱乐节目应该以清新、喜悦、轻快为主旋律；中午是一天的高潮，适宜热烈、喜庆、欢乐的气氛；晚上时间长，人们下班后需要休息、学习、思考，环境安静，比较适合播送内容深刻、立意较高的欣赏性节目。

第三节　社教节目的编制

一、社教节目的编辑要点

社教节目大多属于学习型、动脑型节目，需要受众经常保持"有意注意"，因此在编辑节目时，尤其要从受众的接受心理出发，在内容、形式、结构和语言的运用上下更多的功夫。

1. 题材内容要注重针对性

社教节目的题材要有的放矢，适合特定对象收受。周恩来同志曾对中央电台农村广播作过指示："要真正适合农民听。"那么，应如何根据不同对象，加强内容的针对性呢？首先要了解受众的心理要求，针对特定受众的需要，多提供有关的信息。就农村节目来说，目前重在多为农民提供知识和信息服务。农民听众、观众迫切需要我们提供有关生产、农副产品加工以及流通、技术等方面的信息，以开辟致富门路。其次还要针对受众的兴趣、爱好和遇到的问题，安排有关内容。以青年节目为例，据调查，目前我国青年在成长道路上面临四大课题：理想前途、求知成才、恋爱婚姻和身心健康。我们应围绕青年关心和需要解决的问题，尤其是针对青年思想实际存在的问题，安排合适的内容，尽可能做到思想性、知识性和趣味性相结合。

社教节目的内容既要集中又要多样化，避免单调。所谓集中，就是要围绕本专题的特定对象，突出特定范围的内容和特定的题材；要讲节目对象感兴趣的、有用的内容，每次专题节目的内容要相对集中，切忌面面俱到、包罗万象。目前国内专题节目的发展趋势是由综合向特定发展。越是综合、面面俱到，就越难以办出特点，时间拉得过长，受众反而减少。特定对象节目要求内容集中，特点鲜明，服务具体。

2. 内容要切合实际，适宜普及

社教节目必须针对当前社会生产、生活的难题和热点来选题，设法从理论上解释当前的实际问题，从思想上、政策上指导受众，找出妥善解决问题的办法。如果不从实际出发、无的放矢，介绍一些受众很难理解也不感兴趣的知识，势必事与愿违，费力不讨好。所以节目内容要在切合社会生活实际的基础上，根据广播电视传播的特点和受众的接受能力来进行安排，使节目的内容深入浅出，让受众在理解的基础上深入内容，收到好的效果。在讲授方法上，要做到理论联系实际，就事论理，论理与叙事相结合，叙事叙述的是当前的实际、具体的事实。这样既符合受众的接受心理，又有利于传播，适于普及。

3. 形式要生动活泼

为了更利于传播知识，开展社会教育，编辑应想方设法，使社教节目办得生动活泼、亲切自然。比如，采用多种体裁的稿件编辑节目，在节目中设置一些别开生面的专栏等。在不违背真实性的原则下，采用说说唱唱、相声快板、听众问答、智力测验等多种形式，有助于办活节目。在编写广播电视稿件时，不妨多采用谈话式的写法。少儿节目则可采用讲故事、猜谜、编歌谣和顺口溜的方式编写。农村节目可以通过拉家常、无拘无束的谈话和对话方式，讲述农民关心和感兴趣的事情和问题。这些方式便于交流感情，有利于节目内容的传播，使农民在彼此的传播和交流中受到教育。

4. 语言要通俗易懂

社教节目介绍的科学文化知识要让受众易于接受，这是对节目的起码要求。这就要求社教节目的语言要特别通俗易懂，只有受众容易接受的内容，才便于记忆。社教节目的语言可多采用谈话式、口语式，尽可能亲切自然，切忌咄咄逼人。

在传授科学技术知识时，要尽量避免使用专业术语。如果实在迫不得已，也要用通俗易懂的语言解释清楚，让受众明白意思。为了帮助受众接受科技知识，社教节目的编辑常常要运用形象生动的解释和说明，使深奥的知识浅显易懂，抽象的科学概念具体明了。比如，中央人民广播电台的科技节目编辑是这样解释"中子星的密度"和"牛郎星与织女星的距离"的：中子星的密度非常大，一立方厘米就有一亿吨重。也就是说，一个小胡桃那么大的中子星的运输，要用一万艘万吨巨轮去拖才能拖动。牛郎星和织女星距离16光年。如果牛郎给织女打电话，那么，织女接到这个电话，就得16年时间。这样形象生动的比喻和解释，能给受众留下深刻的印象，便于其记住科学概念，加深对知识的理解。

5. 编排要严谨有序

广播电视"线性"的传播特点决定了受众在接收节目的时候，只能按照已经编排好的节目内容顺序依次接收，除了直播与电话参与节目，受众对节目内容是没有选择、审理和加工自由的。根据有关生理学研究，人们用耳朵收听到的、眼睛收看到的信息输入大脑时，有一个整理和加工信息的过程。这一过程具有很强的逻辑性。人们在收听广播、收看电视时，也会有这样一个生理加工信息的过程。由于广播电视稍纵即逝，受众不可能有充裕的时间进行这样的逻辑性整理加工，这就需要编辑在编排节目的时候，使节目内容条理清晰，具有内在的逻辑联系，使受众在接收过程中能较快地整理和加工，顺利地吸收节目内容。

6. 重点要重复强化

广播电视的各类节目都在不同程度地采用重复的方法，强调各自的重点，尤其是知识性、教育性节目，更注意对节目的重点内容加以适当重复，用来强化传播效果。广播电视传播中的重点重复，是由广播电视自身的传播特点决定的。广播电视的"线性"传播和不便记录的特点，使信号有过而不留的弱点。受众在接收信息时如有不太清楚和不明白的地方，不可能像读报纸杂志一样停下来查阅或请教他人。而且广播电视"线性"的传播特点，使受众只能按节目编排和播出顺序依次接收，没有选择接收的自由，因而容易造成受众被"强迫"接收而产生不愉快的接收心态的情况。同时，因为受众在收听广播、收看电视时，经常处于"无意注意"的状态，接收的随意性容易造成信息衰竭，使广播电视传播达不到预期效果。所以编辑在节目内容的重点、难点和需要受众注意的地方，应安排必要的重复，以弥补广播电视在传播和接收上的缺点。社教节目通常采用两种方法重复。一是机械重复法，即在语言文字上重复前面的内容。一些知识性节目在重点、难点和需要记录之处，常安排这样的重复。二是解释重复法，即对前面讲过的原理、概念、专有名词和技术性内容作比较详细的解释，使抽象的概念具体明了、深奥的道理浅显易懂，从而强化受众对知识的理解和记忆，达到优化节目效果的目的。

二、社教节目的编排

如前所述，社教节目的编排是否合理、巧妙，是节目能否吸引受众的一个不可忽略的环节。运用恰当的编排方法与编排技巧，注意在节目的串联上下功夫，是编排好社教节目的关键。

1. 社教节目的编排方式和方法

编排巧妙能够在一定程度上提高整个节目的质量，形成整体化效应和优化效应。社教节目的编排除了采用直播板块形式，通过"热线电话"或将受众请入演播室让受众参与节目外，可由主持人根据不同节目的具体要求，采用应变方式，灵活机动地编排、调整节目内容和形式，基本的编排方式有以下三种：

（1）集中式编排。

又称"单一式"编排。一次节目集中一个问题、一件事，围绕某个主题组合节目，但稿件的体裁不一，角度和写法不同，称为集中式编排。其特点是内容单一，问题集中，主题明确，说理充分，便于受众接受，往往给受众留下较为深刻的印象。编辑可以根据同一题材，选择各个方面的稿件，从不同角度说明节目的主题思想。广东电台音乐之声2007年"十一"国庆黄金周就紧扣"国庆"这一主题，连续几天播出中华人民共和国不同时期的歌曲，形成系列板块节目，通过音乐歌颂祖国成长的轨迹。

（2）综合式编排。

又称"拼盘式"编排。由多种题材、多种体裁、多种内容、多种形式组合成节目。综合式编排并非毫无目的地"拼凑"，它虽然由几个方面的内容和问题组成，但常常是以某一问题或者某一活动为中心，采用新闻类、服务类、教育类、文艺类稿件综合编排。有时候，在综合式板块节目里的小专题节目也采用这种形式。中央人民广播电台中国之声2007年的国庆特别节目《声声中国情——建国以来优秀抒情歌曲大放送》，就精心挑选了200首中华人民共和国成立以来的优秀抒情歌曲，并配以精练的介绍。广东电台珠江经济广播电台在国庆黄金周特别节目中，把颇具影响力和收听率的"魅力新人王"精华汇编成五辑，于国庆期间连续播出，使有价资源得以再生运用。

（3）主从式编排。

顾名思义，主从式编排是由主要部分和从属部分编排而成的方式。这是一种以某一篇有分量的篇幅较长的通讯、特写或现场报道为主，巧妙地安排或穿插其他各种报道形式的编排方式。整个节目有主有从，各有侧重，互为补充，互为一体。有时为了讲清某个道理，传播某种科学文化知识，稿件篇幅较长，需要占用一次节目的时间播出。这类稿件内容必须精彩，形式应生动活泼、吸引人，否则就会使人感到空洞、乏味，让受众产生调台或关机的念头。有时主要的稿件播完后仍有多余的时间，需要配上一两篇短文稿，这些短文稿的内容最好要与主要的稿件主题相近，或者是讲述同一种知识。要是这些从属的短文稿跟主要稿件毫无关系，就会让受众有"丈二和尚摸不着头脑"的感觉。

2. 社教节目的串联和配乐

要编排好社教节目，运用好串联词、片头、配乐等十分重要。

（1）重视串联词的作用，写好串联词。

大部分广播电视节目都是由几个部分组成的，每个部分之间，串联词起着过渡作用。在社教节目中，串联词用得相当普遍。串联词运用得好不好，往往会使节目产生引人入胜或者令人生厌两种截然不同的效果。所以说，串联词对社教节目起着很重要的作用。

首先，串联词起着将分散的稿件结合成为一个节目整体的"纽带"作用，一次社教节目一般由两篇以上的稿件组成。串联词犹如一条纽带，将若干篇题材相同或不同的稿件，联合成一个完整的广播电视节目，使彼此缺少联系的稿件成为不可分割的节目整体。好的串联词不仅能在形式上，而且能在内容上赋予稿件一种新的内在联系。其次，串联词可以起到提示要点、升华主题、提示意义的作用。有的串联词往往一开始就"画龙点睛"，扼要地点明本次节目的内容要点，突出受众感兴趣的事情和问题，延伸节目的内涵，赋予受众新的启迪和联想。这样的串联词有助于受众正确理解节目内容，提高节目的影响力。此外，串联词还可以起到加强受众与节目的联系，吸引受众关注和参与节目的作用。在节目进行过程中，主持人、播音员通过串联词小结前面已经播过的内容，引导受众继续接收后面的节目，与受众进行感情交流。

写串联词要注意如下几点：一是要引人注意。串联词要在节目一开始就吸引住受众，使其愿意继续接收下去。如吉林台的《知识小宝库》节目，有一次串联词的开头是这样写的："有一天，世界上的煤、石油和天然气都用完了，世界将会是什么样子呢？机器不转动，火车、汽车、飞机、轮船都瘫痪了，冬天屋子里冷冰冰的，也许连饭也煮不成了，会有这样一天吗？"这样的串联词一开始就使人产生好奇心，想继续听下去。二是要注意发现前后稿件的共同点，找出它们之间的内在联系，让它们互为补充，达到充分启发人们思考的目的。如常州经济台《星期天特别综合节目》中有这样的串联词："听众朋友，前两天，本节目的'公仆专线'收到了本市花园新村陈志清听众的来信……我来念一下（念信）……我一边读，一边也非常感动——我看到了这些淳朴的市民，对我市公仆的一种难能可贵的真情。……现在，我们就来满足周围市民朋友的要求，请我们市长来接热线电话。"（接下来是电话采访实况）这段串联词道出了前后稿件（信和热线电话）的内在联系，即市长关怀市民，市民热爱市长，自然地将前后内容贯穿一体，收到"因果"效果。三是要起到承上启下的作用，使上下文听起来自然、生动，不会生硬、突兀。比如："女：……刚才杨市长谈到他的业余生活时，提到了他喜欢的两个娱乐节目，《正大综艺》和《今夜星辰》。提起《今夜星辰》，我们前几天通过长途电话采访《今夜星辰》的主持人叶惠贤，咱们是不是把采访录音放一下呢？男：好啊。刚才是杨晓棠市长的'公仆专线'，接下来的是'明星风采'了。"四是通俗、口语化、亲切自然，仿佛在同受众面对面交谈，起到感情交流的效果。又比如："农村听众朋友，关于农村财务问题，今天我们就谈谈以上看法，不知您是否同意？可能实践中还有更多的新经验和新办法，让我们一起去总结、去摸索。不过我相信大家都会同意，农村财务问题已到非抓不可的地步了。"

串联词如按其在节目中出现的先后次序，大致可以分为起始语、转接语、变换语、穿插语、结束语。起始语是用于节目开头的，又称开头串联词，起激发受众收听、收看兴趣的作用；转接语和变换语都是一套节目当中的连接词，起承上启下的作用；穿插语是节目串联词中的强化剂，对节目的主题、背景、社会地位、艺术特色等简明扼要地介绍，贵在点睛；结束语是用于节目结尾的，起总结全文、引起联想、余音缭绕的作用。

（2）讲究节目名称，选好开始曲，制作好片头。

首先，社教节目应该有个好的名称，即与节目内容相符的有个性、有特点的名称。要改变那些几乎是千篇一律的"农村广播""青年广播""少儿广播"等笼统雷同的节目名称。节目名称应当做到以下几点：①准确——准确地反映节目内容，准确地反映节目特点和地方特点；②鲜明——有个性，有特点，有新意，不落俗套；③形象——有文采，有诗意，忌呆板枯燥；④简洁——字少意深，回味无穷。

讲究节目名称，注重节目的特色与个性，国内外广播不乏先例。如海南经济电台的直播板块节目《八面琼州风》《温馨椰林曲》《椰乡欢乐夜》，无锡经济电台的《太湖人家》《都市商业街》，上海电台的《走走看看想想》《"马大嫂"备忘录》，珠江经济广播电台的《天天新境界》《乡村风情》《岭南新歌榜》等。

国外许多广播电台很重视节目名称，以BBC广播公司的节目为例，有介绍英国风土人情的《重游英伦》和《剑桥风云》，有引导人们认知动物活动的《动物奥运会》，有推介文化艺术精品的《艺术创造世界》，有介绍人与自然界关系的《地球形成的故事》等。

其次，要重视开始曲在节目中的作用，认真地选好开始曲。不要轻视短短几秒钟、几十秒钟的开始曲，一个节目有没有开始曲，有什么样的开始曲，其播出效果是全然不一样的。这瞬间的音响具有自己特定的功能：吸引受众，即令人们从无意注意向有意注意转移；渲染某种特定的气氛，增强节目的气势。研究表明，开始曲的时间长短、力度大小、基调抑扬与整个节目的重要性和节目风格是直接相关的。开始曲作为整个节目的一个有机组成部分，应该服从于而不应该游离于整个节目的风格。也就是说，开始曲应该与节目名称、内容、风格相一致、相协调。好的开始曲应该是整个节目总体精神的概括和抽象，国外一些优秀的广播节目主持人，大都请名作曲家为自己组织的节目专门制作只此一家的体现节目风格的开始曲。例如，体育节目的开始曲可选用一些节奏明快、奔放活泼的乐曲，使人一听开始曲就感到振奋，产生力量，渐渐进入节目意境；农村节目的开始曲可选用具有各地浓郁生活气息和地方、民族色彩的乐曲等。

最后，电视社教节目还必须制作好自己的片头，电视节目片头的作用类似于广播节目的开始曲，只不过电视节目的片头比广播的开始曲更具魅力。因为电视节目的片头不仅有声音还有画面，许多好的电视节目的片头具有很强的感染力，让人过目难忘。

（3）配插好乐曲。

这里的乐曲指音乐、音响、间奏曲和歌曲，总称乐曲语言或音乐语言。办好社教节目除了要重视文字语言外，还应积极发挥音乐（乐曲）语言的重要作用。这个问题已逐渐引起广播电台、电视台编辑部门的注意和重视。

著名音乐家贺绿汀曾说过，"广播电台就需要有相当艺术修养的音乐理论家对各种音乐节目制作作有计划的具体安排"。事实正是如此，就电台、电视台的社教节目来说，乐曲是节目中不可缺少的组成部分，它在节目中占有重要地位。正如报纸上不能没有图片那样，乐曲语言对于文字语言来说，有时起辅助的作用，有时甚至起着文字语言所无法替代的作用。因为音乐（乐曲）语言具有表情性、时代性、民族性、地方性、概括性以及感受上接近性的明显特点和作用，因此在社教节目中配插好乐曲，是很有必要也是十分重要的。乐曲可以烘托环境气氛、表现人物复杂的心理活动和细腻的思想感情。有时用文字不易说清或一时难以表达清楚的问题，如果配上恰当的音乐，可以产生"画龙点睛"的特殊宣传效果；可以起到转换衔接、承上启下的作用；可以起到为主题服务、深化主题思想的作用；可以冲破语言文字的隔阂，使不同国家、不同地区的群众相互交流思想感情，达到增强节目感染力的作用；可以使节目办得更为生动活泼，增强亲切感和艺术魅力。

社教节目配插的音乐一般以轻音乐为主，大致有以下四类：一是描写性的音乐，一般多用在自然风光方面，节目开头、结尾也常配用；二是增加情绪气氛的音乐，用以突出和加深如欢乐、沉痛、紧张、轻松等不同情绪与气氛；三是抒情性音乐，以流畅的曲调、舒缓的节奏、细腻的感情展示人物的心理状态；四是装饰性音乐，它一般不直接同文字、音响发生联系，只是起点缀、连接文字稿本的作用，它把一篇篇稿件连接起来，承上启下，使稿件融为一体。

编辑在选择和配插间奏乐、歌曲时，要注意从节目内容的实际需要出发，音乐、歌曲与内容一定要相互协调，力求气氛和谐。

第四节　服务性节目的编制

一、服务性节目的编制要求

服务性节目有自己的特点，我们在制作和编辑服务性节目的时候必须根据它的特点来进行，本节将从以下几个方面来具体阐述编制服务性节目的要求。

1. 题材要有时代感，内容要有贴近性

服务性节目要紧扣时代脉搏，要随着社会的发展、群众观念的更新和需要的变化而变化，服务的触角应伸向社会的每个角落和群众生活的各个领域。因此，服务的题材宜广不

宜窄、宜新不宜旧，服务内容不能一成不变，要富有时代气息和时代色彩。20 世纪 90 年代为受众服务的题材与 20 世纪 50—80 年代显然是不一样的，即使是为群众服务的老题材，也应有新的内涵和色彩。这个"新"，一言以蔽之，就是时代的气息和色彩。

编制好服务性节目很重要的一点是服务内容要联系实际，针对性强；要适用于群众，讲究社会效益，突出使用价值；要真正起到为群众排忧解难的作用。为此，所传播的信息、所讲的问题、所宣称的内容应是群众所需要的、希望了解和解决的。以广告节目为例，应在促进生产、扩大交流、指导消费、活跃经济、方便人民生活以及发展国际经济贸易等方面发挥积极作用，既讲究经济效益又讲究社会效益。

2. 注重节目特色

无论是生产、生活服务性节目，还是经济知识类服务性节目，编排时都必须注重用事实说话。要通过生动的事例和有说服力的事实为受众服务，事实本身就是服务的最好体现。如回答问题、预告信息、介绍知识、预告节目等，要求开门见山、直截了当，语言简洁、朴实，事实客观、准确、真实。

广告服务贵在以事实打动、吸引受众和销售对象。要尽量避免用套话和哗众取宠之辞，诸如"誉满全球""质量最优""包您满意"等。

中央台和各省市地方台由于具体任务不同，传播范围和传播方式不同，应该从各自实际情况出发，办出各自的特色。中央台的服务性节目应从更广泛的范围考虑大多数受众的需要，题材内容要有普遍意义。城市台的服务对象明确，可以举办更多富有本地特色的服务性节目，如有关交通、旅游、市场方面的服务项目等。上海人民广播电台的《新闻、气象和为您服务》节目就颇有地方特色和代表性，它的显著特色是内容上的相关性和服务的多样性，信息量大，注重综合服务。该节目的服务内容有重要新闻、天气情况以及与群众息息相关的各种服务信息。该节目坚持播出符合群众需要的稿件，节目设有各种专栏，如"排忧解难""祝您健康""新产品介绍和市场预测""一周书讯""假日向导"等，能够切切实实地为群众解决衣、食、住、行问题。该节目平均每天收到 300 封左右的听众来信。在上海市总工会组织的一次精神文明产品抽样调查中，该节目被评为 1985 年上海市十大精神文明产品之一。

3. 发挥声画优势，力求生动活泼

服务性节目既要给人以知识、信息，又要给人以美的感觉和享受。要运用声音、画面的优势，多种和谐的声画结合本身就能给人以美的享受。无论是综合性服务节目还是广告节目，都应重视声画艺术以及多种音响的运用，特别是现场音响的语言，其能增强节目的真实性和感染力。以广告节目为例，它很讲究声画的感染力。优秀广告实际上是一件精美的艺术品，像一首优美的歌曲，或一首感人的诗。广播广告是通过声音语言和音响效果来宣传的，是诉诸人的听觉的。播送广告时，播音员的声音应抑扬顿挫，轻重快慢富有节奏感，带有鲜明的感情色彩。电视广告不但拥有广播广告的声音优势，还拥有画面的优势，声画并茂，是各种媒介广告中最吸引受众的。

服务性节目的播音员或主持人要特别注重播讲时声音的亲切、悦耳、活泼、风趣，力求做到声情并茂、以声感人、以情动人。声音本身就能反映服务态度。有的节目很注重谈笑艺术，力求在谈笑风生中说透人们所关心的问题。当然，我们提倡笑，主要是指节目播法上落落大方、富有幽默感，是与受众真情实感的交流和自然流露，而不是哗众取宠的假笑。服务性节目题材广泛、内容丰富，与之相适应的形式也应多种多样、千姿百态。不少服务性节目采用主持人形式，或报告信息，或回答问题，或讲解知识。主持人为每一个受众排忧解难，增长其知识、陶冶其情操，把自己和受众融为一体，做受众的知心朋友。不少服务性节目的报道形式不拘一格，有对话、现场录音、人物讲话、受众来信回答、来信漫谈等，还有口头回答，即编辑人员直接同提问题的人对话。这种形式适用于回答政策法规、组织纪律和其他社会问题。

二、服务性节目的编排

服务性节目不应搞"全面开花"编排，而应以"相对集中"的形式编排内容。有些服务性节目往往只是单纯根据受众来信编排，即受众提出什么问题就回答什么问题；还有些服务性节目企图在一次节目中解答许多受众提出的各种问题。这种"全面开花"地编排内容的做法，必然会显得零乱分散，影响服务的实际效果。

服务性节目要采用相对集中的编排方法，即在编排上每次节目要有一个侧重点，逐渐形成一些相对固定的栏目，从而使节目的服务内容初步条理化。比如《为您服务》节目，编排时可设置"听众信箱""周末生活""星期日漫谈""一周书讯""市场信息""医药顾问"等专栏，专栏可分固定的和不固定两种。每次根据内容的需要，设置几个专栏，不一定要全。相对集中编排的优点是服务内容集中，层次分明，令人印象深刻。

服务性节目编排时还要重视"系列服务"，增强服务深度。应针对社会上普遍存在的带有共同性的问题，通过深入调查采访，从不同角度运用多种题材，进行连续播讲。这比简单地发一条消息要深刻得多。从简单信息服务到系列服务，这是服务内容由浅入深的过程。这种编排艺术有助于增强节目内容的深度。

以上介绍了服务性节目编排的总体原则，在具体编排中，还应注意下列要点：

1. 播出时间的固定性

服务性节目的播出时间相对固定。除了节目的内容和服务方式、服务领域要根据市场、受众和社会的需求变化而变化外，服务性节目的播出时间和节目名称不应随意更改。

服务性节目的这一固定性特征是由节目的传播规律和受众的接收习惯决定的。有些专题服务性节目，如《天气预报》《报时》《市场物价》《外汇牌价》《广告》等，长期以来和人民群众的生产、生活建立了密切的联系，拥有一批又一批固定的受众。这些受众已经形成了定时接收的习惯，如果播出时间不固定，受众在某一时刻接收不到习惯接收的节目，就会感到很不方便，以致失去对节目的信赖。

综合性的服务节目，栏目比较多，服务内容相当广泛，具有服务直接、具体、实用性强的特点，因而受众基本上也是固定的。每一个栏目中又有一批相对固定的受众，大体上代表着受众的各个层次。从方便受众、服务受众出发，综合性服务节目的名称和播出时间也需要相对固定。

2. 稿件搭配的相关性

除了专项节目外，服务性节目一般都由两组以上稿件组成，包含好几部分内容。稿件的编排要注意克服随意性，不能采取就稿编稿的办法凑合。

在一次节目中，稿件搭配的基本规律是：从稿件的内在联系上找依据，用相对集中的方法巧安排。具体地说，就是在每次节目中都围绕一个侧重面组稿、定稿。比如《为您服务》节目中，通常设有"市场信息""听众信箱""医药顾问""大众菜谱""周末生活"等栏目，如果恰逢节假日，这天的节目就以节假日生活内容为主，着重编排节假日市场的新动向、旅游的好去处和家宴上的美味佳肴。用这样的方法，把某一类型相互关联的稿件组成几个小组，根据其在时间上的内在联系合理搭配在一起，就可以形成一组完整集中、层次分明的节目，给受众留下比较深刻的印象。

3. 节目串联的自成体系

服务性节目的编排讲求稿件之间、项目之间的连接艺术，即串联的技巧。恰到好处的串联能起到化零为整、画龙点睛的作用，使稿件、项目衔接、转换得自然而流畅。

服务性节目对串联的要求是：运用声画优势，注重优化节目，力求整体和谐。运用声画优势，使多种和谐的声音、画面给受众以美的享受，是串联好服务性节目的首要环节。无论是综合性服务节目还是广告节目，都必须重视声画艺术以及多种艺术手段的应用。特别是现场音响的应用，能有效地增强节目的真实感和感染力。

串联词的设计可以参照教育性节目串联词的编写要求，结合服务性节目的直接性、实用性，在语言的生活化上下更多的功夫，使受众能从主持人亲切悦耳、幽默风趣的话语中，更多地感受到节目的热诚。

同时，作为节目内容转换和过渡的歌曲、音响、间奏乐，要注意和画面、语言部分有机地结合起来，起到烘托内容、突出节目、渲染气氛的作用。

4. 服务内容的系列性

针对社会上普遍存在的、大多数人关心的问题，通过深入采访、调查研究，可以从不同角度编排成套系列节目，连续播出，以增强节目的播出效果、强化服务内容的深度。比如，随着家用电器的普及，受众不再满足于电台、电视台提供的市场产品供应信息和广告宣传，他们还想知道正确使用和保养家用电器的知识。如果就这个节目编排、设计出一套有关家用电器使用和保养的系列节目，连续播出，可能会受到受众的普遍欢迎。从简单信息服务到系列服务，是服务性节目的内容由浅入深的过程。这种系列编排方式有助于增加节目内容的深度。

5. 编排方式的多样性

服务性节目题材广泛、内容丰富、项目繁多，与之相适应的编排形式也应该多种多样、千姿百态。

服务性节目的基本编排形式有穿插式和连接式两种。穿插式就是将音乐和音响穿插在稿件和项目之间，用来承上启下、转换内容和烘托气氛。连接式主要是指用串联词、音乐和音响把节目的各个部分有机地串联在一起，使节目组成一个有机的整体。电视节目中的栏目头也是一种很好的串联方式。

在穿插式和连接式的基础上，可以演变出多种编排方式，如前面所介绍的系列编排方式。

近年来，各级各类电台、电视台在服务性节目里普遍采用了板块式编排，在一次服务性节目里，由主持人将内容不同、形式不同、各具特色和相对集中的几个小专题、小栏目巧妙地串联、组合在一起，用谈话的形式直接介绍给受众，或者通过和受众的交谈来实现节目的服务功能。板块式服务性节目的优势有三点：一是亲切自然。节目通过"拉家常"和平等交谈，缩短了电台、电视台与受众之间的距离。二是吸引了受众。由于板块式节目可以不断转换话题和形式，有利于缓解听觉、视觉疲劳，打消受众因疲劳而产生的关机念头。三是创造了较好的接收气氛。板块式节目可以较好地克服一些节目中存在的断裂感和单独感，使节目自然、流畅、富有动感，有助于受众保持良好的接收心态。

第五节　新闻节目的采访与编辑

广播电视新闻采访是广播电视记者运用一定的电子手段认识客观事物，采集和发掘新闻事实的特殊的调查研究活动，也是广播电视新闻报道的表现手法之一。采访活动是新闻报道工作的第一步。采访的成败得失直接影响到新闻报道的成败。广播电视新闻采访对新闻现场及时间的依赖性很大，尤其是对电视新闻来说，这种影响更加明显。在整个广播电视新闻传播活动中，采访起着举足轻重的作用。广播电视新闻采访同报纸、通讯社新闻采访一样，遵循着采访活动的共性规律和基本原则，但也具有广播电视新闻传播的特性，显示出自己的个性特征。认真掌握广播电视新闻采访的特点、规律、方式与方法，是广播电视记者要做的基本功。

一、广播电视新闻采访的特点

广播电视新闻具有一些文字新闻所没有的传播特性，这就对广播电视记者的采访工作提出了特殊要求。它要求记者在遵循新闻采访基本规律的同时，要掌握运用好这些特性，广播电视新闻采访的特点是广播电视新闻传播特性在采访活动中的具体体现。它包含了以下五个方面的具体内容：

1. 现场性强

电视新闻是事物具体形象的现场纪实性报道，离开了具体的新闻现场，电视新闻采访便无法进行。电视新闻记者必须面对现实，立足于现场，在具体的时间内，在特定的空间（环境）中，对具体事件进行采访拍摄。因此，记者必须在新闻发生之前，或者在新闻发生的同时亲临现场。而最能体现广播新闻特点的现场录音报道，和电视新闻一样，具有现场性强的特点。

以严格的现场空间、时间限制构成广播电视新闻的时空个性，应是每个广播电视新闻从业者致力追求的采访目标。以"事过境迁"为补拍借口，已是过时的陈腐观念。追踪事件热点，及时赶到现场，坚持现场采访，保持时空一致，是信息时代对广播电视新闻工作者提出的基本工作要求。

2. 协同性强

文字记者只凭一支笔、一个笔记本便可走遍天下，广播电视记者却不行，电视记者尤其不行。电视新闻采访不仅需要记者从当事人口中获得有关信息，还需录下现场的画面与同期音响。因此，电视新闻采访所使用的装备是同类采访中最多的。广播新闻记者所用的设备虽然比电视新闻记者少，但比文字记者多。总之，广播电视新闻，尤其是电视新闻采访，不是一个人能单独完成的，它需要记者、摄像师、灯光师、录音师、信号调制发射工程师等各个工种协同作战。任何一个环节出了差错，都会影响到采访活动的顺利进行。

为了能让摄像师和其他工作人员了解自己的意图，电视记者在采访前，应当将自己掌握的情况向大家说明，让大家明白自己对画面有什么要求，新闻重点表现哪些东西，做到人人心中有数。这样，到了新闻现场，不用再说明，也能配合默契，保证采访能获得最佳的画面、音响信息和语言信息，为新闻的后期编辑打下一个良好的素材基础。

3. 受客观条件的制约性大

广播电视新闻采访的摄录设备对环境的要求高，采访活动受客观条件的制约性大。摄像机只有在有一定光照强度的环境中才能拍摄到清晰的画面，新闻现场光源不足，便会影响画面的质量，辅助光源的介入又可能干扰拍摄对象，破坏现场的真实气氛。广播新闻的现场录音也容易受到环境噪音的影响。除此之外，话筒、摄像机的存在也会在一定程度上干扰采访对象，破坏新闻现场的"原生态状"。对采访对象的干扰，会影响记者获取真实的新闻信息。许多人因恐惧摄像机而在面对镜头时弄虚作假。广播电视记者要想掌握第一手材料，除了自身素质的提高外，还要改进技术条件。随着科学技术的发展，电子录音、摄录像设备已日趋先进，广播电视采访受客观条件的制约性在某种程度上有所降低。

4. 对采访者的要求高

广播电视新闻采访的一个突出特点就是现场采访。广播电视新闻的现场采访不像文字采访，它要求记者在现场和采访对象在话筒面前直接问答，尤其是电视新闻，不仅要传播记者获知的语言信息，而且要把记者与被采访者的讲话共时空地展现给观众，使记者从幕后走到台前，成为万众瞩目的焦点。这在很大程度上改变了记者的传统形象。由于记者的形象和语言（问话）要展露给观众，采访活动中记者每一个细小的失误都可能招致新闻传播的失败。因此，广播电视新闻对记者的要求是相当高的，除了要遵循新闻采访的基本原则和规律外，广播电视记者还要具备三个方面的基本功。

首先，反应要敏锐，口齿要伶俐。广播电视记者的问话吐字要清，语速要适中，让人一听就明白。说话结结巴巴、逻辑混乱，不仅会影响被采访者回答，而且也会给后期剪辑带来困难。广播电视记者还要善于控制场面，及时捕捉人物的表情和动作，揣摩人物心理，以迅速调整自己的提问，将谈话引向深入。

其次，必须具备明确的时间观念。文字记者在进行采访时，与被采访者聊半天也无伤大雅，因为不必展示采访的过程。有时甚至为了增进与被采访者的亲切感，故意与之作长时间的题外交谈。广播电视新闻采访则不同，它要求直接录音或录像，直接记录采访的全过程。因此，广播电视记者必须树立一种观念，即在尽可能短的时间内获取尽可能多的有用信息，而不能让摄像机、录音机任意地记录下一些无用的画面与声音。现场采访一般只限于了解最重要的新闻事实，对新闻背景材料的挖掘则可放在幕后进行。

最后，电视新闻还要有较强的画面思维能力。电视新闻传播是一种多符号综合传播，画面在传播新闻信息中发挥了重要的作用。电视记者应有意识地突破文字思维的模式，不断提高自己的画面思维能力。不能用文字采访的思维方式来指导拍摄，为印证文字而寻找画面。要善于在新闻现场捕捉那些有价值、有特色的新闻细节画面，迅速判断哪些东西要用画面来表现，哪些东西要用文字来说明、补充。电视新闻采访要学会"用画面说话"。

5. 既是一种素材采集手段，又是一种表现手法

采访是采集新闻素材的一种手段，采访得来的材料构成了新闻的内容。但就广播电视新闻而言，采访又是新闻的表现手法之一。在许多情况下，广播电视新闻采访本身构成了新闻内容的一部分，甚至比采访所得来的材料更具表现力。采访过程的真实展示，会使新闻显得更为客观、公正。这一点是文字记者难以做到的。

二、广播电视新闻采访的方式、方法

在新闻采访活动中，当记者确定了采访的对象，并做了充分的准备工作之后，接着就要考虑选择一种什么样的方式、方法去进行采访。广播电视新闻采访的方式、方法多种多样，广播电台、电视台记者只有明确并掌握各种不同的方式、方法的特点、设备性能、要求和活动规律，才能结合采访内容、采访对象、采访场合的具体需要做好采访工作。

1. 按结合方式分类

（1）一体化采访。

一体化采访是指记者将幕后采访与录音、镜前采访有机地结合在一起，在同一时段内既完成幕后采访的任务，又完成录音、镜前采访的任务。采和录、摄实现"一体化"（这里所说的"一体化"并非指分工上的"一体化"，而是就两种采访形式的结合方式而言）。一体化采访是一种快捷、高效的采访方式，它适用于一般性的动态新闻，尤其是突发性事件新闻的采访。这类新闻时效性强，事件的发展稍纵即逝。记者采访的时间紧、任务急，往往来不及了解有关情况就匆匆赶去现场。一体化采访对记者的要求是相当高的。它不仅需要记者敏锐地捕捉现场画面，而且要能迅速确立采访对象，准确及时地从采访对象那里获取有关信息。一体化采访省去了前期采访这一环节，缩短了新闻由采访到后期编辑的时间，提高了新闻的播出时效。一体化采访运用得好，能事半功倍，运用得不当则可能造成新闻事实不全，严重的甚至要重新采访。在一体化采访活动中，记者往往缺少充分准备的时间，因此，日常的准备工作就显得十分重要。

（2）分期式采访。

分期式采访是指将记者前期采访和录音采访、镜前采访分阶段进行，先进行前期采访，在掌握了新闻的基本情况后，再拟订报道计划和录音、拍摄提纲，进行录音、镜前采访。这一采访方式适合于非事件性新闻及新闻专题报道。它的优点是报道时间上较为宽裕，能对新闻的各个要素进行全面、深入的了解，因而有利于新闻向深度开掘。记者在正式录音、拍摄前，要先深入新闻现场，初步接触采访对象，了解新闻的大致内容，或避开主要采访对象，从侧面了解情况，对各方面的意见和情况进行分析、比较。在此基础上确立的报道计划和采访提纲，一般都比较准确、精细、具体。据了解，像中央电视台《新闻调查》这样的深度报道，一期节目的制作周期有的长达一个多月，仅前期采访中记者要阅读的材料就难以估量。正是因为有了这种深厚的积淀，有了对新闻事实全面、深入的了解，才使记者能胸怀全局，确立完美的报道计划与拍摄提纲，在镜前采访时得心应手、挥洒自如。

2. 按采访手段分类

（1）问答式采访。

问答式采访是指一问一答式的采访方式，它是一种个别交谈的形式。问答式采访是广播电视新闻采访活动中运用最多的一种形式，新闻的许多重要事实就是通过它获得的。问答式采访中许多精彩的问答场面、言辞犀利的提问以及妙语连珠的回答，更是新闻中重要的表现要素，为广播电视新闻增色不少。在问答式采访中，记者与被采访者是一种平等的关系。因此，要竭力避免态度生硬、举止傲慢、满嘴"师爷"和"法官"口气。

（2）座谈式采访。

有时候，记者同时面对的往往不止一个采访对象，而是两个甚至更多的采访对象。在这种情况下，记者常常用座谈的方式与之交谈。座谈式采访可使记者在较短的时间内获得较多的新闻素材。多人座谈容易形成一种氛围，活跃采访场面。各个采访对象的谈话互相启发、提醒，又可以引出一些新的线索、新的话题，丰富新闻的内容。在采用座谈式采访方式时，记者要注意做好两点：一是要选准采访对象，一般要挑选那些善于言辞的人员参加座谈，在人物的身份、职业及观点上要有区别，以避免雷同；二是要善于控制场面，注意引导各个采访对象的谈话走向，均衡各个采访对象的谈话所占的时间。

（3）明察式采访。

在广播电视新闻采访中，有的情况仅靠提问和座谈都不一定能弄清楚，或因当事人客气，不肯多谈；或介绍简单，不够全面。遇到这种情况，记者要深入实地进行观察，充分发挥观察在新闻采访中的作用。

（4）暗访式采访。

一些披露事实真相和内幕、揭示社会阴暗面的报道，因直接触及当事人的切身利益，常常遭到当事人的干扰和阻挠。在这种情况下，正常的采访渠道很难发挥作用，记者往往采取隐匿真实身份的方式，深入现场进行暗访以掌握第一手材料，弄清事实的真相和原因。暗访式采访是一种不公开的采访，它有着类似公安机关的侦察方式，因而被西方新闻界誉为"侦探式"采访。在许多调查性新闻报道中，暗访式采访是一种较为有效的采访方式。比如，广东电视台《社会纵横》节目组的记者在调查一个走私汽车市场的情况时，由于采用了暗访式采访方式，从而使报道获得了成功。

（5）体验式采访。

体验式采访又称参与性采访，即记者亲自尝试，参与同采访内容相关的事情，以加深采访体会，获取更加真实、生动的新闻素材。体验式采访由于记者亲自参与，用自己的切身感受去验证某一材料，感受某一环境中的真实情况，因而，记者在新闻中陈述的事实以及发表的意见具有极高的可信度。尤其在广播电视新闻中，记者提问的过程有时被如实地展示出来，给人以极强的真实感和可视性、可听性。在体验式采访中，记者有时候也隐匿自己的真实身份，但它与暗访式采访不同，前者更注重亲身的感受和体会，而后者更注重从被采访者那里获取有意义的材料。

三、广播电视新闻编辑的任务

新闻编辑工作是新闻传播工作中的一个重要组成部分。广播电视新闻编辑与报纸编辑相比，在原则与内容方面很多是相同的。例如，组稿要根据宣传报道意图寻找最佳作者对象；选稿既要按照新闻价值标准，又要按照宣传价值标准；改稿要在突出主题、校正差错、修饰文句方面下功夫；还要为重大新闻配发言论，讲究标题与提要等。但是，由于电子新闻媒介与印刷新闻媒介在传播手段方面的不同，广播新闻编辑、电视新闻编辑与报纸新闻编辑又有一些差异。

编辑工作是整个广播电视新闻采制工作的重要组成部分。狭义地理解，广播电视新闻编辑主要是指广播电视新闻的后期制作。广义地理解，广播电视新闻编辑除了后期制作之外，还应包括对前期采摄工作的介入，如提供和确定报道选题，组织安排记者深入采访，甚至还要亲临新闻现场进行调度等。由于编辑工作纵贯广播电视新闻报道前期选题、中期采摄和后期制作的三大环节，所以它对广播电视新闻节目的质量高低有着直接和至关重要的作用。它的任务归纳起来主要有以下几项：

1. 对前期采访进行参谋和组织

在过去较长的时间里，采访与编辑作为广播电视新闻机构里的两个主要部门彼此独立，在囿于自己工作范围的狭隘认识的支配下"互不干涉内政"，缺少必要的沟通和协作。采访部门根据自己的新闻来源和新闻敏感出去采访、录音、拍摄，回来后将文字稿和录音、录像素材交给编辑部门便完成任务。而编辑部门则基本上是"见什么料做什么菜"，着力于对采访部门提供的新闻素材进行加工处理，虽然其间蕴含着创造性劳动，但总的来说编辑部门处于一种较为被动的地位。

时至今日，随着社会生活繁复性日益显现，新闻竞争不断加剧，人们对编辑工作的认识开始由浅入深，由片面到全面，编辑部门对于新闻前期工作的介入开始加强。编辑部不仅为记者的采访出谋划策，有时还对采访进行组织调度，以期有力地克服"采编分割"的不足，形成采和编两者的整体合力，去追求广播电视新闻的深度和广度。

一般而言，编辑较之记者，有更为独特的新闻敏感和社会洞察力。原因一方面在于，编辑不像记者整天在外奔波不停，他们能有较多的时间坐下来学习党的方针政策和分析研究社会上各行各业的发展动向，从而具有较高的政策理论水平；另外一方面在于，编辑的工作对象是来自社会方方面面和各个地域的新闻素材，他们由此能够跳出记者专注于某一行业、某一地区的局限，具有较为全面的眼光和从整体出发的思维习惯。因此，编辑能够在记者忽略了有价值新闻的时候及时给予提醒，或者按照自己关于新闻节目的编排计划组织调度记者采访。

2. 把好电视新闻流程的最后一关

有学者在探讨大众媒介在人类传播过程中的作用时曾说："从体制上看，他们主要起着过滤器和放大器的作用，他们从社会上所获得的一切信息中选择他们愿意广为发布的内容。他们对这些内容进行加工与扩大以提供给广大的传播对象。"具体到广播电视传媒，这种起"过滤器"和"放大器"作用的工作是由记者、编辑以及其他相关人员等广播电视新闻工作者集体完成的，但其中编辑的地位最为突出，任务最为重要。编辑是广播电视新闻传播过程的最后把关人。

编辑的把关作用体现为一种信息过滤，即对源源不断的信息流进行过滤，"去掉杂质，留下清水"。首先，编辑要筛选出可以利用的报道。这种筛选要紧密结合社会实际，根据党的路线、方针和政策的精神，遵循电台、电视台报道方针和一段时期的报道计划，将众多的稿件置于社会全体中和大背景下进行比较，最后留下那些具有较高新闻价值和宣传价值、不会对社会产生负面效益的报道。这是编辑把的第一关。但通过这一关的报道并不一定以本来的面目传送给受众，首先因为其中可能包含有这样或那样的错误，这些错误一旦传播出去，不但会造成不良的社会后果，而且会极大地削弱电台、电视台的威信，所以编辑把关作为广播电视新闻传播流程中防止各种差错随同新闻一起传播的最后机会，就需要有更强烈的责任感和更谨慎的作风。这样才能保证受众收听、收看到真实准确的新闻节目。

具体来说，编辑面对的差错可以大致分为两类，第一类是思想政治错误，第二类是技术性差错。在纠正第一类错误时，广播电视新闻编辑所做的工作同文字编辑基本相同，但在纠正第二类错误时，广播电视新闻编辑所要承担的工作就比文字编辑要复杂得多，他们除了要处理文字编辑应处理的文字方面的技术性差错之外，还要处理声音、画面、声画关系等方面存在的差错。所以广播电视新闻编辑的要求更高，他们必须了解广播电视新闻独特的规律和一些技术操作常识。

3. 对广播电视新闻前期采编再加工

当记者把文字稿和经过初编的素材带交给编辑时，记者的任务便告完成，记者交出的是他工作的产品。但是在编辑的眼里，记者的成品只是他工作的起点，是他要再加工的素材，而最后为观众所看到的完整的广播电视新闻节目才是编辑工作的产品。可见，编辑工作并非消极被动的，而是具有较大的创造性。

广播电视新闻编辑的再加工，不仅仅体现为消除报道中可能存在的错误，更重要的是要充分意识到报道的价值和潜能，并以恰当方式将那些没有被报道者注意的价值和潜能凸现出来，最后再将通过筛选和处理的单条报道按一定的方针和意图组合成完整的新闻节目。这里说的再加工主要就是指后面的"挖潜"和"整合"工作。编辑的再加工之所以首先要"挖潜"，原因在于报道者可能对面上的情况掌握不够，对党的路线、方针、政策精神认识不够，对电视台、电台一段时期的宣传报道思想领会不够，以及对观众的反映和愿望了解不够，从而导致报道中最有价值的部分没有突显出来，观众真正感兴趣的东西没有得到很好的挖掘，使报道流于泛泛而论，缺少吸引力。这时编辑要对症下药，找出报道中的精华部分进行集中展示。由此编辑的作用从"过滤器"转换为"放大器"。

这是对单条新闻的个别处理。在一些时候，由于报道题材的重要性和复杂性，其意义在单条新闻中无论怎样处理也难以展示出来或者表达清楚，这时编辑的再加工方式就变为给该报道配发其他相关的背景报道和资料，甚至直接配发小言论，使受众对报道所涉及的主题有全面深入的认识。

最后，编辑还要将处于"散兵游勇"状态的报道有机地组织为一次完整的新闻节目。这是编辑再加工的终极方式，也是广播电视新闻为受众收听、收看的基本形态。一般来说，一条新闻总是反映一个地区、一条战线、一个问题的情况，而广播电视要面对的是各种层次、各种年龄、各种身份的尽可能多的受众，他们对社会现象的关注有共同的方面，同时也有许多不同之处。所以广播电视新闻节目要尽可能地囊括社会各个角落值得报道的内容，这样既能全面反映社会现实，又能更好地满足不同受众的不同信息需求。编辑要按照既突出重点又兼顾平衡的原则，对众多的各类稿件进行合理编排，以方便受众接收，使所有新闻的价值能充分得到实现。

4. 表明电台、电视台的立场和态度

任何新闻媒体都无法避免它的阶级属性，任何新闻媒体总是归属于某一阶级，为某一阶级的利益服务的。这就决定了新闻媒体在对社会现实进行观察、分析和报道时，总是带有或明或暗的主观性倾向，总之要站在一定的立场上持有一定的态度。广播电视新闻编辑的一项重要任务就是通过直接和间接的方式，代表电台、电视台"发言"，传达电台、电视台对各种社会问题的立场和态度。"发言"水平的高低，可以在很大程度上反映出一个电台、电视台理论政策水平的高低和舆论引导能力的强弱。广播电视新闻编辑的直接发言是通过各种小言论来实现的，间接发言则主要是通过节目编排得以实现的。

四、电视新闻的画面编辑

画面是一种语言符号，按照一定的规律（如事物发展的顺序）进行组合运用，便可以如我们遣词造句、因句成文一样，表达一个相对完整的意思。电视新闻的画面编辑，就是根据新闻内容的实际，通过画面的合理排列，客观、准确地佐证某一新闻信息。对画面这一"复制"能力的认识和研究，影视界将其规范在"蒙太奇"的范畴进行观照。

1. 什么是蒙太奇

蒙太奇（montage）是法语音译词，原意为建筑学上的构成、装配之意，借用到影视领域中则是形式与内容组合、构成的总称。

在各类影视摄制中，根据主题的需要、情节的铺陈、观众注意和关心的程度，将全篇主要表现的内容分解为不同的段落、场面、镜头，分别对之进行处理和拍摄。然后再根据原定的摄制构思，利用各种技巧，将这些镜头、场面、段落合乎逻辑地、富有节奏地重新组合，使之通过形象间相辅相成和相反相成的关系，产生连贯、对比、呼应、联想、悬念，构成一个连绵不断的有机整体——完整地反映生活、表达思想、传播信息、播映生动真实的影视片。这种构成一个完整影视片的独特的表现方法称为蒙太奇。

蒙太奇的基本概念是针对画面的构建关系而言的。实际上，人们在运用这一概念指导影视片制作时，早已超越了它涵括的内容，蒙太奇的完整概念包含三层意思：第一，作为影视片反映现实的构思方法——独特的形象思维的方法，即蒙太奇的思维和蒙太奇原理；第二，作为影视片的基本结构手段，包括分镜头和镜头、场面、段落的安排与组合的全部技巧；第三，作为影视片剪辑、声画合成的具体技巧和技法。电视新闻的画面编辑主要涉及最后一层意思的内容。

从总体上看，蒙太奇是摄制者对影视片结构的总体安排，包括叙述方法（顺叙、倒叙、分叙、插叙、夹叙夹议），叙述角度（主观叙述、客观叙述、主客观交替叙述、多角度叙述），场景、段落的布局。

从横向看，包括画面与画面的组合关系、画面与声音的组合关系、声音与声音的组合关系，以及这三种关系所产生的意义与作用。

从纵向看，包括对镜头的运用和处理（如景别、角度、拍摄方式、长度等），镜头的分切和组接，切面、段落的组接及转换。

2. 蒙太奇在电视新闻中的地位、功能和类别

（1）地位。

蒙太奇是影视片反映现实独特的结构方法，它贯穿于影视片摄制的全部过程之中。它始于影视文字稿的构思，完成于影视片的最后剪辑、声画合成。既是思考认识的过程，也是思维物化的技术过程。它的每一阶段都体现着摄制人员的蒙太奇思维。电视新闻编辑应该把握住从文字到画面的全部内容，在编辑合成中，要使思想与形象、形式与内容、局部与整体、主观与客观诸方面有机统一。

（2）功能。

蒙太奇的功能大致有以下六种：

①选择与取舍、概括与集中。通过镜头、场面、段落的分切与组接，可以对素材进行选择和取舍，选取并保留主要的、本质的部分，省略删减烦琐、多余的部分，这样可以突出重点，强调具有特征的富有表现力的细节，使内容表现得主次分明、繁简得体、隐显适度，达到高度的概括与集中。

②引导观众的注意力，激发观众的联想。由于每个镜头只表现一定的内容，组接有一定的顺序，因此能引导观众的注意力，影响观众的情绪和心理，激发观众的联想，启迪观众的思考。这样不仅可以帮助观众理解影视片的内容，而且能引导观众参与，实现主体、客体间的共同创造。

③创造独特的画面时间和空间。运用蒙太奇的方法对现实生活的时间和空间进行剪裁、组织、加工、改造，使之成为独特的表述元素——画面时间和画面空间，使画面时空在表现领域上极为广阔，在剪裁取舍上异常灵活，在转接过渡上分外自由，从而形成不同的叙述方式和结构方式，以反映丰富多彩的现实生活。

④形成不同的节奏。所谓节奏，本是一个音乐术语，指的是节拍的强弱和长短交替出现，形成音响运动的合乎一定规律的轻重缓急。"节奏"借用到影视画面中，则是主体运动、镜头长短和组织所完成的影视片的轻重缓急。蒙太奇是形成影视片节奏的重要手段，它将画面内容结构和画面间的外部结构、视觉节奏和听觉节奏有机地组合起来，以体现事物发展变化的脉络，使影视片的结构丰富多彩、生动自然而又和谐统一，产生强烈的传播力度。

⑤组织、综合各种语言符号。通过蒙太奇将影视整体的各种语言符号（视觉语言的人、景、物、光、影、色、画面和听觉语言的人声、自然音响、音乐）融合为运动的、连续不断的、统一完整的声画结合的屏幕、银幕形象。

⑥表达意义，创造意境。镜头的分切和组合，相互作用，可以产生新的含义，即产生单个的镜头、单独的画面和声音本身所不具有的思想含义，可以形象地表达抽象概念，表达特定的意义，或创造出特定的意境。

（3）类别。

要给蒙太奇分类是很困难的，作为反映视觉感觉规律，进行图像及声画创作的方法，是因时因地因景而异的，为了阐述方便与实际应用，我们将它作如下分类：

①叙事蒙太奇（又称叙述性蒙太奇）。它以交代情节、展示事件为主旨。叙事蒙太奇按照情节发展的时间流程、逻辑顺序、因果关系来分切组合镜头、场面和段落，表现动作的连贯，推动情节的发展，引导观众理解所反映事情的内容。这是影视片中最基本的、常用的叙述方法，更是电视新闻主要的表述手法。其优点是脉络清楚、逻辑连贯、明白易懂。叙事蒙太奇又可以分为以下几个类别：平行式蒙太奇、连续式蒙太奇、交叉式蒙太奇（又称交替式蒙太奇）、重复式蒙太奇（又称复现式蒙太奇）、积累式蒙太奇。

②表现蒙太奇（又称对列蒙太奇）。它是以加强内涵表现力和情绪感染力为主旨的一种蒙太奇，与叙事蒙太奇不同的是，它不注重事件的连贯、时间的连续，而注重画面的内在联系。它以两个镜头的并列为基础，在形式和内容上相互对照、冲击，从而产生一种单独镜头本身不具有的、更为丰富的含义，以表达某种情感、情绪、心理和思想，给观众造成强烈印象。应用这一表现手法的目的不是叙述情节，而是表达情绪、揭示含义。它有以下几个种类：隐喻蒙太奇、对比蒙太奇、心理蒙太奇、抒情蒙太奇、理性蒙太奇。

3. 蒙太奇在新闻画面编辑中的运用

蒙太奇作为影视工作者认识、把握、表现现实生活的重要方法，出现在影视作品摄制的整个过程之中，然而真正使之成为一种有趣的思想"物化"的，还在于最后的编辑程序。画面编辑应用蒙太奇水平的高低，直接影响到完成片的质量。就电视新闻画面的编辑来说，如何体现新闻主题，如何吃透记者的摄制构想，如何充分展示画面的有效新闻因素，如何提高声画传播力度，都是在运用蒙太奇编辑画面时所必须考虑的内容，具体来讲，有以下两个方面：

（1）熟悉素材，寻找感受，把握总体。

编辑要体现新闻主题及记者的采摄构想，必须从熟悉素材入手，这包括对新闻主题、文字稿件的精深了解和对相关画面的熟悉。编辑能从一大堆图像资料中"剪"出一分钟左右的画面以对应文字，这仅是"对号入座"的低层次要求。更高一级的要求是，编辑应该在熟悉文字和画面素材的基础上，把握住新闻总体内容的逻辑规律，从对素材的感性认识上升到理性认识，以编辑的全新感受提炼出典型画面、典型情节，进而获得创造性的成果。编辑的总体把握得法，使用的素材会为之生辉，一些看来没有价值的内容亦可起死回生。

（2）控制节奏，按内容的需要进行组接。

综合性的电视新闻享有融时间、空间于一体，广泛应用画面、音响、色彩、光效，以及镜头运动等多项节奏的自由。电视新闻的画面编辑的心里应该有一个有节奏的世界，明确他的任务是在受众与新闻之间用节奏架起一座心灵的桥梁，使受众心驰神往，产生认识上的共鸣。如何按照新闻内容的需要进行组接，达到最佳蒙太奇节奏效果呢？可以对以下内容进行控制：画面运动节奏、画面音响节奏、镜头运动节奏、画面景别节奏、画面时间节奏、技巧运用节奏、画面相接的动静节奏、声画相接的节奏等。

4. 电视新闻画面编辑的特有规律

电视新闻画面情节不完整这一传播特性，决定了它有自己的画面编辑规律，主要体现在：

（1）不必拘泥于镜头组接的现有规律，应努力形成新闻画面组接的特有节奏。

传统的镜头组接规律很讲究上一个镜头与下一个镜头组接的景别关系，认为从全景镜头到特写镜头的组接，中间应用中、近景镜头过渡，以免太突兀；又认为同一景别的两个镜头不宜相接，因为两个镜头间无变化、平缓。这些规律是情节性电影银幕的视觉效果效应的规律，对于电视新闻并不适用。电视新闻时间短，画面个数有限，不可过多地考虑过渡镜头的使用，单个画面信息含量是否饱和，是传者和受者所共同关心的。在已有的电视新闻节目中，同一景别的镜头相接、二级镜头（特写镜头与全景镜头）相接的普遍存在，说明电视新闻画面的组接规律已成雏形。

（2）强化细节意识，充实画面的信息含量，给观众更多可看的内容和想象的空间。

在采访中，要加强观察与捕捉细节的敏感性；在编辑时，要有单位时间（长度）中的"细节数量观"（比如限定在一分钟内一定要有几个可以看的镜头），通过数量的控制达到质量的完美。细节画面虽然不可能构成叙事情节，但其画龙点睛的作用却可以发挥得淋漓尽致。

五、广播电视新闻节目的编排

一条新闻经过编辑的筛选和加工，已经做到思想政治合格，事实准确无误，表现手法无技术性差错，就可以播出了。但是，广播电视新闻的基本播出形态不是单条新闻的随意播出（只在极少数情况下一条非常重大的新闻可以随时插播），而是以许多条新闻一起组成一个完整的新闻节目定时播出的。因此，广播电视新闻编辑的最后任务就是正确处理这些单条新闻之间的关系，把它们合理地安排在一定的结构之中，从而实现一次完整的广播电视新闻传播。这一任务可以大致分解为对新闻进行组合、排列以及编写标题和新闻提要三个方面。

1. 新闻的组合

唯物辩证法认为，世界上的任何事物都不是孤立存在的，它们总是处于相互联系、相互作用之中。以真实地反映客观现实为己任的广播电视新闻自然会反映出事物之间这样那样的联系。寻找和利用报道之间可能存在的联系，将有联系的报道恰当地组合在一起，无疑会有助于增加广播电视新闻节目的条理性，方便受众理解和接受。

（1）同题集中。

顾名思义，同题集中就是把内容相同或相近的新闻集中在同一题目下播出。这种组合方式可以看成一种综合性报道。它的优点在于，使观众无须花太多的时间便可得知许多地方发生的事情，另外，又使新闻本身通过报道的相加而增强了气势和力度。

这种组合方式较为常见。在许多大范围的活动进行时，如果各个地方的特点不是很突出，但同时受众需要了解全局的情况，这时，运用同题集中的方式将来自各地的报道精编在一起便成为广播电视新闻编辑的合理选择了。同题集中还因为反映全局情况而使新闻的分量加重，为编辑处理各种报道、选择头条新闻提供了较大的自由度。

（2）非同题集中。

有许多报道因为内容相近、主题相同或其他密切联系而应该集中在一起报道，一起播出，但是这些报道本身具有较强的独立性，不便置于一个标题下，这种组合方式就是非同题集中。它的优点与同题集中类似，使新闻更有广度而又有力度，同时又因为不受同题集中的约束而可能保持新闻的原貌，所以其信息量更为充盈。非同题集中的一种常见方式是简讯集纳，即将同一主题、同类题材的短新闻编排在一起，从而克服单条新闻短和散的缺点，使观众获得整体认识。

非同题集中的另一种方式是关系组合，即把具有因果联系、部分与整体关系的新闻编排在一起，通过对一件新闻事实前因后果、方方面面的反映，增强新闻节目的深度。非同题集中还有一种方式是矛盾组合，也就是把内容有矛盾性质的报道编排在一起播出。有矛盾，也就有对比，有褒有贬，同时也就有说服力。这是能鲜明地表明电台、电视台立场的一种手段。一般来说，肯定的应安排在前，否定的则应安排在后。

（3）配发言论和资料。

广播电视新闻传播一方面要追求权威性、指导性，另一方面还要追求可接受性，即使受众能够轻易地理解报道的内容和意义，这就需要广播电视新闻编辑在适当的时候为报道配发言论和资料。

配发言论就是广播电视新闻编辑站在电台、电视台的整体立场上，对某一报道反映的问题直接表明观点和看法，既让受众听到电台、电视台的明确的"声音"，也使新闻形成正确舆论，对现实发挥指导作用。

编配资料则是为了强化新闻的意义，或者为了使一些具有专业性的新闻报道通俗易懂，增强传播效果。编配资料的工作首先体现在对单条新闻的处理中，也就是在一条新闻中加进一些背景资料，以便受众更好地理解新闻的意义。编配资料的工作还体现在对独立成篇的新闻的组接中，这样可以化整为零，避免一条新闻篇幅过长，也就是在一条完整的新闻之后播送和这条新闻有关的新闻，从另一角度来解释上一条新闻。

2. 新闻的排列

经过初步的组合，一次新闻节目已具备雏形了，下面的工作就是在此基础上确定多条、各类新闻的播出顺序，使每条新闻都能各得其所，其间蕴含的新闻价值与宣传价值不至于被埋没，也不至于被夸大。

（1）精选头条。

头条新闻是一次完整的新闻节目的重心，它集中体现了新闻节目的编排思想。传播学理论表明，在受传者接收信息的时候，最初的信息刺激能给他最强烈的印象，犹如一个人将手置于冰水中，刺激最强烈的是手与水接触的第一瞬间。因而将一条新闻放在节目的开头位置和后面的位置，其传播效果会大相径庭。选择什么新闻做头条，是一个令所有广播电视新闻编辑颇费脑筋的问题，同时，它也是一个能检验编辑水平高低的标尺。头条凝聚了编辑对新闻的评价标准。

不同规模的电台、电视台，拥有不同的受众群体，其头条的具体选择也不尽相同，只有选择出恰当的头条，才能吸引受众对新闻节目的注意力。

就我国广播电视新闻节目编排而言，虽然对头条的重要地位有明确的认识，但在实践中却常常谨守"一时政、二经济、三文化、四体育"的框框，使头条新闻丧失了对受众的吸引力。

（2）控制节奏和区分层次。

精选出头条能使新闻节目做到重点突出，但是一次新闻节目往往包含各类题材、各种风格的新闻，为了方便受众收听、收看和理解，还需要节目编排做到节奏有变化，且层次分明、脉络清楚，既要把握好节奏，使观众在收听、收看时一张一弛，不至于感到疲劳和厌烦，同时也要注意新闻的段落与层次，切忌杂乱无章地随意编排而使观众、听众在接收新闻事件时一头雾水。

所谓层次分明，就是对新闻"合并同类项"，在新闻组合的基础上，进一步寻找各种新闻之间的联系。比如，在地域上以国内和国际进行归类，在格调上以欢乐与悲哀进行归类。经过这种归类，从而形成新闻节目的结构主体。将这些新闻段落进行有序的排列，便完成了一次新闻节目的编排。

在节目编排中，容易被人们忽略的是由新闻排列顺序产生的节奏感。不同类的新闻给人们形成的心理刺激是不同的，靠个别的、逐条的新闻组合而成的整节新闻，只有讲究节奏快慢起伏的变化，才能像电影采用"高潮—低潮—高潮"的不断变化推动剧情发展一样，使受众自始至终保持对新闻节目的注意力。

国外的广播电视新闻节目十分重视这种结构变化，为此他们提出"峰谷技巧"的理念："广播电视新闻节目中不可能每一条新闻都使所有的受众感兴趣，所以必须把节目想象成一系列的山峰和峡谷，高低不平，错落有致。每次新闻广播都要用当前最重要的、最新的、突发性的新闻做头条，即从高峰开始。新闻节目表越往后，新闻的紧迫性和新闻价值也就越小。在低谷状态下，应该找到一种办法来一个转变，使节目再回到高峰状态。节奏意味着新闻节目要保持流畅，不能迟滞或者令人厌烦。要将录像新闻和口播新闻恰当地混排，使节目自然流畅。新闻的结构不能慢得令人生厌，也不能快得令人感到莫名其妙。"

以这一原理来审视我国广播电视新闻节目，会发现我们节目的编排方面存在较大的欠缺。我国新闻节目编排的一贯风格是：按照新闻重要性依次递减的原则来安排新闻，中间缺少应有的节奏变化。在新闻节目头条的高潮以后，新闻的重要性和可视性、可听性持续下滑。像这种偏于平淡、没有高低起伏的编排难以长久地吸引受众的注意力，长此以往将形成受众固定的重头轻尾的收听、收视习惯，从而极大地影响新闻节目的传播效果。

3. 编写标题和新闻提要

标题是电视新闻必不可少的组成部分。由于电视顺时传播，观众被动接受，缺少选择性，所以电视新闻的标题不像报纸新闻的标题那样地位突出，也不像报纸新闻标题那样得到足够的重视。

电视新闻标题的作用较为单纯：其一是提示新闻内容。电视新闻标题用最简洁的文字将新闻中最有价值的内容以字幕的形式展现在屏幕上，使观众一开始便知道新闻内容的主要信息。其二是区分不同的新闻。电视新闻是在时间向度上展开的，不像报纸新闻是在空间的向度上以版面的形式展开的，也就不可能像报纸那样采用栏线、字号大小等多种方式对新闻进行区分，标题因而成为一种主要的区分形式。

这两个主要作用规定了电视新闻标题的基本特点，首先是必须用实题。所谓实题就是要标出主要新闻事实，使观众一看便知道新闻的大致内容。其次是一般只有主标题，没有副标题和引题。这是因为电视屏幕的面积有限，标题所占的行数过多会影响观众观看电视画面。由此可知，电视新闻标题制作总的原则是力求平实和简洁，不求花哨和矫饰。

广播新闻没有新闻标题，所以广播新闻中的提要就显得尤为重要。新闻提要是新闻节目的开场白，它的目的是用简洁明快的语言把本次节目中最重要、最新鲜、最富有吸引力的内容概括出来，以突出节目重点，指导受众收听。

新闻提要的作用得以强化，是新闻传媒之间不断加剧的竞争激活传媒受众观念的一个标志。广播电视的特点是顺时传播，转瞬即逝，受众没有选择性——除非更换频道或关机。如果没有可靠的节目预告，受众将带着"听天由命"的被动态度和迷茫的心情来收听广播、收看电视。在广播电视与其他媒介的竞争还不明显的时候，受众由于没有太多的选择余地，尚可接受广播电视的强行传播，随着竞争日趋激烈，为了争夺和留住受众，广播电视不得不改进服务，尽可能弥补自身的缺点，其结果之一便是报纸上刊载的和广播电视上播出的节目预告的强度和密度明显增加。

由于新闻提要起着收听、收视指南的重要作用，多从受众的信息欲求出发撰写新闻提要成为提高节目收听率、收视率的一个有效手段。在实践中，新闻提要的题材要选择那些对受众影响大和受众比较感兴趣的内容，一般而言，有关会议、生产成就和经验的新闻如无特殊情况最好不写进新闻提要。而且新闻提要的写作要简洁有力、具体实在，切忌泛泛而谈，只需点到为止，指出实质性内容即可。

本章小结

本章介绍了广播电视节目生产的一般过程，总结了文艺、社教、服务性节目的编制特点和要求，并且总结出广播电视新闻采访、编辑的方式、方法和特点。

复习思考题

1. 广播电视节目一般的生产过程是怎样的？
2. 结合本书，试分析你喜欢的一个广播或电视综艺节目。
3. 社教节目的编制要点是什么？
4. 请谈谈你对社教节目编排的见解。
5. 应如何编制服务性节目？
6. 怎么撰写串联词？
7. 试论广播电视采访的特点。
8. 广播电视新闻编辑的任务是什么？
9. 从"延伸阅读"中了解美国电视新闻制作的流程。

美国电视新闻部新闻制作的流程①

我们知道,电视新闻是团队的产物,由各个工作角色执行勤务,运用科技设备,以固定时间与特定的方式制作出来。换句话说,电视新闻的制作涉及了一套流程,以规约各角色的行动,管制工作的进度,好按时顺利地播出新闻。人人需要了解与遵守这一套工作流程,新闻运作才会顺畅无碍。在本文中,我们要陈述美国电视新闻部的工作流程,以一个工作日为例证,说明新闻是如何诞生的。

一、进入状态

以美国中大型电视新闻部为例。早上约 8∶30,采访调派编辑和往常一样匆匆忙忙地踏入办公室,就开始为晚上 6∶30 播出的《世界新闻》做准备。首先,他必须立即进入状态,了解昨晚与今早发生过什么新闻,找出目前正在发生什么新闻,以便于判断取舍新闻,是否要派人出勤采访,要派何人采访。愈早进入状态越好。他一面脱西装上衣,一面走到电脑资讯传真机前,撕下一叠电文稿纸,浏览各大通讯社发出的新闻标题,看看有无突发新闻需要立即应对的。对电视新闻工作人员来说,通讯社的新闻电讯(wire service)是有用的新闻点,也是重要的采访线索。

采访调派编辑回到自己的座位,桌上已经摆着一份昨晚与今早的"新闻采访表"。这是采访助理(assignment assistant)送来的。"采访调派桌"(assignment desk)每天 24 小时运作,有值班的编辑、助理与相关人员工作,保持新闻资讯的连贯,并且把调派谁、到何处、采访什么新闻登记在"新闻采访表"上,让交接的编辑与相关人员可以了解情况。有些编辑会根据这份表,决定是否派记者继续追踪某一新闻事件,采访目前的发展,更新(update)新闻资讯。

接着,采访调派编辑打开桌上的电脑,寻找新闻网络的资料,查阅各地新闻办事处是否已输入"预定采访线索"。新闻总部在各个主要都市都有办事处,派驻采访小组,在划定的责任区内采访新闻,利用国内卫星设备传送回总部。有些办事处记者要先外出采访,临行前将新闻线索输入电脑,让新闻总部掌握状况。

就在采访调派编辑忙着收集新闻线索之际,采访助理将特殊的无线电接收器调整频率,接听警察局、消防队、高速公路巡逻队与医院的通话,以便提供编辑因突发状况,决定是否派记者采访报道。

同样的情形,"国外新闻桌"(foreign news desk)的编辑也忙着与派在各国都市的记

---

① 本文来源于黄新生:《电视新闻》,台北:远流出版事业股份有限公司 1994 年版,第 27 - 31 页。

者联络，了解当天记者要发出的新闻稿。其助理们则监看各重要国家的卫星新闻，以掌握新闻事件的发展与动态，随时准备应对突发重大新闻。

上午9：00左右，《世界新闻》的制作人走进新闻部。他的首要任务也是阅读资料，了解状况（read in）。这些资料包括：通讯社的新闻电讯、新闻采访表、国内外新闻分部记者的新闻稿，以及昨晚和今早的新闻报道等。接着，制作人与各编辑略谈几分钟，了解目前的新闻采访状况后，心里就浮现粗浅的轮廓，略微知道当天的采访部署。

《世界新闻》的主播在上午9：30以前就坐在办公桌前忙碌着。因为他家中装有电脑，可以接收各大新闻通讯社的新闻资料，所以在进入办公室之前心中早有盘算，知道当前最主要的新闻要如何采访处理，并且预期其新的发展。此时，主播也忙着阅读相关的资讯，包括 *The New York Times*，*The Wall Street Journal*，*The Washington Post* 等大报，以及由秘书准备的重大新闻背景资料。

二、协调与会商

上午9：30，新闻部的主要工作人员正忙着收集资料之际，《世界新闻》的执行制作人一如既往地参加"新闻主管汇报"，同新闻部经理、副理、其他新闻节目的执行制作人交换意见。

上午10：30固定举行"采访会议"（the conference call），由执行制作人主持，参加的人有新闻制作人、主播、撰稿人（writers）及导播。各地办事处的记者在全美各地通过电话提出采访计划与建议主题，电话声音由会议桌上的扩音器传送，让与会的每个人都听得清楚。这个会议结束后，《世界新闻》的制播人员约略知道将哪些新闻列入采访计划中。

会后是制作人的"头痛时间"，各种问题、困难、要求如潮水般地涌现，等待解决与答案。有的记者前来"兜售"新闻点，要求制作人允许在当晚《世界新闻》播出；有的撰稿人替主播操刀写导言，向制作人请示（时间）长度。或借着电话，或登门造访，向制作人争取与请示的主要是新闻的内容与长度。通常，制作人必须扮演无情"杀手"的角色，无法令人人都满意。

同时，导播逐一与政治类、外交类、其他类新闻撰稿人以及新闻稿件编辑晤谈，希望在新闻拍摄送回之前找出视觉点，以便准备相关的图卡。接着，导播即前往"美工部"（art department）和美工人员讨论可能会使用的视觉图卡。由于当晚播出的新闻尚未成形，会有变化，所以这类讨论是非正式的，称为"先前的图卡会议"（preliminary graphics meeting），为可能使用到的视觉图卡作预备。

午休之后，大约下午2：00—2：30，制作人、主播、导播及其他相关人员（记者）不断地更新资讯，密切交换意见，掌握最新情况。特别是主播整个下午都在电话线上，与国内或国外记者通话，澄清疑点，了解最新情况，或要求记者加入新闻采访的问题等。有时候主播则与制作人或撰稿人争辩字句的使用是否恰当，是否会引起误解。随后，主播配合情况的进展不停地改写新闻稿，直到满意为止。

4：00—4：30，（执行）制作人在其办公室召开相关人员"编辑会议"（lineup meeting），排定新闻播出顺序与确定每条新闻的长度。会后各人散开，分别要求记者按规定削减新闻的长度。大约就在此时，各地方与驻外国的记者开始通过卫星送来新闻，制作人、主播与各相关人员皆可从新闻部的电视监看器上目睹其内容，以配合制播事宜。经过"编辑会议"所决定的"新闻播出顺序表"（rundown）即成为各个人工作的依据。什么新闻要播出，新闻播出的先后顺序与时间长度，新闻影带剪辑的优先次序，要准备哪些新闻稿，要准备与制作哪些视觉图卡，要排出几个广告"口"（slot）与播出时间长度等。简言之，它是新闻部每个人与全体的行动准则，使新闻运作的混乱降低到最低程度。

三、准备播出

拿到了"新闻播出顺序表"之后，导播即召开"图卡会议"。在此会议中所讨论的问题主要是两个方面：一是有关技术层面的，包括有哪些画面，画面从何处取得的，由哪部机器播放；一是有关新闻内容的，譬如在主播播报"导言"部分，加上图卡于主播的头旁，或配合新闻旁白制作电脑绘画，以动画表达（拍摄不到画面的）新闻事件。

晚上6：00左右，导播会与美术人员、撰稿人开最后一次会议，商讨是否要配合突发新闻或晚到的新闻，设计另外的图卡。

晚上6：10，一方面，主播上播报台坐定，翻阅各条新闻的导言稿件，而撰稿人和助理匆忙地进出，拿给主播一页一页修正好的新闻稿。另一方面，新闻部一片忙乱，各资深制作人急着催交新闻影带，个人承受的压力随着新闻播出时间的逼近而急速上升。

晚上6：30，《世界新闻》准时播出。新闻播出的过程中会出现一些意外状况，需要导播立即果断地处理。这些意外状况包括影带放送机故障、读稿机失灵、画面切换器停摆等技术问题。有时候一些新闻影带尚未剪辑完毕，而播出顺序却逐渐逼近，也需要做应变的准备。助理临时闯进副控室更正新闻稿的字句，是常常发生的情况。此外，在播报中突然发现待播的新闻稿长度不足，或新闻稿太长，播出时间不够，皆是需要立刻处置的问题。

第九章

广播电视事业发展的生产力
——管理范式

本章要求

☐ 了解广播电视节目的调查与分析的方法及其在管理上的应用

☐ 了解以广播电视从业人员为中心的管理

☐ 了解广播电视业的制度管理、广告管理

范式的概念是科学哲学家、科学史家托马斯·库恩（Thomas Samuel Kuhn）在其著作《科学革命的结构》中第一次明确提出的。库恩指出："按既定的用法，范式就是一种公认的模型或模式。"范式，从本质上讲是一种理论体系、理论框架。范式的核心内容是对事物发展规律的认知与驾驭。在该体系框架之内的理论、法则、定律被人们普遍接受。言及广播电视事业发展生产力的软实力，我们会想到它的发展效率自然离不开管理规范、人才发掘、文化内核、观众心理等诸多影响广播电视节目品质的要素。这些要素并非起源于本书的某一章节，而是早就隐藏于广播电视事业发展的漫长过程之中，这些要素的发展脉络便是广播电视节目的范式。

第一节　广播电视的人力管理范式

广播电视的人力管理的实质是对参与节目生产、营运人员的管理，是对广播电视生产经营过程中的活动进行计划、组织、指挥、监督和调节。几十年来，我国的广播电视事业一直处于重宣传管理、轻经济管理的状态。进入改革开放的特定环境之后，人们逐步认识到，作为重要的信息产业，广播电视是具有经济属性的。这已被社会主义市场经济的实践所验证。广播电视在生产经营信息产品的过程中，要实现自身的经济功能，获取利润，就必须通过管理追求质量，通过管理追求产量，通过管理追求效益。只有将先进的管理模式引入广播电视经济活动之中，才能保证广播电视事业健康、稳定、持续地发展。国内外广播电视事业起步早、发展快的机构，其繁荣和发达都与先进的管理密切相关。从图9-1和图9-2中可以看到先进的中型广播电台、电视台经营人力管理范式的大致形态。

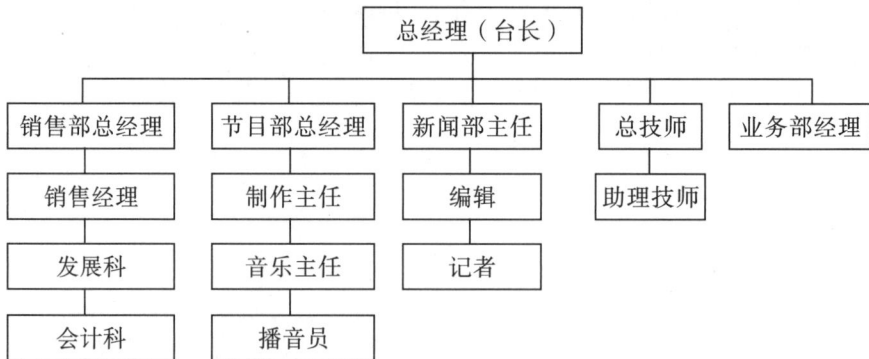

```
                        总经理（台长）
     ┌──────────┬──────────┼──────────┬──────────┐
 销售部总经理   节目部总经理   新闻部主任    总技师    业务部经理
     │            │            │          │
 销售经理       制作主任       编辑      助理技师
     │            │            │
 发展科         音乐主任       记者
     │            │
 会计科         播音员
```

图9-1　中型广播电台经营人力管理范式

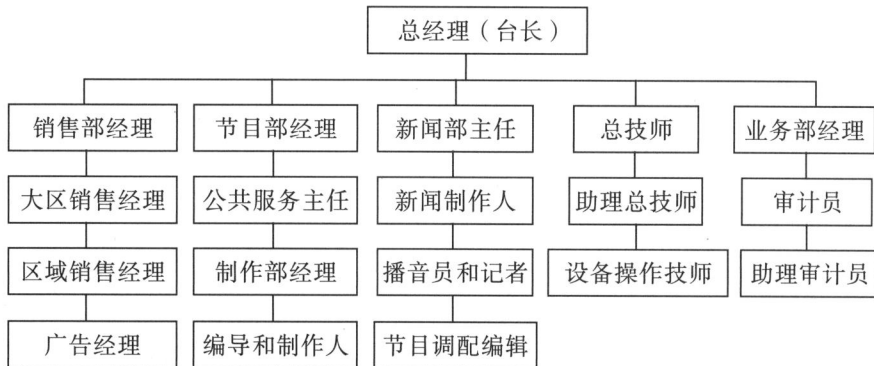

图9-2　中型电视台经营人力管理范式

在改革开放的进程中，我国广播电视事业也进入了快速发展的阶段，原本的事业单位性质，也渐次融入企业管理的先进思路与方法，重视吸引潜在消费者对其产品和服务的注意，吸引更多的受众，从而获得更多的广告客户。销售部的职责是销售广告时间，采取各种营销策略进行促销。广告部的职责是列出每天可供客户购买的广告时段，监督检查广告内容，保证广告如期如数播出。新闻部是各台不可或缺的部门，该部门的职责是服务受众、广告客户、广播电视网和政府管理机构的。业务部负责协调本台的各种事务。发展科负责节目和销售的发展促进，这两项任务也可分别由节目部和销售部承担。技术部由总技师或技术经理负责，任务是选购、操作和维修演播室、控制室和转播室的设备，并对本台的节目进行技术监测。

实际上，上述内容只是对管理机制的简单举例，至于科学的管理方法，可概括为：科学，而不是仅凭经验办事；和谐，而不是合作；合作，而不是个人主义。

以最大限度的产出取代有限的产出，每个人都发挥其最高的工作效率以获得最大的成功，用高效的生产方式代替低成本的生产方式，加强成本控制。为了提高劳动生产率，必须为工作挑选头等工人，这既是管理学家泰勒在《科学管理原理》中提出的一个重要思想，也是他为企业的人事管理提出的一条重要原则。

如何利用良好的计划、健全的组织、适当的人员分配、正确的范式、严密合理的控制及有效的内部协调，使得整个媒体的资源发挥其最高效能，这是我们今后努力探究的方向。

一、广播电视人力管理三要素

"人"是生产力中最活跃的要素，生产力的发展包括人的素质的提高。人的技能有了进一步的提高，其对科技文化知识就能够更深入地把握和运用，人们的文化教育水平上了一个台阶，其认识外部环境和改造外部环境的能力也会随之上升到一个新阶段，其认识和改造外部环境的愿望也就更强烈，而这些都成为广播电视事业发展的有利因素。

1. 生产力中"人"力的发掘，有利于广播电视事业获得高质量发展的推动力

（1）生产力中"人"的发展使人对信息消费的需求增大。

广播电视这一信息产业是凭借其提供信息的功能而存在的，其发展规模必然与人们对信息的需求量成正比。而随着社会生产力发达程度的提高，生产力的分工越来越精细，与环境的横向联系也因此越来越广泛，接触环境的深度和广度增加了，人们对需求的信息的质量和数量要求越来越高。随着科技文化知识水平的进一步提升，人们认识外部世界的愿望更强烈了，而社会心理学认为，对外部世界信息的获得不但不能从根本上满足人们，反而会刺激其寻求新的信息，重视信息的深度和广度。以中央电视台的新闻节目为例，1984年至2021年的近40年间，起初该台第一套（CCTV–1）节目表中除综合新闻外的专业性新闻节目只有三个体育类节目和一个商品信息节目，而现在随着人们对信息深度和广度的更高要求，该频道已基本形成信息取向多样化、多层次化的新闻节目组合，如国际新闻、体育新闻、经济新闻、英语新闻以及有关法律、社会等不同领域的新闻节目，如现场报道和现场实况直播、深度新闻报道、新闻专题、连续报道和系列报道、新闻评论、新闻杂志等不同的电视新闻形式。所以说，人的发展也意味着对信息更深层次的需求，它客观上为包括广播电视在内的大众传播媒介提供了永无止境的信息产品数量和质量的挖掘空间。

（2）生产力中"人"的发展有利于培养具有高度参与能力的受众。

日本学者奥平康弘在《知情权》一书中写道："曾经是'受传者'的公民以知的权利的主体姿态出现，要求成为'传播者'的公民作为接近和使用信息交流媒介权利的主体而登场。"

这就是说，受众在接收信息的同时，也逐渐要求参与到大众传播过程中，受众参与会对广播电视事业的发展产生良好作用这一前提是毋庸置疑的。从人的发展与受众参与能力的关系来看，生产力中人的发展就意味着其政治、经济、文化地位的普遍提高和科技文化教育程度的提高，意味着人们参与大众传播过程的权利和能力的增强。

进入21世纪，互联网的广泛渗透带来了人的进一步解放和发展，社会公众对于大众传播的积极参与方兴未艾。"听众/观众点播""听众/观众论坛""听众/观众热线""嘉宾主持""特邀来宾""演播室受众"等参与形式越来越多地出现在广播电视传播活动中。更重要的是，人们不仅能够参与节目，而且对整个传播过程也具备了更强的参与能力，如对在广播电视进行"把关"过程中发现的偏颇提出批评，对传播的技术运用提出建议，对传播内容的真实性、时效性、深度、广度和多样性等提出更高的要求，对广播电视传播的运作进行监督等，从而促进广播电视事业的发展。试想，一个人如果没有一定的政治、经济、科技和文化知识修养，他能做到这些吗？

2. 生产力中"人"的发展意味着广播电视从业者具有更高的传播技能和劳动生产率

现代社会生产力的发展也包括广播电视生产力的融合发展。所以，广播电视从业者的发展与整个生产力中人的发展过程是同步的。

作为广播电视生产力中最活跃要素的广播电视从业者，要具有敏锐准确的思维、捕捉信息的超常敏感、广博的知识、求实的调查研究能力、吃苦耐劳的健康体魄、永不满足的创新意识、不甘落后的竞争精神、见微知著的预测能力、不畏艰难的勇气、随机应变的发挥才能、对传播符号的熟练把握、对相关传播技术的使用和开发能力等。

随着他们这些能力的逐步提高，广播电视从业者将在传播中表现出水平越来越高的传播技能，其信息传播的数量和质量将逐步提升，广播电视所产生的新闻、言论、社教、服务、娱乐、广告等节目的劳动生产率将大大提高，其传播也将发挥出越来越好的社会效益和经济效益。

3. 广播电视节目"人"的消费能力取决于国民生产力发展水平

在我国，具有一定产业属性的广播电视事业，其发展必然会受到经济环境的影响，国民经济实力、居民消费水平和消费结构、广告市场规模等与广播电视有关的经济环境，都是制约或促进广播电视事业发展的因素，其轨迹也是可以追寻的。

（1）国民经济实力。

广播电视是重装备、高消耗的事业型产业。建立电台、电视台需要一笔数目不菲的资金，日常运作如节目制作等又需要可观的费用，这些都与国民经济实力直接相关。

1960 年，北美和西欧为电视业的运营和发展共投入了 500 亿美元，而亚洲国家在这方面只花费了 150 亿美元，非洲、拉丁美洲和大洋洲国家合计只花费了 98 亿美元。建立大规模的电视网需要极高的国内生产总值（GDP），即人均 GDP 需达到 2 431 ~ 4 700 美元。

由此可见，第三世界国家国民经济落后是制约这些国家广播电视事业发展水平的根本原因。以中国和美国为例，截至 1961 年，中国仅建立起 20 座电视台，而美国已有 51 座。

1961—1979 年的近 20 年间，我国国民经济发展缓慢，其间甚至出现过停滞和倒退，电视台仅由 20 座增加至 38 座。

而进入 20 世纪 80 年代，改革开放使国民经济迅猛发展，这 10 年间电视台由 38 座迅速增加到 509 座，截至 1996 年底，我国已获批准建立的电视台达 2 800 座（含有线电视台），广播电台也有 1 300 座。

随着时代的进步，到 2018 年底，全国拥有广播电台、电视台、广播电视台等播出机构 2 647 家，是 1949 年的 54.02 倍、1978 年的 18.64 倍。广播电视节目制作能力大大提高，全国有节目制作经营机构近 2.7 万家，是 1978 年的 189.45 倍，从业人员 97.90 万人，是 1978 年的 5.44 倍；全年广播节目制作时间为 801.76 万小时，电视节目制作时间 357.74 万小时，分别是 1982 年的 51.69 倍和 550.37 倍。广播电视播出能力日益增强，公共广播播出 1 526.7 万小时、公共电视播出 1 925.0 万小时，分别是 1982 年的 20.08 倍和 211.18 倍。全国广播、电视综合人口覆盖率分别达到 98.94% 和 99.25%，比 1978 年分别提高 36.94 和 63.25 个百分点。有线电视网络高清化、智能化发展态势良好。2018 年全国高清电视用户 9 257 万户，比 2017 年增加 1 886 万户，同比增长 25.59%；有线电视智能终端用户 1 884 万户，比 2017 年增加 1 183 万户，同比增长 168.76%。网络视听节目服务收入 223.94 亿元，比 2017 年增长 56.62%。新媒体业务收入 467.76 亿元，比 2017 年增加 190.10 亿元，同比增长 68.47%。初步呈现出广播电视与网络视听一体化发展的良好局面。

最新统计显示，到 2021 年 2 月 28 日，中国直播卫星"户户通"户数已达 130 761 710 户。伴随着有线数字化进程的推进，中国有线数字电视产业的规模还将逐年扩大。

再从广播电视的日常运营来看，如果缺乏制作和播出节目所需的资金，缺乏广播电视所需的电气化的社会环境条件，缺乏一定经济水平所支持的充足的居民可自由支配时间用以消费广播电视提供的信息产品，那么，广播电视又谈何发展？

（2）广告市场规模。

具有一定市场规模的广告是支撑广播电视产业运转的重要经济力量。刊播广告信息文本，是大众传播媒介运营的重要内容。绝大多数的广告都依赖报刊、广播、电视等大众传媒作为传播工具，现代广告业的勃兴是与大众传媒的发展紧密联系在一起的，而广播电视产业的发展更与现代广告业的勃兴密切相关，因为其维持费用和经济功能的实现在很大程度上依赖于广告，离开了广告所带来的收益，广播电视想要独立生存和发展，在市场经济商品化程度越来越高的社会环境下是不可想象的。

在1994年播出一条30秒的广告，在我国省级电视台要收费2 000多元，在中央电视台可达8 000元，香港地区则为3万港币，而美国广播公司在奥运会期间播出一条广告收费高达33万美元。

《新闻联播》是中央电视台综合频道收视率最高的一档金牌新闻栏目，被誉为"国家发言人""舆论的航向标"，是我们了解时政、民生、世界的第一窗口，毋庸置疑是我国最具权威性和公信力的主流媒体，也是全国收视率冠军，其信息传播的渗透力最强，对市场有着强大的号召力，已赢得全国人民，特别是政府官员、企业高管等意见领袖和社会精英的高度关注与青睐。2016年《新闻联播》年均收视率为8.77%，收视份额高达30.99%，可谓国家旗舰类新闻节目，"上可达官、下可亲民"，是国家品牌缔造的最佳平台、品牌传播的制高点。

我国广播电视广告始于1979年，以此为分野，此前此后广播电视事业发展水平的差距是很明显的。据央视网公布，2021年CCTV-1《新闻联播》前15秒的广告价格是：5秒收费12万元、10秒收费17.8万元、15秒收费21.5万元。试想，如果没有生产力发展所带来的市场经济的繁荣，没有越来越发达的工商业为广播电视提供庞大的广告市场，我国广播电视能走出襁褓而茁壮成长吗？

30多年来，我国广播电视事业由主要依靠国家财政拨款，逐渐形成包括广告经营在内的多元经费结构，各地广播电台、电视台也正在由依赖政府拨款的单一渠道转变为多渠道广泛筹措资金，从逐步增加广告收入在整个经费中的比重。实践证明，随着生产力的发展和市场经济的繁荣，广大工商企业将因广告传播与广播电视形成某种程度的共生关系，而广播电视也从广告市场上获益良多。可以说，广告的勃兴促进了广播电视的发展，也进一步说明了广播电视节目消费能力取决于生产力发展水平。

二、广播电视从业人员的管理

以人为中心的管理原理是关于在管理活动中人是管理的核心和动力的原理。它特别强调在管理诸要素中人的重要作用和地位。广播电视以宣传为中心，在宣传过程中，人的因素是最重要、最积极的决定性因素。管理的核心和动力都来自人，取决于从业人员的积极性、主动性和创造性的调动与发挥。因此，广播电视的管理主要是人的管理。

在人的管理及对人的管理中，重要的一环是从业人员素质的培养。这是一切管理活动的基础。

1. 广播电视从业人员的素质构成

（1）素质与职业素质。

素质的本义是指人的先天的解剖生理特点，主要是感觉器官和神经系统方面的特点。素质只是人的心理发展的生理条件，不能决定人的心理内容和发展水平。人的心理来源于社会，素质也是在社会实践中逐步发育和成熟起来的，某些素质上的缺陷可以通过学习和实践获得不同程度的补偿。

职业素质则是指人们在专门职业实践要求下，经过积极锻炼所具备的一种超乎寻常发展的心智。任何一个从事某种职业的人，都应该树立强烈的职业素质意识，以获得一种清醒地认识自我与职业实践差距的能力，进而努力消除这一差距，获得优良的职业效率。

职业素质的培养不以个人的喜好和意志为转移，职业本身对从业者提出了科学的规定性，当达不到规定的素质要求时，就显出职业素质上的缺陷，而成为某种程度上的不合格人才，修正的唯一途径是从业者按照职业素质的规范指标内容，努力消除差距。

（2）建立科学的素质评估体系。

控制论认为任何实践过程都存在控制，在诸多控制实践中，定向控制是主体对自己既定方向的保持和评定的最佳方法。为了使管理更加明确，应根据各自职业的特点，建立起一套对从业人员素质进行评估的指标体系，以指导从业者在职业素质内容的观照下，自觉地获取工作的最高效益。就广播电视来说，它是宣传部门，其政治属性、舆论指导性、信息多变性对广播电视从业人员提出了相应的素质要求（见图9-3）。

建立科学的素质评估指标体系，关键在于实践，在实践中培养自身的职业素质。广播电视从业人员可以根据该体系加强对自身素质的培养。管理者也可以根据该体系的内容规划，加强对广播电视从业人员的管理与培训。

2. 广播电视从业人员的政治素质和思想素质

我国广播电视事业一方面要传播党的方针政策，另一方面要传递信息、提供娱乐。它要做到社会效益和经济效益的统一。

在广播电视从业人员素质评估指标体系中，政治素质和思想素质是核心与基础，是所有从事广播电视工作的人员所必须具备的基本素质。

（1）广播电视从业人员要努力提高政治素质。

要坚持新闻工作的党性原则，积极、忠实地宣传党的政治主张。一切从事广播电视工作的人员都应有这样的使命感：全部工作都是为了宣传党的路线、方针、政策，为了宣传党的政治主张。

忠实宣传党的政治主张，要求从业人员在新闻采访中自始至终坚持正确的政治立场和政治方向，把新闻事业提高到党的生命的一部分这样的高度来认识。它关系到党和国家的前途命运，只能更加重视，不能有任何忽视；只能大力加强，不能有丝毫削弱；只能改进提高，不能止步不前。

要发挥广播电视的喉舌作用。广播电视是党和人民的喉舌。新闻宣传在政治上必须同党中央保持一致，不能机械简单地重复一些口号，而是要站在党和人民的立场上，采取多种多样的方式，把党的政治观点、方针政策准确、生动地体现到新闻通讯、评论、图片等

```
                                    ┌─────────────────┐
                          ┌─────────┤   正确的政治方向  │
               ┌────────┐ │         ├─────────────────┤
               │ 政治素质 ├─┤         │   无产阶级党性    │
               └────────┘ └─────────┴─────────────────┘
                                    ┌─────────────────┐
                          ┌─────────┤     事业心       │
                          │         ├─────────────────┤
               ┌────────┐ │         │    求实精神      │
               │ 思想素质 ├─┤         ├─────────────────┤
               └────────┘ │         │    廉洁正派      │
                          │         ├─────────────────┤
                          └─────────┤     坚韧性       │
                                    └─────────────────┘
                                    ┌─────────────────┐
                          ┌─────────┤   新闻基础知识    │
                          │         ├─────────────────┤
               ┌────────┐ │         │ 广播、电视专业知识 │
               │ 知识结构 ├─┤         ├─────────────────┤
               └────────┘ │         │  外语、方言能力   │
                          │         ├─────────────────┤
                          └─────────┤     知识面       │
                                    └─────────────────┘
```

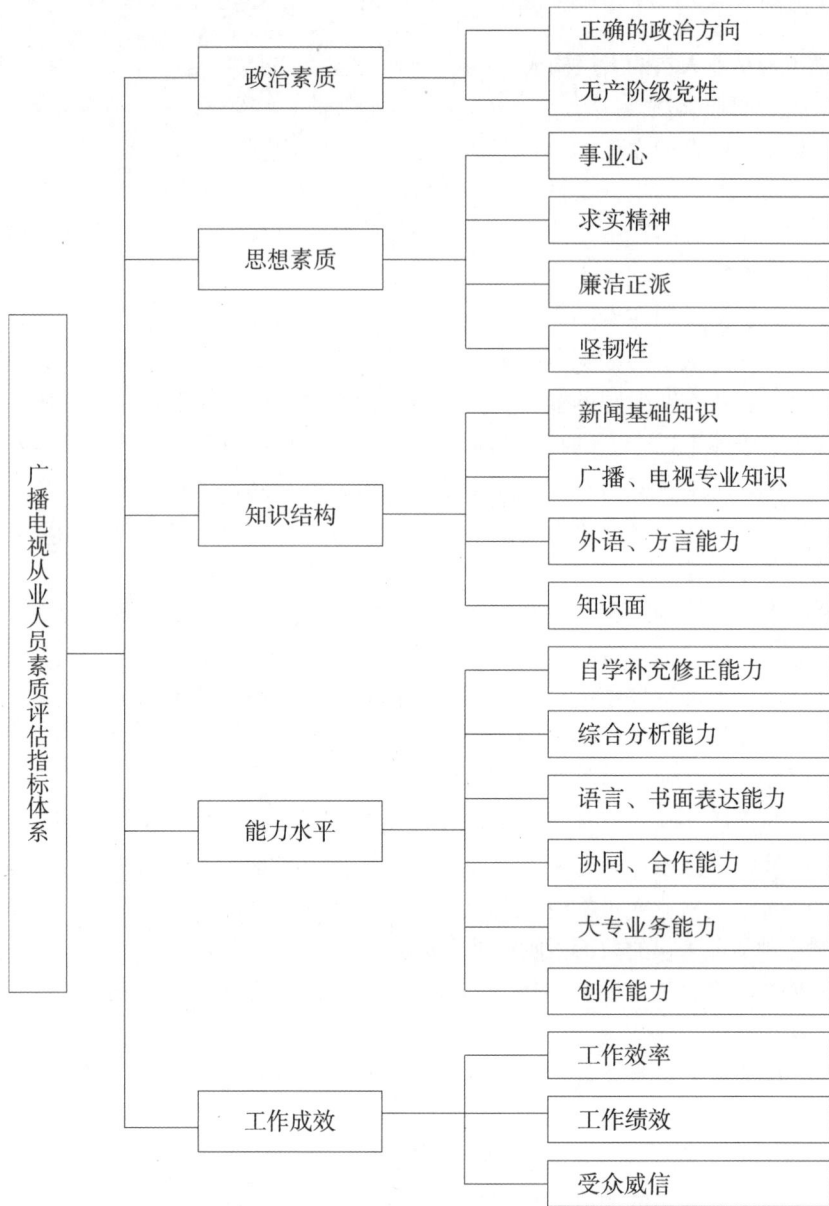

图 9 – 3　广播电视从业人员素质评估指标体系示意

各个方面。坚持党性原则就是要求新闻工作者必须同人民群众保持最广泛、最深刻的联系，从群众的实践中汲取知识和力量。新闻从业人员要打好五个根底：政策、法律根底，纪律根底，群众观点根底，知识根底，新闻业务根底。

（2）广播电视从业者要努力提高思想素质。

职业道德作为道德体系的主体部分，是人们的职业价值观念和职业行为规范的总和，是社会意识形态的一种表现，也是思想素质的一个重要组成部分。马克思说，道德的基础是人类精神自律。道德靠人的信念和社会舆论来维持和发扬，但是受诸多因素的影响，广播电视队伍中有些从业人员的道德素养不是很高，与其所从事的工作不太相称。这就是说，广播电视从业者更要努力提高自身思想素质，以胜任作为党和人民"喉舌"的工作。

广播电视从业人员的思想素质要求包括四个方面内容：事业心、求实精神、廉正作风、坚韧性。

①要有执着追求的事业心。事业心是在追求社会理想、完善理想人格的过程中所表现出来的实践精神。

②要有唯物辩证的求实精神。唯物求实精神在广播电视从业人员中主要表现为实事求是。这对于新闻工作者尤其重要。新闻工作者要有敏锐的洞察力，对众多信息要进行客观而辩证的筛选，以保证新闻报道的客观、公正和真实。

③要有清正廉洁的工作作风。1996年，复旦大学、暨南大学、北京大学、北京广播学院（2004年9月更名为中国传媒大学）、杭州大学（1998年并入浙江大学）新闻与传播学院组织了一次中等规模的新闻职业道德现状的调查活动。这次调查的内容包括新闻职业的评价、新闻媒介的评价、有偿新闻现象的认知评价和新闻职业道德及教育状况的评价。在新闻工作缺点一栏中，有16%的人认为公众形象差，在上海认为新闻职业形象差的高达28%。在调查中，33%的人认为大部分新闻工作者搞有偿新闻活动，在北京高达44%，只有不到2%的人否定新闻工作者搞有偿新闻活动。关于有偿新闻后果，调查结果显示，61%的人认为是败坏新闻媒介的信誉，47%的人认为是破坏新闻工作者的作风，34%的人认为是危害党风和社会风气，只有13%的人认为可调动新闻工作者积极性。在分析有偿新闻现象的原因时，除了有5.4%的人认为是新闻法律不健全和社会风气的影响外，34%认为是新闻工作者素质差，在8个选项中排第3位。关于新闻职业道德，公众的基本评价是一般偏上水平，64%认为一般，22%认为较好，只有11%认为较差，认为很好或很差的均不足总数的1%。在北京只有21%的人认为新闻职业工作者道德水平差。关于新闻职业道德教育，55%的人认为很有必要。关于提高职业道德水平的方法，42%的人认为应加强新闻职业道德教育。广播电视从业人员尤其是新闻记者应强化职业素质意识，培养自律精神，以保证廉洁作风的养成。

④要有吃苦耐劳精神、坚韧性。这要求广播电视从业人员深入现场，要有不畏艰难的精神。在作批评性报道时要表现思想上的坚韧性，面对各种阻力，要坚持真理、不畏强权，只有这样才能沟通民情，发挥媒体的监督作用。

3. 广播电视从业人员的业务素质

越来越激烈的电视新闻竞争对广播电视从业人员的知识结构、能力水平、工作成效等业务素质提出了更高的要求。

（1）广播电视从业人员对知识与能力的认识。

广播电视从业人员应掌握的一方面是文化知识，如英语、计算机等的基本运用能力；另一方面是管理知识。部分广播电视管理人员未受过系统的管理知识的教育，属经验型，没有理论知识作指导。随着新科学的不断涌现，如系统论、系统工程、运筹学、预测与决策方法、科学抽样调查统计方法、科学评价方法、心理学等都是广播电视从业人员应该掌握的。对于新闻记者来说，本身应有扎实而系统的新闻理论知识、精深而实用的新闻采编知识，以及广博的其他知识。

（2）广播电视从业人员的能力观念。

广播电视从业人员要注意训练自己机敏的头脑和果断的处事能力。

能力是为达到一定目的而使知识（包括技能）和智力综合外化的体现。广播电视节目管理部门经常处于各种矛盾中，因而要对不断变化的情况很快作出决断，新闻从业人员要有新闻分析综合能力。

能力以知识为基础转化而来，是与知识相辅相成的。知识和实践的结合转化为能力，能力的外化运用又促进知识的增长。衡量一个人能力的大小，主要是看他在知识与智力的实践中知识与能力的融合和增长程度。

创新能力是诸种能力中最为重要的。新闻信息业的变异性，要求记者随时提供新的思路、新的主题、新的角度、新的内容，这样才能使受众对节目有耳目一新的感觉。有了广播电视新闻从业者创新能力的推动，才能不断推出具有独家速度、独家见地、独家风格的节目。对广播电视管理人员来讲，也要有创新意识。创新的实质就是竞争，不断竞争才能推动广播电视事业的发展。创新能力也是广播电视从业人员必须具备的素质因素。

4. 广播电视从业人员的共有素质

广播电视从业人员的共有素质包括以下几种：

（1）政治思想素质。

这是全体广播电视从业人员职业素质的灵魂所在。无论是从事技术管理还是宣传管理的从业人员、管理人员都必须具备政治思想素质。我国广播电视从业人员政治思想素质的核心内容是坚持无产阶级的党性原则和社会主义方向。

（2）协同合作素质。

广播电视工作从节目的采访制作到播出以及节目的反馈、分析都是一项集合型劳动，不存在"单干户""个体户"，因此在工作过程中应树立整体观念，以良好的协同合作素质使人心、人力高度凝聚，从而保证整个工作得以准确、及时、顺利地进行。

（3）效益素质。

广播电视工作的全部劳动付出所产生的效益，最终反映在屏幕上和受众中。广播电视从业人员的效益素质表现为：①强烈的时效观念。广播电视新闻工作者应时刻牢记全体成员的一切劳动都是为了向受众提供最新的信息，技术人员要保证节目安全及时地播出。②高度的社会责任观念。广播电视从业人员要清醒地认识到新闻产品是投向社会的精神食粮。

5. 播音（主持人）的职业素质

1997年，中央电视台为了进行电视节目播音（主持人）职业素质评价指导体系的研究，进行了一次播音（主持人）、电视台领导及专家职业素质问卷调查，结果如表9-1所示。

表9-1　中央电视台职业素质问卷调查结果

职业素质	播音（主持人）		领导		专家	
	排序	平均值	排序	平均值	排序	平均值
知识水平	1	5.59	2	5.13	1	5.37
道德品质	2	5.21	6	3.03	4	4.51

（续上表）

职业素质	播音（主持人）		领导		专家	
	排序	平均值	排序	平均值	排序	平均值
敬业精神	3	5.18	3	5.08	3	4.60
政治理论水平	4	4.58	4	4.77	2	4.77
政策水平	5	3.14	5	4.03	5	4.03
喉舌意识	6	2.81	1	5.67	6	4.03
驾驭节目能力	7	2.39	10	10	9	1.88
应变能力	8	2.10				
普通话水平	9	2.01	7	2.33		
合作精神	10	1.69				
语言表达准确性			9	1.88	8	2.20
生活阅历					10	1.83
观众意识					7	2.94
语言感染力			8	2.07		

从表中我们可以看出，知识水平、道德品质、敬业精神、政治理论水平、政策水平、喉舌意识、驾驭节目能力被公认为是播音（主持人）的重要职业素质。由于播音（主持人）这一职业本身的特点，其应变能力、普通话水平、合作精神也列在前位。

播音（主持人）、领导、专家对存在问题的看法趋于一致的有"知识水平低""政治理论水平低""缺乏敬业精神""生活阅历少"等方面。政治水平和知识水平低下，说明有些播音（主持人）仅仅把主持节目当成一种表演，而不注重自身的内容；有些播音（主持人）仅看到主持人容易出名，而没看到他们的艰苦；有些播音（主持人）只是追求一时的轰动，而对播音（主持人）的责任和使命感认识不足。

这次关于播音（主持人）的问卷调查，是通过全国电视观众调查网进行的，共发放问卷615份，回收问卷598份，回收率为97.2%。全国近1/10的播音（主持人）都有以下几点深切体会，这可以为播音（主持人）加强自身的素质培养和媒体加强对播音（主持人）的管理提供借鉴。

（1）播音（主持人）普遍感到缺乏驾驭节目的能力。

在现场主持节目时，对整个气氛的把握、调节以及承上启下的串联最难处理。现场直播或有观众参与的大型节目会对播音（主持人）素质构成一定的挑战，能不能迅速厘清和抓住受众的思路，引导他们向节目主题发展并及时到位地点评，对现场有效地把握，是急需掌握而又难以处理好的问题。播音（主持人）应拓宽自己的知识面，训练自己的思维并且学会运用生动、准确的语言，更重要的是要有驾驭能力，切实把握好一个大的节目。

播音（主持人）遇到的第二个难题是缺乏应变能力。"现场的即兴表达能力、应变能力不强"，"语言表达能力方面不能用准确、生动的语言来概括节目内容，使节目深入浅出、层层推进"。由此看来，播音（主持人）应加强语言训练，加强语法修辞、词汇运用等方面的学习，提高遣词造句、布局谋篇的能力。

要解决这些问题，首先，播音（主持人）应清醒地认识到自身的缺陷，加强自身在语言表达能力和临场反应能力方面的训练。其次，媒体单位要对播音（主持人）加强管理。现在播音（主持人）各自分散在不同的栏目中，缺乏一个统一的组织对播音（主持人）进行领导，这对播音（主持人）的管理带来许多不便，成了节目管理中的一个薄弱环节。目前推行的播音员、主持人持证上岗的制度，对加强播音（主持人）的管理很有好处。

（2）要加强广播电视从业人员综合素质的培养。

21世纪以来，技术水平不断提高，广播、电视台日益增多，广播、电视台之间的竞争越来越激烈。广播电视的竞争归根结底在于人才竞争，这对21世纪广播电视从业人员的自身素质提出了要求。

1995年吴高福等人在广东、上海、武汉、北京等地进行了关于培养21世纪人才问题的专题调查。其中，新闻工作者综合素质所包括的思维活跃、政治头脑清醒、文学基础好、社会活动能力强等方面，被认为是最重要的基本能力。在"现代新闻事业要求新闻工作者必备的技能"一项中，86%的人认为是电脑操作，77%的人认为是摄影，62%的人认为是外语，61%的人认为是驾驶。在回答"21世纪新闻工作者主要应是综合型还是专家型人才"这一问题时，72%的被调查者认为应是综合型人才，28%的人认为应是专家型人才。本次调查结论显示，要做好广播电视工作，相关人员应做到：①在思想上加强社会责任感和职业道德教育，使新闻工作者在建设中国特色社会主义的实践中发挥作用，更好地为人民服务。②培养敏锐的洞察力和独立思考的习惯，适应社会迅速发展和未来合作的需要。③拓宽知识面，在学习中涉猎文学、历史、社会学等不同领域。④培养和锻炼综合能力，适应传播技术现代化的发展和实际工作的需要。

6. 以广播电视从业人员为中心的管理

组织管理的最终目的是人的完善和发展。要在管理中真正做到以人为中心，充分发挥和调动人的积极性、创造性，就必须注意管理人员及被管理人员自身素质的培养和提高。我们在前面从不同角度分析了这个问题，并强调从业人员素质的培养和道德修养的提高是整个管理的基础。除此以外，在管理活动中做好人的工作，要采取有效的措施和手段，使被管理者具有参加管理和做好本职工作的积极性、主动性；采取有效措施和手段，合理地组织和使用人才，做到人尽其才；必须为被管理者创造良好的工作环境和条件，给被管理者提供发挥聪明才智所需的条件，满足他们必要的精神和物质需求。为此，就必须建立必要的用人机制。

过去，广播电视的管理模式是与高度集中的经济体制联系在一起的；现在，市场经济的建立以及高科技的发展给广播电视业带来了机遇和挑战，所以我国广播电视也应从过去的行政管理模式转化为与社会主义市场经济相适应的新型管理模式。

广播电视可以说是一个知识型的组织系统，内部动力机制具有多层次、多侧面的功能结构。其中人才机制与人才素质具有相辅相成、互相推进的作用，机制吸引并造就人的才能，人才创造并驾驭机制。在市场经济条件下，人才是第一资源。广东卫视的做法是积极改革人事、工资与福利制度，把职工报酬、福利与其业绩直接挂钩，从而激发了从业人员的积极性与创造性。在人才管理体制方面应建立合理的竞争机制、激励机制、合作机制。

竞争机制，即按照公正、公平、择优的原则，给人们平等的竞争提供空间，让他们凭自身素质与能耐去争取发展自我的机会。如广东商业电视台（现已更名为"广东广播电视台经济科教频道"）公开选聘广告经营业务负责人、栏目负责人和副台长，做到责任、风险、效益落实到人，并根据主持人竞争上岗的原则实行能者上、庸者下的机制。竞争机制的形成有利于发挥人才的作用。

激励机制，即将荣誉、报酬、职务晋升、福利与人们的工作实绩挂钩。多层次的激励为人们提供动力，而在多层次的竞争中获胜又为人们实现多层次的需求创造了条件。除了工资、福利等物质奖励外，还要建立精神激励机制。例如建立评优制度，每月或每周评出优秀节目并给予物质奖励和精神奖励。

合作机制与竞争机制并不排斥，而是相辅相成的两个方面。只有合作好才能开展有序的竞争。现在有些部门之间的利益分割很严重，各部门只对本部门栏目负责，部门之间难以产生合力，导致人力、物力、财力的严重浪费。例如，在实际工作中出现同一新闻事件由来自同一电视台不同部门的摄制组进行采访的情况；在节目资料的占有和对人的调用上也是条块分割。这种情况的缺陷是效率低，难以实现高效率的统筹管理。根据系统论的原则，广播电视部门应该是一个由不同子系统构成的大系统，系统之间是相通与相互作用的关系。因此，应大力完善部门与人员之间的合作机制。

以上三个方面相互影响、相互作用，构成了人才良性循环，体现了系统化、先进化管理机制的优势。管理者应搭建这样一个有序的合作竞争的机制，从而发挥广播电视从业人员的积极性。

7. 栏目制片人制——以人为中心的管理新机制

栏目制片人制是管理学中以人为本管理思想的实际运用。所谓电视栏目制片人，就是电视制作和发行的负责人，它是栏目制作的核心主体和节目市场的主体。

电视制片人的说法首先出现在 1993 年 5 月 1 日，当天的《东方时空》首次出现"制片人"这一名词。这意味着我国电视节目运作开始从传统的纯宣传管理型向市场效益型方向转变，从以宣传为管理中心开始向以人为管理中心转变。

栏目制片人是栏目化节目的负责人。制片人负责节目，而且在经济管理以及人员的使用和管理上有自主权，如表 9 - 2 所示。过去的电视管理机制是计划经济的产物，而市场经济的本质就是要求对资源进行合理配置。广播电视要满足受众对信息的需求，就必须在节目资源的合理配置和有效利用上下功夫。栏目制片人制可以发挥制片人的作用，为栏目发挥最佳效益找到立足点。另外，从科学管理方面看，栏目制片人制则是节目组织结构、分级管理、统一目标和职权一致的现代管理科学的体现。管理学认为，通过改善管理层次之间的相互关系，能够增大有效管理的幅度，激活管理层次，从而提高管理工作的效率。电视栏目制片人改变了过去由于电视台部门多，造成调度信息滞后和宏观指挥失灵的状况。节目总监制下的栏目制片人制，总监直接领导栏目制片人，这就激活了管理层次和中间环节，提高了效率。

表9-2　栏目制片人和传统节目负责人的职权比较

责权范围类别	栏目制片人	传统节目负责人
目标	具体系统	具体但不系统
承担风险	高	一般
岗位产生途径	招聘	分配
经费来源	广告等	拨款
人员调配权	有招聘权	无
经济支配权	有	无

管理学的人本原理要求管理者明确，做好管理必须以人为中心，明确整体目标、分工和相互关系，从而发挥人的最大效用。

电视栏目制片人管理方式，要求制片人享有和承担一定的职权。

第二节　广播电视节目受众调查分析与管理

我们把报刊读者、广播听众、电视观众统称为受众，他们是信息传播过程中接收的主体，兼具信息接收者、媒介使用和参与者、信息反馈者三重身份。

从广播电视传播的角度来看，广播电视节目质量的好坏最终体现在受众上。受众是否愿意看、愿意听关系着节目的成败。实践证明，凡是多数受众比较满意、内容形式兼优的节目，其社会效果比较好，节目质量比较高，市场也比较广阔。

作为大众传播的主体，受众不像西方新闻界"魔弹说"所描绘的那样：传播就像枪弹，受众就是传播的靶子，传播所到之处，受众纷纷倒下。其实，受众收看、收听节目的过程也是思维认识的过程。受众不仅是广播电视台所服务的对象，也是媒介使用者，既可以按自己的需要和兴趣选择节目，带有主观能动性，同时又是广播电视舆论监督者，如对广播电视失实或虚假报道、有偿新闻进行监督，以及对广播电视节目是否符合党和人民的利益及各项法律法规进行监督。受众与节目有十分密切的关联。通过对受众的调查分析，我们一方面可以检验出节目的选题和收视效果，另一方面也可以预测观众对所播节目质量的评价，以此检查节目计划、制作和播出的质量以及市场的大小。通过受众调查分析还可以考察节目价值与宣传价值，以此提高传播的艺术。总之，广播电视节目的受众调查分析有利于广播电视管理者对组织内部资源进行计划、组织、控制，以促进其相互配合，达到管理的目的。接下来，我们就围绕广播电视受众调查来分析和探讨广播电视节目的质量与广播电视事业的经营管理。

一、广播电视受众调查分析的历史概述

受众调查分析出现于 20 世纪 20 年代后期，最早出现在美国。作为媒介质量管理的一个重要方法，随着技术的不断发展，受众调查的方法和手段也不断更新变化。一般广播电视受众调查由一些专门的商业性调查公司来进行。

1928 年 4—5 月，美国全国广播公司（NBC）委托哈佛大学教授丹尼斯·达奇在落基山以东的地区进行了一次广播听众数量调查，这可以说是受众调查的起点，但此次调查未涉及人们的收听情况。

1930 年 3 月，在美国全国广告协会的支持下，市场研究学者爱·克罗斯尼成立了一家调查公司，在 50 个城市进行为期 12 个月的调查。1934 年，胡泊公司开始电话调查，调查的问题包括"你刚才在听广播吗？""你在听什么节目？"等。使用电话即时调查比当时的其他方法先进得多，它能随意抽样和即时反馈。

美国最著名的调查公司 AC 尼尔森（AC Nielsen）后来居上，在 20 世纪 40 年代中期缩短了调查报告周期，拓宽了受众组成。1949 年，AC 尼尔森公司的调查覆盖了美国 97% 的家庭。

电视出现后不久，NBC 每周向家庭寄节目表然后回收节目表，从节目表上标出的看过的节目及简短评论来了解节目质量。这是电视观众调查的雏形。AC 尼尔森公司推出即时存储计量器。计量器记下所有电视机的使用情况，存储所有数据。

另一种比较吸引人的方法是阿比伦调查公司于 1947 年提出的日记调查法。这种方法通过反馈计量系统，使当地电台能得到前一天的收听结果。

在欧洲，垄断受众调查的公司是 AGB McNair，其采用的是公众计量方法。

我国新闻界十分重视受众调查工作，但直到 20 世纪 80 年代才使用数量语言来测量观众的评价。1982 年 6—8 月，由中国科学院新闻研究所发起并组织人民日报社、工人日报社、中国青年报社、北京广播学院参加的北京新闻学会调查组在北京地区进行读者、听众、观众调查。这是我国第一次运用现代化的统计手段进行的观众调查，这次调查旨在了解受众需要，为新闻改革提供依据。

1986 年，中央电视台在北京地区建立收视率调查网，规模为 500 户。1987 年 6 月至 1988 年 5 月，中共中央宣传部、广播电影电视部会同有关单位和部门，开展了为期一年的对我国不发达地区农村广播电视的调查研究。这次调查采用了典型调查和抽样调查相结合的方法，以定性分析和定量分析综合考察。结果发现，不发达地区农村同发达地区城市比较，广播电视在事业建设、宣传活动和思想观念上都存在较大差距，越是贫困的地区，农村和城镇的差别越大。调查报告认为，这些差距之所以存在，是因为在指导思想上不同程度地存在重电视、轻广播，重无线、轻有线，重城市、轻农村的问题。调查报告据此提出了调整政策和促进不发达地区广播电视事业发展的各项措施。

1988 年，中央电视台开始委托中国社会调查所、中国统计信息咨询服务中心等单位建立全国性收视网，开展常年的节目收视率调查。从 1992 年开始，中央电视台总编室自行建立了全国性收视网。

20世纪90年代以后，我国受众调查进入了深层阶段。1990年9—10月，广播电视电影部门会同八家宣传和研究单位，对在北京召开的第十一届亚运会进行了宣传效果调查，这次调查用数量统计理论和方法对调查数据进行了全面深入的研究和分析处理，作出了具有数据处理可靠性的深度分析，为整个亚运会宣传作了一个全面总结。在这次调查中发现，广播、电视占了重要分量。

1995年6月，央视调查咨询中心成立，这是我国最大的媒介与市场调查研究咨询机构。它主要开展各种媒体收视、收听、阅读率的调查与研究；电视与报纸广告监测；媒体资讯数据库建立及分析；消费者市场、消费者行为、生活形态调查与分析等。截至1998年5月底，央视调查咨询中心拥有覆盖全国且不断发展的电视观众调查网、电视资讯网等五大调查网络系统。其中，覆盖62个城市的电视观众调查网拥有12 000个样本户，提供全国500个频道的电视收视率数据及分析。该机构的客户包括国内外主要媒体、广告代理公司、企业等。

国外一些著名的调查公司也开始进入中国调查市场，AC尼尔森对亚洲11个国家提供长期电视收视行为调查。20世纪90年代后期，AC尼尔森开始在上海地区采用个人收视记录器（people meter），成为国内首家以最先进的调查方法进行电视研究的市场调查公司。这种方法能针对各市场所有无线电视台以及有线电视台的24小时节目，观察电视用户每一秒的收视行为，并提供每一分钟的收视分析。2008年北京奥运会期间，AC尼尔森在全球37个国家和地区所收集的数据表明，从8月8日至8月24日，收看北京2008奥运会的观众达到了47亿，比雅典2004奥运会的39亿观众数增加了21%；比悉尼2000奥运会的36亿观众数增加了31%。AC尼尔森的调查显示，收看了这届奥运会的观众约占世界人口的70%，而北京2008奥运会的全球电视收视规模也打破了历届奥运会的纪录，在奥运会电视收视史上写下了新的篇章。

二、受众调查中常用的术语

调查机构使用的术语虽然各有不同，但区别不是很大。术语可分三类：从地理上界定调查范围的术语；描述受众规模的术语；分析术语。

（1）总体调查区。数据包括广播、电视所覆盖的总户数、人口数和每套节目按年龄、性别等分别估算的收视人数。

（2）稳定受众。指长期不间断或很少间断地收看、收听广播电视节目的那一部分受众。

（3）不稳定受众。指偶尔或间歇式收看、收听广播电视节目的那一部分受众。

（4）潜在受众。指抽样地区有接收机（电视机或收音机）的所有家庭，包括收看（听）或没收看（听）的受众。

（5）开机率。指在特定时段内处于开机状态的户数与拥有电视机、收音机的户数的百分比，它表明某一时段内收看（听）节目的总受众数。

（6）受众份额比率。指在某一时段收看（听）特定节目的总数与同时段收看（听）其他电视、广播节目的所有总数的百分比。

（7）节目收视（听）率。指收看（听）某一节目的户数与所有电视机、收音机的户数之间的百分比。

（8）累计受众。指在特定时段内至少看了一次某个节目的不重复的户数或人数。累计收视率表示在一个调查区内不相互重复的受众数量相对于调查区内人口总数的百分比。它与覆盖率相关，对广告策划特别有用。

（9）总计受众。一般收看（听）某一节目总计用户数或人数，与累计受众的计算方法（每户只计算一次，即不重复）不同，总计受众是受众每收看（听）这一节目一次便计算一次，有重叠现象，故用总计这一词来表示。

（10）覆盖人数和接收次数。覆盖人数表示年收听一个节目的家庭或个人数，一个观众只计算一次，因此覆盖人数等于累计受众数。接收次数指在一段时间内每个受众接收某特定节目的平均次数。

三、广播、电视受众调查的程序和方法

社会调查是人们认识社会现象的一种自觉活动。广播电视受众调查是采用社会调查方法来进行的。调查前应根据人的认识规律，科学安排调查的工作程序。

1. 调查程序

广播电视受众调查大体上可分为四个主要阶段，即准备阶段、调查阶段、研究阶段、总结阶段。

（1）准备阶段。

这一阶段的主要任务是选择调查课题，进行初步探索，确定社会指标，选择调查区域，确定调查对象、记录方法，计算置信率、最大误差，安装测量装置，组建调查队伍。准备阶段是做好整个调查的前提。

（2）调查阶段。

这一阶段的主要任务是采取各种调查方法，按照调查设计要求做好资料搜集工作。调查阶段是调查者分散搜集资料的阶段，要组织调查人员按照统一设计要求顺利完成搜集资料的任务，就必须加强调查队伍内部的指导工作。调查目的不同，其搜集资料的方式也不同，如收视率调查测量的问题少，但是重复多，工作量大。

（3）研究阶段。

这一阶段的主要任务是审查资料，进行系统化分析和开展理论研究。

审查资料即对送来的各种资料按要求复核并归类，使其条理化、集中化，以此保证资料的准确、真实、完整、简明。

进行系统化分析即运用广播电视受众调查的公式研究其数量关系，总结其现状、趋势、结构、比例，结合广播电视本身的规律和数量学原理，对资料进行加工分析。

（4）总结阶段。

这一阶段的主要任务是撰写调查报告。总结调查工作和分析调查结果可以根据需要进行不同角度的分析。

在整个调查工作中，四个阶段相互连接、相互交错，共同构成社会调查的全过程。

2. 调查方法

受众调查方法主要有收视（听）率调查法、问卷调查法、来信分析法、典型分析法等。这里主要对收视（听）率调查法、问卷调查法进行分析。

狭义的电视收视调查一般特指收视率调查。据此可了解到收看人数，以判断节目受观众欢迎的程度、观众的反应和要求。一家电视台收视率的跌落意味着它的声望和地位的下降。收视（听）率调查法主要有以下几种：

（1）面对面调查法。

抽样人到抽样户家里，逐个访问每个家庭的收视（听）行为，可以得到详细的信息。面对面调查的内容包括对节目的评价和态度，可采用群体抽样法。

（2）电话调查法。

随意选定一些地区的电话号码，以此收集收视（听）行为。它分回忆和即时两种。电话调查法的优点是调查迅速、花费少；缺点是未列入电话号码簿的家庭情况无法得到反映。

（3）日记调查法。

选取愿配合的家庭，填写收视（听）日记。通过受众每天所做的记录，对不同受众群的收视（听）情况进行设计和测析。

（4）机械计量法。

先定抽样户，然后在愿意配合的家庭安装计量器。计量器与电视、收音机连接，随时记下开关时间和接收频道，然后将这些记录传回公司。这种方法的优点是避免手工操作出现的错误和遗漏；缺点是只能测量收音机和电视机的使用，无法反映多少人在收听或收看。

（5）无线电全方位受众调查法。

这是近年来比较成功的方法，一般在调查前一周约定时间并通过电话了解受众的收视（听）行为。这种方法调查质量高，合作率达70%，但报告周期长、花费高。

（6）被动观众测量器调查法。

在电视机上安装视觉传感器，可以自发地辨明房间的观众人数，并根据某些表象特征，测定观众的局部信息。

以上方法各有优缺点，关键是如何实际操作，提高测量结果的可靠性。收视（听）行为的调查要求被调查者的认真配合，在选取样本的时候要注意合理性。取得数据后，要对数据进行科学加工和利用。收视（听）率有多种计算方法。计算收视（听）率的简单公式为：

收视（听）率 = 某一时刻的收视（听）人数 ÷ 开机率 × 100%

绝对收视（听）率 = 收看（听）某节目人数 ÷ 受众总数 × 100%

相对收视（听）率 = 该节目的收视（听）率 ÷ 同时段各频道收视（听）率总和 × 100%

除了收视（听）率调查法，还有问卷调查法，即调查者运用统一设计的问卷向被调查者了解情况和征询意见的方法。问卷调查一般都是标准化调查，即按照统一设计的有一定结构的问卷进行调查。标准、间接、书面调查是问卷调查的主要特点。问卷又包括报刊问卷、邮政问卷、送发问卷、访问问卷、自填问卷、代填问卷等。这些方法的优点是节省费用，回收时间确定，回复率比较高。缺点是调查对象比较集中，范围比较狭窄，在书面信息上很难获得生动的社会情况，而且没有弹性和伸缩余地。一般程序包括：设计调查问题、选择调查对象、分发问卷、回收问卷和审查问卷。

问卷调查必须符合受众的实际情况，围绕调查课题和假设，选择最必要的问题，问题要根据被调查者回答问题的能力和意愿来设计。问题应先易后难，先事实后观念情感。问题内容要具体单一，用词要照顾大众层面，要通俗、准确，不要用过于专业化的词。提问态度要中立，不要带诱导性或倾向性，调查的方式要便于被调查者接受。

除了收视（听）率调查、问卷调查外，我们还可以通过受众来信、专家评价来了解节目的质量。受众评价测量是指测量受众对节目的评价。这一调查方法在收视（听）率调查法、问卷调查法还未全面运用时是我国对广播电视节目进行质量评价的一个重要渠道，对改进和发展广播电视起了一定作用。但这种方式有被动、无序、不完全精确、信息量小等局限性。它可以作为各种方法的一种辅助方法，不能作为节目评价的唯一方法。现在在一些经济和媒体都不发达的地区大部分还采用这种方法，但是使用现代科学的调查方法是一种趋势。

四、影响收视（听）率的相关因素

我们从收视（听）率可以分析一个节目的质量，但不可忽视的是，收视（听）率也受一些具体因素的影响。

1. 收视（听）率受播出时间的影响

收视（听）率的主要变量是收视（听）人数和收视（听）时间，所以任何能够影响到收视（听）人数或者收视（听）时间的因素都能影响到收视（听）率。收视（听）率是依据统计方法产生的，样本选择的改变、标准设置的改变都会影响收视（听）率。据索福瑞媒介研究（CSM）调查，从表9－3、表9－4中2011年上半年全国10家电视台全天收视率和晚间收视率的比较中不难看出，晚间收视率明显高于全天收视率，对大多数日间上班的观众来说，晚间正是他们休闲娱乐的黄金时间，晚间收视率自然随之高涨。

表9－3　2011年上半年全国10家电视台全天收视率

频道	收视率（%）	收视份额（%）
中央电视台综合频道	0.539	4.279
湖南卫视	0.430	3.417
中央电视台综艺频道	0.416	3.340
中央电视台电影频道	0.339	2.694
江苏卫视	0.301	2.392
中央电视台新闻频道	0.298	2.362
中央电视台体育频道	0.275	2.184

（续上表）

频道	收视率（%）	收视份额（%）
浙江卫视	0.254	2.014
中央电视台中文国际频道	0.247	1.961
北京卫视	0.234	1.861

表9-4　2011年上半年全国10家电视台晚间收视率

频道	收视率（%）	收视份额（%）
中央电视台综合频道	1.233	4.154
湖南卫视	1.044	3.517
中央电视台综艺频道	0.870	2.932
江苏卫视	0.801	2.699
中央电视台电影频道	0.663	2.233
北京卫视	0.566	1.908
中央电视台体育频道	0.542	1.826
浙江卫视	0.539	1.817
中央电视台中文国际频道	0.538	1.812
中央电视台新闻频道	0.501	1.688

晚间收视率又可区分出22点以前的夜间黄金时间和22点以后的深夜时段，不同时段又有不同风格样式的"夜餐"以适应不同人群的需求。

2. **收视（听）率受播出季节因素影响**

在2002年的12个月中，前5个月平均收视率为3.66%，6月份是电视剧收视的低谷，只有2.82%。暑假收视率有了回升，并达到全年的最高点3.85%。

3. **收视（听）率受播出频道因素影响**

同一部电视剧在不同频道播出，其收视率也不同。比如《橘子红了》在甘肃一套（省级频道）播出时收视率为13.97%，在福建电视台电视剧频道（有线频道）播出时收视率为7.37%，在中央八套（中央级频道）播出时收视率为7.29%。

4. **收视（听）率受播出轮次因素影响**

在武汉地区播出的电视剧《康熙微服私访记（第四部）》，2002年10月份在武汉二套播出时收视率为9.39%，而11月份在武汉四套播出时收视率不到4%。

五、受众调查结果在管理中的运用

受众调查的结果可以作为对节目质量分析的一个重要依据，我们可以依此评判节目的好坏，并将其作为广播、电视台制订宣传计划和进行节目改革、加强节目管理的重要依据。在1997年春节前，中央电视台与央视调查咨询中心等单位向北京、南京、成都等10个城市发出100份关于春节联欢晚会的受众调查问卷，这次调查结果对春节联欢晚会这一具有影响力的节目的改革有指导作用。在调查问卷中，认为晚会应控制在三个小时之内或通宵的被调查者所占的比例很小；认为应控制在三到五个小时的共占 57.6%；统计数字表明晚会以四个小时为最佳。从节目形式看，认为晚会应为茶座式的占 21.4%；剧场式的占 26.8%；外景式的只占 6.9%；希望三者混合的占 44.9%。也就是近一半观众希望晚会的形式有所突破，有所创新。从演员的阵容看，认为应全部起用新人的只占 2.7%；应全部选用人们所熟悉演员的占 8.9%；两者混合的占大多数。

受众调查结果还可以用来预测某一广播电视节目的走向。1997 年春节联欢晚会受众调查的数据表明，有 92.1% 的观众认为春节联欢晚会越来越难办，但还是应该好好办下去。也就是说，绝大多数观众希望晚会办下去。

广播电视台应根据受众调查分析，重点建设好精品栏目。精品栏目的节目质量比较高，收视（听）率也比较高，这对建设好精品栏目有指导意义，同时也是检验节目是否是精品栏目的一个标准。广播电视台可以从受众的基本情况、接触媒体的习惯、接触媒介的目的、对不同类型节目的兴趣指向、受众对媒体的期望等出发，设置节目和编排好节目。中央电视台《东方时空》最初是文艺节目和新闻节目的大杂烩，后来根据受众调查分析，在保证节目质量的基础上去掉金曲榜，办成了一个新闻杂志，更受观众喜爱，成了中央电视台的精品节目。

编排是实现节目整体结构的重要手段。节目的编排也应在对受众进行调查分析的基础上，根据受众的情况使节目与节目之间衔接得体，使整个节目质量提高。电视台、电台也可以根据受众调查，坚决去掉一些质量不高、收视（听）率不高的栏目，给新的栏目留出空间。另外，也可以根据受众调查结果来评判从业者的工作业绩，从而加强对以人为中心的广播电视的管理。对不符合要求的节目应坚决撤换，把节目好坏、工作好坏与效益挂钩。

受众调查结果也可以为广播电视划分节目时间段提供依据，同时也为广告代理商提供媒体企划和购买的依据，从而指导广告主或广告代理商在广告上的投入。这有利于加强对广告的管理。广告商可以根据结果，如不同时间段受众的年龄、受教育程度、职业、工作状况、家庭状况与社会经济地位，受众的多少，节目质量的好坏，广告千人成本，频道占有率，广告调查与节目接触率等因素选择播出合适的广告，以发挥广告的最大效益。如在下午 6 点左右儿童放学回家，这一时段大部分是智力游戏、动画片等儿童类的节目，受众也以儿童为主，这时可以播出一些儿童食品、玩具等广告。而在播出老年类节目时，可以播一些药品、老年保健类的广告。

本书第十章在论及大数据对广播电视发展推力时指出："大数据分析平台是一个用来处理大量非结构化和半结构化等类型数据的数据分析平台，用户可轻松构建企业级大数据分析平台、驾驭大数据、领先一步洞悉发展机会。"据此，收视、收听率调查除了大家已经熟悉的工具与方法外，引入大数据应用已经迫在眉睫。因为大数据的参与，电台、电视台的收听、收视率数据可以实时、准确地获得，庞大的数据可做到当天发布，大数据应用已经十分有效地推动着我国广播电视媒介的竞争与发展。国内备受推崇的泽传媒是人民网、中央电视台委托的大数据权威调查机构。

2017 年 1 月 16 日由泽传媒主办的"2016 年度中国媒体融合传播榜发布会"在北京举

行，会上公布了反映中国媒体融合现状的系列榜单，湖南卫视获 2016 年度省级卫视全网传播融合力年度冠军，4 档节目进入 2016 年度综艺节目全国传播融合力榜前十（见表 9 – 5）。

表 9 – 5　泽传媒发布的 2016 年度综艺节目全网传播融合力榜

名次	栏目	频道名称	融合力指数	收视指数	社交指数
1	《奔跑吧兄弟》第四季	浙江卫视	9.855 9	10.000 0	9.679 8
2	《我是歌手》第四季	湖南卫视	9.640 7	9.434 6	9.824 8
3	《真正男子汉》第二季	湖南卫视	9.515 1	9.426 4	9.102 2
4	《最强大脑》第三季	江苏卫视	9.463 4	9.288 1	9.677 6
5	《极限挑战》第二季	东方卫视	9.453 9	9.605 4	9.268 8
6	《全员加速中》第二季	湖南卫视	9.350 4	9.705 7	8.916 1
7	《挑战者联盟》第二季	浙江卫视	9.324 6	9.745 4	8.810 8
8	《我去上学啦》第二季	浙江卫视	9.323 9	9.381 5	9.253 6
9	《我们来了》	湖南卫视	9.188 2	9.467 5	8.846 9
10	《跨界歌王》	北京卫视	9.180 9	9.284 3	9.054 6

泽传媒发布的一系列年度榜单，用数据（精确到小数点后 4 位数）客观呈现了传统媒体在推进媒体融合、落实工作部署方面所做的成绩，对于促进行业尽快从相"加"迈向相"融"阶段，实现融为一体、合而为一产生了巨大推力，这是业内人士有目共睹的推力与压力，因为大数据科学、真实、有据。大数据，可谓广播事业管理的法宝。

第三节　大数据：中国视听大数据 2020 年度收视综合分析[①]

《大数据：中国视听大数据 2020 年年度收视综合分析》是当代广播电视行业的权威大数据样本，它内涵丰富、数据真实，分析简明扼要，表述文本具有可模仿性，经年后，其涉及的内容又是十分宝贵的中国视听历史资料。是值得本书读者珍藏的文本。

据广电总局"中国视听大数据"（CVB）系统统计，2020 年全年电视收视用户每日户均收视时长 5.85 小时（同比上涨 12.9%），每日回看用户数占全天收视用户规模的 12.3%，点播用户数占全天收视用户规模的 34.0%。电视大屏观众规模大，用户黏性高。

---

① 转自"中国视听大数据"（CVB）微信公众号，https：//mp.weixin.qq.com/s/lpqJQeilxlpty2ZbBXXnMg，国家广播电视总局广播电视规划院 2021 年 1 月 8 日发布。

一、用户收视行为分析

1. 每日户均收视时长

全年各月电视收视用户每日户均收视时长较2019年均有不同程度上涨（见图9-4），大屏端收视用户黏性增强。其中，2月观众居家抗疫带动每日户均收视时长上涨，为6.5小时，达到全年最高，同比上涨23.6%。

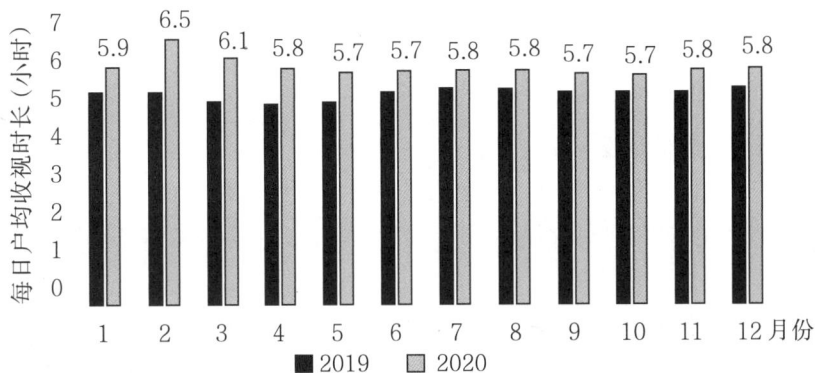

图9-4　2019和2020年电视收视用户每日户均收视时长

2. 回看收视情况

2月观众回看规模最大（见图9-5）。全天回看用户从5∶00—6∶00逐渐活跃，至12∶00—14∶00达到午间回看高峰，21∶00—22∶00回看用户规模到达全日峰值（见图9-6）。

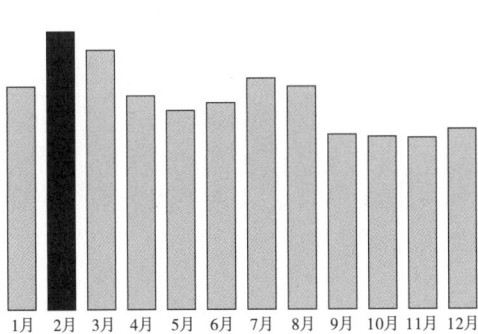

图9-5　各月回看用户规模

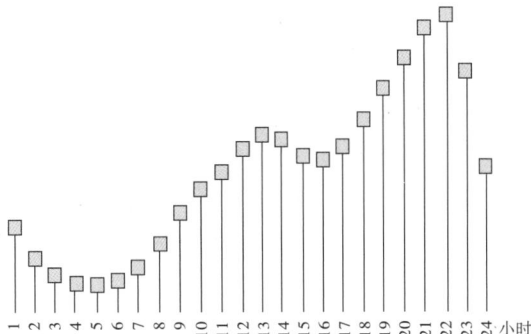

图9-6　各时段回看用户规模

周末用户回看行为较工作日更为活跃，涨幅10.5%（见图9－7）。

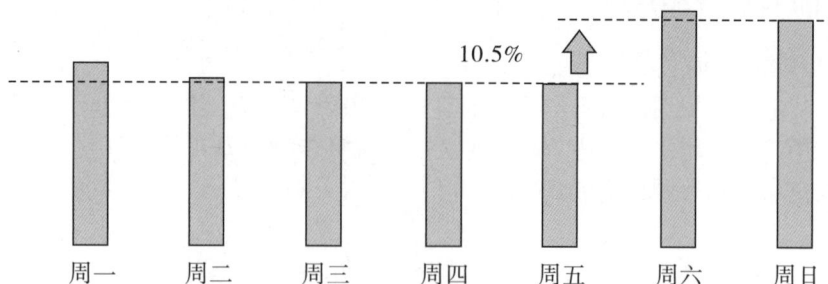

图9－7　各日回看用户规模

3. 不同地域用户活跃时段

观众收视活跃时间随地域不同，呈现明显差异。其中，东北地区用户最为活跃时段最早，19：40 即达到全天用户规模高峰，华南地区最晚，于21：22 达到高峰（见图9－8）。

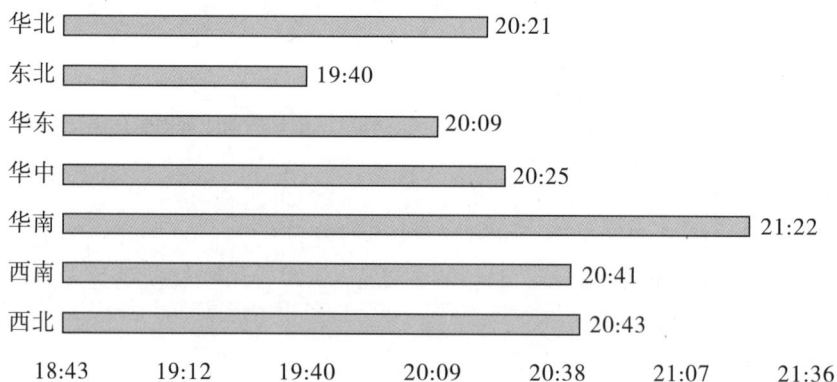

图9－8　全国各地区用户规模到达高峰时刻

4. 不同地域用户频道偏好

西北、华北、西南、华东、东北地区观众对央视频道最为青睐，其中西北地区为央视频道组份额最高的地区。华南和华中地区观众则更加喜爱观看地面频道（见图9－9）。

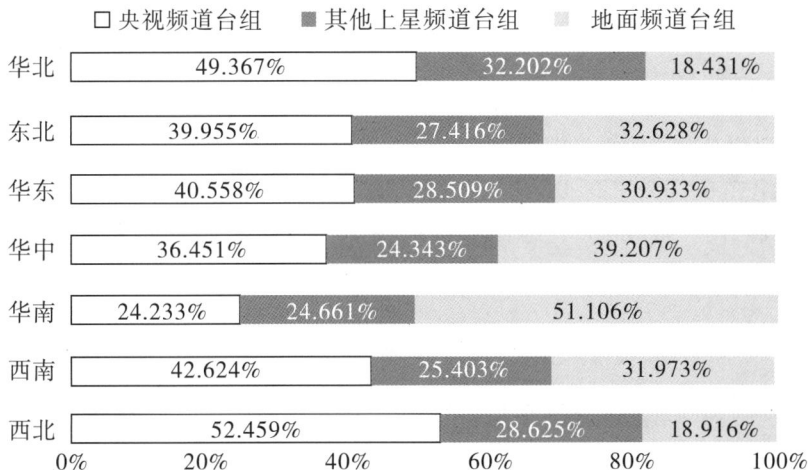

图 9 - 9　不同地域用户频道偏好

河北、山西、福建、江西、山东、河南、湖北、四川、云南、陕西、甘肃、青海、宁夏 13 个省（自治区）观众最喜欢观看 CCTV - 1；天津、黑龙江 2 个省（直辖市）观众最喜欢观看 CCTV - 4；内蒙古、江苏、新疆 3 个省（自治区）观众最喜欢观看 CCTV - 8；吉林、浙江、海南、贵州 4 个省观众最喜欢观看 CCTV - 13；北京、上海、安徽、湖南、重庆 5 个省（直辖市）观众更喜欢观看本地卫视综合频道。

5. 不同地域用户节目类型偏好

辽宁、吉林、福建、湖北、海南、重庆、贵州、云南、甘肃 9 个省（直辖市）新闻类节目的收视比重高于全国观众对此类节目收视比重 10% 以上。

山西、内蒙古、山东 3 个省（自治区）电视剧的收视比重高于全国观众对此类节目收视比重 10% 以上。

北京、上海、安徽、河南、湖南、广东、海南、云南、青海、新疆 10 个省（自治区、直辖市）纪录片收视比重高于全国观众对此类节目收视比重 10% 以上。

上海、河南 2 个省（直辖市）综艺节目收视比重高于全国观众对此类节目收视比重 10% 以上。

河北、河南、湖南、广东、广西、贵州、甘肃、宁夏 8 个省（自治区）动画片收视比重高于全国观众对此类节目收视比重 10% 以上。

河北、内蒙古、吉林、江苏、浙江、四川、贵州、青海、宁夏 9 个省（自治区）电影收视比重高于全国观众对此类节目收视比重 10% 以上。

天津、辽宁、黑龙江、安徽、河南、广东、广西、青海 8 个省（自治区、直辖市）体育节目收视比重高于全国观众对此类节目收视比重 10% 以上。

二、频道收视情况

1. 不同频道组分时段收视份额

央视频道组在6：00—12：00 份额最高，为40.501%；其他上星频道组在12：00—18：00 份额最高，为32.304%；地面频道组在18：00—24：00 份额最高，为41.853%（见图9-10）。

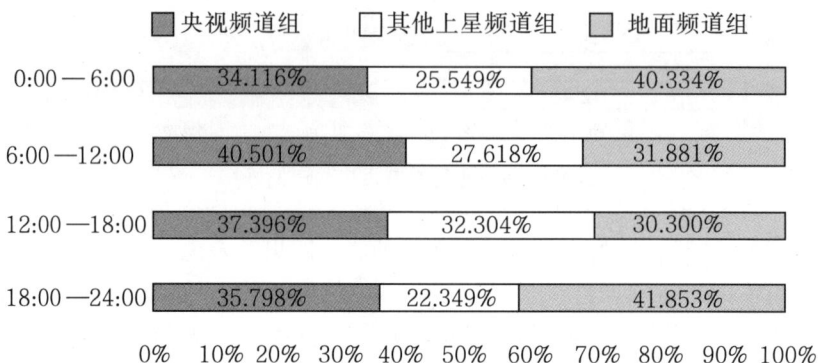

图9-10　不同频道组分时段收视份额

2. 卫视频道收视情况

央视频道组覆盖优势较大，到达率前十的频道中，央视频道占8席。其他上星频道组观众黏性较高，忠实度前十的频道中，其他上星频道组占6席。其中，忠实度前五的频道均为专业频道，分别为湖南金鹰卡通、北京卡酷少儿、CCTV-8、广东嘉佳卡通和CCTV-13。到达率、忠实度均表现出色的频道，收视表现强势。全天和晚间时段（18：00—23：00）收视率排名前十的频道，半数以上到达率、忠实度均进前十（见表9-6、表9-7）。

表9-6　2020年年度全天（00：00—24：00）频道收视情况

收视率			到达率			忠实度		
频道名称	序号	数值	频道名称	序号	数值	频道名称	序号	数值
CCTV-1	1	0.787%	CCTV-1	1	14.748%	湖南金鹰卡通	1	6.583%
CCTV-4	2	0.663%	CCTC-4	2	11.444%	北京卡酷少儿	2	6.415%
CCTV-13	3	0.644%	CCTV-6	3	10.272%	CCTV-8	3	6.414%
CCTV-8	4	0.526%	CCTV-13	4	10.037%	广东嘉佳卡通	4	6.378%
CCTV-6	5	0.472%	CCTV-3	5	9.147%	CCTV-13	5	6.338%
CCTV-3	6	0.370%	CCTV-8	6	8.198%	湖南卫视	6	5.988%
湖南卫视	7	0.324%	CCTV-5	7	6.178%	CCTV-4	7	5.814%
东方卫视	8	0.287%	CCTV-2	8	6.072%	东方卫视	8	5.431%

（续上表）

收视率			到达率			忠实度		
频道名称	序号	数值	频道名称	序号	数值	频道名称	序号	数值
江苏卫视	9	0.245%	湖南卫视	9	5.414%	江苏卫视	9	5.424%
湖南金鹰卡通	10	0.239%	东方卫视	10	5.269%	CCTV－1	10	5.301%

表 9－7　2020 年年度晚间时段（18：00—23：00）频道收视情况

收视率			到达率			忠实度		
频道名称	序号	数值	频道名称	序号	数值	频道名称	序号	数值
CCTV－1	1	1.457%	CCTV－1	1	9.362%	CCTV－8	1	19.681%
CCTV－4	2	1.086%	CCTV－4	2	7.317%	东方卫视	2	18.793%
CCTV－8	3	1.002%	CCTV－6	3	6.491%	湖南金鹰卡通	3	18.391%
CCTV－13	4	1.000%	CCTV－13	4	5.892%	北京卡酷少儿	4	18.165%
CCTV－6	5	0.944%	CCTV－3	5	5.567%	北京卫视	5	17.992%
CCTV－3	6	0.712%	CCTV－8	6	5.069%	南卫视	6	17.315%
东方卫视	7	0.538%	CCTV－5	7	3.762%	广西卫视	7	17.269%
湖南卫视	8	0.526%	CCTV－2	8	3.301%	广东嘉佳卡通	8	16.892%
CCTV－5	9	0.463%	湖南卫视	9	3.008%	CCTV－13	9	16.813%
北京卫视	10	0.450%	东方卫视	10	2.786%	CCTV－1	10	15.272%

三、全国卫视频道节目收视情况

1. 各类型节目总用户规模

新闻类节目全年覆盖 86.021% 的电视收视用户，在所有类型节目中最高；其次为电视剧，全年覆盖 85.061% 的电视收视用户（见图 9－11）。

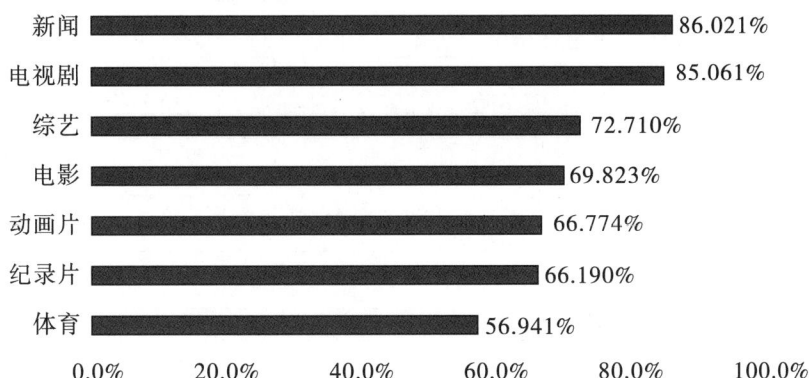

图 9－11　各类型节目年覆盖电视收视用户比率

2. 各类型节目播出和收视情况

电视剧、动画片、体育节目播出比重分别为30.7%、7.8%、4.5%，直播收视比重分别为28.8%、6.3%、3.4%，播出比重和收视比重基本持平；新闻、电影、综艺节目收视比重大于播出比重，收视需求更强。观众回看节目中电视剧、综艺和电影节目回看时长占比高，分别为36.4%、16.6%、9.7%（见图9-12）。

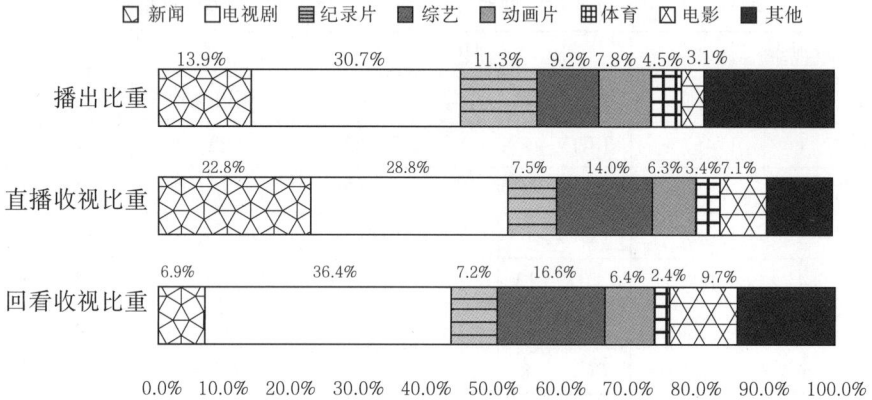

图9-12 各类节目播出和收视情况

3. 各节目类型不同频道组收视比重

观众倾向于通过央视频道观看新闻、纪录片、电影、体育节目，这四类节目央视频道组分别贡献了79.855%、65.523%、84.287%、90.333%的收视时长。观众倾向通过其他上星频道观看电视剧、动画片，这两类节目其他上星频道组分别贡献了56.518%、82.801%的收视时长。央视频道组、其他上星频道组的综艺节目收视时长各占一半（见图9-13）。

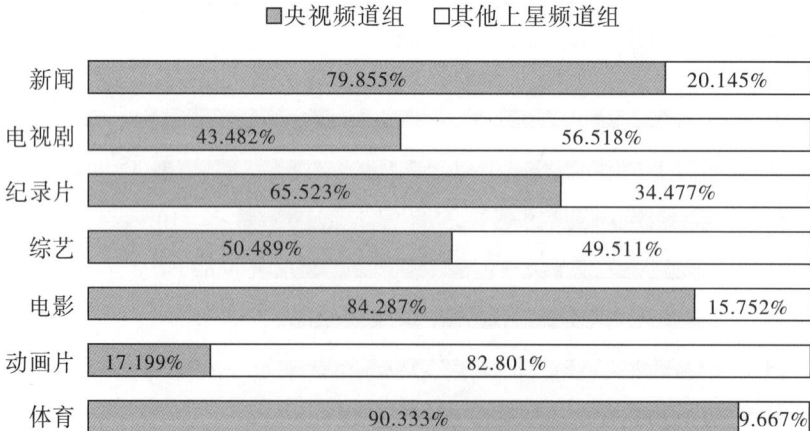

图9-13 各节目类型不同频道组收视比重

4. 各类型节目户均收视时长

电视收视用户每日户均观看电视剧时长最长，为 62.4 分钟；其次为新闻和综艺节目，分别为 46.2 分钟和 29.7 分钟。2 月全民居家抗疫，电视剧和新闻每日户均收视时长均高于其余月份，分别为 75.0 分钟和 62.0 分钟。1 月春节，综艺节目的每日户均收视时长高于其余月份，为 40.6 分钟。同时，纪录片的每日户均收视时长为 11.9 分钟；动画片的每日户均收视时长为 14.4 分钟；电影的每日户均收视时长为 13.2 分钟；体育节目的每日户均收视时长为 6.5 分钟；公益广告的每日户均收视时长为 211 秒。

5. 脱贫攻坚、防疫抗疫节目收视总体情况

全年各频道对主题主线节目进行大量排播，脱贫攻坚节目 5—9 月连续 5 个月收视比重大于播出比重。同时，疫情防控相关节目也贯穿全年，随着疫情防控形势不断变化，2—4 月为疫情防控节目的播出和收视高峰，其中 2 月为收视需求高峰（见图 9 – 14）。

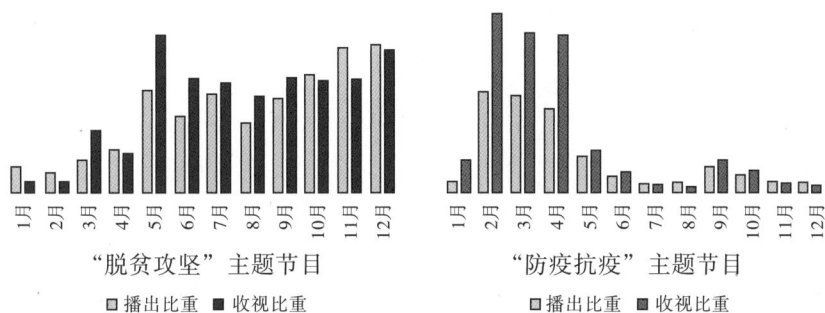

图 9 – 14 "脱贫攻坚"和"防疫抗疫"主题节目收视占比和播出占比

6. 理论专题节目

2020 年，多档理论专题节目大众化通俗化宣传阐释习近平新时代中国特色社会主义思想。《思想的田野》第二季由云南、海南、福建、黑龙江、四川、内蒙古广播电视台制作播出，第三季由深圳、天津、河北、陕西、湖北广播电视台制作播出，首播节目均进本地同时期地方卫视节目收视率前十。《这就是中国》《时代问答》节目黏性强，每期平均忠实度均在 50% 以上，两档节目在同时期地方卫视节目中均获得较高关注度。《中国共产党为什么能》连续播出四季，均居浙江省同时期地方卫视节目收视率前三。

7. 新闻节目

2020 年，平均每天每个电视收视用户观看 46.2 分钟新闻节目。全年《新闻联播》每日平均综合收视率 7.839%，收视份额 31.357%。

2020 年 1 月 25 日至 2 月 2 日防疫抗疫关键时期，《新闻联播》收视率上涨 71.1%，27 个地方卫视晚间新闻收视率涨幅超 20%；全国两会期间，新闻类节目收视比重较两会前增幅超 17%，央视新闻频道回看时长涨幅 27.3%；11 月 3 日，《中共中央关于制定国民经济和社会发展第十四个五年规划和二〇三五年远景目标的建议》公布，4 日央视新闻频道回看用户规模较前日上涨 22.5%。

8. 电视剧

2020 年，平均每天每个电视收视用户观看 62.4 分钟电视剧。全年黄金时段播出 342

部（689 部次）电视剧，CCTV‑1、CCTV‑8、北京卫视、吉林卫视、黑龙江卫视、东方卫视、江苏卫视、浙江卫视、安徽卫视、江西卫视、山东卫视、湖北卫视、湖南卫视、广东卫视、重庆卫视、贵州卫视、云南卫视、深圳卫视和湖南金鹰卡通 19 个频道共播出 116 部（148 部次）首播剧，其余为重播剧集。

（1）黄金时段各题材电视剧播出和收视情况。

2020 年黄金时段电视剧中，当代都市、近代革命题材剧目播出量最高，共 184 部（见图 9‑15），占全年黄金时段电视剧播出部数的 53.8%。两题材电视剧播出时长占黄金时段电视剧播出时长的 50.7%，收视时长占 49.5%，剧目播出编排与观众收视需求匹配度高。

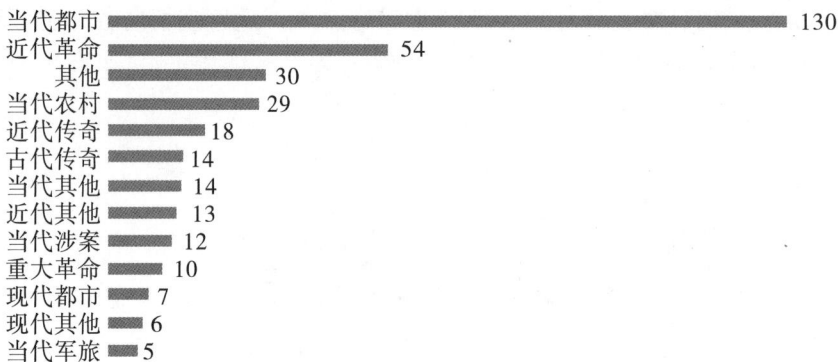

图 9‑15 黄金时段电视剧各题材播出数量（部）

（2）单频道每集平均收视率超 0.5% 剧目情况。

全年共 81 部（93 部次）黄金时段电视剧每集平均收视率超过 0.5%，主要由 CCTV‑1、CCTV‑8、北京卫视、东方卫视、浙江卫视和湖南卫视等频道播出（见表 9‑8）。

表 9‑8 2020 年收视率超 0.5% 的黄金时段电视剧盘点

序号	节目	频道名称	收视率	收视份额
1	《安家》	东方卫视	2.121%	7.112%
2	《跨过鸭绿江》（1—7 集）	CCTV‑1	2.086%	7.840%
3	《装台》	CCTV‑1	1.963%	7.597%
4	《奋进的旋律》	CCTV‑1	1.886%	6.278%
5	《最美的乡村》	CCTV‑1	1.668%	6.830%
6	《一诺无悔》	CCTV‑1	1.627%	6.276%
7	《远方的山楂树》	CCTV‑8	1.596%	6.187%
8	《我哥我嫂》	CCTV‑8	1.570%	6.362%
9	《谷文昌》	CCTV‑1	1.568%	5.472%
10	《大侠霍元甲》	CCTV‑8	1.533%	6.280%

（续上表）

序号	节目	频道名称	收视率	收视份额
11	《天涯热土》	CCTV－1	1.523%	6.071%
12	《誓盟》	CCTV－8	1.502%	6.235%
13	《什刹海》	CCTV－1	1.476%	5.994%
14	《隐秘而伟大》	CCTV－8	1.465%	5.526%
15	《湾区儿女》	CCTV－1	1.448%	5.916%
16	《小娘惹》	CCTV－8	1.442%	5.980%
17	《猎手》	CCTV－8	1.379%	5.684%
18	《一个都不能少》	CCTV－1	1.373%	5.056%
19	《有你才有家》	CCTV－8	1.369%	5.800%
20	《破局1950》	CCTV－8	1.366%	5.659%
21	《花繁叶茂》	CCTV－1	1.327%	5.381%
22	《大秦赋》	CCTV－8	1.282%	5.033%
23	《绝境铸剑》	CCTV－1	1.274%	5.085%
24	《枫叶红了》	CCTV－1	1.255%	4.979%
25	《最美逆行者》	CCTV－1	1.216%	4.944%
26	《追梦》	CCTV－1	1.212%	4.808%
27	《以家人之名》	湖南卫视	1.189%	4.794%
28	《绝代双骄》	CCTV－8	1.188%	4.089%
29	《如果岁月可回头》	东方卫视	1.186%	4.299%
30	《金色索玛花》	CCTV－1	1.168%	5.136%
31	《完美关系》	湖南卫视	1.167%	4.175%
32	《太行之脊》	CCTV－1	1.163%	5.111%
33	《月是故乡明》	CCTV－8	1.142%	4.684%
34	《下一站是幸福》	湖南卫视	1.138%	3.802%
35	《创业年代》	CCTV－1	1.109%	4.438%
36	《安家》	北京卫视	1.095%	3.676%
37	《猎狐》	东方卫视	1.094%	4.268%
38	《三十而已》	东方卫视	1.075%	4.329%
39	《新世界》	东方卫视	1.039%	3.414%
40	《正是青春璀璨时》	CCTV－8	1.020%	4.307%
41	《战火熔炉》	CCTV－8	1.015%	3.923%
42	《精英律师》	东方卫视	0.986%	3.760%
43	《幸福院》	CCTV－8	0.970%	3.172%

(续上表)

序号	节目	频道名称	收视率	收视份额
44	《吉他兄弟》	CCTV-8	0.951%	3.912%
45	《幸福敲了两次门》	CCTV-8	0.949%	3.532%
46	《小大夫》	CCTV-8	0.945%	3.771%
47	《鹿鼎记》	CCTV-8	0.938%	5.080%
48	《塞上风云记》	CCTV-8	0.927%	3.937%
49	《流金岁月》(1—8集)	CCTV-8	0.910%	3.238%
50	《新世界》	北京卫视	0.904%	3.023%
51	《精英律师》	北京卫视	0.891%	3.403%
52	《猎狐》	北京卫视	0.891%	3.473%
53	《奋进的旋律》	CCTV-8	0.874%	3.691%
54	《巡回检察组》(1—31集)	湖南卫视	0.868%	3.446%
55	《大浦东》	CCTV-8	0.841%	3.529%
56	《爱我就别想太多》	东方卫视	0.825%	3.364%
57	《小镇警事》	CCTV-8	0.817%	3.472%
58	《大明风华》	湖南卫视	0.813%	3.297%
59	《爱的厘米》	湖南卫视	0.813%	3.242%
60	《胜算》	北京卫视	0.812%	3.278%
61	《我怕来不及》	CCTV-8	0.811%	3.117%
62	《破冰行动》	CCTV-8	0.808%	3.705%
63	《如果岁月可回头》	北京卫视	0.788%	2.858%
64	《情满四合院》	CCTV-8	0.784%	3.217%
65	《亲爱的,你在哪里》	北京卫视	0.749%	2.959%
66	《装台》(1—32集)	CCTV-8	0.741%	4.281%
67	《决胜法庭》	浙江卫视	0.725%	2.269%
68	《三十而已》	CCTV-8	0.699%	3.980%
69	《燃烧》	东方卫视	0.690%	2.840%
70	《燕云台》	北京卫视	0.690%	2.619%
71	《毛岸英》	CCTV-8	0.689%	3.924%
72	《谁说我结不了婚》	CCTV-8	0.684%	2.868%
73	《燃烧》	北京卫视	0.682%	2.793%
74	《爱我就别想太多》	北京卫视	0.680%	2.765%
75	《刘家媳妇》	CCTV-8	0.678%	2.763%
76	《幸福里的故事》	北京卫视	0.667%	2.592%

（续上表）

序号	节目	频道名称	收视率	收视份额
77	《瞄准》	东方卫视	0.663%	2.560%
78	《旗袍美探》	北京卫视	0.645%	2.592%
79	《局中人》	浙江卫视	0.645%	2.621%
80	《特赦1959》	CCTV－8	0.622%	2.860%
81	《幸福，触手可及》	湖南卫视	0.620%	2.587%
82	《亲爱的自己》	湖南卫视	0.603%	2.533%
83	《鬓边不是海棠红》	北京卫视	0.600%	2.368%
84	《家道颖颖之等着我》	CCTV－3	0.593%	2.292%
85	《瞄准》	浙江卫视	0.593%	2.280%
86	《绿水青山带笑颜》	湖南卫视	0.584%	2.193%
87	《云飞丝路天》	山东卫视	0.559%	1.777%
88	《清平乐》	湖南卫视	0.558%	2.254%
89	《秋蝉》	浙江卫视	0.554%	2.230%
90	《只为那一刻与你相见》	东方卫视	0.550%	2.030%
91	《大江大河2》（1—21集）	东方卫视	0.535%	1.973%
92	《决胜法庭》	江苏卫视	0.517%	1.621%
93	《二十不惑》	湖南卫视	0.505%	2.077%

（3）各频道黄金时段电视剧收视情况（见表9-9）。

CCTV-1：全年黄金时段电视剧每集平均收视率1.450%。在该频道播出的18部剧目中，有8部剧目每集平均收视率超过频道均值，《跨过鸭绿江》《装台》《奋进的旋律》《最美的乡村》《一诺无悔》每集平均收视率较该频道均值高10%以上，其中，中宣部、广电总局庆祝中国共产党成立100周年重点剧目《跨过鸭绿江》高热开播，前7集每集平均收视率达2.086%。

CCTV-8：全年黄金时段电视剧每集平均收视率1.118%。在该频道播出的33部剧中，有12部剧目每集平均收视率超过频道均值，《远方的山楂树》每集平均收视率1.596%，为本频道年度收视之"最"。《誓盟》《隐秘而伟大》《猎手》《破局1950》等12部剧获较高收视，其中《隐秘而伟大》在豆瓣和猫眼均收获8.2的评分，收视高的同时获得了好口碑。

东方卫视：全年黄金时段电视剧每集平均收视率0.853%。在该频道播出的17部剧中，有6部剧目每集平均收视率超过频道均值，其中《安家》《如果岁月可回头》《猎狐》《三十而已》等剧目收获观众喜爱。《安家》为全年收视最佳剧目，在东方卫视的每集平均收视率2.121%；《三十而已》获得高收视的同时获得高网络热度。

湖南卫视：全年黄金时段电视剧每集平均收视率0.741%。在该频道播出的13部剧中，有 6 部剧目每集平均收视率超过频道均值。《以家人之名》《完美关系》《下一站是幸福》每集平均收视率超过 1%，其中《以家人之名》每集平均收视率 1.189%，为本频道年度收视最佳剧目。

北京卫视：全年黄金时段电视剧每集平均收视率 0.728%。在该频道播出的 17 部黄金时段电视剧中，有 7 部剧目每集平均收视率超过频道均值，其中《安家》《精英律师》的每集平均收视率分别为 1.095% 和 0.891%。

广东卫视、广西卫视、贵州卫视、云南卫视、陕西卫视、吉林卫视、兵团卫视、厦门卫视：革命题材剧收视表现突出。以上频道中，优于频道平均收视率的剧目有一半及以上为革命题材剧。

西藏卫视：经典老剧重播吸引力强。西藏卫视黄金时段共播出 16 部剧，重播剧《康熙王朝》《亮剑》《大宋提刑官》吸引力强，包揽该频道黄金时段电视剧年度收视率前三，每集平均收视率较该频道均值高 30% 以上。

深圳卫视：首播剧收视领先，跟播热门剧目收视佳。深圳卫视全年黄金时段电视剧每集平均收视率 0.123%，其中首次上星播出的《宸汐缘》每集平均收视率 0.187%，位列该频道黄金时段电视剧年度收视率第一。同时，深圳卫视跟播的热门剧目《以家人之名》《完美关系》分别位列第二和第三。

多频道联播，多轮次重播，时代报告剧《在一起》《石头开花》传播效果好。2020 年，广电总局重点指导的时代报告剧《在一起》《石头开花》分别围绕防疫抗疫、脱贫攻坚主题，采用集中播出、多频道联合播出方式，高效提升剧目影响力。《在一起》在东方卫视、江苏卫视、浙江卫视、广东卫视首播后，在湖北卫视、吉林卫视、辽宁卫视等频道重播 11 次，每集平均综合收视率 2.531%，全剧综合到达率 28.520%；《石头开花》继在江苏卫视、东方卫视和浙江卫视黄金时段联合首播后，北京卫视、安徽卫视、湖南卫视、广东卫视接续重播，每集平均综合收视率 1.320%，全剧综合到达率 17.576%。

表 9-9   2020 年各频道黄金时段电视剧收视情况 TOP 20

序号	频道名称	黄金时段电视剧每集平均收视率
1	CCTV-1	1.450%
2	CCTV-8	1.118%
3	东方卫视	0.853%
4	湖南卫视	0.741%
5	北京卫视	0.728%
6	CCTV-3	0.593%
7	浙江卫视	0.448%
8	湖南金鹰卡通	0.327%
9	江苏卫视	0.296%
10	山东卫视	0.291%

（续上表）

序号	频道名称	黄金时段电视剧每集平均收视率
11	CCTV - 17	0.199%
12	广西卫视	0.197%
13	广东卫视	0.182%
14	CCTV - 11	0.163%
15	CCTV - 10	0.161%
16	贵州卫视	0.157%
17	天津卫视	0.130%
18	黑龙江卫视	0.125%
19	辽宁卫视	0.124%
20	深圳卫视	0.123%

9. 纪录片

2020 年，平均每天每个电视收视用户观看 11.9 分钟纪录片，98 部纪录片每集收视率超过 0.5%。

脱贫攻坚、防疫抗疫纪录片为党和国家砥砺前行的非凡足迹留下丰富影像志。《为了总书记的嘱托——习近平总书记调研指导过的贫困村脱贫纪实》《决战脱贫在今朝》首播每集平均收视率分别为 1.137%、1.271%，均进入当月首播纪录片收视率前五。《遍地英雄下夕烟——致敬脱贫攻坚的人们》《一村一寨总关情》讲述扶贫故事，收视率居同时期所有节目前列。《扶贫村里的年轻人》《山海之恋》《甘肃扶贫进行时》《唤醒千年沉寂的土地：2020 年贵州农村产业革命纪实》《最是一年春好处》《激越怒江》记录各地决战脱贫攻坚的生动实践，凝聚扶贫力量，受到观众喜爱。

《人民至上：习近平指挥战"疫"进行时》综合收视率 3.334%。《为了人民：人民军队支援地方疫情防控纪实》收获大批观众，到达率 3.198%。《生命缘》《派出所的故事》《华人故事》抗疫特别节目观看完成度超 50%。《钟南山》《金银潭实拍 80 天》《大考》《逆行无悔》《生命方舱》记录各地抗疫故事，收获已播频道本地观众高关注。《同心战"疫"》《又见炊烟》《今日龙抬头》在多频道播出，持续强化宣传效果。

政策助推纪录片产业发展。近年来，广电总局持续加强纪录片产业规划指导，从创作、播出、产业等各个环节加大扶持引导，国产纪录片的创作、生产和播映受到了极大的鼓舞。今年累计播出的 64 部广电总局 2020 年优秀国产纪录片，每集平均收视率高于其他纪录片。其中，《国家监察》收视表现最佳，每集平均收视率 1.388%，在哔哩哔哩（简称 B 站）获得 8.4 的评分。此外，自然类纪录片《蔚蓝之境》首播收视率不断攀升；《巍巍天山——中国新疆反恐记忆》观众规模大，到达率 1.701%；《人生第一次》单集最高收视率 0.979%。

经典品牌纪录片持续发力，忠实用户多。经典品牌纪录片《国家记忆》《航拍中国》《记住乡愁》系列常居同时期节目收视率前列。其中，《国家记忆》收视表现突出，每集平均收视率1.162%、忠实度54.970%；《航拍中国》《记住乡愁》新季首播收视率分别为1.063%、0.856%。

新播纪录片聚焦当代故事，展现时代风貌。《北斗》《天眼》《大工告成——北京大兴国际机场》《而立浦东》记录时代发展，收视率居同时期节目前列；抗美援朝纪录片《英雄儿女》《抗美援朝保家卫国》《为了和平》居今年首播纪录片前五，每集平均收视率分别为1.558%、1.478%、1.461%；《新疆亚克西》《西藏扎西德勒》每集平均收视率分别为1.081%、1.048%，到达率分别为2.169%、2.227%，均进入当月首播纪录片收视指标前五；《中国》每集平均收视率0.321%，播出12集均进入同时期地方卫视节目收视率前七；《甜蜜中国》《一路向北之北京北京》每集平均忠实度超50%。

10. 综艺节目

（1）整体情况。

2020年，平均每天每个电视收视用户观看29.7分钟综艺节目。383档主题节目和328档周播综艺节目在全国卫视频道播出，首播综艺节目中67档节目单期收视率超1%，170档节目超0.5%。

（2）主题节目。

脱贫攻坚、人物榜样、防疫抗疫题材综艺节目丰富呈现，宣传效果好。2月至4月疫情防控期间，防疫抗疫题材主题节目排播量大，后半年脱贫攻坚主题节目紧扣时代命题，排播量大。

2020年前三季度广播电视创新创优节目中，脱贫攻坚、防疫抗疫题材节目占多数，优秀节目获得好收视效果。脱贫攻坚题材节目《喜上加喜》每期平均收视率0.952%；《极限挑战宝藏行·三区三州公益季》单期最高收视率0.808%；《我们在行动V》每期平均收视率0.264%；《家乡好物》每期平均忠实度超60%。此外，第四季度登陆荧屏的《奔跑吧·黄河篇》每期平均收视率0.573%；《从长江的尽头回家》每期平均收视率0.153%。

《2020开学第一课》关注抗疫英雄，收视率5.858%；《天天云时间》在全民居家抗疫期间暖心"云陪伴"观众，单期最高收视率0.854%。

结合决战决胜脱贫攻坚和疫情防控常态化背景，各大卫视频道通过定制主题晚会的形式为经济社会复苏贡献荧屏力量，相关主题晚会播出数量多、频次高，覆盖观众广。2020年，全国卫视频道自办或与其他类型平台携手打造25场促进经济社会复苏主题晚会（见表9-10），仅2020年"双11"前后，两台"双11"开幕晚会、四台"双11"电商主题晚会，分别吸引了3.976%、5.686%的电视观众。

表9-10　2020年促进经济社会复苏主题晚会收视数据概览

节目名称	频道名称	播出日期（月/日）	收视率	收视份额
《2020汽车之家818全球汽车夜》	湖南卫视	8/18	0.798%	3.209%
《天猫双11开幕直播盛典》	湖南卫视	10/31	0.669%	3.197%

（续上表）

节目名称	频道名称	播出日期（月/日）	收视率	收视份额
《2020 拼多多 12·12 超拼夜》	湖南卫视	12/11	0.628%	2.802%
《抖音美好奇妙夜》	浙江卫视	10/16	0.622%	2.581%
《2020 拼多多 618 超拼夜》	湖南卫视	6/17	0.528%	2.320%
《出手吧兄弟!》	湖南卫视	6/7	0.458%	1.977%
《2020 天猫双 11 狂欢夜》	东方卫视	11/10	0.441%	1.988%
《2020 拼多多 11·11 超拼夜》	湖南卫视	11/10	0.441%	2.173%
《苏宁易购 618 超级秀》	东方卫视	6/17	0.411%	2.034%
《百度好奇夜》	浙江卫视	9/19	0.394%	1.744%
《天猫 618 超级晚》	江苏卫视	6/16	0.382%	1.625%
《2020 天猫双 11 狂欢夜》	浙江卫视	11/10	0.379%	1.709%
《苏宁 30 周年 818 超级秀》	东方卫视	8/17	0.379%	1.665%
《嗨购上海》	东方卫视	5/4	0.354%	1.719%
《快手一千零一夜》	江苏卫视	10/30	0.322%	1.465%
《苏宁易购 11·11 全民嘉年华超级秀》	浙江卫视	10/31	0.284%	1.234%
《聚划算百亿补贴青春聚场》	江苏卫视	5/5	0.269%	1.357%
《新消费爱生活——山东消费年》	CCTV-2	8/28	0.260%	1.066%
《99 划算夜》	江苏卫视	9/9	0.223%	1.072%
《2020 拼多多 11·11 超拼夜倒计时》	湖南卫视	11/10	0.221%	1.117%
《苏宁易购 11·11 全民嘉年华超级秀》	北京卫视	11/10	0.210%	1.061%
《2020 中国品牌日晚会》	东方卫视	9/28	0.200%	1.223%
《京东 11·11 直播超级夜》	江苏卫视	11/10	0.152%	0.738%
《2020 华侨城文化旅游节欢乐谷集团启动晚会》	深圳卫视	6/25	0.105%	0.511%
《粤桂扶贫协作募捐活动暨全国扶贫日"以购代捐"系列展销活动》	广西卫视	10/31	0.095%	0.477%

（3）常播综艺。

常播综艺节目稳扎稳打，形成节目"品牌时间段"。常播综艺节目通过观众积累，收视始终保持高位。其中，《开门大吉》《向幸福出发》分别领跑周一和周二常播综艺，当日单期最高收视率分别为 1.490%、1.412%；《越战越勇》为周三常播综艺节目收视率之"最"，当日单期最高收视率 1.447%；《快乐大本营》每期平均收视率 0.820%；《非诚勿扰》《东方大看点》《大戏看北京》每期平均收视率分别为 0.610%、0.443%、0.396%，均保持较强收视竞争力。

（4）季播节目。

"综N代"季播节目稳中求变，收视保持高位。《奔跑吧Ⅳ》《极限挑战Ⅵ》《王牌对王牌Ⅴ》等"综N代"关注脱贫攻坚，不断获得高收视，播出期间均位列同时期地方卫视节目收视率前三。《中国好声音2020》增加原创歌曲比拼环节，节目黏性表现突出，回看用户规模多次居当周地方卫视综艺节目首位。《中餐厅Ⅳ》全新打造"移动餐厅"，每期平均收视率0.612%（见表9-11），稳居同时期地方卫视节目前二。《舞蹈风暴Ⅱ》创新视听体验，每期平均收视率0.569%，豆瓣评分9.4，《国家宝藏Ⅲ》每期平均收视率0.510%，豆瓣评分9.5，两档节目均获得收视与口碑双丰收。

新播综艺注重文化传播，关注度较高。《衣尚中国》关注传统服饰文化演变，每期平均收视率0.551%；《巧手神探》聚焦非遗文化，每期平均收视率0.554%，稳居同时期地方卫视节目前三；《了不起的长城》创新文化主题，深耕长城文化，每期平均收视率0.323%。

表9-11 2020年收视率超0.5%的周播综艺节目盘点

序号	节目名称	频道名称	收视率	收机份额
1	《中国诗词大会Ⅴ》	CCTV-1	2.407%	7.965%
2	《经典咏流传Ⅲ》	CCTV-1	1.495%	5.449%
3	《挑战不可能Ⅴ》	CCTV-1	1.270%	5.088%
4	《故事里的中国Ⅱ》	CCTV-1	1.212%	4.678%
5	《上线吧！华彩少年》	CCTV-1	1.157%	4.326%
6	《越战越勇》	CCTV-3	1.156%	4.426%
7	《开门大吉》	CCTV-3	1.154%	4.423%
8	《云端喜剧王》	东方卫视	1.006%	3.924%
9	《向幸福出发》	CCTV-3	0.972%	3.712%
10	《喜上加喜》	CCTV-3	0.952%	3.769%
11	《歌手·当打之年》	湖南卫视	0.946%	3.481%
12	《奔跑吧Ⅳ》	浙江卫视	0.935%	4.470%
13	《剧说很好看》	CCTV-8	0.858%	3.963%
14	《声临其境》	湖南卫视	0.846%	4.321%
15	《远方的家》	CCTV-4	0.845%	4.513%
16	《欢乐喜剧人Ⅵ》	东方卫视	0.837%	3.442%
17	《中国文艺》	CCTV-4	0.834%	3.701%
18	《快乐大本营》	湖南卫视	0.820%	3.241%
19	《等着我》	CCTV-1	0.811%	5.189%
20	《2020我要上春晚》	CCTV-3	0.803%	3.123%
21	《中国好声音2020》	浙江卫视	0.799%	3.829%

（续上表）

序号	节目名称	频道名称	收视率	收机份额
22	《非常6+1》	CCTV-3	0.798%	3.042%
23	《嘿！你在干嘛呢？》	湖南卫视	0.790%	3.284%
24	《黄金100秒》	CCTV-3	0.785%	3.250%
25	《嗨唱转起来》	湖南卫视	0.778%	3.118%
26	《中国地名大会》	CCTV-4	0.765%	2.702%
27	《我们的歌》	东方卫视	0.765%	3.535%
28	《王牌对王牌V》	浙江卫视	0.760%	3.419%
29	《你好生活II》	CCTV-3	0.755%	2.941%
30	《新相亲大会II》	江苏卫视	0.740%	3.123%
31	《开讲啦》	CCTV-1	0.739%	4.207%
32	《回声嘹亮》	CCTV-3	0.732%	2.941%
33	《新相亲大会IV》	江苏卫视	0.725%	3.482%
34	《环球综艺秀》	CCTV-4	0.724%	3.503%
35	《幸福账单之为你买单》	CCTV-3	0.718%	2.901%
36	《大幕开启》	CCTV-3	0.702%	2.704%
37	《星光大道》	CCTV-1	0.691%	4.135%
38	《向往的生活IV》	湖南卫视	0.688%	4.221%
39	《喜剧+》	CCTV-3	0.665%	2.634%
40	《中国新相亲III》	东方卫视	0.659%	2.486%
41	《极限挑战VI》	东方卫视	0.656%	2.997%
42	《元气满满的哥哥》	湖南卫视	0.648%	2.630%
43	《亲爱的客栈III》	湖南卫视	0.647%	3.562%
44	《天天云时间》	湖南卫视	0.644%	2.109%
45	《我家那闺女II》	湖南卫视	0.617%	3.333%
46	《中餐厅IV》	湖南卫视	0.612%	3.720%
47	《非诚勿扰》	江苏卫视	0.610%	2.479%
48	《希望搜索词》	CCTV-3	0.598%	2.295%
49	《我们的歌II》	东方卫视	0.597%	2.761%
50	《嗨唱转起来II》	湖南卫视	0.593%	2.423%
51	《朗读者III（特别节目）》	CCTV-3	0.588%	2.221%
52	《我的艺术清单》	CCTV-3	0.578%	2.488%
53	《奔跑吧·黄河篇》	浙江卫视	0.573%	2.693%
54	《舞者》	东方卫视	0.572%	2.332%

（续上表）

序号	节目名称	频道名称	收视率	收机份额
55	《非常传奇Ⅲ》	CCTV－4	0.570%	5.157%
56	《舞蹈风暴Ⅱ》	湖南卫视	0.569%	3.241%
57	《巧手神探》	湖南卫视	0.554%	3.091%
58	《走在回家的路上》	CCTV－3	0.552%	2.272%
59	《衣尚中国》	CCTV－3	0.551%	2.041%
60	《你好生活》	CCTV－3	0.542%	2.371%
61	《艺览天下》	CCTV－3	0.533%	2.323%
62	《世界听我说》	CCTV－4	0.525%	5.028%
63	《笑起来真好看》	湖南卫视	0.519%	2.129%
64	《国家宝藏Ⅲ》	CCTV－3	0.510%	2.101%
65	《运动吧少年》	湖南卫视	0.507%	2.854%
66	《天天向上》	湖南卫视	0.506%	2.828%

11. 动画片

2020 年，平均每天每个电视收视用户观看 14.4 分钟动画片，75 部动画片单集收视率超 0.5%。国产动画片占播出和收视主流，播出和收视比重均在 95% 以上，广电总局推荐动画片每集平均收视率比非推荐动画片高 9.5%，充分发挥了优秀国产电视动画片的示范带动作用。

《熊出没》系列动画片受观众喜爱，3 部作品进入动画片每集平均收视率前十，其中《熊出没之冬日乐翻天》收视率 0.742%，为动画片收视率第一；《哪吒传奇》每集平均收视率 0.677%，排名第七，到达率 0.984%，为观众规模最大动画片；《贝肯熊Ⅳ》每集平均忠实度 96.229%，为动画片中节目黏性最佳。此外，国产动画片《小太阳人》《熊猫三宝之萌宠卫士Ⅱ》《超级小熊布迷》《熊熊乐园》《宇宙护卫队》《熊熊乐园Ⅱ》均进入动画片收视率前十。

12. 公益广告

2020 年，17 个央视频道、中国教育电视台一套、34 个地方卫视频道累计播出 1 026 224 条公益广告，每个电视收视用户全年平均观看 757 条公益广告，平均每天观看 211 秒。"脱贫攻坚"主题公益广告播出 137 367 条，有 11 397 条收视率超过 0.5%，1 636 条超过 1%，32 条超过 2%，仅《精准扶贫　与爱同行》户均观看次数即达 87 次。"疫情防控""复工复产"主题公益广告播出 230 755 条，平均每个收视用户观看 177 条。在疫情防控最关键的 2 月播出 88 964 条，播出条数占比 74.85%，收视时长占比 75.32%。其中，《防疫有我　爱卫同行》《让人类的小家幸福团圆　让万物的大家和谐共生》《白衣天使　大爱人间　这就是中国医生》《坚决打赢疫情防控阻击战》《战疫情》为疫情防控主题公益广告收视时长前五，户均观看次数均在 6 次以上。

第四节　广播电视传播的制度管理

不管是什么样的广播电视体系，它的传播总会受到一些控制，如在频率分布、保护听众不受诽谤性或猥亵性材料之害的法律、保护材料所有者版权不受侵犯的法律以及保护政府不受煽动性广播电视之害的法律等方面。所有的制度必然在某种程度上对它们的媒介加以管制。

在管理活动中，行政方法、法律方法、经济方法等被称为管理手段，它们是任何业务性质的管理活动都必须运用的方法。广播电视在必受管制和控制的背景下，也必然要受这些方法的约束。

本节先简要回顾广播电视管理的某些历史沿革，在此基础上探讨我国广播电视传播的制度管理。

一、中、外广播电视传播的制度管理概述

世界各国广播电视可分为政府办、公营、私营广播电视机构，其经费来源有政府拨款、收取收音机和电视机执照费、广告收入、私人企业捐助几个方面。

从总体上看，世界各国对广播电视的管理严于对平面媒体的管理。南亚一些国家设有新闻广播部，主要管理广播电视。美国设有联邦通信委员会（FCC），加拿大设有广播电视通信委员会，韩国设有新闻部，英国则由内务部等部门对广播电视进行宏观管理。这些国家规定不能任意设立电台、电视台。另外，有些广播电视台系统管理集中。例如英国广播公司（BBC），其总部下设 8 个区，都冠以 BBC 之名，如 BBC 苏格兰等，由 BBC 总部统管所有区的人、财、物。

外国广播电视在政府控制的范围内引入竞争机制。在英国，20 世纪 50 年代以前，BBC 一直垄断着英国的广播电视业。50 年代以后，BBC 开始受到私营广播电视机构的挑战，公营电台、电视台优势被削弱，私营电台、电视台声量不断增长。日本从 20 世纪 50 年代开始就成立私营的商业电视台，现在 5 家商业电视系统与日本广播协会形成了相互竞争的局面。

从机构设置来看，外国广播电视网的组成受到如雇员的数目、市场的大小等因素影响，没有一种固定的模式，但大体上都设有销售部、节目部、新闻部、工程技术部等。如BBC 有专门的法律部门，有人负责版权，有人负责同艺术家、自由撰稿人签合同。

新加坡从 20 世纪 50 年代起实行全方位开放政策，在开放的同时加强对各种大众传播媒介的管理，使其严格而高效。其经验对我国广播电视管理有借鉴意义。这里对新加坡的管理措施略作介绍。

新加坡在政治上制定明确的标准，规定不得从事任何危及政权和政局稳定的宣传。在伦理道德上坚决抵制带有色情内容的音像制品，尤其坚决抵制西方色情文化与极端暴力。

在坚持这一标准的前提下，政府支持和鼓励各种大众传播媒介向公众传递国内外信息。

在体制方面，新加坡设立广播局，下设广播电视节目部统一管理广播电视，不专门设台。为了在重大问题的报道上保持舆论一致，政府经常组织打招呼、通气活动，以此降低人们从国外新闻媒介获取信息的可能，有效地抵制外国传播媒介的影响。新加坡也有私营电台和电视台。这种管理体制有利于贯彻政府宣传的精神，保证信息集中不致分散。

针对卫星电视对国家思想、文化的侵扰和渗透，新加坡政府由新加坡电视台有选择地收录转播其中一部分节目来满足人们的需要。除少数有特殊需要的金融机构经严格审批核准可以自行接收外，其他单位和个人一律不准接收。

新加坡制定严格的法律，依法管理。如《电影法》等，对该国电台、电视台发生一般性错误的，处以罚款；问题严重的，政府则以抽走股份为手段迫使公司董事会撤换有关人员，直到抽走全部股份使公司破产。

我国广播电视管理体制的改革经历了一个探索的阶段。

过去，我国的广播电视一直依靠政府拨款的形式，自身没有一套投入和产出的经营体制。改革开放后，广播电视作为第三产业进入市场，经费来源由过去主要靠国家拨款变为主要依靠自身经营创收。

1979年，中央电视台改金额预算为差额补助；1984年，中央电视台的财务体制又从差额补助改为预算大包干，由国家按电视台播出的总时间核定事业费定额，在完成承包定额的前提下超收部按比例提成。电视台开始依赖广告创收，广播电视节目的产业化难以避免。

1982年5月，广播电视部成立。1983年3月至4月第十一次全国广播电视工作会议召开，制定了影响广播电视事业发展的"四级办广播、四级办电视、四级混合覆盖"政策。

该政策动员社会力量，由中央、省、市、县四级办广播电视的做法打破了过去集中僵化的体制，使广播电视呈分散化、多样化发展。1982年，全国只有不足20座市级电视台，政策颁布后的1985年，市级电视台发展到172座，电视发射台和转播台从1980年的246座增加到12 159座。有些企业、大单位也开始创办有线电视网。由于发展太快，缺乏有效的法律监督和管理办法，产生了不少问题，如缺乏节目制作能力、经费不足、技术不良。1985年7月1日，城市电视台节目交流中心在广州正式成立，这标志着我国国内电视节目市场的出现。

1987年6月，上海电视台实行倡导内部竞争的一台、二台分台体制，并把商业经营的某些方法引入二台的电视管理。1992年，又在浦东开发区成立了全员招聘、自负盈亏的东方电视台，这种尝试对中国电视业所带来的影响，即体制问题所带来的冲击，引人注目。后来广东、湖南等省成立了体制与之类似的商业电视台，有线电视台也相继成立，电视业的竞争加剧，一个多层次、多样化的电视传播网络开始形成。

广播管理体制同样也走过了一条探索之路。四级办广播电视体制形成后，随着电视的出现，广播收听率大受影响。1986年12月14日成立的珠江经济广播电台自建台就走上了改革探索的道路。它以宣传改革为突破口，探索了一条新路，但随着广播改革的不断深入发展，广播管理体制不配套的问题逐渐暴露出来，从而影响了广播生产力的进一步发展。广播管理体制作为广播生产关系的具体形式，对发展生产力起着重要的能动作用。在新时期建立起适应广播规律要求的宣传管理体制，可以为广播生产力的发展提供空间。

长期以来，广播电台被混同于一般的行政事业单位，沿用行政管理模式去管理广播宣传，忽视了其作为新闻媒体的特点和要求。因此，在广播宣传内部的微观管理层次上，要打破传统的行政管理体制，按新的要求建立起广播的经营管理机制。

珠江经济广播电台打破行政管理模式，按广播要求设置宣传机构，将原来由新闻编辑部和文艺部办的新闻和文艺节目编播划为珠江经济电台编辑部统一管理，广播管理围绕宣传进行调整改革。广东人民广播电台也积极改革管理体制，从新闻业务改革入手，采取新闻节目采、编、播一条龙的方式，以台为单位成立编辑部，全权负责各台的经营工作。

1998 年 3 月，在全国九届人大一次会议上，新一届政府宣布机构改革，设立信息产业部，原广播电影电视部改称广播电影电视总局，成为其管理下的一个部门。这符合社会主义市场经济对广播电视事业最根本的要求，即在保持与强化党和政府的喉舌的功能前提下，把广播电视事业作为一项信息产业来办，明确了它的目的、功能。1998 年以后，各省也根据中央布置和本省具体情况进行了相应的机构改革。

广播电视的改革发展规律，一是与市场经济接轨。经济基础决定上层建筑。随着社会主义市场经济体制的建立，作为上层建筑的广播电视也要适应这一要求。在计划经济模式下，行政管理单一，其人员编制、调配、晋升、拨款、财务计划都实行机关规定的做法。这一做法随着生产要素的市场化已不太适应发展的要求，改革广播电视人、财、物的计划经济管理模式势在必行。如何实行内部人力资源及其他资源的合理配置是改革的难题，一个前提是适应社会主义市场经济的要求，发挥生产力的第一要素——人的作用。这在本章第一节已有详细阐述。

二是产业化趋势。在我国，广播电视采用"事业化单位、企业化管理"。所谓"企业化管理"，即借鉴企业方式进行经济核算和开展多种经营。随着社会主义市场经济体制的建立，媒介产业化程度不断加深。

自 2005 年以来，我国的广播电视管理方式经历了改组、改制、合并、拆解等多种改革尝试，成就与问题并存，本书不予置评，请读者各自观察、了解。

二、广播电视的行政管理、宣传管理

行政管理体系是指国家各部门对政务或事务进行管理的总和，或指国家各部门行政管理系统的结构。广播电视行政管理包括行政领导、机关管理、人事行政、财务行政、企业行政等，它们之间相互联系。《广播电视管理条例》第五条规定：国务院广播电视行政部门负责全国的广播电视管理工作。县级以上地方人民政府负责广播电视行政管理工作的部门或者机构负责本行政区域内的广播电视管理工作。

广播电视行政功能围绕信息传送、宣传进行，协调各部门之间的关系，执行立法监督，以保证整个广播电视事业健康稳定发展。行政管理围绕宣传目的，宣传管理本身也需运用科学管理的基本原理去组织、指导、监督各种宣传活动，如通过宣传管理降低宣传成本，把节目制作成本控制在节目摄制目标成本的范围之内，提高宣传活动的社会效益和经济效益，提高宣传活动的指导性和服务性。

三、广播电视的立法管理

法律方法是指通过制定和实施法律、法令制度进行管理的方法。法律方法也就是人们常说的"法治"。这里作为管理方法来讲的法律方法，不仅包括法律的制定和实施，广义的法律方法，还应当包括由国家的各级机构以及各个管理系统制定和实施的各种具有法律性质的规范。

广播电视立法，是为了使广播电视传播活动在法律的保护和制约下正常运转，是克服"人治"、实行"法治"的有力措施。法律的规范性使它宜于处理具有共性的一般问题，宜于用来调整管理组织中的一般关系，明确各子系统的权利、义务和相互关系，维护管理系统的基本秩序和稳定性；它可以使管理活动纳入规范化、制度化的轨道，使人们有法可依、有章可循，使管理系统自动有效运转，既保证管理的效率，又节约管理者的精力；它还能使管理者具有某种自动调节功能，不必经常进行大量的调整工作。只有把广播电视系统内的决策和管理纳入法制的轨道，方可有效地调节广播电视系统内的各种关系，排除来自不同方面的干扰，阻止敌对分子的破坏，保障广播电视事业按国家的需要和人民的要求，依照客观规律正常发展。广播电视立法是广播电视决策与管理实现科学化、民主化、法制化的重要前提。

我国广播电视立法工作处于起步阶段。政府对广播电视事业的规范和调节，虽然有法规和条例，但主要还是采用行政调节的方法。1990 年，广播电影电视部发布了《有线电视管理暂行办法》。1990 年 5 月，广播电影电视部、公安部、国家安全部联合发布了《卫星地面接收设施接收外国卫星传送电视节目管理办法》，规定经国务院批准的单位才有《卫星地面接收设施接收外国卫星传送的电视节目许可证》，方能接收规定范围内的电视节目。1992 年，广播电影电视部、财政部、国家工商行政管理局制定《广播电视赞助活动和赞助收入管理暂行规定》，加强对广播电视赞助活动和赞助收入的管理。1997 年 8 月 1日，国务院第 61 次常务会议通过了《广播电视管理条例》（以下简称《条例》），并于1997 年 9 月 1 日起施行。这标志着广播电视工作已初步走上依法管理的轨道。"《条例》的颁布施行，对于我们认真贯彻党中央的指示，进一步加强法制建设，建立良好的广播电视管理秩序，保证广播电视正确的舆论导向，推进精品战略的实施，促进广播电视的健康有序发展，有着重要的意义。"[①]《条例》全文见本书附录。

除了《条例》，中共中央宣传部、广播电影电视部、新闻出版署、中华全国新闻工作者协会于 1997 年 1 月通过《关于禁止有偿新闻的若干规定》，加强新闻队伍职业道德建设。

虽然制定了《条例》等，但是我国广播电视立法缺乏系统性，许多需要规范和调节的方面无章可循、无法可依；由于法规不系统、不配套，执法机关常常无法以此作为判定合法或非法的依据。因此，为了保证广播电视能够实现传播的目的，应健全法制。各省（市）也应结合《条例》制定符合本省（市）的有关条例，使广播电视走上法制化轨道。

---

① 引自孙家正：《在学习、贯彻〈广播电视管理条例〉座谈会上的讲话》，1997 年 8 月 22 日。

与内地不同，香港有关新闻传播的法制已形成一定的体系，并且基本适应其作为国际金融及通信中心的地位。香港政府对广播电视的管理依靠的是明确的法律规范，对内地有一定的借鉴意义。

香港沿用的法例中，直接与传媒有关的共有 31 条，作为管治传媒的主要法例有 7 项，如《电视条例》《淫亵及不雅物品管制条例》《广播事务管理局条例》等。1993 年，香港广播事务管理局制定广播业务守则时就列出一些间接相关的法例，如《领养条例》《商标条例》等。

香港对于电台及电视的监管强调五项原则，这五项原则是：

（1）广播机构必须是本地独立机构，即广播机构的控制权应在本地人士或与本地关系十分密切的人士手中，"不合适人士"不得成为电台或电视台的主要持牌人。

（2）广播机构不得破坏社会稳定，即不违反社会道德，不蔑视法律、现有社会体制或有缺陷人士，不扰乱社会秩序，不政治化。

（3）广播机构必须保护儿童及青少年，晚上 8 点 10 分之前，电台不能播放绝对不宜儿童收听的节目，儿童节目应有助儿童人格、品德及智力健全发展，电视方面，则应有更多的注意事项。

（4）广播机构提供正确指引，不作误导，保持公正，播放的新闻及言行必须符合节目标准，如新闻报道必须准确、公正及内容均衡，新闻剖析与评论应跟新闻报道分开，新闻节目不得接受赞助，广告资料不可作新闻播出等。

（5）广播机构必须维护公众健康，不得播放香烟广告，酒类广告有所限制，播放医药广告要遵守批准准则与表达手法。

1991 年卫星电视在香港出现时，港府在发牌照时定下三个限制：

（1）除经广告局批准外，卫视持牌人在 1993 年 10 月 30 日前不得播送任何广告语言之节目。该日之后，在香港电视上播出之广东话节目，仍须待香港广播事务管理局检核后建议给行政局，才能决定是否在卫视播出。重播已在香港电视上播过的广东话节目，则不再受限制。

（2）卫星电视的服务不能向香港居民收取订户费用。

（3）持牌人的广告收入不能以香港电视广告市场为主。

这些规定随着社会的发展变化已有所放宽。

香港回归后，香港广播电视事业新闻自由的原则精神不变，依法监管的传统做法不变，传媒监督的执法依据不变。

香港广播事务管理局常接受受众的投诉，对传媒实行监管，并按法律法规处理投诉所涉及传媒的违规行为。我们以该局 1998 年 5 月份公布的对一些节目的惩罚为例（见表 9 - 12），从这些惩罚中可以看出香港广播电视事业立法管理的严密性。

表 9 – 12　香港广播事务管理局对部分违规节目的惩罚

播映日期	节目名称	频道	违规之处	惩罚
1998 – 03 – 04	《城市追击》	无线电视翡翠台	大篇幅介绍淫媒及卖淫事业，不宜在接近合家欣赏时段播出	劝喻
1998 – 03 – 02	《今日睇真 D》	亚洲电视本港台	同上	劝喻
1998 – 02 – 20 1998 – 02 – 23	《哗！哗！哗！打到嚟》	商业一台	过分突出节目主持人参与演出的某部电影	强烈劝喻
1998 – 02 – 07	《魔术世界大观园》	亚洲电视本港台	播映一名魔术师以矛穿颈，不宜在合家欣赏时段播出	强烈劝喻
1998 – 02 – 05	《18 楼 C 座》	商业一台	使用不良用语	劝喻
1998 – 01 – 25	《一级奸爸爹》	亚洲电视本港台	节目里参赛者把一些豆子放进鼻孔，然后从鼻孔喷出来，动作十分危险，易被儿童模仿，不应在合家欣赏时段播映	严重警告
1998 – 01 – 22	《饮至嚟广告》	有线电视寰宇台	播出含性及暴力有关内容	劝喻
1998 – 01 – 12	《认真搞嘢夜》	有线电视娱乐台	不人道对待动物	强烈劝喻
1997 – 12 – 06	《缤纷好玩樟木头》	亚洲电视本港台	节目播出当日，开发商正在香港进行销售行为，有为开发商促销楼盘之嫌	严重警告
1997 – 11 – 18	《今日睇真 D》	亚洲电视本港台	主持人对一宗尚未审讯的刑事案所作的评语有预先判断之嫌	强烈劝喻

第五节　广播电视的广告管理

"不做总统，就做广告人。"美国前总统罗斯福的这句名言为越来越多的中国广告人引用。中国广播电视广告从 1979 年开始恢复以来，其发展日新月异。

一、广播电视广告管理

我们从政府、行业自律、消费者保护组织监督三个层次分析广播电视广告管理。

1. 用法律规范广播电视的广告

政府主要通过法律规范的形式来间接管理广告。

国家先后制定了一系列条例法令。1985 年制定了《广告管理条例》，1994 年具有最高法律效力的《中华人民共和国广告法》（以下简称《广告法》）由第八届全国人大常委会第十次会议通过，并于 1995 年 2 月 1 日起施行。《广告法》明确将新闻媒介列为广告发布者，明确了广告主、广告经营者、广告发布者是广告活动的主体，并规定了各自的权利、义务、责任，加大了对虚假广告等违法广告处罚的力度。相关内容请读者阅读《广告法》（2021 年修订内容）。

除《广告法》外，还有以下法律与广告有关。如《中华人民共和国烟草专卖法》（2015 年修订）第十八条规定，禁止在广播电台、电视台、报刊播放和刊登烟草制品广告。《中华人民共和国反不正当竞争法》（2019 年修正）第八条规定，经营者不得对其商品的性能、功能、质量、销售状况、用户评价、曾获荣誉等作虚假或者引人误解的商业宣传，欺骗、误导消费者。《中华人民共和国消费者权益保护法》（2013 年修正）第四十五条也对，广告经营者、发布者利用、发布虚假广告损害消费者正当权益应承担的相应责任作出了规定。《中华人民共和国药品管理法》（2019 年修正）第八十九、九十、九十一条也规定了药品广告管理的方法。其他的条例如《兽药管理条例》《化妆品卫生监督条例》等专门条例也对这类广告宣传有明确规定。

虽然有了不少法律，但虚假广告仍频繁出现，有些集中向与人民生活密切相关的食品、营养保健品领域发展；有些企业打广告大战，在广告费上不惜投入，在生产、质量等环节偷工减料，以获取暴利；有些变花样发布虚假广告；有些在广播电视台开设专题、专栏，找一些所谓权威来宣传保健品功效。

虚假广告严重阻碍了广告业的健康发展，降低了广播电视宣传媒介的可信度，也降低了广告的可信度，有的甚至严重损害了消费者的身心健康。

虚假广告的产生有其深刻根源。无论广告主、广告经营者、广告发布者还是消费者，都通过广告获取经济利益，满足自己的需要。广告主通过发布广告来实现商品的价值并希望获得最大利润；广告经营者和发布者以赢利为目的，靠收取广告费保证其生存；而消费者要通过广告得到信息，使自己在市场上获得的商品或劳务与支出的货币等价。这样就使得上述各方对广告的需求不仅具有同一性，而且具有矛盾性。特别需要指出的是，绝大多数广告主、广告经营者或广告发布者并不是他们发布广告的商品或服务的直接需要者，而消费者又不是其所需商品的广告主或广告经营者、广告发布者，这样就使四方利益在时间、空间上发生了分离，而且，市场越发展，这种分离的可能性越大，虚假广告由此而产生，也使广告表现形式越发呈现多样性和复杂性。

除此以外，广告经营部门的管理混乱，违法经营严重。广告审批机关和越权审批机关法制观念淡薄，监督管理力量薄弱，消费者缺乏应有的知识，有些还存在消费心理误区，诸多原因也使虚假广告频繁出现在广播电视媒体上。

政府针对此种现象应加强对虚假广告的管理，通过行政力量、法律力量，强化行政管理部门的作用，加大执法力度，动员全社会的力量综合治理。应根据《广告法》从宏观上对广告经营者的发展实行调节和控制，对不具备经营能力和有严重违法乱纪行为的广告经营单位予以取缔和整顿。一方面，工商行政管理部门应加大监督管理力度，解决文化、卫生等部门分头管理和审批广告的问题；另一方面，根据《中华人民共和国消费者权益保护法》第四十五条，消费者因经营者利用虚假广告提供商品或者服务，其合法权益受到损害的，可以向经营者要求赔偿。广告的经营者发布虚假广告的，消费者可以请求行政管理部门予以惩处。广告经营者不能提供真实名称、地址的，应当承担赔偿责任。

2. 行业自律

广告协会应加强对广告主、广告经营者、广告发布者的指导,广播电视部门也应自律。

广播电视部门应划清广告与新闻的界限,杜绝有偿新闻,严格遵守中央宣传部、广播电影电视部、新闻出版署、中华全国新闻工作者协会《关于禁止有偿新闻的若干规定》(以下简称《规定》)。《规定》第八条要求,新闻报道与广告必须严格区别,新闻报道不得收取任何费用,不得以新闻报道形式为企业或产品做广告。凡收取费用的专版、专刊、专页、专栏、节目等均属广告,必须有广告标识,与其他非广告信息相区别。第十条规定,新闻报道与经营活动必须严格分开。新闻单位应由专职人员从事广告等经营业务,不得向编采部门下达经营创收任务。记者、编辑不得从事广告和其他经营活动。

3. 消费者保护组织的监管

应充分发挥消费者保护组织的监督作用,对广告主、广告经营者、广播电视等广告播出部门进行监督,发现有虚假广告或者其他违反《广告法》等法律条例的广告要积极举报。还要充分发挥消费者协会的作用,将广告信息传播效果及时反馈给广播电视及行政管理部门,从而对广告主、经营者、发布者起到约束作用。

二、广播电视广告播出时间的管理

根据视听率的高低,对广告段位进行等级划分,确定黄金档。如中央电视台第一套节目的广告段位及价格见表9 – 13:

表9 – 13　2017 年 CCTV – 1 综合频道单时段广告刊例价格

时段名称	播出时间	有效期:2017 年 1 月 1 日—12 月 31 日　单位:元					
		5 秒	10 秒	15 秒	20 秒	25 秒	30 秒
《朝闻天下》后	8:32	27 000	39 000	49 000	66 000	77 000	88 000
第一精选剧场第一集贴片	9:23	24 000	36 000	45 000	61 200	72 000	81 000
第一精选剧场第二集贴片	10:12	29 300	44 000	55 000	74 800	88 000	99 000
第一精选剧场第三集贴片	11:03	33 100	49 600	62 000	84 300	99 200	111 600
《新闻30分》前	11:54	46 900	70 400	88 000	119 700	140 800	158 400
《今日说法》后	周一至周五、周日约13:06,周六约13:28	42 700	64 000	80 000	108 800	128 000	144 000
第一情感剧场第一集贴片	周一至周五约14:00,周六、日约14:22	33 100	49 600	62 000	84 300	99 200	111 600

（续上表）

时段名称	播出时间	有效期：2017 年 1 月 1 日—12 月 31 日　单位：元					
		5 秒	10 秒	15 秒	20 秒	25 秒	30 秒
第一情感剧场第二集贴片	周一至周五约 14：50，周六、日约 15：13	31 700	47 600	57 000	77 500	91 200	102 600
第一情感剧场第三集贴片	周一至周五约 15：40，周六约 16：05，周日约 15：06	30 400	45 600	57 000	77 500	91 200	102 600
下午精品节目（二）	周一至周五约 16：35—17：45，周六、日 16：00—17：45	27 200	40 800	51 000	69 400	81 600	91 800
下午精品节目（三）	周一至周五约 16：35—17：45，周六、日 16：00—17：45	27 200	40 800	51 000	69 400	81 600	91 800
下午精品节目（五）	17：48	28 600	4 290	43 600	72 900	85 800	96 500
18 点精品节目前	17：58	36 500	54 800	68 400	92 900	109 500	123 100

广播电视广告管理人员应熟悉电台、电视台节目质量的好坏、收视（听）率的高低、受众视听群的不同特征，并根据这些因素，综合考虑在一定的广告时间段安排播出合适的广告节目。如卫生类栏目可集中播出医药类广告，儿童节目可选择播出儿童食品等广告。

收视（听）率较高的电视连续剧、广播剧可以引来很多广告。但广播电视部门必须以社会效益为重，任何不健康节目即使收视（听）率再高、广告代理商可能投放再多也应禁止播映。

对于广告段位的定价，可以从三个影响因素考虑：一是播出时间；二是节目价值；三是社会的整体经济能力。此外，区域覆盖率、收视（听）率也在考虑范围之内，广告管理人员对广告段位的定价应慎重而合理。这就要求广播电视广告管理人员必须具备对节目的准确评估能力和丰富的广告市场经验。当然，在确定基本价位后也应根据实际情况如竞争对手的变化、客户源及收视（听）率变化而进行段位整体调价，指定顺序、栏目、位置的调价；另外还可以采取灵活的措施如搭配销售，即把非黄金段广告播出时间与黄金段广告播出时间搭配在一起。有的电视台推出广告套餐，对广告客户实行优惠，也是一种灵活的措施。

应加强对广播电视广告播出的管理。从以往广播电视播出量的审查来看，广播电视台每日节目播出量、自办节目量、节目成本等多种因素综合考核还没有明确规定。应根据广播电视的收视（听）率适当规定广告的播出量。现在有些电台、电视台因为缺乏竞争对手，不强调收视（听）率，用大段时间播出广告，把电台、电视台办成了导购台，损害了广播电视公众的利益。广播电视广告管理人员在审查广告播出时应严格限制电视广告播出的比例。此外，对某一类广告也应作出相应的规定。如有段时间某些电视台在黄金时间段大量播出酒类广告，有些台连着七八条都是白酒广告，观众纷纷抗议，后来出台了限制白酒广告投放量的规定。广播电视部门应加强这方面的管理，实现传播的综合效益。

三、公益广告管理

公益广告的出现给广告带来耳目一新的感觉。我国公益广告出现较晚。20世纪80年代末期，中央电视台推出公益广告专栏《广而告之》，初期的影响不大。近年来，公益广告有很大发展。据统计，80%以上的省市级电台、电视台已播放公益广告。公益广告内容涉及禁烟、禁毒、扶贫、助弱、环境保护、社会公德等很多方面，提倡新型人际关系，弘扬社会主义核心价值观和高尚道德情操，讴歌善良与真诚，鞭挞社会丑恶现象。如希望工程的公益广告制作精美，以情感人。

电视公益广告以声画结合形式出现，是公益广告中最具魅力的载体；广播电台也制作了符合广播特点的、具有创意的公益广告。这些公益广告因弘扬正气、倡导人类美好品质、制作精美，所以在受众中影响很大，收到很好的社会效益，也吸引了不少企业赞助，成为企业青睐的对象。

由于公益广告事业起步晚，自然存在一些问题，如缺乏创意、流于口号化、公式化、图解化、播出数量占全部广告数量比例极小等问题，在这种情况下，应加强对公益广告的管理，为公益广告的发展创造良好的环境。

首先，要遵守《广告法》，处理好商品广告和公益广告的关系，保证公益广告的纯洁性。有些商品广告为扩大宣传效果，往往利用公益广告之名突出自身商品形象，混淆公益广告与商品广告的界限。这就需要广告监督和管理部门筛查并剔除商品广告中一些与社会公益广告相矛盾的内容，以保证公益广告的整体效果。

其次，应加强规范，提供优惠政策，为公益广告的发展创造有利条件。公益广告要发展，广告管理部门应学习和借鉴国外的一些做法，如规定媒介公益广告的播出应达到一定的比例。除此以外，应出台公益广告的优惠政策，鼓励工商界人士积极参与。

本章小结

以文化创意为基础的广播电视事业管理是文化创意与管理科学等学科的结合。如何管理好具有一定产业特质的广播电视事业，是21世纪人们面临的新课题。

广播电视管理部门要做好对广播电视消费市场的调查和预测，做好对一般市场的调查和预测；在此基础上做出广播电视节目精品，并做好广播电视产品的生产和流通；还要做好各部门的协作。

广播电视事业的产品始终是一项特殊的创意产业，其管理活动以社会效益为先。因此，广播电视事业的管理必须在国家的统一控制下进行。国家通过法律法规和行政手段等对其进行控制，广播电视部门在此基础上也要搞好微观控制。

复习思考题

1. 广播电视从业人员应具备哪些素质？
2. 广播电视受众调查方法有哪些？
3. 研读《中国视听大数据 2020 年年度收视综合分析》。
4. 如何加强对广播电视的广告管理？
5. 从"延伸阅读"中认识西方新闻自由与言论自由的固有矛盾。

延伸阅读

西方新闻自由与言论自由的固有矛盾[①]

陈力丹

一个老故事

北京奥运会开幕前夕的 8 月 4 日，德国体育信息通讯社解除其记者迪特·黑尼希的职务，引发德国媒体的普遍关注。德国《时代周报》评论，黑尼希被撤职"显然是因为报道中的倾向性"。德国之声广播电台报道，他在几篇文章里反复报道中国解除了互联网封锁，对此报道编辑部内发生了激烈的争吵，德国体育信息通讯社收回了这些报道，最后迪特·黑尼希被撤职。报道援引该社老板克莱默的话称，他几十年来坚持自己的路线，与通讯社的宗旨无法协调。《法兰克福汇报》发表评论，对迪特·黑尼希的遭遇表示同情：总的来说，几十年来他一直是人们熟悉的记者，但太早承认中国所取得的发展和进步。很多公众在各大媒体网站上留言，表达自己对黑尼希事件的看法。署名 Jay2008 的网民称，应该得到这样的惩罚的是那些在西藏骚乱时扭曲事实和在西方散播错误信息的记者。署名 Sharepoint 的网民称，他被解雇，是因为他报道了中国的真实，因为他的信息不是人们在德国所期待的那种。署名 Dark-Sun 的网民称，可惜媒体的多元化在德国越来越多地流失，经常只存在一种群体观点，而每个记者都必须符而合之。

8 月 22 日，《柏林日报》披露，德国之声电台中文部副主任张丹红因"亲华言论"被停职。该台 26 日的解释是，她"没有维护德国之声所一贯坚持的维护自由民主和人权的价值观"。据新华社报道，张丹红气愤地表示，德国一贯宣扬"言论自由"，但从她的遭遇上怎么看得出德国有言论自由呢？

读了这些新闻，我想起马克思引证海涅的一句诗："这是一个老故事，但永远是新

---

① 本文来源于《新闻大学》2008 年第 3 期。

闻。"① 因为同类事情不知演出了多少场，只是地点、事由、时间不同而已。这里表现的是西方新闻自由与言论自由的固有矛盾。

西方国家新闻自由的主体是传媒老板

在我们的通常印象里，西方的传媒可以自由地报道和发表意见，那里的公民拥有不可侵犯的言论自由的权利。例如，美国总统签署《1996 年电信法》，当月就被一个团体告到联邦法院，说其中第五部分（CDA）关于对淫秽信息的制作和传播进行限制的 10 个条款（第 501－509 条）违反言论自由，几经反复，美国最高法院最终否决了这些条款，其理由是，此条款用词含糊，容易对言论自由构成威胁。判决书写道："虽然政府为保护儿童而使他们避免具有潜在危害的信息，但这些条款实际上禁止了成年人根据宪法赋予的权利即接受和向他人传播信息的言论的自由。"法院否定总统的判决，不能说完全没有道理，形式上说明美国很重视人民言论自由的权利。然而，这背后相当程度上反映了电视制造商的利益，因为一旦法案的这些条款生效，就会使他们增加生产成本和招徕观众的收视成本。

言论自由如此，那么新闻自由呢？西方国家传媒的体制基本是私营，因而传媒是商业的一部分，而且是一种对社会产生巨大精神影响的产业。新闻自由的主体是谁？根据商业运转的规则，新闻自由的主体只能是传媒的老板，在传媒工作的人，哪怕是总编辑、总经理，其工作性质都是为老板打工，贯彻老板的意志的。这样就产生了一种发生在资本主义社会的常见现象：员工与老板的斗争。这种斗争中，传媒的员工除了和一般工厂工人一样，为自身的物质利益而斗争外，还要争取自己的言论自由权。因为在这类精神生产的单位，总会发生记者、编辑的观点与老板相左的情形。如果老板禁止员工通过传媒发表自己的意见或自己认为有价值的新闻，记者、编辑当然会认为自己的言论自由权受到了侵犯。少数政府管理的传媒，像美国之音，历史上也多次发生电台的负责人因观点分歧而与新闻总署之间的矛盾冲突。

争取"内部新闻自由"

这种斗争从 20 世纪初开始明朗化，特别是在"二战"后，围绕这个问题展开的斗争一度很激烈。在德国，这种斗争被称为争取"内部新闻自由"（Inner Freedom of Press）②；在美国，被视为编辑权与经营权的关系问题；在法国，叫争取"报道权"；在日本，叫争取"编辑权"。

然而，观念上提出"内部新闻自由"或"编辑权"是一个问题，实际情况则是另一个问题，资本的利益，以及行政权力，远远强大于在传媒中工作的作为个体的记者或编辑（哪怕他是总编辑或总经理）。第二次伊拉克战争时期，一位在报道中多少表达了反战情绪

---

① 中共中央马克思恩格斯列宁斯大林著作编译局译：《马克思恩格斯全集》（第十二卷），北京：人民出版社 1965 年版，第 45 页。

② 陶涵主编：《新闻学传播学新名词词典》，北京：经济日报出版社 1997 年版，第 106 页。

的记者被他所属的美国广播公司（该公司又属于迪士尼集团公司）解聘，一度也引起传媒的关注。从商业规则来讲，老板有权决定聘任谁和解聘谁，但从言论自由来说，这位记者的解聘是对美国言论自由的反讽。而当时的公司一方，碍于美国的这种自由传统，不承认解聘的原因是观点分歧。这次发生在德国体育信息通讯社和德国之声的事情，如果说有什么不一样的话，那就是当事的传媒老板和政府电台一方，已经不需要掩饰什么，而是"理直气壮"地说出解除记者迪特·黑尼希的职务和将张丹红停职是由于观点不同。商业利益、行政权力侵犯人权，发展到了蛮横的地步。

其实，德国体育信息通讯社的老板克莱默比起世界传媒大王鲁伯特·默多克来，实在是小巫见大巫。默多克在澳大利亚起家时，他旗下的一家悉尼出版的报纸的记者，就与他有过多次关于报道权的斗争，起因均是记者报道的内容与老板的喜好存在矛盾，尽管这件事情引起了外界对默多克的批评，然而，传媒的所有权最终还是迫使那些"闹事"的记者们离开。现在默多克的新闻集团总部迁到了美国，他蛮横地行使传媒所有权，已经让美国新闻工作者斗争了100多年的编辑权与经营权分离的行业规则，受到挑战。默多克作为传媒资本的代表，他痛恨"平衡"和"客观"，要求更多的"坚定信念"，他从来不承认传媒主编的权利。多年前，他收购了《纽约邮报》。大功告成之时，志得意满的默多克走进编辑部，拿起即将出版的报纸大样，上来就大改标题，引起了追求风格一贯的报纸编辑们的抗议。本来，美国报纸的编辑权与经营权分离是传统，也是底线。默多克面对编辑们的喋喋之言，当场发火：我买了这张报纸，难道是让你们玩的，听我的还是听你们的？面对新老板的震怒，自视甚高的《纽约邮报》的"无冕之王"们只能就范。

去年，默多克掌握了世界第一大财经报纸《华尔街日报》，他承诺不会干预编辑独立，并承诺为编辑提供更多预算。美国新闻人认为，第二个承诺是可信的，但他们几乎一致认为，默多克毫无疑问会染指《华尔街日报》的内容，玷污编辑的独立性。一篇题为"资本比自由硬，默多克胜利了"的评论写道："美国新闻人不得不面对一个悲凉的现实：他们只是圣徒，不是主。主的名字叫资本。"①

就在默多克收购《华尔街日报》的时候，澳大利亚记者艾里克·埃利斯为该国《好周末》杂志撰写默多克现任妻子的报道《邓文迪·默多克：帝国背后的女人》。他走遍了邓文迪生活过的地方，花费了2.5万美元。稿子谈到她怎样从原来的邓文革变为今天的邓文迪。然而，报道完成后即被封杀，因为《好周末》杂志与默多克的新闻集团存在着股权方面的关系。经过辗转反复，这一长篇报道最终以中文发表。令人奇怪的是，报道在20多家网站上露面后，旋即迅速消失了。显然，默多克的资本力量有效地控制了该报道的发表和流向。

美国之音的多任台长因为观点的分歧与政府管理部门发生的冲突，尽管大多引发舆论的关注，但是最终均以被雇佣的下级被解聘或辞职了结。例如2001年"9·11"事件发生后，美国之音代理台长惠特·沃恩多少秉持客观、平衡的新闻工作原则，没有听从政府官员的阻拦，部分播出了对塔利班领导人奥马尔的采访录，同时播发美国政府官员的评论。该台低估了美国政府的反应。这家广播电台的老板是美国政府，国务院发言人鲍彻说：

---

① 中国新闻网，http：//luxury.qq.com/a/20070828/000026_1.htm，2007年8月28日。

"美国纳税人供养的美国之音不应该播放来自塔利班的声音。"9月28日，台长惠特·沃恩以及主管美国之音、"自由亚洲"电台、自由欧洲电台的国际广播理事会主席，均被撤销职务。与此同时，美国之音在欧洲一个发射台的200多万美元经费预算被取消。然而，新上任的台长罗伯特·赖利只做了10个月，又被撤职。他虽然立场坚定，但是没有能够有效阻止部下再次播出采访塔利班领导人奥马尔的片段，这成为他被撤职的原因之一。

西方社会信息垄断的趋势

从默多克到现在德国的克莱默，不断集中的西方传媒资本越来越表现出全面垄断社会信息传播的趋势。1990年代，美国著名批评家马丁·李和诺曼·苏罗蒙就写了一本书《不可靠的新闻来源》，对传媒资本侵犯言论自由提出尖锐的批评。书中写道："据说新闻记者始终不懈地在搜寻'人咬狗'的新闻。但是我们踏破铁鞋，怕也难在美国声誉卓著的大报上，找到一条新闻是由咬他老板的记者采访报道的。"[1] 1999年，美国马里兰州立大学教授彼得·菲利普斯做了一项课题，研究1998年的美国被禁止发表的新闻，他发动42名同学工作了六个月，完成了《美国禁发新闻》这本书。该书第五章搜集的便是被传媒老板禁止的手下记者写的新闻或评论。我们在这章里可以听到受到压制的美国记者的声音，因为他们的报道触犯了权势之徒。福克斯电视台（属于默多克的新闻集团）的记者史蒂夫·威尔森和简·阿克勒真实报道了危及美国牛奶供应的因素，他们因为触犯了广告商的利益而被解雇。阿普丽尔·奥利弗和杰克·史密斯因报道美国越战期间在老挝使用沙林毒气而遭到CNN的解雇，显然，这里美国政府在实行间接控制。他们的遭遇以及这些被掩盖的事实表明，腐败的媒体系统是怎样地害怕利润减少，五角大楼是如何操纵着客观、真实的新闻。[2]

1996年以后，国际传媒业的兼并和集中越发频繁。如今，更多的传媒属于大型集团公司或者私募投资财团的资产。当传媒在投资者和大财团那里仅作为一项资产的时候，股东价值微妙地凌驾于新闻价值之上。过去，新闻专业主义和商业利益冲突时，老板有时从长远的角度考虑问题，会尊重前者。现在不同了，相当数量的传媒属于更大的与传媒完全无关的大财团，左右着政治和舆论的正是这些大财团，而不是财团下面某家传媒的记者——不管你试图推翻一个总统，或者支持一场海外战争，其实最终是财团老板说了算。我国正在流行的一本书《货币战争》（宋鸿兵编著，中信出版社2007年版），用很多最近的触目惊心的事实说明了这一点。相比之下，德国体育信息通讯社老板的做法反而显得微不足道了。如果要从理论上理解这种西方传媒的现象，不妨读读美国学者费斯的著作《言论自由的反讽》（新星出版社2005年版），他称这种现象为"自由与自由的冲突"，即新闻自由与言论自由的冲突。

这种现象的本质，就如英国当代哲学家卡尔·波珀所说的："在沟通自由与不受限制的市场自由之间出现了一种结构性矛盾：主张个人选择自由的市场自由主义意识形态，更

---

① 马丁·李、诺曼·苏罗蒙著，杨月荪译：《不可靠的新闻来源》，台北：正中书局1995年版。

② 彼得·菲利普斯著，张晓译：《美国禁发新闻》，北京：光明日报出版社2000年版。

多地为投资者而不是为公民选择做辩护，为大型企业组织审查个人视听的选择权力进行辩护。"①

我国出版自由、新闻自由的主体是公民

我国宪法第三十五条规定，出版自由的主体是"公民"；《香港基本法》和《澳门基本法》（这两部法律是全国性法律，虽然具体适用于两个特别行政区）的第二十七条规定：香港或澳门（行文除了主语，完全相同）"居民享有言论、新闻、出版的自由，结社、集会、游行、示威的自由，组织和参加工会、罢工的权利和自由"。这里，新闻自由的主体是"居民"，上升到国家层面便是公民。而出版自由、新闻自由的英文翻译均为Freedom of the Press。

显然，西方国家的新闻自由的主体是传媒所有人的法律意义，不适于说明中国的法律规定。但是，我国有的学者把两者混淆了。例如一篇文章写道："新闻自由的主体是作为法人的主体，而不可能是个人，即使是私人报纸、私人电视台，也是以法人的身份出现，而不是完全意义上的纯个人，纯粹的个人无权采访他人，无权制作新闻，而是要经过申报、审批，具备一定的形式要件，取得法人资格，方能成为新闻自由的主体。"② 这段话前面一句是西方的观点，后面一句是中国的情况，如此把两者结合起来，说明作者对两方面都缺乏基本的了解。

西方新闻自由与言论自由主体矛盾的问题无法根本解决

正是由于西方国家的这种新闻自由与言论自由的固有矛盾，不少学者对此提出批评。关于这个问题，美国法学家欧文·M. 费斯（Owen M. Fiss）写的《言论自由的反讽》具有代表性。该书对新闻自由提出了一种新的认识。他写道："当发言者的利益与发言所讨论的那些人的利益发生冲突的时候，为什么应该将前者的利益置于后者的利益之上，或者谁必须听从这个言论。为什么言论自由权应扩展到许多机构和组织，例如 CBS、全国有色人种协会、美国公民自由联盟、波士顿第一国家银行、太平洋煤气和电力公司、CNN，以及海外战役退伍军人协会。这些机构与组织处于第一修正案的常规性保护之下，但事实上它们并不直接代表自我表达中的个人利益。"

他列举的组织中，包括大传媒 CBS、CNN。它们作为法人机构，发言的权力远比个人大得多。因而，费斯给出的改革方案是："国家可能必须给那些公共广场中声音弱小的人分配公共资源——分发扩音器——使他们的声音能够被听见。国家甚至不得不压制一些人的声音，为了能够听到另一些人的声音。"③

他提出的问题是：新闻自由造成的后果往往是强势的人有说话的权利，弱势的人说话

---

① 爱德华·赫尔曼、罗伯特·麦克切斯尼著，甄春亮等译：《全球媒体：全球资本主义的新传教士》，天津：天津人民出版社2001年版。
② 《中国社会科学院院报》2004年2月3日第3版。
③ 欧文·M. 费斯著，刘擎、殷莹译：《言论自由的反讽》，北京：新星出版社2005年版，第3—4页。

的权利形式上是有的，但是别人听不到。怎么办？作者提出，要让他们的声音被听到。这就要由行政权力出面来协调，要多少压制一下那些声音强大的法人发表意见的声音，给弱小的个人发言的机会，而且要给他们"分发扩音器"，这个"扩音器"是个比喻，使他们的声音能够让大家听到。

这个问题被提出当然很好，但是就西方国家的既定的新闻体制而言，这只能是一种理想化的观点。谁来监督国家对发表意见的公共资源的分配？国家的分配就公平吗？国家压制强势群体发表意见就合理吗？既然国家能够压制强势群体，那么它当然也更有能力来进一步压制弱势群体发表意见，如果这种情形发生，谁来监督国家行政权力？问题又回到了起点——我们如何公平地保证每个人都有发言的机会，记者不会由于观点的分歧而被传媒老板解聘？这个问题是西方新闻体制无法解决的固有矛盾的体现，也是我们分析各种发生在西方传媒的解聘记者、编辑事件的视角。同类事件以前发生过，现在正在发生，将来还会发生，这不足为奇。我们的分析需要理性，这不是一句"虚伪"之类的话就能说明实质的。

第十章

广播电视事业发展的生产力
——科学技术基础

本章要求

☐ 　了解广播电视事业发展与科学技术的密切关系

☐ 　了解科学技术在广播电视事业发展过程中的应用

☐ 　了解"全国一网"的深远意义

从远古的"钻木取火"到当代的"卫星升空",都是人类生产力的神奇展现与延伸。广播电视"无远弗届"的传播魅力,正是人类生产力不断完善发展的重要内容。

生产力包括三要素:劳动资料、劳动对象和劳动者。广播电视设备和传播环境,是我们的"劳动资料";广大受众是广播电视传播的"劳动对象";记者、编辑及其管理、保障机构则是"劳动者"。

一般而言,通常把劳动者称作生产力"人"的要素,把劳动资料和劳动对象统称为生产力"物"的要素。劳动者是生产力中起主导作用的要素,是物质要素的创造者和使用者,物质要素只有被人掌握,只有和劳动者结合起来,才形成现实的生产力。劳动资料,是人们在劳动过程中所必需的一切物质资料和物质条件,它在生产力"物"的要素中占最重要的地位,它是人类支配和控制自然的强大手段,它的状况表明人类征服自然的水平。劳动对象,则是人类劳动加于其上的物质条件。它是生产力"物"的要素中不可缺少的一项内容。没有劳动对象,生产就不能进行,也就不能形成现实的生产力。

特殊而言,广播电视事业的"生产力",除却"劳动者"是纯"人"的要素,作为物质条件的"劳动资料"和"劳动对象"除了"物资"元素,还有"人"的元素,即传播环境的"人"和传播受众(人)。广播电视事业的生产力三要素都包含"人"的要素,只有三者完美结合,才形成现实的生产力,这是广播电视事业生产力的重要特征。

第一节　广播电视事业发展的基础生产力
——科学技术认知

广播电视事业发展的基础生产力——工具(科学技术与设备),诸如,远古的"钻木取火"作为最原始的(热力)生产力,促成人类生存与延续;无线电波及其发送与接收工具的发明应用,作为近代数百年间的信息承载与传播工具,带来了人类世界的强盛与繁荣。从电报到电话、从广播到电视、从通信卫星到 GPS,无一不是无线电这一生产力的技术与工具给世界人类带来的优质生存环境,以及继续开拓世界的动力。

一、广播电视新技术的应用,显现了当代生产力的强劲发展趋势

广播电视作为一种较早出现且对当代社会影响极深的大众传播媒体,具有宣传、教育、娱乐和服务等多种功能,其大大促进了世界上不同地区人们的相互了解,给人们的生活方式带来了巨大的变化,推动了人类社会的发展。

近年来,随着信息技术的不断发展,数字、网络等先进的信息技术及其产品,成为当代传播领域的主体生产力。为应对传统广播电视行业受到的冲击,近十年间,广播电视技术不断更新换代,从节目的录制、编辑到后续的传输、发射及播出等方方面面都紧跟新技术发展的步履。

当今，随着科技水平的不断发展，各种新兴媒体如雨后春笋般出现，致使人们对传统广播电视媒体的关注度逐渐下降，在这种新媒体新技术的潮流驱使下，广播电视新技术也应运而生。广播电视技术的进步始终是在信息、材料、航天、通信等多领域技术进步的驱动下发展的。

某种程度上说，广播电视播出质量的高低，取决于传输技术水平的高低，对于集信息、计算机、通信和电子等技术于一体的广播电视技术而言，传输技术直接影响着广播电视播出的声音和图像质量。近年来，随着信息技术的不断发展，广播电视业迎来了一个新的发展契机，从传统的有线和无线技术逐步向数字技术转变，一大批新的广播电视传输技术逐渐成熟并被广泛应用：光电材料和半导体技术的进步产生的 CCD 摄像器件；高密度磁记录材料的进步和数字压缩技术的发展，出现了磁盘录像机和非线性编辑系统。卫星通信技术的发展使得卫星广播代替地面微波；电视系统从黑白、彩色到全数字高清电视（HDTV）的发展更是在多学科技术发展下综合应用的结果。这些技术的应用彻底改变了广播电视系统的运作方式，创造出更多的新业务来满足传输和受众需求，显现出旺盛的生产力。因此，准确地把握广播电视传输新技术的范畴并对其应用现状进行分析，对于广播电视业的进一步发展有着重要的现实意义，对社会进步、经济发展和人民生活的改善有着巨大的推动作用。

二、传统广播电视技术及其现状

1. 新媒体和电视媒体发展的现状

随着现代科学技术的不断发展进步，媒体行业也出现了多元化的传播方式，其中新媒体就是其中一种速度较快的传播方式，是互联网大环境背景下的产物，它迅速地吸引了人们的眼球，成为现阶段的大众主流媒体，给人们的生活提供了便利，得到了相当广泛的应用。

新媒体在发展过程中，积累了丰富多样的渠道，发展前景相当可观。在此种情况下，对其他传播媒体造成了相对较大的影响和冲击，因此需要对两者进行有效的融合，实现两者的共同发展，不断地推动媒体行业的进步和发展。

电视媒体属于传统媒体，在新媒体行业的冲击下，已经逐渐跟不上时代的步伐。因此在此种情况下，需要把新媒体和电视媒体进行充分的结合，将电视媒体推向新的高度。

2. 广播电视技术特点

尽管现在新兴媒体行业发展得如火如荼，但广播电视技术仍属受众最广且最具时代化特征的技术手段，更是拥有其他传播方式所不具备的特点。

（1）广播电视是一种借助声音和图像传播信息的媒介，这使得它拥有比传统的纸质媒介和传统广播更加丰富的内容，且形象更加生动逼真，因而更能引起大众的兴趣，使大众可以广泛接受。它打破了大众年龄和文化程度之间的限制，使大众更易接受。

（2）广播电视传播具有及时性。因为广播电视是基于卫星来同步播出的，所以信息播出的时刻即观众收到信息的时刻，且现场直播还能将实时发生的事件传播到世界各地。因而它总能以较快的速度把信息传播到每家每户，这种速度是纸质媒介所无法企及的。

（3）广播电视传播具有广泛性。当今时代，电视基本全覆盖，大部分家庭都会配备电视，因此，其传播内容不仅可以深入各个地区的家庭之中，还可供每个人根据自己的兴趣爱好来选择收看。这种可供大众选择的传播形式非常方便，与传统媒体存在一定的差别。

（4）广播电视技术还具有较强的综合性，广播电视技术不但需要采用电子通信技术，更涉及光学、声学、计算机科学等多学科的知识。因此想要掌握广播电视技术，就需要对多个学科进行了解学习。

三、广播电视传输新技术范畴

1. 广播电视传输新技术是一个发展性的综合概念

从广义的角度来看，广播电视传输新技术指广播电视技术的进步；从狭义的角度来看，广播电视传输新技术指新产品在实践中的具体应用。具体而言，对广播电视传输新技术范畴的把握，需要从广播传输新技术和电视传输新技术两个方面着手：

（1）广播传输新技术主要包含两个板块的内容。一个是数字音频广播，这是广播模拟技术发展的成果，其最大特点是改变了传统广播以连续波形传输模拟信号的方式，通过将信号转变为能够压缩的比特来提高广播的传输效率。数字音频广播借助压缩技术和数字技术，其发展是建立在通信卫星的发展和普及基础之上的，可以说是广播传播的一次质的飞跃。另一个是电台数据广播，即利用无线信号来完成信息的传输。电台数据广播的发展是随着智能手机的普及而出现的，其技术基础是调制解调技术，与传统广播传输技术和数字音频广播传输技术相比，电台数据广播的优势主要体现在能够根据用户的个性化需求进行针对性的设计，例如，当前手机 App 广播等不仅涵盖了传统的广播内容，更包括了新闻、娱乐、交通、信息的实时报道等内容，满足了人们日常生活的个性化需求。

（2）电视传输新技术包括卫星电视、高清电视和有线电视等内容。其中，卫星电视和有线电视是电视传输新技术发展最为成熟的两种技术类型。卫星电视传输新技术的成熟和普及是建立在卫星技术的迅速发展基础之上的，随着经济全球化进程的加快，各个国家的电视节目基本可实现全球化播放。有线电视传输新技术的发展则是建立在光缆技术迅速发展的基础之上的，当前有线电视传输新技术主要指光缆传输。在光缆技术的基础上，有线电视的节目质量不仅得到了很大的提高，而且能够与网络进行连接，从而突破了电视传输的局限性，拓展了电视传输的范畴。

2. 电视传输新技术中的卫星电视尤为凸显其强劲的"生产力"

2021 年 2 月 4 日《人民日报·海外版》报道：中国互联网络信息中心发布的第 47 次《中国互联网络发展状况统计报告》显示，截至 2020 年 12 月，中国网民规模达 9.89 亿，较 2020 年 3 月增长 8 540 万，互联网普及率达 70.4%。在网络覆盖方面，贫困地区通信"最后一公里"被打通，截至 2020 年 11 月，贫困村通光纤比例达 98%。电子商务进农村实现对 832 个贫困县全覆盖，支持贫困地区发展"互联网＋"新业态、新模式，增强贫困地区的造血功能。在网络扶智方面，学校联网加快、在线教育加速推广，全国中小学（含教学点）互联网接入率达 99.7%，持续激发群众自我发展的内在生产力。

这一切，生动诠释了广播电视这一生产力，正推动着国家在康庄大道上奋勇前进。

第二节　广播电视事业发展的基础生产力
——科学技术应用

2017 年是多元传播新技术融合应用元年，媒体融合行至 2017 年业已成为当代传播技术的制高点，它是传统媒体脱胎创新的重要试验场。媒体融合竞争的生产力，首先是技术平台的应用竞争。

本书在此对概念、内涵模糊的"新媒体"不做阐释，直奔传统媒体赖以涅槃重生的互联网、大数据、智慧广电、交互式网络电视（IPTV）、人工智能（AI）、虚拟现实（VR）、5G 移动通信技术等新技术、新概念的融合应用。

了解、熟悉、掌握并熟练应用当代渐次投入的传播新技术，是诸位在岗的媒体人（老人、新人、领导人）无可回避的"媒体技术大革命"。

一、互联网

互联网，又称国际网络，或音译为因特网、英特网，始于 1969 年美国的阿帕网。它是网络与网络之间所串联成的庞大网络，这些网络以一组通用的协议相连，形成逻辑上的单一巨大国际网络。在这个网络中有交换机与路由器等网络设备、各种不同的连接链路、种类繁多的服务器和数不尽的计算机、终端。使用互联网可以将信息瞬间发送到千里之外的人手中，它是信息社会的基础。

互联网并不等同于万维网，万维网只是建基于超文本相互链接而成的全球性系统，是互联网所能提供的服务之一。

2009 年 8 月 19 日，广电总局向各省、自治区、直辖市广播影视局，新疆生产建设兵团广播电视局，总局机关各司局、直属各单位发出《广电总局关于加强以电视机为接收终端的互联网视听节目服务管理有关问题的通知》。为规范相关业务管理，纠正、查处一些企业为谋取不当经济利益，未经行业主管部门批准和取得著作权人授权，擅自将互联网上的影视剧等各类视听节目随意传送到电视机终端供用户收看，严重侵犯著作权人的合法权益，扰乱互联网视听节目传播秩序的行为。

互联网分一级和二级两个层次承载运行信息。在一级层次，互联网应用模式可划分为网络信息获取应用模式、电子商务应用模式、网络交流互动应用模式、网络娱乐应用模式和电子政务应用模式。广播电视节目要进入互联网需经国家相关管理机构注册准入。

二、大数据

研究机构 Gartner 对"大数据"给出了这样的定义："大数据"是需要新处理模式才能具有更强的决策力、洞察发现力和流程优化能力的海量、高增长率和多样化的信息资产。

大数据分析平台是一个用来处理大量非结构化和半结构化等类型数据的数据分析平台，用户可轻松构建企业级大数据分析平台、驾驭大数据、领先一步洞悉发展机会。它是能够对海量数据进行分布式处理的软件框架，为处理多样化数据提供了一个超越传统存储和数据处理的解决方案，已经成为构建企业大数据架构的主流选择。它包含了开放社区的主要软件及其生态圈中的主流组件，并对这些组件在高可用性、安全性、易管理性等方面进行了大量优化，让企业可以更快、更准、更稳地从各类繁杂无序的海量数据中洞察概率。

有人把数据比喻为蕴藏能量的煤矿。煤炭按照性质有焦煤、无烟煤、肥煤、贫煤等分类，而露天煤矿、深山煤矿的挖掘成本又不一样。与此类似，大数据并不在"大"，而在于"有用"，价值含量、挖掘成本比数量更为重要。对于很多行业而言，如何利用这些大规模数据是赢得竞争的关键。

因为大数据的参与，广播电台、电视的收听、收视率数据可以实时、准确地获得，有效地推动我国广播电视媒介的竞争与发展。

值得一提的是璞泽信息技术（北京）有限公司，简称"泽传媒"。该新媒体端数据监测与研究专业公司自 2013 年开始，被中国广播电影电视报刊协会指定为唯一的大数据监测机构，2015 年联合人民网权威发布新媒体传播指数，提供"全媒体评估体系"设计与技术支持。

表 10 - 1 是泽传媒能够承担的广播电台和电视台频道、新闻中心、栏目、城市台的微博、微信数据以及栏目网络视频数据服务项目，数据提供的时间与周期，可以根据客户需要作出"每日提供"与"每周提供"的安排。

表 10 - 1　泽传媒承担广电媒体大数据服务项目

序号	服务项目	执行时间与周期安排	服务提交形式
1	频道微博、微信数据	每日提供	客户授权
2	频道微博、微信数据	每周提供	客户授权
3	新闻中心微博、微信数据	每日提供	客户授权
4	新闻中心微博、微信数据	每周提供	客户授权
5	栏目微博、微信数据	每日提供	客户授权
6	栏目微博、微信数据	每周提供	客户授权
7	城市台微博、微信数据	每日提供	客户授权
8	城市台微博、微信数据	每日提供	客户授权
9	栏目网络视频数据	每日提供	客户授权
10	栏目网络视频数据	每周提供	客户授权

泽传媒自 2015 年 2 月与人民网联合发布国内首份基于大数据统计的"全网收视""社交媒体影响力"榜单以来，不断优化算法，科学改进，陆续发布了省级卫视、新闻中心、

地面频道、城市台等传统媒体的新媒体指数排行，在此后的 2016 年至 2021 年春晚、两会期间连续发布"省级卫视春晚全网收视榜"和"两会全网传播'省卫视新闻'融合力榜"等独具影响力的榜单，形成了电视节目融合传播的评价体系。

泽传媒目前已有的产品包括："中国全媒体卫视收视率排行榜""卫视综艺百强全媒体收视率排行榜""中国全媒体卫视春晚收视率排行榜""两会全国卫视全媒体传播指数排行榜""'马航失联'全国省级卫视全媒体传播指数排行榜""2021 全国卫视马年春晚全媒体收视大数据分析报告""2021 两会全媒体传播大数据分析报告"。

2014 年 5 月，广电行业大数据研究咨询机构泽传媒推出的"泽传媒全媒体收视大数据管理系统"通过中国版权保护中心审核，获得著作权证书。该系统主要用于传媒行业的全媒体传播效果监测预评估。系统针对数据挖掘算法、数据可视化分析、大数据预测性分析、语义引擎、数据质量和管理五个步骤进行充分的分析与挖掘，通过分布式云计算硬件平台，计算出各类型电视收视率数据，为传统电视媒体、报刊媒体、视频网站等提供科学、完整的第三方数据。

三、智慧广电

智慧广电，难以用精练的概念描述。从微观的行业范围讲，智慧广电是当代诸多硬件、软件在音频、视频传播中的综合应用。近年来，随着我国广电传统媒体和网络媒体的不断深入融合，"智慧广电""智享未来"成为音频、视频行业全面战略转型的风向标。在未来，广播电视行业希望通过智慧新视听，为用户提供超高清、多屏互动、虚拟现实（VR）、增强现实（AR）、全景视频、沉浸式音频等全新的视听体验，进而全面提升广播电视用户的视听体验。

2017 年 3 月 23 日，第二十五届中国国际广播电视信息网络展览会（CCBN 2017）在北京举行。创维数字以"回家，一起玩"为主题温馨亮相，从融合平台、运营系统、双向网改解决方案、融合智能终端再到 O2O 管家服务，带来一场见证智慧广电的一站式科技盛宴，成为本届 CCBN 不折不扣的主角。

随着"智慧广电＋"的推进，广播电视行业的传播技术正在经历着全媒体聚合、泛在化网络、智能化传播的全面转型。"媒体融合""广电云平台""宽带广电""智能网关""TVOS 2.0""大数据""4K 极清"等科技成果将给人们的生活带来巨大的改变。

从宏观的社会范围来看，智慧广电又是智慧城市不可或缺的重要内容。2016 年公布的"十三五"规划纲要提出，要以基础设施智能化、公共服务便利化、社会治理精细化为重点，充分运用现代信息技术和大数据，建设一批新型示范性智慧城市，全国将推出 100 个"新型智慧城市"试点。

伴随国家不断推进新型智慧城市建设，智慧城市在国内各地迎来发展热潮，北京又一次站在了时代前沿。在机遇面前，北京歌华有线电视网络股份有限公司（以下简称"歌华有线"）也在积极布局智慧城市建设。说到智慧城市建设，歌华有线有着得天独厚的优势。歌华有线总经理卢东涛表示，在北京，几乎家家户户都安装了歌华有线，它拥有一张庞大的网络，除了让老百姓看电视、听广播，还可以发挥更多作用，而在智慧城市、北京市信息化建设等方面发力，创新面向"政府、行业、企业、家庭、个人"的三网融合新业态，就是歌华有线重要的战略发展方向。早在2011年，歌华有线就提出由传统媒介向新媒体、由单一有线广播电视传输向全业务综合服务提供商转型的目标。

家庭宽带、城市Wi-Fi、智慧城市、智慧社区、智慧医疗、智慧家居、云平台、大数据……蓝图愈加清晰，歌华有线正在抢占每一块"智慧高地"，快速、敏锐、雄心勃勃。经过2011年至2020年的发展，纷纷落地的项目为歌华有线带来了不断增长的用户量。公开资料显示，截至2020年底，歌华有线的电视注册用户达606.24万户，相当于覆盖约2 000万人口；而高清交互数字电视用户达563万户，用户规模居行业前列。

胡正荣认为，从媒体发展进程的角度来说，智能化应该是比较高级的阶段，融合了的高级阶段叫智能媒体阶段，这个阶段就是把用户价值（市场价值）跟内容价值高度匹配，充分实现社会价值、经济价值。简而言之，就是使用户需求跟广播电视传统优势——音视频的供给能做到高度智能匹配。要真正走向智能化有三个关键：智能化的媒体应用、智能化的媒体场景、智能化的生态。广播电视不可能把所有的工作都做了，它需要与之相配套的服务业以及技术服务系统。未来的广播电视应该是智慧广电，但是未来的广播电视还应该是富有情感的广播电视。那时，广播电视才是真正高质量的广播电视。

科技领先搭台，节目紧随唱戏。如何在智慧广电这个竞争大舞台上奉献出既充满时代精神，又能满足万千个性需求的节目内容，是当今广播电视节目制作人责无旁贷的时代担当。

智慧广电的终极期待是：打造全新的广电领域智能视听世界，并为智能广电和智慧城市的智能化发展注入勃勃生机。

四、交互式网络电视（IPTV）

交互式网络电视，是一种利用宽带有线电视网，集互联网、多媒体、通信等多种技术于一体，向家庭用户提供包括数字电视在内的多种交互式服务的崭新技术。

当代互联网电视全面支持三大无线技术，通过手机、平板电脑、PC等多设备与电视进行联动，可将图片、文档、PPT、视频等内容实时展现到电视上，亦可通过屏幕镜像将移动端、PC端显示内容实时投影到电视中。互联网电视已经完成了消费者教育阶段，此后的竞争将回归商业本质，硬件、内容两方面体验全面升级的互联网电视必将成为行业的主流，全国不少IPTV经营商已经实现从IPTV到TV IP、从IPTV探路先锋到TV IP运营的战略转型，最终目标是融入智慧广电范畴。

五、人工智能（AI）

AI（Artifical Intelligence）即人工智能，人工智能的定义可以从"人工"和"智能"两部分去理解。"人工"比较好理解，争议性也不大。有时我们会考虑什么是人力所能制造的，或者人自身的智能程度有没有高到可以创造人工智能的地步等。总的来说，"人工系统"就是通常意义下的人工系统。

关于什么是"智能",这涉及诸如意识(consciousness)、自我(self)、思维(mind)〔包括无意识的思维(unconscious mind)〕等问题。人唯一了解的智能是人本身的智能,这是普遍认同的观点。但是我们对自身智能的理解非常有限,对构成人的智能的必要元素也了解有限,很难定义什么是"人工"制造的"智能"。人工智能的研究往往涉及对人的智能本身的研究。

1. 智慧屏引领电视行业进入3.0时代

在互联网的推动下,我国电视行业从传统电视1.0时代过渡到互联网电视2.0时代,自2019年起,智慧屏开始引领电视行业进入3.0时代,智慧屏产品将电视从简单的试听娱乐工具变成物联网(Internet of Things,简称IoT)生态中不可缺少的一部分。表10-2为广播电视行业进入3.0时代前后人类所经历的视听环境状况比对内容。

表10-2　广播电视1.0—3.0时代前后人类视听环境状况对比

1.0时代	2.0时代	3.0时代
传统广播与电视	互联网广播与电视	智慧屏(广播电视合流)
音频、视频 单向分路传播	互联网视听播放 多媒体+互联网	极致影音体现 自然人机交互 智慧跨屏互联 智能家居控制 视频通话/健身/网课

2. 智能电视规模逐步赶上传统电视

根据奥维互娱公布的数据显示,截至2019年底,中国智能电视保有量达2.7亿台,同比增长12.5%,覆盖2.1亿户家庭,用户规模达6.3亿人,与此同时,我国传统电视保有量为3.2亿台,同比下降8.5%,智能电视规模与传统电视差距进一步缩小,智能电视赶超传统电视已经成为大势所趋。

六、虚拟现实(VR)

虚拟现实(Virtual Reality,以下简称VR),是由美国VPL公司创建人拉尼尔(Jaron Lanier)在20世纪80年代初提出的。其具体内涵是:综合利用计算机图形系统和各种现实及控制等接口设备,在计算机上生成的、可交互的三维环境中提供沉浸感觉的技术。其中,计算机生成的、可交互的三维环境称为虚拟环境(Virtual Environment,以下简称VE)。VR技术实现的载体是虚拟现实仿真平台,即Virtual Reality Platform,以下简称VRP。

VR技术如何投入到广播电视节目的实际应用中?通过头盔、数据手套等VR设备,用户可以借助视觉、听觉及触觉等多种传感通道与三维虚拟世界进行逼真的实时交互,直接参与并探索仿真对象在所处环境中的作用与变化,完全浸入到虚拟场景中。对新闻媒体来说,使用VR技术,就可以让用户从自己的视角出发,像直接走入新闻现场一样,真实体验世界上正在发生的大事。

2016 年全国两会前，拉祜族全国人大代表李松泉用 VR 技术拍摄了一条记录云南省澜沧县大帮考寨贫困面貌的全景视频。这条视频反映的澜沧县贫困状况令人大代表们感到震撼。

从技术层面来说，VR 的技术壁垒高，资金投入比普通的新闻花费更多（VR 视频的制作昂贵，有的需要花费数百万元），研发周期也更长。

此外，在目前技术开发还不完善的情况下，整个 VR 行业在输出设备端的分辨率、显示频率、跟踪精度等方面的技术指标还不够高，用户长期观看 VR 视频仍然存在眩晕感明显、交互感不足等问题。

七、5G 移动通信技术

5G 是第五代移动通信技术（5th Generation Mobile Networks 或 5th Generation Wireless Systems）的简称。

1. 5G 技术发明源起于中国华为

5G 是以华为为核心代表、由中国主导推动的极化码（Polar Code）被国际移动通信标准化组织 3GPP 采纳为 5G eMBB（增强移动宽带）场景的相关技术方案，是中国在 5G 技术研究和标准化上的重要进展。

5G 是 4G 的延续，2G、3G、4G 等前四代移动通信技术的研发与应用都起源于欧美。华为在 2016 年 11 月 17 日举行的一场 3GPP RAN187 次会议的 5G 短码讨论方案中，凭借 59 家代表的支持，以极化码战胜了高通主推的 LDPC 及法国的 Turbo 2.0 方案，拿下 5G 时代的技术主导权。

2. 5G 什么样

移动通信技术的发展对全人类的进步起到了重要推进作用。5G 网络面向未来通信网络发展需求，随着"万物移动互联"逐渐变成现实，到 2020 年流量已经增长了 1 000 倍，5G 作为从连接人发展到连接物的万物互联的关键技术，成为新一代移动通信的万物互联超级系统。

3. 5G 已经来到我们身边

（1）标准化的 5G 网络 2020 年已经实现商业应用。

2019 年 6 月，我国 5G 商用牌照正式发放。5G 首先落地的"杀手级"应用可能就是直播。全民直播带来新的内容场景、更加符合场景需求的内容类型，以及更加普及的内容创作者。直播的创作规律和传播规律一定不同于静态视频，现在其内容商业化与内容电商结合已经爆发出活力，新的商业模式已成雏形。

物联网也在 2019 年出现了各种消费级产品，如智能音箱、智能车机系统等，物联网将开辟新的内容载体和更加多元的内容消费场景，各种硬件的普及将会加大内容的短缺，尤其是契合硬件特征的内容，这会放大内容的需求。

（2）2019 年 10 月 31 日，中国三大运营商公布 5G 商用套餐，并于 11 月 1 日正式上线 5G 商用套餐。

据工业和信息化部统计显示，我国5G基站以每周1万多个的数量在增长。2020年年底，我国已建设5G基站超过60万个，覆盖全国地级以上城市。2021年3月5G基站已经开始向县乡镇一级用户覆盖。

在意识到5G影响着未来的创新和应用后，华为、中兴通讯、爱立信、高通等全球领先企业和电信运营商都在研究5G并进行商业应用测试。目前，欧盟、中国、美国、日本、韩国等区域和国家都在推动5G的发展。

在世界范围内实现5G标准化，才能够支持未来的5G无线网。5G的全球统一标准将是降低连接成本和实现快速商业应用的关键。

3G时代因为有三个标准，规模商业应用花了整整10年的时间；到了4G时代，只有两个标准，商业应用时间缩短了一半。5G商业应用的实现则时间更短。

（3）4G改变生活，5G改变社会。

5G+4K、5G+VR/AR、5G+IoT带来的更有意义的趋势在于内容＋产业的出现，比如在中华人民共和国成立70周年庆典、春晚、两会等多项重大宣传报道活动中，媒体充分运用5G网络传输特点进行了5G+4K/8K、5G+VR直播，提升了电视及新媒体观众的视觉体验，这是广播电视专业化制作和播出的优势领域，带来难得的发展机遇。

在"内容＋"生态中，内容并不是直接作为消费产品存在，而是回归到以往的作为生产要素，并且叠加新的内容想象力和连接力的价值，为产业赋能。这将为内容从更大规模的产业经济活动和社会经济活动中获得一定的价值回报带来更加广阔的空间。

2020年、2021年全国两会期间，新华社、人民网都使用了5G全息异地同屏系列访谈，使用5G网络传输和全息成像技术，让主持人和全国人大代表即使远隔千里也能实时"面对面"交流，开创了5G时代远程同屏访谈的先河。

5G+全息采访通过动态真人三维重建，以及4K、8K超高清制播技术和边缘计算渲染分发能力，让用户感觉仿佛远方的人物就在眼前，互动双方立刻置身于同一空间，任意变换距离、视角，清楚看见对方的手势和肢体语言。4G时代下载一部2GB大小的高清电影需要5.3分钟，5G时代可缩减至6.4秒甚至更快。

当前全球多个国家已竞相展开5G网络技术开发。2021年至2031年，5G时代将是一个"信息随心至、万物触手及"的时代。在全球通信产业飞速发展、新一代技术日益成熟、重大技术突破和快速升级背景下，人工智能、5G、区块链、大数据、物联网、各式直播平台等前沿热点技术备受关注。5G无线网全球普及时，信号传播全方位优质，剩下的就是内容与形式的优质化竞争。

八、区块链技术

2008年11月，一个化名"中本聪"的作者发表了《比特币：一种点对点的电子现金系统》的论文，从此开启了人类加密数字货币的新时代。与此同时，加密数字货币所应用的区块链技术受到人们的极大关注，开始不断地应用到各行各业，被人们认为是对现有互联网技术的颠覆性创新。

1. 关于区块链的概念与内涵①

所谓区块链技术，是构建在点对点网络上，利用链式数据结构来验证与存储数据，利用分布式节点共识算法来生成和更新数据，利用密码学的方式保证数据传输和访问的安全，利用由自动化脚本代码组成的智能合约来编程和操作数据的一种全新的分布式基础架构和计算范式。

从定义可以看出，区块链技术本身并非一种独立的新兴技术，而是由多种现有技术综合在一起，从而实现崭新功能的技术复合体。一般认为，构成区块链技术的核心技术主要包括对等网络传输技术、密码加密算法、智能合约、共识机制等四大核心技术。这些技术的综合作用，使得区块链技术得以实现之前从未有过的功能：去中心化、可追溯、防篡改、高保真等。而这些功能在现有的互联网环境下是无法实现的，这也是人们将区块链技术看作是颠覆互联网技术发展的重要因素。因此，有人将互联网看作是信息网络，而区块链是价值传输网络。

基于共识机制的差异，人们也将区块链技术划分为三类：公链、联盟链和私链。不同类型的区块链在功能上具有较大差别，例如公链属于完全的去中心化网络，但交易处理效率较低，目前的比特币网络就属于典型的公链；联盟链则属于会员之间的对等网络，但处理效率相对较高；而私链则是有一定的中心化机制的集团网络，处理效率更高。基于不同的业务需要，人们可以选择不同的区块链网络类型。

区块链有望革新、重构传媒业。一则区块链能够利用其可溯源性和不可篡改性对版权进行精准确权，更好地厘清版权归属，更好地维护版权权益；二则区块链结合不可篡改性与有效的激励约束机制，把发布虚假广告和虚假流量的参与者予以公示并进行惩罚，以切实净化传媒生态，使得传媒生态更为良性和可持续；三则区块链基于分布式网络的特点，将使得每一个参与者（节点）把自己的数据存储在自己的电脑上而不是存储在互联网巨头的平台上，而且可以通过相应的工具进行精准画像，用户就完全掌控了自身数据的数字资产的主动权。

总的来看，区块链技术仍然处于发展初期，还有很多不够完善之处，还无法适用于众多常见的电子商务交易场景。因此，在 2019 年 10 月 24 日举行的中共中央政治局第十八次集体学习会上，习近平总书记就指出，要把区块链作为核心技术自主创新的重要突破口，明确主攻方向，加大投入力度，着力攻克一批关键核心技术，加快推动区块链技术和产业创新发展。

2. 关于区块链的规定

国家广播电视总局办公厅于 2021 年 3 月 29 日颁布了《基于区块链的内容审核标准体系》（2021 版），本书节选主要内容加以呈现。

---

① 区块链概念、内涵及相关内容由国务院发展研究中心研究员李广乾博士专为本书撰写。

基于区块链的内容审核标准体系（2021 版）

基于区块链的内容审核标准体系以促进媒体内容健康可持续发展为目标，从内容审核业务发展实际出发，覆盖基于区块链的内容审核系统、业务流程、安全、管理等环节。促进基于区块链的内容审核系统标准化建设和规范化运行。标准体系框架基于区块链的内容审核标准体系分为系统、业务、安全和管理等四大类，共 13 项标准，标准体系框架如图 10－1 所示。

1．系统类标准。主要规范基于区块链内容审核的系统架构、数据格式、系统接口等技术要求，包括系统总体技术规范、媒体内容分类和标识、媒体内容存储和共享、区块数据格式、系统接口、跨链技术等标准。

2．业务类标准。主要规范基于区块链内容审核的业务流程，包括内容审核、内容溯源和重审等标准。

3．安全类标准。主要规范基于区块链内容审核安全的基本要求，包括系统安全技术要求、安全管理审计规范等标准。

4．管理类标准。主要规范基于区块链内容审核的监管要求，包括监管、系统及节点评估、内容审核评价等标准。

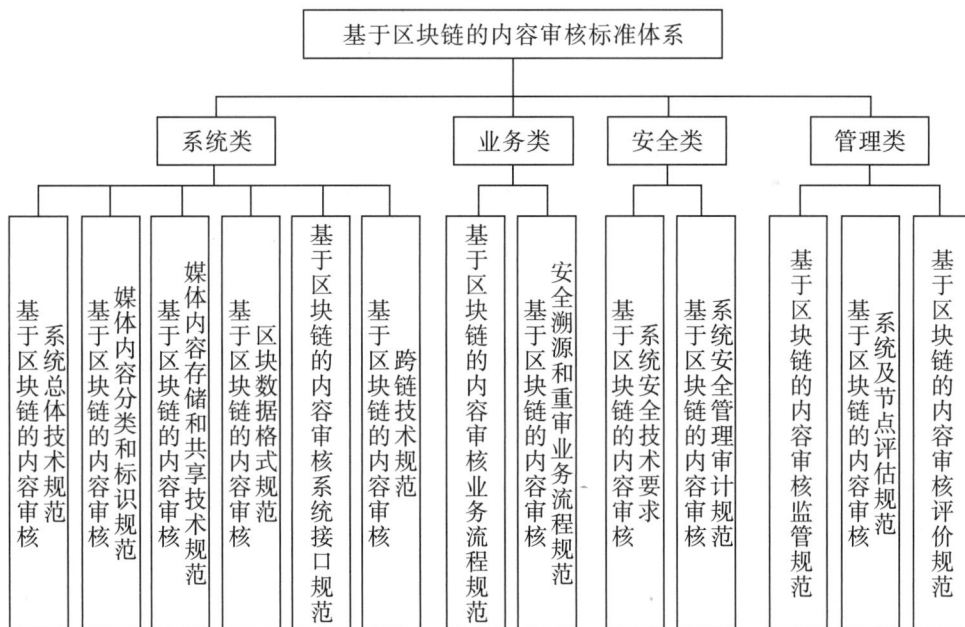

图 10－1　基于区块链的内容审核标准体系框架

九、HDMI 数字接口

HDMI 是目前主流笔记本、液晶电视、显卡以及主板中经常可以见到的信息接口。自 2002 年 12 月发布首个 HDMI 规范以来，HDMI 产品的出货量已超过 100 亿台。HD-

MI 技术是当今消费电子产品的通用接口。

1. 什么是 HDMI 技术

HDMI 全称"High – Definition Multimedia Interface",通俗来讲,是一种领先的数字视频、音频和数据接口技术,可以同时传送未压缩的音频和视频信号,是影视信号转接、传播不可或缺的接口。

HDMI 技术能够将超高清显示器连接至各种消费电子产品、PC、移动设备、汽车和商业 AV 设备。它在医疗、军事、航空航天、安全和监控,以及工业自动化等行业的关键信息传播中也大放异彩。

2. 什么是 HDMI 2.1 规范

2017 年 11 月,HDMI 2.1 规范发布,满足了市场对于更高性能和更沉浸式消费体验的需求。到 2020 年支持 HDMI 2.1 功能的各类主要产品在市场上已普及,消费者可以通过游戏机、AVR、线缆、电视和显示器畅享逼真精彩的 HDMI 2.1 端到端体验。

HDMI 2.1 是目前最新的 HDMI 规范,支持一系列更高的视频分辨率,包括 8K 60Hz 和 4K 120Hz 在内的刷新频率、动态 HDR(High-Dynamic Range),同时凭借全新的超高速 HDMI 线缆(Ultra High Speed HDMI Cable)支持更高的带宽。

HDMI 2.1 逆向兼容早前的版本,对所有 HDMI 2.0 采用者开放。主要的电视制造商都已宣布推出支持 HDMI 2.1 功能的产品。

3. HDMI 的主要功能

HDMI 的主要功能见表 10 – 3。

表 10 – 3　HDMI 的主要功能一览

功能名称	功能内容
更高的视频分辨率	可支持一系列更高的分辨率和更快的刷新频率(包括 8K 60Hz 和 4K 120Hz),实现沉浸式的观看体验和流畅的快动作细节。支持高达 10K 分辨率,满足商业 AV、工业和专业用途
动态 HDR	可确保视频的每一幕甚至每一帧,都显示出景深、细节、亮度、对比度的理想值以及更宽广的色域
增强音频回传通道(eARC)	简化连接,使用更方便,并支持最先进的音频格式和最高的音频质量。可确保音频设备与 HDMI 2.1 产品之间的完全兼容性
可变刷新频率(VRR)	消除了迟滞、卡顿和画面撕裂现象,带来更流畅、细节更逼真的游戏体验
自动低延迟模式(ALLM)	可以自动设置理想的延迟设置,实现流畅、无迟滞和不间断的观看和交互
快速帧传输(QFT)	可以减少延迟,使游戏和实施交互虚拟现实无迟滞,更顺畅
快速媒体切换(QMS)	可在显示内容之前消除可能导致黑屏的延迟

第三节　广播电视事业发展的基础生产力
——科学技术行动

2020 年 2 月 25 日，中宣部印发 4 号文《全国有线电视网络整合发展实施方案》，提出以"行政推动力＋市场化"的形式，由中国广播电视网络有限公司联合省级网络公司、战略投资者共同组建中国广电网络股份有限公司，进行国网整合，同时建立具有广电特色的 5G 网络，实现"全国一网"和 5G 的融合发展。保证省级网络公司在"十三五"末进入股份公司，同时要求完成"一省一网"整合。

"全国一网"是迈向智慧广电重要一步。历经十余载的厚积薄发，目前中国广电网络股份有限公司（以下简称中国广电）已完成了"全国一网"的整合工作，成为全国第四大电信运营商，迈出了全国有线电视网络整合和广电 5G 建设一体化发展的重要一步，也将实现行业 5G 应用的全新发展。

中国广电如何在强手如林的竞争环境中占有一席之地？"全国一网"是向发展智慧广电目标前进的重要一步，而 5G 应用的广泛赋能将会是中国广电实现超车的生产力之所在。

一、"全国一网"发掘生产力意义深远[①]

当前中国广电拥有 5G 移动通信、国内通信基础设施服务、互联网国内数据传送等技术电信业务经营许可 3 项，内容分发网络等增值电信业务 7 项，以及 700MHz、4.9GHz、3.3—3.4GHz 等频段的 5G 频率资源的储备，192 号段、10099 等电信码号资源使用许可 4 项。目前，700MHz 频段的 5G 国际标准已经颁布实施，支持中国广电 5G 的生态加速成熟，就近发布的手机基本都支持 700MHz 频段，有线、无线、内容三融合的优势不断显现。

这次融合不是简单的相加，而是实现新定位的生产力发掘。"全国一网"的广播电视网络是一张新型的媒体融合传播网、数字文化传播网、数字经济基础网，更是一张重要的国家战略资源网，它将在推动媒体融合发展、打造智慧广电媒体、发展智慧广电网络等方面发挥重要的生产力的作用。

新的定位，必然伴随着改革与创新。"全国一网"的整合还是一项全面深化改革的过程：通过引入国家电网和阿里巴巴两大战略投资者，全新的中国广电注册资本达到千亿元规模，拥有全新范围近 230 万公里的有线电视光纤网络，2.07 亿户的电视机用户，0.24 亿户的有线电视终端用户，以及广电宽带电视集成平台等 16 项特色业务牌照。这次改革加速构建了我们灵活高效的现代企业制度，有效优化了资金、业务、技术、人才等方面的资源配置，极大地激发了企业内部活力和发展动力，提升了企业创新力和市场竞争力。"全国一网"显现的是中国广播电视融合发展的强劲生产力。

---

① 参照张君成《"全国一网"：迈向智慧广电重要一步》改写，原文载于《中国新闻出版广电报》，2020 年 10 月 28 日第 7 版。

二、两大战略贯穿发展关键期

对于"全国一网"整合运营广播电视网络的新战略，中国广播电视有其自己的规划。5G 是中国广播电视网络从起步向长足发展的关键，当下中国广电的战略发展纲要，将围绕核心战略、商业模式、管理水平、人才品牌等方面与国内一流企业持续对标，正视差距，找准问题，初步制定了考虑客户服务中心的"圆心战略"以及未来公司发展的"359战略"。

所谓"圆心战略"就是坚持以用户体验和行业发展为圆心，以人民为中心，着力强化平台化思维，践行新发展理念，主动融入新发展格局。它以用户为中心、市场为导向，以快速响应服务、精准配置资源为目标，建设极简网络，搭建扁平化的极简组织架构。坚持统分结合、管服一体，最终实现公司扁平化管理服务高效和客户服务的最短距离。

"359 战略"则是中国广电为践行现代传播体系，巩固和扩大宣传文化主阵地，满足人民新需求的使命担当，努力成为创新驱动、有市场活力的国家级新型基础设施提供商、领先的数字生活服务商和智慧广播电视网络的运营商。其中"3"主要是指秉承创新的三大发展理念，聚焦 5G 有线电视和媒体内容及创新业务三大板块，实现"三步走"战略；"5"是要提升五大能力，即提升创新驱动能力、业务发展牵引能力、资源配置主导能力、资源投资回报能力以及组织管理的系统能力；"9"大工程主要包括 5G 的共建共享工程、有线网络升级改造工程、内容创新工程、差异化市场战略、全新运营体系架构以及业务中台、数据中台等建设。这些构想正在加紧研究、稳步实施。估计经过 10 年的努力，将中国广电基本建成具有全球生产竞争力的媒体信息和科技融合的平台型企业。

三、网络、平台、内容"三管齐下"

未来中国广电将如何继续支持网络视听行业，在新时代下继续与之实现紧密协同发展，须从"网络、平台及内容"三方面发掘隐藏的生产力。

首先，在网络建设方面，中国广电要建设"全国一网"的 5G 和有线交互协同的新网络。网络是产业发展的根基，中国广电将面向新时代网络视听产业跨网、跨屏、跨终端和互联互通业务的需要，加快实施新技术应用、体系重构和流程再造。"全国一网"会打造连接＋计算的泛在智能基础设施，推动"云管端"资源的整合融通和协同，加快构建广播电视特色鲜明及融合媒体传播、移动通信运营、智能万物互联、国家公共服务、绿色安全监管于一体的新型广播电视媒体服务网和国家信息化基础的新网络。

其次，在平台层面，用统筹"全国一网"的业务支撑新平台。融合创新需要新型的支撑平台加以驱动，对此，中国广电将推进有线无线融合业务支撑的系统标准统一、互联互通和技术迭代，扩大广电的宽带电视、5G 应用的试点范围，实现"全国一网"融合视听业务升级和服务质量提升。一方面加快推进业务平台的标准统一、规划统一、建设统一。另一方面，加快建设技术统一、能力开放、安全有效的智慧平台。

最后，在内容方面，要重塑"全国一网"内容服务新供给。繁荣的网络视听内容生态是广电网络实现差异化的重点，对此，中国广电将努力做好四点，即要聚合海量优质资源，做好内容的聚合者；要立足有线无线协同网络，提升内容的传播质量，做强内容的分发者；要抓住"新基建"、科技文化融合、"智慧广电"等战略机遇，做新内容的提供者；在运营层面培育"全国一网"融合发展的新业态，做好内容的创新者。

新业态是实现新增长的关键，中国广电将聚合5G通信和广播电视业务优势，持续深挖、巩固拓展个人家庭和行业用户，开拓新的业务增量。一方面着力构建"全国一网"的统分运营平台，推广优秀的区域性业务；另一方面以点带面、规模孵化，扩大前沿科技和新兴领域应用，以5G＋大小屏融合的业务为核心抓手，主打5G内容＋流量＋全域＋体验的差异，持续巩固深挖拓展个人和家庭用户。同时，中国广电将积极拓展党政、媒体、电力、能源等垂直行业，合力建立共享多赢的生态新体系。

四、视听技术数字化造福人类的春天已经来临①

"全国一网"的生产力的技术配置，主要还是落实在广播电视的数字化的板块上。广播电视的数字化不仅提升了广播电视的品质，还大大拓展了广播电视的功能。广播电视实现了"时移"与"位移"：用户从固定的电视节目播出单中解脱出来，不会再因为错过了电视节目播出时间而无法收看自己喜欢的节目；用户从电视机所在的客厅中解脱出来，在办公室、咖啡厅或是机场，通过一台电脑甚至一部手机，就能随时随地享受视听娱乐。实现数字化的广播电视，将与电信业、互联网等实现融合发展。

2008年6月9日，我国成功发射第一颗直播卫星"中星9号"，卫星装载了22个Ku转发器，功率为1.07万瓦，设计寿命为15年，是一颗功率大、可靠性高、寿命长的广播电视直播卫星。目前直播卫星主要用来解决偏远山区和"盲区"20户以上自然村的"村村通"问题，配置了43套公益性广播节目和48套公益性电视节目。

从世界范围来看，数字广播电视技术已经进入实用阶段。目前已经开发出高像素的摄像机和高对比度的投影，日本在2009年初，通过长距离IP光纤网，进行了音乐晚会的现场高清直播。2008年北京奥运会、2012年伦敦奥运会都使用数字高清技术进行现场转播。

下一代广播电视网将在以下几个方面加快发展：将内容制作单位、各电视台台内网联网成分布式内容提供保护系统；将有线电视前端综合成多业务集成、多业务控制、多业务发布系统；结合3TNet项目，将中央干线网与各省网组成下一代广播电视网络系统；将在世界各地的记者站广播电视系统和网络设备与整个系统联网；融合有线、无线、卫星、移动业务；融合广播电视、通信和互联网业务；为用户提供高清、标清、数字视音频、高速数据接入和话音等"一站式"服务。下一代广播电视网的建设将带动现代广播影视传播体系的大发展。

互联网已经成为各种业务转型的最佳场所。传统媒体纷纷通过互联网拓展传播领域，为各地电视台和新媒体用户提供电视新闻和节目的新华社视频专线，堪称传统通讯社介入电视媒体业务的典范。2009年9月1日，新华社视频正式分为两条线路供稿。分线后的电

---

① 参照范洁《广播电视：向数字化全面转型》改写，原文载于《新闻战线》2009年第8期。

视通稿线路和电视节目线路，以不同的定位和不同的供稿形态呈现给各级各类用户。新华社目前已形成中文电视通稿线路、中文电视节目线路和英语电视新闻线路三条电视新闻供稿线路，同时还向港台电视机构提供通用素材和栏目供稿服务，向海外各英语电视机构提供点题服务。这几类电视供稿服务，使新华社首发中英文电视新闻通稿和成品节目日均总计超过600分钟。

广播电视与互联网的融合发展，将会促使更多网络电视台的出现。在融合发展中，数字内容的竞争将更加激烈。电台、电视台将全面构建采、编、播、存、用一体化的数字技术新体系，改变传统广播电视生产方式，使我国广播电台、电视台实现向多种终端、多种传输覆盖渠道提供丰富的音视频内容。

2017年3月8日出版的《中国新闻出版广电报》刊发题为"互联网电视抢滩万亿级客厅经济"的文章指出：

"以云计算、大数据、移动社交等第三平台为基础的应用技术正不断向广播电视行业渗透，促使传统媒体与新媒体融合发展的同时，也带给了广电行业无限发展可能和表现空间……在PC互联网、移动互联网之后，以电视大屏为中心的TV互联网时代，正在来临。互联网电视已经完成了对消费者使用互联网电视的启蒙教育阶段，此后的竞争将回归商业本质，硬件、内容两方面体验全面升级的互联网电视必将成为行业的主流。"

"乐视公布的数据显示，2016年其大屏运营收入比2015年增长超300%，目前已打造儿童、游戏、体育等大屏生态桌面。在大屏用户中，乐视超级电视日均开机5.7小时，其中只有13%的时间是用来看传统广电信号源内容，87%是看超级电视提供的内容或其他娱乐形式节目。可见，互联网电视的出现，让传统电视购物土壤正在向智能电视迁移。"

据工业和信息化部统计显示，我国5G基站以每周1万多个的数量在增长。2020年年底，我国已建设5G基站超过60万个，覆盖全国地级以上城市。

2021年，中国"全国一网"的具体实施，其生产力呼唤着视听技术数字化造福人类春天的来临！

本章小结

本章阐述了广播电视事业发展的生产力所涵括的科学技术基础、科学技术范畴认知、科学技术承载平台、科学技术执行传播等方面的内容。

复习思考题

1. 谈谈你对传统广播电视技术及现状的了解。

2. 举例说明5G对广播电视发展的重要性。

3. 阐释"全国一网"的生产力意义。

4. "影像观看"是广播电视学习的重要过程，谈谈你的观看、学习体验。

5. 结合实例谈谈你对"报刊、广播、电视、互联网媒体不得播出吸毒人员的影视作品及广告"这一法规条例的具体认知。

```
延伸阅读
```

频频举行新闻发布会　限制发出不同的声音
——白宫是如何严管"美国之音"的?[1]

王如君

一次突如其来的恐怖袭击，真是把美国新闻界忙坏了。自从（2001 年）9 月 11 日以来，恐怖袭击以及其后的反恐怖备战活动始终是新闻界关注的焦点。美国各家电视台、电台、报纸、杂志、网站各显神通，争先恐后播报有关新闻。在新闻界忙得要"昏头"的时候，美国政府使出了厉害的招数，一方面白宫、美国国务院、五角大楼等部门频频举行新闻发布会，引导新闻媒体按政府的口径报道；另一方面政府施加各种影响，限制发出不同的声音。因而美国各地的新闻舆论出现了美国历史上少有的一致：支持布什，支持政府，矛头直指本·拉登以及阿富汗的塔利班。

"美国之音"传出塔利班的声音

就在各家媒体一致对外的时候，向来受美国政府资助的"美国之音"却表现得极其"不听话"。恐怖袭击事件发生一周后，有消息传出，"美国之音"要播报对塔利班领导人奥马尔（也称乌马尔）的专访。9 月 21 日，美国副国务卿阿米蒂奇和一些官员马上出动，与"美国之音"负责人举行会谈，表达了政府的意见。"美国之音"发言人随后表示，"美国之音"从来没有计划全部播出对奥马尔的采访，只是想播出其中关于阿富汗现状的部分。

美国政府也许以为这一档子事就此打住了，没想到 9 月 25 日晚"美国之音"还是通过短波向全世界播放了奥马尔 4 分钟的讲话，并将讲话内容刊登在自己的网站上。

奥马尔在接受采访中说，"9·11"恐怖袭击事件是美国自己种下的苦果，美国应该停止不断"扩张其帝国"的行为，"重新评估它的政策，不再将自己的意志强加给世界各国，特别是伊斯兰国家"。奥马尔宣称，他不会把拉登交出来，并准备领导塔利班投入战斗。他说："即便美国再强大一倍，它也不能击败我们。我们非常有信心，只要真主与我们同在，任何人都伤害不了我们。"

---

[1]　本文来源于《环球时报》，2001 年 10 月 2 日第 2 版。

美国政府很恼火

美国各地本来是一片讨伐拉登和阿富汗塔利班的声音，突然间冒出了奥马尔的讲话，而且又被其他媒体炒作了一下。这一消息也就传遍了美国，传遍了世界。

"美国之音"的做法使美国国务院感到十分恼火。美国国务院发言人鲍彻 26 日重申："我们依然认为这种做法是不对的。对此，我们感到十分遗憾，我们将继续同其管理层保持接触，讨论在这个问题上应采取的政策。"鲍彻还暗示，政府有可能对"美国之音"进行惩罚。

据《华盛顿邮报》披露，美国政府对媒体的干涉引起了"美国之音"工作人员的不满，激愤之下播出了奥马尔的讲话。但是，"美国之音"显然捅了大娄子。这家总部设在美国首都华盛顿的广播电台，是由美国政府资助，于 1942 年 2 月成立的。"美国之音"自称其宗旨是"促进各国对美国、美国人民、文化和政策的了解"，目前以 53 种语言，每周 1 300 多个小时，向世界各地广播。广播内容包括新闻、专题特写、音乐和时事评论，号称听众将近 1 亿人。"美国之音"各部门中外语播音部门最大，而中文部又是外语部门中最大的一个。

美国政府向来认为"新闻自由"是重要国策，在"美国之音"对其他国家说三道四的时候，美国政府总是为其"公正、客观"而进行辩护，没想到这一回轮到了自己，其态度似乎就变了样。美国国务院有官员曾表示："美国纳税人供养的'美国之音'不应该播放来自塔利班的声音。"另据透露，"美国之音"还有可能面临国会的严厉质询，国会议员们有权中止政府对它的资助。

乱说话受到处罚

恐怖袭击发生后，美国各地燃起了一股强大的爱国热情。记者在首都华盛顿有切身的感受，如街坊邻居纷纷在门口挂出了星条旗，街上穿行的汽车首尾也时不时有国旗飘扬；各种集会上经常可以听到人们唱起国歌；包括美国总统布什在内的一些大人物也不时呼吁民众"爱国多购物""爱国买股票""爱国乘飞机"。在这股爱国情绪之中，不同的意见几乎没有容身之地。

世贸中心双子塔被毁是个悲剧。恐怖分子劫持飞机撞楼的画面让人撕心裂肺。自 9 月 11 日起，这一画面是美国各大电视台新闻节目必播的镜头。但从第二周起它却全部消失了。据透露，这是因为美国三大广播公司 ABC、NBC 以及 CBS 警告其工作人员在使用上述画面时采取谨慎态度，以减轻民众的心理负担。

最近，白宫明显对舆论加强了限制。据美国《纽约时报》28 日披露，自从 9 月 11 日之后，已有多名媒体从业人员因批评布什或发表不同意见而遭到白宫或国务院发言人的批评，有的甚至因此而丢了饭碗。

《得克萨斯城太阳报》的专栏作家汤姆·卡廷在袭击事发第二天批评布什没有立即从佛州返回华盛顿。俄勒冈州《每日信使报》的丹尼斯·马克也撰文批评布什在袭击发生后"仓皇逃跑"。后来两家报纸在各种压力之下不得不公开道歉，并将上述两位"炒了鱿鱼"。

美国西南部某学院一位教授因对世贸中心遇袭发表不当评论而受到校方警告。密苏里大学师生合办电视台的新闻主任要求电视画面中不要出现国旗，结果一名州议员要求调查该电视台资金来源。德国作曲家斯托克豪森对世贸中心双子塔倒塌，无心说了句不恰当的话，尽管他自知失言，马上道歉，但美国方面还是不依不饶，将原定 11 月 7 日邀请他到美国举行的音乐会取消了。

这一连串的事情发生在美国，的确有点反常。纽约一家律师事务所专门研究美国宪法第一修正案的专家弗洛伊德·亚伯拉罕称，"当我们受到威胁，或是处于险境的时候，宪法第一修正案或第一修正案认定的价值有时就得让位于其他利益了"。

第十一章

媒体竞争是广播电视事业发展生产力的加速器
（广电、书报刊、视频）

本章要求

☐ 了解广播电视与书刊的融合竞争

☐ 学习"2020 年主流媒体融合传播效果年度报告"

我国广播电视是党和人民的喉舌，同时又是信息加工生产的重要产业。既然是产业，就必须按照市场经济的规律办事。这样，广播电视就不可能凭主观意志来摆脱市场经济的客观规律，也不可能回避竞争。在发展社会主义市场经济的形势下，我们有必要投入相当的精力来研讨广播电视如何在竞争中加快发展，在发展中参与竞争。

广播电视事业是在竞争中发展壮大起来的，一部广播电视史就是一部竞争史。广播电视的竞争，是在三个层面上展开的：

第一个层面是指广播电视作为电子媒介与其他大众传播媒介的竞争，如与报纸、杂志、书籍的竞争，特别是与报纸的竞争。

第二个层面是在广播电视行业内部的竞争，如广播与电视、广播与广播、电视与电视之间的竞争，由于传播方式相似以及当今一些高新传播技术的出现，传统媒介争相向新媒介蜕变。

第三个层面是手机、网络短视频＋短音频带来的竞争。前些年，传统媒介圈还未重视其传播能量，认为短视频之类不是"正规军"，掀不起大风浪。谁知道这支被大众媒体忽视的"非正规军"，一夜之间，借助网络与手机平台，就成为人们须臾难离的信息"娇宠"。

第一节　媒体竞争是广播电视事业生产力发展的鲜活显现

认知媒体竞争，其喉舌本质功能不能变。

一、媒体商业化，广告竞争出效率

对于商业化的媒体而言，媒体竞争就是争取受众的竞争，争取受众的竞争就是收视率、收听率的竞争，收视率、收听率的竞争就是广告额的竞争，广告额的竞争就是商业利润的竞争。

二、新闻不得商品化

值得注意的是，这种竞争往往会产生相应的负面效应，形成为追求商业利润而唯利是图的局面，这种现象在西方屡见不鲜。我国的广播电视事业，首先是弘扬社会主义核心价值观的国家舆论事业，其次才是以国家与人民利益为前提的产业。它在追求经济效益之前，首先要讲求社会效益。作为传播社会主义精神文明的阵地，它绝不能全盘商业化；特别是新闻商品化，更是我们要坚决反对的。

三、着力打造宣传力强劲的中国旗舰媒体

习近平总书记2016年2月19日视察中央媒体单位时明确提出："要加快培养造就一支政治坚定、业务精湛、作风优良、党和人民放心的新闻舆论工作队伍。新闻舆论工作者要增强政治家办报意识，在围绕中心、服务大局中找准坐标定位，牢记社会责任，不断解决好'为了谁、依靠谁、我是谁'这个根本问题。要提高业务能力，勤学习、多锻炼，努力成为全媒型、专家型人才。要转作风改文风，俯下身、沉下心，察实情、说实话、动真情，努力推出有思想、有温度、有品质的作品。要严格要求自己，加强道德修养，保持一身正气。""党的新闻舆论工作必须创新理念、内容、体裁、形式、方法、手段、业态、体制、机制，增强针对性和实效性。要适应分众化、差异化传播趋势，加快构建舆论引导新格局。要推动融合发展，主动借助新媒体传播优势。要抓住时机、把握节奏、讲究策略，从时度效着力，体现时度效要求。要加强国际传播能力建设，增强国际话语权，集中讲好中国故事，同时优化战略布局，着力打造具有较强国际影响的外宣旗舰媒体。"

所以，一方面要鼓励、支持广播电视顺应市场经济规律，在竞争中发展；另一方面要有更高的政治站位对竞争进行有效的宏观调控，使广播电视不至于踏入不计社会效益、唯利是图的陷阱。

第二节　广播电视与书刊的融合竞争

广播电视与书籍、杂志的竞争是一种隐性的竞争，因为两者在传播方式、传播符号、传播内容等各方面差异较大，表面上难以直接发生正面冲突。但是，从深层次的相互联系来看，它们之间的竞争在一定程度上是存在的。这种竞争，也促进了广播电视在某些方面的发展。

一、广播电视与书刊的融合竞争

作为传播媒介，书籍承载的信息具有专门性、深入性和系统性的特点，同时又具有能够长久保存和使用的特点，迄今为止，书籍仍是最适合做系统、全面、详细和深刻的表达和阐述的传播工具，是最受尊敬的媒介。杂志是刊载非单一内容的具有连续性的定期出版物，它具有如下特点：内容专门化，读者群体化；解释充分，指导性强；连续性强，影响力大；印制精良，易于保存。两者进行对比，总的来说，书刊选择性强、内容深刻、专门性突出；而广播电视则是以其"低智力门槛"、广阔的传播覆盖面、充分的时间版面、密集而有时效的信息占有一定优势。

一方面，广播电视会从书籍杂志中分流出一部分受众，反之，广播电视受众的一部分时间也会因书籍杂志优势的发挥而被反分流；另一方面，因为有书籍杂志这种选择性、专

门性强，有思想深度的媒介存在，广播电视必然会受到潜在的威胁：受众完全有可能将书籍杂志的优点作为参照，向广播电视提出质疑和要求。因此，在这种隐性的、深层次的竞争中，广播电视逐渐吸收了对手的长处，表现为：诸多分工精细的窄播式和专门化的广播电台、电视台的兴起；大型板块式和杂志型广播电视节目的出现；连续报道、系列报道、专题节目和评论节目的发展等。这些并不能完全归功于与书刊的隐性竞争，但书刊的深层次影响，确实有助于广播电视向前迈进。

二、书刊是广播电视的文化平台

客观地讲，在中国，广播电视与书、报、刊的融合竞争是一种相互完善与相互依靠的关系。中国的广播电视文化类节目大部分是改编自书报刊内容的精华，其原始记载都是文字、录音和绘画。这些材料经广播电视节目传播，又更加焕发光彩，广为流传。

1. 国家重视广播电视与其他文化媒介的广泛融合

围绕传播优秀传统文化的要求创新节目内容，这是国家重视广播电视与文化的广泛融合的基本要求。党的十八大以来，围绕传承和弘扬中华优秀传统文化，习近平总书记发表了一系列重要讲话，有关部门据此做了一系列重要安排。

2017年1月25日中共中央办公厅、国务院办公厅印发了《关于实施中华优秀传统文化传承发展工程的意见》，对如何实施中华优秀传统文化传承发展工程提出了具体要求，该文件还特别提出要"实施中华文化电视传播工程，组织创作生产一批传承中华文化基因，具有大众亲和力的动画片、纪录片和节目栏目""综合运用报纸、书刊、电台、电视台、互联网站等各类载体，融通多媒体资源，统筹宣传、文化、文物等各方力量，创新表达方式，大力彰显中华文化魅力"。

2017年7月，国家新闻出版广电总局发布《关于把电视上星综合频道办成讲导向、有文化的传播平台的通知》，积极鼓励电视上星综合频道在黄金时段给予文化类节目更多的播出数量和频次。这些都对广播电视文化类栏目和节目的制作提出了明确要求，指明了创作方向，营造了良好的环境。因此，保护好、诠释好、传播好中华优秀传统文化，既是媒体的责任，也是创新发展的方向。

围绕受众对高品质精神文化的需求，创新节目内容。随着社会向前发展和物质生活的极大丰富，人民群众对于精神文化生活的需要也在逐步提升。调查显示，基层群众已经不满足于日常的跳跳广场舞、打打太极拳的基本文化消遣方式，而是倾向于需要高质量的文化供给。

反映在广播电视节目中，就是近几年来，文化类节目次第涌现，受到观众的好评和追捧。据《光明日报》的消息，国家广播电视总局公布的2018年第四季度广播电视创新创优节目名单中，共有13档电视节目和2档广播节目入选。在入选的电视节目中，文化类节目占比最高，包括《平"语"近人——习近平总书记用典》《国家宝藏（第二季）》等7档节目。

围绕媒体融合发展的需求，创新节目内容。新媒体的兴起，让我们不得不重视多传播渠道的拓展，媒体融合更成为大势所趋。据《2018腾讯娱乐白皮书》综艺篇统计，卫视综艺节目产量连续 3 年下滑，2018 年产量较 2017 年下降 12.3%，而网络综艺 2018 年视频播出量较 2017 年增加了 9.7%。所以，文化类节目必须牢固树立媒体融合理念，打破自设藩篱的"媒介偏见"，主动拥抱新媒体，从电视媒介朝着以手机、平板电脑为代表的移动网络媒介发展，从而获得更高的关注度与播放量。

2. 结合节目传播需求　突出节目制作特点

优化节目形式，需要中国广播电视与书籍、刊物等纸质媒介的融合竞争。这一类文化节目包括访谈类节目、综艺节目、旅游类节目等，都与书刊有着千丝万缕的关联，书刊信息往往是这些节目的底蕴与依据。这类节目的定位为开阔观众的视野，让观众了解更多知识。这类节目不会传播过于复杂的知识，而以普及基本常识为主，从而使大部分观众能理解该类节目中传播的内容；它传播的知识系统性不强，与专业类的节目相比，它不需要完整、系统地描述某类知识，更侧重于引导观众体验某种碎片化的知识。

现以《舌尖上的中国》为例来说明专业类文化节目的特点。观众们表示《舌尖上的中国》增强了他们的民族自豪感；然而也有一部分观众提出了意见，他们认为这部纪录片过于强调叙事，而忽视了知识的传播；有观众表示希望在节目中看到如何正确选择优质美味的干货食品，有些观众希望了解如何亲手制作不同风味的干货食品，而节目对这部分内容涉猎较浅。从《舌尖上的中国》的口碑分歧，可以看到我国的专业类文化节目虽然拓宽了选材范围，部分选材满足了观众的需求，然而其仍然存在所描述内容表现性不强的问题，这类节目需要继续从选题、叙事、摄影、音乐等角度强化节目的表现力。

提升参与度。新媒体时代，要改变节目的制作和传播方式，进一步提高受众的参与度，让受众参与到节目的内容制作和传播过程中来。

以《中国诗词大会》为例，该节目以"赏中华诗词、寻文化基因、品生活之美"为基本宗旨，力求通过选手间诗词知识的比拼及赏析，带动全民重温那些经典古诗词，分享诗词之美，感受诗词之趣。据央视数据显示，2017 年的《中国诗词大会》第二季，全部 10 期节目的累计收看观众数量达到 11.63 亿人次。2018 年第三季节目的决赛前夕，全国参与互动的观众数量达到 164 777 人次。普通的学生、白领、工人、农民都可以在诗词大会这样的文化类节目中一展才华，收获自己的粉丝。这是节目成功的关键所在。

3. 中国广播电视与书刊的融合竞争需要精耕细作

结合受众市场需求在优化节目制作细节的环节上下功夫，具体要求有三：

（1）变以策划为主导为以受众需求为主导。

部分节目设计人员未从长远的角度看待节目策划。以《百家讲坛》为例，这一节目可以借鉴其他国家文化类节目的优点，比如，把长期推出的节目分季规划，每一季更换片头、片尾。每一季更新拍摄手法、拍摄设施、叙事方式。在节目播出的当季，会请观众用短信或留言方式说明自己喜欢看哪些方面的内容、想请谁当主持人、希望节目的结构如何变化等。节目制作人员会根据观众的意见优化节目制作。因为节目制作人员每完成一季节目的制作，就会反思节目存在的问题，然后予以优化，所以观众觉得节目是常见常新的；又因为观众的意见会影响节目播出的内容，所以观众会非常期待自己提出的意见能够被采纳。节目制作人员在制作节目以前，就要做好节目的整体规划，过程中再通过动态的调整满足观众的收视需求。

（2）变宏大的"广播"为精准的"窄播"①。

我国的部分节目常常存在大而无当的问题，比如节目似乎描述的内容很多，然而对某一个群体的观众来说，这类节目传播的知识量却太少。我国的文化类节目必须细化观众的分类，强调节目的定位，变"广播"为"窄播"。以文化类节目《见字如面》为例，该节目借鉴了英国的节目 Letters Live，每一期都会请名人来读一封书信，其中每一封书信都反映了历史上的一件大事或者大新闻，但其切入点都是具体的人、具体的事和具体的情感。比如画家黄永玉与戏剧大师曹禺间的书信往来、革命先烈的家书等，都是巧妙地把文化与感情结合起来，使观众愿意从情感上接受文化的熏陶。

（3）变"说教"为"交流"。

无论哪种节目都应强调节目"好听好看"的艺术性，只有应用艺术的手段表现节目的内容，才会受到观众的喜爱。中央人民广播电台在 2015 年 11 月推出的《致我们正在消逝的文化印记》这个节目就强化了文化类节目的艺术性。该节目每一期都应用一种艺术手法来说明我国的一种传统文化。比如应用方言文化来说明消失的油纸伞、旗袍；应用戏曲艺术说明中国的昆曲、彩调等。这个节目把节目内容与表演艺术结合起来，使节目既有娱乐性，又具有文化性。在生动活泼讲述的同时，也把中华优秀传统文化植入了观众的心里。

三、经典案例赏析：央视大型诗词文化音乐节目《经典咏流传》之《岳阳楼记》

1. 基本资料

《岳阳楼记》是由央视主持人康辉、撒贝宁、朱广权、尼格买提在《经典咏流传·第三季》中演唱的歌曲，收录于 2020 年 1 月 27 日发行的专辑《经典咏流传·第三季》第 2 期，见表 11 - 1。

表 11 - 1　《经典咏流传》之《岳阳楼记》基本资料

歌曲原唱	康辉、撒贝宁、朱广权、尼格买提
填　词	（宋）范仲淹
谱　曲	子　荣
编　曲	闫天午（歌曲时长 4 分 55 秒）
歌曲语言	中　文
乐　队	V Band
登场节目	《经典咏流传·第三季》　2020 年 1 月 27 日

2. 创作背景

2020 年 1 月 27 日，《经典咏流传·第三季》在央视综合频道播出。在这期节目中，

---

① 王云霞：《浅谈原创文化类节目的现状及发展方向》，《中国新闻出版广电报》，2020 年 7 月 10 日。

央视的四位知名主持人康辉、撒贝宁、朱广权和尼格买提作为经典传唱人，用歌唱的方式把长篇文言文《岳阳楼记》化为旋律，来帮助学生把经典记在心里，让传承"落地生根"。

康　辉：庆历四年春。滕子京谪守巴陵郡

越明年　政通人和

百废具兴　乃重修岳阳楼

增其旧制　刻唐贤今人诗赋于其上

属予作文以记之

尼格买提：予观夫巴陵胜状

在洞庭一湖

衔远山　吞长江　浩浩汤汤

撒贝宁：横无际涯　朝晖夕阴　气象万千

此则岳阳楼之大观也

康　辉：前人之述备矣　然则北通巫峡

南极潇湘　迁客骚人　多会于此

览物之情　得无异乎

朱广权：嗟夫　予尝求古仁人之心

或异二者之为　何哉

康　辉：不以物喜　不以己悲

居庙堂之高则忧其民

尼格买提：处江湖之远则忧其君

是进亦忧　退亦忧

朱广权：然则何时而乐耶

其必曰

撒贝宁：先天下之忧而忧

后天下之乐而乐

合：乎　噫　微斯人　吾谁与归

尼格买提：前人之述备矣　然则北通巫峡

康　辉：南极潇湘　迁客骚人　多会于此

朱广权：览物之情

撒贝宁：得无异乎

撒贝宁/朱广权：嗟夫　予尝求古仁人之心

或异二者之为　何哉

康　辉/尼格买提：不以物喜　不以己悲

居庙堂之高则忧其民

撒贝宁/朱广权：

处江湖之远则忧其君

图 11-1　《经典咏流传》节目海报

是进亦忧　退亦忧

康　辉/尼格买提：然则何时而乐耶

其必曰

合：先天下之忧而忧

后天下之乐而乐

乎　噫　微斯人　吾谁与归

4. 歌曲鉴赏

节目鉴赏团成员、北京师范大学教授康震认为："词写得再好，若没有歌者结合自身阅历的重新演绎，它就只是停留在纸面的一段文字。"是作曲家、改编者、歌者用各自的生命阅历和丰富积累共同演绎经典，经典才得以在当下实现新生。

由被观众称为"央视 boys"的康辉、朱广权、撒贝宁、尼格买提为观众奉上一曲《岳阳楼记》，他们希望能够借助这次表演，让大家领略到经典的另一种魅力，也让传统文化"落地生根"，把这篇特别难背的课文唱出来，就是想给很多的孩子心中种下一颗颗传统文化的种子，让他们的心灵从小就浸润在传统文化的养分当中。

5. 社会影响

节目播出当晚，因感染了新冠肺炎而正在居家隔离的武汉市第一医院的曹丽蓉医师听到了这首歌。这首歌很是契合当时医护人员的心境。在曹丽蓉感染后的第 14 天，她用沙哑的嗓音学唱，还录下音频发给奋斗在一线的战友。

曹丽蓉略带沙哑的歌声让众多网友听后感动不已，大家在为前线医护工作者祈祷的同时，更表达了对一线白衣天使的敬意。

在此语境下，曹丽蓉代表医护群体唱出了传世佳作的精髓——"先天下之忧而忧，后天下之乐而乐"。在和生命赛跑、和病毒争分夺秒的日子里，治病救人这几个朴素的字，恰是所有坚守在抗击疫情一线医护人员的仁人之心、为国为民之心。

《经典咏流传》的《岳阳楼记》所蕴含的文化魅力，尽在万千观众、听众的心中。

第三节　广播电视的大音视频与网络小音视频的竞争

如果说 2011 年至 2020 年这 10 年，是各式网络音视频产品对广播电视节目"蚕食"阶段，那么进入 2021 年"全国一网"的语境后，广播电视台就不能继续抱残守缺任由新鲜事物"蚕食"而无动于衷。中国的广播电视事业要在新技术不断更新的境况下，改变观念、放下身段，在用好自己的频率频道的同时开拓互联网传播的新阵地，用老少咸宜的节目内容引领中国视频产业格局的巨变。

一、竞争的由来与竞争对手

过去半个多世纪，电视是人们接收视频信息的唯一终端，这在过去一个时期造就了电视台的兴盛和强大。如今，越来越多的人通过 N 端口网络和其他终端设备来消费视频信息，网络视频、手机电视等早已动摇了传统电视的江湖老大地位。

1. "小央视频"发力，全民视频生产力时代来临

截至 2020 年 6 月，中国网民规模已经扩大至 9.4 亿人，其中短视频用户规模已达 8.18 亿人，日均使用时长 110 分钟，这意味着仅在短视频一项上，中国网民每天浏览的时长就超过 16 亿小时。视频正在成为连接人与人、人与物的关键驱动力，智能终端的普及，让视频生产进一步去中心化，视频生产正在发展成为一种全民生产力。

一方面，2020 年 11 月，《人民日报》发布《中国视频社会化趋势报告（2020）》，该报告显示我国社会信息的主要承载体正在从文字、图片向音视频、沉浸式视频过渡，视频正在成为未来智能社会的基础性生产要素。

另一方面，电视机生产行业根据图像清晰、形象逼真的标准，努力开发高清晰度的电视设备，电视屏幕一步步向大面积发展，并最大限度地减小尺寸上的差距和由此决定的根本性差异，诸如激光投影、8K 分辨率等技术手段就是撒手锏；电视节目制作方也因此精益求精、精雕细琢，以全高清的节目提高受众的心理卷入程度和参与度。

广播电视行业在新媒体蜂拥而至的大环境下，可以说是机遇与挑战并存，一方面具备转型升级的提升空间，另一方面又面临着诸多同类的视频网站、小音视频同台竞争的巨大压力。

打造融媒体平台，在保持传统广播电视传播特色的同时，引入新兴媒体的传播思维与模式，是广播电视事业发展实现华丽转身的战略关键点，也是进一步提升广播电视事业生产力的重要途径。

图 11-2 "小央视频"介绍嫦娥四号

运用广播电视工具、采编程序和相对先进的传播管理方法，在 21 世纪涌现出一大批短视频＋短音频的节目，开始另辟传播之蹊径，它们借助网络和手机，适时为广大受众带来了无尽的赏心悦目的内容。面对新的竞争，从中央到地方的广播电视台也正在因事制宜，广播电视强大的物质平台依然是其事业焕发生机的强大生产力，中央广播电视总台的建立，为各省市广播电视总台的建立提供了整合、发展、再次强大起来的范例。许多省市广播电视机构，将15～40分钟的节目精简提炼为3～5分钟的短音视频，在手机 App 上传播，都收到不错的反响。央视网"小央视频"更是一马当先，以内容全覆盖、形式最新颖的专业姿态，引领着国内外"小视频"的健康发展。图11－2为央视网视频新闻《2019年中国十大科技成果》中的一则内容，介绍了嫦娥四号。

2. 报刊与网站的音视频节目竞争力强劲

新京报和腾讯新闻合作推出的视频新闻项目"我们视频"，专注于新闻，集中移动端新闻视频的报道。包括直播、短视频和长片，倡导用视频形式覆盖新闻热点和重要现场，重点突出新闻、视频、手机、专业和人性五大关键词。

资讯类视频平台"梨视频"是由资深媒体团队和全球拍客共同打造的，专注为年青一代提供适合在移动终端上观看和分享的短视频产品，其内容涵盖商业、社会、科技、媒体、娱乐、生活方式等领域，其传播特色是内容覆盖面开阔、传播速度快捷；"沸点视频"是一点资讯孵化的一个短视频产品，主打资讯类短视频，其中新闻资讯占据绝大部分内容比重，而新闻资讯的属性决定了沸点视频的属性。沸点视频跟社交、娱乐类短视频的生产流程不一样，更像是一个传统媒体，它设有前端运营、后期剪辑、副主编、主编等职位。一则短视频，从前端素材开始，就要经过编辑、运营人员、主编的层层把关，完全是传统广播电视业媒体管理方式的蜕变与新生；"红星网"的主创者是中共湖南省委组织部。"红星网"以"红星视频"的形式在网上与广大干部、群众见面，其生产的内容正确、准确、生动，深受广大网友欢迎。

二、民间原创小微电影——短视频＋短音频，成为广播电视电影传播的强劲对手

除却上述制作视频的网站与政府机构，民间也涌现出一大批民间原创小微电影，开始另辟传播蹊径，小微电影借助网络和手机，适时为广大受众带来了无尽的赏心悦目的内容。

1. 民间原创小微电影发展迅猛

巨量引擎基于抖音大数据推出的《视频社会生产力报告》则给出了关于视频生产力方面的更多数据。2020年上半年直播经济规模达5 630亿元，仅在抖音平台上，直播就间接催生了56万个关联产业如手机、照相机、话筒、三脚架、补光灯等直播设备制造产业的相关就业岗位。

突飞猛进的视频生产力不仅促进了视频手机、照相机等行业普惠，还带来了全民受益的视频新生态。2019年8月至2020年8月，抖音增加就业岗位3 617万个，24～40岁的中青年是其就业的主力军，合计占比67%；抖音催生直接就业从业人员3 561万人，包括创作者主播（58%）、直播团队（24%）、机构及公会（17%）。2019年8月到2020年8月，2 097万名抖音作者累计直播次数达4.2亿，累计发布电商视频4 239万个，在抖音上

获得总计 417 亿元收入。

2. **智能终端步入视频新赛道**

全民生产视频的时代，对智能终端行业起到极大的促进作用，终端厂商在这一大时代表现各异，但目标一致。如 OPPO 意识到视频成为全民生产行业，用户会对作为视频生产重要工具的智能终端提出更高需求时，便启动了魔镜专项，在不同的城市和其旗下的 Reno 系列老用户、终端导购、人像精修师和妆容专家一起，深入探讨拍得好的人像视频应该是什么样的。

第四节　2020 年主流媒体融合传播效果年度报告

本节引入媒体融合传播效果年度报告，旨在提供一个媒体融合竞争的框架样本，供读者了解媒体融合竞争涉及的框架内容，这就给了读者来年再次了解它们熟悉面孔的机会。对广电＋短视频的从业人员来说，则是入门的向导，循着该报告的文字与图表显示的业务名目，就可以定位发力的方向。此年度报告的内容年年有变，不变的是融合媒体项目，这也是从业人员发力奋斗的北斗指南，也是读者研究多个媒体时的一个思路范式。

新冠肺炎疫情的暴发使 2020 年变得不平凡，对于传统媒体而言，这既是一次考验也是一次机遇。新冠肺炎疫情制约了传统节目的制播方式，使得直播和"宅经济"产业爆红。面对一系列变化，主流媒体在这一关键时刻迅速反应，转换赛道，提供权威、准确、全面的新闻资讯和针对性的服务，以创新的表达弘扬主旋律报道，将考验化为机遇，在新媒体平台焕发生机。基于这个背景，CTR 媒体融合传播效果评估体系在 2020 年针对 8 家央媒、38 家省级以上广电机构进行了连续性监测，重点关注以上主流媒体的新媒体产品在 6 大传播渠道上的传播力效果。

数据显示，各大主流媒体都在积极探索融媒体发展的创新方式，呈现出各具特色的媒体融合发展路径。

一、2020 年主要央媒网络传播力总榜单[①]

CTR 评估结果显示，中央广播电视总台、人民日报、新华社稳居融合传播效果榜单前三。截至 2020 年底，中央广播电视总台、人民日报和新华社在新媒体渠道的累计粉丝量（不去重）均在十亿级以上。8 家央媒机构下载量过亿的自有 App 累计下载量增长 42%，仅上半年增幅已达 31%，下半年"央视新闻""人民日报"抖音号粉丝量双双破亿，主流媒体在新媒体渠道的传播力和影响力不断提升，从守住传统渠道的主阵地向"抢滩登陆"互联网主战场持续迈进。

---

① CTR 洞察：《2020 年主流媒体融合传播效果年度报告》，2021 年 2 月 2 日。

表 11 - 2　2020 年 8 家央媒机构媒体融合传播效果排行榜

名次	媒体名称	名次	媒体名称
1	中央广播电视总台	5	经济日报
2	人民日报	6	中国日报
3	新华社	7	光明日报
4	中国新闻社	8	求是杂志

中央广播电视总台在各渠道发力均衡，传播覆盖面广，领跑半数以上分渠道榜单，形成了以"央视新闻""央视频"等自有旗舰产品为核心，联动 200 个百万级以上头肩部账号共同发力的新媒体传播矩阵。人民日报着重把握微信渠道，在主账号发布的内容中，大部分文章的阅读量均在十万次以上。

二、2020 年省级以上广电机构网络传播力总榜单

38 家省级以上广电机构网络传播力榜单显示，中央广播电视总台、湖南广播电视台和浙江广播电视集团分列前三名。广电机构积极推进小屏端创新发展，唱响"央视频""芒果 TV"和"中国蓝"等新媒体旗舰品牌，真正做到大小屏联动发展，开启广电机构守正创新融合发展的新征程。

表 11 - 3　2020 年 38 家省级以上广电机构网络传播力总排行榜（前十名）

名次	媒体名称	名次	媒体名称
1	中央广播电视总台	6	黑龙江广播电视台
2	湖南广播电视台	7	江苏省广播电视总台
3	浙江广播电视集团	8	北京广播电视台
4	上海广播电视台	9	安徽广播电视台
5	广东广播电视台	10	河南广播电视台

广东广播电视台着力发展自有 App "触电新闻"，同时发力微信公众号建设，在自有 App 和微信渠道分榜单中均进入前十名。黑龙江广播电视台以微信公众号闯天下，旗下"新闻夜航""黑龙江交通广播"和"龙视新闻在线"三大微信公众号的全年累计阅读量均已过亿。河南广播电视台在自有 App "大象新闻"和短视频平台共同发力，其自有 App 产品在分渠道榜单位居第三，"河南广播电视台民生频道""河南都市频道"抖音号深耕民生新闻，聚焦百姓生活，粉丝量均在千万级以上。

伴随着融合转型的战略升级，各家广电机构加速进入短视频赛道，广电 MCN（Multi-Channel Network，多频道网络）亦蓬勃发展。据统计，全国已有 28 家广电媒体成立了 36 家 MCN 机构，重新整合优化媒体资源，通过栏目以长化短、主持人 IP 打造等轻量化转型

促进融媒体改革，重新激发广电机构的商业活力。

三、省级以上广电机构网络（自有 App 渠道）传播力分榜单

截至 2020 年底，38 家广电机构正常更新的自有 App 累计下载量环比去年增长 44.8%，广电机构在媒体融合进程中稳步完善自有 App 建设。38 家广电机构中，中央广播电视总台、湖南广播电视台和河南广播电视台等积极探索自有 App 特色发展方向，在自有 App 建设进程中领先于其他广电机构。

表 11 - 4　2020 年 38 家省级以上广电机构网络（自有 App 渠道）传播力分力排行榜（前十名）

名次	媒体名称	名次	媒体名称
1	湖南广播电视台	6	上海广播电视台
2	中央广播电视总台	7	贵州广播电视台
3	河南广播电视台	8	北京广播电视台
4	广东广播电视台	9	江苏省广播电视总台
5	浙江广播电视集团	10	山东广播电视台

中央广播电视总台自有 App 充分利用"云"制播相关技术，打造"出圈"内容产品，扩大其在新媒体平台的影响力。

"央视频"在新冠肺炎疫情期间对武汉火神山、雷神山两大医院建设施工现场进行的 24 小时不间断"慢直播"，有超过 2 亿网友在线观看，活动助推"央视频"App 在 2 月初的下载量位居 App Store 前端，并催生年度热词"云监工"。

针对 2020 年高校毕业生的就业压力，"央视频"依托强大的品牌号召力开启"云招聘"——"国聘行动"，活动上线仅 3 个月就吸引约 1.7 万家企业参与，累计向求职者提供 160 多万个优质岗位。随着第一季的成功举办，"国聘行动"第二季——"春华秋实国聘行动"于 12 月启动，超 2 万家企业积极参与，相关招聘信息总触达人次超 10 亿。

"央视新闻"在 7 月针对"中国关闭美国驻成都总领事馆"进行直播，超 2 000 万网民关注。"北斗三号"卫星发射、嫦娥五号探月、日环食、流星雨、自然景致、灾难救援等系列直播内容直击事件现场，推动网络舆论形成同频共振。

湖南台"芒果 TV"依托优质内容提升自有产品竞争力。2020 年爆款综艺《乘风破浪的姐姐》在湖南娱乐频道和芒果 TV 同步播出，仅上线一天播放量就突破 2 亿，后续累计播放量超过 50 亿，带动芒果 TV 累计下载量增长近 50%。

河南台自有 App"大象新闻"在新冠肺炎疫情期间全国学校暂停上课的情况下，上线"名校课堂"频道服务，方便中小学生免费在线直播上课，上线 4 天就登上了 App Store 新闻类排行榜榜首，成功打造"停课不停学"的"名校课堂"。

四、省级以上广电机构网络传播力分榜单：短视频渠道

2020 年，38 家广电机构在短视频平台表现优异，千万级粉丝量账号由年初的 15 个增加至 25 个，百万级账号数量增长近一倍。CTR 短视频监测显示，2020 年 38 家广电机构之中的中央广播电视总台、湖南广播电视台和河南广播电视台在短视频平台传播力位列前三。

表 11－5　2020 年 38 家省级以上广电机构网络传播力短视频排行榜（前十名）

名次	媒体名称	名次	媒体名称
1	中央广播电视总台	6	上海广播电视台
2	湖南广播电视台	7	北京广播电视台
3	河南广播电视台	8	福建广播电视集团
4	四川广播电视台	9	山东广播电视台
5	浙江广播电视集团	10	湖北广播电视台

中央广播电视总台在抖音、快手平台共有超 50 个百万级以上头肩部账号（"央视新闻"粉丝量已破亿），并在短视频平台不断创新合作方式，利用交互式话题和流行文化符号吸引年轻用户。

嫦娥五号登月期间，"央视新闻""央视频"与抖音平台合作，推出话题"你好月球"，发布使用"抓月亮道具"拍摄的视频，吸引网友关注、模仿并参与创作投稿，累计获得 8.8 亿次互动量，在年轻用户群体中获得热烈反响。

2020 年底，"央视新闻"与抖音合作推出话题"2020 年最后一个拥抱"，中央广播电视总台主持人康辉、朱广权、尼格买提和众多抖音 KOL（Key Opinion Leader，意见领袖）均积极响应，带动网友参与投稿，截至 2021 年 1 月 31 日已累计获得 9.3 亿次播放。

省级广电机构中，湖南台共有 30 个百万级及以上粉丝量的头肩部账号，其中老牌综艺节目"快乐大本营"官方账号在抖音、快手平台均有超千万粉丝。河南台拥有 2 个千万级粉丝量的频道账号和 26 个百万级账号。四川台的"四川观察"以"四处观察"的定位在 2020 年异军突起，截至 2020 年底其粉丝量已超 4 000 万个，成为省级广电机构中粉丝量最高的抖音号，带动四川台在短视频分榜单中较 2019 年提升了 20 名，短视频分榜单排名第四。

省级以上广电机构网络传播力分榜单：

2020 年 38 家广电媒体在"两微"和其他第三方平台（微博、微信和其他第三方渠道）持续运营，整体活跃账号规模与去年持平。

表 11 - 6　2020 年 38 家广电机构网络传播力"两微"和其他第三方平台排行榜（前十名）

	微博排名		微信公众号排名		第三方平台排名
1	中央广播电视总台	1	中央广播电视总台	1	中央广播电视总台
2	湖南广播电视台	2	浙江广播电视集团	2	江西广播电视台
3	上海广播电视台	3	黑龙江广播电视台	3	上海广播电视台
4	北京广播电视台	4	广东广播电视台	4	浙江广播电视集团
5	江苏省广播电视总台	5	上海广播电视台	5	北京广播电视台
6	浙江广播电视集团	6	辽宁广播电视台	6	河南广播电视台
7	湖北广播电视台	7	江苏省广播电视总台	7	湖北广播电视台
8	山东广播电视台	8	安徽广播电视台	8	江苏省广播电视总台
9	河南广播电视台	9	陕西广播电视台	9	吉林广播电视台
10	安徽广播电视台	10	贵州广播电视台	10	湖南广播电视台

中央广播电视总台在微博、微信和其他第三方平台已拥有 2 个粉丝量过亿、2 个季度阅读量过亿的超级头部账号和共计 21 个粉丝量（微信：季度阅读量）超千万的头部账号，优质账号矩阵发展稳定。

新冠肺炎疫情期间，中央广播电视总台"两微"账号持续高频发布有关新冠肺炎疫情的最新资讯，成为"两微"平台最权威的信息源，其中超 50 条相关博文互动量超百万次，上千条公众号文章阅读量破 10 万次。"央视新闻"发起的"共同战疫"强化疫情相关舆论引导力，话题讨论量高达 630.1 万次，阅读量超 114 亿次。短视频栏目《主播说联播》在"两微"平台成绩依旧亮眼，微博端"主播说联播"话题讨论达 180.6 万次，阅读量高达 79.6 亿次；微信端近 300 篇内容篇均阅读量超 10 万次。

此外，从年初春晚与快手平台合作，到年末的跨年晚会与哔哩哔哩合作，中央广播电视总台不断尝试跨平台合作，主动拥抱亚文化，重视针对年轻圈层的精准传播，具体表现为在内容呈现上选取"互联网原住民"熟悉的影视、动画、游戏经典 IP 音乐和舞蹈，以此打造节目；通过舞台设计提升 IP 表现力的同时，创造新的记忆点，成功赋予"旧内容"以"新活力"，拉近与"亚文化主导平台"用户的距离。

上海广播电视台在微博、微信和第三方平台整体表现突出，均进入各平台榜单前 5 位。"新闻坊"微信公众号全年共计近 900 篇文章的篇均阅读量超 10 万次，占上海广播电视台十万级文章总数的 88%；除新冠肺炎疫情相关内容外，主要集中于上海本地社会新闻，贴近当地百姓生活。微博端"看看新闻 KNEWS"官方账号推出"看看直播"话题，关注最新发布会信息，直播热门事件现场，平台互动量（阅读 + 讨论）高达 38.2 亿次。"看看新闻"头条号粉丝量超千万，在省级广电机构中排名首位。

浙江广播电视集团在微信端的传播力表现突出，15 个微信公众号在 2020 年共收获 1 200 篇阅读量"10 万 +"文章，"浙江交通之声"公众号贡献了 96% 的"10 万 +"文章；"浙江卫视"公众号发布的《本文内容〈奔跑吧〉兄弟团创作……》文章、图片和视频均由节目嘉宾制作完成，充分利用明星号召力，累计获得在看量 1.3 万次。微博端 14

个账号的 150 条博文互动量（转评赞）超 10 万次，其中"1818 黄金眼"关注社会热点新闻，发动主题投票活动并关注网友对事件的观点，多条内容互动量突出。

黑龙江广播电视台微信端保持传播优势，全年收获超 1 400 篇阅读量"10 万＋"文章，8 个公众号季度阅读量超百万次，其中"新闻夜航""黑龙江交通广播""龙视新闻在线"季度阅读量均超千万次。

江西广播电视台在其他第三方平台传播力表现突出，百万级粉丝量账号共计 15 个，位列省级广电机构之首，旗下"经典传奇""江西五套新闻晚高峰""金牌调解 TV"和"江西网络广播电视台"头条号粉丝量均在 300 万人次以上。

五、主流媒体海外社交平台融合传播效果评估

CTR 海外社交平台研究显示，截至 2020 年底，国内主流媒体在 YouTube、Facebook 平台共有超过 500 个官方账号持续运营，借助海外新媒体平台提升传播能力，为讲好中国故事、构筑全新国家传播发声通道提供全新路径。随着平台算法、功能的更新，国内账号也在进行内容迭代和差异化调整，部分账号已开始进行差异化运营并取得良好成效。

CTR 根据账号订阅量、发文量、互动量等多个维度对主流媒体机构的海外传播效果和影响力进行评估，中央广播电视总台海外社交平台影响力独占鳌头，账号覆盖全部 44 个语种，全球粉丝量 3.7 亿，在国际传播中积极呈现中国视角、表明中国立场，展现真实中国形象。

中央广播电视总台在两平台发文量均在十万级以上，在各家广电机构中均排名首位，发布内容不乏精品，特别是 2 月 CGTN 推出英文版新闻纪录片《武汉战疫纪》，回顾武汉封城 1 个多月间发生的真实故事，YouTube 平台累计播放量超 1 700 万次；相关视频被 21 个国家和地区的 165 家境外电视频道和新媒体平台采用，被 4 家境外媒体机构在 9 个频道或新媒体平台完整播出。

除中央广播电视总台外，人民日报、新华社和中国日报海外账号粉丝量也在亿级以上，报道量均在万级以上，主流媒体的海外影响力已见规模。

广电机构中湖南、上海、浙江和贵州台均榜上有名。湖南台账号"湖南卫视芒果 TV"发布的综艺节目《明星大侦探》在 YouTube、Facebook 平台都获得高播放、高互动量，深受平台用户喜爱。

表 11－7　2020 年主流媒体机构海外社交平台融合传播效果排行榜（前十名）

名次	媒体名称	名次	媒体名称
1	中央广播电视总台	6	中国新闻社
2	人民日报	7	湖南广播电视台
3	新华社	8	上海广播电视台
4	中国日报	9	浙江广播电视集团
5	中国网	10	贵州广播电视台

CTR 对订阅量高、传播效果突出的账号盘点发现，Facebook 平台的中央广播电视总台账号"CGTN""iPanda 熊猫频道"、新华社账号"飞越中国"和 YouTube 平台的中央广播电视总台账号"CCTV"都具备国内头部级别的传播能力和订阅体量。

此外，通过对国内账号获得显著传播效果的优质 IP 梳理发现，关于熊猫、中国美食、中国航天的 IP 受海外用户关注，自监测以来热度不断提升；具有一定故事性或高审美导向的系列图文产品更容易引发互动。如新华社发布的中国美景系列摄影帖、CGTN 开设的 *Amazing Xinjiang* 系列涉疆摄影合集、*China Faces* 系列展现中国百姓形象的人文内容产品等，已成为代表账号形象的明星内容。

回顾不平凡的 2020 年，尽管融合之路面临各种挑战，但主流媒体并未却步，而是积极拥抱变化，保持昂然向前的奔跑态势，奋力打造出融合发展的新局面。随着"推进媒体深度融合"写入国家"十四五规划"，主流媒体的融合发展将再次提速。CTR 将持续关注主流媒体的融合发展趋势，对媒体融合的未来充满期待。

本章小结

本章阐述广播、电视与书、报、刊、短音视频的融合竞争，指出竞争是广播电视事业生产力发展的鲜活显现。

复习思考题

1. 阐述广播、电视与书、报、刊、小音视频在融合竞争中的各自优势与劣势。
2. 学习"2020 年主流媒体融合传播效果年度报告"的结构样式与写作技巧。

延伸阅读

2022 全国两会泽传媒指数 Day 1　广东湖南江苏分别居前[①]

2022 年，融合传播智库——泽传媒对全国两会全媒体传播的数据监测与发布进入第十个年头。

2022 全国两会泽传媒指数在原有指标构成的基础上全面升级，紧扣时代主旋律，首次启用自主研发的传播评估系统，连同数据监测、专家评议、网民评分等指标共同组成今年的两会指数，力求客观、系统、全面地呈现广电媒体报道"为人民谋幸福，为民族谋复兴"的融合传播效果，传递各台时政新闻主体平台深度融合传播成果。

---

① 本文来源于坐北科技泽传媒微信公众号，https：//mp.weixin.qq.com/s/9hYE8roJQ88B－Lmo1－6QuA，2022年3月4日。

3月4日，2022全国两会第一天截至16时，省级联播、省级广播、省台App泽传媒指数分别如下：

表11-8　2022年3月4日全国两会省级联播泽传媒指数（前二十名）

序号	联播名称	泽传媒指数	序号	联播名称	泽传媒指数
1	《广东新闻联播》	77.21	11	《贵州新闻联播》	70.62
2	《江苏新时空》	76.63	12	《山东新闻联播》	69.85
3	《福建卫视新闻》	76.29	13	《天津新闻》	69.24
4	《北京新闻》	75.58	14	《安徽新闻联播》	68.57
5	《东方新闻》	74.92	15	《宁夏新闻联播》	67.90
6	《湖南新闻联播》	74.17	16	《辽宁新闻》	67.13
7	《湖北新闻》	73.60	17	《广西新闻》	66.28
8	《河北新闻联播》	72.83	18	《重庆新闻联播》	65.07
9	《甘肃新闻》	72.04	19	《浙江新闻联播》	64.40
10	《四川新闻联播》	71.26	20	《江西新闻联播》	63.28

表11-9　2022年3月4日全国两会省级广播泽传媒指数（前二十名）

序号	联播名称	泽传媒指数	序号	联播名称	泽传媒指数
1	湖南广播	75.80	11	浙江广播	70.55
2	河北广播	75.51	12	重庆广播	70.02
3	福建广播	75.13	13	贵州广播	69.37
4	江苏广播	74.42	14	安徽广播	68.81
5	北京广播	73.85	15	四川广播	68.25
6	上海广播	73.31	16	广西广播	67.66
7	广东广播	72.73	17	辽宁广播	67.12
8	山东广播	72.16	18	黑龙江广播	66.74
9	湖北广播	71.64	19	江西广播	66.39
10	天津广播	71.10	20	河南广播	65.80

表11-10　2022年3月4日全国两会省台App泽传媒指数（前二十名）

序号	App名称	泽传媒指数	序号	App名称	泽传媒指数
1	荔枝新闻	75.06	11	大象新闻	69.65
2	触电新闻	74.95	12	芒果TV	69.37
3	长江云	74.18	13	中国蓝新闻	68.74
4	北京时间	73.61	14	第1眼新闻	68.02

（续上表）

序号	App 名称	泽传媒指数	序号	App 名称	泽传媒指数
5	动静	72.88	15	津云	67.33
6	看看新闻	72.57	16	冀时	66.18
7	海博 TV	72.13	17	北斗融媒	65.57
8	四川观察	71.40	18	广西视听	64.70
9	闪电新闻	70.85	19	视听甘肃	63.68
10	今视频	70.29	20	极光新闻	63.11

第十二章

媒体竞争是广播重回影响力时代的加速器

本章要求

□ 了解生产力"加速器"对广播形成影响力的具体要素

从前些年的传播现象来看，好像是电视结束了广播的"黄金时代"。其实，对作为非纸质传播的"老大"——广播来说，它并未一蹶不振或偃旗息鼓，反而是来自电视"小弟"的竞争挑战，促使它重整旗鼓，再次融入媒体传播平台。

在媒体竞争愈发激烈的当今，在与电视争夺受众市场的过程中，广播更加清醒地了解自身的传播特性，并以此为出发点，扬长避短、力争求新，在与众媒体的竞争中，广播尽力以"你无我有，你有我优"的状态，坚持而潇洒地活出了自己的青春。

第一节　生产力是加速器——广播重新进入影响力时代

在业界、社会上，有不少人认为：广播的优势体现在其所需的物质基础不高，仅是传播音频内容，节目制作成本相对较低，传播容易，收听方式灵活。广播收听设备因其便携的特质，一直深爱中老年受众青睐，即使是在境遇艰难的日子里，也有不少人在关注它。

一、媒体融合时代，广播功能发扬光大

报刊、影视等媒体的共同特点是具有其客观可视的物质形态，从人体感知信息的特点上看，它们的抗干扰性强，最能也最易获得人们的关注。影视图像的智力（文化）门槛也低，加上声音的辅佐，声画双通道更容易获取受众的关注。所以报刊、影视被称为"显性媒体"。

广播则不然，它的传播载体只有声音，节目是否中听入耳，全靠声音传递的内容来吸引听众的注意力，故被称为"隐性媒体"。"过目难忘"是对"显性媒体"传播效果的最佳赞赏；"入耳入脑入心"和出自《列子·汤问》的"余音绕梁，三日不绝"之类的定义，则是对"隐性媒体"声音优美悦耳，韵味无穷的夸赞。

从本质上讲，"显性媒体"和"隐性媒体"的传播效果是没有可比性的，它们各有自己的传播语境和空间，它们之间没有本质上的竞争。

1. 世界各国需要广播宣传

因为声音传播技术的单一性，其短波信号可以不依靠过多的转播环节，只依靠无线电波的反射，输送至世界任何一个角落，所以世界各国（特别是发达国家），都还是以广播作为政府、机构的主要喉舌，如中国中央人民广播电台的《中国之声》全球广播、英国BBC全球广播、美国《美国之音》全球广播，都是各国的重要舆论宣传平台。广播电台这一强大的信息平台，由于短波信号的远距离传输优势，可让信号传至较远地区。

2. 广播是中国广大农村地区重要的思想舆论阵地

广播肩负着传播社会主义先进文化、巩固发展社会主义意识形态、保障广大人民知情权的重任，因此，农村广播的存在很有必要。

目前，农村广播在传播时效性方面比电视传播更快、更便捷，无论哪里发生新闻事件，只需打电话到电台，马上就能播出，也可以采用新闻记者现场播报的方式，这些优势

目前是电视台无可比拟的。农村广播不但承担社会宣传的功能，同时，还是党和政府的喉舌，是社会的主流媒体，肩负着及时传播党和政府声音的重任。

为实现广播电视信号全覆盖，国家自 1985 年 8 月开始，持续实施广播电视卫星信号入户工程。从 2011 年开始的"中星 9 号"直播卫星的"户户通"工程，给用户直接接收直播卫星广播电视节目信号提供了条件。直播卫星广播电视用户可免费接收加密传输的 13 套中央人民广播电台广播节目、3 套中国国际广播电台广播节目和本省（或自治区、直辖市）的广播节目。为方便用户收听广播，直播卫星机顶盒内置一个小喇叭，不用打开电视机，用户直接用机顶盒就可收听广播节目。①

3. 应对突发灾难、战事，广播是第一有效的信息传播工具②

2008 年 5 月 12 日汶川地震，给灾区造成严重破坏：灾区道路中断、电力中断，成为信息孤岛。此时，广播一时成为身处灾区的人们获得信息的唯一渠道。

一位回北川老家探亲休假的军人说到广播在地震之后的作用："我从倒塌的房子里扒出收音机，打开，就听见《中国之声》，我非常感谢。地震时，我们与外界失去了联系，听到《中国之声》的报道，知道这次汶川大地震是 7.8 级，后来更正为 8.0 级。通过《中国之声》，我们知道全国各族人民给了我们灾区很大的帮助、关怀和支持……前方的记者和《中国之声》的播音员，是你们的声音给了我们希望。"

请看几则汶川地震期间听众对广播的衷心赞赏：

（1）广播快速发声。

地震发生后，汶川与外界失去联系时，中央人民广播电台记者随救援部队最先进入汶川灾区，第一个发回有关汶川的灾情报道；空中救援中，中央人民广播电台派出 25 位一线记者分 12 路跟随直升机全程直播空中救援行动；中央人民广播电台先后有 70 多名记者赴一线，深入城市、乡镇、村寨，支起海事卫星信号接收设备、把电话打进直播间，随时随地跟进式报道。

中央人民广播电台发布权威信息，为听众解疑释惑，让听众了解党和国家的部署举措，心里有底不慌乱。

（2）广播成了通信工具。

2008 年 5 月 12 日地震初期，汶川灾区的通信中断，灾区之内以及灾区内外无法联络，此时，广播的通信功能被开发出来：原成都军区抗震救灾联合指挥部利用广播发布命令，民众利用广播寻亲觅友，救援人员利用广播了解彼此动态……广播节目的专业传输通道，成为社会通信系统的重要组成，凸显了广播的通信价值。

（3）广播抚慰心灵。

央广《中国之声》在《汶川紧急救援》中推出了《寻亲纸条》，为失去联系的人们牵线搭桥，推出了《同在星空下》，为灾区情绪紧张的孩子们提供心灵抚慰；《经济之声》推出了《彩虹行动》，携手百名权威心理专家，全方位支持灾区群众和抗震救灾相关人员

---

① 江澄：《我国卫星广播电视走过 30 年》，《广播与电视技术》2015 年第 7 期。

② 《汶川特大地震：我从废墟里刨出收音机》，国家应急广播网，http：//www. cneb. gov. cn/2016/07/25/ARTI1469439254816357. shtml，2016 年 7 月 25 日。

重建心灵家园。

中央人民广播电台还推出知识性、科普性节目，为灾区人们提供自救、施救、卫生防疫等多方面知识。在节目中说最通俗的话语让听众能听懂，讲最简明的知识让听众能记住。

汶川地震后，为灾区捐赠、配发收音机成为热潮。时任中共中央军委主席胡锦涛亲自批示，中共中央军委为救援部队配发 17 万台收音机，中宣部和国家广电总局捐赠 10 万台收音机，中央人民广播电台捐赠 1 万台收音机，全国为灾区捐赠上百万台收音机。国家广电总局还为灾区临时调度 8 个中短波频率扩大和增强中央人民广播电台节目的覆盖范围，这些都足以说明广播对灾后工作的重要性和必要性。

4. 中央人民广播电台广播重新进入影响力时代

多位权威专家回顾总结 2008 年中国媒介业态发展时认为，中央人民广播电台 2008 年对南方低温雨雪冰冻灾害和汶川大地震等突发事件的一系列创新报道举措，标志着中国广播发展进入一个"拐点"，中央人民广播电台广播从此重新进入影响力时代。

在此后的玉树地震以及芦山地震后，中央人民广播电台《中国之声》开办了《玉树紧急救援》和《雅安紧急救援》，打通时段，滚动播出，收听率迅速蹿升。玉树地震后，中央人民广播电台少数民族语言广播增加了当地人听得懂的康巴藏语广播时间；芦山地震后，在中央人民广播电台《中国之声》特别节目《雅安紧急救援》中，采用四川方言播报信息成为亮点。此外，中央人民广播电台联合四川广播电视台、雅安广播电台、芦山广播电视台开办定向重灾区芦山播出的"国家应急广播·芦山抗震救灾应急电台"，在为灾区民众提供针对性实用信息方面进行了有益尝试。

如果说《爱心守望　风雪同行》是中央人民广播电台应急广播的开创之举，其后的《汶川紧急救援》《玉树紧急救援》《雅安紧急救援》以及开办"国家应急广播·芦山抗震救灾应急电台"则是应急广播的拓展之作。

在上述实践中，中国广播人逐渐形成了对中国应急广播的规律性认识。如，在极端情况下，广播具有媒介的唯一性，以及通信功能替代性；广播具有信息发布的快速性，尤其在预警信息发布上极为有用；广播具有服务的便利性，可实现信息的点对点服务；广播还具有为灾区民众重度依赖的工具性和陪伴性，等等。从风雪至雅安、从北京到芦山，中央人民广播电台应急广播在实践中不断深化对应急广播的规律性认识，这将使中国的应急广播走得更远。

广播除了依靠电波传播外，还可借助卫星传播，使高质量的信号输送至广大农村的千家万户。截至 2021 年 3 月 31 日，我国的广播、电视卫星信号直播"户户通"覆盖、开通用户数已经达到 130 874 794 户，覆盖率达至农村用户的 99％以上。以下是 2021 年 1 月 24 日《经济日报》的一段具体报道：

"户户通"连通村民多彩生活

——河北怀来县打通广播电视网络惠农"最后一公里"

【本报记者　宋美倩】怀来县地处燕山山脉北侧，受地域条件影响，当地村民鲜少有宽带用户和有线广播电视用户。当地政府与企业携手打通电视网络惠农"最后一公里"，村民们用上了有线广播电视，用上了网络，丰富了文娱生活，拓宽了收入渠道。

1月4日，燕山深处的河北张家口市怀来县王家楼回族乡东庄子村气温降到了零下20多摄氏度。工作人员在严寒中布线安装1小时后，童生海一家看上了有线电视，用上了广电宽带。

"我们这里离县城和乡镇都很远，很多人外出打工，我也携家带口在北京工作。没想到元旦回来头天打电话提出申请，第二天就上门安装好了。"童生海说。童生海家快速实现电视及宽带的互联互通，是河北广播电视信息网络集团股份有限公司怀来分公司有线电视和广电宽带惠农行动的一个缩影。据该公司经理杜玉泉介绍，过去3年里，怀来县实施有线电视和广电宽带"户户通"惠农工程后，有线电视用户由1.65万户增加到7.59万户，广电宽带用户由4 124户增加到2.21万户，分别净增3.6倍和4.36倍。

攻坚克难实现"户户通"

怀来县地处燕山山脉北侧，总面积1 801平方公里，其中山地和丘陵面积1 199平方公里，占全县总面积的66.6%。全县分布着海拔千米以上的山峰40多座，域内25万农村群众交通、通信、娱乐等均受到影响。怀来县委、县政府将有线电视和广电宽带"户户通"作为脱贫攻坚工作的重要部分，与河北广电网络集团怀来分公司密切配合，全面打通有线电视和广电宽带惠农"最后一公里"。

有线电视和广电宽带要实现"户户通"，基础设施建设是关键。怀来县政府和河北广电网络集团怀来分公司对3年完成全县17个乡镇279个行政村的光纤线路铺设目标制定详细规划，并做到目标到点、责任到人，力求完成一处，销账一处。通过省、市、县三级多方筹资共投入5 324.18万元，开始了1 300公里干线、3 000多公里支线光纤线路铺设的全面攻关。

前往怀来县官厅镇幽州村的道路是一条仅有3米左右宽、悬挂在半山之间的公路，上面是高耸入云的山峰，下面是陡峭的悬崖。河北广电网络集团怀来分公司副经理师广云说："网通工程施工难度最大的就是幽州村，全村400多户村民分布在永定河峡谷深处8平方公里范围内，这里离县城60公里，离乡镇30多公里，其中有20公里道路是山间挂壁公路。整个线路架设要翻越4座千米高山，跨越峡谷10多次。"

王家楼回族乡东庄子村的"户户通"工程是整体工程的收官之战。工期被安排在2020年年底，开工后不久突遇寒流，当地气温一下降到零下21摄氏度。工作人员经常需要脱掉手套施工，手上生出冻疮仍坚持奋战，终于在2021年元旦前完成了光纤主干线的架设任务，实现了全县有线电视和广电宽带由"村村通"到"户户通"的圆满过渡及农村家庭应通尽通的目标。

二、广播融媒体传播显特色

在融媒体的语境里，传统广播犹如插上了翅膀，其特色得到了强化。

（1）广播传播范围广，传播速度快，穿透能力强。无论是对内广播还是对外广播，这一特点都是广播的优势。尤其在对外传播中，广播的这一优势表现得更为突出。

（2）广播比报纸和电视具有更强的穿透力，因而它所能覆盖的范围、传播信息的速度，远远超过报纸和电视。这一点早已被国际传播的实践所证明。

（3）广播是靠声音来传播的。声音的魅力在于，它不仅传播了信息，还在这些信息中融入传播方的情感态度，从而对人们理解、接受信息加以引导。

第二节　新媒体时代下广播媒体发展精要[①]

21世纪以来，新媒体的快速发展，全面冲击着传统媒体行业。"传统媒体消亡论"在一段时间内备受关注。然而，新媒体对广播媒体的冲击却是相对平和的，广播媒体仅倒呈现出逆势上扬的趋势，个中缘由值得关注与研究。

一、新媒体对广播媒体的冲击

信息化社会促使媒介形态飞速变革，传播载体加持新技术语境下衍生出的媒介形态被称为"新媒体"。新媒体以其新颖、独特、趣味、便利等优势，吸引海量用户，对传统媒体造成巨大冲击。

新媒体对广播产生的冲击表现为：

其一，受众被新媒体分流。随着手机的普及，广播受众从收音机转向手机App，喜马拉雅、蜻蜓FM、阿基米德等音频App凭借自由回放、整合资源、节目众多等优势吸引年轻用户的关注。

其二，节目不及新媒体产品接地气。新媒体相较于传统媒体的一大亮点是"零时差"，且内容策划和表达方式丰富多元，能满足用户的个性化需求。此外，依靠医药广告为主要收入的广播媒体盈利结构单一，"吸金"能力远不及新媒体。

其三，新媒体为广播媒体发展注入了新动力。新媒体并不仅仅是传统媒体的挑战，在抢夺传统媒体用户、市场盈利空间和社会影响力的同时，新媒体也为广播注入了变革创新的动力，在"生存还是灭亡"的关头，广播媒体通过积极拥抱新媒体，整合媒介资源，实现媒体融合发展，也能开辟出生存之道。

[①]　本节编引自杨蔓：《新媒体时代下广播媒体发展优势及整合发展策略研究》，《视听》2018年第11期，第5-7页。

二、新媒体时代广播媒体的发展优势

广播为三大传统媒体之一，有音频内容和伴随性等优势。随着社会经济的发展和人口结构的变化，广播媒体在经过低谷后迎来了发展的新转机。

1. 用户结构调整

（1）汽车保有量增加带来用户增长红利。

经济环境是媒体转型升级的内趋性动力。《中国机动车环境管理年报（2018）》[1] 显示，2017 年，我国机动车保有量达 3.1 亿辆，汽车已经成为千家万户日常生活中的常备出行工具。汽车行业的蓬勃发展为广播开辟了车载用户市场，广播迎来车载听众驱动的结构性增长红利。《中国传媒产业发展报告（2016）》指出，"广播市场繁荣主要依托于汽车业发展，听众规模不断壮大，且受众定位清晰，广告价值高"，"听众最常使用的收听工具中，车载收音系统、手机占比最高，且车载收听市场仍然在持续增长"。

私家车的增加还促进了广播用户结构转型。传统广播的用户以老年人为主，用户结构失衡，价值变现潜力有限。私家车车主整体经济收入较高，具有较强的购买力，以中青年为主，用户变现价值更大，受到广告主的青睐。

（2）老龄化人口结构强化收听需求。

随着物质生活水平的提高，人均寿命延长，我国在 1999 年已经步入老龄化社会，预计在 2025 年和 2040 年将分别步入深度老龄社会和超级老龄社会[2]，老龄人口不断增加。广播作为伴随性的声音媒介符合老年人视力下降、锻炼伴随获取信息的生理需求。

2. 广播媒体优势

新媒体高歌猛进，有人认为无论从受众、媒介、用途还是广告来看，传统广播已全面边缘化，"炉边谈话"与"火星人入侵地球"的辉煌典故早已不再，可实际情况并非如此。

（1）广播声音媒介的伴随性特点难被取代。

广播作为一种伴随性的媒介，能在用户工作、休闲中"顺便"收听，符合用眼过度、生活节奏较快的现代人获取资讯的需求，通过声音传播的伴随性媒介恰恰是目前以阅读、视听等以眼来感受为主的新媒体的布局短板。

（2）优质内容成为信息爆炸中的稀缺资源。

信息化时代，信息爆炸导致信息泛滥，尽管新媒体将看什么样的信息的选择权交给了用户，但是用户反而更难获取有效信息，优质内容是亟待填补的市场。

新媒体在整合资源和创意表达上吸引了大量用户，但内容生产的主力军还是传统媒体及转行的人才，专业化内容是广播多年实战中的经验优势，广播节目质量很大程度上受主持人专业素养影响。广播节目制作主要由主持人负责，一档节目通常配备一名主持人，这名主持人几乎要独立完成选题、策划、撰稿、播音、邀请嘉宾、听众互动等各环节。在日

---

① 《机动车污染已成中国空气污染重要来源》，百家号，http：//baijiahao.baidu.com/s？id=160205157582858179&wfr=spider&for=pc，2018 年 6 月 1 日。

② 姚静、李爽：《中国人口老龄化的特点、成因及对策分析》，《人文地理》2000 年第 5 期，第 24 页。

积月累中，主持人通常具有较强的业务素养，相较于新媒体兼职主播更具有生产优质内容的能力。

（3）广电系统改革增强服务意识。

改革开放以来，我国从计划经济转向市场经济，媒体逐步推进市场化改革，向以服务为核心、以市场为主导的经营模式转变。广电系统全面落实中央文化体制改革部署，以集团化改革为起点，进行"事业单位的企业化经营"。广播媒体也调整转型，加入市场竞争，树立用户观念，从作为传声筒的宣传机构向服务用户生活转变，"接地气，近民生"成为广播吸引用户的一大亮点。

3. 新的发展机遇

罗杰·费德勒在《媒介形态变化：认识新媒介》一书中说："新媒介并不是自发地和独立地产生的——它们从旧媒介的形态变化中逐渐产生。"[①] 新媒体给广播发展带来新机遇，数字广播、网络广播、移动音频 App 的繁荣发展使广播伴随性收听的优势不断放大，广播媒体与社交平台融合拉近了广播传、受者之间的距离，听众的互动性大大提升。

（1）新技术攻克地域局限。

受技术条件、基建设施、发射功率等限制，传统广播具有地域局限性。除央广面向全国外，各地只可收听到省内节目，用户群有限。借助覆盖全球的互联网，广播可通过网络传送给其他网络终端用户，克服地域限制，客观上使所有互联网用户成为潜在用户，极大地拓展了用户规模。

（2）新平台拓宽用户市场。

移动互联网时代的视听媒体具有互联网属性，人格化、人工智能、直播、用户体验技术、大数据等新玩法在广播中不断被尝试。近年来，蜻蜓 FM、喜马拉雅、阿基米德、蓝天云听等 App 渐成气候，成为传统广播电台变革的前锋。广播媒体通过与这些平台合作，在年轻用户中逐渐打开市场，并开发出适应新媒体用户的内容产品，如有声读物、书评等音频产品，吸引年轻人的关注。

（3）互动性提升用户黏性。

传统广播是单向线性传播，用户被动接收信息，互动渠道不畅，难以有效反馈。新媒体为广播和用户提供了一条供双方互动交流的渠道，以阿基米德为例，阿基米德以内容生产、终端用户、广告主为出发点，通过多维度融合，成为广播媒体、用户、广告主三者的纽带，构建一个跨平台、跨地域、跨介质的广播生态圈。通过后台虚拟网络社区，入驻阿基米德的广播电台可与用户之间随时互动交流，用户参与性大大提升。

（4）音频库解决留存难题。

稍纵即逝、难以留存是传统广播的弊病，新媒体技术让广播节目变成了一个个可保存的音频文件，人们可以根据需求自由选择节目回放重听，标签分类方式和音频库系统使查找广播节目音频变得高效和方便，突破时间限制让广播恒久保存。

---

① 罗杰·费德勒著，明安香译：《媒介形态变化：认识新媒介》，北京：华夏出版社2000年版，第14页。

三、广播整合发展策略

应对新媒体的冲击，广播媒体要树立融合意识，以整合发展策略调动资源，与新媒体保持相互促进、合作共赢的关系，才能在危机中立于不败之地。因而，广播媒体需转型构建智慧视听融媒体。

1. 创建精准对接用户的大数据营销

未来属于大数据，谁掌握了大数据，谁就掌握了用户规律，对属于信息产业的广播媒体来说尤为如此。随着互联网、物联网、云计算、三网融合等技术的发展，深度挖掘和利用大数据潜在价值成为媒体竞争的着力点，为媒体创建精准对接用户的新型数据营销创造了巨大的机遇。

大数据营销通过互联网采集大量行为数据，帮助广告主找出目标受众，以此对广告投放的内容、时间、形式等进行更精准的预判调配，达成更佳的营销效果。随着媒体市场的发展，"媒体为王"向"用户为王"转型，用户规模和活跃度成为衡量媒体影响力的标准，维系和拓展用户群是新旧媒体共同面临的挑战。广播媒体面临的难题是，网络渠道用户群更为分散，既不知道目标用户在哪，也不知道如何抓住目标用户的注意力，难以提供精准对接用户的内容和服务。大数据通过采集用户痕迹，从而智能分析用户喜好偏向，甚至通过用户其他搜索习惯和消费倾向，为广播展示更具体、细节更丰富的用户画像，打破了点状的用户特征，展开了一张链接同一用户不同面、不同用户同一面以及不同用户不同面的数据网络，为广播精准对接目标用户提供智能化算法和数据支持。正如今日头条、淘宝等平台在算法运作下，基于用户使用轨迹的差异化智能推送，让用户产生恰如所需的贴心感受，以个性定制的信息服务精准对接用户需求。

可以预见的是，大数据将作为广播生产与流通的基本手段与依据，服务于节目生产、广告投放、用户维护等方方面面，促成传统广播展开一场颠覆性的变革，让"老电台书写新故事"。

2. 从单一走向融合，打造融媒体平台

"互联网＋"时代，传统媒体内容、权威的核心竞争优势没有改变，市场从不缺少对内容价值的需求，新旧媒体合作共赢已然成为双方共识。移动互联网、PC互联网、平面媒体、广电媒体等渐趋融合，从单一走向融合是广播媒体的必然选择。

如何实现融媒体化还处在"摸着石头过河"的探索阶段。2016年2月19日，人民日报"中央厨房"全媒体平台正式上线，以内容生产传播为主线，打破简单的"采编发"一体流程，构建全流程打通的、完整的媒体融合体系。[1] 在此基础上，"中央厨房"另建了一条崭新的业务线——融媒体工作室，鼓励报、网、端、微采编人员组合完成项目制施工，实现资源嫁接、跨界生产，释放全媒体内容生产能力和融合发展合力。

打造融媒体平台是各大媒体的改革方向。平台化将破除广播媒体孤军奋战的格局，将

---

[1] 赵光霞、宋心蕊：《我国媒体融合步入深水区 各媒体"中央厨房"建设一览》，人民网，http://media.people.com.cn/n1/2017/0811/c14677-29464293.html，2017年8月11日。

内容、运营、渠道商服务、高新科技等资源集合在同一平台上，并促进多方在此深度合作。广播媒体身为平台一员主要作用于内容数据库，缺乏构建自身技术体系的动力。中央深改组明确指出，技术和内容同等重要，要成为真正的全媒体，必须建立自己的全媒体技术平台。[①] 广播应当融入数字化、网络化、智能化的融媒体平台，参与合作研发，主动进行常态直播和多屏互动，时刻把握科技和媒介发展的前沿动态。

可以预测，新型融媒体平台类似于新型大型媒体集团，甚至会超越媒体集团巨头成为新型主流媒体，广播将在融媒体平台上延续主流媒体风范。

3. 以情感诉求取代功能主义，以价值共鸣驱动品牌发展

品牌对广播立足市场、塑造口碑、稳定用户和突出差异化等方面具有重要的现实意义。品牌效应影响用户选择产品的倾向，有效的品牌建设既迅速吸引用户，还能让产品在竞争对手中脱颖而出。

从营销1.0到营销3.0，用户消费驱动力经历了由产品功能向价值观驱动的转变，用户功能性需求衰减，文化价值诉求日益显著。"现代营销学之父"菲利普·科特勒通过对消费者的生存和心理状态的分析，指出"在当今充满全球化矛盾的时代，消费者的一般性焦虑和期望是：他们希望整个社会和世界能够变得更美好，更适合人类生活和居住"。广播要使自身的使命、愿景、价值观和消费者所期望的一致，需从价值共鸣建设品牌形象。

广播的品牌化建设一是要从实践入手，以整体品牌带动各部分品牌构建，以各部分品牌助力整体品牌构建，以频率品牌、栏目品牌、主持人品牌、活动品牌协同发展形成整体品牌优势。二是重视品牌价值观的构建，对外输出品牌形象时讲好品牌故事，通过满足用户的情感诉求让广播的品牌价值观深入人心，响应时代对精神文化的需求。

4. 实现生产、传播、互动的全方位智能化

清华大学彭兰教授在《智媒化：未来媒体浪潮》[②] 中指出，智媒化具有万物皆媒、人机合一、自我进化等特征。为适应智能化媒介变革，广播须加大技术研发投入，引入智慧机器，从生产、传播、互动、反馈等环节全方位匹配用户需求。

第一，实现生产智能化。内容生产是广播的核心，随着人工智能和大数据的进一步发展，用户分析将更加精准，洞察用户在特定场景下的行为需求，以便广播生产精准对接用户需求的产品。此外，智能化机器进入节目内容采集、分析、写作等环节，改变现有的广播内容生产模式，由多元主体在去中心化模式下协作完成报道。

第二，实现传播智能化。得益于智能分析，精准推送广播节目的效率将大大提高，大数据智能推荐用户所需的信息与服务。广播接收端将从移动端走向"万物皆媒"，各种智能物体将成为新闻接收终端，传播无所不在。AI场景营造技术将塑造临场感，带来更好的广播体验。

第三，实现互动智能化。未来智能互动将实现从物理反应到生理反应的飞跃发展，以传感器监测用户使用习惯、情绪起伏等生理数据，更好地对用户互动反馈情况做出分析，

---

① 《中央深改小组通过媒体融合意见　打造新型主流媒体》，人民网，http：//culture. people. com. cn/n/2014/0821/c172318 - 25507951. html，2014 年 8 月 21 日。

② 彭兰：《智媒化：未来媒体浪潮——新媒体发展趋势报告（2016）》，《国际新闻界》2016 年第 11 期，第6 - 24 页。

降低人力成本，提升用户的互动体验。

智能化是大势所趋，但广播须警惕对数据和机器的迷信滥用，保持对事物的洞察力和判断力，注重人在个性创作、经营管理上的价值。

四、结语

"不期修古，不法常可"，广播媒体在融媒体浪潮中当变革创新，拥抱互联网思维，积极推动媒体融合，在合作中求发展，承袭主流媒体的价值风范。

==================== 本章小结 ====================

广播重新进入影响力时代，并赶上了媒体融合时代，在融媒体的语境里广播功能发扬光大，传统广播犹如插上了翅膀，让人们了解了它的特色。在融媒体时代，央广广播新闻运营开拓新范式。

==================== 复习思考题 ====================

1. 为什么说广播重新进入影响力时代，并赶上了媒体融合时代？
2. 谈谈你对中国网络视听行业施行精细化管理的思路与方法。

==================== 延伸阅读 ====================

2021：中国网络视听行业的现状、发展与精细化管理[①]

汤　捷　雷泽颖

网络视听节目服务，是指制作、编辑、集成并通过互联网向公众提供视音频节目，以及为他人提供上载传播视听节目服务的活动。根据中国网络视听节目服务协会发布的《2020 中国网络视听发展研究报告》显示，截至 2020 年 6 月，我国网络视听用户规模达 9.01 亿，网民使用率为 95.8%。该报告还首次公布，我国网络视听产业规模在 2019 年已达 4 541.3 亿，成为我国网络娱乐产业的核心支柱。作为社会主义文化的重要组成部分与文化传播的重要载体，新时代网络视听在媒体深度融合的大背景下，如何更好地服务党和

---

① 本文来源于腾讯研究院（ID：cyberlawrc）：《网络视听前沿》（网络版），2021 年 6 月 21 日。汤捷，腾讯研究院高级研究员；雷泽颖，腾讯研究院助理研究员。

国家工作大局，实现高质量创新性发展，需要多方配合、协同努力。

一、网络视听行业现状：从生力军到主力军

我国网络视频行业发展始于 2005 年。2005 年 4 月 15 日，土豆网正式上线，开启了中国网络视频时代。这一时期网络视频的生产以用户上传内容的 UGC 模式为主，视频平台仅承担管理者的角色。但由于 UGC 流量分散、宽带成本高，商业价值难以变现，并且版权侵权高频多发，平台逐步向以版权内容为主的长视频过渡。此时的网络视频平台主要将内容运营重点放在电影、电视剧、综艺节目、动画等长视频内容上，通过外部采买和自制，不断扩大长视频的内容储备和各类内容布局。而随着移动互联网快速发展和智能终端的迅速普及，整个网络视频行业更是迎来了爆发式增长，视频内容能够触达到更多的用户，也能够占据用户更多的生活场景。同时，技术的发展让用户生产制作内容的门槛逐步降低，内容质量也更有保证，2016 年，以快手、抖音、秒拍等为代表的移动短视频平台崛起，短视频内容生产者团队也在平台推动下迅速壮大，加之垂直类视频直播的纷纷崛起，网络视听行业发展到今天，已形成了长视频与"短视频＋直播复合模式"的社交娱乐视频"双雄并进"的新格局。

随着网络视听节目制作能力的显著提升，一批优质作品凭借独特的美学价值、文化内涵与传播特点为观众带来丰富的视觉体验。网络视听节目播放时长逐年提高，网络视听节目也逐渐受到权威奖项的认可。上海电视节白玉兰奖、中国电视剧飞天奖、中国电视金鹰奖等针对传统电视节目的奖项逐步将网络视听节目纳入评选范围。如第 26 届白玉兰奖的10 部"最佳中国电视剧"入围名单中就有《破冰行动》《长安十二时辰》《庆余年》《鬓边不是海棠红》4 部网络剧，网络纪录片《但是还有书籍》获得第 30 届金鹰奖最佳电视纪录片。越来越多的网络视听作品选择现实题材，反映社会价值的主旋律，更好地弘扬社会主义核心价值，构建精神价值与精神力量。

随着网络视听行业的迅猛发展，我国针对网络视听行业也已形成了较为完善的法律监管体系。1999 年 10 月，广电总局发布了我国首个针对网络视听服务的规范性文件——《关于加强通过信息网络向公众传播广播电影电视类节目管理的通告》，该文件明确了在我国境内开展信息网络传播节目活动需要报广电总局批准，并规定了禁止危害国家安全、破坏民族团结等十种类型节目的传播。之后，随着《互联网等信息网络传播视听节目管理办法》《互联网视听节目服务管理规定》《关于加强互联网视听节目内容管理的通知》《关于进一步加强网络剧、微电影等网络视听节目管理的通知》《互联网视听节目服务业务分类目录（试行）》等一系列规章文件的出台，网络视听行业监管日渐完善，形成了以《信息网络传播视听节目许可证》等行业准入为基础，网络视听节目内容审查为重点，网络视听安全播出为主要抓手的监管体系，网络视听也朝着从生力军迈向主力军、从新阵地迈向主阵地奋力跨越。

二、网络视听行业的机遇与挑战：加强版权保护、推动精品力作

1. 国家政策扶持有力促进行业繁荣发展

日前发布的《国民经济和社会发展第十四个五年规划和2035年远景目标纲要》提出，坚持马克思主义在意识形态领域的指导地位，坚定文化自信，坚持以社会主义核心价值观引领文化建设，围绕举旗帜、聚民心、育新人、兴文化、展形象的使命任务，促进满足人民文化需求和增强人民精神力量相统一，推进社会主义文化强国建设。并重点要求，实施文化产业数字化战略，加快发展新型文化企业、文化业态、文化消费模式，壮大数字创意、网络视听、数字出版、数字娱乐、线上演播等产业。2019年8月11日，广电总局出台《关于推动广播电视和网络视听产业高质量发展的意见》，从推动内容产业健康繁荣、营造健康有序的营商环境、培育壮大骨干企业等十六个方面，对推动网络视听行业高质量发展提出了具体措施，为网络视听行业今后的高质量发展提供了坚实基础和政策保障。

2. 数字技术发展推动产业不断升级

在创新驱动发展战略之下，5G、人工智能等新兴技术不断适用于网络视听从生产到播放的各个环节，例如，"5G+超高清+VR/AR"技术的布局将进一步增进受众"身临其境"之感；利用区块链去中心化、互信任、防篡改、可追溯的特点来实现多方参与、资源共享、数据可信、成本节约、安全监督。市场驱动及新兴技术将使网络视听的表达更加充实，传播更加高效。技术的发展也为网络视听商业模式带来无限可能，互动式视频、沉浸式视频、虚拟现实视频、云服务等高新视频新业态，拓展节目形态、创新节目模式，网络视听产业也将随着新技术的发展不断朝着更高水平的方向迈进。

3. 新一代付费习惯养成，为网络视听行业高质量发展提供了坚实基础

长视频注重对于内容的打造，强调用户的沉浸式体验，其内容生产者往往与用户的互动不强，商业模式以用户订阅会员+广告为主。随着经济生活水平的提高与平台视听作品的吸引力增强，会员付费正逐步为新一代的视听用户所接纳。根据爱奇艺2020年第四季度财报，爱奇艺会员服务收入为38亿元人民币，全年会员服务营业收入已经达到了165亿元人民币，比2019年增长14%，而广告收入在第四季度为19亿元人民币，全年广告收入为68亿元人民币。爱奇艺会员服务收入已经代替广告收入，成为第一大收入来源，运营亏损率连续三个季度同比大幅收窄，也为各长视频平台的盈利带来希望曙光。

（1）版权保护需进一步完善。

内容创作是影视节目发展的基石，对其版权的保护便至关重要。与长视频平台定位相同的"奈飞"得以盈利，除了美国受众长期以来的付费习惯之外，还有美国严格的版权保护制度，使得侵犯长视频版权的行为较为罕见。而在我国长视频版权侵权现象仍较为普遍，根据相关版权检测机构发布的数据，2019年到2020年10月期间，在国内上映的136部院线电影，共监测到短视频侵权链接6.42万条。热播和经典电视剧（包括网络剧）方面，《甄嬛传》《亮剑》等热门电视剧短视频侵权量分别达到26.11万条、17.67万条，独家原创作者被侵权率高达92.9%。热门影视剧、综艺节目、体育赛事都已成为短视频侵权重灾区。随着5G时代的来临，短视频产能将进一步释放，法律规范、行业准则、短视频创作相关约束条款需要进一步完善，以合力净化、优化短视频平台和公众账号生产运营者

的版权环境，形成"先授权后使用"的良性的网络视频版权生态。

（2）娱乐碎片化倾向明显。

根据《2020中国网络视听发展研究报告》显示，短视频人均单日使用时长增幅显著。2018年下半年，短视频应用的日均使用时长超过综合视频应用，成为网络视听应用领域之首；截至2020年6月，短视频以人均单日110分钟的使用时长超越了即时通信。

相对于长视频，短视频更多通过内容的丰富性和社交性吸引特定的受众，其生产门槛更低，内容往往是不具备情节的生活场景和个人才艺，以算法带来的定制化内容吸引用户，呈现出更加强大的娱乐化属性，体现碎片娱乐的特点。虽然短视频适应了空闲时间少的短暂需求，但是从数据来看，在其中所消耗的时间却并不短暂，容易形成非理性依赖。长此以往，于用户而言，其高度的互动性和参与性容易使其脱离现实空间，在虚拟空间中构造"理想王国"，降低其思考能力和批判能力。尼尔波兹曼曾说，文字培养理性思维，视频图像诉诸感性思维。如果说用户还能从对长视频的沉浸引发感性思维，不无从感性上升至理性的可能，短视频的娱乐倾向只能使其成为"杀死时间"的利器，其对于彰显时代精神，引领道德风尚的内容正向引导功能，还更多需要平台通过自律来达成。

三、网络视听行业治理建议：内容导向统一下的精细化管理

2020年11月，习近平总书记在中央全面依法治国工作会议上强调，要加快形成完备的法律规范体系，积极推进重要领域立法，健全国家治理急需的法律制度、满足人民日益增长的美好生活需要必备的法律制度，以良法善治保障新业态新模式健康发展。这为加快推进广播电视和网络视听领域的立法工作指明了前进方向、提供了根本遵循。日前，国家广播电视总局在其官网上面向社会公开征求对《广播电视法（征求意见稿）》的修改意见，学术界和实务界对于广播电视概念的内涵与外延、广播电视与网络视听的监管体制等问题，均提出了一些有益的意见建议。笔者认为，在牢牢把握正确导向、严守内容安全底线的前提下，坚持对广播电视和网络视听采取分类精细化管理，不失为一条可行之道。

2007年，为了解决新型视听技术发展造成的监管政策缺位等问题，欧盟出台《视听媒体服务指令》，规定对包括传统电视频道、IP电视、互联网广播电视、手机电视、网络视频点播、移动多媒体等视听媒体进行统一规制、分类监管。

该指令以"视听媒体服务"为上位概念，明确"视听媒体服务"是指媒体服务提供者通过电子通信网络，向大众提供资讯、娱乐或教育等节目为主要目的，并负有编辑责任的媒体服务。同时，根据媒体服务提供者对节目播出内容、时间等的控制程度的差异，该指令将视听媒体服务细分为线性媒体服务与非线性媒体服务两类：线性媒体服务即"广播电视"，是指不存在交互性，用户不能选择观看时间的视听服务；非线性媒体服务则为"点播类视听媒体服务"，指具有交互性，用户可以自行选择观看时间和观看内容的视听服务，并对二者在节目占比、广告插播等具体领域规定不同的制度要求。此外，基于网络视听的商业模式，该指令放宽了对于植入广告的管制与插播广告的限制，并规定要坚持从技术进步中获益的原则，在对视听媒体服务构建管理框架时，应充分考虑技术发展对商业模式的影响，为相关媒体产业和服务创造最佳的竞争条件。

在我国，广播电视和网络视听等新媒体存在诸多差异。就传播方式而言，广播电视按照既定时间安排提供"一对多"式的视听服务，网络视听是"一对一"式的用户自行点播；就媒介经营，广播电视经历了数十年的发展，内容生产和人员更加专业，生产水平也更加精良，用户资源更加丰富，而网络视听的兴起不过是在短短二十年间，其内容与人员的专业化程度仍有待不断增进，众多用户并未真正沉淀，需要更多考虑到市场要求的时效性和竞争性；就财政支持而言，基于广播电视的公益属性其财政支持力度更大，网络视听则更多通过众多数量以及创新性在市场竞争之中谋取商业利润。

特别是在节目制作方面，根据总局日前发布的数字，2020 年全国申请电视剧备案 670部，生产完成并获得《国产电视剧发行许可证》的剧目 202 部。然而，2020 年全国申请拍摄并取得规划备案号的重点网络影视剧就有 5 997 部，同比增加 76%；2020 年 1 月至 10月全国取得规划备案号的网络电影达到 3 722 部；此外还有大量的非重点网络影视剧在市场中大量的孵化、制作。网络剧投资规模小、制作周期短、制作主体多元、发行渠道多、数量庞大、对时效性要求更高等特点决定了对网络剧的审查，在严格控制内容风险的前提下，需要采取更为灵活的审查方式，需要更多地依靠平台等自身力量，否则将极有可能需要增加大量的行政成本，影响节目供给，不利于行业的健康发展。

网络视听在媒体深度融合的大背景下发挥着越来越重要的作用。按照国家要求，在今后的导向监管方面，应当对广播电视和网络视听实行一个标准，构建网上网下同心圆；而对广播电视和网络视听的具体监管，则应当从其发展特性出发采取差异化的监管方式。在保障内容底线的前提之下，针对网络视听内容审查程序，简化相对烦琐的审查流程，依照行业特性沿用备案管理制度，通过平台自律减轻行政压力；对于人员资质，传统的广播电视主持人多为体制内部人员，与其所在单位是隶属关系，需要通过主管部门资格认定并取得执业证书，而在 UGC、PGC 等高速发展的网络视听时代却更加具备时代特性，网络视听主持人人数众多，层次参差不一，精细化治理更有必要；就广告投放而言，对于网络视听的广告投放可以合理适度包容，适应平台的资本运营和市场运转的需求。

此外，根据党的十九大报告提出的"打造共建共治共享的社会治理格局"的要求，网络视听的良性发展不可能仅依靠政府的单向努力便可达成，秩序与效益功能之间的最大限度的发挥需要社会各个层面的参与。网络视听的环境随着技术发展与市场需求呈现出越来越明显的复杂性和灵活性，政府的方针政策、网络视听平台的实际运作、行业协会和受众自身均应积极行动，为构建风清气正的网络视听环境、促进网络视听行业高质量发展贡献一份力量。

第十三章

媒体融合竞争是电视事业继续辉煌的加速器

本章要求

☐　了解央视成为中国媒体融合先锋的示范状况

☐　了解媒体融合过程中"节目竞争"的具体内容

☐　了解媒体融合过程中的"技术之争"

2014 年，融媒体元年，是进入全媒体时代的开局之年，单一媒体纷纷趋向融合、立体、多元，力求最理想的传播目标与格局。面对媒体大融合，对于拥有声画双语言符号的电视来说，较之报刊、广播，它的传播格局和融媒体形式是拥有最丰富的话语体系和言说方式的。俗话说"大有大的难处"，研究电视传播的媒体融合，还得从它的"大而难"处着眼。媒体融合竞争焕发的生命力，是电视事业继续辉煌的加速器。

第一节 频道竞争中，央视堪称中国媒体践行融合的先锋

一、与地面频道的竞争

电视行业内部的竞争，直接表现为频道之间的竞争。

1. 央视的频道开拓堪称受众领地扩张

随着电视传播技术的发展和各级各类电视频道（台）的剧增，无论是国际还是国内，频道之战可谓此起彼伏，难以消停。

在我国，以中央电视台为例，为了满足各方观众的需要，也为了和国内省级地面频道进行差异化竞争，截至 2021 年初，央视已经陆续开办了面向中国内地的 17 个免费频道和 2 个网络平台（见表 13 - 1）。

表 13 - 1　中央电视台 2021 年的境内免费频道和网络平台

序号	频道/网络平台	序号	频道/网络平台
1	CCTV - 1 综 合	11	CCTV - 11 戏 曲
2	CCTV - 2 财 经	12	CCTV - 12 社会与法
3	CCTV - 3 综 艺	13	CCTV - 13 新 闻
4	CCTV - 4 中文国际	14	CCTV - 14 少 儿
5	CCTV - 5 体 育	15	CCTV - 15 音 乐
6	CCTV - 6 电 影	16	CCTV - 5 + 体育赛事
7	CCTV - 7 军 事	17	CCTV - 17 农业农村
8	CCTV - 8 电视剧	18	CCTV. com 央视小视频
9	CCTV - 9 纪 录	19	CCTV. com 直播中国
10	CCTV - 10 科 教		

表 13 - 1 所展示的频道内容，显示了传统电视节目发展的样貌，展示了中央电视台自 1958 年 5 月 1 日开播以来 60 多年与时俱进的发展脉络（见图 13 - 1）。

1958 年 5 月 1 日 "北京电视台"（中央电视台的前身）第一天节目试播现场

北京电视台第一次播出演职人员合影

1958 年 9 月 2 日，"北京电视台"正式开播，沈力成为第一位电视播音员

1958 年，北京仅有 50 台电视机收看 "北京电视台" 节目

图 13 - 1　中央电视台 1958 年开播首年的主要图片

透过表 13 - 2 我们可以看到，中央电视台在融媒体上的切实行动与丰硕成果。除了传统频道播出海量级别的丰富内容外，中央电视台网络小视频 CCTV.com 还广联全国、广联天下，播出高质量画面、声音内容，为此我们应该由衷地夸赞中央电视台、中国广播电视总台在中国大地上绘制的媒体大融合的锦绣宏图。

表 13 - 2　中央电视台央视小视频 CCTV.com 2021 年的栏目内容

序号	栏目名称	栏目所涵盖的节目名称
1	时　政	习式妙语、人民领袖习近平、联播＋、中国领导人、传习录、央视快评、热解读、天天学习
2	资　讯	战疫最前线、现场、前线、人人都爱中国造、青年说、Hi，老铁、CCTV 网络春晚、美好生活私享家、快看、两会追追追
3	军　事	谁是王牌、我的军旅梦、威虎堂
4	热　评	比划（解释热点，分享知识，满足年轻人好奇心）
5	纪　实	百年百城、人生第一次、飐声、中国 YOUNG 计划、非常中国、中国方程式、70 年 70 城、人间有味、行走中国、实励派、直播中国、中国村庄、56 个民族的家国故事、洞见

(续上表)

序号	栏目名称	栏目所涵盖的节目名称
6	教 育	正是读书时、萌历史
7	科 普	一言不合就普法、走进实验室、机智过人
8	小央视频	链接央视各类新闻、小专题
9	小央直播	回看央视多类所播节目
10	直播中国	实景中国、全部省市、美丽中国、中国乡村、百城百味、非遗传承、光影中国、万物生灵、魅力校园（流畅链接，节目直抵全国省市县乡村）
11	中国时刻	时政经典、民风民俗、央视主持人直播带货
12	精 选	精选视频栏目的内容，快速了解"资讯""前线""现场""比划"
13	专 题	热门事态再现：人人都爱中国造、人民记忆、百年百城、美好生活私享家、两会"中国策"、白衣胜雪——央视网国际护士节特别策划
14	关 注	上述各栏目、经典节目回顾，节省受众搜索时间
15	VR‒AR	VR‒AR 节目集合地，VR‒AR 初试者的天地、VR‒AR 爱好者的乐园

2. 央视付费频道向受众精准输出

由中央电视台旗下的中国国际电视总公司出资成立的中央节目平台在 2021 年有十多个在全国播出的卫星专线付费频道，如：第一剧场、怀旧剧场、风云剧场、风云音乐、世界地理、高尔夫·网球、风云足球、天元围棋、女性时尚、中视购物、兵器科技、留学世界、汽摩、电视指南、央视精品，以高画质、高音质满足观众的高端需求。这一部分频道可谓之为融媒体的专线传播。

二、卫星频道之争

我国卫星电视的贡献是巨大的，其主要作用为：大大提高了电视节目收视质量；从根本上解决了我国的广播电视覆盖问题；推动了有线电视、高清电视和电影业的发展；在救灾应急工作中发挥了突出作用；带动了新型产业的发展，为其提供了巨大的市场；扩大和增强了我国广播电视外宣效果；争取与维护了我国宝贵的空间资源权益。随着社会的进步，卫星电视的用户已不满足于原有的收看模式。他们需要在任何时间、任何地点以及高速移动状态下听好、看好自己想听、想看的节目和信息；他们需要在保留广播方式的同时，要有点播回传的交互功能；他们需要观看更加清晰的图像，有临场的视觉体验；他们需要在收看全球或全国电视广播节目的同时，能接收到本地区的电视节目，等等。未来我国卫星广播电视的发展，必将更好地满足受众的上述需求。[①]

通信卫星多，广播电视节目上星频道大增，但其地面转播数量有限，即便是央视也并非每个频道都全面开放，部分高清节目还得另外付费方可收看。2010 年电视盒子（网络

---

① 江澄：《我国卫星广播电视走过 30 年》，《广播与电视技术》2015 年第 7 期。

机顶盒）悄然兴起，突破了卫星节目落地数量有限的屏障，它们通过嵌入专业单位制作的卫星高清直播软件，将海量的广播电视节目送入千家万户。2021 年 4 月，通过电视盒子可看的高清直播电视频道有 145 个，见表 13 – 3。

表 13 – 3　2021 年电视盒子高清直播电视频道一览表

频道分类	频道名称（HD 为高清频道）
内地（大陆）直播	CCTV 的全部频道（包括其中的收费高清频道）、各省市的卫星频道（共 34 个）
香港地区直播	TVB 翡翠 HD、TVB 互动新闻、TVB 翡翠 J2 HD、TVB 明珠 HD、TVB 无线新闻 HD、TVB 为食 HD、TVB 生活 HD、TVB 通识 HD、TVB 经典 HD、TVB 星河、HKTV HD、亚洲 HD、有线新闻 HD、凤凰卫视 HD、凤凰资讯 HD、凤凰香港 HD、星空卫视等（共 20 个）
台湾地区直播	台视 HD、中视 HD、公视 HD、华视 HD、民视 HD、民视新闻 HD、东森新闻 HD、三立新闻 HD、非凡新闻、中天新闻 HD、三立都会、年代新闻、TVBS HD、TVBS 欢乐台 HD、TVBS 新闻 HD、中天综合 HD、中天娱乐 HD、纬来 HD、东森财经 HD、东森综合、三立台湾 HD、八大综合、星卫娱乐 HD、ChannelV HD（共 24 个）
欧美直播	France24、TLC、TV – 5、国家地理 HD、地理野生 HD、地理历险 HD、探索科学 HD、DMAXHD、BBCHD、法国时装 HD、历史频道 HD、CNNHD、CNBC（共 13 个）
电影直播	HBOHD、HBO – HitsHD、HBO – Signature HD、HBO 家庭 HD、FOX 动作影院 HD、FOX – Crime HD、FOX – Movies HD、FOX HD、FX – HD、SYFY 科幻 HD、环球影院 HD、天映 HD、天映经典、天映、AXN、STAR – Movies HD、美亚电影 HD、美亚粤语 HD、卫视中电影、DOX – HD、东森洋片、东森电影、纬来电影、纬来戏剧等（共 54 个）

在这种遍布全球的频道大战中，电视行业内部频道竞争形成的压力，迫使电视台不得不想尽办法创新求变，努力办出自己的频道特色。

频道竞争中，央视堪称中国融媒体践行的先锋。

第二节　节目之争中，央视的媒体融合更是"早行人"

"内容为王"，节目是电视媒体赖以生存之本。电视媒体的融合竞争，其表象貌似是拼新技术，实质还是拼文化，主要体现在思考文化、发现文化和节目应用文化上。所谓节目策划，就是通过文化人，将散落在报刊、书籍、音乐、绘画、戏剧、电影里的文化经典集合到电视节目里来。这是媒体融合的起点也是终点。其过程中竞争的重要砝码是节目内容，节目体现了电视台的竞争实力。

节目的竞争体现在以下几个方面：

一、新闻时段之争

在激烈的新闻战中抢第一时间，不漏掉任何重大新闻，力争同步报道重要事件，成为现代社会衡量电视台水平和权威的重要标准。大多数电视传播市场中的电视台的新闻节目已经能够覆盖全天各个主要时段。它们往往在早上6点或者6点半开始播出，最权威的主持人一般就出现在这个时段。接下来的任务就是播送简讯、天气预报、体育新闻以及交通信息，其间插播电视网提供的节目，然后播放午间新闻。有些地方台在这个时段不仅播放新闻、天气预报和体育新闻，还作社区范围之外的访谈。夜间新闻节目是电视台整个新闻节目运作的焦点，其节目时长至少要持续一个小时，因为它可以获得最大规模的观众。

二、新闻节目之争

在国际上，新闻节目历来是电视机构在竞争中赖以生存的支柱。CCTV 的《新闻30分》，BBC 的《世界新闻头条》，NBC 的《商业新闻》，都采取各种措施来保证其节目的质量和数量：增进和更新设备，采用先进的新闻采编播出手段；增加驻国外记者，加强与地方台合作来采制新闻节目；根据收视率调查，随时调整节目播出时间和栏目设置；加强独家报道、连续追踪报道和现场实况报道等。

为了让世界更好地了解中国，2016年12月31日，中国国际电视台（CGTN）在北京开播。习近平总书记发来贺信，致以热烈祝贺。习近平总书记在贺信中指出："当今世界是开放的世界，当今中国是开放的中国。中国和世界的关系正在发生历史性变化，中国需要更好地了解世界，世界需要更好地了解中国。"他强调："中国国际电视台要坚定文化自信，坚持新闻立台，全面贴近受众，实施融合传播，以丰富的信息资讯、鲜明的中国视角、广阔的世界眼光，讲好中国故事、传播好中国声音，让世界认识一个立体多彩的中国，展示中国作为世界和平的建设者、全球发展的贡献者、国际秩序的维护者的良好形象，为推动建设人类命运共同体作出贡献。"

CGTN 包括6个电视频道、3个海外分台、1个视频通讯社和新媒体集群，均以丰富的内容和专业的品质为全球受众提供良好的服务。CCTV 西班牙语、法语、阿拉伯语和俄语频道分别更名为 CGTN 西班牙语、法语、阿拉伯语和俄语频道；CCTV 纪录国际频道更名为 CGTN 纪录频道。CGTN 将继续加强全球报道能力建设，着力打造移动新媒体平台，探索媒体深度融合之路，以更丰富的内容、更高的专业品质为全球受众提供更好的服务。CGTN 已拥有北美、欧洲和非洲三个海外分台。

在此之前，CCTV–4（英语台、西班牙语台）的《国际新闻》节目、南方电视台卫星粤语频道的《综合新闻》节目、凤凰卫视（美洲台、欧洲台）的《时事直通车》节目都各自承担着面对国际观众的任务。

三、自制节目之争

在电视节目的众多领域，自制节目一直是竞争的聚焦点。电视台只有多出高质量的自制节目，不断推出自己的名牌节目和拳头产品，才能在竞争中占据有利地位。

1. 优秀栏目之争

中央电视台以一大批优秀栏目为我们做出了榜样，具体见表13-4。

表13-4 中央电视台成立60多年来影响深远的部分栏目

栏目与开播时间	栏目简介
《新闻联播》 1978年1月1日	1958年中央电视台建台伊始，新闻栏目就承担起"新闻立台"的责任。目前，《新闻联播》是中国收视率最高、影响力最大的电视新闻栏目，同时它也是全世界拥有最多观众的电视栏目
《东方时空》 1993年5月1日	以深度报道和舆论监督见长的电视新闻评论性栏目，围绕当天或近期的新闻热点进行全景式、多维度的报道
《焦点访谈》 1994年4月1日	主打时事追踪报道、新闻背景分析、社会热点透视、大众话题评说，以"政府重视、群众关心、普遍存在"的选题为重
《实话实说》 1996年4月28日	节目形式为群体现场交谈，通过主持人、嘉宾、观众的共同参与和直接对话，在生动活泼的气氛中，展开社会生活或人生体验的某一话题，增进参与者之间的交流和理解
《新闻调查》 1996年5月17日	注重研究新问题，探索新表达，以记者调查采访的形式，探寻事实真相，追求理性、平衡和深入，为促进和推动社会和谐进步发挥着作用
《文化视点》 1996年	由原来的《文化访谈录》改版升级的节目。节目总时长近60分钟，在保持原有的文化评论加访谈的节目特色的基础上，又增加了电视杂志的节目构想，成为集访谈、表演等形式于一体的大型综艺节目
《艺术人生》 2000年12月	用艺术点亮生命，用情感温暖人心，探讨人生真谛，感悟艺术精神。节目没有成长期，它一开播就直接进入了成熟期
《午夜新闻》 2002年8月5日	一档综合性的新闻栏目，包括国内、国际、体育新闻，时长30分钟
《法律讲堂》 2004年12月29日	服务当下的国家立法、普法工作，实用性强，秉承服务公民的实际生活需求、启迪生活智慧的节目制作理念，传播的是实用的法律知识，告诉观众遇到事情该怎么办，解决的途径有哪些，对现实生活具有一定的指导意义

（续上表）

栏目与开播时间	栏目简介
《防务新观察》 2009 年 7 月 1 日	战略话题栏目，将国际政治、军事、经济、文化、科学、工业、社会等各个领域贯通一体，突破传统军事类节目的思维理念，将事件的新闻属性和娱乐内核有机结合，从央视市场调查公司的数据入手，为构筑"和谐世界"而倡导"新安全观"
《开讲啦》 2012 年 8 月 27 日	邀请"中国青年心中的榜样"作为演讲嘉宾，分享他们对于生活和生命的感悟，给予中国青年现实的讨论和心灵的滋养，讨论青年们的人生问题，同时也讨论青春中国的社会问题
《等着我》 2014 年 8 月 7 日	旨在发挥国家力量，打造全媒体平台，帮助更多人圆自己的寻人团聚梦，它既是一档节目，同时也是一次国家力量在全民范围的公益寻人活动
《朗读者》 2017 年 2 月 18 日	大型文化情感类节目，以个人成长、情感体验、背景故事与传世佳作相结合的方式，选用精美的文字，用最平实的情感读出文字背后的价值，旨在实现文化感染人、鼓舞人、教育人的传导作用，展现有血有肉的真实情感。节目没有成长期，它一开播就备受欢迎
《鲁健访谈》 2021 年 1 月 2 日	CCTV - 4 中文国际频道自 2021 年 1 月 2 日起每周六 19：30 播出节目《鲁健访谈》，聚焦海外杰出华人代表、国内各领域知名人士，通过"纪录 + 访谈"的方式，讲述中国故事，开播收视率达 0.45%
《小央视频》 央视网原创 视频栏目 2017 年 8 月上线 2021 年全面更新	以短视频、长节目和移动直播为主要产品形态，经过一年多的发展，目前已经形成了习式妙语、比划、现场、前线、实励派、谁是王牌、掌播等十余条有影响力的内容产品线，涵盖时政、资讯、军事、纪实、人物、直播、解读性报道等多个领域

2. 优秀栏目播音员、主持人之争

作为电视媒体的重要元素，播音员、主持人对节目以及所在媒体的传播力和影响力都有着十分重要的作用。优秀栏目播音员、主持人之争的内涵主要表现在：

传播活动中的播音员、主持人不仅是节目所表达内容的载体，同时也是节目内容的一部分。从产品生产角度来看，播音员、主持人同灯光、画面、音乐等传播元素一起经过精巧的构思和创意而成为一部完整的传播作品。

其中，播音员、主持人的重要性在于和其他传播元素相比，他们具有思维活动能力和智力因素，可与受众进行情感交流和沟通，所以说播音员、主持人是媒体的标识，更是栏目的灵魂，其社会责任感和体现人文关怀的价值取向会直接影响着传播效果。同时作为一个栏目的核心，他们在节目中的一言一行会直接影响受众，他们所秉持的立场和所肩负的社会责任也会引导着受众，给整个社会带来正面或负面的影响，可见主持人在媒体责任方面举足轻重，比一般的编辑记者责任要重得多。具备强烈的社会责任感，对播音员、主持人而言，既是非常重要的要求，也是从业必备的条件。这是播音员、主持人之争的必要

内容。

由董卿主持并担纲节目制作人的《朗读者》开播当天就好评如潮。《朗读者》是一档央视推出的大型文化情感类节目，其一开播便大获成功正是因为董卿的引领和导向作用。

从媒体对《朗读者》盛赞，从董卿连续 13 年主持央视春节联欢晚会、连续 8 年被评为央视年度"优秀十佳主持人"、连续 8 年登上央视挂历等信息中，我们不难看出，做好一档节目离不开优秀的播音员、主持人。

《朗读者》首播感动人①

2017 年 2 月 18 日，《朗读者》在 CCTV - 1 黄金档首播，一档纯文化节目，受到意料之外的全民关注。节目首播后，各方好评不断，豆瓣评分高达 9.5，微博榜单持续上榜三小时，张梓琳、许渊冲等嘉宾也因此纷纷登上微博热搜，翻译家许渊冲先生的书也上了当当网的热搜，火热程度可见一斑。

《朗读者》是董卿作为制作人的首秀。从《中国诗词大会》到《朗读者》，仿佛是董卿走下春晚舞台的一个转身，让观众感受到了她规矩之外的别样风采，温婉庄重包裹着的是一股强烈的个性，一瞬间鲜活起来。这也同样是《朗读者》带给观众的感受，无论是企业家、世界小姐、大明星、大学者、医生还是普通人，他们虽各有身份之别、建树之差，但都有着同样浓度的性情之真。

…………

濮存昕带来的散文与故事，属于半个多世纪前那个弱小的、不名一文的孩子。"我小时候有绰号'濮瘸子'，直到小学三年级还踮着脚走路。"鲜为人知的往事里，是一位名叫"荣国威"的大夫，医好了孩子的腿，也救赎了一颗幼小的、自卑的心。所以，当濮存昕从老舍散文里遇见那个改变作家的宗月大师，"便如同看见了改变我生命轨迹的荣医生，没有他就没有今天的濮存昕"。墙外是炮火隆隆，围墙内有人生的初啼，这是无国界医生蒋励的真实经历。太多战争中降临的"生"给"死"带去希望，她朗读鲍勃·迪伦的《答案在风中飘扬》："一只白鸽要飞过多少片大海，才能在沙丘安眠。炮弹要多少次掠过天空，才能永远被禁止……"

…………

96 岁高龄的翻译大家许渊冲译作等身，《诗经》《楚辞》《唐诗》《宋词》《牡丹亭》……他荣获过国际翻译界的最高荣誉之一——"北极光"杰出文学翻译奖，然而舞台上直指人心的是当他念及自己翻译的第一首诗——《别丢掉》，这首诗是林徽因怀念徐志摩而作，念罢，这位老人瞬间泪盈而泣，在舞台上抽噎起来。由此可知，许渊冲先生能够在翻译上不止步于"美"，更追求"真"的心境。

《朗读者》不只是一档朗读节目，还用文字触及情感，从每个人真挚的人生故事出发，

---

① 节选自对话：《朗读者首播感动人》，《北京晚报》，2017 年 2 月 19 日。

分享人世间一切温暖的共情，既然邀请的嘉宾源自生活的各个行业，那么这些人所选读的文字，也可拓宽一档文化类节目所能展示的生命宽度与厚度。而此时，朗读不需要字正腔圆，有些生涩、带点口音，更显示出毫不矫饰的真情实感。朗读中，文字作为主人公的人生印证，为观众打开大千世界的另一扇门。

节目播出后，董卿很快收到了很多反馈，她的好朋友话剧导演娄乃鸣说："惊了，就是完全没有套路的一个节目，哪里请来的大神，在不经意间流露美和旺盛的生命力真好。"清华大学的尹鸿老师评价："别具一格！'慢下来'用朗读做电视，真是稀缺而有价值的电视文化。"很多文艺青年关注到了片尾曲，竟然是台湾民谣之父胡德夫的现场演唱，觉得又是一重意外之喜。

后来几期，航天英雄杨利伟、作家刘震云、配音演员乔榛以及演员斯琴高娃、蒋雯丽、梅婷等人先后应邀朗读了那些曾让他们不再彷徨的文字。

好节目源自优秀的节目播音员、主持人，这是一个恒久的话题，只有不断提高自身（主持人、制作人、记者、摄制人员、编导人员）的竞争力，节目才能对观众保持恒久的吸引力。

央视以新创意、新姿态，在黄金时段开拓收视新高峰的行业态势，为我们展示了"自制节目之间的竞争，是电视机构自我发展生存之道"的铁律。

自制节目之间的竞争，带来的必然是节目质量的节节高升。

四、技术之争

自电视机诞生之日起，近一个世纪间，电视技术就从有线到无线再到有线，从单向传递到多向传递，从微波接力到卫星传送，从间接覆盖到直接覆盖，越来越朝着操作简单化、图像清晰化、功能多样化、声像立体化、传播网络化的方向发展，技术上的革新可谓高歌猛进。作为一种技术性媒介，电视传播的方式和功能有赖于技术手段，并以此开拓越来越广阔的空间。

1. 电视媒介之间的竞争是技术进步的一种催化剂

当首家电视媒体采用了高新技术后，在一定时期内，其优势必然会在竞争中显现出来。而其他电视媒体在竞争的压力之下，必然也要涉足新的技术领域，或对自己原有的技术设备进行改造，或引进新技术和设备，甚至增加以新技术为基础的新媒体机构的投资。在这个比较攀升的过程之中，电视传播技术日新月异，为人类传播带来了种种惊喜和便利。

2. 媒体融合可谓是当代传播技术的制高点

媒体融合的实质是当代信息传播工具运用的竞争。它是科技创新的重要试验场。媒体融合竞争，首先是技术应用的竞争。着力打造"云""组团""多终端"的新型传播体系，在新的传播格局下可以巩固、提升广播电视的主流地位。推动广播电视节目的内容制作、发布的云端化，推动多屏互动、线上线下融合协同，努力拓展 IPTV（交互式网络电视）、移动电视、互联网广播电视、地面数字广播电视、户外影音媒体等新兴传播渠道，才能为广播电视构建起全新的立体化传播格局，这是未来 20 年间所谓新媒体技术争夺的制高点。

从广播电视媒体技术竞争的技术环节上讲，中国与西方发达国家已经没有差距，大家都站在同一起跑线上奔向未来的竞争。

3. 新兴媒体深刻改变着媒体格局和舆论生态，直接挑战和冲击传统媒体

在 2016 年的两会期间，央视网、新华网等主流媒体使用 VR 技术报道新闻，从而实现了不同角度、高分辨率的现场视频报道。YouTube 和 Facebook 分别于 2015 年、2017 年推出 360 度全景视频服务。量子通信技术、人工智能、无人机拍摄、机器人写作等前沿技术，正逐步被应用融合到广播影视和视听新媒体领域，成为推动广播影视转型升级的强大动能。[①]

要看到，新兴媒体深刻改变着传统的媒体格局和舆论生态，直接挑战和冲击着传统媒体。

2020 年，中国已经将 5G 商用覆盖全国所有地级市，下行最高速率达到 1 617Mbps，上行最高速率达到 139Mbps。视听节目的传播速度、传播方式和传播体验都已经超出我们的想象。

由此，积极应对新兴媒体的竞争和挑战，在竞争中走出一条融合发展、转型升级的道路，已经成为关系传统广播电视媒体生存发展、赢得未来的重大课题。

4. 技术呼唤演艺实体提升舞美人文质量

广播节目录制、传播的技术升级的难度相对较低，电视节目传播的技术衔接差距太大，这是个世界性的问题。全球在售电视机的显示的精度已达 4K 甚至 8K 水平，高帧率、高动态范围（HDR）显示技术已被逐渐应用，以更好地显示运动中的画面，还原真实的色彩和明暗对比度。而与此同时节目摄录、播出平台却严重滞后，化妆、制景、摄像、录音等人文与制作的因素还处在使用 1K 显示精度和单声道设备的水平。电视节目精度低下与商售电视机高精度的反差所造成的接收设备不能物尽其用的现实，敦促着电视节目生产者尽快更新制作设备与理念，突破技术瓶颈、守旧思想，提升舞美人文质量。

五、央视融媒体实时互动报道《两会有啥事　我们帮你问》[②] 案例解析

2017 年全国两会期间，央视新闻频道将民众的目光从关注融媒体报道形式，转向对报道内容的关注。这档节目中提出的问题全部来自基层，来自老百姓。

"开个公司，手续能不能简单些？"

"在外打工 10 年，孩子高考能不能在身边？"

"今年种啥能赚钱？"

"挂号实在太难了，怎么才能快点看上病？"

央视演播室里的主持人与现场观众展开了热络对话……

央广、央视多途径搭建百姓与政府的信息通道。全国各地的百姓将自己关心的问题，

---

① 田进：《加快融合创新　推动广电全面转型升级——在 CCBN 2016 主题报告会上的主旨演讲》，《广播与电视技术》2016 年第 4 期。

② 杨骁：《融媒体时代如何报道两会？我们为这样的创新点赞》，《中国新闻出版广电报》，2017 年 3 月 15 日。

如上学、养老、医疗、拆迁、外来务工、治安、环保等方面的疑问，通过央视微博、邮箱等途径反馈，然后由央视记者根据问题寻找有关的人大代表和政协委员进行解答。这是央视首次推出融媒体实时互动报道，每天参与互动话题的观众达数百万人。

两会期间人大代表、政协委员聚集北京，他们或肩负着重要的工作，或是某些领域的专家，或来自基层，熟悉基层情况，有不少实践的经验。利用这个契机，央视发挥主流媒体的作用，发挥驻团记者网络化的优势，集中回应老百姓提出的问题。利用开会间隙，寻访人大代表、政协委员，为老百姓支着儿，找路径、解答政策、解决具体问题。

图 13 - 2　演播室里的主持人和现场观众热络对话

与以往不同的是，通过双向互动，老百姓的问题可以具体到谁家、哪个村。以前的大屏节目多是单向传输的，服务也是单向的，或是自下而上地搜集民意进行汇总报道，又或是自上而下地对国家政策进行解读。而这次央视的两会报道着力打造联通大小屏的双向互动，将老百姓关注的问题具体到人头，回答也会针对具体问题。

央广、央视运用融媒体报道全国两会，充满热情与探索欲，其间可谓广播与电视各有高招，它们给众媒体的示范意义在于：无论中央或地方媒体、无论国内或国外媒体，面对同一个传播技术平台，五湖四海的媒体人都在同一条起跑线上，起跑后孰先孰后，孰优孰劣，就看各自如何创造性地沉浸其中。媒体融合、智慧广电、网络安全、广电"云"平台等诸多传播新技术的应用，将为广播电视事业的发展带来光明的前景。

在与广播的竞争中，电视的优点与弱点也清楚地显现出来，这也有利于电视依据自己的传播特点，在不断完善中向前发展。进入 21 世纪，广、电二者彼此的竞争呈现的是"你无我有，你有我优"的状态。

电视行业内部的竞争，除了栏目、时段之间的收视率竞争外，更直接地表现为频道之间的全方位竞争。

本章小结

广播电视台在激烈的竞争中制胜的法宝，一是机制，二是人才。在我国，通过改革将竞争引入广播电视业，促使我国广播电视事业的内部管理从过去的单一行政管理模式转化为与市场经济相适应的、致力于提高应变能力的新型管理模式。电视频道的剧增也拉高了通信卫星的临空数量，因而竞争随之激烈。广播电视之间竞争的重要砝码是节目质量，节目质量体现了电视的竞争实力。其中，新闻节目又历来是电视机构在竞争中赖以生存的支柱。在电视节目的众多领域中，自制节目一直是竞争的聚焦点。只有自制出高质量的节目，不断推出自己的品牌节目和拳头产品，才能在竞争中占据有利位置。

复习思考题

1. 简述电视栏目竞争的概况。
2. 结合具体节目谈谈你对主持人素质与节目的关系的认识。
3. 技术呼唤演艺实体提升舞美人文质量，这个质量所指的内容是什么？
4. 从网络安全的宏观角度，谈谈你对加强广播电视网络传播安全的认识。

延伸阅读

奋力谱写网络强国建设精彩华章
——我国网信事业发展成就综述①

王思北　余俊杰

信息技术浪潮气象万千，数字经济发展生机勃勃。

习近平总书记高度重视网络安全和信息化工作，提出一系列具有开创性意义的新思想、新观点、新论断，形成了习近平总书记关于网络强国的重要思想。在这一重要思想指引下，我国网信事业取得积极进展和瞩目成就。

积极构建安全清朗的精神家园

聪者听于无声，明者见于未形。

"没有网络安全就没有国家安全，就没有经济社会稳定运行，广大人民群众利益也难以得到保障。"习近平总书记高瞻远瞩的话语，为推动我国网络安全体系的建立、树立正

---

① 王思北、余俊杰：《奋力谱写网络强国建设精彩华章——我国网信事业发展成就综述》，新华网，http://www.news.cn/2021-09/23/c_1127893845.htm，2021年9月23日。

确的网络安全观指明了方向。

深刻把握信息化发展大势，积极应对网络安全挑战。党的十八大以来，中央网信办同相关部门以总体国家安全观为指导，不断完善网络安全工作顶层设计和总体布局。出台《中华人民共和国网络安全法》《数据安全法》《个人信息保护法》《关键信息基础设施安全保护条例》《国家网络空间安全战略》等网络安全法律法规战略，印发《关于加强网络安全学科建设和人才培养的意见》《关于加强国家网络安全标准化工作的若干意见》等政策文件，不断夯实国家网络安全工作根基。自2014年以来，十部门共同连续举办国家网络安全宣传周，有效提升全民网络安全意识和防护技能，"网络安全为人民，网络安全靠人民"的理念深入人心。我国网络安全创新发展取得积极成效，2020年网络安全产业规模超过1 700亿元，较2015年翻了一番，年均增速超过15%。

网络空间是亿万民众共同的精神家园。网络空间天朗气清、生态良好，符合人民利益。网络空间乌烟瘴气、生态恶化，不符合人民利益。坚持"正能量是总要求、管得住是硬道理、用得好是真本事"，有关部门密切配合、协同发力，网上正能量更强劲、主旋律更高昂，网络空间日益清朗。

2021年"清朗"系列专项行动重点整治未成年人网络环境、整治弹窗新闻信息突出问题、整治网上文娱及热点排行乱象等八方面内容，在全网开展"大扫除"，有效遏制网络乱象滋生蔓延；加强网上网下文化市场监管，"护苗2021"专项行动中，仅7—8月，全国累计查缴少儿类非法出版物52.3万件，查删网络有害信息12.6万余条。2021年9月1日《"抵制网络谣言 共建网络文明"倡议书》正式发布，倡导全社会共管共治网络谣言，共建共享网络文明。

信息化发展适应人民新期待

线上办公、视频会议、网络直播、云游博物馆……当前，信息技术发展日益蓬勃，"数字红利"加快释放，互联网深度融入百姓生活。"网信事业发展必须贯彻以人民为中心的发展思想，把增进人民福祉作为信息化发展的出发点和落脚点"。习近平总书记为信息化发展指明方向。"十四五"规划和2035年远景目标纲要提出，适应数字技术全面融入社会交往和日常生活新趋势，促进公共服务和社会运行方式创新，构筑全民畅享的数字生活。适应人民新期待，党的十八大以来，《国家信息化发展战略纲要》《"十三五"国家信息化规划》等战略规划出台，相关部门紧抓落实，信息化建设工作取得重要进展。

信息基础建设规模全球领先——我国已建成全球最大光纤网络、4G和5G独立组网网络；截至2021年6月，我国网民规模为10.11亿，互联网普及率达71.6%，庞大的网民规模为推动我国经济高质量发展提供了强大内生动力。

信息技术创新能力持续提升——基础性、通用性技术研发取得重要进展，5G、人工智能、高性能计算、量子计算等领域取得一批重大科技成果。

数字经济发展活力不断增强——当前新一轮科技革命和产业变革突飞猛进，带动经济发展加速迈向数字经济新阶段。2020年，数字经济核心产业增加值占GDP比重达到7.8%，数字经济质量效益明显提升；大数据产业规模达718.7亿元，同比增长16.0%，增幅领跑全球大数据市场。

信息技术助力弥合数字鸿沟——截至 2020 年底，全国中小学互联网接入率达到 100%，远程医疗协作网覆盖2.4 万余家医疗机构。互联网应用适老化水平及特殊群体的无障碍普及不断推进，健康码适老化相关功能已覆盖全国至少 3 000 万老年群体。

一串串亮眼数字的背后，亿万人民在信息化建设的不断推进下拥有了更多的获得感、幸福感、安全感。

推动全球互联网发展治理迈向更高水平

当信息化革命浪潮席卷全球经济格局、利益格局、安全格局，各国在全球互联网治理体系中休戚与共。习近平总书记指出，国际网络空间治理应该坚持多边参与、多方参与，发挥政府、国际组织、互联网企业、技术社群、民间机构、公民个人等各种主体作用。党的十八大以来，我国不断深化网络空间国际交流合作，积极参与互联网国际技术标准制定、网络基础设施建设和网络空间国际治理体系建设，共同推动全球互联网发展治理迈向更高水平。

从《网络空间国际合作战略》的发布，到 G20 杭州峰会《二十国集团数字经济发展与合作倡议》的签署，再到发起"中非携手构建网络空间命运共同体倡议"……中国不断深化网络空间国际合作，推动世界各国共同搭乘互联网和数字经济发展的快车。自2014年起世界互联网大会已连续 7 年成功举办，关于全球互联网发展治理的"四项原则""五点主张""四个共同"等中国智慧，得到国际社会特别是广大发展中国家的广泛认同，网络空间命运共同体等重要理念深入人心。

金秋九月，水乡乌镇再次汇聚世界目光。以"迈向数字文明新时代——携手构建网络空间命运共同体"为主题的 2021 年世界互联网大会乌镇峰会在这里举行。

这场全球互联网界的盛事，继续引领全球互联网领域的合作发展；中国智慧、中国方案将再次为世界发展注入更多新活力。

第十四章

守正创新，构建融媒体格局制高点

本章要求

☐ 　了解媒体融合发展新格局的具体内容

随着电子科技的发达，各式信息承载、传播工具陆续被媒体广泛使用，从初级互联网到"互联网＋"、5G 网络、"AI＋"，媒体间除了相互竞争之外，更多是彼此握手拥抱，出现了媒体渐次融合的大好格局。这一大好变化，引起国家的高度关注。

第一节　国家热切关注媒体融合发展新格局

早在 2014 年 8 月召开的中央全面深化改革委员会第四次会议上，习近平总书记就提出了以"先进技术为支撑、内容建设为根本"，推动传统媒体和新兴媒体深度融合的创新发展思路。

一、加快构建舆论引导新格局

2016 年 2 月 19 日，习近平总书记在北京主持召开党的新闻舆论工作座谈会，并到中央新闻单位调研。在中央电视台，习近平总书记听取中央电视台板块业务、媒体融合等情况介绍，并在《新闻联播》演播室亲自切换按钮体验模拟播出。习近平总书记与新媒体的"亲密接触"，对"互联网思维"的细致了解，不仅体现了党中央对传统媒体和新兴媒体融合发展的高度关注，也是对媒体融合向纵深发展的有力推动。

当今世界正面临着百年未有之大变局，同样引发全球国际传播格局不断变革。先进的思想若无先进的传播手段支撑，就很难深入人心；正确的主张若没有快速多样的先进技术传播，便无法有效占领舆论阵地。

针对媒体传播格局变化带来的挑战，习近平总书记指出，随着形势发展，党的新闻舆论工作必须创新理念、内容、体裁、形式、方法、手段、业态、体制、机制，增强针对性和实效性，要适应分众化、差异化的传播趋势。

二、人民网推出融媒体十大"金句"

2019 年 1 月 25 日上午，中共中央政治局就全媒体时代和媒体融合发展举行第十二次集体学习，在习近平总书记的带领下，中共中央政治局的领导干部们来到人民日报社新媒体大厦调研，并在人民网全媒体播控中心听取人民网总裁叶蓁蓁的讲解，还就媒体融合发展问题进行讨论。习近平总书记发表了重要讲话，人民网特意摘取其中十大"金句"，供网友阅读：

（1）推动媒体融合发展、建设全媒体成为我们面临的一项紧迫课题。要运用信息革命成果，推动媒体融合向纵深发展，做大做强主流舆论，巩固全党全国人民团结奋斗的共同思想基础，为实现"两个一百年"奋斗目标、实现中华民族伟大复兴的中国梦提供强大精神力量和舆论支持。

（2）全媒体不断发展，出现了全程媒体、全息媒体、全员媒体、全效媒体，信息无处不在、无所不及、无人不用，导致舆论生态、媒体格局、传播方式发生深刻变化，新闻舆论工作面临新的挑战。

（3）推动媒体融合发展，要坚持一体化发展方向，通过流程优化、平台再造，实现各种媒介资源、生产要素有效整合，实现信息内容、技术应用、平台终端、管理手段共融互通，催化融合质变，放大一体效能，打造一批具有强大影响力、竞争力的新型主流媒体。

（4）要坚持移动优先策略，让主流媒体借助移动传播，牢牢占据舆论引导、思想引领、文化传承、服务人民的传播制高点。

（5）要探索将人工智能运用在新闻采集、生产、分发、接收、反馈中的道路，全面提高舆论引导能力。

（6）要统筹处理好传统媒体和新兴媒体、中央媒体和地方媒体、主流媒体和商业平台、大众化媒体和专业性媒体的关系，形成资源集约、结构合理、差异发展、协同高效的全媒体传播体系。

（7）要依法加强新兴媒体管理，使我们的网络空间更加清朗。

（8）要抓紧做好顶层设计，打造新型传播平台，建成新型主流媒体，扩大主流价值影响力版图，让党的声音传得更开、传得更广、传得更深入。

（9）主流媒体要及时提供更多真实客观、观点鲜明的信息内容，掌握舆论场主动权和主导权。

（10）党报党刊要加强传播手段建设和创新，发展网站、微博、微信、电子阅报栏、手机报、网络电视等各类新媒体，积极发展各种互动式、服务式、体验式新闻信息服务，实现新闻传播的全方位覆盖、全天候延伸、多领域拓展，推动党的声音直接进入各类用户终端，努力占领新的舆论场。[①]

守正创新，抢占全媒体格局制高点，目的在于增进人民福祉，这是高质量发展的根本目的。正如习近平总书记所说："立足新发展阶段、贯彻新发展理念、构建新发展格局，推动高质量发展，是当前和今后一个时期全党全国必须抓紧抓好的工作。从宏观到微观，从整体部署到具体推进，'高质量发展'的要求要贯穿始终。"

第二节　推进媒体融合向纵深发展

当前，媒体融合进入了爬坡过坎、攻坚克难、深度推进的关键时期。要力争落实中央要求，加快推进媒体融合向纵深发展，党媒网站要在主战场发挥主力军作用。

要义有四：

1. 要始终保持内容定力，用主流价值引领舆论

习近平总书记强调，对新闻媒体来说，内容创新、形式创新、手段创新都重要，但内

---

① 《习近平1·25谈媒体融合发展十大"金句"》，人民网，http：//media.people.com.cn/n1/2019/0126/c14677 -
30591465.html，2019年1月26日。

容创新是根本的。全媒体时代，高质量的内容就是我们挺进主战场最有力的武器。近年来，人民网在观点评论、深度调查、权威解读、政策建议四方面加强发力，原创精品建设成效显著，有力发挥了党媒引导舆论的作用。

2. 始终坚持服务群众，用高质量服务夯实主阵地

推进媒体深度融合，在互联网主战场上走好群众路线，要求媒体不再仅仅是信息传播平台，更要打造综合服务平台。以人民网《领导留言板》为例，2020 年前 10 个月《领导留言板》收到各级领导干部答复网民留言达 49 万余条，真正架起了党和群众的连心桥、开启了社情民意的直通车。

3. 始终强化技术引领，以先进技术驱动融合发展

2019 年 12 月，由人民日报社主管、依托人民网建设的人民日报社传播内容认知国家重点实验室正式启动，为媒体融合纵深发展、内容精准传播、网络空间治理提供前沿技术支撑。目前，已经初步构建了基础研究层、技术支撑层、场景应用层 3 个层次的内容科技体系。

4. 始终重视人才培养，以创新体制机制打造全媒体队伍

人才是建成具有强大影响力和竞争力的新型主流媒体的关键因素。要以互联网思维优化资源配置，进一步创新体制机制，通过科学的用人机制，确保引得进人、留得住人。

本章小结

随着电子科技的发达，各式信息承载、传播工具陆续被媒体广泛使用，从初级互联网到"互联网＋"、5G 网络、"AI＋"，媒体间除了相互竞争之外，更多是彼此握手拥抱，出现了媒体渐次融合的大好格局。这一大好变化，引起国家的高度关注，得以推进媒体融合向纵深发展。

复习思考题

1. 简述国家对媒体融合发展新格局的关注。

2. 结合广播电视传播实际谈谈如何推进媒体融合向纵深发展。

3. 融媒体给老年受众带来诸多便利的同时，也增添不少不便，具体谈谈你周边老人们在融媒体浸淫下遇到的便利与麻烦。

4. 阐述《百年党史与电视剧重大主题创作》一文涉及"百年征程，四个阶段"的剧目的主题意义。分析这些剧目在融媒体时代的传播价值。

```
延伸阅读
```

勿让老年网民才过"鸿沟"又掉"陷阱"
关注互联网"内容适老化"①

刘　微　宋心蕊　何芷桐

在现代社会数字化与智能化飞速发展的当下，老年人与互联网之间的"数字鸿沟"已成为必须逾越的课题。2020年底，工信部正式印发《互联网应用适老化及无障碍改造专项行动方案》。随着国家相关措施的出台，互联网应用适老化在智能技术操作方面已经开启了大刀阔斧的改造之路。

不过，在技术适老化改造迈出第一步之后，互联网的"内容适老化"改造更需随即跟上。为老年网络用户群体营造清朗安全的网络空间，让他们能够规避风险快乐"冲浪"，需要全社会的共同关注、参与和推进。

一、老年网民"冲浪"生活风险多

中国互联网络信息中心（CNNIC）发布的第46次《中国互联网络发展状况统计报告》显示，截至2020年6月，我国网民规模已达到9.4亿。其中，60岁及以上的老年网民群体占比10.3%，也就是约9 600万人。互联网向高龄人群渗透明显，老年网民逐渐发展为不可被忽视的网络用户群体。

足不出户缴纳水电燃气费用、点一点屏幕网购送货到家、随时随地浏览新闻资讯、在社交平台与亲朋好友互动交流……相比那些尚被"数字鸿沟"拦在互联网世界之外的老年人，老年网民正在享受网络带来的智能、高效、丰富的生活方式。但他们的"冲浪"生活里同样存在着一些困惑和烦恼。

"孩子们总说我发的新闻是谣言，我后来都不好意思往家里的群转发消息了。"家住北京市朝阳区的孙爷爷已经年过八旬，平时他在上网时看到什么感兴趣的消息，都会转发到家庭群里与大家分享，却频频被"怼"。不过孙爷爷也坦诚，自己很难分辨一条消息的真假，"一方面熟人发来的东西我不会怀疑，另一方面我自己也不知道怎么查。"

孙爷爷的邻居，今年61岁的秦大妈则有更"惊险"的遭遇。在浏览一篇微信公众号文章时，秦大妈被页面下方的广告吸引了注意力。点击广告之后，她被诱导着输入了包括家庭地址、银行卡号在内的多项个人信息，"如果不是我女儿正好下班回家阻止了我，也

---

① 刘微等：《勿让老年网民才过"鸿沟"又掉"陷阱"　关注互联网"内容适老化"》，人民网，http://media.people.com.cn/n1/2021/0108/c120837-31993808.html，2021年1月8日。

许钱就被骗走了。"秦大妈提起这件事仍然心有余悸。

虽然很多老年网民已经能够熟练掌握互联网应用操作，但面对网络谣言、网络诈骗、虚假广告等数字陷阱，他们抵御风险的能力远低于年轻网民。有些人缺乏辨别信息真假的经验，成为谣言扩散传播链上的一环；有些人甄别网络技术的能力不强，容易误操作导致信息被窃取，隐私遭泄露；有些人防骗意识薄弱，轻信虚假广告，遭遇金融陷阱等网络诈骗；有些人因缺少子女陪伴和亲友沟通，沉迷短视频、网络游戏等，导致过度娱乐甚至影响健康……

复旦大学新闻学院教授张涛甫在接受《解放日报》采访时表示，老年人媒介素养不高，容易成为不实信息的易感者。他们对新知识、新事物的敏感性和接受能力较弱，依靠生活经验选择和判断信息，难以应对当今极其复杂的信息场景。

二、跨越"数字鸿沟"，迈过"数字陷阱"

工信部印发的《互联网应用适老化及无障碍改造专项行动方案》（以下简称《方案》）中明确规定，自2021年1月起，在全国范围内组织开展为期一年的互联网应用适老化及无障碍改造专项行动。从《方案》中提到的具体措施来看，除针对交互界面操作难的基础问题，鼓励企业简化界面，实现一键操作等技术优化外，也同样关注到了互联网"内容适老化"的相关改造问题。例如，针对当前互联网应用中强制广告较多、容易误导老年人的问题，《方案》要求网站和手机App完成改造后的适老版、关怀版、无障碍版本，将不再设有广告插件，特别是付款类操作将无任何诱导式按键。

人民网记者随机调查了14位年龄在60岁及以上的老年网民，询问他们在"内容适老化"方面的需求。"对网络谣言进行标注提示"成为最多人赞同的一项，"对权威媒体来源和自媒体来源进行明确区分""提供面向老年用户的专属阅读模式""社交平台及时关闭涉嫌诈骗老年人的账号"等细节问题也被多位受访者提到。

《人民日报》在评论文章《帮助老年人乐享数字生活》中指出，"数字鸿沟"要填平，清理那些针对老年人的"数字陷阱"同样不能忽视。我们不仅要尊重老年人在数字时代的权益，而且要构建守护"银发网民"的健康安全空间。迈入数字时代新征程，助老年人迈过"数字鸿沟"、越过"数字陷阱"，才能让老年人更好跟上时代、享受数字生活。

此次工信部《方案》的提出，对于创造更适宜老年网民的网络环境无疑开了个好头。《方案》从杜绝虚假广告和陷阱链接这类内容安全隐患开始，切实跟进已有问题，逐步清理"数字陷阱"，为"银发冲浪族"增添了一道安全保障。

三、全社会合力"护航"老年网民

清华大学新闻与传播学院副院长史安斌曾撰文指出，与号称"数字原住民"的年轻人相比，老年人实际上是"数字移民"，因而相比之下更缺乏媒介素养。帮助老年网民提高媒介素养，已成为其满足网络使用需求，乐享智能科技生活的迫切要求。这不仅需要老年网民个人的积极配合与主动学习，更需要政府主管部门、互联网企业平台、家庭子女等全社会、多主体的共同参与。

政府管理部门须发挥重要抓手的核心作用，尤其是网络监管部门要加强整治网络谣言，深入打击网络诈骗。基层社区可以定期开展帮扶活动，举办提高老年人媒介素养的培训讲座，适时讲解互联网的最新相关知识。

互联网企业要有自觉承担社会责任的意识。网站和手机 App 应用平台应积极响应政府号召，完成适老版、关怀版的应用改造，主动过滤有害信息，删除诱导性消费链接。同时，完善内容审核机制，切断不实信息的发布源头。

家庭的关爱与情感上的陪伴对于老年人来说也十分重要。年轻人应该承担起网络新技术新知识的普及责任，耐心指导家中长辈如何辨别谣言，防止他们过度沉迷娱乐资源，为最亲近的人点亮网络遨游的指路明灯。

此外，媒体在互联网上进行内容传播时，也应该更多地考虑老年网民的阅读习惯，向他们提供更权威、更易读、更有价值的内容。2021 年元旦正式上线的"人民网＋"客户端就在菜单栏的醒目位置开辟了单独的"生活"板块，汇集了日常科普、辟谣求真、安全提示等民生服务类资讯。"这个 App 里科普辟谣的内容很丰富，主流媒体出品也值得信赖，我会推荐给家里的老人使用。"有网友留下了这样的评价。

当下，有越来越多的老年人渴望拥抱数字科技、展望智能未来，关注互联网"内容适老化"改造，全社会共同参与和努力，才能帮助老年人更好地融入互联网生活。

百年党史与电视剧重大主题创作[①]

张国涛

中国是当前世界电视剧生产量与播出量第一大国，作为我党高度重视的意识形态引导、思想文化宣传的重要阵地，也作为全国人民雅俗共赏、喜闻乐见的大众文化公共产品，电视剧在记录党的历史、宣传党的政策、建构党的形象方面扮演了主力军的角色，相对于其他文化艺术形式，更是发挥了不可替代的作用。

20 世纪 90 年代，此类电视剧一般以"主旋律"笼统概括之，21 世纪以来，"主旋律"的用法渐少，并用更为细分的题材来命名。进入新时代，"重大主题创作"的命名已经被普遍接受，从"主旋律"到"重大主题创作"足以看出电视剧创作观念的更迭变化。2021 年，时值中国共产党成立 100 周年，盘点和梳理以共产党史、共产党人、共产党形象为对象的重大主题创作（以下简称党史主题）及其艺术成就，有着特殊而重要的意义。

一、百年征程，四个阶段

1921 年至今，中国共产党走过的百年征程可分为四个阶段：一是 1921—1949 年 28 年

---

① 本文来源于《文艺报》，2021 年 6 月 16 日第 4 版。

艰苦卓绝的新民主主义革命史,二是 1949—1978 年曲折中不断前进的社会主义探索与建设史,三是 1978—2012 年波澜壮阔的改革开放与社会主义现代化建设新时期,四是 2012 年至今的中国特色社会主义建设新时代。

根据所反映的历史事件、人物形象所处阶段的差异,党史主题电视剧作品也大致分为四个阶段(三个部分)进行描述。

第一阶段从 1921 年 7 月中国共产党创立到 1949 年 10 月中华人民共和国成立这 28 年间,党领导人民进行了艰苦卓绝的新民主主义革命。从《新青年》编辑部创建到"南陈北李"相约建党,从嘉兴南湖红船启航到国共第一次合作,从"四一二"政变到八七会议,从南昌起义到井冈山根据地,从瑞金到长征,从抗日战争到解放战争,从陕西延安到河北西柏坡再到北平香山,从和平解放北平到开国大典,这一段荡气回肠的革命史一直是电视剧创作的天然富矿,为此,中国电视剧还形成了最为独特的一个类型剧——革命历史剧。反映这一阶段斗争历程的革命历史剧作品几乎年年有新作,并且佳作频出,按照历史事件发生时间排序有《日出东方》(2001)、《开天辟地》(2011)、《井冈山》(2007)、《秋收起义》(2017)、《红色摇篮》(2010)、《长征》(2001)、《伟大的转折》(2019)、《延安颂》(2003)、《解放》(2009)等。还有以塑造党的第一代领导人及军事革命家形象为核心内容的革命历史剧经典作品,如《李大钊》(1989)、《中国出了个毛泽东》(1993)、《朱德元帅》(2001)、《向前,向前!》(2001)、《陈云在临江》(2005)、《陈赓大将》(2006)、《周恩来在重庆》(2008)等。另外,21 世纪以来反映这一历史阶段地下斗争、隐蔽战线的谍战剧也是电视剧创作的一个主要类型,经典作品如《潜伏》(2009)、《黎明之前》(2010)、《悬崖》(2012)、《风筝》(2013)、《伪装者》(2015)、《隐秘而伟大》(2020)等,这也不失为革命历史剧的一种有力补充。

《延安颂》剧照

第二阶段从 1949 年 10 月中华人民共和国国成立至 1978 年 12 月党的十一届三中全会召开,社会主义革命和建设进入曲折探索期。尽管出现了反右斗争严重扩大化、"文化大革命"等历史性错误,社会主义建设事业仍然取得巨大成就,如完成了社会主义三大改造、初步建成社会主义制度、抗美援朝取得艰难胜利、"两弹一星"相继成功、外交战线频传捷报等，中国共产党带领中国人民真正实现了中华民族从"东亚病夫"到"站起来"的伟大飞跃。反映这一阶段重大历史事件及伟人形象的电视剧作品有《我亲爱的祖国》（1999）、《开国领袖毛泽东》（1999）、《东方》（2011）、《国家命运》（2012）、《五星红旗迎风飘扬1、2》（2011、2012）、《历史转折时期的邓小平》（2014）、《换了人间》（2018）、《特赦1959》（2019）、《外交风云》（2019）、《跨过鸭绿江》（2020）等。

第三阶段和第四阶段分别为：1978年12月至2012年11月党的十八大召开，是改革开放和社会主义现代化建设新时期；2012年以来，是中国特色社会主义建设的新时代。在党的领导下，改革开放与社会主义现代化建设事业取得了世人瞩目的巨大成就。由于这两个阶段距离当前时间间隔很小，所以反映这两个阶段的电视剧都是以现实题材剧命名，而且作品不再以党的重大历史事件、党的领导人作为直接创作对象，而是将

《山海情》剧照

镜头更多对准省级书记及其以下高级领导干部尤其是基层党员干部，故事也更多表现党员领导干部尤其是基层在具体工作上对党的政策的执行与落实层面。也就是说，反映改革开放以来党的政策、党的事业、党员干部形象为主题的电视剧创作打开了一个新领域、开拓了一个新局面。反映这两个阶段经济建设与社会发展的代表性作品有《乔厂长上任记》（1980）、《苍天在上》（1995）、《英雄无悔》（1996）、《和平年代》（1996）、《人间正道》（1998）、《刑警本色》（1999）、《光荣之旅》（2000）、《大雪无痕》（2001）、《省委书记》（2002）、《导弹旅长》（2002）、《党员马大姐》（2002）、《DA师》（2002）、《绝对权力》（2003）、《龙年档案》（2003）、《至高利益》（2004）、《烧锅屯钟声》（2005）、《国家干部》（2005）、《圣水湖畔》（2005）、《我主沉浮》（2005）、《市委书记》（2006）、《我本英雄》（2009）、《第一书记》（2010）、《人民的名义》（2017）、《鸡毛飞上天》（2017）、《大江大河》（2018）、《希望的大地》（2019）、《巡回检察组》（2020）、《山海情》（2021）、《经山历海》（2021）等。

二、主题创作，四个特征

中国电视剧诞生于1958年6月15日，当天以直播形式播出第一部电视剧《一口菜饼子》的主题就是宣传党中央关于"忆苦思甜""节约粮食"的精神；9月4日，第二部直播剧《党救活了他》则以新闻纪实手法还原了上海广慈医院医务人员全力抢救炼钢工人邱财康并使他转危为安的故事。由此可见，电视剧在记录党的历史、宣传党的方针政策、塑造党的光辉形象方面由来已久、深入人心。虽然无论如何梳理都会挂一漏万，但从前文提到的经典作品中可以提炼出电视剧关于党史的重大主题创作具备以下四个特征：

1. 推动电视剧成为党史重大主题创作的"主力军"

21世纪以来，与其他文化艺术形式相比，电视剧在反映党的历史、塑造伟人形象、建构党的形象等主题创作方面成绩卓著，早已当仁不让地成为党史重大主题创作的主力军。电视剧的"主力军"角色与作用主要体现在以下四个方面：一是经典作品多，无论是独树一帜并日臻成熟的革命历史剧，还是反映改革开放和新时代的现实题材剧，都推出了一系列如前文所述的经典作品；二是塑造的人物形象深入人心，如革命历史剧塑造的毛泽东、周恩来、朱德、邓小平等一系列伟人形象，谍战剧塑造的余则成、周乙、顾耀东等地下党员形象，反腐剧塑造的贡开宸、李达康等高级领导干部形象；三是行业创作主动性、自觉性高，无论是党的逢五、逢十周年庆祝，还是伟人诞辰以及重大历史事件的纪念节点，电视剧行业都会创作生产质量上乘的多部作品给予及时回应；四是作品的社会影响力大，这类作品一般都在央视一套等主流平台的最恰当的时机播出播映，近年来再加上视听网络平台的助力热推，极易在荧屏上形成播出热潮，并引领着一时的舆论热点。

2. 形成革命历史剧与现实题材剧相辅相成的类型格局

反映1919—1949年期间重大革命历史事件的电视剧作品一般称为革命历史剧，中国第一部电视连续剧《敌营十八年》就是其中的一部典型作品。经过多年摸索，革命历史剧在发展中日臻成熟，目前已经成为记载党的历史、塑造伟人形象、建构党的形象的主要类型。据初步统计，已有的革命历史剧作品基本实现了对中国共产党28年革命史的全覆盖，从1921年建党、第一次国共合作、南昌起义、八七会议、秋收起义、三湾改编、井冈山根据地、瑞金红色政权、长征、抗日战争、解放战争到建立新中国等，都有已播出的电视剧作品与之相对应。从时间与事件的跨度而言，这些作品还可以分为两类：单一事件的革命历史剧，如《中国1921》《开天辟地》《井冈山》《秋收起义》《领袖》《西安事变》等；还有一些追求宏大叙事的革命历史剧拥有较大时间跨度、容纳多个历史事件，如《中国出了个毛泽东》《长征》《延安颂》《中国命运的决战》《解放》《换了人间》等。

由于众所周知的原因，反映1949—1978年曲折探索的社会主义建设史的电视剧作品为数不多，尤其是相对于上一阶段的"全覆盖"，反映这一历史的电视剧作品大多采用"就事论事"的原则，展现新中国外交、抗美援朝、两弹一星、三线建设等重大成就，或者表现伟人建立新中国的丰功伟绩，如《开国领袖毛泽东》《转折时期的邓小平》《五星红旗迎风飘扬1、2》《国家命运》《外交风云》《跨过鸭绿江》等。

《外交风云》剧照

近年来，反映改革开放史、新时代史的现实题材剧也扛起了新时期、新时代建构党的形象、宣传党的政策的大旗。相对于前两个历史阶段，这两个阶段的电视剧作品在类型上从革命历史剧转向现实题材剧，有改革剧、反腐剧、刑侦剧、军旅剧、农村剧、行业剧等，镜头也更多聚焦于省级书记及其以下高级领导干部尤其是基层党员干部身上，故事更多表现党员领导干部尤其是基层对党的政策的执行与落实情况。改革开放以来党的重大决策在电视剧作品中都有所对应表现，如农村包产到户、国企改革、反腐倡廉、耕地保护、土地承包制、脱贫攻坚等，相应的作品很多，此处不再一一列举。

3. 形成政府引导与市场化创作密切配合的生产与传播体制机制

为保证重大主题创作尤其是革命历史剧的播出，中国已经形成以政府引导为主、以市场化创作为辅，两者密切配合、互相支撑的生产与传播体制机制。一是国家层面设立了重大革命历史题材影视创作领导小组，本着对党负责、对历史负责、对人民负责的政治责任感与专业精神，对选题、剧本以及即将播出的作品进行严格把关、精心指导。二是投资生产层面，各级主管部门在重大主题创作尤其是革命历史剧的题材规划、资金安排上都有着长远规划与政策支持。三是在播出平台上，现已形成以中央电视台综合频道为主、以主流省级卫视频道为辅的播出平台，确保每一重大历史节点都有一部或者多部作品能够适时播出，并掀起一波播出热潮。

4. 形成与时代同步、可持续发展与良性互动的传播格局

梳理播出史可以发现，党史重大主题电视剧创作与时代高度同频同步、与政治生活密切共鸣共振。1993 年系毛泽东 100 周年诞辰，适时推出作品有《少年毛泽东》《中国出了个毛泽东》《西行漫记》《毛泽东在南京》等，1999 年庆祝新中国成立 50 周年时，推出作品有《开国领袖毛泽东》等，2001 年庆祝建党 80 周年推出了《长征》以及《延安颂》，2005 年纪念抗战胜利 60 周年时，推出作品有《八路军》等，2009 年庆祝新中国成立 60 周年时，推出作品有《解放》等，2011 年庆祝建党 90 周年推出了《中国 1921》《开天辟地》《五星红旗迎风飘扬 1、2》等作品。2021 年适逢中国共产党成立 100 周年，国家广电总局策划组织创作百集献礼剧《理想照耀中国》，该剧以不同时期的 40 组人物和闪光故事，记录中国共产党诞生 100 年来团结和引领中国人民，谋求民族独立、人民解放、国家富强，为实现中华民族伟大复兴的中国梦不息奋斗的动人征程的故事。总之，党史主题电视剧创作从历史中获取灵感，从时代中找寻共鸣，实现了历史与时代的良性互动，获得了自身的繁荣发展。

三、艺术成就，四个亮点

21 世纪尤其是新时代以来，党史重大主题电视剧创作进入一个新的历史阶段，其艺术创作不断寻求着各种探索，并取得了不同程度的突破与创新。

1. 题材领域不断拓展

1921—1949 年艰苦卓绝的斗争是革命历史剧创作的富矿，虽然现已实现对重大历史事件的全覆盖，但其题材领域的拓展并没有止步：2021 年央视播出的电视剧《觉醒年代》将党史抒写向前拓展到 1914—1919 年间中共建党前史，引发社会热议与好评。此前将党

史向前拓展的电视剧作品还有《恰同学少年》《风华正茂》《我们的法兰西岁月》等。

近年来，关于社会主义建设史的作品创作也取得了不少突破，如 2021 年央视播出的跨年大戏《跨过鸭绿江》，第一次全景展现从最初决策到最后签订停战协议整个过程，热情讴歌和弘扬了伟大的抗美援朝精神。其他作品还有《五星红旗迎风飘扬1、2》《海棠依旧》《换了人间》《外交风云》等。

《觉醒年代》剧照

2. 形象塑造更加深入人心

革命历史剧虽然以反映重大革命历史事件为重点，塑造人物尤其是伟人形象更是艺术创作的核心。在作品的不断演绎下，毛泽东、周恩来、刘少奇、朱德等老一辈革命家从历史走上荧屏，这些人物形象也让电视剧作品拥有了永恒的生命力与审美张力。革命历史剧的人物形象塑造近年来取得的突破之处有两点：一是伟人形象塑造从过往仅重视"形似"到如今的"形神"并重、形神兼备，使伟人的艺术形象更加立体生动，更有利于观众共情与接受，在这方面《长征》做出了开创性贡献，《长征》与《延安颂》《解放》等经典剧作中都选择了唐国强扮演毛泽东，《跨过鸭绿江》也选择了"神似"的丁勇岱来扮演彭德怀，都收获了很好的艺术效果。二是革命历史剧的镜头不仅对准大人物，而且正向小人物身上转移，如《跨过鸭绿江》中，除了塑造毛泽东、周恩来、彭德怀等伟人形象外，还塑造了派往朝鲜作战的黄继光、邱少云、杨根思为代表的不畏强敌、英勇斗争的战斗英雄，此外还虚构了以郑锐、马金虎等为代表的战场内外支持抗美援朝、保家卫国的普通战士，为故事主线增添了不少色彩。以改革开放和新时代为背景的现实题材剧更是涌现出诸多典型人物形象，如《乔厂长上任记》中的乔光朴、《人民的名义》中的李达康书记、《山海情》中的马得福等。

3. 创作观念日趋成熟

重大革命历史题材电视剧创作必须慎之又慎，"大事不虚，小事不拘"是这些年来创作界的基本共识，即大的历史事件必须真实，小的细节可以艺术创作。关于真实与虚构之间的分寸，《觉醒年代》编剧龙平平就把握得非常精准自如，如"南陈北李、相约建党"的场景，经过考证，编剧将其放在了李大钊当年护送陈独秀南下避难的路途上，当目睹难民流离、饿殍遍野之后两人下定决心发誓建党，而之后陈延年牺牲的场景虽然为虚构的段落，但亦感人至深。

4. 作品风格更加多元

经过多年的创作实践，革命历史剧已经形成鲜明的史诗风格，并且体现出浓郁的民族化特征。革命历史剧一般以揭示历史本质与发展趋势为核心目标，在结构上追求宏阔的时空跨度与较大体量规模，在创作上允许在尊重重大历史事实的基础上加入细节的艺术虚构，在基调上追求英雄典型的塑造和英雄主义情怀。在这一点上，《长征》《八路军》《延安颂》《解放》《开国领袖毛泽东》《跨过鸭绿江》等作品表现尤为突出。

以改革开放与新时代为背景的现实题材电视剧创作，基本上都能坚持现实主义的创作原则，努力在艺术中表现生活真实，在创作中呈现出鲜明的时代气息。正如恩格斯说的，要"真实地再现典型环境中的典型人物"，现实主义要求创作者从丰富多彩的现实生活中选取有意义的人物与事件，经过个性化和概括化的艺术加工，创造出典型人物和典型环境，深刻揭示生活的某些本质特征。如2020年单元叙事剧《在一起》讲述了中国军民在抗击新冠肺炎疫情中的人和事，从剧中我们可以看到现实主义的力量，如疫情暴发时民众的恐慌，看到老院长在面对疫情时的坚强与倔强，看到护士在高强度工作状态下的无奈无助，看到普通人在疫情下做力所能及之事……2021年播出的《山海情》则以现实主义的创作手法展现了脱贫攻坚、精准扶贫这一重大主题，作品所关注的正是为生活折腰、斤斤计较的人，卑微而真实，尽显朴实纯粹的精气神。

第十五章

国家关于记者、广播电视、广告管理的法律、法规、条例

本章要求

☐ 了解《中国新闻工作者职业道德准则》的具体内容

☐ 了解《广播电视管理条例》的具体内容

☐ 了解《互联网用户公众账号信息服务管理规定》的具体内容

☐ 了解《中华人民共和国广告法》的具体内容

第一节　中国新闻工作者职业道德准则

（中华全国新闻工作者协会第九届全国理事会第五次常务理事会 2019 年 11 月 7 日修订）

中国新闻事业是中国共产党领导的中国特色社会主义事业的重要组成部分。新闻工作者坚持以马克思列宁主义、毛泽东思想、邓小平理论、"三个代表"重要思想、科学发展观、习近平新时代中国特色社会主义思想为指导，增强"四个意识"，坚定"四个自信"，做到"两个维护"，牢记党的新闻舆论工作职责使命，继承和发扬党的新闻舆论工作优良传统，坚持正确政治方向、舆论导向、新闻志向、工作取向，不断增强脚力、眼力、脑力、笔力，积极传播社会主义核心价值观，自觉遵守国家法律法规，恪守新闻职业道德，自觉承担社会责任，做政治坚定、引领时代、业务精湛、作风优良、党和人民信赖的新闻工作者。

第一条　全心全意为人民服务。忠于党、忠于祖国、忠于人民，把体现党的主张与反映人民心声统一起来，把坚持正确舆论导向与通达社情民意统一起来，把坚持正面宣传为主与正确开展舆论监督统一起来，发挥党和政府联系人民群众的桥梁纽带作用。

1. 坚持用习近平新时代中国特色社会主义思想武装头脑，深入学习宣传贯彻党的路线方针政策，积极宣传中央重大决策部署，及时传播国内外各领域的信息，满足人民群众日益增长的新闻信息需求，保证人民群众的知情权、参与权、表达权、监督权。

2. 坚持以人民为中心的工作导向，把人民群众作为报道主体、服务对象，多宣传基层群众的先进典型，多挖掘群众身边的具体事例，多反映平凡人物的工作生活，多运用群众的生动语言，丰富人民精神世界，增强人民精神力量，满足人民精神需求，使新闻报道为人民群众喜闻乐见。

3. 保持人民情怀，积极反映人民群众的正确意见和呼声，及时回应人民群众的关切和期待，批评侵害人民利益的现象和行为，畅通人民群众表达意见的渠道，依法维护人民群众的正当权益。

第二条　坚持正确舆论导向。坚持团结稳定鼓劲、正面宣传为主，弘扬主旋律、传播正能量，不断巩固和壮大积极健康向上的主流思想舆论。

1. 以经济建设为中心，服从服务于党和国家工作大局，贯彻新发展理念，为促进经济社会持续健康发展注入强大正能量。

2. 宣传科学理论、传播先进文化、滋养美好心灵、弘扬社会正气，增强社会责任感，严守道德伦理底线，坚决抵制低俗、庸俗、媚俗的内容。

3. 加强和改进舆论监督，着眼解决问题、推动工作，激浊扬清、针砭时弊，发表批评性报道要事实准确、分析客观，坚持科学监督、准确监督、依法监督、建设性监督。

4. 采访报道突发事件坚持导向正确、及时准确、公开透明，全面客观报道事件动态及处置进程，推动事件的妥善处理，维护社会稳定和人心安定。

第三条 坚持新闻真实性原则。把真实作为新闻的生命，努力到一线、到现场采访核实，坚持深入调查研究，报道做到真实、准确、全面、客观。

1. 通过合法途径和方式获取新闻素材，认真核实新闻信息来源，确保新闻要素及情节准确。

2. 根据事实来描述事实，不夸大、不缩小、不歪曲事实，不摆布采访报道对象，禁止虚构或制造新闻，刊播新闻报道要署记者的真名。

3. 摘转其他媒体的报道要把好事实关、导向关，不刊播违背科学精神、伦理道德、生活常识的内容。

4. 刊播了失实报道要勇于承担责任，及时更正致歉，消除不良影响。

5. 坚持网上网下"一个标准、一把尺子、一条底线"，统一导向要求、管理要求。

第四条 发扬优良作风。树立正确的世界观、人生观、价值观，加强品德修养，提高综合素质，抵制不良风气，保持一身正气，接受社会监督。

1. 强化学习意识，养成学习习惯，不断增强政治素质，提高业务水平，掌握融合技能，努力成为全媒型、专家型新闻工作者。

2. 坚持走基层、转作风、改文风，练就过硬脚力、眼力、脑力、笔力，拜人民为师，向人民学习，深入了解社情民意，增进与群众的感情。

3. 坚决反对和抵制各种有偿新闻和有偿不闻行为，不利用职业之便谋取不正当利益，不利用新闻报道发泄私愤，不以任何名义索取、接受采访报道对象或利害关系人的财物或其他利益，不向采访报道对象提出工作以外的要求。

4. 严格执行新闻报道与经营活动"两分开"的规定，不以新闻报道形式做任何广告性质的宣传，编辑记者不得从事创收等经营性活动。

第五条 坚持改进创新。遵循新闻传播规律和新兴媒体发展规律，创新理念、内容、体裁、形式、方法、手段、业态等，做到体现时代性、把握规律性、富于创造性。

1. 适应分众化、差异化传播趋势，深入研究不同传播对象的接受习惯和信息需求，主动设置议题，善于因势利导，不断提高传播力、引导力、影响力、公信力。

2. 强化互联网思维，顺应全媒体发展要求，积极探索网络信息生产和传播的特点规律，深刻把握传统媒体和新兴媒体融合发展的趋势，善于运用网络新技术新应用，不断提高网上正面宣传和网络舆论引导水平。

3. 保持思维的敏锐性和开放度，认识新事物、把握新规律，敢于打破思维定式和路径依赖，认真研究传播艺术，采用受众听得懂、易接受的方式，增强新闻报道的亲和力、吸引力、感染力，采写更多有思想、有温度、有品质的精品佳作。

第六条 遵守法律纪律。增强法治观念，遵守宪法和法律法规，遵守党的新闻工作纪律，维护国家利益和安全，保守国家秘密。

1. 严格遵守和正确宣传国家各项政治制度和政策，切实维护国家政治安全、文化安全和社会稳定。

2. 维护采访报道对象的合法权益，尊重采访报道对象的正当要求，不揭个人隐私，不诽谤他人。

3. 保障妇女、儿童、老年人和残疾人的合法权益，注意保护其身心健康。

4. 维护司法尊严，依法做好案件报道，不干预依法进行的司法审判活动，在法庭判决前不做定性、定罪的报道和评论，不渲染凶杀、暴力、色情等。

5. 涉外报道要遵守我国涉外法律、对外政策和我国加入的国际条约。

6. 尊重和保护新闻媒体作品版权，反对抄袭、剽窃，抵制严重歪曲文章原意、断章取义等不当摘转行为。

7. 严格遵守新闻采访规范，除确有必要的特殊拍摄采访外，新闻采访要出示合法有效的新闻记者证。

第七条 对外展示良好形象。努力培养世界眼光和国际视野，讲好中国故事，传播好中国声音，积极搭建中国与世界交流沟通的桥梁，展现真实、立体、全面的中国。

1. 在国际交往中维护祖国尊严和国家利益，维护中国新闻工作者的形象。

2. 生动诠释中国道路、中国理论、中国制度、中国文化，着重讲好中国的故事、中国共产党的故事、中国特色社会主义的故事、中国人民的故事，让世界更好地读懂中国。

3. 积极传播中华民族的优秀文化，增进世界各国人民对中华文化的了解。

4. 尊重各国主权、民族传统、宗教信仰和文化多样性，报道各国经济社会发展变化和优秀民族文化。

5. 加强与各国媒体和国际（区域）新闻组织的交流合作，增进了解、加深友谊，为推动人类命运共同体建设多做工作。

对本准则，中国记协会员要结合实际制定相应实施细则，认真组织落实；全国新闻工作者包括新媒体新闻信息传播从业人员要自觉执行；各级地方记协、各类专业记协要积极宣传和推动；欢迎社会各界监督。

第二节　广播电视管理条例

（1997 年 8 月 1 日国务院第 61 次常务会议通过，国务院令第 228 号发布，自 1997 年 9 月 1 日起施行；根据 2013 年 12 月 4 日国务院令第 645 号《国务院关于修改部分行政法规的决定》修改；根据 2017 年 3 月 1 日国务院令第 676 号《国务院关于修改和废止部分行政法规的决定》修订；根据 2020 年 11 月 29 日国务院令第 732 号《国务院关于修改和废止部分行政法规的决定》修订）

第一章　总　则

第一条　为了加强广播电视管理，发展广播电视事业，促进社会主义精神文明和物质文明建设，制定本条例。

第二条　本条例适用于在中华人民共和国境内设立广播电台、电视台和采编、制作、播放、传输广播电视节目等活动。

第三条　广播电视事业应当坚持为人民服务、为社会主义服务的方向，坚持正确的舆论导向。

第四条　国家发展广播电视事业。县级以上人民政府应当将广播电视事业纳入国民经济和社会发展规划，并根据需要和财力逐步增加投入，提高广播电视覆盖率。

国家支持农村广播电视事业的发展。

国家扶持民族自治地方和边远贫困地区发展广播电视事业。

第五条　国务院广播电视行政部门负责全国的广播电视管理工作。

县级以上地方人民政府负责广播电视行政管理工作的部门或者机构（以下统称广播电视行政部门）负责本行政区域内的广播电视管理工作。

第六条　全国性广播电视行业的社会团体按照其章程，实行自律管理，并在国务院广播电视行政部门的指导下开展活动。

第七条　国家对为广播电视事业发展做出显著贡献的单位和个人，给予奖励。

第二章　广播电台和电视台

第八条　国务院广播电视行政部门负责制定全国广播电台、电视台的设立规划，确定广播电台、电视台的总量、布局和结构。

本条例所称广播电台、电视台是指采编、制作并通过有线或者无线的方式播放广播电视节目的机构。

第九条　设立广播电台、电视台，应当具备下列条件：

（一）有符合国家规定的广播电视专业人员；

（二）有符合国家规定的广播电视技术设备；

（三）有必要的基本建设资金和稳定的资金保障；

（四）有必要的场所。

审批设立广播电台、电视台，除依照前款所列条件外，还应当符合国家的广播电视建设规划和技术发展规划。

第十条 广播电台、电视台由县、不设区的市以上人民政府广播电视行政部门设立，其中教育电视台可以由设区的市、自治州以上人民政府教育行政部门设立。其他任何单位和个人不得设立广播电台、电视台。

国家禁止设立外商投资经营的广播电台、电视台。

第十一条 中央的广播电台、电视台由国务院广播电视行政部门设立。地方设立广播电台、电视台的，由县、不设区的市以上地方人民政府广播电视行政部门提出申请，本级人民政府审查同意后，逐级上报，经国务院广播电视行政部门审查批准后，方可筹建。

中央的教育电视台由国务院教育行政部门设立，报国务院广播电视行政部门审查批准。地方设立教育电视台的，由设区的市、自治州以上地方人民政府教育行政部门提出申请。征得同级广播电视行政部门同意并经本级人民政府审查同意后，逐级上报，经国务院教育行政部门审核，由国务院广播电视行政部门审查批准后，方可筹建。

第十二条 经批准筹建的广播电台、电视台，应当按照国家规定的建设程序和广播电视技术标准进行工程建设。

建成的广播电台、电视台，经国务院广播电视行政部门审查符合条件的，发给广播电台、电视台许可证。广播电台、电视台应当按照许可证载明的台名、台标、节目设置范围和节目套数等事项制作、播放节目。

第十三条 设区的市、自治州以上人民政府广播电视行政部门设立的广播电台、电视台或者设区的市、自治州以上人民政府教育行政部门设立的电视台变更台名、节目设置范围或者节目套数，省级以上人民政府广播电视行政部门设立的广播电台、电视台或者省级以上人民政府教育行政部门设立的电视台变更台标的，应当经国务院广播电视行政部门批准。县、不设区的市人民政府广播电视行政部门设立的广播电台、电视台变更台名、节目设置范围或者节目套数的，应当经省级人民政府广播电视行政部门批准。

广播电台、电视台不得出租、转让播出时段。

第十四条 广播电台、电视台终止，应当按照原审批程序申报，其许可证由国务院广播电视行政部门收回。

广播电台、电视台因特殊情况需要暂时停止播出的，应当经省级以上人民政府广播电视行政部门同意；未经批准，连续停止播出超过30日的，视为终止，应当依照前款规定办理有关手续。

第十五条 乡、镇设立广播电视站的，由所在地县级以上人民政府广播电视行政部门负责审核，并按照国务院广播电视行政部门的有关规定审批。

机关、部队、团体、企业事业单位设立有线广播电视站的，按照国务院有关规定审批。

第十六条 任何单位和个人不得冲击广播电台、电视台，不得损坏广播电台、电视台的设施，不得危害其安全播出。

第三章　广播电视传输覆盖网

第十七条　国务院广播电视行政部门应当对全国广播电视传输覆盖网按照国家的统一标准实行统一规划，并实行分级建设和开发。县级以上地方人民政府广播电视行政部门应当按照国家有关规定，组建和管理本行政区域内的广播电视传输覆盖网。

组建广播电视传输覆盖网，包括充分利用国家现有的公用通信等各种网络资源，应当确保广播电视节目传输质量和畅通。

本条例所称广播电视传输覆盖网，由广播电视发射台、转播台（包括差转台、收转台，下同）、广播电视卫星、卫星上行站、卫星收转站、微波站、监测台（站）及有线广播电视传输覆盖网等构成。

第十八条　国务院广播电视行政部门负责指配广播电视专用频段的频率，并核发频率专用指配证明。

第十九条　设立广播电视发射台、转播台、微波站、卫星上行站，应当按照国家有关规定，持国务院广播电视行政部门核发的频率专用指配证明，向国家的或者省、自治区、直辖市的无线电管理机构办理审批手续，领取无线电台执照。

第二十条　广播电视发射台、转播台应当按照国务院广播电视行政部门的有关规定发射、转播广播电视节目。

广播电视发射台、转播台经核准使用的频率、频段不得出租、转让，已经批准的各项技术参数不得擅自变更。

第二十一条　广播电视发射台、转播台不得擅自播放自办节目和插播广告。

第二十二条　广播电视传输覆盖网的工程选址、设计、施工、安装，应当按照国家有关规定办理，并由依法取得相应资格证书的单位承担。

广播电视传输覆盖网的工程建设和使用的广播电视技术设备，应当符合国家标准、行业标准。工程竣工后，由广播电视行政部门组织验收，验收合格的，方可投入使用。

第二十三条　区域性有线广播电视传输覆盖网，由县级以上地方人民政府广播电视行政部门设立和管理。

区域性有线广播电视传输覆盖网的规划、建设方案，由县级人民政府或者设区的市、自治州人民政府的广播电视行政部门报省、自治区、直辖市人民政府广播电视行政部门批准后实施，或者由省、自治区、直辖市人民政府广播电视行政部门报国务院广播电视行政部门批准后实施。

同一行政区域只能设立一个区域性有线广播电视传输覆盖网。有线电视站应当按照规划与区域性有线电视传输覆盖网联网。

第二十四条　未经批准，任何单位和个人不得擅自利用有线广播电视传输覆盖网播放节目。

第二十五条　传输广播电视节目的卫星空间段资源的管理和使用，应当符合国家有关规定。

广播电台、电视台利用卫星方式传输广播电视节目，应当符合国家规定的条件，并经国务院广播电视行政部门审核批准。

第二十六条　安装和使用卫星广播电视地面接收设施，应当按照国家有关规定向省、自治区、直辖市人民政府广播电视行政部门申领许可证。进口境外卫星广播电视节目解码器、解压器及其他卫星广播电视地面接收设施，应当经国务院广播电视行政部门审查同意。

第二十七条　禁止任何单位和个人侵占、哄抢或者以其他方式破坏广播电视传输覆盖网的设施。

第二十八条　任何单位和个人不得侵占、干扰广播电视专用频率，不得擅自截传、干扰、解扰广播电视信号。

第二十九条　县级以上人民政府广播电视行政部门应当采取卫星传送、无线转播、有线广播、有线电视等多种方式，提高农村广播电视覆盖率。

第四章　广播电视节目

第三十条　广播电台、电视台应当按照国务院广播电视行政部门批准的节目设置范围开办节目。

第三十一条　广播电视节目由广播电台、电视台和省级以上人民政府广播电视行政部门批准设立的广播电视节目制作经营单位制作。广播电台、电视台不得播放未取得广播电视节目制作经营许可的单位制作的广播电视节目。

第三十二条　广播电台、电视台应当提高广播电视节目质量，增加国产优秀节目数量，禁止制作、播放载有下列内容的节目：

（一）危害国家的统一、主权和领土完整的；

（二）危害国家的安全、荣誉和利益的；

（三）煽动民族分裂，破坏民族团结的；

（四）泄露国家秘密的；

（五）诽谤、侮辱他人的；

（六）宣扬淫秽、迷信或者渲染暴力的；

（七）法律、行政法规规定禁止的其他内容。

第三十三条　广播电台、电视台对其播放的广播电视节目内容，应当依照本条例第三十二条的规定进行播前审查，重播重审。

第三十四条　广播电视新闻应当真实、公正。

第三十五条　设立电视剧制作单位，应当经国务院广播电视行政部门批准，取得电视剧制作许可证后，方可制作电视剧。

电视剧的制作和播出管理办法，由国务院广播电视行政部门规定。

第三十六条　广播电台、电视台应当使用规范的语言文字。

广播电台、电视台应当推广全国通用的普通话。

第三十七条　地方广播电台、电视台或者广播电视站，应当按照国务院广播电视行政部门的有关规定转播广播电视节目。

乡、镇设立的广播电视站不得自办电视节目。

第三十八条　广播电台、电视台应当按照节目预告播放广播电视节目；确需更换、调整原预告节目的，应当提前向公众告示。

第三十九条　用于广播电台、电视台播放的境外电影、电视剧，必须经国务院广播电视行政部门审查批准。用于广播电台、电视台播放的境外其他广播电视节目，必须经国务院广播电视行政部门或者其授权的机构审查批准。

向境外提供的广播电视节目，应当按照国家有关规定向省级以上人民政府广播电视行政部门备案。

第四十条　广播电台、电视台播放境外广播电视节目的时间与广播电视节目总播放时间的比例，由国务院广播电视行政部门规定。

第四十一条　广播电台、电视台以卫星等传输方式进口、转播境外广播电视节目，必须经国务院广播电视行政部门批准。

第四十二条　广播电台、电视台播放广告，不得超过国务院广播电视行政部门规定的时间。

广播电台、电视台应当播放公益性广告。

第四十三条　国务院广播电视行政部门在特殊情况下，可以作出停止播出、更换特定节目或者指定转播特定节目的决定。

第四十四条　教育电视台应当按照国家有关规定播放各类教育教学节目，不得播放与教学内容无关的电影、电视片。

第四十五条　举办国际性广播电视节目交流、交易活动，应当经国务院广播电视行政部门批准，并由指定的单位承办。举办国内区域性广播电视节目交流、交易活动，应当经举办地的省、自治区、直辖市人民政府广播电视行政部门批准，并由指定的单位承办。

第四十六条　对享有著作权的广播电视节目的播放和使用，依照《中华人民共和国著作权法》的规定办理。

第五章　罚　则

第四十七条　违反本条例规定，擅自设立广播电台、电视台、教育电视台、有线广播电视传输覆盖网、广播电视站的，由县级以上人民政府广播电视行政部门予以取缔，没收其从事违法活动的设备，并处投资总额1倍以上2倍以下的罚款。

擅自设立广播电视发射台、转播台、微波站、卫星上行站的，由县级以上人民政府广播电视行政部门予以取缔，没收其从事违法活动的设备，并处投资总额1倍以上2倍以下的罚款；或者由无线电管理机构依照国家无线电管理的有关规定予以处罚。

第四十八条　违反本条例规定，擅自设立广播电视节目制作经营单位或者擅自制作电视剧及其他广播电视节目的，由县级以上人民政府广播电视行政部门予以取缔，没收其从事违法活动的专用工具、设备和节目载体，并处1万元以上5万元以下的罚款。

第四十九条　违反本条例规定，制作、播放、向境外提供含有本条例第三十二条规定禁止内容的节目的，由县级以上人民政府广播电视行政部门责令停止制作、播放、向境外提供，收缴其节目载体，并处1万元以上5万元以下的罚款；情节严重的，由原批准机关吊销许可证；违反治安管理规定的，由公安机关依法给予治安管理处罚；构成犯罪的，依法追究刑事责任。

第五十条　违反本条例规定，有下列行为之一的，由县级以上人民政府广播电视行政部门责令停止违法活动，给予警告，没收违法所得，可以并处 2 万元以下的罚款；情节严重的，由原批准机关吊销许可证：

（一）未经批准，擅自变更台名、台标、节目设置范围或者节目套数的；

（二）出租、转让播出时段的；

（三）转播、播放广播电视节目违反规定的；

（四）播放境外广播电视节目或者广告的时间超出规定的；

（五）播放未取得广播电视节目制作经营许可的单位制作的广播电视节目或者未取得电视剧制作许可的单位制作的电视剧的；

（六）播放未经批准的境外电影、电视剧和其他广播电视节目的；

（七）教育电视台播放本条例第四十四条规定禁止播放的节目的；

（八）未经批准，擅自举办广播电视节目交流、交易活动的。

第五十一条　违反本条例规定，有下列行为之一的，由县级以上人民政府广播电视行政部门责令停止违法活动，给予警告，没收违法所得和从事违法活动的专用工具、设备，可以并处 2 万元以下的罚款；情节严重的，由原批准机关吊销许可证：

（一）出租、转让频率、频段，擅自变更广播电视发射台、转播台技术参数的；

（二）广播电视发射台、转播台擅自播放自办节目、插播广告的；

（三）未经批准，擅自利用卫星方式传输广播电视节目的；

（四）未经批准，擅自以卫星等传输方式进口、转播境外广播电视节目的；

（五）未经批准，擅自利用有线广播电视传输覆盖网播放节目的；

（六）未经批准，擅自进行广播电视传输覆盖网的工程选址、设计、施工、安装的；

（七）侵占、干扰广播电视专用频率，擅自截传、干扰、解扰广播电视信号的。

第五十二条　违反本条例规定，危害广播电台、电视台安全播出的，破坏广播电视设施的，由县级以上人民政府广播电视行政部门责令停止违法活动；情节严重的，处 2 万元以上 5 万元以下的罚款；造成损害的，侵害人应当依法赔偿损失；构成犯罪的，依法追究刑事责任。

第五十三条　广播电视行政部门及其工作人员在广播电视管理工作中滥用职权、玩忽职守、徇私舞弊，构成犯罪的，依法追究刑事责任；尚不构成犯罪的，依法给予行政处分。

第六章　附　则

第五十四条　本条例施行前已经设立的广播电台、电视台、教育电视台、广播电视发射台、转播台、广播电视节目制作经营单位，自本条例施行之日起 6 个月内，应当依照本条例的规定重新办理审核手续；不符合本条例规定的，予以撤销；已有的县级教育电视台可以与县级电视台合并，开办教育节目频道。

第五十五条　本条例自 1997 年 9 月 1 日起施行。

第三节　互联网用户公众账号信息服务管理规定

（2021 年 1 月 22 日发布）

第一章　总　则

第一条　为了规范互联网用户公众账号信息服务，维护国家安全和公共利益，保护公民、法人和其他组织的合法权益，根据《中华人民共和国网络安全法》《互联网信息服务管理办法》《网络信息内容生态治理规定》等法律法规和国家有关规定，制定本规定。

第二条　在中华人民共和国境内提供、从事互联网用户公众账号信息服务，应当遵守本规定。

第三条　国家网信部门负责全国互联网用户公众账号信息服务的监督管理执法工作。地方网信部门依据职责负责本行政区域内互联网用户公众账号信息服务的监督管理执法工作。

第四条　公众账号信息服务平台和公众账号生产运营者应当遵守法律法规，遵循公序良俗，履行社会责任，坚持正确舆论导向、价值取向，弘扬社会主义核心价值观，生产发布向上向善的优质信息内容，发展积极健康的网络文化，维护清朗网络空间。

鼓励各级党政机关、企事业单位和人民团体注册运营公众账号，生产发布高质量政务信息或者公共服务信息，满足公众信息需求，推动经济社会发展。

鼓励公众账号信息服务平台积极为党政机关、企事业单位和人民团体提升政务信息发布、公共服务和社会治理水平，提供充分必要的技术支持和安全保障。

第五条　公众账号信息服务平台提供互联网用户公众账号信息服务，应当取得国家法律、行政法规规定的相关资质。

公众账号信息服务平台和公众账号生产运营者向社会公众提供互联网新闻信息服务，应当取得互联网新闻信息服务许可。

第二章　公众账号信息服务平台

第六条　公众账号信息服务平台应当履行信息内容和公众账号管理主体责任，配备与业务规模相适应的管理人员和技术能力，设置内容安全负责人岗位，建立健全并严格落实账号注册、信息内容安全、生态治理、应急处置、网络安全、数据安全、个人信息保护、知识产权保护、信用评价等管理制度。

公众账号信息服务平台应当依据法律法规和国家有关规定，制定并公开信息内容生产、公众账号运营等管理规则、平台公约，与公众账号生产运营者签订服务协议，明确双方内容发布权限、账号管理责任等权利义务。

第七条　公众账号信息服务平台应当按照国家有关标准和规范，建立公众账号分类注册和分类生产制度，实施分类管理。

公众账号信息服务平台应当依据公众账号信息内容生产质量、信息传播能力、账号主体信用评价等指标，建立分级管理制度，实施分级管理。

公众账号信息服务平台应当将公众账号和内容生产与账号运营管理规则、平台公约、服务协议等向所在地省、自治区、直辖市网信部门备案；上线具有舆论属性或者社会动员能力的新技术新应用新功能，应当按照有关规定进行安全评估。

第八条 公众账号信息服务平台应当采取复合验证等措施，对申请注册公众账号的互联网用户进行基于移动电话号码、居民身份证号码或者统一社会信用代码等方式的真实身份信息认证，提高认证准确率。用户不提供真实身份信息的，或者冒用组织机构、他人真实身份信息进行虚假注册的，不得为其提供相关服务。

公众账号信息服务平台应当对互联网用户注册的公众账号名称、头像和简介等进行合法合规性核验，发现账号名称、头像和简介与注册主体真实身份信息不相符的，特别是擅自使用或者关联党政机关、企事业单位等组织机构或者社会知名人士名义的，应当暂停提供服务并通知用户限期改正，拒不改正的，应当终止提供服务；发现相关注册信息含有违法和不良信息的，应当依法及时处置。

公众账号信息服务平台应当禁止被依法依约关闭的公众账号以相同账号名称重新注册；对注册与其关联度高的账号名称，还应当对账号主体真实身份信息、服务资质等进行必要核验。

第九条 公众账号信息服务平台对申请注册从事经济、教育、医疗卫生、司法等领域信息内容生产的公众账号，应当要求用户在注册时提供其专业背景，以及依照法律、行政法规获得的职业资格或者服务资质等相关材料，并进行必要核验。

公众账号信息服务平台应当对核验通过后的公众账号加注专门标识，并根据用户的不同主体性质，公示内容生产类别、运营主体名称、注册运营地址、统一社会信用代码、联系方式等注册信息，方便社会监督查询。

公众账号信息服务平台应当建立动态核验巡查制度，适时核验生产运营者注册信息的真实性、有效性。

第十条 公众账号信息服务平台应当对同一主体在本平台注册公众账号的数量合理设定上限。对申请注册多个公众账号的用户，还应当对其主体性质、服务资质、业务范围、信用评价等进行必要核验。

公众账号信息服务平台对互联网用户注册后超过六个月不登录、不使用的公众账号，可以根据服务协议暂停或者终止提供服务。

公众账号信息服务平台应当健全技术手段，防范和处置互联网用户超限量注册、恶意注册、虚假注册等违规注册行为。

第十一条 公众账号信息服务平台应当依法依约禁止公众账号生产运营者违规转让公众账号。

公众账号生产运营者向其他用户转让公众账号使用权的，应当向平台提出申请。平台应当依据前款规定对受让方用户进行认证核验，并公示主体变更信息。平台发现生产运营者未经审核擅自转让公众账号的，应当及时暂停或者终止提供服务。

公众账号生产运营者自行停止账号运营，可以向平台申请暂停或者终止使用。平台应当按照服务协议暂停或者终止提供服务。

第十二条 公众账号信息服务平台应当建立公众账号监测评估机制，防范账号订阅数、用户关注度、内容点击率、转发评论量等数据造假行为。

公众账号信息服务平台应当规范公众账号推荐订阅关注机制，健全技术手段，及时发现、处置公众账号订阅关注数量的异常变动情况。未经互联网用户知情同意，不得以任何方式强制或者变相强制订阅关注其他用户公众账号。

第十三条 公众账号信息服务平台应当建立生产运营者信用等级管理体系，根据信用等级提供相应服务。

公众账号信息服务平台应当建立健全网络谣言等虚假信息预警、发现、溯源、甄别、辟谣、消除等处置机制，对制作发布虚假信息的公众账号生产运营者降低信用等级或者列入黑名单。

第十四条 公众账号信息服务平台与生产运营者开展内容供给与账号推广合作，应当规范管理电商销售、广告发布、知识付费、用户打赏等经营行为，不得发布虚假广告、进行夸大宣传、实施商业欺诈及商业诋毁等，防止违法违规运营。

公众账号信息服务平台应当加强对原创信息内容的著作权保护，防范盗版侵权行为。

平台不得利用优势地位干扰生产运营者合法合规运营、侵犯用户合法权益。

第三章 公众账号生产运营者

第十五条 公众账号生产运营者应当按照平台分类管理规则，在注册公众账号时如实填写用户主体性质、注册地、运营地、内容生产类别、联系方式等基本信息，组织机构用户还应当注明主要经营或者业务范围。

公众账号生产运营者应当遵守平台内容生产和账号运营管理规则、平台公约和服务协议，按照公众账号登记的内容生产类别，从事相关行业领域的信息内容生产发布。

第十六条 公众账号生产运营者应当履行信息内容生产和公众账号运营管理主体责任，依法依规从事信息内容生产和公众账号运营活动。

公众账号生产运营者应当建立健全选题策划、编辑制作、发布推广、互动评论等全过程信息内容安全审核机制，加强信息内容导向性、真实性、合法性审核，维护网络传播良好秩序。

公众账号生产运营者应当建立健全公众账号注册使用、运营推广等全过程安全管理机制，依法、文明、规范运营公众账号，以优质信息内容吸引公众关注订阅和互动分享，维护公众账号良好社会形象。

公众账号生产运营者与第三方机构开展公众账号运营、内容供给等合作，应与第三方机构签订书面协议，明确第三方机构信息安全管理义务并督促履行。

第十七条 公众账号生产运营者转载信息内容的，应当遵守著作权保护相关法律法规，依法标注著作权人和可追溯信息来源，尊重和保护著作权人的合法权益。

公众账号生产运营者应当对公众账号留言、跟帖、评论等互动环节进行管理。平台可以根据公众账号的主体性质、信用等级等，合理设置管理权限，提供相关技术支持。

第十八条 公众账号生产运营者不得有下列违法违规行为：

（一）不以真实身份信息注册，或者注册与自身真实身份信息不相符的公众账号名称、头像、简介等；

（二）恶意假冒、仿冒或者盗用组织机构及他人公众账号生产发布信息内容；

（三）未经许可或者超越许可范围提供互联网新闻信息采编发布等服务；

（四）操纵利用多个平台账号，批量发布雷同低质信息内容，生成虚假流量数据，制造虚假舆论热点；

（五）利用突发事件煽动极端情绪，或者实施网络暴力损害他人和组织机构名誉，干扰组织机构正常运营，影响社会和谐稳定；

（六）编造虚假信息，伪造原创属性，标注不实信息来源，歪曲事实真相，误导社会公众；

（七）以有偿发布、删除信息等手段，实施非法网络监督、营销诈骗、敲诈勒索，谋取非法利益；

（八）违规批量注册、囤积或者非法交易买卖公众账号；

（九）制作、复制、发布违法信息，或者未采取措施防范和抵制制作、复制、发布不良信息；

（十）法律、行政法规禁止的其他行为。

第四章　监督管理

第十九条　公众账号信息服务平台应当加强对本平台公众账号信息服务活动的监督管理，及时发现和处置违法违规信息或者行为。

公众账号信息服务平台应当对违反本规定及相关法律法规的公众账号，依法依约采取警示提醒、限制账号功能、暂停信息更新、停止广告发布、关闭注销账号、列入黑名单、禁止重新注册等处置措施，保存有关记录，并及时向网信等有关主管部门报告。

第二十条　公众账号信息服务平台和生产运营者应当自觉接受社会监督。

公众账号信息服务平台应当在显著位置设置便捷的投诉举报入口和申诉渠道，公布投诉举报和申诉方式，健全受理、甄别、处置、反馈等机制，明确处理流程和反馈时限，及时处理公众投诉举报和生产运营者申诉。

鼓励互联网行业组织开展公众评议，推动公众账号信息服务平台和生产运营者严格自律，建立多方参与的权威调解机制，公平合理解决行业纠纷，依法维护用户合法权益。

第二十一条　各级网信部门会同有关主管部门建立健全协作监管等工作机制，监督指导公众账号信息服务平台和生产运营者依法依规从事相关信息服务活动。

公众账号信息服务平台和生产运营者应当配合有关主管部门依法实施监督检查，并提供必要的技术支持和协助。

公众账号信息服务平台和生产运营者违反本规定的，由网信部门和有关主管部门在职责范围内依照相关法律法规处理。

第五章　附　则

第二十二条　本规定所称互联网用户公众账号，是指互联网用户在互联网站、应用程序等网络平台注册运营，面向社会公众生产发布文字、图片、音视频等信息内容的网络账号。

本规定所称公众账号信息服务平台，是指为互联网用户提供公众账号注册运营、信息内容发布与技术保障服务的网络信息服务提供者。

本规定所称公众账号生产运营者，是指注册运营公众账号从事内容生产发布的自然人、法人或者非法人组织。

第二十三条 本规定自 2021 年 2 月 22 日起施行。本规定施行之前颁布的有关规定与本规定不一致的，按照本规定执行。

第四节　中华人民共和国广告法

（1994 年 10 月 27 日第八届全国人民代表大会常务委员会第十次会议通过；2015 年 4 月 24 日第十二届全国人民代表大会常务委员会第十四次会议修订；根据 2018 年 10 月 26 日第十三届全国人民代表大会常务委员会第六次会议《关于修改〈中华人民共和国野生动物保护法〉等十五部法律的决定》修正；根据 2021 年 4 月 29 日第十三届全国人民代表大会常务委员会第二十八次会议《关于修改〈中华人民共和国道路交通安全法〉等八部法律的决定》第二次修正）

第一章　总　则

第一条　为了规范广告活动，保护消费者的合法权益，促进广告业的健康发展，维护社会经济秩序，制定本法。

第二条　在中华人民共和国境内，商品经营者或者服务提供者通过一定媒介和形式直接或者间接地介绍自己所推销的商品或者服务的商业广告活动，适用本法。

本法所称广告主，是指为推销商品或者服务，自行或者委托他人设计、制作、发布广告的自然人、法人或者其他组织。

本法所称广告经营者，是指接受委托提供广告设计、制作、代理服务的自然人、法人或者其他组织。

本法所称广告发布者，是指为广告主或者广告主委托的广告经营者发布广告的自然人、法人或者其他组织。

本法所称广告代言人，是指广告主以外的，在广告中以自己的名义或者形象对商品、服务做推荐、证明的自然人、法人或者其他组织。

第三条　广告应当真实、合法，以健康的表现形式表达广告内容，符合社会主义精神文明建设和弘扬中华民族优秀传统文化的要求。

第四条　广告不得含有虚假或者引人误解的内容，不得欺骗、误导消费者。

广告主应当对广告内容的真实性负责。

第五条　广告主、广告经营者、广告发布者从事广告活动，应当遵守法律、法规，诚实信用，公平竞争。

第六条　国务院市场监督管理部门主管全国的广告监督管理工作，国务院有关部门在各自的职责范围内负责广告管理相关工作。

县级以上地方市场监督管理部门主管本行政区域的广告监督管理工作，县级以上地方人民政府有关部门在各自的职责范围内负责广告管理相关工作。

第七条　广告行业组织依照法律、法规和章程的规定，制定行业规范，加强行业自律，促进行业发展，引导会员依法从事广告活动，推动广告行业诚信建设。

第二章　广告内容准则

第八条　广告中对商品的性能、功能、产地、用途、质量、成分、价格、生产者、有效期限、允诺等或者对服务的内容、提供者、形式、质量、价格、允诺等有表示的，应当准确、清楚、明白。

广告中表明推销的商品或者服务附带赠送的，应当明示所附带赠送商品或者服务的品种、规格、数量、期限和方式。

法律、行政法规规定广告中应当明示的内容，应当显著、清晰表示。

第九条　广告不得有下列情形：

（一）使用或者变相使用中华人民共和国的国旗、国歌、国徽，军旗、军歌、军徽；

（二）使用或者变相使用国家机关、国家机关工作人员的名义或者形象；

（三）使用"国家级""最高级""最佳"等用语；

（四）损害国家的尊严或者利益，泄露国家秘密；

（五）妨碍社会安定，损害社会公共利益；

（六）危害人身、财产安全，泄露个人隐私；

（七）妨碍社会公共秩序或者违背社会良好风尚；

（八）含有淫秽、色情、赌博、迷信、恐怖、暴力的内容；

（九）含有民族、种族、宗教、性别歧视的内容；

（十）妨碍环境、自然资源或者文化遗产保护；

（十一）法律、行政法规规定禁止的其他情形。

第十条　广告不得损害未成年人和残疾人的身心健康。

第十一条　广告内容涉及的事项需要取得行政许可的，应当与许可的内容相符合。

广告使用数据、统计资料、调查结果、文摘、引用语等引证内容的，应当真实、准确，并表明出处。引证内容有适用范围和有效期限的，应当明确表示。

第十二条　广告中涉及专利产品或者专利方法的，应当标明专利号和专利种类。

未取得专利权的，不得在广告中谎称取得专利权。

禁止使用未授予专利权的专利申请和已经终止、撤销、无效的专利作广告。

第十三条　广告不得贬低其他生产经营者的商品或者服务。

第十四条　广告应当具有可识别性，能够使消费者辨明其为广告。

大众传播媒介不得以新闻报道形式变相发布广告。通过大众传播媒介发布的广告应当显著标明"广告"，与其他非广告信息相区别，不得使消费者产生误解。

广播电台、电视台发布广告，应当遵守国务院有关部门关于时长、方式的规定，并应当对广告时长作出明显提示。

第十五条　麻醉药品、精神药品、医疗用毒性药品、放射性药品等特殊药品，药品类易制毒化学品，以及戒毒治疗的药品、医疗器械和治疗方法，不得作广告。

前款规定以外的处方药，只能在国务院卫生行政部门和国务院药品监督管理部门共同指定的医学、药学专业刊物上作广告。

第十六条　医疗、药品、医疗器械广告不得含有下列内容：

（一）表示功效、安全性的断言或者保证；

（二）说明治愈率或者有效率；

（三）与其他药品、医疗器械的功效和安全性或者其他医疗机构比较；

（四）利用广告代言人作推荐、证明；

（五）法律、行政法规规定禁止的其他内容。

药品广告的内容不得与国务院药品监督管理部门批准的说明书不一致，并应当显著标明禁忌、不良反应。处方药广告应当显著标明"本广告仅供医学药学专业人士阅读"，非处方药广告应当显著标明"请按药品说明书或者在药师指导下购买和使用"。

推荐给个人自用的医疗器械的广告，应当显著标明"请仔细阅读产品说明书或者在医务人员的指导下购买和使用"。医疗器械产品注册证明文件中有禁忌内容、注意事项的，广告中应当显著标明"禁忌内容或者注意事项详见说明书"。

第十七条 除医疗、药品、医疗器械广告外，禁止其他任何广告涉及疾病治疗功能，并不得使用医疗用语或者易使推销的商品与药品、医疗器械相混淆的用语。

第十八条 保健食品广告不得含有下列内容：

（一）表示功效、安全性的断言或者保证；

（二）涉及疾病预防、治疗功能；

（三）声称或者暗示广告商品为保障健康所必需；

（四）与药品、其他保健食品进行比较；

（五）利用广告代言人作推荐、证明；

（六）法律、行政法规规定禁止的其他内容。

保健食品广告应当显著标明"本品不能代替药物"。

第十九条 广播电台、电视台、报刊音像出版单位、互联网信息服务提供者不得以介绍健康、养生知识等形式变相发布医疗、药品、医疗器械、保健食品广告。

第二十条 禁止在大众传播媒介或者公共场所发布声称全部或者部分替代母乳的婴儿乳制品、饮料和其他食品广告。

第二十一条 农药、兽药、饲料和饲料添加剂广告不得含有下列内容：

（一）表示功效、安全性的断言或者保证；

（二）利用科研单位、学术机构、技术推广机构、行业协会或者专业人士、用户的名义或者形象作推荐、证明；

（三）说明有效率；

（四）违反安全使用规程的文字、语言或者画面；

（五）法律、行政法规规定禁止的其他内容。

第二十二条 禁止在大众传播媒介或者公共场所、公共交通工具、户外发布烟草广告。禁止向未成年人发送任何形式的烟草广告。

禁止利用其他商品或者服务的广告、公益广告，宣传烟草制品名称、商标、包装、装潢以及类似内容。

烟草制品生产者或者销售者发布的迁址、更名、招聘等启事中，不得含有烟草制品名称、商标、包装、装潢以及类似内容。

第二十三条 酒类广告不得含有下列内容：

（一）诱导、怂恿饮酒或者宣传无节制饮酒；

（二）出现饮酒的动作；

（三）表现驾驶车、船、飞机等活动；

（四）明示或者暗示饮酒有消除紧张和焦虑、增加体力等功效。

第二十四条 教育、培训广告不得含有下列内容：

（一）对升学、通过考试、获得学位学历或者合格证书，或者对教育、培训的效果作出明示或者暗示的保证性承诺；

（二）明示或者暗示有相关考试机构或者其工作人员、考试命题人员参与教育、培训；

（三）利用科研单位、学术机构、教育机构、行业协会、专业人士、受益者的名义或者形象作推荐、证明。

第二十五条 招商等有投资回报预期的商品或者服务广告，应当对可能存在的风险以及风险责任承担有合理提示或者警示，并不得含有下列内容：

（一）对未来效果、收益或者与其相关的情况作出保证性承诺，明示或者暗示保本、无风险或者保收益等，国家另有规定的除外；

（二）利用学术机构、行业协会、专业人士、受益者的名义或者形象作推荐、证明。

第二十六条 房地产广告，房源信息应当真实，面积应当表明为建筑面积或者套内建筑面积，并不得含有下列内容：

（一）升值或者投资回报的承诺；

（二）以项目到达某一具体参照物的所需时间表示项目位置；

（三）违反国家有关价格管理的规定；

（四）对规划或者建设中的交通、商业、文化教育设施以及其他市政条件作误导宣传。

第二十七条 农作物种子、林木种子、草种子、种畜禽、水产苗种和种养殖广告关于品种名称、生产性能、生长量或者产量、品质、抗性、特殊使用价值、经济价值、适宜种植或者养殖的范围和条件等方面的表述应当真实、清楚、明白，并不得含有下列内容：

（一）做科学上无法验证的断言；

（二）表示功效的断言或者保证；

（三）对经济效益进行分析、预测或者作保证性承诺；

（四）利用科研单位、学术机构、技术推广机构、行业协会或者专业人士、用户的名义或者形象作推荐、证明。

第二十八条 广告以虚假或者引人误解的内容欺骗、误导消费者的，构成虚假广告。

广告有下列情形之一的，为虚假广告：

（一）商品或者服务不存在的；

（二）商品的性能、功能、产地、用途、质量、规格、成分、价格、生产者、有效期限、销售状况、曾获荣誉等信息，或者服务的内容、提供者、形式、质量、价格、销售状况、曾获荣誉等信息，以及与商品或者服务有关的允诺等信息与实际情况不符，对购买行为有实质性影响的；

（三）使用虚构、伪造或者无法验证的科研成果、统计资料、调查结果、文摘、引用语等信息作证明材料的；

（四）虚构使用商品或者接受服务的效果的；

（五）以虚假或者引人误解的内容欺骗、误导消费者的其他情形。

第三章　广告行为规范

第二十九条　广播电台、电视台、报刊出版单位从事广告发布业务的，应当设有专门从事广告业务的机构，配备必要的人员，具有与发布广告相适应的场所、设备。

第三十条　广告主、广告经营者、广告发布者之间在广告活动中应当依法订立书面合同。

第三十一条　广告主、广告经营者、广告发布者不得在广告活动中进行任何形式的不正当竞争。

第三十二条　广告主委托设计、制作、发布广告，应当委托具有合法经营资格的广告经营者、广告发布者。

第三十三条　广告主或者广告经营者在广告中使用他人名义或者形象的，应当事先取得其书面同意；使用无民事行为能力人、限制民事行为能力人的名义或者形象的，应当事先取得其监护人的书面同意。

第三十四条　广告经营者、广告发布者应当按照国家有关规定，建立、健全广告业务的承接登记、审核、档案管理制度。

广告经营者、广告发布者依据法律、行政法规查验有关证明文件，核对广告内容。对内容不符或者证明文件不全的广告，广告经营者不得提供设计、制作、代理服务，广告发布者不得发布。

第三十五条　广告经营者、广告发布者应当公布其收费标准和收费办法。

第三十六条　广告发布者向广告主、广告经营者提供的覆盖率、收视率、点击率、发行量等资料应当真实。

第三十七条　法律、行政法规规定禁止生产、销售的产品或者提供的服务，以及禁止发布广告的商品或者服务，任何单位或者个人不得设计、制作、代理、发布广告。

第三十八条　广告代言人在广告中对商品、服务做推荐、证明，应当依据事实，符合本法和有关法律、行政法规规定，并不得为其未使用过的商品或者未接受过的服务做推荐、证明。

不得利用不满十周岁的未成年人作为广告代言人。

对在虚假广告中作推荐、证明受到行政处罚未满三年的自然人、法人或者其他组织，不得利用其作为广告代言人。

第三十九条　不得在中小学校、幼儿园内开展广告活动，不得利用中小学生和幼儿的教材、教辅材料、练习册、文具、教具、校服、校车等发布或者变相发布广告，但公益广告除外。

第四十条　在针对未成年人的大众传播媒介上不得发布医疗、药品、保健食品、医疗器械、化妆品、酒类、美容广告，以及不利于未成年人身心健康的网络游戏广告。

针对不满十四周岁的未成年人的商品或者服务的广告不得含有下列内容：

（一）劝诱其要求家长购买广告商品或者服务；

（二）可能引发其模仿不安全行为。

第四十一条 县级以上地方人民政府应当组织有关部门加强对利用户外场所、空间、设施等发布户外广告的监督管理，制定户外广告设置规划和安全要求。

户外广告的管理办法，由地方性法规、地方政府规章规定。

第四十二条 有下列情形之一的，不得设置户外广告：

（一）利用交通安全设施、交通标志的；

（二）影响市政公共设施、交通安全设施、交通标志、消防设施、消防安全标志使用的；

（三）妨碍生产或者人民生活，损害市容市貌的；

（四）在国家机关、文物保护单位、风景名胜区等的建筑控制地带，或者县级以上地方人民政府禁止设置户外广告的区域设置的。

第四十三条 任何单位或者个人未经当事人同意或者请求，不得向其住宅、交通工具等发送广告，也不得以电子信息方式向其发送广告。

以电子信息方式发送广告的，应当明示发送者的真实身份和联系方式，并向接收者提供拒绝继续接收的方式。

第四十四条 利用互联网从事广告活动，适用本法的各项规定。

利用互联网发布、发送广告，不得影响用户正常使用网络。在互联网页面以弹出等形式发布的广告，应当显著标明关闭标志，确保一键关闭。

第四十五条 公共场所的管理者或者电信业务经营者、互联网信息服务提供者对其明知或者应知的利用其场所或者信息传输、发布平台发送、发布违法广告的，应当予以制止。

第四章 监督管理

第四十六条 发布医疗、药品、医疗器械、农药、兽药和保健食品广告，以及法律、行政法规规定应当进行审查的其他广告，应当在发布前由有关部门（以下称广告审查机关）对广告内容进行审查；未经审查，不得发布。

第四十七条 广告主申请广告审查，应当依照法律、行政法规向广告审查机关提交有关证明文件。

广告审查机关应当依照法律、行政法规规定作出审查决定，并应当将审查批准文件抄送同级市场监督管理部门。广告审查机关应当及时向社会公布批准的广告。

第四十八条 任何单位或者个人不得伪造、变造或者转让广告审查批准文件。

第四十九条 市场监督管理部门履行广告监督管理职责，可以行使下列职权：

（一）对涉嫌从事违法广告活动的场所实施现场检查；

（二）询问涉嫌违法当事人或者其法定代表人、主要负责人和其他有关人员，对有关单位或个人进行调查；

（三）要求涉嫌违法当事人限期提供有关证明文件；

（四）查阅、复制与涉嫌违法广告有关的合同、票据、账簿、广告作品和其他有关资料；

　　（五）查封、扣押与涉嫌违法广告直接相关的广告物品、经营工具、设备等财物；

　　（六）责令暂停发布可能造成严重后果的涉嫌违法广告；

　　（七）法律、行政法规规定的其他职权。

　　市场监督管理部门应当建立健全广告监测制度，完善监测措施，及时发现和依法查处违法广告行为。

　　第五十条　国务院市场监督管理部门会同国务院有关部门，制定大众传播媒介广告发布行为规范。

　　第五十一条　市场监督管理部门依照本法规定行使职权，当事人应当协助、配合，不得拒绝、阻挠。

　　第五十二条　市场监督管理部门和有关部门及其工作人员对其在广告监督管理活动中知悉的商业秘密负有保密义务。

　　第五十三条　任何单位或者个人有权向市场监督管理部门和有关部门投诉、举报违反本法的行为。市场监督管理部门和有关部门应当向社会公开受理投诉、举报的电话、信箱或者电子邮件地址，接到投诉、举报的部门应当自收到投诉之日起七个工作日内，予以处理并告知投诉、举报人。

　　市场监督管理部门和有关部门不依法履行职责的，任何单位或者个人有权向其上级机关或者监察机关举报。接到举报的机关应当依法作出处理，并将处理结果及时告知举报人。

　　有关部门应当为投诉、举报人保密。

　　第五十四条　消费者协会和其他消费者组织对违反本法规定，发布虚假广告侵害消费者合法权益，以及其他损害社会公共利益的行为，依法进行社会监督。

第五章　法律责任

　　第五十五条　违反本法规定，发布虚假广告的，由市场监督管理部门责令停止发布广告，责令广告主在相应范围内消除影响，处广告费用三倍以上五倍以下的罚款，广告费用无法计算或者明显偏低的，处二十万元以上一百万元以下的罚款；两年内有三次以上违法行为或者有其他严重情节的，处广告费用五倍以上十倍以下的罚款，广告费用无法计算或者明显偏低的，处一百万元以上二百万元以下的罚款，可以吊销营业执照，并由广告审查机关撤销广告审查批准文件、一年内不受理其广告审查申请。

　　医疗机构有前款规定违法行为，情节严重的，除由市场监督管理部门依照本法处罚外，卫生行政部门可以吊销诊疗科目或者吊销医疗机构执业许可证。

　　广告经营者、广告发布者明知或者应知广告虚假仍设计、制作、代理、发布的，由市场监督管理部门没收广告费用，并处广告费用三倍以上五倍以下的罚款，广告费用无法计算或者明显偏低的，处二十万元以上一百万元以下的罚款；两年内有三次以上违法行为或者有其他严重情节的，处广告费用五倍以上十倍以下的罚款，广告费用无法计算或者明显偏低的，处一百万元以上二百万元以下的罚款，并可以由有关部门暂停广告发布业务、吊销营业执照。

广告主、广告经营者、广告发布者有本条第一款、第三款规定行为，构成犯罪的，依法追究刑事责任。

第五十六条 违反本法规定，发布虚假广告，欺骗、误导消费者，使购买商品或者接受服务的消费者的合法权益受到损害的，由广告主依法承担民事责任。广告经营者、广告发布者不能提供广告主的真实名称、地址和有效联系方式的，消费者可以要求广告经营者、广告发布者先行赔偿。

关系消费者生命健康的商品或者服务的虚假广告，造成消费者损害的，其广告经营者、广告发布者、广告代言人应当与广告主承担连带责任。

前款规定以外的商品或者服务的虚假广告，造成消费者损害的，其广告经营者、广告发布者、广告代言人，明知或者应知广告虚假仍设计、制作、代理、发布或者作推荐、证明的，应当与广告主承担连带责任。

第五十七条 有下列行为之一的，由市场监督管理部门责令停止发布广告，对广告主处二十万元以上一百万元以下的罚款，情节严重的，并可以吊销营业执照，由广告审查机关撤销广告审查批准文件、一年内不受理其广告审查申请；对广告经营者、广告发布者，由市场监督管理部门没收广告费用，处二十万元以上一百万元以下的罚款，情节严重的，并可以吊销营业执照：

（一）发布有本法第九条、第十条规定的禁止情形的广告的；

（二）违反本法第十五条规定发布处方药广告、药品类易制毒化学品广告、戒毒治疗的医疗器械和治疗方法广告的；

（三）违反本法第二十条规定，发布声称全部或者部分替代母乳的婴儿乳制品、饮料和其他食品广告的；

（四）违反本法第二十二条规定发布烟草广告的；

（五）违反本法第三十七条规定，利用广告推销禁止生产、销售的产品或者提供的服务，或者禁止发布广告的商品或者服务的；

（六）违反本法第四十条第一款规定，在针对未成年人的大众传播媒介上发布医疗、药品、保健食品、医疗器械、化妆品、酒类、美容广告，以及不利于未成年人身心健康的网络游戏广告的。

第五十八条 有下列行为之一的，由市场监督管理部门责令停止发布广告，责令广告主在相应范围内消除影响，处广告费用一倍以上三倍以下的罚款，广告费用无法计算或者明显偏低的，处十万元以上二十万元以下的罚款；情节严重的，处广告费用三倍以上五倍以下的罚款，广告费用无法计算或者明显偏低的，处二十万元以上一百万元以下的罚款，可以吊销营业执照，并由广告审查机关撤销广告审查批准文件、一年内不受理其广告审查申请：

（一）违反本法第十六条规定发布医疗、药品、医疗器械广告的；

（二）违反本法第十七条规定，在广告中涉及疾病治疗功能，以及使用医疗用语或者易使推销的商品与药品、医疗器械相混淆的用语的；

（三）违反本法第十八条规定发布保健食品广告的；

（四）违反本法第二十一条规定发布农药、兽药、饲料和饲料添加剂广告的；

（五）违反本法第二十三条规定发布酒类广告的；

（六）违反本法第二十四条规定发布教育、培训广告的；

（七）违反本法第二十五条规定发布招商等有投资回报预期的商品或者服务广告的；

（八）违反本法第二十六条规定发布房地产广告的；

（九）违反本法第二十七条规定发布农作物种子、林木种子、草种子、种畜禽、水产苗种和种养殖广告的；

（十）违反本法第三十八条第二款规定，利用不满十周岁的未成年人作为广告代言人的；

（十一）违反本法第三十八条第三款规定，利用自然人、法人或者其他组织作为广告代言人的；

（十二）违反本法第三十九条规定，在中小学校、幼儿园内或者利用与中小学生、幼儿有关的物品发布广告的；

（十三）违反本法第四十条第二款规定，发布针对不满十四周岁的未成年人的商品或者服务的广告的；

（十四）违反本法第四十六条规定，未经审查发布广告的。

医疗机构有前款规定违法行为，情节严重的，除由市场监督管理部门依照本法处罚外，卫生行政部门可以吊销诊疗科目或者吊销医疗机构执业许可证。

广告经营者、广告发布者明知或者应知有本条第一款规定违法行为仍设计、制作、代理、发布的，由市场监督管理部门没收广告费用，并处广告费用一倍以上三倍以下的罚款，广告费用无法计算或者明显偏低的，处十万元以上二十万元以下的罚款；情节严重的，处广告费用三倍以上五倍以下的罚款，广告费用无法计算或者明显偏低的，处二十万元以上一百万元以下的罚款，并可以由有关部门暂停广告发布业务、吊销营业执照。

第五十九条　有下列行为之一的，由市场监督管理部门责令停止发布广告，对广告主处十万元以下的罚款：

（一）广告内容违反本法第八条规定的；

（二）广告引证内容违反本法第十一条规定的；

（三）涉及专利的广告违反本法第十二条规定的；

（四）违反本法第十三条规定，广告贬低其他生产经营者的商品或者服务的。

广告经营者、广告发布者明知或者应知有前款规定违法行为仍设计、制作、代理、发布的，由市场监督管理部门处十万元以下的罚款。

广告违反本法第十四条规定，不具有可识别性的，或者违反本法第十九条规定，变相发布医疗、药品、医疗器械、保健食品广告的，由市场监督管理部门责令改正，对广告发布者处十万元以下的罚款。

第六十条　违反本法第三十四条规定，广告经营者、广告发布者未按照国家有关规定建立、健全广告业务管理制度的，或者未对广告内容进行核对的，由市场监督管理部门责令改正，可以处五万元以下的罚款。

违反本法第三十五条规定，广告经营者、广告发布者未公布其收费标准和收费办法的，由价格主管部门责令改正，可以处五万元以下的罚款。

第六十一条　广告代言人有下列情形之一的，由市场监督管理部门没收违法所得，并处违法所得一倍以上二倍以下的罚款：

（一）违反本法第十六条第一款第四项规定，在医疗、药品、医疗器械广告中作推荐、证明的；

（二）违反本法第十八条第一款第五项规定，在保健食品广告中作推荐、证明的；

（三）违反本法第三十八条第一款规定，为其未使用过的商品或者未接受过的服务做推荐、证明的；

（四）明知或者应知广告虚假仍在广告中对商品、服务做推荐、证明的。

第六十二条　违反本法第四十三条规定发送广告的，由有关部门责令停止违法行为，对广告主处五千元以上三万元以下的罚款。

违反本法第四十四条第二款规定，利用互联网发布广告，未显著标明关闭标志，确保一键关闭的，由市场监督管理部门责令改正，对广告主处五千元以上三万元以下的罚款。

第六十三条　违反本法第四十五条规定，公共场所的管理者和电信业务经营者、互联网信息服务提供者，明知或者应知广告活动违法不予制止的，由市场监督管理部门没收违法所得，违法所得五万元以上的，并处违法所得一倍以上三倍以下的罚款，违法所得不足五万元的，并处一万元以上五万元以下的罚款；情节严重的，由有关部门依法停止相关业务。

第六十四条　违反本法规定，隐瞒真实情况或者提供虚假材料申请广告审查的，广告审查机关不予受理或者不予批准，予以警告，一年内不受理该申请人的广告审查申请；以欺骗、贿赂等不正当手段取得广告审查批准的，广告审查机关予以撤销，处十万元以上二十万元以下的罚款，三年内不受理该申请人的广告审查申请。

第六十五条　违反本法规定，伪造、变造或者转让广告审查批准文件的，由市场监督管理部门没收违法所得，并处一万元以上十万元以下的罚款。

第六十六条　有本法规定的违法行为的，由市场监督管理部门记入信用档案，并依照有关法律、行政法规规定予以公示。

第六十七条　广播电台、电视台、报刊音像出版单位发布违法广告，或者以新闻报道形式变相发布广告，或者以介绍健康、养生知识等形式变相发布医疗、药品、医疗器械、保健食品广告市场监督管理部门依照本法给予处罚的，应当通报新闻出版、广播电视主管部门以及其他有关部门。新闻出版、广播电视主管部门以及其他有关部门应当依法对负有责任的主管人员和直接责任人员给予处分；情节严重的，并可以暂停媒体的广告发布业务。

新闻出版、广播电视主管部门以及其他有关部门未依照前款规定对广播电台、电视台、报刊音像出版单位进行处理的，对负有责任的主管人员和直接责任人员，依法给予处分。

第六十八条　广告主、广告经营者、广告发布者违反本法规定，有下列侵权行为之一的，依法承担民事责任：

（一）在广告中损害未成年人或者残疾人的身心健康的；

（二）假冒他人专利的；

（三）贬低其他生产经营者的商品、服务的；

（四）在广告中未经同意使用他人名义或者形象的；

（五）其他侵犯他人合法民事权益的。

第六十九条　因发布虚假广告，或者有其他本法规定的违法行为，被吊销营业执照的公司、企业的法定代表人，对违法行为负有个人责任的，自该公司、企业被吊销营业执照之日起三年内不得担任公司、企业的董事、监事、高级管理人员。

第七十条　违反本法规定，拒绝、阻挠市场监督管理部门监督检查，或者有其他构成违反治安管理行为的，依法给予治安管理处罚；构成犯罪的，依法追究刑事责任。

第七十一条　广告审查机关对违法的广告内容作出审查批准决定的，对负有责任的主管人员和直接责任人员，由任免机关或者监察机关依法给予处分；构成犯罪的，依法追究刑事责任。

第七十二条　市场监督管理部门对在履行广告监测职责中发现的违法广告行为或者对经投诉、举报的违法广告行为，不依法予以查处的，对负有责任的主管人员和直接责任人员，依法给予处分。

市场监督管理部门和负责广告管理相关工作的有关部门的工作人员玩忽职守、滥用职权、徇私舞弊的，依法给予处分。

有前两款行为，构成犯罪的，依法追究刑事责任。

第六章　附　则

第七十三条　国家鼓励、支持开展公益广告宣传活动，传播社会主义核心价值观，倡导文明风尚。

大众传播媒介有义务发布公益广告。广播电台、电视台、报刊出版单位应当按照规定的版面、时段、时长发布公益广告。公益广告的管理办法，由国务院市场监督管理部门会同有关部门制定。

第七十四条　本法自 2015 年 9 月 1 日起施行。

参考文献

1. SHEUE YUN CHEN. State, media and democracy in Taiwan. *Media, culture & society*, 1998（1）.

2. 黄匡宇：《电视新闻学》，上海：华东师范大学出版社 1990 年版。

3. 黄匡宇：《理论电视新闻学》，广州：中山大学出版社 1996 年版。

4. 黄匡宇：《电视新闻语言学》，北京：中国广播电视出版社 2000 年版。

5. 黄匡宇：《当代电视摄影制作教程》，上海：复旦大学出版社 2005 年版。

6. 黄匡宇：《当代电视新闻学》，上海：复旦大学出版社 2010 年版。

7. 黄匡宇：《当代电视摄影制作观念与方法》，上海：华东师范大学出版社 2011 年版。

8. 黄匡宇、黄雅堃：《当代电视新闻语言学》，北京：中国社会科学出版社 2011 年版。

9. 黄匡宇：《广播电视新闻学》（史论与电视部分），北京：高等教育出版社 2017 年版。

10. 云冠平、胡军、黄和平编著：《管理学》，广州：暨南大学出版社 1996 年版。

11. 李振潼主编：《电视学引论》，上海：华东师范大学出版社 1994 年版。

12. 张隆栋、傅显明编著：《外国新闻事业史简编》，北京：中国人民大学出版社 1988 年版。

13. 刘志筼编：《电子新闻媒介——广播与电视》，北京：中国人民大学出版社 1988 年版。

14. 蒋丽莲：《广播电视论集》，台北：黎明文化事业股份有限公司 1985 年版。

15. 苑子熙：《外国广播电视事业史简编》，北京：新华出版社 1990 年版。

16. 刘爱清、王锋主编：《广播电视概论》，北京：中国广播电视出版社 1997 年版。

17. 何贻谋：《广播与电视》，台北：三民书局股份有限公司 1992 年版。

18. 陈乔之主编：《港澳大百科全书》，广州：花城出版社 1993 年版。

19. 周鸿铎：《广播电视经济学》，北京：中国经济出版社 1990 年版。

20. 中国国际广播电台研究室、中央电视台研究室编：《世界各国广播电视概况》，北京：中国广播电视出版社 1997 年版。

21.《当代中国》丛书编辑部：《当代中国的广播电视》，北京：中国社会科学出版社 1987 年版。

22. 刘志明：《电视学原理》，北京：中国人民大学出版社 1993 年版。

23. 中国新闻年鉴杂志社编：《中国新闻年鉴》，北京：中国新闻年鉴社 1995 年版。

24. 李献文、何苏六：《港澳台电视概观》，北京：北京广播学院出版社 2004 年版。

25. 汪文斌、胡正荣：《世界电视前沿》，北京：华艺出版社 2001 年版。

26. 雷跃捷、张彩主编：《电视新闻频道研究》，北京：中国广播电视出版社 2003 年版。

27. 国家广播电影电视总局、中国广播电视年鉴编辑委员会编纂：《中国广播电视年鉴（2003）》，北京：中国广播电视年鉴社 2003 年版。

28. 徐光春主编：《中华人民共和国广播电视简史》，北京：中国广播电视出版社 2003 年版。

29. 水延凯等编著：《社会调查教程》，北京：中国人民大学出版社 1996 年版。

30. 施天权等编著：《当代世界广播电视》，上海：复旦大学出版社 1991 年版。

31. 谢望新等编：《"华语电视国际展望"学术研讨会论文集》，广州：花城出版社 1997 年版。

32. 中共中央宣传部新闻局、新闻出版署报纸管理司编：《新闻法规政策须知》，北京：学习出版社 1997 年版。

33. 高鑫：《电视艺术概论》，北京：学苑出版社 1992 年版。

34. 张骏德：《现代广播电视新闻学》，成都：四川人民出版社 1996 年版。

35. 谭细心编著：《广播电视语言分析》，北京：中国物资出版社 1990 年版。

36. 施旗：《广播电视语言》，北京：中国广播电视出版社 1988 年版。

37. 张舒：《音响报道教程》，北京：中国广播电视出版社 1995 年版。

38. 胡安仁：《电影美学》，西安：陕西师范大学出版社 1990 年版。

39. 宋家玲：《电视剧艺术论》，北京：北京广播学院出版社 1991 年版。

40. 黄新生：《电视新闻》，台北：远流出版事业股份有限公司 1994 年版。

41. 俞虹：《节目主持人通论》，杭州：杭州大学出版社 1996 年版。

42. 何国璋：《新闻采访原理与方法》，广州：暨南大学出版社 1995 年版。

43. 李东生主编：《记录流逝的岁月——中央电视台新闻采访部新闻作品撷英》，北京：中国广播电视出版社 1996 年版。

44. 黄天鹏编：《新闻学概要》，北京：中华书局 1934 年版。

45. 约翰·贺亨柏著，欧阳醇、徐启明译：《新闻实务与原则》，香港：今日世界出版社 1971 年版。

46. 张勤：《电视新闻学》，台北：三民书局股份有限公司 1991 年版。

47. 徐钜昌：《电视传播》，台北：华视出版社 1986 年版。

48. 加里·安德森著，王寒松译：《电视编辑与后期制作》，北京：中国电影出版社 1993 年版。

49. 蔡凯如编著：《广播编辑与节目制作》，武汉：武汉大学出版社 1995 年版。

50. 黄悦秋、赵炳旭编著：《广播电视节目管理》，北京：北京广播学院出版社 1997 年版。

51. 泰德·怀特、弗兰克·巴纳斯著，黄雅堃译：《广播电视新闻写作、报道与制作》（第 5 版），北京：清华大学出版社 2013 年版。

52. 刘松英：《中国广播电视现状及科技发展》，《新闻学》1997 年第 4 期。

53. CNNIC：《第 22 次中国互联网络发展状况统计报告》，eNet 硅谷动力网，2008 年

7 月 25 日。

54. 夏伟荣：《栏目制片人制——电视新闻管理的新机制》，《新闻大学》1997 年第 3 期。

55. 《当代新闻职业道德》编写组：《调查新闻职业道德现状　四家新闻院系提出报告》，《新闻记者》1996 年第 4 期。

56. 吴高福、罗以澄、张金海等：《关于培养 21 世纪新闻人才问题的调查报告》，《中国广播电视学刊》1996 年第 1 期。

57. 胡志慧：《提高"黄金周"广播节目"成色"的关键在创新》，广东广播网，2007 年 1 月 8 日。

58. 童兵：《香港新闻传媒的行政调控与法律监管》，《新闻记者》1997 年第 7 期。

59. 宋华、胡秀红：《国外广告业的管理及其启示》，《外国经济与管理》1994 年第 9 期。

60. 张启才：《用法律规范新闻媒介的广告发布》，《新闻采编》1995 年第 1 期。

61. 吴彦书：《论当前虚假广告的特点、成因及治理对策》，《社会科学辑刊》1995 年第 3 期。

62. 黄学贤：《新加坡对大众传播媒介管理之经验探析》，《行政与法》1996 年第 1 期。

63. 赵民、李东：《公益广告的现状及其发展的几点建议》，《新闻大学》1997 年第 2 期。

第一版后记

《广播电视学概论》（第一版）立足于学科的工具性，系统、客观地阐述了这门学科所应涵括的基础内容，适合境内外各类高等院校的广播电视课程及其相应的函授教育、自学考试引为基础教材，也是广播电视工作者有益的参考读物。

本书引用、吸收了相关中外学者的研究成果，除了在书中一一注明外，在此一并表示深深的谢意。

本书由黄匡宇进行总体设计、编撰全书纲要，并对全书文稿进行编审、修改。参与本书写作的人员是：黄匡宇（引论、第一章）、张联（第二章世界概况部分）、吴晶（第二章中国概况部分）、陈向阳（第三章）、彭伟步（第四章）、范映华（第五章）、曾平治（第六章）、阮小刚（第七章）、高坚（第八章）、刘刚（第九章）。

广播电视学作为一门学科，它的概论涉及方方面面的内容，本书的体例难免挂一漏万，还望海内外读者雅正。

主编　黄匡宇

1998 年 6 月于暨南花园

第二版后记

本书自 1999 年初版问世后，颇受读者垂青，先后已经重印五次。由于种种原因，前五次重印没有在内容上做任何补正。自本书初版问世后的五年多时间里，广播电视实务与研究成果硕然。趁这次重印，我和我的研究生、华南农业大学青年教师丁玲华对该书作了全面修订，对书中诸多不合时宜的观点、附录资料进行了修正与替换，使其更能准确地反映我国广播电视事业长足发展的客观状况。

主编　黄匡宇
2005 年春于华南理工大学南方传媒研究所

第三版后记

　　《广播电视学概论》初版问世正好10年，10年中两版12次印刷逾4万册，这一数字承载着读者对此书的厚爱与支持。2008年春，《广播电视学概论》入选"普通高等教育'十一五'国家级规划教材"，如何将此书修订得更符合广播电视学发展的规律，更符合读者阅读的需要，是作者此次修订的重点所在。修订后的第三版，在保留广播电视事业发展的历史成果（经典史实、经典片例、经典数据、经典方法、经典书目）的同时，经过精心填补置换的内容更具有科学性、系统性、实用性。

　　《广播电视学概论》是一本编、写结合的教材，经得第一版的参编者许可，各章节都大量引用了本人的已有教学、科研成果，均未一一注出。《广播电视学概论》引用、吸收了有关中外学者、业者的研究成果，获益良多，在此深表谢意。引文除在书中一一注明外，涉及的主要目录均列在书末，个别引用欠详或有所疏漏，还望海涵。

　　此次修订概由本人倾力执笔完成。修订工作得到华南理工大学教务处的大力支持，特表谢忱。

黄匡宇

2009年春于华南理工大学新闻与传播学院、南方传媒研究所

第四版后记

《广播电视学概论》初版于 1999 年 5 月发行，截至 2013 年 7 月第三版第 22 次印刷，累计印数 8.2 万册，15 年间本书能结缘众多读者朋友，作者心怀感激，由衷感谢来自四面八方的厚爱！

《广播电视学概论》第四版，经过进一步梳理、完善，更具科学性、系统性、实用性。作为基础学科的概论性教材，涉及"史实"概为断代略陈，限于篇幅，未能如"专门史"般与史俱进，随版本更替续新。本版只酌情更新少量数据，相关史料钩沉截止于第三版付梓的 2008 年，这恰好为读者留出对"新史料"的索引与填补空间。珍藏已有广播电视事业发展的历史成果（经典史实、经典片例、经典数据、经典方法、经典书目）是此次版本修订的重要观念与方法。

《广播电视学概论》无论是作为大学本科师生的基础教材，还是考研的参考用书，抑或专业干校的教学文本，保持教材结构与内容的适度递进与大面积稳定，无疑会给读者带来莫大的便利。《广播电视学概论》第四版正是在信息时日更替中保持着"以少变应万变"的特色为读者提供服务。

《广播电视学概论》每章文末均有"附录"，旨在补充原有正文可能存在的不足。这一特色从第一版开始保持至今。此次《广播电视学概论》第四版的"附录"更换了约一半的内容，其中有国家广电总局领导的《新千年以来中国广播影视公共服务体系建设备忘录》，还有对《广播电视新闻写作、报道与制作》（第 5 版）（［美］泰德·怀特、弗兰克·巴纳斯著，黄雅堃译，清华大学出版社 2013 年版）里经典章节的摘编，如《美国广播电视记者新闻道德规范 10 题》和《美国广播电视文稿撰写口语化五高招》，这些文献从宏观与微观两个层面为读者的阅读增添了阅读深度与广度。

《广播电视学概论》第四版增加了一章《国家关于广播电视电影网络管理的法律法规、行业准则》，该章内容收纳了国家有关部门从 1981 年至 2012 年颁布的有关广播、电影、电视、网络管理的方针政策，便于读者了解、研究、应用。

进入 21 世纪已逾十年，电子技术发展的突飞猛进催生了"新媒体"传播。《广播电视学概论》携手读者以基础学科从容应对。透视以计算机、手机、数字电视机等为终端的"新媒体"，它们承载的全部内容与形式纵使千般变化，也离不开文字、图像和声音这三大符号。图像和声音不就是我们烂熟于心的广播（音频）和电视、电影（视频）吗？"新媒体"无论怎样"标新立异"，它的前世今生都永远脱离不了广播与电视、电影的主体，这就是学习《广播电视学概论》、研究基础学科的自信与骄傲！

本版书稿的编辑黄少君逐字读稿，与作者不断沟通，精准勘误，苛求完美，专业精神委实可嘉！

"一语天然万古新，豪华落尽见真淳"，《广播电视学概论》（第四版）以少变应万变，伴君阔步前行！

黄匡宇

2014 年春于广州阳光都会居舍书斋

第五版后记

《广播电视学概论》第五版和诸位读者见面啦！经过修改后，本书历练多年的筋骨（结构）依旧，内容则因时而化，紧随时代的脚步前进……

从移动新媒体元年（2012年）、新媒体融合元年（2014年）、新媒体视频元年（2015年），到2017年的新媒体洗牌元年①，我们感受到了传播科技进步的惊喜！本版涉及了相关概念的演绎。

2017年春，报纸借助全国两会报道的契机，集中展示了纸媒体从"可视化"阅读到"动视化"多渠道传播的魅力。我们看到了媒体竞争与融合的惊喜！本版引入了典型案例并一一解读。

2017年可以视为传统大众媒体技术嬗变的新生元年，AR、H5、大数据、云计算等当代技术孕育的广播、电视、报纸、网络的新一轮良性竞争就此发生，造福于人类的信息传播竞争大幕业已开启，人们乐见在媒体融合竞争和谐的格局中获得更美好的信息享受。本版展示了新媒体的应用现状与前景。

《广播电视学概论》第五版修订时，正好迎接2017年的新媒体洗牌元年的到来……

《广播电视学概论》第五版有幸站在新媒体洗牌的潮头，面对AR、H5、大数据，《广播电视学概论》不能无动于衷！

《广播电视学概论》从概念、应用、效率多方面为读者奉献上新世纪传播科技应用的信息美餐，因为广播、电视的物质基础本来就是科学与技术。

写作于1997年的首版《广播电视学概论》，相对于2017年的第五版，其框架结构、基础内容还是经受住了岁月历练，只是它因当代传播技术的浸淫而需要注入新的活力。本版将其中数万字的广播电视技术发展应用历史由文本叙事改编为表格列述，这样既便于读者一目了然地获取信息，也迎合了当代受众快速阅读的需要。

《广播电视学概论》2008年入选"普通高等教育'十一五'国家级规划教材"，从第三版伊始，它肩负众望，一版一个脚印，努力前行。

《广播电视学概论》问世20年，依然年轻。

《广播电视学概论》第五版经编辑精心拾掇，更显颜值。

---

① 新媒体元年的说法来自李祖平：《新媒体发展的"要"与"不要"》，《中国新闻出版广电报》，2017年3月7日，http://chinaxwcb.com/epaper2017/epaper/d6459/d7b/201703/75703.html。

　　《广播电视学概论》第五版定能为社会读者、高校读者、专业读者奉上更多阅读亮点与愉悦！

　　《广播电视学概论》第五版感恩于读者一如既往的厚爱。

黄匡宇

2017 年春夏之交于广州阳光都会居舍书斋

第六版后记

《广播电视学概论》第六版与读者见面了。

《广播电视学概论》从1999年的第一版到2022年的第六版，历经23年，感谢广大读者对《广播电视学概论》一路完善、成长的厚爱！

作为一本研究广播电视"媒介"与媒体的概念类教材，《广播电视学概论》始终坚守这样的认知：

首先，从媒介物质本体切入，涉及广播电视传播媒介粗浅的技术元素及其变化，其目的是为文理渗透提供一个结合契机。作为概论性教材，本书重在从广播电视的传播性能、传播语言、节目构成与事业管理几大方面进行概述，为读者日后对广播电视的进一步分类学习、应用、研究做好铺垫。

其次，鉴于"媒介"与"媒体"的本质差异和骨血关系——"媒介"是与时俱进的物质工具；"媒体"是因时而存并借助媒介工具而存活的机构、个体、出版物或自媒体。因此，学习、研究广播电视媒介，除了要把握住它的科学概念、基本史料外，一定要坚持广电媒介与媒体传播实践相结合的学习方法。要求读者从两方面下功夫：一是系统地了解各类广播电视媒介设备，以求认知"媒介"技术对"媒体"传播形式与内容相融的关系之所在；二是深入广播电视媒体采制现场，以求体悟节目在生产过程中呈现的广电媒介特点与规律。至于"媒体"借助网络媒体融合，只是时代发展的阶段过程，保全媒介的自我特性才是永恒的旋律。

经过精心修磨的《广播电视学概论》第六版，除恪守原版诸结构特色外，还应时而化，章节内容呈现更加新近、明晰，方便读者阅读、应用，期望诸位喜欢。

《广播电视学概论》第六版的全面增补、修订、删改，概由有逾十年广播电视教学经历，并始终使用本书作为基本教材的黄雅堃主笔。黄匡宇终审全稿，并执笔后记。

感谢本版编辑黄斯、刘蓓、王辰月的精心劳作。

黄匡宇

2022年1月

于暨南大学新闻与传播学院